昝廷全 博士

系统经济学创建人
中国传媒大学教授、博士生导师
全国社会经济系统工程委员会副理事长

系统经济学史记

A Historical Record of Systems Economics 1985—2012

1985—2012

昝廷全／著

科学出版社

北京

内 容 简 介

　　系统经济学是在系统时代背景下应运而生的一种跨学科新研究。本书记录了系统经济学思想的诞生背景、演变历程和研究现状。内容包括系统经济学诞生的生态学和地学背景，系统经济学的哲理框架、数学模型和相关研究专题，具体包括制度的拓扑模型、资源位理论、系统需求理论和系统产权理论等。

　　本书可供高等院校经济管理、系统科学和应用数学类的本科生、研究生或 MBA 学生参考，也可供相关专业的教师、研究人员、政府部门和高层管理人员参考。

图书在版编目(CIP)数据

系统经济学史记：1985—2012／昝廷全著. —北京：科学出版社，2014.4
　ISBN 978-7-03-040422-0

　I. 系… Ⅱ. 昝… Ⅲ. 经济学–系统科学–经济思想史–研究–1985—2012　Ⅳ. F069.9

　中国版本图书馆 CIP 数据核字(2014)第 074113 号

责任编辑：李　敏　吕彩霞／责任校对：桂伟利
责任印制：徐晓晨／封面设计：李姗姗

科 学 出 版 社 出版
北京东黄城根北街 16 号
邮政编码：100717
http://www.sciencep.com

北京京华虎彩印刷有限公司 印刷

科学出版社发行　　各地新华书店经销
*

2014 年 5 月第 一 版　　开本：787×1092　1/16
2015 年 6 月第二次印刷　　印张：27 1/2　插页：2
字数：950 000

定价：300.00 元
(如有印装质量问题，我社负责调换)

序　言

出版这本《系统经济学史记：1985—2012》，完全是出于形式上的考虑。我 1962 年出生，到 2012 年刚好 50 岁。因此，这本史记的截止日期选在 2012 年。之所以把起始时间选在 1985 年，是因为那一年我第一次正式发表学术论文，论文的题目是"系统方法在冻土研究中的应用"，发表在《自然杂志》1985 年第 11 期上，从此开始了我漫长而欢乐的学术之旅。

回顾前半生，我整个的生命轨迹都是围绕"学习+学术"而展开，我把它总结为"纸上人生"。我纸上人生的主线就是系统经济学(Systems Economics)。因此，从某种意义上说，这本《系统经济学史记：1985—2012》就是我整个纸上人生的半缩影。

我们认为，一旦某个事件达到一定的规模和产生一定的社会影响就值得纪念；一旦某项事业和整个人类文明和人类的福祉联系起来就自然获得了崇高性。我希望我们开拓的系统经济学研究就是这样的一项事业。我 1988 年第一次正式发表系统经济学的论文，2001 年第一次在郑州大学基础数学专业名下招收"非线性分析与系统经济学"方向的博士研究生。系统经济学博士研究生的招生必须得到国务院学位办公室的认可。因此，系统经济学博士研究生的招生可以认为是社会对系统经济学的一种正式认可。到 2012 年为止，我招收的系统经济学及其相关专业的硕士生和博士生已近 100 名，而且每个学生都很优秀、都能圆满完成学业。他（她）们当中，有的已经成长为省级银行的行长，有的已经成长为大型国有企业的掌舵人，有的已经成长为大学的学院院长、博士生导师，更多的是具有勃勃生机的青年才俊。看到他（她）们的进步和取得的成绩，我很欣慰。他（她）们的名字时常让我回想起和他（她）一起度过的美好时光。同时，也有一种"往年曾见未开时"的骄傲。

到目前为止，我们已经基本上完成了系统经济学哲理框架的构建工作，得到了上百个具有数学形式的新结果，发展了 7 个与国际上已有定评的工作具有可比性的研究专题：特征尺度理论、系统战略理论、资源位理论、制度边界理论、基于信息粗交流的博弈论模型、系统产权理论和系统需求理论。我们的研究工作经常被国内外重要学术期刊引用，我们创造的许多学术名词现在已经成为学术界的通用名词，例如，资源位、制度边界、临界战略和层级战略等概念经常被《中国工业经济》、《管理世界》和《系统工程》等杂志上发表的文章引用。从某种意义上讲，我们创造的学术名词变成学术界的通用名词就意味着我们的学术思想融入了人类文明的历史长河，从而就此获得了永恒的生命力，也可以算作是我们系统经济学为人类文明贡献的涓涓细流。当然，学无止境，系统经济学研究才刚刚开始，我们希望得到更多朋友的关心、支持和帮助。我们欢迎更多的有志青年加入系统经济学的行列，让我们一起迎接系统经济学的"月满中天，花开满树"！

我整个的纸上人生和"阅尽心酸书外史"之后得到的人生感悟可以用以下三句话来代表：学会用出世的心态入世；学会用审美的心态生活；学会心存感激。此刻，我想感谢的人很多：家人、学生、朋友，脑海中顿时浮现一长串的名字：吴学谋、黄德鸿、丁德文、胡之德、艾南山、张林源、徐林发、曹策问、孙新雷、郭正让、刘淑琴、孙学敏、王振中、李海舰、乔之宏、索月娇、张良贵、王华庆、张文厚、丁明芳、Zimmermann（德国）、李敏等，他们在不同的时期从不同的侧面对我的纸上人生提供过帮助产生过影响。我一直很崇拜毛泽东的"革命的大无畏精神"和"革命的乐观主义精神"。这两种精神正是从事学术开拓的科学家必须具有的品格。

纸上人生的好处是，可以"思接千载"，不受时空的局限。当然，这要感谢发明文字的祖先。我从上大学时就喜欢看科学家传记，先后至少三次购买不同版本的《爱因斯坦文集》。阅读使我和先哲与大家心灵相通。阅读是通向巨人肩膀的阶梯。我每次看到"阅读"、"学习"、"学术"、"系统"、"结构"、"层次"、"演化"等这些关键词都会心情激动。

令人庆幸的是，我一生的最好年华赶上了祖国"科学的春天"，同时也赶上了"改革开放的新时代"。从终极关怀的意义上讲，我们这一代学人有些不得不在"学术+学田"两条战线同时作战。但愿我们的下一代学人能够专心单一战线作战。对于经济学家来说，两条战线同时作战也有好处，好处是可以对经济活动和经济现象具有直接感受，使研究工作更接"地气"。我感到特别幸运的是，自己赶上了中国经济社会的转型时期。从历史上看，社会转型时期是涌现大政治家、大思想家、大科学家和大文学家的黄金时期。

出版这本《系统经济学史记：1985—2012年》的目的是想对2012年以前的工作做个"形式上"的总结，因此，并不刻意追求文章收录的完备性，有些重要的学术论文没有收入，例如《美国数学评论》上的文章和《经济学家茶座》上的文章，只好等到以后有机会再版时完善。这本史记出版以后，计划从2013年开始每年出版一本《系统经济学年鉴》。这样，这本《系统经济学史记：1985—2012年》加上以后每年出版的《系统经济学年鉴》从时间结构上就完备了。

2013 年 12 月

目　录

1985

系统方法在冻土研究中的应用
生态气候模型与西北开发
信息层次性原理
环境科学的一个新原理：极限协同原理初探

系统方法在冻土研究中的应用*

一、引　言

近年来，由于科学技术突飞猛进地发展，各门学科相互渗透，逐渐形成了一个统一完整的科学体系，使每一门学科只有在整个科学体系的联系中才能得到重大进展。从而导致了现代科学理论发展的整体化趋势。又由于电子计算机的推广和现代技术科学本身的发展特点，从整体上、从相互联系中去考察事物，已成为各个学科的根本出路所在。

系统方法正是从整体出发，从部分与整体的联系中揭示整个系统运动规律的现代科学方法。它是一门高度综合的边缘学科，其理论基础主要有运筹学、控制论、信息论、概率论、统计学和计算机科学等。系统方法最早应用于工业、生物和军事上，现已广泛应用于土壤、农业、生态、交通、水利和环境保护等方面，在社会科学和人体科学等方面亦获得显著成效。

系统方法在冻土学研究中的应用，目前在国际上尚属空白。本文就冻土学研究领域中应用系统工程这一问题作一初步探讨。

二、冻土学研究方法探讨的必要性

首先，这是由于冻土层的特殊性质（特殊的质和运动）：多方、多层次、立体化和动态化所决定的。冻土层处于岩石圈、水圈、大气圈、生物圈和智能圈相互渗透和相互作用的地带，和地球上的任何其他圈层相比，它具有最复杂的化学成分和物质结构。从组分上来说，冻土层不仅包括无机成分，而且包括有机成分；不仅包括岩石矿物，而且包含生物遗体，不仅包括实物粒子，而且还有场的存在。从物质结构上来说，冻土层是多孔隙、多组分、各向异性的毛细分散体系。从运动形态上来说，冻土层作为一综合的自然历史体系，其中包括以热运动和相变化为主的物理运动、力学运动、化学运动、物理化学运动和生物的生命活动等，是一个具有耗散结构的开放系统。

而且，除了上述的主导因素外，还有许多其他的次要因素，这就局限了用传统方法研究冻土的广度和深度。过去对冻土的研究主要是描述性的、分散的、表象的和静态的，而现代科学技术的发展和冻土区的开发利用以及冻土区工农业生产发展的需要，要求冻土学以定量的精确判断，代替定性的文字描述，以综合系统的研究代替分散零布的考察，以预测和模拟代替对现状的分析和说明，以反映本质的数学模式来定量描绘具体的庞杂的自然冻土现象。要达到这个目的，由于冻土现象和过程中，影响因素多、涉及范围广、关系复杂和综合性强等特点，传统的研究方法就显得无能为力了。因此，就必须根据冻土本身的特殊矛盾和固有特性，将冻土的表象与本质、结构与功能、稳定与变化、激励与响应等有机地结合在一起，形成一个具有多方、多层次、立体化和动态化的统一整体，

*作者：昝廷全，原载《自然杂志》1985 年第 11 期

发展新概念、新理论和新方法。我们认为，系统论恰恰就是这一"瑰宝之宝"。

系统论的创始人之一贝塔朗菲认为，系统论所制定的模式、原则和规律适用于各种综合系统和子系统，而不论其具体种类、组成部分的性质和它们之间的关系或"力"的情况如何。在冻土学研究中，土的冻融过程和很多冻土现象都能用数学表达式或模型来描述，这是因为这些模型与不同领域的其他异质同型模型在结构上是类似的，这也正是系统论形成的客观基础之一。

由上面的分析不难看出，系统论之所以有可能在冻土学研究中发挥威力，是由冻土本身的特殊矛盾及其系统特征所决定的，而绝不是什么"人为介入"。

三、冻土系统的基本特征

冻土系统中相互联系和相互制约的主导因素是热运动和相变化，由此制约着冻土层的生消进退及其基本特征。

1. 冻土系统的整体性特征

冻土层是一个自然的、历史发展的综合体系。在这里各圈层镶嵌交错，且与冻土层之间相互渗透、相互作用、相互影响、进行着积极的物质—能量交换，形成"你中有我，我中有你"的相互联系、相互制约的复杂的反馈系统。

冻土层作为一个整体有它自身的内在矛盾，这些矛盾是与一定的相互转变的物质运动形态相关联的。例如，当气温下降，土层温度降低，发生冻结，结晶能转化为热能；反之，空气温度升高，冻土解冻，增温，辐射能又转化为结晶能，其间也有一定的电磁能转化和引力能、机械能的变化。在冻土层中，我们可以观察到各种不同的运动形态以及它们之间复杂的相互联系和相互转变。在这些运动形态中包括物理运动、化学运动、物理化学运动、分子运动和生物的生命运动等，其中热运动和相变化为主导因素（主要矛盾）；按影响因素来说，气温变化是冻土层生消的基本背景，按能量观点分析，冻土层内所发生的综合运动过程可以划分为能量的交换、传递、转化、积累和循环等变化过程。因此，从实质上说，冻土层的生消过程就是能量的不可逆循环过程。当土层热量年周转中散热量等于或大于吸收量时，冻土便存在、生成；反之，冻土便消退。

总之，冻土层的进退（冻融）过程，是在自然历史条件下进行的。在宏观上表现为地表温度的升降，地下水相态的改变，土层冻融状态的变化，以及冻土层在水平与垂直方向上展布范围的改变和各种冻土地貌现象的生消演化等。所有这些主要特征及其他次要特征（见下文）都客观地决定了冻土层作为一个特殊物质体系的统一性和完整性。从而冻土学也符合恩格斯所说的"研究一系列相互关联和相互转化的运动形态的科学"。

2. 冻土系统的物质层次与子系统划分

现在来剖析一下冻土系统的物质层次，冻土系统的物质组成，包括从小至土粒、胶体级的微小颗粒到大至圈层一级的物质。据此，我们划分出冻土系统的分支子系统为（图1）：冻土分散系统、冻土土质系统、冻土层系统、冻土区域系统和冻土圈系统。冻土分散系统主要是由吸附水、离子、偶极子、冰晶和胶体等组成，冻土土质系统主要由土骨架、未冻水、水汽和冰组成；冻土层系统是由日变化层、季节变化层、年变化层组成。

根据冻土层系统可以划分出冻土类型，但还不能作冻土区划，必须进到冻土区域系统才可以作冻土区划，冻土圈系统可以看作是最大一级的冻土区划，是冻土区域总的组合，或者说它是由不同的冻土区域组成的。

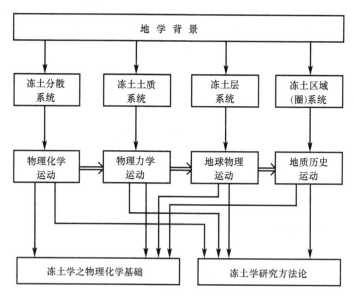

图 1　冻土系统及其运动形态示意图

　　划分系统的依据不同，可以有很多种划分方法，这主要视研究问题的方便情况而论。例如：在有机质（植物根系）参与的情况下，可以划分出冻土土壤系统和冻土生态系统等。若着眼于冻土区的工程建设，可划分一套冻土工程系统等。

　　如果按照结构划分系统，则在不同的情况下，冻土系统可划分为如下几类：冻土级联系统、过程—响应系统和冻土控制系统等。当我们偏重于讨论冻土系统与环境之间的物质和能量交换规律时，我们把冻土系统当做级联系统进行研究。实际上，冻土学研究的最终目的是为经济建设服务，这就需要讨论人类活动对冻土系统的影响，以及预报冻土系统的未来变化。在这种情况下，我们把冻土系统看作过程——响应系统来进行研究，注重讨论冻土系统的动态方向性、物质与能量的运动、结构与功能的变化，通过冻土系统的现存状态恢复冻土历史和预报冻土的将来变化（冻土预报问题）。但是，我们的任务不仅在于认识客观世界，而更重要的在于改造客观世界。当我们根据冻土系统的运动规律进行冻土系统治理与改良的工作时，我们所接触到的已经是冻土控制系统了。这时，冻土系统过程的某些关键环节，已被人们的智能所控制，这种控制使系统变化按照智能所确定的方式进行。显然，随着冻土学研究在深度和广度上的深入，冻土控制系统的研究将越来越受到重视。

3. 冻土系统的层次结构与学科对应关系

　　根据系统分析的观点，我们对冻土的研究应该是多层次、多侧面的，冻土系统的层次结构与学科的对应关系如图 2 所示。冻土系统的物质层次不同，对应着不同的运动形态，组成冻土的分子、离子和胶体等物质，对应的形态为表面运动、吸附运动和离子交换运动等，属于物理化学问题。这一级物质的运动形态的综合是质量体级物质运动的动力和原因。质量体级物质的运动形态主要表现为水热综合运动、相变化和机械位移等，对应于物理问题。它们的综合和结果导致冻土现象的生成、演变，亦即剥蚀、搬运、沉积、成岩过程的循环，与此对应的是综合问题。

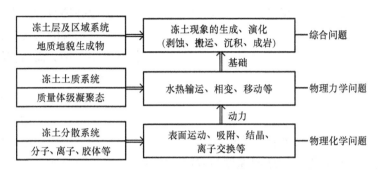

图2　冻土系统的层次结构与学科对应关系

显然，要揭示冻土现象的本质，必须对比冻土现象次一级的运动形态进行研究。现代冻土研究之所以对水热输运和相变化研究得最多就是由于这个原因。同样，要深入揭示水热输运和相变化的本质，必须对离子交换和吸附运动等的规律进行深入研究，这就从客观上决定了冻土学在深度上进展的带头学科是冻土物理化学。

由上面的讨论不难看出，由于冻土系统是一个多方、多层次的开放系统，其内部各元素之间和与环境之间的相互作用十分复杂。利用传统的研究方法对这样复杂的系统进行研究，往往很难揭示其基本规律和把握正确的研究方向，有时甚至不知所措。这就是冻土学在许多方面迟迟不能进入精确定量研究阶段的原因。这里我们采用了系统分析的方法，将冻土系统进行多级分解，即分成许多层次（图1和图2）。这样就指出了冻土学研究中的每一具体问题归属于哪一级子系统，进而采取相对应的研究方法（图2）。比如，要研究冻结过程中热量和水分迁移的规律，首先要弄清楚它属于哪一级子系统。显然它属于冻土土质系统，对应的研究方法为物理学方法，冻土分散系统运动形态的综合为它的动力和原因。这就为每一具体问题的研究指明了途径和关键所在，而且指明了冻土学向深度和广度发展的正确方向。

4. 冻土系统的结构与功能特征

根据系统观点，功能与一定的结构相对应，结构是保证一定功能实现的前提和条件，功能是一定结构的反映，两者对立统一，通过改变结构，达到完善功能的目的，冻土预报和改良正是基于这个道理。反过来说，一定的功能又建造出新的结构。冻土层作为一个自然历史的综合体系，具有许多有别于非冻土的功能。本文仅以冻土层的调节（反馈）功能和趋稳性以及记忆功能为例进行讨论。

首先，我们讨论冻土层的调节（反馈）功能和趋稳性问题。冻土层作为一个整体具有一定的调节功能和趋稳性，如果冻土层瞬息即变，那么我们对冻土层的研究就成为不可思议，并变得毫无意义。从外因上分析，气温变化具有一定的稳定性和规律性，从内因方面考虑，冻土层可自行调节内部结构以适应环境的变化，从而实现一定的调节功能，保证其趋稳性。例如，当寒潮袭来，气温下降，冻土层就以降低土温和增加冻深（水变冰，内部结构改变）来适应这一环境变化。由于冻结深度的增加，成冰作用加强，放出热量，使地表温度升高，加强冻土层的辐射和蒸发，同时膨胀做功，以达到抑制空气降温的目的。也就是说，冻土层通过调节自身的内部结构来反抗环境的偶然变化，维持其相对稳定性，完成调节和反馈功能。

必须指出，自动调节和反馈功能只有在岩石颗粒、矿物成分等组成一个完整的冻土层系统之后才能实现，而单个组成要素本身是没有的，冻土层系统的这种整体效应存在于组成它的岩石颗粒、矿物成分等组分的相互联系、相互作用之中。而这些组成要素的孤立行为和特征的总和是不能反映冻土系统的这些整体功能的。

现在，我们来讨论冻土层的记忆功能。如前所述，冻土系统的发展变化是一个不可逆的演化过程，给冻土层本身留下"记忆"痕迹。我们可以根据古冻土遗迹，判断古冻土分布，再加上一定的其他条件，就可以比较清楚地了解古冻土形成的地理环境和气候条件，披露气候变化和地理变迁的速度与方向、规模与趋势，更有效地为人类经济建设服务。

我们强调指出，物质等级越高，功能越强。比如前述的冻土层的调节（反馈）功能，只有冻土层作为一个整体才能实现，而使组成它的任何组成成分具有这种功能都是不可思议的。对冻土的记忆功能来说也是这样，物质等级越高，痕迹越多，强度也越大，称其为"富内性"越强。例如，多年冻土就比活动层的记忆痕迹多而强烈，而活动层又比组成它的岩石矿物富内性要强。从本质上讲，这正是结构与功能的对应关系的具体体现。

综上所述，我们得出，要想揭示冻土的发展演变规律，就必须把冻土层作为一个系统去研究，以期达到了解冻土发展的过去，知道其现在，并预报将来，使其向最优化方向进行研究。

四、冻土系统的数学描述

根据冻土的系统特征，我们可用系统的方法描述冻土系统。另外，可以证明，对于冻土的系统描述与用数学描述是等效的（实际上，对任一自然系统的描述都有多种方法：结构描述和功能描述等）。

如前所述，冻土系统是多种元素（物质）杂处共存，状态错综复杂，怎样根据我们所要解决的特定问题，以观测或实验资料及现有的科学理论为依据，提炼出数学模型？首先必须经过一个抽象过程，把环境对冻土系统的影响作为边界条件考虑，并进行一些必要和合理的简化，即可求得合适的数学模型，进而求得我们所要求的量随时间或空间的变化规律。

显然，为了有效地提炼出冻土系统的数学模型，首先应该清楚，在所研究的问题中，哪些是待求其变化规律的量，哪些量是变量；哪些量可以看作常量；哪些是已知和未知的量；如何描述等问题。

从冻土系统研究的实际意义和理论意义上，我们不难确定冻土系统数学模型的目标函数，就是确定其状态参量随时间和空间的变化规律。据热力学理论，在不考虑外电磁场影响的情况下，选择 p（压力）、v（体积）、w（含水量）和 T（温度）四个参量描述其状态是恰当的。因此，冻土系统数学模型的目标函数即为 p、v、w、T 四个参量随时间和空间的变化规律。

根据上面的分析，我们提出冻土系统的整体数学模型如下：

$$
\begin{bmatrix} P(\tau+d\tau) \\ V(\tau+d\tau) \\ W(\tau+d\tau) \\ T(\tau+d\tau) \end{bmatrix} = A \begin{bmatrix} P(\tau) \\ V(\tau) \\ W(\tau) \\ T(\tau) \end{bmatrix} + D \begin{bmatrix} a_1 \\ a_2 \\ a_3 \\ a_4 \end{bmatrix}
$$

此处，a_1、a_2、a_3 和 a_4 分别代表气温、降雨量、外营力和地面辐射常数。A 和 D 均为四阶方阵，它们均由冻土系统的内部结构决定。也就是说，它们随着冻土系统的物质成分和结构构造的不同而变化。

上述物理模型的物理意义为：在 τ 时刻系统处于 $P(\tau)$、$V(\tau)$、$W(\tau)$、$T(\tau)$ 状态，系统受到 a_1、a_2、a_3、和 a_4 的影响（输入）后，经过 A 和 D 的作用变化到 $\tau+d\tau$ 时刻的 $P(\tau+d\tau)$、$V(\tau+d\tau)$、$W(\tau+d\tau)$、$T(\tau+d\tau)$ 状态。

一般来说，A 和 D 是随着输入的不同在时间序列上有一定差异。在一级近似的情况下，我们可以把它们视为常数矩阵，即假定系统内部的作用不随时间变化，这样的系统叫定常系统。

必须指出，把整个冻土系统模拟成上述模型，是在假定了某一时刻的状态对下一时刻的状态的影响符合线性规律的前提下进行的。如果这一前提得不到满足，则这一模型即失去意义。有关方面的研究表明，这一假设与客观实际基本一致。

为了具体起见，我们以活动层为例进行讨论。

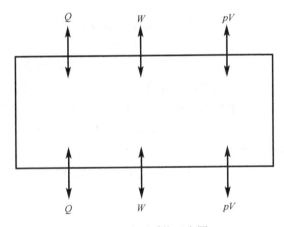

图 3　活动层系统示意图

如图 3 所示，取活动层为研究对象，显然，它是一个开放系统，与环境之间不仅有热量交换，而且还有水分迁移等，下面我们主要就来研究这两方面的规律。

首先，剖析一下该系统的运动形态，主要是热运动、相变化、力学过程和表面运动等。显然，热运动的过程亦即热量的传递过程，包括三种方式：传导、对流和辐射，相变化过程包括未冻水变化、冰晶生长发展和融水过程，力学过程包括水分迁移和重力分布过程，冰晶膨胀及土颗粒润湿变形变位过程，以及液体和重力位移过程，表面过程包括表面能和水势变化以及由此产生的吸附作用等。

众所周知，物质是能量的载体，能量是物质转移的动力。因此能量流和物质流不可分割。活动层中能量的循环过程为能量的交换 ⇒ 输运 ⇒ 转化 ⇒ 周转 ⇒ 积累。能量在该系统中的循环为不可逆循环，循环的结果有一定的能量积累。当积累量为负值时，活动层发展，反之，活动层消退。水分在该系统中的循环与此类似，包括水分的交换⇒迁移⇒相变⇒周转⇒积累，也是一个不可逆过程。

综上所述，以不可逆热力学理论和熵转移规律为依据，我们提出该系统（活动层）中热量和水分输运的如下数学模型（数学上已经证明，这种形式与冻土系统的整体模型是一致的）：

$$\frac{\partial t}{\partial \tau} = a_1' \frac{\partial^2 t}{\partial x_2} + \varepsilon \frac{\rho}{c} \frac{\partial W}{\partial \tau},$$

$$\frac{\partial W}{\partial \tau} = a_2' \frac{\partial^2 W}{\partial x^2} + \varepsilon \frac{\partial t}{\partial \tau}$$

其中：

t：土温，

x：空间坐标，

a_1'：土的导温系数，

a_2'：土的势导系数，

τ：时间，

ε：水变冰的相变准则，

ρ：结晶水的热量，

c：土的热容量。

在解决某一具体问题时，加上特定的环境条件（即边界条件和初始条件）后，即可根据上述数学模型求得活动层中水分迁移和热量转换的规律。

综上所述，不难看出，系统方法突破了传统的冻土学研究方法的局限。传统的研究方法主要是从单一因素着手，而后再行综合，因而很难如实地考虑各个因素的影响。而系统方法把冻土层分割成许多部分，然后再机械相加；同时，系统方法也不是先分析后综合和从部分求整体的方法，而是如实地把冻土层看作现实世界中的一个真实自然体，把它作为与环境有着密切联系的整体去研究，从冻土层与它的组成部分，冻土层与环境之间的物质—能量等的相互联系和制约关系中去揭示和把握冻土层整体性的属性和规律，以利控制其向最优化的方向发展。

五、小结与展望

以上我们从冻土的系统特征出发，通过对冻土层的特殊性质和各种运动形态的剖析，揭示了冻土系统的本质，提出了冻土系统的整体性模型，并以活动层为例进行了详细讨论，进而又提出了活动层中水热综合输运的数学模型。这仅仅是系统方法在冻土研究中的一个应用方面。从中可看出，它所探讨的主要问题是揭示冻土系统本身的规律性。

冻土学是一门多学科边缘的综合性学科，因此，系统的研究方法就显得更为必要。笔者认为，将系统方法应用在冻土研究中时应注意以下几个方面：

（1）尽量利用系统方法，采用新技术，新设备，深入研究冻土系统各种结构和功能的关系，特别要搞清楚它们的热运动和水分迁移的机制和动力源。

（2）既要考虑各层次的独立功能，又要注意它们的相互联系和整体上的协同作用，以及怎样把各分散层次综合成自然历史体。

（3）利用系统方法，根据现有的有关冻土历史资料，揭示冻土的发展和演化规律，以达到冻土预报的目的。

（4）根据冻土的系统特征，控制其向最优化的方向发展，为经济建设服务。

总之，系统方法在冻土研究中的应用大有可为。随着系统方法的引进和吸收，冻土学研究将会得到新的进展。

参考文献

[1] 维纳 N.（郝季仁译），《控制论》，科学出版社（1963）98.

[2] Von Bertalanffy L，General System Theory，G.Bra Ziller（1968）.

[3] Nicolis G，Prigogine I，Self-organization in Nonequilibrium（1977）.

[4] Poston T.，Stewart I.，Catastrophe Theory and Its Application（1978）90.

生态气候模型与西北开发*

　　农牧业是人工促进的生物再生产过程，也是经济的再生产过程，从生物生长的过程来看，这是生物因素和环境因素矛盾的统一，在大西北的黄土高原这个问题有其一定的特殊性。气候是生态环境因子，水分和热量是自然景观，或者自然地理系统物质和能量交换的基础。因而，许多学者提出过许多种水热指标，作为生态环境评价的标准，我们将对这类指标中颇具典型性的几个进行对比研究。虽然各种水热指标都不同程度地反映了自然景观的本质特点，但都缺乏动态和过程，而只是利用多年平均值对环境特征作静态的描述。为了克服这一弱点，本文将介绍一种新的生态气候适宜度模型[1]和生态系统内环境的熵模型[2]，并对其应用作了初步探讨，提出了西北开发系统工程中应注意的几个生态学问题。

一、水热模型的对比研究

　　水分和热量的相对值，决定了自然景观的外貌，而水分和热量的绝对值决定着景观自然过程的强度。50 年代苏联学者 A.A.格里哥里耶夫（ГригорьеB）根据辐射干燥指数提出了地理地带周期律的概念[3]。

　　地带性是自然地理学的基本规律，是地理环境典型的结构特征。地带周期律指示出了水热条件相对消长，其比值在空间上有重复性，因而不同热量带中，都有外貌相似的自然景观出现，这些具有相似外貌景观的差异，在于地理过程的强度不同。地理地带景观这种空间上的重复性，根据学者吴学谋首创的泛系理论[4]，我们认为这正是一种泛对称的现象，其根源于水热相对比值的周期变化。

　　精确测定一个地区的水分和热量值，在理论和测试仪器方面都还有许多工作可做，艾南山等曾在研究陇中黄土高原[5]和以甘肃为例对湿润度模型进行比较研究中[5]，讨论三种计算比较简便的模型。在一定精度范围内，它们可作为上述精确模型的替代，这里我们拟就这一问题作进一步讨论。

　　三种模型为 H.P.贝利（Bailey）湿润度模型[7]，任继周草原分类模型[8][9]和 L.R.霍尔德里奇（Holdridge）模型。

　　贝利模型为

$$S = \sum_{i=1}^{12} 0.18 P_i / 1.045 t_i \qquad (1)$$

其中，P_i 和 t_i 分别为月降水和月气温。

　　任继周的湿润度指数为

$$K = r/0.1 \sum Q \qquad (2)$$

式中，r 为年降水量，$\sum Q$ 为日平均气温高于 0℃的年积温。他根据 K 和 $\sum Q$ 值作出了

---

　　*作者：艾南山、昝廷全，原载《开发研究》1985 年增刊

我国草原类型检索图[8][6]。

霍尔德里奇用的潜在蒸发蒸腾比为

$$PER = 58.93/Px(t_i>0)/12 \tag{3}$$

式中，P 为年降水量，t_i 为月平均气温[10]。

不难看出，上述这类指标都是用能量函数和水分函数的某种组合来表示，虽然它们都揭示了自然环境的某些特点。但是，它们是某些特定时段或全年的平均状况的简单描述，不能揭示一年内的变化情况，而与作物有机体增长及产量没有直接的数量联系，同时也没有考虑指标的各要素之间的内在联系及其对气候特征和农业生产的综合影响。另外，由于缺乏严格的数理分析，难以将不同量纲的气候因子建立一个综合的数学模型，因此不便于进行生态环境的预报。

二、生态气候适宜度模型

尽管水热模型能够反映一些自然景观的本质特点，但指标的取值仅是某一时段（或一年）气候平均状况的描述，缺乏（一年内的）动态概念。如果把景观看作生态环境，气候视为重要的生态因子。那么，从生态系统角度考察，则各种水热指标都缺乏与生态环境的主体的联系。

根据顾恒岳、艾南山（1984）农业生态气候的定义，气候对作物生长的适宜程度以及以年为周期的变化过程——农业生态气候过程。它具有统计的随机性和概念结构的模糊性；农业生态气候的适宜度模型为

$$Sc(t) = \begin{cases} S_T(t) \\ S_R(t) \\ S_I(t) \end{cases}$$

式中，Sc（t）为农业生态气候过程，而 S_T（t），S_R（t）和 S_I（t）分别为气温，相对温度和日照的适宜度模糊子集。

根据适宜度的上述模糊数学模型，运用多年气候观测资料，可以计算农业气候的资源指数 Cr 和效能指数 Ce，用于对区域的生态环境的现状和潜力进行评价。

资源指数：
$$Cr = \frac{1}{3}\int_0^t [S_T(t) + S_R(t) + S_I(t)]\mathrm{d}t$$

效能指数：
$$Ce = \int_0^t [S_T(t) \wedge S_R(t) \wedge S_I(t)]\mathrm{d}t$$

利用系数：
$$K = Ce/Cr（\%）$$

资源指数 Cr 表示水、热、光的组合及其对作物生长可能提供的资源，它体现了三种气候因子对农作物适宜性能力的平均值，Cr 越大资源越丰富；效能指数 Ce，表示三种气候因子的配合程度，Ce 越大，配合越佳，越适宜作物生长；利用系数 K 反映了农业气候资源在天然条件下为大多数作物生长的实际效率，K 值大，表示利用率高，K 值低，表示气候资源潜力大。

顾恒岳、艾南山曾在"农业气候系统的动态模型及数值区别"一文中，选取了全国325 个气象台站，用多年的逐月平均气温 T（℃）、相对温度 R（%）和日照时数 1（小时／

日）按前式计算资源指数 Cr 和效能指数 Ce，作出了全国农业气候适宜度分布图，并从适宜度图上选取经度相同纬度不同以及纬度相同而高度不同的台站，建立了 Ce 和 Cr 与纬度（W）和高度（H）的回归高程，其相关系数 r 为 0.94，充分证明适宜度具有强烈的地带性规律，它可以作为确定地带性，分析地带性变化规律的重要指标。

三、生态系统的内环境熵模型

为了使研究思路更加清晰和便于深入理解，昝廷全在文献 [2] 中引进了生态系统的内环境概念。这里"内环境"是相对于生态系统以外的宇宙世界——生态系统的外环境而言的。我们把生态系统中除去生物系统以后的所有无生命成分组成的集合称为生态系统的内环境。生态系统的内环境决定着生态系统的平衡，稳定与进化等规律。因此，我们可以通过内环境研究生态系统问题。为此，我们提出了生态系统内环境的结构熵和热力学熵概念。所谓生态系统内环境的结构熵，就是由于它的组成要素的物质几何形态，组构差异所引起的稳定性问题所对应的熵。所谓生态系统内环境的热力学熵，就是与内环境耗散物质和能量特性相联系的熵，热力学与统计物理学通常讨论的熵相一致，熵模型为

$$Sunit = \frac{pc}{t - t_0}$$

其中，p 为大气密度，c 为大气热容量，t_0 为计算内环境熵值的参考状态的温度，t 为温度，显然生态系统内环境的熵模型是时间和空间的函数。因此，可以用来描述生态系统的动态和过程。这是因为在生态系统的内环境中不断地进行着大气循环，水蒸气循环和生物地球化学循环等。实际上，正是由于这些因素决定着大西北黄土高原开发的特殊性，根据上述熵模型的计算可以发现，西北黄土高原生态系统的内环境稳定性较差，这主要是由于西北黄土高原山区起伏、高差、坡度较大，气候条件恶劣所造成。

四、西部开发问题

根据前面的讨论，在西北开发过程中首先要充分考虑自然地带性特点，特别是生物气候地带性规律，其次是区域生态系统之间及其内部的协同问题。下面分别论述。

从适宜度分布图上可以看出，整个黄土高原被效能指数 Ce 等于 2.0 的等值线分成两部分。黄土高原的主要部分，即西北部包括陕北、陇东和陇中，在图上大致相当效能指数在 0.5-2.0 之间的地区；而黄土高原的东南部（如陕中和晋中），相当效能指数在 2.0-3.0 之间。表明黄土高原本身地带性分异，其西北部目前的植被类型属草原和干草原，而东南部则为森林草原。

地带性是自然地理学的基本规律，是地理环境最典型的结构特征。我们在制定西北地区开发措施时，必须充分认识到这一点。人类活动可以改善生态环境，但对于全球性的分布规律却不会有决定性的影响。人类活动可以严重干扰自然景观，文化景观（cultural landscape）可以使得自然景观面目全非，但却很难改变地带性结构的实质：砍伐造成的荒山秃岭仍属森林地带，引水灌溉将荒漠变为良田，但后者仍是荒漠地带内的绿洲；过度放牧引起的沙漠化，只是在本来就属于干旱气候的沙漠外围地区，如在哈拉撒大沙漠周围的撒赫勒地区及我国西北各沙漠边缘的干旱区。总之，人类活动不能使荒漠带变为

草原带，也不能把草原带变为森林带，自然地带不是一成不变的，它是时间函数。地带性结构是一个历史范畴，在整个地质时期，不但它的内容由简单到复杂的发展，而且各地带分布位置也会发生变化。但考虑到形成地带格局因素的巨大规模，在人类有文字记载的历史以来这种变化是微小的，尽管它时刻都处在不断地变化之中。因此，在西北地区的开发过程中，必须从实际情况出发，充分认识地带性规律。在半干旱的草原地区，必须利用地带性表现的空间差异，按照不同树种和草种要求的不同立地条件进行种草种树。没有这种条件的地区必须进行人工灌溉。例如，甘肃境内的黄土高原，年降水量为100−400mm，年积温（>10℃）为1500−3000℃，干燥度1.5−2.2，生物气候地带土是半干旱的草原和干草原。从整体地带性来看，这里不是森林环境。限制这一带农业气候资源的主要是水分，这里资源指数一般可达4−5。比如兰州效能指数1.5，资源指数4.9，利用系数仅达 0.3。也就是说，如能充分满足水分条件，兰州可以达到今日秦巴一带的效能指数。人类活动虽然可以大大改善生态环境，但却不能改变大气环境，因而不能希冀改变黄土高原的地带性属性。

我们现在转而讨论区域生态系统之间及其内部的协同问题。西北地区落后的一个重要原因，就是山区起伏、高差、坡度大，生态系统的内环境稳定性较差，自然资源与生态环境容易遭到破坏。更由于建国 30 年来，主要抓粮食生产，在一定程度上忽视了西北黄土高原的因地制宜建设，甚至采取掠夺性的经营方式，造成植被覆盖度降低，生态环境恶化，生态系统的内环境稳定性（即熵值）降低。因此提高西北黄土高原生态系统内环境的稳定性是西北开发的一项重要任务。从协同学[11]角度分析，就是要建立协同的区域生态系统结构。协同的区域生态系统结构属于一个远离平衡的开放有序系统，即多重耗散结构。有序系统的特征是具有多级层次数。各层次既相互联系又相对独立，形成局部的子系统。当子系统的独立性占主要地位时，就能形成区域协同结构，只有当子系统之间的联系起主导作用时，才能形成宏观有序结构，为完成一定的功能提供保证。

怎样才能获得生态系统的协同结构?我们必须输入生态系统一定的负熵流。实际上，就是降低生态系统内环境的熵态。不良状态的生态系统处于高熵环境，否则处于较低熵环境。要开发西北，建立区域生态系统的协同结构，就是要想办法使黄土高原的各种生态环境处于熵态较低的环境之中。发展林草植被，增加植被的覆盖度，可以调节气候，涵养水分，减缓暴雨对地面的侵蚀，防止水土流失，提高生态系统内环境的稳定性。因此，在自然地带的范围内，提高区域生态系统之间的协同程度，创造人工景观（human landscape）在西北开发过程中具有重要意义。

参考文献

[1] 顾恒岳、艾南山，1984，农业气候系统及其动态模型，大自然探索，1 期，43−56.

[2] 昝廷全，1985，生态系统的内环境熵论与西北开发.

[3] ГригорьеВ А. А，1954：Географический Онаљности Некоторыееё Закономерности.изв. АН СССР`СЕРГЕОГР.

[4] 吴学谋，1981：泛系分析——学科交缘的一种新探索，科学探索学报 1（1）：125−164.

[5] 路鹏南，杜芳兰，艾南山，1984：陇中黄土高原水热条件初步分析，兰州大学学报丛刊Ⅱ《甘肃黄

土高原区开农业资源开发利用研究文集》：118－127.

[6] 路鹏南，杜芳兰，艾南山，1984：湿润度模型与自然景观的对比研究，中国草原学会第一届全国草原生态学术讨论会论文集：197－196.

[7] Bailey H. P，1979：Semi-arid Clmates：their definition and distribution。 In "Agriculture in Semin-Arid Environments" Spring-Verlag：73－97.

[8] 任继周，胡自治，牟新待，1965：我国草原类型第一级——类的生物气候指标，甘肃农业大学学报，1 期.

[9] 任继周，胡自治，牟新待，张普金，1980：草原十综合顺序分类法及其草原发生学意义，中国草原 1 期：12－24.

[10] Holdridge，Le R，1960，Letter in reply to T.I.Noffsinger relative to the science，1959，Article.131：1290－1262.

[11] H.Haken Synvgetinger：Verlg Berlin Heidelbrg NewYork 1976.

信息层次性原理*

　　物质、能量和信息是客观世界的三大基本要素。因此，材料科学、能量科学和信息科学是现代科学技术的三大支柱。信息科学是随着系统论、信息论、控制论、微电子学和计算机科学等的最近发展刚刚崛起的新兴学科。由于科学技术的进步和生产实践发展的需要，使得信息与知识的传递、知识与情报的交流，无论在空间和时间上都达到了空前的规模。因此，信息科学在三十几年来得到迅猛的发展，并发表了大量的著作和文章。同时，也暴露出概念上存在的一些问题，导致应用上的不方便。本文提出的信息层次性原理可使信息科学的思路更加系统、逻辑更加合理。通过对信息科学的历史与现状的分析和研究，我们得出信息科学的一个新原理——信息层次性原理：信息具有层次性，不同层次的信息相互联系、相互转化。根据已有的经验表明最基本的信息层次有：结构信息、热力学信息和生命信息三个层次。根据信息层次性原理，这三个层次的信息之间相互联系，相互转化，当然这种转化要求一定的条件。下面我们进行较为详细的讨论。

　　结构信息就是由于系统的结构（包括空间结构和功能结构）所"荷载"的信息。笔者曾在《DNA结构与功能研究的一种新理论》一文中讨论过由于DNA大分子中碱基（G、C、A、T）的不同排序所携带的遗传信息问题，它显然属于结构信息的范畴。结构信息在自然界和人类社会中都是客观存在的。例如，从我国目前的工业空间布局（结构）就可以得到有关制订我国工业发展战略的有用信息；在地学上，一定的地貌形态反映一定的地学信息。因此，结构方法在研究这类问题时具有一定的优势。

　　热力学信息由系统的热力学状态决定，它与系统的物质和能量耗散过程相联系。热力学信息方向主要研究系统由于物质和能量的耗散所引起的信息过程，以及由于系统内部和外部的涨落对系统的信息的影响[1]，根据这种观点，我们可以把热力学统一于信息科学。我们知道，对于热力学过程来说，必须有温度的差异热能才可能传递和转化。从信息论来看，低温物体（冷源）的作用是提供信息，控制热能转移方向。冷源相当于一个信息源，高温物体（热源）相当于一个噪声源。因此，可以把热力学过程看成信息过程[2]，这样自然地就可以把热力学和信息科学统一起来，它将有助于进一步认识热力学过程的内在实质，同时说明了热力学信息层次是客观存在的。根据上面的讨论不难看出，普里高津（I.Prigogine）提出的耗散结构理论是属于热力学信息层次的理论，由此可以很方便地对现行关于耗散结构理论的一些不合适评价进行指误，有利于耗散结构理论的拓广和发展[3]。

　　生命信息标志着生命的诞生和存在，是生命客体的客观属性，它既不属于结构信息也不属于热力学信息，它是一个独立的信息层次。心理学家研究人的感觉和人对声音的识别。这些都是处理生命信息过程的例子。生命信息具有高度的选择性，这是生命信息的一个重要特性。例如，某一"暗语"只有特别接受者才能听得懂。生命信息的传递与

　　*注：作者：昝廷全，原载《自然信息》1985年第4期

物质和能量的耗散没有固定的比例关系，这是生命信息的另一个重要特性。我们相信，当前的气功疑难有可能从生命信息方面突破。为此，我们提出生命场的概念。

从实质上讲，生命场是一种生命客体的信息场，它具有高度的选择性和偏集性。知识是一种特化的生命信息。在一定条件下，人类通过有区别有选择的信息对自然界、人类社会、思维方式等进行认识与掌握，并通过大脑思维使信息系统化形成知识。信息是知识的原料，知识是系统化的信息。

上面提出的三个层次的信息相互联系，并在一定条件下相互转化。根据热力学理论，在不考虑外场影响的情况下，热力学过程的完备状态参量组可选为温度、体积、压力和物质组分。在零级近似的情况下，体积和物质组分可以反映系统的空间结构信息。生命信息必须通过热力学信息和结构信息的相互作用才能体现，但其本身又与之不同。这就是结构信息、热力学信息和生命信息之间的基本关系。

三个层次的信息是相互联系的。信息层次性原理对信息层次的划分大大提高和加深了人们对信息本质的认识。因此，探讨自然界中的一切过程与信息及其层次之间的关系将成为一个重要的科学思维方法，而且将成为最适于生命科学的思维方法。

参考文献

[1] 昝廷全：生态系统的内环境熵论与西北开发，中国西部经济开发学术会议论文集，1985.
[2] 王身立：信息热力学，潜科学，（1）：37，1984.
[3] 王身立：耗散结构理论向何处去？潜科学（1）：140，1985.

环境科学的一个新原理：极限协同原理初探*

一、引　言

60 年代以来，科学技术长驱进步，工农业生产飞速发展，使人类生活变得更加丰富多彩。经济大发展带来了迅速的城市化，大量工业废弃物排放到自然界，排放的数量越来越多，远远超过了大自然自行分解和净化的能力，从而出现了污染问题，并成为全世界日益关注的重要问题之一；同时，也促进了一门新的学科——环境科学的产生和迅速发展。尽管如此，由于这门科学产生不久，理论体系尚不够完善，还有许多基本问题有待于进一步探讨。

所谓环境是对主体而言的，不同的主体对应于不同的环境。如我们以人类为主体那么就是人类生态环境，它是地表大气圈、水圈、岩石圈和生物圈紧密接触所形成的一个特殊层次，相当于地理学上所谓的"地理环境"。在地理环境中，各环境要素，相互制约，互相影响，处于动态平衡的状态。

目前，关于环境科学的研究任务和研究范围还有争议。较公认的一种观点是：环境科学研究解决的主要问题有两大类，一类是人类活动对环境的影响，如小气候变化、水土流失、沙漠化等；另一类是人类活动造成的环境污染对人类和生物的影响。

照这样理解，环境科学偏重于研究人类（生物）活动对环境的影响和环境污染对人类（生物）的影响，而对二者之间的整体协同作用尚未予以足够重视。有鉴于此，本文拟探讨这种整体作用，并将它标之为极限协同原理（limit–synergetical principle），不妥之处，勿吝指教。

二、极限协同原理

生物，当然也包括人类，及其与环境的相互关系是长期历史演化的产物，在这漫长的演化过程中，不断适应环境变化，形成各自独特的性质，并占据不同性质和结构的空间即生活环境。生物系统是一个高度有序的具有耗散结构的开放系统，它通过与环境不断地交换物质与能量以及信息维持自身的生命活动。这种物质与能量的输入与输出关系，把生物与环境结合为一个不可分割的整体——生物环境系统。

现行环境科学主要讨论生物与环境之间的相互影响，诸如生物系统和环境系统之间的正常物质和能量交换、转化、积累和循环等。但却忽视了生物环境系统中生物和环境之间的相互作用。也就是说，当环境变化时，生物（包括人类）就调节自身的结构，力图适应环境的这种变化；反过来，生物结构的进化（包括外部原因引起的突变），导致其与环境之间相互作用的改变，环境亦随即发生变化、调节自身结构，趋于和生物的变

---

*作者：昝廷全、艾南山，原载《环境研究》1985 年第 2 期

化相协调一致，也就是说，生物的进化，环境的演变，"污染"起了重要作用。

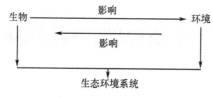

图 1　生态－环境系统

　　通过前面的讨论不难看出，生物与环境正是在这个意义上形成了一个不可分割的整体——生态－环境系统（如图1）。亦即生物与环境通过相互作用和相互影响，产生促协力，进而导致趋同性。当一方由于某种原因（或涨落）发生改变时，另一方就以调节自身结构、改变有序度作出响应，形成一个闭合反馈网络。

　　在自然界，生物与环境之间的趋同现象是常见的。自然界的物质运动是永恒的，我们的现在生活环境只不过是历史长链上的一个环节。例如，在地球地质时期初期，地表环境处于还原状态，大气成分以 CH_4、N_2、NH_2 和 CO_2 等为主。在紫外线的强烈照射下，简单的小分子和元素在原始海洋中合成高分子碳水化合物。大约在 20 亿年前，在广布有机化合物的海洋中终于合成了生命。这时，环境系统就改变自身的结构与功能，打破原来能量积聚与散失之间的平衡，增加太阳能在地表的贮存与之相适应。由于光合作用，大气圈的上层形成了臭氧层，吸收对生命有杀伤力的短波紫外线，给生命在地表的繁衍创造了有利环境。原始生物是在无氧环境中生存的，它们是嫌氧生物；生物改变环境，环境也改造生物，为了与这种环境相适应，原始生物中逐渐形成了一种喜氧生物，它们进行有氧呼吸。

　　从前面的讨论和例子可以看出，生物和环境之间确实存在协同作用，进一步的问题是，它们之间的协同程度如何。我们认为，生物和环境之间尽管有协同作用，但它们的各自变化并不是绝对"同步"的。正是由于这个原因才出现了环境污染问题。

　　人体结构对环境变化的适应调节过程有一个最大极限速度和最大正常范围（与一定的时间尺度相对应）。当环境的变化速度对人体结构的适应调节过程来得及时，而且由于环境的改变所引起的人体结构的调节过程在人体结构的最大正常范围（与一定的时间尺度相对应）时，尽管环境在变化，而对人体的健康和生存并无任何不利和威胁。只有当环境的改变引起的人体结构的改变超出上述两个条件之外时，才对人体产生有害影响。

　　综上所述，可以归纳为环境科学的一个新原理——极限协同原理：人体（生物）和环境之间具有协同作用，只有当环境的变化速度超过人体结构的最大极限适应调节速度或使得人体结构的适应调节过程超出人体结构的最大正常范围时，环境的变化才对人体产生显著的影响，一般来讲就会构成对人体的正常生存的威胁，产生有害的作用。

三、讨论与展望

　　极限协同原理指出的是，人体结构对环境变化所引起的适应调节过程的极限速度和最大正常范围。这里所谓的环境变化包括两个方面的意义：一方面是环境向着通常意义下的污染方向变化，另一方面是环境向着通常意义下的优化方向发展。按照这个原理，上述的任何一种急剧变化都有可能对人体"正常"机能产生显著（往往是有害的）影响，临界值要根据环境变化速度和人体结构的适应调节过程的极限速度与最大正常范围而决定。我们把种情况称为通常意义下的环境污染，而把第二种情况称作环境"净"污染。实际上，通常发生的是第一种情况，而第二种情况仅在特殊的情况下才会发生，例如，从喧闹城市突然来到寂静的冰山，也会产生一种"不适应"。

就通常意义下的环境污染而言，它的速度和幅度对人体结构适应调节过程的速度和范围均有影响：环境污染的速度越高、幅度越大，越易对人体产生有害影响和威胁。

图 2 是全国 28 个主要城市肺癌死亡率与经济密度之间的回归线。纵坐标表示每 10 万人男女肺癌死亡人数；而横坐标代表经济密度，用每平方公里多少亿元产值作标准。图中各点，为 28 个城市的观测点。求出回归线的方程为：

$$y = 18.84 + 7.07x$$

相关系数达 $r = 0.5333$，相关性显著。图中最右边的一个点是上海市，经济密度居全国之首，而肺癌死亡率也最高。从极限协同原理来看，城市经济密度越大，说明环境污染的幅度和速度越大，人体为了适应环境的这种变化，不得不调节自身的结构，当这一调节过程超过人体结构的正常范围时或者当人体的结构调节到肺癌病发"区"时，人体便得了肺癌。

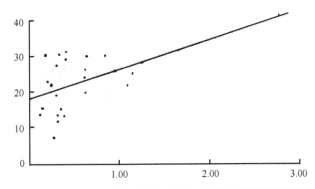

图 2　我国 28 个主要城市男女肺癌标准死亡率与经济密度的回归线

图中纵坐标为肺癌死亡人数／10 万人；横坐标为经济密度亿元／km²

另一方面根据极限协同原理，人们也没有必要对环境的污染的任何轻微加重都感到恐惧，而重要的是测量现存环境污染的底值，预言环境污染的速度和幅度，探讨人体结构的适应调节过程能否与之"同步"。如果根据预言，环境污染加重的程度和速度，人体结构来不及调节或有可能使调节过程超出人体结构的最大正常范围时，就应对环境污染问题引起足够的重视，采取行之有效的环境保护措施，保证人们的身体健康，为人们创造舒适的生活环境，为四化建设服务。

1986

大西北开发的战略耗散结构模式*

一、引 言

西北地区的开发过程是一个自然再生产和经济再生产交织在一起的系统工程，它既受科学水平、技术条件、经济因素的干预，又受自然条件的制约。因此，仅依据资料进行定性分析已不能满足西北地区开发系统工程的需要，还必须从战略角度对西北地区开发进行定量和优化的研究。

系统论、信息论和控制论，耗散结构理论和协同理论，为开发战略研究提供了新理论、新思想和新方法。本文拟以西北开发战略系统概念出发。论述其最佳状态应呈耗散结构模式，并讨论形成这一模式的基本条件，简述模式评价及战略反馈网路结构，以对西北开发战略问题进行探讨。

二、西北开发战略系统

西北地区开发的战略问题的研究涉及经济学、运筹学、规划理论、系统科学、信息科学，生态和环境科学等，是一种多学科、多方面和多层次的综合研究，需要多学科的人员共同工作，协同攻关。为了进行深入系统的研究，必须提供一些共同术语，便于不同学科的人员理解和交流。首先我们定义"西北地区开发的战略系统"的概念，所谓西北地区开发的战略系统，不是某一个单一的计划、政策和规划，而是一个由不同层次、不同侧面的政策和方针构成的一个政策系统[1]，这样，对西北地区开发战略的研究就可以转化为对西北地区开发战略系统的功能与结构的研究。

西北地区开发战略系统是一个多方、多层次的立体化的网络开放系统。所谓多方，就是说它不只是要解决某一方面，例如部门的组织管理的合理规划问题，而是要解决包括国民经济、部门经济等各方面的合理规划问题[2]。所谓多层次，就是说在上述每一方面的问题又都存在着一个多层次问题。例如，对组织管理问题而言，可以分为战略规划层、决策管理层、计划管理层和组织运营层等不同级别的层次，而且每一层次又都具有时间上的层次性，例如最粗略地可以分为近、中、远期三个时间层次，每一层次都具有特殊的任务和规律。由于西北地区开发战略系统的上述多方面和多层次性就使得它是一个纵横交错的立体化网格系统。显然这个系统是开放的。实际上，正是开发战略系统的这种结构才保证了它能够根据所要解决问题的目标函数，及时地挑选和吸收有关的大量信息，通过对信息的加工处理，求得解决问题的最佳方案，这是十分容易理解的，因为结构和功能是一个矛盾的两个方面，一定的结构是实现某种系统功能的前提和保证，一定的功能又反过来促进系统结构的演变和优化。

---

*作者：昝廷全、艾南山，原载《开发研究》1986 年第 1 期

三、西北开发的战略耗散结构模式

西北地区开发的战略系统各结构组元之间既相互联系又相对独立，当各组元之间的独立性占主导地位时，系统呈现基本上互不联系的离散状态，显然不能形成有机整体结构，只有当各组元之间的相互作用占主导地位时，系统才能在新的层次上形成有机整体结构，并保证系统完成一定的功能行为。如果系统各组元之间为线性关系时，则只能形成非平衡的稳定状态，只有当各组元之间呈现非线性关系时，通过耗散外界的人流、物流和信息流，才能形成协同有序的生机勃勃的发展图景，整个战略系统才具有协同的特征。我们把战略系统的这一状态称为西北地区开发的战略耗散结构模式。

西北地区开发战略系统呈现耗散结构模式必须满足几个基本条件：

首先，这个系统必须是开放的。目前普遍认为我国失去了两次经济腾飞的机会[3]：第一次是在十九世纪中叶，当时欧美一些国家已经或正在进行工业革命，而我国却在经历封建统治的危机，提出"中学为体，西学为用"，结果是无法摆脱作为"体"的封建思想意识，丧失了经济腾飞的大好机会；第二次是在第二次世界大战以后，当时世界海洋性开发经济占主导地位，亚洲和南美一些国家和地区及时抓住这个时机，依靠加工出口而发展了起来。而我们却采取封闭式的战略方针，强调自给经济，对外脱离世界市场，对内妨碍了商品经济的发展，又一次失去腾飞的机会。物质、能量和信息是客观世界的三大基本要素，根据耗散结构理论[4]，只有开放系统才能和外界进行物质、能量和信息的交流，从而使系统从外部输入负熵流大于或等于系统内部的熵产生，这样才能保证西北地区开发战略系统处于耗散结构状态。战略耗散结构是在开放条件下不断演化发展的，实际上是一个耗散结构状态的连续更替系列。西北地区开发战略系统的开放有三个层次：一是对国外开放，如"欧亚大陆桥"和重开"丝绸之路"的设想，这要取决于国际政治环境和我们的开放政策。二是对国内开放，在某种意义上讲国内开放更为重要。在西北开发过程中要充分注意我国的整个发展形势，通过与内地的人才、物资和信息的交流，促进西北地区的开发建设事业。美国十九世纪对西部的开发，苏联对西伯利亚的开发，日本对北海道的开发，意大利对其南部的开发，都是从全国角度，创造和实施了社会发展战略工程，才得以实现。所以西北能否开发，以及如何开发，即战略系统耗散结构的演化方向和速度，主要取决于对边远地区的开发战略。三是大西北内各地区各部门之间也要开放。系统内部的联系，是使系统形成有机整体的必要条件。因此，必须"对内搞活"，加强横向联系，增强各地区各部门自身的发展力。

第二个基本条件就是系统应远离平衡。西北地区与全国其他地区，西北地区内部，都不能要求平衡发展。平衡发展，实际就是要求系统内熵值趋向最大，即自给程度极高，经济水平均匀化，也就是系统的无序度增加。"非平衡是有序之源"。战略系统处于平衡状态时，具有势函数特征性稳定，因而使它偏离平衡的涨落，不能使其离开平衡位置，但如果战略系统处于远离平衡的不稳定态时，新技术、新工艺、人才的调入以及政策的变化等，都会使系统出现涨落，力求使系统离开原来状态。系统具有"战略涨落回归性"，但这是有限的，而一些涨落，在系统内可能被放大，形成"巨涨落"，使系统突变跃迁到一个新的有序状态，这就是所谓涨落导致有序，并由与系统外进行开放交流而获得稳定。所以耗散结构表现的有序性就是涨落的有序性。这与平衡结构的有序性完全不同。

因此，预测涨落因子，特别是那些能被系统放大，形成"巨涨落"的因子，制订相应的对策，引导战略系统在偏离平衡的涨落中，演化成上升发展的突变，经济持续地发展或腾飞。如果错误估计形势，比如过去，不考虑生产力发展现状，采用不断改变生产关系的政策，使我国农村经济由互助组、合作社、人民公社不断跃迁，这种敏感性极强的涨落，导致了经济的破坏。现在通常所谓的"经济发展突破口"，也是一种敏感的涨落因子，选准了这种突破口，可以带动经济全面发展。我们的任务就是掌握和了解对这个战略系统发生影响的可能涨落因子，并测度这些因子的敏感度，输入正确的对策，促使战略系统不断向更高层次的有序度发展。

　　第三个基本条件是系统内部各组元之间相互作用关系应当是非线性的。根据耗散结构理论，系统的耗散结构是系统与环境不断进行物质、能量和信息的交换和系统内部的非线性动力学机制形成和维持的宏观时空的有序结构。西北地区的开发建设过程是一个社会—经济过程，其内部各组元之间的关系并不是简单的线性关系，其发展方向也不是唯一确定的，而是由诸多社会经济因素决定的，它对应于一个可能性空间，在可能性空间的每一点都会有几个可能方向、几个分支，根据这一基本条件，我们可以得出西北开发战略工程中的一些方针政策，国家在特区和沿海开放区，实施了许多优惠政策，以利于外资的引入；收回香港的主权后，实行"一国两制"，这些都是国内各地区与政策间的非线性关系。西北地区，经济发展比较落后，条件比较艰苦，非线性动力学机制要求采用不同于国内其他地区的特殊政策。比如，西北虽有资源优势，但在人才、技术上却是劣势，要把资源优势变为经济优势，就需要引进新技术、新工艺，关键就要培养和引进科技人才，在人才待遇制度上，必须有明显的优惠政策，否则在人才耗散中"一江春水向东流"的人流趋势不能制止，更不要说使这种趋势逆转了。这种状态的严重发展，必将使系统向低一级有序结构跃迁，造成经济发展的滞缓。

四、开发战略系统的评价及其反馈环结构

　　要建立西北开发完整的战略系统理论，必须包括对开发战略系统的评价及其反馈网路。对开发战略的评价，首先要评价的是经济效益，可以从两方面考查：一是开发战略通过实施已经获得的直接经济效益，可以用战略实施单位时间内（年）的增产节约价值或增加利润来衡量；二是潜在经济效益，新战略初步付诸实施，其科学性获得证实后，其经济效益往往不能立即充分表现出来，这是因为新战略的实施要有个过程。新战略开始实施时，一般市场比较狭窄，范围较小，再者还受到人员、智能、资金和设备等的制约。随着时间的推移，潜在经济将会日益表现出来，我们可以用几年、十几年内战略实施单位可能创造的最高经济效益评价。对开发战略评价的第二个重要方面就是社会效益问题，它是指新战略的实施可能引起的对国家民族的昌盛和长期发展的影响，以及对社会文明建设（如环境保护，生态平衡等）所产生的社会影响，正是在这一点上充分体现了社会主义的优越性。

　　西北开发战略系统的反馈过程主要是根据信息进行战略决策，通过实施产生一定的社会—经济效益，它又以新的信息作用于决策系统，同时战略决策系统还从外界获得一定的信息，做出新的战略决策，如此循环，展开西北开发的系统工程。

五、建　议

基于上面的讨论。我们认为在西北开发过程中一定要掌握一个"流"字，在流动中实现开发系统工程的战略耗散结构模式及其发展，以求得有序、高效和最优化，这主要包括：

（1）人流问题。允许人员的合理流动，即人员的耗散，对人员流动的基本要求就是充分发挥每个人的潜力，让最合适的人在最合适的时机，做最合适的工作，把那些有知识、懂技术、会管理，热情积极又富于献身精神的人组织到西北开发的系统工程中去。这个人员组织系统应当是不断流动的开放系统，不断地以优秀分子代替相形见绌的人员在西北开发系统工程的不同进展阶段以急需人才去换那些完成了使命的人员，但在以后再需要他们的时候又能回来参加开发建设。总之，要求人才结构是一个活的耗散结构，要不断地吸引有用人才，调出不需要的人员，保证西北开发系统工程向着最优化方向发展。

（2）物流问题。在西北开发的系统工程中，必须保证物的合理流动。做到原料产品不积压，厂房设置不闲置。材料原料用多少进多少，进来的马上就用，做到周转时间尽可能短。因为材料产品的积压无疑是极大的浪费。工具，设施和厂房等要达到尽可能高的实用率和运转率。因为闲置的设备只能占用资金，而不能创造价值，实际上也是一种浪费，产品随产随销，加速周转，可以增加利润。

（3）信息流问题。战略决策机构必须随时得到足够的信息流，信息流通越快越好，而且中间环节越少越好，否则就会引起信息的失真和可信度降低，战略决策机构只有随时得到广泛的真实信息，才能实现有效的反馈和正确的决策，使得战略决策机构和西北开发系统工程协同一致，保证西北开发建设事业的顺利进行。

另外，在进行西北开发战略决策时，还要充分注意到西北开发系统工程可能引起的生态平衡的破坏，使经济建设和环境保护协同起来，进行不破坏生态平衡的开发系统工程。

参考文献

[1] 黄方毅. 发展战略及研究. 自然百科知识. 2（1982）.

[2] 陈传康. 开发战略和国土开发. 地理学与国土研究 1：1—9（1985）.

[3] 关士续. 面向世界抓住机会迎接挑战. 新技术革命资料选辑. 哈尔滨工业大学出版社.（1984）.

[4] Nicolis G，Prigogine I. Self-Organization in non-equlibrium system. John Wiley & Sons.（1977）.

（作者工作单位：兰州大学西北开发综合研究所）

泥石流活动性的一种判别方法[*]

一、引　言

　　在地球表面进行的地貌过程，是受制于两种营力的作用，即内营力和外营力。从地球动力学的角度去研究地貌过程，应十分重视营力的问题。泥石流、滑坡、崩塌等工程地质病害，也可视为由一定的地貌过程组合形成的地貌现象，它们同样受制于内外营力的作用。但过去研究这些病害时，却常常只注意了外营力，而忽视了内营力的作用。当然，在研究这些病害时，也注意到地质构造、岩性等因素，但这只是作为边界条件或初始条件，而对内营力本身则几乎没作什么考虑。内营力对泥石流等的作用问题，是一个新的课题。从不多的研究结果表明，在有些时候，它的作用是不应忽视有时甚至是不应低估的。

　　内营力是由深部的地球动力学过程引起的，源于板块构造作用，在地表就表现为构造应力场。尽管对板块的形成机制，还是一个尚待进一步阐明的问题，但就其地表的作用来讲，我们关心的问题只是确有板块存在，继而由于板块间相互作用形成了构造应力场。

　　本文拟从构造应力场对泥石流等工程地质病害的作用出发，研讨泥石流活动性的一种判别方法，以期对铁路、公路选线和判定边坡稳定性等问题，提供一种宏观判据。

二、新构造应力场的主应力方向和应力场活动强度的估算方法

　　地球动力过程的主要表现是它产生了构造应力场，对现代地球动力过程来讲，就是新构造应力场。沙伊德格尔的对抗性原理指出，内外营力是同时作用的，内外营力的特点是不同的。根据前者，我们可以用量测外营力作用强度的方法，来估量内营力，从而得出内外营力对抗作用的强度，而根据后者，我们可以用数学的方法：区分内外营力，同时分析构造应力场的特点。也就是说可以用较简便方法，研究构造应力场的特点和活动强度。

　　直接测量应力场各分量的绝对值，虽然不是不可能的，但要获得可信的结果，耗费是很大的。而根据内外营力的不同特征比较简便的，可用数学方法区分出内营力作用的痕迹，据这些遗迹的方向，至少可以了解应力场部分的，但也是很重要的特征：主应力的方位方向。我们在研究武都及其邻区的新构造应力场时，就是用的这种方法。

　　过去我们所进行的大量研究已证明，河流展布、节理、地震断层等都受到构造应力场的作用，而它们在方向上的系统性，正是构造应力场作用的结果，其优势的方位可以认为是新构造应力场的剪切现象。因而，只要找出了一组共轭的剪切面，就不难求出构造应力场的主应力的方向。

　　*作者：艾南山、张林源、昝廷全，原载《铁道工程学报》1986 年第 4 期

现有三类方法，可以计算出剪切面的方向，它们是：

1）科尔贝克–沙伊德格尔方法，是一种统计的参数估计方法。它是选用形式为 $A\cdot\exp(K\cdot\cos^2\alpha)$ 的理论分布函数，用最大似然法，通过函数极值运算，寻求最佳"平均"方向，这些"平均"方向，在一般情况下，就是我们所要求的剪切面方向。但这种方法，由于程序浩大，一般计算机上难于实现。

2）两种替代的较简便计算方法：

为了克服科尔贝克–沙伊德格尔方法的弱点，近年在兰州大学研究出了两种精度既高运算又较简便的计算方法，它们都能在一般微型计算机上实现。这两种方法，一是密集度方法，一是等密图方法。

3）非参数估计，直接在方向分布的玫瑰图上，找出最大值，即是优势方向。这种方法是简单的，但有时也是有用的。如在研究巴基斯坦的水系和新疆伊犁盆地水系时，由水系的优势方向来反推新构造应力场主应力方向，获得了较满意的效果。

至于判定新构造应力场活动强弱，或内外营力对抗作用强弱，可以用斯揣勒（A.N.Strahler）设计的流域面积–高程曲线。这个曲线本来是用来表示戴维斯的地貌发育期的，流域的面积–高程曲线的形状，即凸形、接近直线、凹形等，分别对应地貌发育正处于青年、壮年和老年。这个曲线的做法是：在流域等高线图上，量出每一条等高线以上的面积（设为 a），求出每条等高线与流域最低点的高差（设为 h），又设全流域的面积为 A，流域内最大高差为 H，则以

$$x = a/A, \quad y = h/H$$

为横坐标和纵坐标，x, y 均在(0, 1)范围内取值，是无因次变量。曲线

$$y = f(x)$$

即面积–高程曲线。

后来，人们进一步对上述曲线进行积分，

$$I = \int_0^{1-0} f(x)\mathrm{d}x$$

（I 的取值在 0 和 1 之间）。用 I 值来定量解释地貌的发育期：

$I > 0.6$　幼年期

$0.35 \leqslant I \leqslant 0.6$　壮年期

$I < 0.35$　老年期

根据对抗性原理，"幼年"、"壮年"和"老年"并不表示地貌形态发育的各个阶段，而表示对抗作用的强弱。大致可以作这样的估计：所谓"幼年"期，隆升速度大于 1 mm/年，而"老年期"隆升速度大大小于 0.1mm/年。"壮年期"介于其间。

三、在铁路、公路建设中的应用举例

新构造应力场主应力方向的确定，可以判定区域沟道边坡的稳定性，这对宏观的铁路选线显然是值得考虑的。若铁路线（公路线亦然）垂直于区域应力场主压应力方向，而边坡又陡时，那么就容易出现滑塌，而沟谷垂直于主压应力方向，沟谷两壁滑塌严重，又可能形成泥石流。

傅传元在研究铁路线方向时发现，福建鹰厦线一些线路，伸延方向为 NNE，铁路

边坡滑塌严重，他对这一发现的解释是归于 NE 走向的华夏系作用。我们曾研究过东南沿海的新构造应力场，在研究地区的东部区（福建即属于此区）的新构造应力场主压应力方向为 111°（由水系资料计算）或 103°（由地震断层面解资料计算），即 SEE，刚好与 NNE 方向伸延的铁路线垂直。因为铁路线垂直于新构造主压应力方向，因而边坡相对更为失稳，岩体破碎，有利于滑坡的形成，并为泥石流的形成准备了更多的疏松碎屑物质。

甘肃武都地区白龙江流域，泥石流危害是十分严重的，沿白龙江经过的甘川公路，在泥石流经常爆发的季节，不时阻断，成为公路交通的最严重病害之一，为了探求这里泥石流爆发频繁是否与构造应力场有某种联系，我们用统计分析方法分别研究泥石流平均沟道方向与区域新构造应力场平均主应力方向。图 1 是武都白龙江及其泥石流支沟的"折线化"的图，它是将水系图用直线联结相交点和端点而成，然后侧各线段的方向和长度，以长度作权重，绘出泥石流沟的方向玫瑰图（图 2），由图可知，泥石流沟的优势伸延方向为 113°。而沙伊德格尔（A. E.Scheidegger）和艾南山，在武都及其附近共量测 13 个点测得岩石节理产状 226 个，在维也纳技术大学计算中心用科尔贝克–沙伊德格尔方法，求出节理的两个优势面方向为

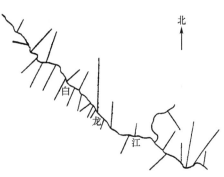

$$\text{Max I}：82°9'/89°7'$$
$$\text{Max II}：164°9'/85°7'$$

两面夹角为 82°，求得区域新构造应力的主压应力方向为 33°/3°，主张应力方向为 303°/4°，主压和主张应力接近水平。图 3 是这些节理的等密图。

图 1　甘肃省武都白龙江及其泥石流支沟的"折线化"图

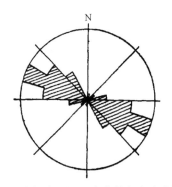

图 2　武都地区泥石流沟的方向玫瑰图

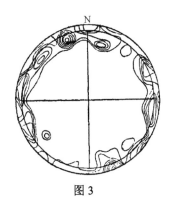

图 3

比较主压应力方向和泥石流沟的平均方向，互相是接近垂直的，这样泥石流沟壁稳定性差，容易滑塌，为泥石流提供更多的疏松物质。这可能是这一地区泥石流危害特别严重的一个原因。

而研究泥石流等铁路、公路工程地质病害的区域差异，斯揣勒曲线不失为一种定量指标。

1984 年夏季，笔者之一（艾）参加了甘肃省天水、武都两地区公路水毁的调查，从

武山往天水至武都，从陇中黄土高原到西秦岭山地，1984 年夏季公路水毁虽然普遍，然而不同地区其性质和规模却有差别：黄土高原滑坡和泥石流远不及秦岭山地严重，而武都地区白龙江流域泥石流特别是水石流和滑坡较天水地区秦岭山地远为发育，大规模的泥石流在白龙江流域经常发生。即由北往南，由天水往武都，泥石流、滑坡等活动的强度增加。对于上述三个不同区域，由北往南，我们选了渭河、党川河与西汉水、白龙江这四个流域作了斯揣勒曲线分析。结果是有趣的，两条流域的 I 值也是由北往南增加，与灾害强度增加的趋势是一致的。

泛系生态聚类生克分析*

广义系统由某种泛结构（例如泛权场网）约化诱导的相容性聚类而转化为子系统的系统或原系统的商系统，这就是泛系聚类分析。可以有各种各样的泛权，它们可以用来表征动态、条件、环境或泛环境、概率、模糊性、等级。子系统之间可以相交或浸润。因而，泛系聚类分析原则上推广了传统的聚类分析与 FUZZY 聚类分析。由于泛系方法论发挥了相容性转化的特点，并且引入了泛语和类集性泛系的概念，因而泛系聚类分析有较多特有的具体内容，并可兼容概括各种区划理论。泛权场网是通常最实用的广义系统。不同场网之间的生克关系或泛系关系就与相应泛系聚类之间的关系相互转化，这就导致泛系聚类生克分析。

依照这种观点和体制[1]，引发了对物候学基本农业气候适宜性、人口泛权场网等的新分析。广义的周期性可用相容关系来描述，而物候学的基本规律正表示了生物泛系聚类与环境条件泛系聚类之间这种广义周期性的相生性。物候本质上是通过气候与其他地理因子的一定组合表现出来的，也可看成一种综合因子或气候与其他因子之间的一种相生适配关系的体现。下面我们提出一种用泛权场网来表征约束而求基本泛权场网显生的数学模型。

设 G 为基域，可以是某一泛积，可以是地理时空论域$(G=T\times F)$。基本场网为 $f: G\cup G^2\to W$ 或 $f\subset(G\cup G^2)\times W$，设运筹论域为一子区域 $D\subset G$，相应的约束表示为 $C: f\cap g_i$。综合泛权映射为 $I=I(D): W\to M$，区域优化指标为 $m_0=m_0(D)\in M$，若 M 为赋半序范线性空间，则对 D 为优化的 $f=f_0$ 使得 $m_0-I(f_0)=\min\{m_0-I(f)|C\}$。可以适当定义（或建模）一般 f 与 f_0 之间的差距或集散关系，以及由 f 到 f_0 的可观控性或观控势。

因为 W, M 可以是多维泛积，所以上述模型原则上可以处理多个场网之间的生克关系，在这里，泛权映射，赋半序范空间，差距与观控势都属于建模中的工作。

我们来细化最常用的一种情况，两种泛权场网的生克分析。例如人口与资源的生克关系或农业与气候的生克关系即属这一模式。

设两组泛权场网为 $f_i: G\cup G^2\to W_i$, $g_j: G\cup G^2\to W_j$, $I_{ij}: W_i\times W_j\to W_{ij}$，这时 $r_{ij}:=(f_i, g_j)$, $I_{ij}: G\cup G^2\to M_{ij}$。若 M_{ij} 的泛权水平聚类为 $M_{ij}=\cup M_{jik}(d\theta_{ji})$，并设 $\delta_{ij}=r_{ij}{}^0\theta_{ji}{}^0r_{ij}-1$，则 $G\cup G^2=\cup E^{kij(\delta dij)}$。这时在无权场网 $E_{ijk}(\subset G\cup G^2)$ 上表征二泛权场网 f_i, g_j 具有综合泛权 M_{jik} 级的生克关系。综合泛权的各种级别可用来描述合理与不合理、优化与劣化、相生与相克的程度。

现实的 f_i, g_j 之间的关系往往可由统计资料建立。这种关系的综合泛权级或生克级归属可以评估该关系的优劣并可作为改造场网的根据。例如对于人口与资源的经济分析我们可用这里的方法具体地判识人口增长与经济增长的生克程度。

对于单纯的人口各类信息的多维泛权场网，由于泛权的动态聚类就可导致相应的人

*作者：昝廷全、汪康懋、李百炼，原载《科学探索》1986 年第 3 期

口动态聚类。经简单处理，即可得到各个历史时期的静态人口聚类或原始区别。利用异同泛对称定理，又可使动态区划合取或析取为不同的上层次区划，也可析取或合取为不同的上层次区划（见文献（1））。这类思想还可用于其他泛权场的处理。

在聚类生克分析中，可以把区域作为对策中的抽象局中人，对策策略则是某些泛权场网的设置或改造，而改造泛权场网的手段往往又可用泛权场网来模拟。另外在生克分析中应该注意不要混同协同指标泛权与其他效益指标泛权（泛权协同矛盾律），以及局部与整体的生克关系的条件性（局整矛盾律）（见文献 [2]）。

参考文献

[1] 吴学谋，生态学、医学与诊断学的泛系元理论（Ⅰ）－（Ⅳ），大自然探索，2，3（1983），（1984），2（1985）.

[2] 吴学谋，开发、调整、协同与开放——泛系经济分析的一些模型（Ⅰ），兰州大学学报丛刊（Ⅲ）（1948）.

冻土系统分析概要*

一、引　言

现代自然科学史研究表明，自然科学是在不断地分化和综合中发展起来的。20 世纪的科学思潮可以 20 世纪 40 年代为界分为两个阶段：在此之前，随着自然科学研究的深入，学科研究向精密化、精细化方向发展，分析思潮占主导地位，即注重研究单一的矛盾或矛盾的某一侧面。地学作为六大基础学科之一，当然也受到这种分析思潮的影响。例如，综合自然地理学先后分出了地貌学、气候学和水文学等。这些学科又进一步分化出二级子学科，如水文学划分出了陆地水文学、海洋水文学和极地水文学等。这种分析研究方法对学科向纵深方向发展是非常必要的。

40 年代以后，由于科学技术的提高和生产实践及学科本身发展的需要，综合思潮受到了重视。反映在地学上表现为各部门地理学必须在综合地理学的背景上进行研究。比如，冻土学在进行分析研究的同时还要进行综合研究。不仅要注重冻土生消进退的直接影响因素，还要对冻土的地质地理背景予以充分的考虑，这就从客观上决定了冻土研究的综合观点。最杰出的代表就是苏联学者波尔切夫的《冻土测绘原理》一书。在这本书里，他提出了冻土研究的六个基本原则，其最根本的指导思想就是要进行综合研究，分析研究必须在综合的基础上进行。从实质上讲这正好与当代的系统思想相一致，只是在他那本书里系统思想没有得到应有的发展，这主要是由于当时科学水平所限。60 年代在多学科相互渗透的影响下奠定了寒区环境学，把冻土冰川作为一种特殊的环境进行研究。

冻土作为自然历史的产物而形成和发展，每一个自然因素都按照一定的方式和冻土作用着，这就决定了研究冻土与其他综合自然条件之间的相互关系的必要性。但要研究这些关系，有时是相当困难的，这是因为综合自然条件的所有因素都是密切相关的，构成了一个复杂的反馈网络。而且，各综合自然因素对冻土的影响并不都是一样的。科学必须揭示相互作用着的体系中起决定性作用的因素。因此，必须采用分析的方法：把复杂的物质结构和运动过程分解为它的组成部分。同时，研究这种联系，必须以考虑所有综合自然条件对冻土的影响为前提。也就是说，必须采用综合的方法。因此，进行冻土研究中，必须采用分析与综合相结合的方法。所研究的相互联系的局部规律就是确定普遍规律的基础。

冻土系统观点是冻土学发展的一个新阶段[1]，也是现代冻土学的一个重要组成部分。冻土系统思潮的产生和发展使现代冻土学的多学科特征比起传统冻土学的多学科特征来，有了崭新的意义。尤其是系统论、控制论和信息论及数学物理方法向冻土学中的渗透，使冻土学的发展产生了具有划时代的意义。

显然，现代冻土学是在传统冻土学的基础上建筑着自己的宏伟大厦。不言而喻，冻

*作者：昝廷全，原载《自然信息》1986 年第 1 期

土系统理论是传统冻土学已知的经验和事实的基础上发展起来的，并在许多方面已经或正在突破。这些突破是现代科学的新概念、新思想、新观点引入到传统冻土学的必然结果。笔者在文献[1]和[2]中讨论了系统科学在冻土研究中应用的若干问题，按照物质层次的不同，将其划分为：冻土分散系统，冻土土质系统、冻土层系统和冻土区域（圈）系统。利用非平衡热力学理论和耗散结构（dissipative structure）理论方法剖析了它们的形成机制等，探讨了描述其发展变化的数学模型。现在再对冻土系统分析的一些基本问题进行进一步的探讨。

二、冻土系统的力能学

辩证唯物主义观点认为，整个自然界是在永恒地流动和循环中运动着，"除永恒变化着、永恒运动着的物质以及这一物质运动和变化所依据的规律外，再没有什么永恒的东西"。运动是物质的基本属性，这里的运动是指一般变化。因此，冻土系统的基本属性就是冻土系统的运动过程，它的发展变化规律依赖于冻土系统的力能学基础。

冻土系统及其各组成部分的能量收入、转化和传递过程正在引起学者们越来越多的注意，冻土系统中发生的能量变化涉及热力学概念和理论的领域，既包括应用于客观世界的经典热力学，又包括适用于基本粒子、原子和分子世界的统计热力学。

真实的冻土系统是一个复杂的开放系统，它与环境处于经常的质量、能量和信息的交换之中[3][4]，冻土系统的性质和特征不仅在固相过渡到液相或气相时发生明显的变化，而且当冻土剖面的某一层向另一层过渡时也发生明显的变化。例如，冻土的容重可以被观察到随深度的明显变化等。

在研究冻土系统力能学基础时，不能只局限于计算和系统热量输入（或输出）有关的一个力能参数。同时必须考虑到质量交换的因素，这意味着，研究冻土系统力能学时、不仅应当考虑到和气象因素的相互作用方面，而且要考虑到生物地球化学的联系（物质的收入和支出）。能量以热量的形式进入冻土系统，只是冻土系统能量交换的一个途径。冻土系统力能学的第二方面是在景观中生物地球化学质量交换过程中的能量输入（或输出）冻土系统的力能学不仅和辐射有关，而且与生物地球化学积累和物质的迁移有联系。

通常把冻土系统的能源归纳为两大类：一是以太阳辐射为代表的"外来能"，二是地球内部产生的"内生能"。这两种能源比较起来，内生能对冻土系统的作用和影响，更多的是通过间接的途径和方式来表现，是被动的，需要外部能量的"起动"才能够释放出来。而外来能是冻土系统中所发生过程的直接动力和基本条件。这两大类能量的存在，并在冻土系统中发生交锋和重叠，为冻土系统各要素的相互作用、相互制约和相互渗透提供了动力学基础，从而推动着冻土系统各过程的发展，决定了演化的强度和方向，使得冻土系统的面貌千姿百态。从这复杂多变的表现中，可以发现它们遵循着能量在地表的分布规律，表征着能量的形式上相互转化的特性。

内生能和外来能在冻土层和冻土区域系统中主要表现为动能和势能，并以热量的形式展开转化、周转和积累过程。例如，转化为风化侵蚀作用的动能，进行地质循环过程。

冻土土质系统为物理体，属于连续介质，能量的形式主要为内能和位能。对于微观系统而言，位能是各种分子能的总和，所谓分子能就是分子无规则运动的能量。用热容量（C）、潜热（L）和晶格能（T）度量。在该系统发生应力应变过程时还要发生一定的位能变化。实际上，在风化、侵蚀等过程中都伴随有一定的位能变化。

对于冻土分散系统来说，能量主要以表面能的形式表现出来，可以用表面张力所做的功来描述。从本质上讲，表面张力就是静电力和范氏力。另外，由表面电磁力场引起电磁能，在原子的尺度上讲，还存在着电离能。

必须指出，各系统不同能量形式之间并没有不可逾越的鸿沟，而是不断地转化并积极地进行着各种交换过程。总之，冻土各子系统构成许多能量通路，在不同层次又形成不同的支路，构成了复杂的能量流通网络。

众所周知，力和能是紧密相连的。能量的不均匀变化导致力的变化。根据现代物理学观点，自然界中的力分为四类：引力、电磁力、强相互作用力和弱相互作用力。在冻土学研究中根据所研究的对象，对于其中物体运动所经受的力，一般归纳为以下几类：其一为构造力，它是由于地球内部物质的运动和分异在地表的响应。这种构造力在冻土系统中的显示，就构成了它的骨架和基础。关于构造力的基本规律目前还不十分清楚。而我们的注意力并不在研究构造力的机制，而在于了解它对冻土系统的作用结果。其二就是引力，它是影响冻土系统中物质迁移和能量转换的重要因素。其三就是外部作用力，它是以太阳辐射能为主的几种形式力的总称，其中包括风化作用力及地表侵蚀力等。尤其表现在水力和风力的作用上。其四是由于地球本身的运动所形成的力，如摩擦力，离极力等。其五称之为微观力，如分子力、胶体吸附力等。它们共同制约着冻土系统的运动状态，以及物质和能量传输的强度和方向，都是上述全部或部分力综合作用的结果。

三、冻土系统的基本特征

冻土系统是多种组分所构成的网络模式，它不是各组成的简单机械总和，而是各组分相互作用的产物，冻土系统是由多个要素通过相互联系以一定的结构组成的，这种结构不是僵死不变，而是在外部环境相互联系相互作用中不断变化和发展，其整体性不等于因果链条上各个别属性的简单叠加，而具有整体水平上的新属性和新功能，这只需考察下面两个例子就一目了然了。

前面已经介绍了冻土土质系统是由土粒子、水分、空气等组成的，其任何一个组成成分都不具备它们之间通过相互作用而构成的有机整体——冻土土质系统所具有的整体性能。如土粒子一般带负电，在它的周围形成一定的电场，形成水层，而冻土土质系统作为一个整体就出现了新的特征——水分迁移。又比如，其组成成分水在放出热量时发生冻结，在吸收热量融化，冻土土质系统就出现了不同于水的相变的新特征——冻结和融化过程，这是冻土学目前研究较多的一个中心内容。

从冻土系统的物质层次来说，冻土层系统是由冻土土质系统的不同组合而构成的，冻土土质系统中所发生的过程主要是物理力学过程，而构成冻土层系统以后就出现了与前者截然不同的新特征——自然历史过程，即冻土层系统是在自然历史条件下发生发展并演化的，冻土土质系统中的反馈作用很微弱（在冻土学现代研究的尺度内），而冻土层系统就具有很强的反馈功能，当寒潮来临气温下降，冻土层系统就以降低温度调节冻结深度和结构放出热量来抵抗外界的这种变化。这是冻土土质系统所没有的功能，都在冻土层系统中反映了出来。

冻土系统在不断地与外界环境进行物质和能量的交换过程中耗散了自身，形成了一定的有序性。所谓冻土系统的有序性，是其内部有机联系和相互作用的反映，冻土各系统相互联系，各组层次相互从属包容，在空间上表现为一系列发生学上的联系，比如，由于太阳辐射的周期性变化，使得冻土系统与外界的相互作用的强度和方向也发生周期性的变化，体现在冻土系统中表现为冻土系统之温度层级的有序性——日变化层，季节变化层，年变化层和多年变化层，在水平方向上表现为冻土分布格局和地理位置的组合（分域）。

冻土系统在空间上有自己的层次结构，在时间上有自己的状态链条，形成物质能量信息流通转化的网络，即有层次上又有过程上的主体交差，通过相互作用形成一定组织水平，完成一定的功能，既能抵抗外界（内部）的涨落（扰动），又能使自己按一定顺序演化，这一功能是通过反馈来实现。

结构和功能是一个矛盾的两个方面，一定的功能是一定组织水平的反映，反过来说，一定的结构是某种功能实现的前提和保证，它们之间相互影响相互制约并不断发展，具体表现在冻土系统中就是通过冻结和融化过程来实现它与环境之间的物质和能量交换，通过耗散作用形成自身的一定组织水平。

冻土系统的结构和构造是其自组织功能的一种体现。冻土中，很大一部分水分都以冰的形式存在。冻结时冰的形成首先取决于热流量和热流方向。除此之外，土孔隙中冰的析出还与是否存在来自融土区的水分补给这一条件密切相关。由于内部能量的交换和流通，在融土和正冻土之间的含水量梯度总是在同一方向起作用和引起水向冻结锋面转移。土冻结时水分重分布现象，就是冻土系统在与外界进行物质－能量交换在内部形成有序结构的体现。在有充分水量迁移集聚的情况下，冻土系统为了适应外部环境的变化就调节自身内部结构最终表现为垂直于地面的土层增量，即产生冻涨。

冻土系统的其他特征笔者已在有关文章中论述，这里从略。

四、冻土系统分析简介

冻土系统是位于地球表层不断地与环境之间进行物质－能量交换的具有耗散结构的开放系统。它有自己的结构、功能和演变规律，由此决定着冻土系统独特的研究方法和内容。

从物质层次上讲，冻土系统包括分散体系，土质体系、冻土层等，它们对应于不同的运动形态——物理化学过程、物理力学过程，综合物理等，并进行着物质循环和能量转化，处于永恒的运动变化之中。由此可知，冻土系统是多方多层次的立体系统。为了对其深入地全面研究，必须运用整体和系统的观点，首先要从冻土系统的结构和功能来分析系统所存在的主要问题，然后针对问题探索改善和建设的途径，展开人工系统调控，以使其达到最优化状态。

所谓冻土的系统分析方法，就是从冻土中抽象出其系统结构并加以考察的一种方法。具体说来，就是从系统的观点出发，始终着重从整体与部分（组成要素）之间，系统与外部环境的相互联系、相互作用、相互制约的关系中综合地、精确地对冻土系统进行考察，以达到最佳地处理问题的一种方法。

冻土系统分析方法的基本出发点，就是将冻土学研究对象——冻土视为系统，认为各种冻土过程和现象都不是杂乱无章的偶然堆积，而是一个合乎规律的，由各要素组成的有机整体。这一整体的性质和规律，只存在于组成冻土系统各要素的相互联系、相互作用之中，而各组成部分孤立的特征和活动的总和，不能反映整体的特征和运动形式。例如，冻土土质系统中所发生的水分迁移过程是其任一组成要素（土颗粒、水分、气体等）在其身的特性中所不能进行的，因此，它不要求人们像以前那样，事先把对象分成几部分然后再综合起来，而是要把对象作整体看待，从整体与部分相互依赖，相互结合，相互制约的关系中揭示冻土系统的特征和运动规律。

冻土系统分析的另一个重要特点是其综合性，它有两重含义：一方面认为冻土系统是其各要素所组成的有机整体；另一方面要求对冻土系统的研究，必然从它的组成成分，结构功能，相互作用方式，历史演变规律等进行综合的系统的考察。

在涉及冻土预报的问题时，系统分析的方法更为重要，它比任何传统方法都优越，它可以根据需要和可能性，定量地确定出最佳状态，并运用最新技术手段和处理方法把冻土系统逐阶分成不同等级和层次结构——冻土分散系统、冻土土质系统、冻土层系统等，在动态中协调整体与部分的关系，使部分的功能和目标服从系统总体的最佳目标，为经济建设服务。

参考文献

[1] 昝廷全，1985，系统方法在冻土研究中的应用，自然杂志，11（1985）825－829.
[2] 昝廷全，1985，中国科学院兰州冰川冻土研究所硕士学位论文.
[3] 昝廷全，信息层次性原理，自然信息，4（1985）.
[4] 王身立，信息热力学，潜科学，1（1984）.

与美学有关的一些泛系研究*

一

泛系方法论对美学问题的真正系统研究正在开始，但对一些具体问题的探讨从早期文献起就有所铺展。

文献[1]是从泛序角度来研究美的排序问题的，该文提出了一种方法，它现在叫做条件平均法，它对不同条件下对美的比较提供一种算法使之能进行统一的全序性的比较，直观上是把条件背景按权平均即可。这一方法比日本专家志村正道的要自然而简明，并对照五个算例与实验的成果一一作了比较，证明了文献[1]的方法是可取的。文献[3]进一步研究了中国与日本的算法间的关系。

泛序关系是十二种泛系关系之一，泛系方法论对它作了多种研究。例如研究它与异同关系的转化而发展了一批 Dilworth 型定理，研究局整关系中的泛序关系而补充了Arrow 型定理，等等（见文献[5，7－11]），它们都可用于美的比较的技术性问题。

泛系方法论对美学中的技术性问题的探讨是从泛对称与泛系全息重演律这些泛系概念来铺展的。利用优化的缩影、模型、小环境与泛积来运筹事物这种概念叫做泛系观控律，它的子概念即优化缩影律，是建模、模式识别的重要概念，也是传统 Shannon 抽样律的引申。与之有关的是泛系全息重演律。后者指广义系统的缩影之间有某些有条件的、或明或暗的相似性、模拟性、相容性、重演性或全息性，包括缩影系统摄取了大系统的某部分信息与结构，以及某些繁简关系、多变少变关系的泛对称性，基于这些概念和原理，泛系方法探讨了诗的意境、蒙太奇的转接、放映机的转速、形式美的法则，意识流与油画中以静蕴动的问题（见文献[2，4－6]）。主要是以充分简明限定的形式缩影合理地表征或拟化充分丰富的大系统内涵，这是一种特化的泛对称，而形式缩影本身的泛对称性又潜在地强化了表现信息的简明性，因而与形式美的法则联系起来。在讨论中作为释例的有小说《人到中年》、《春之声》，油画《晨曲》，埃舍尔的版画《解放》、《鱼和鳞》、《瀑布》，巴赫的乐曲《音乐的奉献》等。较深入探讨美学有关理论问题的文章是文献[5]，部分观点在文献[7，13]中有所补充，除对前述工作有所发挥外，在这里美学的问题是结合控制论、认识论、生克论、社会学或真与善的问题来讨论的。在这些工作中，吴学谋提出了一些可供进一步讨论的观点。例如真大都涉及事物的泛对称性；而理智就是相当宏观的、扩形的泛对称显生，主要表现为充分扩展的社会的泛对称显生。在这里，社会性可因时空与环境有复杂的局整关系、泛序关系与生克关系，而泛对称及显生又有不同指标、不同意义、不同约束与自由的对立统一及不同泛序之间的复杂关系。至于美，则主要涉及（直接或间接的）真与善中的社会化泛对称或泛对称显生的对象化，因而有社会学意义下的客观性，而不是机械唯物主义的客观性。这里社会化主要指社会

---

*作者：张良贵、昝廷全，原载《科学探索学报》1986 年第 3 期

作为一个观控动态大系统的观控相对性，与社会学中的社会化概念略有不同。而美感则是人在社会化观控相对性的动态交互过程中主客体相生达到一定动情水平时对美的感受，包括主体在观控相对性中内在意识或潜意识性地对审美对象的引申、升华、改造、再创造和泛系扩变显生与泛对称显生。美、美感与善一样，都有社会局整生克相对性。在这基础上，[5]指出，分为写实、写意与抽象的三类艺术结构形式对应于三种泛对称。狄德罗美学的"关系说"中的实在美与相对美分别对应微观内在与宏观外在的系统性泛对称。形式美的主要法则有单纯齐一、对称均衡，调和对比、比例、节奏韵律、多样统一，它们本质上都是泛对称的不同具体形式。[5]认为泛对称只是美的形式因子而不具绝对的充分性与等价性，并认为各种各样的学说都从自己的侧面来与这种形式因子打交道，都是"真与善中社会化泛对称或泛对称显生的对象化"以及"人在社会化观控相对性的动态交互过程中对美的感受"这种朴素的泛系观的缩影或变型。这里涉及的除狄德罗的"关系说"外，还有古希腊的"和谐说"，德国古典美学的"自由说"，现代美学形式主义，Paicare 与爱因斯坦的科学美（理论美、逻辑美、内在美、数学美、公式美）概念，G. D. Birkhoff 的衡量对象审美程度的经验公式，审美利用度概念。另外，还有亚里士多德的"序化说"，丹纳的"主征说"，谢林的"整体说"，车尔尼雪夫斯基的"暗示说"，克罗齐的"成功说"，蔡仪的"典型说"，立普司的"移情说"，浮龙李的"内模仿说"，布洛的"距离说"，格式塔的"完形说"，朦胧美，等等。某些美学观受到批评主要在于它们背离了或部分背离了客观的社会性与实践性。

泛系方法论对一些问题作了进一步的分析。例如按观控相对性与认识全息重演律来分析移情说，审美模式则与观控模式相联系，主体与审美对象之间有一种社会化的观控相对性相互作用，主体不但在交互作用中反映或模拟审美客体，也模拟或反映主客体的动态交互关系，同时主体内构本身又有多种自我泛语转化或关系变换，因而主客体关系在主体中有多重嵌套模型。在这基础上就自然分出了内移情与外移情的概念，而宏观的外移情是符合观控相对性的，自然也符合认识论的要求。微观移情大都是内移情，包括了人在观控相对性过程中的主体能动性，而立普司移情说把内移性外化则是不可取的，但整个学说有部分合理内容。

与立普司美说观近似的克罗齐理论："美即直觉即表现"，它也有把内移情外化的主观唯心主义成分。但是一个学者往往有多种观点混杂，特别是对人类极难弄清的美学这一难题。克罗齐说过另一类话："我们觉得以'成功的表现'作'美'的定义似很稳妥或者更好一点，把美干脆地当做表现。"合目的性与成功是广义的善，因此，克罗齐的观点中又有"善的形象化"的因素。

另外，泛系方法论把泛系聚类分析与社会局整生克关系用于社会学的探讨，它对艺术中的阶级性、典型性、人民性、人性等之间的关系研究提供了一些新思路。与美学有关的泛系研究还有美与不美、形象思维与逻辑思维划分的乏晰性与相对性，主体内外泛环境与美感的生克关系（反差、强化与弱化），等等。

一般说来，泛系理论目前主要在研究一些一般原则与方法，具体运用到美学中去则是需要在科学研究过程中逐步解决的。已有的研究仍属预研探索性质。但是泛系方法论与思辨性、非科学的类比性以及前科学或潜科学的研究不同，大都有或明或暗的数学化模型作背景或借鉴，方向是充分可观控建模化与定性或定量确切化。社会上有一些人引用泛系作为时髦之词而行文立说，大都与我们所说的努力方向相去甚远，有的连基本概念的特定涵义都没弄清楚，产生了许多学术上的混乱，也引起一些争议，我们认为在这种基础上的褒贬之说与认真的泛系研究是无关的。

二

泛系方法论中有许多概念和原理是同时涉及真善美的，例如前述的泛系显生与泛对称概念。特别是泛系扩变显生（或强化泛系扩变显生）与泛对称显生是现代人运筹事物机理有意或无意用上的重要原则。面向世界，是指一种空间性的泛系扩变显生。面向未来，是指一种时间性的泛系扩变显生。同样，面向现代化，把单纯生产型改革为顾及前因后果以变应变而又符合社会主义社会各种规范的生产经营改革型的做法，以及一国两制的做法，都包含有泛系扩变与泛对称两种显生结合的因素。由于社会上有极复杂的局整生克相对性，有的人或集团利用这种两结合显生来为大社会的功利服务，这是改革中的积极方向。但也有的人与集团则利用这种两结合显生来钻社会或政策的漏洞，损人利己，损公肥私。要完善社会的改革，就要发展积极的两结合显生，而又要强化法制、政策、经济杠杆、教育、宣传与宏观微观直接间接的控制作用，在各条战线上战胜消极的对社会有害的两结合显生。

两结合显生具体用于美的讨论以及对艺术的阶级性、典型性、人民性和人性的研究就可以开拓出一些新的分析思路。现代人更多地注意宏观的、壮观的、动态的美，正是现代化两结合显生丰富的社会存在模塑的一种社会意识，是一种特化的泛系全息重演性。

我们可以用两结合显生的概念来重新分析许多作品的艺术美。例像[4，6]一样，若用两结合显生来分析《人到中年》、《春之声》、《晨曲（油画）》、《解放》、《鱼和鳞》、《瀑布》、《音乐的奉献》，我们会发现一条艺术美的新连线。实际上，中国许多优秀的古典文艺作品都由于它们充分发挥了两结合显生而使一定的真善美具体结合起来。李白的名诗："登高壮观天地间，大江茫茫去不还。黄云万里动风色，白波九道流雪山。"这就是从空间扩变来写的，但又可寓意社会人生的扩变。范仲淹的《岳阳楼记》的巨大艺术魅力就在于他不是孤立地写岳阳楼，而是在时间空间上扩变来写，更重要的是从社会人生扩变来写，提出了"先天下之忧而忧，后天下之乐而乐"的抱负，表现了忧国忧民的思想。

P.巴乌姆沃则的动物寓言也可作为两结合显生的释例。例如他的《轻松的生活》是这样写的："她吃过美味的菜肴，她进过漂亮的公寓，她还善于招引人们对她的注意。……如果愿意的话，她可以骑着大象兜风；如果愿意的话，她也可以在名人的膝头上坐一坐。……但是她至多不过是一只苍蝇。"又如他的《狮子的命令》是这样写的："曾有一次，狮子吃了一头野猪，偶然在清亮的水中看见自己的倒影：龇牙咧嘴，满口是血……有什么好说的呢，实在难看得很。于是狮子为了不再看到自己这副样子，便命令把水搅混。"这些短短的寓言写得何等地好！从写作技巧、文字篇幅到社会人生多种层次我们都可看到或明或暗的扩变与泛对称。

情节是小说或故事的组成因素与重要技法。巧妙的情节安排可以产生一定初级的谐谑效应。从泛系观控相对性来看，人作为生存发展的强者，好奇心、趋新性、需求不断逐级发展性等从心理物理学的 Weber–Fechner 定律（感觉量与刺激量对数成比例）就开始打下基础，即使从心理本能享受也会对文艺提出创新造奇的要求。文艺在技法上的一个具体的泛系观控律表现在新奇性与合理性的折中优选上。这一规律也是情节安排及有关技巧的一个方法论性概念。根据这一规律，可以用泛权网络来分析或设计情节，在合理性控制下，可能性越小的就作为新情节的发展方向。这种可能性即作为代价泛权，这时的泛系观控律就表现为泛系因果分析中的低价析取原则了，不过与传统因果分析不同的是对后果或输出的低价析取选择。

这只是对情节技术性的泛系分析。而文艺作品更高的美学要求则需使情节协同、服从或服务于充分强化的、社会化的、与某种真与善的或明或暗应和的两结合显生。许多武侠小说、侦破小说与神怪小说，虽然也有某些奇妙而局部合理的情节，但由于缺乏上述应和，因而它的美（即使有）是比较初级的，也可能在整体上是丑的。人是社会的缩影，人的背后的社会扩形有社会局整生克相对性。情节要有前述优化的应和，也表观在为塑造人物服务上，而更根本的是与人背后的扩形社会应和，深层的规律就与社会局整生克相对性及泛系观控相对性打交道。

由生活原型到情节开拓或小说创作，鲁迅在总结自己的经验时提出了"采取一端说"。这是一种由扩形经缩影到扩形的泛系模拟（叫做准模拟或反协模拟）。上面提到的方法性原则可作为使用这种创作方法的参考。

参考文献

[1] 余洪祖、李楚霖、吴学谋，乏晰模式识别的二元对比平均法，华中工学院学报乏晰数学专辑，1980.

[2] 吴学谋，泛系分析——学科交缘的一种新探索（附中医、化学、泛系逻辑、黑格尔异同观及经济学研究的有关讨论），科学探索学报，1（1981）.

[3] 李邦荣，关于对象排序算法的等效性，科学探索学报，1（1981）.

[4] 郭爱克，视觉机理与泛系重演性，科学探索学报，4（1981）.

[5] 吴学谋，泛系方法论与真善美的一些问题，襄樊大学学报（创刊号）.

[6] 郭爱克，从泛系全息重演律到形式美，通化师院学报，1（1985）.

[7] 吴学谋，泛系方法论一百条，科学探索学报，3（1986）.

[8] 吴守治，泛系方法论在经济学中的应用（1）（Ⅱ），科学探索学报，4（1983）1（1984）.

[9] 吴守治、吴学谋，社会选择问题的泛系研究，科学探索学报，1（1985）.

[10] Wu Xuemou, Pansystems Methodology：Concepts，Theories and Applications（Ⅷ），Science Exploration，1（1985）.

[11] 吴学谋，生态学、医学与诊断学的泛系无理论（Ⅳ），大自然探索，2（1985）.

[12] 艾南山、顾恒岳、吴学明，泛系动力分析与地理学方法，大自然探索，2（1985）.

[13] Wu Xuemou，Pansystems Methodology and Its Applications：Cybernetics，Epistemology，Sheng Keology and Sociology，Science Exploration，3（1986）；Bu-sefal，26，27（1986）.

[14] 谌容，人到中年，小说月报，4（1980）.

[15] 王蒙，春之声，人民文学，5（1980）.

[16] 王蒙，关于《春之声》的通信，小说选刊，1（1980）.

[17] 王国俊，晨曲（全国第二届美术作品展览：油画），1984.

[18] [苏]P·巴乌姆沃利，寓言四则，读者文摘，6（1981）.

[19] 鲁迅，我怎么做起小说来，鲁迅全集，第4卷，第513页，人民文学出版社，1981.

冻土层系统过程的热力学模型*

　　国际上关于冻土热力学的研究刚刚开始。苏联学者苏卡切夫最近提出用冻土的热力学熵描述冻土的稳定性，但没有给出定量的表达式，而只是进行了定性叙述。虽然冻土热力学研究的理论和实践意义是众所周知的，但是由于其难度较高，使得进展很缓慢。因而是现代冻土学研究中较为薄弱和关键的一个环节，也是目前广为探讨的一个前沿课题。

　　本文利用系统分析方法，提出了冻土层系统模式。根据不可逆过程热力学理论和耗散结构理论剖析了冻土层过程的热力学本质，把时间和空间结构的发展联系起来，它的形成和发展是不断的层次之间的相互作用，由此形成了冻土层系统的不同能级存在形式和不同的熵水平。据此，进一步提出了冻土层系统的热力学模型，并讨论了与模型相关的一些问题。最后，对冻土热力学的学科系统化问题进行了探索。

　　*作者：昝廷全、丁德文，原载《第三届全国冻土学术会议论文摘要汇编》1986 年 8 月，哈尔滨

试论"冻土—环境"系统的协同发展[*]

——兼析冻土学的研究对象

本文论述了现代冻土学的研究对象应当是由冻土系统、寒区生态系统和社会经济系统构成的较复杂的综合系统,这三方面要素分别受到自然规律、生态规律和社会经济规律的制约。因此,现代冻土学应当研究这三者的相互关系、地域分异规律以及结构和动态变化规律等。在这一涉及"人类—经济—冻土"的复杂系统中,其研究内容是十分丰富多彩的。包括与各个矛盾方面的相互作用模式的理论和有关评价的共同概念等,这是一个多学科相互交错研究的领域。文中在讨论这一复杂系统的基础上,提出了"冻土—环境系统"发展变化的极限协同观点,并举例进行了剖析。

---

*作者:艾南山、昝廷全、张林源,原载《第三届全国冻土学术会议论文摘要汇编》1986 年 8 月,哈尔滨

River – Geomorphologic Processes and Dissipative Structure[*]

A river system is an assemblage of stream flow and environment in a certain region (or space) with a certain structure and function; and is an open system far from any equilibrium state. The rivers exchange mass, energy and information with their environment constantly. By dissipation of energy and non-linear interaction, the river-geomorphologic system forms and keeps its macroscopic order structure in time and space; described as its dissipative structure. In this paper, the authors study the mainly antagonistic actions between force and resistance, dynamic conditions and mass balance. We propose the dissipative structure theory of mass and energy dissipation from the point of view of non-equilibrium thermodynamics and a minimum-maximum rate of energy dissipation. According to the river's phase relations and the river-bed and its evolution, we discuss the appropriate relationships between river self-organization and environmental changes.

Ⅰ. The River System and Its Dissipative Structure

A river is an open system, which contains a series of complex mechanical, physical, chemical, biological, and even societal processes. Generally speaking, the system is related to the hydrological cycle, which involves climate, vegetation cover, soil and groundwater. It should be pointed out that, however a river system is defined, it always has the stream valley as its environment, and constantly exchanges mass and energy with it. By dissipating energy and through non-linear dynamic mechanisms, the river system forms and keeps its macroscopic order structure in time which is described here as its "dissipative structure". The evolution of a river is the evolution of this structure.

In an open system, negative entropy flow leads to the formation and maintenance of order structures. The entropy change of a river system is shown in Fig.1. According to the thermodynamics of irreversible processes, we have:

$$ds = d_is + d_es \tag{1}$$

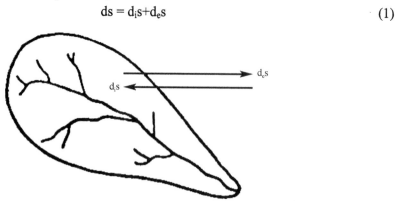

Fig. 1   Entropy change of a river system

*作者：昝廷全，艾南山，1987 年手稿

where $d_e s$ expresses entropy flow from the environment, it can be considered as the change of natural and artificial environmental conditions such as climate, vegetation cover, soil and irrigation works etc. $d_e s$ can be positive or negative or zero, determined by the direction and intensity of the above changes, including important man-made effects related to river basin development. $d_i s$ is the entropy production in the interior of the river system. It results from stream flow, fluctuation of water levels, mass diffusion, sediment transportation and erosion. In all cases, we have:

$$d_i s > 0 \tag{2}$$

Because the river system undergoes irreversible changes.

The river is a dynamic system. The bigger $d_i s$ is, the more complex its processes are, and the farther from an equilibrium state it is. The entropy production $d_i s$ occurs, even under equilibrium conditions (that is $ds = 0$), because of the irreversible processes going on. For this equilibrium case, the environment supplies enough negative entropy flow to the river system. The river system generates a related $d_i s$, and

$$ds = -d_e s > 0 \tag{3}$$

If the river system loses stability due to some disturbance, $d_i s$ increases or decreases. In the former case the river develops towards a more ordered state, and in the latter case the river tends to degrade towards an equilibrium state, and finally to disappear.

Entropy effects are a simple measure of dissipation quantities. In the river system, the mass, energy and information from its valley maintain its development. The relationship between supply and demand, and the difference between them lead river systems to develop or degrade, and control their direction of change.

The above analysis shows that the river is an open system far from equilibrium, and that the interactions between its elements are non-linear, within the system there are many stochastic phenomena with fluctuating rates. All such phenomena satisfy the basic conditions for forming dissipative structures.

II. Fluvial Processes

A river system is a subsystem of a larger river system. It contains stream flow, sediment and all types of geomorphological patterns resulted from sediment erosion and deposition under varying conditions.

Fluvial processes

Under the actions of stream flow, the time and space changes in topography are considered as fluvial processes. Sediment transport by the stream flow is its main characteristic, and the evolution of the river course is its concentrated expression.

In a big and complex river system, the river geomorphology is the comprehensive result of the actions of all factors such as climate, vegetation cover, soil, geologic structure and human activity. The fluvial processes $Gm(t)$ can be expressed as following:

$$Gm(t) = \begin{pmatrix} C(t) \\ P(t) \\ G(t) \\ M(t) \end{pmatrix} \tag{4}$$

where: $C(t)$, $P(t)$, $S(t)$, $G(t)$ and $M(t)$ express climate, vegetation cover, soil geologic structure and human activity processes respectively .

The river geomorphologic pattern $Gm(t)$ may alternatively be expressed by the set junction:

$$Gm(t) = C(t) \cap P(t) \cap S(t) \cap G(t) \cap M(t) \tag{5}$$

Forces and Resistance

The energy of fluvial processes is provided by gravity and climate. Obviously the forces which act on the ground surface and cause erosion and mass transportation, are mainly due to gravity, tensile stresses and pressure in the water, the dynamic forces of stream flow, collision for cesexerted by water drops, expansion forces resulting from the changes of water and water temperature, and diffusion forces. Carson and Kirkby(1972)have estimated their quantitative levels and effects (Table 1).

The data in Table 1 show that in a river system with slopes and river courses, the action of stream flow is always very important both for energy dissipation and for sediment transport.

The concentrated expression of the resistance to erosion and mass transportation is the intrinsic shear strength of rock or soil mass. It is composed of plane friction forces, cohesion, effective normal force and adhesion, and is in opposition to gravity and hydraulic shear stresses.

Table 1   The rates of forces and their effects for transporting sediment in geomorphological systems

Force (Jm-2y-1)	Total work (Jm-2y-1)	Total work for transporting silt	Efficiency (%)
Gravity	1~100	1~100	100
Streamflow	05~106	10~100	0.01
Collisionsof	2000	0.02	0.002
Waterdrops	500	0.5	0.1
Stream2000	0.4	0.02	
Expansion			
Freezing	5×10^7	0.1	2.5×10^{-7}
Temp2xl080.2	1.5×10^{-9}		

The opposition and combination of forces and resistances form the three basic phases of river geomorphology:

(1) Force > Resistance: erosion

(2) Force = Resistance: transportation

(3) Force < Resistance: deposition

On the basis of erosion mechanics, according to the principle of antagonism proposed by Scheidegger (1961) we think of river geomorphology as the result of the opposing action of forces and resistances. Different balances between them result in different geomorphologic patterns. It should also be pointed out that there are both endogenous tectonics and exogenous stresses (eg drop impact, stream flow); and the resistances also consist of both endogenous and exogenous stresses.

Dynamic conditions and mass conditions

From the above analysis, we conclude that fluvial geomorphology is the result of the comprehensive actions of water flow and sediment transport. After making a "Pansystems analysis" of actions of internal and external stresses for forming and maintaining fluvial processes as follows:

(1) Dynamic conditions: Stream flow is the main expression of energy dissipation, sediment production and its transportation.

(2) Mass condition: Rivers could varying geomorphological form sin their sediment which generates self-organization.

The principle of extreme values of energy dissipation

(1) The minimum rate of energy dissipation: C. T. Yang and C.C. Song (Yang and Song, 1979; Yang, 1981) proposed the theory of minimum rate of energy dissipation, resulting from comprehensive analysis of much field and laboratory data for rivers, the main concept is as follows:

Firstly, if constrained by fixed banks and bed, all stream flow satisfies continuity equations, boundary conditions, and the condition that the energy dissipation by stream flow is a minimum.

Secondly, under the conditions of free and plastic modification of banks and bed, if the energy dissipation of stream flow deviates from minimum the stream flow will adjust itself to a state in which the energy dissipation is again a minimum. The stream flow is then stable. That is, the energy dissipation rate of stable flows under the conditions of a fixed boundary is a minimum, as in the first case.

The nature of the principle is that in a river system of any kind, the forces leading the water to flow and the primary forces eroding the river bed always tend to satisfy a minimum rate of energy dissipation.

(2) The maximum rate of energy dissipation

In opposition to the above theory, professor Huang Wanli(1981)proposed a theory of maximum rate of energy dissipation. He considers that when any system consisting of solid, liquid, gas and other critical continuous media undergoes change, all their particles produce a maximum rate of energy transformation in the whole in order to form a stress field, strain field or velocity field and pressure field. From this we can conclude the second law of liquid dynamics. That is, when a liquid, or liquid with solid particles in the system changes under given initial and boundary conditions, the distributions of density, velocity and pressure at any time always tends to satisfy a maximum rate of energy dissipation in the whole system.

The theory of dissipative structure of energy dissipation

The theory of minimum rate of energy dissipation has been widely used in practice, and has proven practical application. However, since the theory is inferred under the conditions of fixed boundary and with silt, its application is limited. In addition, the field evidence in support of the theory lacks rigorous logic, and there are natural phenomena which deviate from the theory. Further study thus shows that the theory is not always valid.

The theory of maximum rate of energy dissipation may be demonstrated by many natural phenomena. Professor Huang derived the theory by calculus of variations, but there is no way to verify the theory by experiment.

After analysis and study of the principles of extreme values, we present the theory of dissipative structure for energy dissipation in a river geomorphologic system.

Order comes out of non-equilibrium. This is the basic point of view for the developments of non-equilibrium thermodynamics initiated by the Brussels School. When the system is in an unstable state far from non-equilibrium, not only may a fluctuation making the system deviate from the present state decrease, but also can be amplified to form new and more ordered state: the dissipation structure. Therefore, we can say that the evolution of a river system is the evolution of its dissipative structure. In fact, if we want to study river evolution we can study its structures, and then use them as a basis for classifying the rivers. Obviously, the dissipative structure is different from an equilibrium, or "dead" structure.

According to thermodynamic theory, a process responds to one or more forms. In the fluvial system, the relationship between forces and flows is generally non-linear. From the branch theory of modem mathematics we know that the equations of states of the fluvial system generally have multiple solutions. Some of them may be stable, and others unstable. A real fluvial system evolves through a sequence of fluctuations. The real processes may or may not satisfy a maximum rate of energy dissipation, determined by the initial and boundary conditions and the values of the fluctuations. If the relationship between the forces and flows is linear, the system must be in a near-equilibrium state and the processes in the system satisfy a minimum rate of energy dissipation. Therefor we conclude that the principles of maximum and minimum rates of energy dissipation are valid in certain situations respectively. The general theory, encompassing both, should be the theory of dissipative structure for energy dissipation which the authors present in this paper, and which is derived below.

The energy for transporting sediment in unit stream width is equal toils potential. Thus, the rate of potential dissipation per unit stream is a function of silt. From general physics, we have:

$$y' = \frac{dy}{dt} = \frac{dx}{dt} = -x\frac{dy}{dx} = vs \qquad (6)$$

where: y = potential loss of unit stream within a given river reach

t = time

x = length of the river reach under study

v = average velocity and

s = water energy slope

From the above simple formula, we infer the change of y': for a given river reach. It is clear y greater for a flood period than for a low water period; and greater for erosion than for deposition. For a whole river, y' is greater up-stream than downstream, greater for straight channels than for meander bends, greater for rapidly flowing tributaries than for slow flowing tributaries. For example, we may consider the effect of flood stage on the water energy slope. From the curvilinear relationship between water and its fluxes it can be seen that for both $v = f(H)$ and $S = f(H)$, increasing water level gives rise to increases in Vand S, so that $f'(H) > 0$. As water level goes down:

$$V = f(H) \text{ and } S = f(H) \text{ decreases, so that } f'(H) < 0.$$

Therefore, at the peak we have:
$$VP = V_{\max}, S_p = S_{\max}$$
At the minimum flow, we similarly have:
$$V_p = V_{\min}, S_v = S_{\min}$$
Thus, from (6) we get:
$$y'P = Y_{\min}, Y'_v = Y_{\min}$$
where V_p, S_p and Y'_p express flow velocity, slope and the rate of energy dissipation at the peak respectively, and V_v, S_v, and Y'_v, express those for the minimum flow respectively.

The above analysis shows that there exist objective processes $Y_{\min} \rightarrow Y_{\max} \rightarrow Y_{\min}$ describing the rate of energy dissipation. This is in accordance with the above discussion. We consider it as the principle of maximum-minimum rates of energy dissipation.

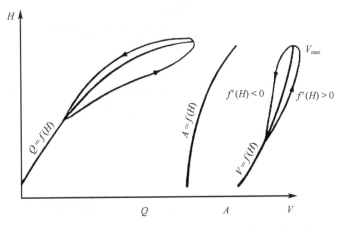

Fig. 2　The curve relating water level and sediment flux, H

Now, we shall give the criterion for the evolution of the fluvial system:

(1) If $d_i s < -d_e s$, then the total entropy change $ds = d_e s + d_i s > 0$.

Under this condition, the negative entropy flow from the environment is enough to maintain the irreversible processes of river systems. The river geomorphologic pattern therefore develops towards a more ordered structure.

(2) If $d_i s > - d_e s$, then $ds = d_i s + d_e s > 0$. In this case the environment cannot supply negative entropy flow to the river system. The rate of energy dissipation decreases and the fluvial patterns degrade. In consequence the order structure tends to vanish.

(3) If $d_i s = - d_e s$, $ds = d_i s + d_e s = 0$. In this case, both stream valley ecosystem and energy dissipation are stable. The river geomorphologic processes are in a constant state and have great stability. They haven ideally Stable order structure.

III. A Vibrational Derivation for the Principle of Minimum-Maximum Energy Dissipation Rate

Professor Huang Wanli has proposed a vibrational proof on the maximum rate law of energy dissipation in (4). Here we derive the principle of minimum-maximum energy dissipation rate.

The stationary value principle of energy dissipation rate.

For an open system of thermodynamics, the conservation of energy requires that

$$\dot{E} = \dot{E}c + \dot{E}d \qquad (7)$$

where $\dot{E}$ —Total rate of input of energy to the system at time t

$\dot{E}c$ – Rate of storage of internal energy for the system at t

$\dot{E}d$ – Rate of energy dissipation for the system at t

and is non-negative. The irreversible processes of the system require that:

$$\dot{E}d \geqslant 0 \qquad (8)$$

Now consider the variation of the system from a real state to other conceivable states, assuming t is constant in this process. From(7)we have

$$\delta\dot{E} = \delta\dot{E}c + \delta\dot{E}d \qquad (9)$$

Assuming the input energy rate E keeps constant for the systems considered, then we have:

$$\delta\dot{E} = \delta\dot{E}c + \delta\dot{E}d = 0 \qquad (10)$$

In (9), corresponds to a certain increment of input energy rate added to the system, and would lead to increments in both and. In other words, and should have same sign.

Therefore, from (10) we obtain

$$\delta\dot{E}c = 0 \qquad (11)$$

$$\delta\dot{E}d = 0 \qquad (12)$$

(12) is the stationary value condition for energy dissipation rate. It can be stated as follows: of all the possible systems with same input energy rate, the one for which the energy dissipation rate assumes a stationary value is the real system.(11)shows that the energy storage rate assumes a stationary value too.

The principle of minimum maximum energy dissipation rate.

Let us study the stationary value conditions (11) and (12). As mentioned above, $\dot{E} \geqslant 0$ and $\dot{E}d \geqslant 0$, and (10) is true for any two neigh boring conceivable states of the system, i.e. $\delta\dot{E}c = -\delta\dot{E}d$. But $\delta\dot{E}c = 0$, $\delta\dot{E}d = 0$.

If we may assume that $\dot{E}c > 0$ for any system considered, we can show that $\dot{E}d = \max$ for the real system.

In Fig.3a, the point A represents the real state and ECABD represent conceivable variations in $\dot{E}d$ for fixed $\dot{E} > 0$. $\dot{E}d$ max means that the arbitrary directions of variation shown by ECABD must be convex down. Otherwise, if the direction of variation were concave, then, owing to the arbitrariness of variation, we could always find a way, say, $E'C'AB'D'$, for which $\dot{E}c < 0$.

But this is in contradiction with the assumption above.

Therefore, $\dot{E}d = \max$ must be true.

Similarly, if we assume $\dot{E}c < 0$, for all arbitrary systems considered, we can show that $\dot{E}d = \min$ for the real system. As shown in Fig.3b, the point A represents the real state, $\dot{E}d = \min$ means that the arbitrary direction of variation $ECABD$ must be concave down. Otherwise, if the direction were convex, then, owing to the arbitrariness of variation we could always find a way, say, the assumption mentioned, so $\dot{E}d = \min$ must be true.

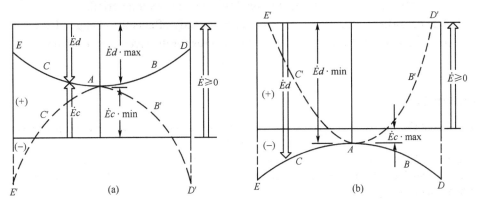

Fig. 3   The principle of minimum–maximum energy dissipation rate.

These results can be stated as follows:

In all possible systems with the same input energy rate ($\dot{E} \geqslant 0$), the energy dissipation rate for the real system $\dot{E}d$ is a maximum, considered among all possible systems for which the energy storage rate $\dot{E}c \geqslant 0$. The energy dissipation rate $\dot{E}d$, for all possible real system with $\dot{E}c \leqslant 0$ is similarly a minimum, This principle is called the principle of minimum-maximum energy dissipation rate.

We can also see that, $\dot{E}d$ must be constant for all the possible systems with zero energy storage rate $\dot{E}c$. These systems show a constant rate of energy dissipation. It is also clear that, $\dot{E}d =\max$ corresponds to $\dot{E}c =\min$, and $\dot{E}d =\min$ to $\dot{E}c =\max$. This provides a complementary principle of maximum-minimum rates for the storage of internal energy.

By considering the different cases for energy store rate $\dot{E}c$, we haveformulated a principle which combines the principle of minimum with theprinciple of maximum energy dissipation rate. In practice, this fact shows that the total entropy of the system ds = d$_e$s+ d$_i$s is the appropriate measure combining the two principles.

IV. Summary

(1) River systems meet the basic conditions to form dissipative structures.

i. The river system is an open system with the valley as its environment, and exchange mass, energy and information with them.

ii. River systems are far from equilibrium states.

iii. In the interior of the river system there are nonlinear relations between its elements, such as water flow, silt and riverbed etc.

They may produce synergetic effects.

iv. In the system there are stochastic fluctuations in water levels.

(2) The maximum and minimum rates of energy dissipation are both valid in special situations respectively. The most general theory of evolution of river system should be the dissipative structure theory proposed by the authors.

(3) The complexity of the environment, especially change in water levels, leads to stochastic changes of local fluvial patterns in space and time, and determines the systematics of the river system and the average geomorphologic patterns over a period.

(4) The ecosystem equilibrium in river valley directly effects the change of water levels, and is expressed in the stability of dissipative structures for the river geomorphology.

REFERENCES

[1] Ai, N., and Gu, H., 1984. Pansystems Analysis of the Action of Endogenetic and Exogenetic Forces in Formation of River Network. Journal of Chongqing University, 4.

[2] Carson, M. A., and Kirkby, M. J., 1972. Hill slope Form and Processes Cambridge University Press.

[3] Gu. H., 1984.The Sediment Source and River Geomorphologic Processes of the Jailing River. Journal of Chongqing Jiao tong Institute, Vol. 3, 14.

[4] Huang, w., 1981. Maximum Rate Law of Energy Dissipation of Continuous Medium Dynamics. Journal of Tsinghua University, Vol.21, 1.

[5] Nicolas, G., and Prigogine, I., 1977. Self-Organization in Non equilibrium System.

[6] Prigogine, I., 1978. Time Structure and Fluctuation. Science, 201, 4538.

[7] Prigogine, I., 1979. From being to becoming.

[8] Scheidegger, A. E., 1961. Theoretical Geomorphology. Prentice Hall; Springer Verlag, 333p.

[9] Yang, C.T., 1981. Theory of Minimum Rate of Energy Dissipation and its Application, "A Compilation of the Lectures on River Sedimentation"(Edited by Sedimentation Committee Chinese Society of Hydraulic Engineering, June, 1981, Beijing, pp 159—194.

[10] Yang, C. T., and Song, C. C., 1979. Theory of Minimum Rate of Energy Dissipation. Proc ASCE J. Hydr. Div., Hy 7, pp 769—784.

[11] Zan, T., 1985. Entropy Model of Thermal Stability of Draft Frozen Wall.Lanzhou Institute of Glaciology and Geocryology, Academia Sinica.

1987

泛系方法论在人口学中的应用*

泛系方法论（pansystems methodlogy，PM）也叫泛系理论或泛系分析。是我国于1976年才正式提出的一种跨学科的新的理论，它荟萃古今中外而创一家之言，侧重从关系及关系转化与泛对称（广义对称），来分析一般事物机理与广义系统，特别是按现代科学充分可观控建模的方式，来研究一些跨学科性的方法论的概念。诸如，所谓十八种泛系概念又其应用。本文主要是介绍泛系的基本概念和有关原理，及其对人口系统与广义环境（或者按照所谓泛系关系而扩及的环境）的关系的研究与应用，以展示人口学理论研究的一个新方向。

一、泛系方法论的基本概念

早在五十年代，在我国已开展了数学内部横断性的逼近转化论研究，得到了一系列自成系统的前沿性新结果。对这些数学成就，有待于进行跨学科的泛化，这就成了泛系理论研究的一个较直接的动因。泛系理论研究的另一些激励，可以说是来自"知识爆炸"的新形势，它急需发展处理知识的知识，急需发展方法论的科学化、现代化乃至数学化和计算机化的研究，也急需发展更多的新原理与新方法，来处理具有伤残信息或模糊因素的超繁动态生克大系统，泛系理论研究更为深远的动因，是中国传统哲理与方法中潜科学性或前科学性的泛系观有待于科学显化，特别是在科学发展辩证综合与整体化趋势引导下，与现代科学技术相结合的显化。

泛系理论是侧重关系、关系转化与泛对称（广义对称）的一般事物机理研究与广义系统研究。这里的广义系统(S)是某些称为硬件的事物集(A)，与某些有关的所谓广义软件或泛结构集合(B)的形式结合或软硬兼设体，$S = (A，B)$。广义软件是指一般关系、关系的关系、动态关系、含参量的关系与结构等概念的引申与推广，广义系统潜在地概括了通常系统科学中的系统，以及数理科学中的形式、量与结构等概念，可以用来描述事物，刻画性质，条件与规律、变化、运动、发展、转化与过程在形式上往往可用动态的或含参量的广义系统来表述，它们本身又可类聚而成另外的广义系统。

广义软件，一般可由泛系关系复合生成，特别是一些典型的形式，可由局整关系和形影关系复合生成，泛系关系可用集合论的形式，把直观的含义形式化，它们又可推广于其他广义系统。这里所讲的泛系关系是指下列十二种重要的、典型的一般事物关系与广义系统关系：宏微关系、动静关系、局整关系、形影关系、因果关系、观控关系、生克关系、泛序关系、串并关系、模拟关系、集散关系和异同关系。泛系关系的复合也是生成一些典型的广义软件（泛结构）的基础，我们知道，通常的权重是用数来刻画的，如果取一般集合或广义系统的硬部来作广义的权重，就叫做赋权，广义的权重即叫做泛

*作者：昝廷全、张志良，原载《西北人口》1987年第2期

权。以广义系统的硬部作为场基而定义映射或函数，就叫做泛系意义下的场，它的本质是定义或有泛结构的映射或函数。若这种映射或函数是赋泛权的，则叫泛权场。若以广义系统的硬部为场基而引入二元关系的，就叫网络。若该二元关系再赋泛权，就叫泛权网络。如果在场基上引入赋泛权的多元关系，则统称为泛权关系或带泛权关系的广义系统，泛权场、泛权网络统称为泛权场网。

泛系理论所讲的泛对称是传统的对称概念的引申与推广，是指广义系统转化中广义软件的相对守恒性或广义封闭性，也指变与相对不变（多变与相时少变），自由与相对约束的联系与转化。下列的传统概念都是特殊的泛对称：守恒性、不变性、相对性、普适性、稳定性、规律性、对称破缺、反对称、周期性，准周期性、简并性、等价性和协同性等。广义泛系关系都潜含有泛对称的因素，中国古代传统哲理中的阴阳分析、易经三易（变易、简易和不易）都包含了某些泛对称的思想。

某些泛系概念或其变形（或概念网、网的转化，或泛系概念的泛影系统）可以作为描述、分析、运筹事物机理的参考系统或概念性参证框架，这种框架就叫做泛系参证框架，它大大扩展了泛系概念的应用范围。

目前已经发展的这种典型框架有三十多种，得到了比较成功的应用。通过显化或选取某些概念，泛系关系或泛系框架以达到扬长避短、促生抑克、趋利进害、择优发展的目的。这种过程，这种就叫做泛系显生，把局整、因果、观控、串并、模拟等结合起来的显生叫做五结合显生，把宏微、动静、观控、集散、生克等结合起来而扩形显生，这是对策、战略以及由劣势转化为优势的重要概念，它叫做对策显生。从泛系理论的观点看，系统工程中的 Hall 原理，主要是一种转化的泛序显生技术，泛系缩影显生的分析方法与技术，是分析运筹复杂系统，特别是社会的动态大系统，是一个强有力的工具。在这方面，泛系理论具体发展了鸟瞰分析和显微分析方法。泛系观控关系是泛系理论的中心概念之一。这里所说的观控是指广义的观测与控制，前者指探索或获得对象事物的状态，或广义软件的情况与信息，后者指改变对象事物的状态或广义软件。观控的方式、方法、模式、机构等简称观控模式，包括手段、仪器和工具及某些中介系统。

人口理论的研究是研究人口发展的规律性。其最终目的，在于提高对人口系统动态规律及其社会、经济和环境之间的本质联系，及其数量关系，变化规律的宏观观控水平，进而为有关人口决策提供可靠的科学依据。实际上，合理的社会结构（包括人口结构）在于所谓社会三大故（充分必要条件为大故）的广义资源、竞分者与竞分准则的竞分显生。这里的竞分显生，是指对三大故之间关系的分析、运筹和决策中优化的显化，或选取某些泛系关系、概念或框架，以达到促生抑克、趋利避害，使得社会经济系统向着优化的方向发展。

泛系理论与人口学研究有关的内容还包括生克论、泛权原则、泛系聚类分析、竞分三大故、社会局整相对生克性、因果相对独立性、战略泛对称显生、强化泛系扩变显生、观控相对性原理、泛系小环境原理（泛系观控、目标反索与泛系网联）、泛系全息重演律与认识全息重演律、评分的泛系准则与综合近优性、泛系层次原理、动态关键序、泛系关系分析和泛系因果分析九计、泛对称显生原理、泛系观控分、伤残信息的泛系模拟原理、灵敏度泛系分析、泛系突变分析、泛系可能性定理、运筹缩影原理、树搜索原理，等等。

二、泛系理论在人口学中应用的基本框架

首先，我们从泛系社会学或社会生态学谈起，社会是一个超繁生克动态大系统。简化分析的泛系原理是鸟瞰分析、缩影分析、聚类显生。抓住基本的、本质的、具有充分观控性的，以及对政治、经济、稀有机会与资源具有高度观控性的缩影分析与生克分析，这就是泛系社会学的泛权原则。缩影聚类往往有潜参量，重要性泛权会因泛环境而异，这叫做隐变原则。广义资源、竞分者与竞分准则，这三者合成为泛系社会学或社会生态学的竞分三大故，合理的社会结构在于这三大故的竞分显生。泛系社会学或社会生态学的另外几个重要概念，分别是局整相对生克性、因果相对独立性，以及在它们基础上，充分宏观扩形的所谓战略泛对称显生和强化泛系扩变显生。所有以劣势胜优势的诀窍都与缩影空间的劣势转化为扩形空间的优势的这种扩形显生原理有关。泛系理论的对策显生也是社会生克与军事对策的基本概念。

通过上面的分析，不难看出，广义资源的限定，匮乏与破坏性开发（包括人为匮乏化），分享者与竞争者的过速激增，竞分与观控规范不合理等，是社会生态不平衡的几大主要因素。因此，必须发掘潜力，发展科学技术，扩充资源，并消除社会内耗，排除人为的"与门关系"，人为的互克斗争与人为的机会匮乏化，制止破坏性开发与宏观显克性的"发展"在开发中最大限度地利用资源的价位，开源节流，注意信息交流和整体协调，不断完善法制、政策、纪律和规章制度。合理引导、安排、限定、分配各种资源机会与竞分者，对竞分规范在发展中科学化和完善化，集中优势解决社会的紧瓶颈问题。并按强化泛系扩变显生原则进行综合引导和综合开发与治理。其中的一个重要问题就是对人口系统变化规律及其与环境之间关系的研究。人口系统，实际上就是上述社会三大故的竞分者主体，关于它的研究已经形成了一门独立的学科——人口学。

实际上，任何社会活动、社会关系、社会现象、社会问题，都同一定的人口系统及其发展变化有关。人口历史时期社会生产和生活的主体。因此，人口学不仅时研究社会经济系统的发展具有重要意义。而且人口系统又是一个内容复杂的具有多种社会关系的综合性的社会实体。它涉及的因素多、范围广。因为人口属性是生物属性和社会属性的统一体，而社会属性是本质属性，所以，人口不仅具有量的规定性和质的规定量，地域分布和密度，及其时空的变化，而且具有出生、死亡生命过程及性比例和年龄等自然构成，不仅具有不同民族成分和各自的风俗习惯、劳力、职业等构成，而且具有多种的社会构成和社会关系（民族关系、家庭关系、文化关系、教育关系、宗教关系等）。因此，人口系统研究的难度较高，需要多学科、多层次、多种方法进行研究。本文介绍泛系分析的观点对人口系统的研究进行初步尝试，旨在进一步提高对人口系统的观控水平。

泛系方法论和人口学的相互结合和渗透，使人口学理论研究提高到一个新的水平。它可以广泛应用泛系理论的原理、定理和模型，去分析运筹人口系统的变化及其与环境系统之间的本质联系。例如，泛系理论所发展的观控分析，可以帮助更好地从宏观层次上把握对人口系统的观测与控制，这是决策者进行有关决策的直接科学依据。为了提高对人口系统这种宏观层次上的观控水平，往往需要一定微宏层次上的观控会诊，才能使宏观层次上的观控比较全面，使其观控水平更高，对它的分析运筹更加自由合理、社会学中的"解剖麻雀方法"就是这种显微层次上的观控分析，这也是著名社会学家费孝通

教授一贯倡导，并亲自实践的一种方法。综上所述，泛系理论与人口学的结合是人口学理论研究发展的必然趋势。

限于篇幅，本文仅提出泛系理论在人口学中应用的基本框架设想，供大家研究。

（1）泛系理论在人口学中应用研究的任务及其意义。

（2）人口泛权场的泛系网络分析。

（3）人口泛权场的泛系观控分析。

（4）人口－资源场的泛系生克分析。

（5）人口－经济系统的泛系缩影与运筹分析。

（6）人口系统的集散相对性与泛系生态分析。

（7）人口政策的泛系分析与评价。

总之，泛系理论在人口学中应用的研究刚刚起步，尚处于萌芽状态，我们仅作了一些初步尝试，还有待于大家共同探讨。

参考文献

[1] 吴学谋. 大自然探索[J]. 2.3（1983）. 1（1984）. 2（1985）.

[2] 吴学谋、昝廷全.《现代系统科学》复旦大学、华中工学院主编，上海人民出版社（待出版）.

[3] 昝廷全. 科学探索学报. 3（1986）.

[4] 刘铮. 人口理论问题. 中国社会科学出版社 1984 年 11 月.

生态热力学概论*

本文利用非线性非平衡态热力学理论研究生态系统的物流能流问题，并试图建立生态热力学的理论框架，以期引起更多的有兴趣的专家学者们的关注。

一、生态系统的热力学本质

生态系统是否具有热力学本质，涉及非线性非平衡热力学理论能否应用于生态学研究这一根本问题。通过研究我们发现，生态系统具有和非线性非平衡态热力学理论的四大特征相吻合，亦即生态系统的热力学本质，下面分四个方面来论述。

1. 就体系的状态来讲，生态系统是一个开放的，为物质所流穿的，在时空和状态上存在和发生着不可逆现象的系统

生态系统的状态满足热力学第一和第二定律。对于开放的生态系统要不断地和外界进行物质和能量交换。环境的物质和能量从系统外部输入系统中的时候，通过食物链所构成的营养结构在系统内部定向而有规律地传输、转化，它的一部分在系统内部累积形成新结构的自由能而其余部分从系统表面输出。这个过程的永续，就不断地降低生态系统的熵水平，并使生态系统始终处于低熵状态。这使系统积累越来越多的自由能，并使生态系统的耗散结构越来越复杂，越来越有序。熵亦可作为测度生态系统有序度的一个状态参量，熵值越高系统越无序，反之系统越有序。这样在热力学的意义下，输入与输出生态系统的熵的代数和为熵流（$d_e s$），内部熵产生为 $d_i s$，则系统的熵变化（ds）为

$$ds = d_e s + d_i s$$

其中 $d_i s \geq 0$，说明系统内部的熵产生要求满足热力学第二定律，也说明过程是不可逆的。而 $d_e s$ 的值可以是正的，也可以是负的。因此 ds 的大小取决于 $d_e s$ 与 $d_i s$ 的代数和。

2. 生态系统是一个通过自组织作用形成的自组织系统[1]

如果我们把生态系统中物质的生产、消费和分解的过程从横断上看作是一种自然组织过程，那么无疑生态系统是一个自调节的自控系统。所谓自组织作用就是系统内部以及系统与环境之间各种作用的综合。它表现为能够自动地从无序状态转变为有序状态。从热力学的意义上来讲，对于一个开放系统，在远离平衡的情况下，系统内部存在着非线性的相互作用时，可以形成耗散结构。因此自组织过程就是耗散结构的形成过程。由此看来，自组织作用的形式是系统的基本关系。而自组织的一般秩序则是系统的结构。在生态系统中各子过程的相互作用都可以通过反馈（正的或负的，直接的或间接的）来调节，从而使其结构有序化。这里的关键是生态系统中各子过程相互作用必须是非线性的。显然生态系统中的竞争、共生、捕食与被捕食等主要过程都是非线性的，它们都用

---

*作者：昝廷全、赵松岭，原载《熵与交叉科学文集》（张学文主编）．北京：气象出版社，1987

非线性的微分方程或方程来描述。

3. 系统的稳定性问题

人类对生态系统的期望是稳定，因此才出现了"生态平衡"的概念。生态系统稳定性的物理意义是系统状态不随时间变化，但它不是也不同于平衡态。平衡状态是体系的状态参量既没有时间变化也没有空间变化。稳定性可以用熵指标来测度，当我们给定或知道了在一定的环境约束情况下的定态熵时，可以通过熵计算来对稳定性进行评估，因为：

$$ds/dt = d_es/dt + d_is/dt$$

（1）$ds/dt > 0$，即 $d_is/dt > -d_es/dt$ 时，负熵流不足以抵消熵产生或环境供给了正熵流。这样生态系统的不可逆过程无法进行下去，系统将会解体；

（2）$ds/dt = 0$，即 $d_is/dt- = -d_es/dt$ 时，负熵流抵消熵产生，在热力学的意义上是生态系统的定常状态；

（3）$ds/dt < 0$，即 $d_is/dt < -d_es/dt$ 时，负熵流足够充分，生态系统通过自组织作用可以向有序化方向继续顺行发展，这时的生态系统是优良的、进化的。

这表明，在生态系统经历不可逆过程中，生态系统稳定性的条件是其熵变总不大于零，即 $ds/dt \leq 0$。这似乎是生态系统稳定性条件的热力学定律。

4. 生态系统是一个时变的可以演替的系统

对于开放的生态系统来讲，演替实质上是非平衡状态下的相变过程，见图1。相变为扰动所导致。我们把一切改变生态系统的状态、结构和功能的现象统称为扰动。扰动可以分为外源和内源两大类，外源扰动是直接由环境施加于系统的作用力；内源扰动是由系统内部产生的改变生态系统的作用，如生物成分的繁殖、死亡、竞争等。扰动是一种随机涨落。在一定的范围内（离定态不远时）随机作用不会影响发展趋势。这种破坏性干扰能够为系统内部所克服（涨落回归）。在远离平衡态时，涨落在非线性和反馈作用下可以被放大，形成巨涨落。这会使原系统遭到破坏而形成新的耗散结构。这种扰动、涨落、相变、新耗散结构形成的反复过程就是生态系统的演替模式。生态系统的演替模

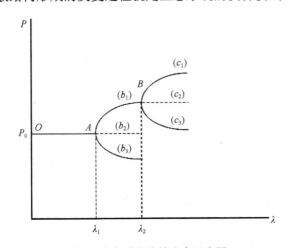

图1　生态系统演替分支示意图

式可以用分支理论来解释。如果我们用系统的熵产生 $P = \mathrm{d_i}s/\mathrm{d}t$ 作为本征量，当某一状态特征参量（λ）变化时，若离平衡态不远，可以得到一个单一的热力学分支解。当 λ 达到一个阀值 λ_1 时，出现了两个分支，并得到三个解。当 λ 继续增大到 λ_2 时，又出现新的分支。这样系统得以继续演替。其中 A、B 等点是定态。两定态之间是非平衡相变。离开定态的动力是系统内外流扰动所导致的涨落。这样通过热力学的熵产生方程和协同发展方程中参量关系的分析，有可能给出过程的演替顶极。演替系列的每一个阶段都是一种定态，亦是一种耗散结构。顶极状态就是在环境允许下的最大熵产生状态。

由此看来，生态系统无论从系统的状态、自组织作用、系统的稳定性和系统的动态的基本特征来讲，都是与耗散结构的四大特征相似的。因此，我们说上述四大基本特征就是生态系统热力学本质。

二、生态系统耗散结构模型

前面讨论的主要是生态系统的线性非平衡过程，现在转而重点讨论非线性非平衡问题。生态系统的非线性非平衡过程所出现的重要新特征就是在一定条件下可以形成耗散结构。其基本条件就是生态系统要开放，远离平衡和在系统的不同元素之间存在非线性的相互作用机制。

生态系统一般都是开放系统，只需想象一下生物圈作为一个整体接受太阳能流就可以确信这一点。一个生态系统从理论上讲可以有三种不同的存在方式。第一种是热力学平衡态。处于这一状态的生态系统通过扩散过程已经消除了物质和能量在系统内的势差。系统的熵增加到一个新的较大的值，从而达到相对的唯一状态。实际的生态系统很少处于这一状态，其出现概率几乎等于零。第二种可能的方式是线性非平衡态，生态系统的这种状态只与平衡态有微小的差别，因此我们可以利用对平衡态的修正来分析这种状态。所以在生态系统线性非平衡范围内不可能产生任何新的结构。生态系统的线性非平衡态由最小熵产生原理来描述。第三种可能的方式就是非线性非平衡。这是在环境条件的约束超过一定的值时促使生态系统远离平衡态所产生的情况。这种情况可以形成耗散结构。形成耗散结构的另一个重要条件就是在生态系统的各组分间的相互作用中存在非线性相互作用的机制。生态系统中的种内和种间的竞争、捕食、共生等都属于非线性相互作用。因此生态系统完全具备形成耗散结构的这三个条件。

下面我们用生态系统的简单不可逆过程为示范来说明耗散结构的形成：

$$A + X \xrightarrow{K_1} 2X$$

$$X + Y \xrightarrow{K_2} 2Y$$

$$Y \xrightarrow{K_3} B$$

其中 A 代表第一种生产力的资源，X 代表利用 A 的草食性动物。Y 代表以牺牲草食性动物 X 为代价而繁殖的肉食性动物，B 则为由 Y 转化而成的某种效益。K_1，K_2，K_3 是单位时间的转化比例常数。假定资源 A 和最终效益 B 对于时间保持不变，因此只剩下两个独立变量 X 和 Y。

现在我们给出相应的动力学方程：

$$\frac{dx}{dt} = K_1 AX - K_2 XY$$

$$\frac{dy}{dt} = K_2 XY - K_3 Y$$

令速率 $\dfrac{dx}{dt} = \dfrac{dt}{dy} = 0$，得

$$\begin{cases} K_1 AX - K_2 XY = 0 \\ K_2 XY - K_3 X = 0 \end{cases}$$

由上述两个方程不难解得生态系统的一个单一非零定态解：

$$X_0 = \frac{K_3}{K_2}, \quad Y_0 = \frac{K_1}{K_2} A$$

现在采用正则模分析继续研究这种情况下生态系定态的稳定性以及耗散结构的形成问题。首先写出：

$$X(t) = X_0 + Xe^{\omega t}$$

$$Y(t) = Y_0 + ye^{\omega t}$$

和

$$\left| \frac{X}{Y_0} \right| < 1; \quad \left| \frac{y}{Y_0} \right| \ll 1$$

把以上两个方程代入动力学方程，考虑到上述不等式并略去 X、Y 的高次项，我们得到了对于 ω 的色散方程。因为我们这里有两个种群（或组分）X 和 Y，所以色散方程是二次的，它们的显函数形式是

$$W_2 + K_1 K_3 A = 0$$

在我们的问题中，ω 的实部为零，所以

$$re\omega_n = 0; \quad im\omega m = \pm(K_1 K_3 A)^{\frac{1}{2}}$$

这就是说，我们得到所谓临界稳定生态系统将围绕定态旋转，旋转的频率与振幅有关，只要我们限定振幅，频率就会变成一个确定的函数。因此我们可以得到一个有时间耗散结构的生态系统。

空间耗散结构的一个典型例子是昆虫生态系统。如以白蚁巢的初期建造为例，它的动力学方程为（Keller and Segel，1970）：

$$\frac{\partial P}{\partial t} = K_1 C - K_2 P$$

$$\frac{\partial H}{\partial t} = K_2 P - K_4 H + D_H \overline{V}^2 H$$

$$\frac{\partial C}{\partial t} = F^c - K_1 C + D\nabla_2 C + v\overline{V} \cdot (C\nabla H)$$

在一定条件下，上述方程组允许有一个定态：

$$C_0 = \frac{F^c}{K_1}, \quad P_0 = \frac{F^c}{K_2}, \quad H_0 = \frac{F^c}{K_4}$$

根据线性稳定性分析，这种状态可能变为不稳定。因而系统有可能发展到密度 P 呈空间周期性变化的状态。当然必须在参数 P，D，DH 等达到某个确定值以后才能看到 P 的空间变化情形。这个例子曾被 G. 尼科科斯等人详细研究过。

前面我们在讨论形成耗散结构的基本条件之后，又通过两个例子展示了耗散结构的形成过程。对以上论述可以作如下总结，如果我们设想生态系统对平衡态的有规则的偏离过程，按照最小熵产生原理，接近平衡的定态是渐近稳定的。依据连续性原则，在平衡的有限邻域，仍保持其稳定性。因此这两种情况都不可能形成耗散结构。但是在生态系统的某些参量或约束条件超出某一临界值之后，系统可能突然变得不稳定。在这种情况下，既使一个很小的涨落也可能迫使生态系统发展而偏离原来的状态，从而形成耗散结构。

三、生态系统的动态模型

生态系统的基本特征是它的动态变化，这包括季节变化、年变化、演替和长期演化。我们利用耗散结构的原理和方法研究生态系统的动态问题，要首先给出生态系统的速率方程。一般地讲，有 n 个种群组成的存在多种相互作用生态系统的速率方程的普遍形式是：

$$\frac{\mathrm{d}x_i}{\mathrm{d}t} = k_i X_i \left[N_j - \sum_{j=1}^{n} \beta_{ij} \right] - d_i X_i + F_c\left(\{X_j\}\right) + F_R(\{X_j\}) + F_m\left(\{X_j\}, \{X_j^c\}\right)$$

$$(i, j = 1, 2, ..., n)$$

其中，k_i 为种群 X_i 的增长系数，d_i 为死亡系数，β_{ij} 为待定系数，非线性函数 F_c、F_R 分别描述包含于 Logistic 方程之外的竞争和调节，F_m 表示种群对变化率的影响，它一般与系统内外的种群密度差值有关。

因此著名的 Logistic 方程

$$\frac{\mathrm{d}X}{\mathrm{d}t} = KX(N - X) - dX$$

是上述普遍形式的一个特例，其中 K 和 d 分别表示种群的出生率和死亡率，而 N 代表环境容纳量。在这种情况下，一个种群用三个参数 K、N、d 可以完全描述。因此两个具有相同 K、N、d 值的种群是不可区分的。

我们假定开始有两个种群 $(j = 1, 2)$ 因此就有：

$$\frac{\mathrm{d}X_1}{\mathrm{d}t} = K_1 X_1(N - X_1 - X_2) - d_1 X_1$$

$$\frac{\mathrm{d}X_2}{\mathrm{d}t} = K_2 X_2(N - X_1 - X_2) - d_2 X_2$$

下面分两个步骤进行讨论，第一步考虑某个种群作为偶然事件或涨落而出现；第二步从因涨落而出现的种群足够多以组成了一个"群体"时开始。这时它的行为可以采用"平均"宏观参量去描述。我们首先考察单一种群 X_t 的动态过程，这种情况由下式描述：

$$\frac{\mathrm{d}X_1}{\mathrm{d}t} = K_1 X_1(N_1 - X_1) - d_1 X_2$$

令 $\dfrac{\mathrm{d}X_1}{\mathrm{d}t} = 0$，不难求得它的一个定态

$$X_1^0 = N_1(1 - d_1/K_1)$$

种群将趋向这一定态发展，该定态代表了正在出生和正在死亡的 X_1 的一种动态平衡。

这时假定由于某种涨落使得出现了种群 X_2 的个体，一段时间之后，X_2 的数目达到了一定的数量，可用如下方程描述 X_2 的变化率：

$$\dfrac{\mathrm{d}X_2}{\mathrm{d}t} = K_2 X_2 (N_2 - X_2 - \beta X_1) - d_2 X_2$$

物种 X_2 可以利用与 X_1 不同的食物资源，这可由引入的系数 β ($0 \leqslant \beta \leqslant 1$) 来描述。如果 $\beta = 0$，表示 X_2 和 X_1 没有共同的资源；如果 $\beta = 1$，表示 X_2 和 X_1 使用同样的资源；β 从 0 到 1 的中间值代表 X_2 和 X_1 在使用资源方面的重迭情况。

描述整个生态系统的动力方程组将变为：

$$\dfrac{\mathrm{d}X_1}{\mathrm{d}t} = K_1 X_1 (N - X_1 - \beta X_2) - d_1 X_1$$

$$\dfrac{\mathrm{d}X_2}{\mathrm{d}t} = K_2 X_2 (N - X_1 - \beta X_2) - d_2 X_2$$

在 X_2 出现的瞬间生态系统的存在状态是：

$$X_1^0 = N_1 - d_1/K_1; \qquad X_2^0 = 0$$

如果

$$N_2 - d_2/K_2 > \beta(N_1 - d_1/K_1)$$

则 X_2 将增长到某个有限制而占有该生态系统中的生境

由于 β 取值的不同可有三种情况：

第一种情况是 $\beta = 1$，这时 X_2 和 X_1 使用同样的资源，或者说其生态位重迭，而且

$$N_2 - d_2/K_2 > N_1 - d_1/K_1$$

则种群 X_2 将逐渐增长，最终完全取代 X_1 整个系统趋于稳定态：

$$X_2^0 = 0; \ X_2 = N_2 - d_2/K_2$$

方向变化，也就是说，在同一生境中，N—d/K 值较大的种群可以代替其值较小的种群。因此生态系统的变化将导致生态位的逐渐被开发，种群数量增加。

第二种情况是 $\beta = 0$，X_2 使用与 X_1 完全不同的资源，如果

$$N_2 - d_2/K_2 > 0$$

则 X_2 将在一个与 X_1 完全不同的小生境中存活下去，并且逐渐增加，最后达到种群 $N_1 - d_2/K_2$，因此整个系统的状态为

$$X_1^0 = N_1 - d_1/K_1$$

$$X_2^0 = N_2 - d_1/K_2$$

由此我们可以得出生态系统的发展将导致生态环境被进一步开发的结论。

第三种情况是 $0 < \beta < 1$，即 X_2 和 X_1 在资源利用上部分重迭，如果

$$N_2 - d_2/K_2 > \beta(N_1 - d_1/K_1)$$

则

$$\beta(N_2 - d_2 / K_2) > N_1 - d_1 / K_1$$

这样种群 X_2 将代替 X_1，系统的最终状态为

$$X_1^0 = 0; \quad X_2^0 = N_2 - d_2 / K_2$$

如果

$$N_2 - d_2 / K_2 > \beta(N_1 - d_1 / K_1)$$
$$\beta(N_2 - d_2 / K_2) < N_1 - d_1 / K_1$$

则

由上述两者的对称形式不难看出，X_2 增长且与 X_1 共存，系统的最终状态为

$$X_1^0 = \{N_1 - d_1 / K_1 - \beta(N_2 - d_2 / k_2)\} / (1 - \beta^2)$$
$$X_2^0 = \{N_2 - d_2 / K_2 - \beta(N_1 - d_1 / k_2)\} / (1 - \beta^2)$$

简单的运数运算表明：

$$X_1^0 + X_2^0 > N_2 - d_1 / K$$

生态系统发展的结果使生态系统中种群总数增加。

这一节我们利用耗散结构的原理和方法讨论了包含两个种群的生态系统的各种演化情况。结果表明生态的演化是向着环境资源的有效利用和新资源的不断开发的方向进行的。这对于 m 个相互作用而同时受到几个种群突变涨落作用的生态系统动态研究同样有效。

本文是"生态系统演替的耗散结构模型及其在西北开发中的应用课题"的部分研究成果。

参考文献

[1] G. 尼科利斯，普里高津. 非平衡系统的自组织，科学出版社，496（1986）.

生克论与社会生态学的泛系原理*

可以用泛语、泛权场网来描述一些生克问题，一种更具体的模型是泛系自动机，它是抽象自动机各组成员赋形或赋泛权以表征某些泛系关系而成的数学结构。特用的形式有多端输入输出的会诊自动机，有在输入输出中赋形生克因子的生克自动机。后者是动态对策或微分对策离散化很适用的一种模型。应用泛系观控分析中的概念与原理可以开展对传统自动机与泛系自动机的研究，得到一些新的结果。特别是用于生克自动机可得到对策双方各自的优势观控状态集以及它们的界栅。对复杂的情况：优势性、观控性、状态集与界栅还可以赋以泛权。在自动机间把输入输出联起来叫输通。通过输通或泛权输通可以把自动机族联网。生克自动机按生克两种情况联网，典型的情况是一个自动机联四个自动机：（输入，输出）×（生，克）。这一典型的生克自动机网正好描述了中医中的五行生克在处理动态对策过程中的相对普适性。生态工程的基本原理是泛系因果显生，特别是把与或显生、高效条件、高价合取与自激多环系统等原则用于泛系生态场网以及生克自动机网。

亲子关系是一种典型的生克关系，利用泛系方法可以研究有关关系的转化。设 G 为生物个体集。$f \subset G^2$ 表示亲子关系，也即 $(X、Y) \in f$ 表示 X 为亲代，Y 为子一代。设 $\theta: P(G^2) \to E_s(G)$，$G = UG: [d\theta(f)]$，则对各种不同的 θ, G：或 $X, Y \in G$：具有下列相应的引申关系：① $\theta(f) = \varepsilon_1:(f(n))$：直系 n 代关系。② $\theta(f) = \varepsilon_1[(Icf)^{(n)}]$：直系不过 n 代关系，I 为 ε_1 关系。③ $\varepsilon(f) = \varepsilon_1(f')$：直系关系。④ $\theta(f) = \delta_1(f)$：亲属关系。⑤ $\theta(f) = \varepsilon_7(f')$：非直系关系。⑥ $\theta(f) = \varepsilon_7(f)$：非亲子关系。⑦ $\theta(f) = \varepsilon_6[\varepsilon_1(f)]$：非亲属关系。⑧ $\theta(f) = \varepsilon_7(f^{(n)})$：无 n 代直系关系。⑨ $\theta(f) = \varepsilon_7[(Icf)^{(n)}]$：无 n 代内直系关系。这里泛系算子 ε 的定义见科学探索学报，1、2、4（1982）。这里的泛系算子方法可类似用于其他的生克泛权场网分析。

社会是一超繁生克动态大系统，简化分析的泛系原理是鸟瞰、缩影、聚类显生。抓住基本的、本质的、具有充分观控性的，以及对经济、政治、稀有条件与资源具有高观控性的缩影分析与生克分析，这一概念即泛系社会学的泛权原则。缩影或聚类往往有潜参量。重要性泛权会因泛环境而异，这叫做隐变原则。广义资源、竞分者与竞分准则，这三者合称为泛系社会学或社会生态学的竞分三大故。合理的社会结构在于这三大故的竞分显生。泛系社会学与社会生态学的另外四个重要概念是局整相对生克性，因果相对独立性以及在它们基础上而充分宏观扩形的所谓战略泛对称显生和强化泛系扩变显生。所有以劣势胜优势的诀窍都以缩影决策空间的劣势转化为扩形空间中的优势这种扩形显生原理有关。泛系理论的对策显生也是社会生克与军事对策的基本概念，包括推广孙子兵法五事七计的所谓胜战十四故。另外，一则侦破与诊断都涉及溯因、限定与异同三结合的侦查诊断显生。每一个涉及各种生态的概念都是所谓泛系信息显生。信息一概念有

*作者：昝廷全、吴学谋，1987 年手稿

多种意义。三种泛系化模型是限定性（确定性、定位、确切化）、辨异性（异化、层次、反差、可分性）和系统性（加耦、增加软部、强化泛结构、序化），这三种广义信息概念（因而有三种广义熵概念）在一定条件下可以相互转化，通常狭义的信息概念则是上述概念在观控相对性网中的特化。广义系统的限定性、辨异性、系统性及它们的观控相对化就简称为六种泛系信息概念，也是六种泛系熵概念。泛系信息的匮乏化与增殖可以显生，也可以显克。在生态平衡与社会显生发展中或生物进化中，泛系信息"基因库"宏观上相对守恒与发展是必要的。例如基因与文化（文学艺术、学科、学术思想）、环境与机会、合理化建议与批评、资源与人才等的多样化应得到必要的保护，这就是泛系信息显生的概念。

与生克论有关的各种概念与显生分析往往可用多维广义相空间、多元泛权关系或泛语来描述，这些描述空间的基元即为泛系生态位的概念。自然，典型的生态位是关于竞分三大故的。广义环境资源的限定，匮乏与破坏性开发（包括人为的匮乏化），分享者、竞争者的爆炸性激增，竞分与观控规范不合理，这是社会生态不平衡的三大因素。发掘潜力，发展科学技术，发展优势，扩充资源，创设更多的机会，排除社会内耗，排除人为的"与门关系"、人为的互克斗争与人为的机会匮乏化，制止破坏性开发与宏观显克性的"发展"，生产、开发、节约、流通交换协调、完善法制与政策和纪律并与规章制度改革及思想工作结合起来，合理引导、安排、限定、分配各个资源机会与竞分者，对竞分规范在发展中科学化、完善化、集中优势解决大社会的紧瓶口问题，并按强化泛系扩变显生原则来综合引导和综合治理，这些都是可供参考的意见。

参考文献

[1] Busefal，26－27（1986）.
[2] 泛系方法论专辑，科学探索学报，3（1986）.
[3] 泛系方法论一百条，1986.
[4] 哲学研究，4（1986）.
[5] 自然杂志，6、7（1986）.
[6] 深圳大学学报，4（1985）.

冻结壁系统热力学熵模型（Ⅰ）

应用数学和力学，第 8 卷第 8 期(1987 年 8 月)
Applied Mathematics and Mechanics

应用数学和力学编委会编
重庆出版社出版

冻结壁系统热力学熵模型(Ⅰ)*

昝 廷 全

(兰州大学，1986 年 5 月 29 日收到)

摘 要

本文述评了人工冻土研究的热学理论，指出了其重要意义和不足之处．文中对冻结壁进行了系统分析，根据物质层次的不同，将其划分为三个子系统：冻土分散系统、冻结土质系统和冻结壁系统．它们对应于不同的运动形态．冻结壁系统是一个多方多层次的开放性大系统．冻结壁系统的稳定及其控制问题是人工土冻结技术中的关键问题．利用非平衡热力学和耗散结构理论方法，作者论述了冻结壁系统的形成及其稳定问题，剖析了它们的热力学本质，提出了冻结壁系统的热力学熵模型，其结果令人满意．

一、引 言

冻结法凿井是在德国学者 F. H. Poetsch 1880 年提出人工冻结原理三年之后被用于特殊凿井工程，迄今已有百年历史．是目前国际上在井巷、桥涵、隧道和地铁等工程中使用比较广泛的一种施工技术[1,2]．以往对冻结壁热学问题的研究主要集中于对冻结壁温度场的求解和交圈时间的确定等[3,4]，而没有把冻结壁作为一个整体（系统）综合地研究其热学稳定性．也就是说，没有把冻结壁热学理论研究建立在系统的背景上．从系统的角度研究其热学稳定性．实际上，只要简单考察一下整个冻土热学的研究现状，也就很容易理解人工冻结凿井系统中所出现的这一情况．冻土热学中最有发展前途的将是冻土热力学．

国际上关于冻土热力学的研究也刚刚开始．苏联学者苏卡切夫[5]最近提出用冻土热力学熵描述冻土的稳定性，但没有给出定量的表达式．虽然冻土热力学研究的理论和实际意义是众所周知的，但是由于其难度较高，使得进展确很缓慢．因而是现代冻土学研究中最为薄弱和关键的一个环节，也是目前广为探讨的一个前沿课题．

本文拟采用系统分析的方法，在建立冻结凿井中的冻结壁系统模型的基础上，展开其热力学讨论，建立冻结壁系统热力学熵模型．通过对模型的调控得出人工冻结凿井系统的最优化程序，为土之人工冻结热设计提供科学依据．

二、冻结壁系统分析

冻土系统观点是冻土学发展的一个新阶段[6]，也是现代冻土学的一个重要组成部分．冻

* 吴学谋推荐．

注：已收录《系统经济学探索》

生态系统的内环境熵论与西北开发[*]

一、引　言

生态系统的概念是现代生态学的中心概念之一。最初由英国生态学家坦斯黎提出。几乎与坦斯黎同时，苏联学者苏卡切夫提出了生物地理群落的概念。二者都认为生物和非生物是相互作用，彼此依赖的统一体。

1965 年在丹麦哥本哈根会议上决定生态系统和生物地理群落为同义语。由此看来，生态系统思想的产生具有一定的历史必然性。

生态系统概念的产生使生态学产生了划时代意义的进展。以生态系统为中心，形成了现代生态学研究的特点。所谓生态系统就是生物群落和非生命环境通过相互作用、相互影响而形成的具有一定结构和功能的有机整体。传统研究生态平衡、稳定与演化的理论大致处在定性描述阶段，很难满足生产实践的需要。随着科学技术的进步和生产实践的需要，要求生态学研究必须从定性转向定量，从现场观测走向实验室模拟研究等。

笔者认为，生态系统的平衡、稳定和演化等问题，及至所有生态学问题的定量化都应当采取如下研究程序：

$$生态学问题 \rightarrow 生态过程的物理机制 \rightarrow 数学模型。$$

在生产实际和科学研究中提出生态问题，通过对这些问题的物理机制的分析研究，找到生态过程所遵从的规律。过程是状态的链条。要提炼生态过程的数学模型，第一步也是关键的一步，就是对生态过程状态的描述问题。找到了描述生态过程的状态的参量，再把生态过程所遵从的规律用状态参量的形式表示出来，经过整理就得到了生态学问题的数学模型。

二、生态系统的内环境及其熵的初步计算公式

最近，有些学者从耗散结构理论角度探讨了生态系统的平衡、稳定和演化问题，作了很好的定性分析，但在定量方面只是形式地给出了生态系统的熵的表达式，没有作较为深入的讨论。为了使研究思路清晰合理和便于深入，笔者提出生态系统的内环境的概念，这里内环境是相对于生态系统以外的宇宙世界（成为生态系统的外环境）而言的。我们把生态系统中除去生物群落以后的所有无生命成分组成的集合称为生态系统的内环境。

生态系统的内环境决定着生态系统的平衡、稳定与演化等规律。为此，我们引进生

---

*作者：昝廷全，原载《西北开发探索文集》1987 年第二卷

态系统内环境的结构熵和热力学熵概念。所谓生态系统内环境的结构熵，就是指由于它的组成元素的物质几何形态、组构差异所引起的稳定性问题。举例来说，由于陆地生态系统的内环境在地表发生突变，即存在一个界面，在界面的两侧存在着势差。这一势差的存在就会导致某些不可逆过程。我们定义与这种界面等物质形态、组构差异相联系的熵为结构熵。

本文主要讨论生态系统内环境的热力学熵问题。所谓内环境的热力学熵，我们定义为与内环境耗散物质和能量特性相联系的熵，与热力学统计物理中讨论的熵相一致。其定义为：

$$s = \frac{E}{T}$$

其中：s——内环境的熵。E——内环境的能量，T——内环境的平均有效温度。上式是对整个内环境而言。由于熵 s 是广延量，内能 E 也是广延量，而温度 T 是强度量。因此，我们得到单位体积内环境的熵的定量表达式：

$$S_{unit} = \frac{E_{unit}}{t}$$

其中：S_{unit}——单位体积内环境的熵，E_{unit}——单位体积内环境的内能，t——与 E_{unit} 对应的平均有效温度。

单位体积的内能是空间和时间的函数．即：

$$E_{unit} = E_{unit}(x, y, z, t)$$

其中：x, y, z——空间坐标．t——时间。这是因为在生态系统的内环境当中不断地进行着大气循环，水蒸气循环和生物地球化学循环等。对于陆地生态系统而言，在一定的地域范围内，生态系统的内环境主要取决于内环境的地上部分。在这种情况下，E_{unit} 由大气含水量、风速、尘埃和离子等决定。设 C 为大气热容量，ρ 为大气密度，t_0 为计算内能参考状态的温度，则有：

$$E_{unit} = \rho c(t - t_0)$$

$$\therefore S_{unit} = E_{unit}/t = \rho c - \rho c \left(\frac{t_0}{t} \right)$$

三、生态系统的演化与西北开发

生态系统是一个具有耗散结构的开放系统，它具有一系列分级层次的开放有序子系统。开发西北就是要建立一个协同的区域生态系统结构。从协同学角度分析，协同的区域生态系统结构属于一个远平衡状态的开放有序系统，即多重耗散结构。有序系统的特征是具有多级层次性，各层次既相互联系，又相对独立，形成局部的子系统。当各子系统的独立性占主要地位时，不能形成区域协同结构。只有当子系统间的相互联系占主导地位时，才能形成宏观有序结构，为完成一定的功能提供保证。

怎样才能获得区域生态系统的协同结构呢？我们必须输入生态系统一定的熵负流，实际上就是降低生态系统内环境的熵态。因此，我们引入生物系统的熵环境概念。任何生物系统都生长在一定的环境之中，当我们用熵来描述这种环境时就称为它的熵环境。

据此定义。内环境可描述成生态系统的内部熵环境。类似地，我们有生态系统的外部熵环境概念。引进熵环境概念是十分方便的，不良状态的生态系统处于高熵环境，否则处于较低熵环境。因此，要开发西北，建立区域生态系统的协同结构，就要采取措施使西北地区的各种生态系统的内环境向着低熵方向发展，提高生态系统内环境的稳定性，使之处于良性演化状态，把经济开发和自然保护结合起来，进行不破坏生态平衡的合理的开发系统工程。

1988

泛系理论概述*

　　泛系理论也叫做泛系方法论（pansystems methodology，PM）或泛系分析，是我国于 1976 年正式提出的一种跨学科析研究，它努力荟萃古今中外而创一家之言，侧重从关系、关系转化与泛对称（广义对称）来分析一般事物机理与广义系统，特别是按现代科学充分可观控建模的方式来研究一些具有方法论意义的跨学科的概念（例如十八种所谓泛系概念）以及它们的应用，在不同学科群落的几十个专题中开拓了具体的前沿性探索，许多科学理论（特别是多种系统理论与方法）或专题均可在泛系理论中找到新的缩影、新的联系与部分新的显微或深化，因而在现代多种大科学中泛系理论将发展成为一种新型的横断研究与广义的观控（观测与控制）主体。

　　泛系理论概括或发展了的概念与原理有上百个，并且得到数百个具有数学形式的新结果。但是基本的概念有七组共十八种，即广义系统、转化、泛对称、泛系框架、显生、强化与关系。泛系关系指十二种一般事物机理或广义系统中的广义关系，即宏微、动静、局整（限定与扩展）、形影（赋形与投影）、模拟、因果、观控、生克、泛序（广义的次序）、串并、集散与异同。

　　泛系理论所讲的广义系统（S）是指某些称为（广义的）硬件的事物集合（A）与某些有关的所谓（广义的）软件或泛结构集合（B）的形式结合或软硬兼设体：$S = (A, B)$。这里（广义的）软件是指一般关系、关系的关系、动态关系、含参量的关系与结构等概念的引申与推广。广义系统潜在概括了通常系统科学中的系统以及数理科学中的形式、量与结构等概念，可以用来描述事物、刻画性质、条件与规律。变化、运动、发展、转化与过程在形式上往往可用动态的或含参量的广义系统来表征，它们本身又可类聚而成为另外的广义系统。

　　广义软件（因而广义系统）一般可由泛系关系复合生成，特别是一些典型的形式可由局整关系和形影关系复合生成。泛系关系可用集合论的形式把直观的涵义形式化，它们又可推广于某些广义系统。从泛系理论来看，微分、积分、变分、累积、差分、比率、导数、梯度等概念及它们的推广不外乎是广义硬件，转化诱导下的某些关系或广义软件间的转化这种诱导转化泛系理论称之为泛导或泛导数。利用泛导更易于找到事物的规律性而便于建模，这一概念泛系理论称为泛导显称性。

　　泛系理论所说的泛对称是传统的对称性、相对性、协变性、协同性、优选性、稳定性、周期性等概念的引申与推广，它指广义系统转化中广义软件的相对守恒性或广义封闭性，也指变化与相对不变（多变与少变、自由与约束）或者简便与繁杂的联系与转化、规律性、广义系统性与整体性都与泛对称性有关。各种泛系关系都隐含有泛对称因素的。把一些泛系概念（或概念网、或网的转化）作为描述、分析、联系、运筹事物的概念性参证框架或坐标系，这种框架就叫做泛系框架。它大大扩展了一些泛系概念的应用范围。

　　*作者：昝廷全，原载《系统工程》杂志 1988 年第 6 期

显化或选取某些泛系概念、关系或框架以便达到扬长避短、促生抑克、趋利避害、择优录取的目的，这种优显或优选就叫做泛系显生。利用泛系概念与泛系理论的方法来强化思维与运筹、观测与控制，这就叫做泛系强化。泛系理论特别重视所谓泛系思维，它强调在分析运筹事物时尽力做到多层次性高维化、动态性多样化、系统性比较化、泛系性扩变化与充分可观控性建模。这里所谓泛系扩变是指把事物对象按泛系关系来扩展而后按扩展的事物系统（称为泛环境）网的相关变异与相互观控来显生。

泛系理论所说的观控是指广义的观测与控制。前者指探取或获得对象事物的状态或广义软件的情况与信息，后者指改变对象事物的状态或广义软件。观控的方式、方法、模式、机构简称观控模式，包括手段、仪器和工具以及某些中介系统。多个广义系统联立，它们的观测、控制、观控模式、泛环境、广义主体与客体，包括背景知识、信息、准则、运筹目标与不同层次不同扩变联系的观控，这一些往往形成一种多环的、动态的、有条件的、广义的"因果·生克·观控"网或网的网与网的进程，这种机理表现的概念叫做泛系现控相对性原理。

相容关系是事物中最基本的关系之一，它形式上求有自返性（事物与自己相容）与对称性（A 与 B 相容，则 B 也与 A 相容）诸如等价性、同一性、混同性、协同性、兼容性、重演性、逼近性、模拟性、同层次性等都属于相容性范畴。利用相容关系以及其否定就可很一般地来涉划同与异。相容性在一系列运算与转化下是相对封闭或守恒的，这叫做异同泛对称定理。这些运算与转化有交或合取、并或析取、关系递、可交换性复合、传递包、直积、泛积、限定、投影、缩影、隐模拟、显模拟、显微、赋形以及所谓商化、积化、相容乘、相容除等。泛系理论还具体地研究了其他关系在转化中的相对守恒性，连同上述结果统称为泛对称定理。利用泛对称定理就可进一步研究泛系聚类、模拟以及其他泛系关系的机理。特别是用于广义系统就导致所谓泛系层次原理与泛系全息重演律。前者侧重分析子系统内外或大系统与子系统（包括原系统与所谓商系统）之间在广义软件上的反差与趋异性，而后者则侧重大系统与子系统（包括子系统与子系统或各类模型）、之间的相对共性。一者侧重异，另一者侧重同，形成广义系统基本属性的一种两极对偶，统称为泛系性二对偶原理，泛系论为它们发展了一些数学模型。

社会往往是一个超繁的动态生态大系统。对它的分析与运筹，泛系理论总结了一些概念与原理，除了本文已经介绍的诸概念外，还有由广义机会与资源，它们的分配者或竞争者以及分配竞争规范这三者组成的所谓社会三大故以及对三大故按可控权的按权聚类分析。另外还有等价交换聚类分析以及因果（包括手段、条件与目标）相对独立性，等等。

泛系（pansystems）一词系我国首先开始引用，它只在特定情况下指广义系统或某些特化的广义系统，而在大多数情况下是指一种研究倾向或指泛系概念以及有关的一大类方法的一种简称，有时也指按横断的泛系观发展的某些专题群落。泛系理论不同于流行的各种系统理论，也不同于一般的方法论与哲学，更与潜科学式的思辨性研究迥异。它不但侧重充分可观控建模，而且努力发展数学化以至计算机化的研究。泛系理论除开对十多种数学专题的一些基础性的概念与定理有所补充或推广外，还对诸如逻辑学、控制论、系统论、方法论、医学、生态学等发展了专业性的新研究，在组织上也建立了全国性的具有几十个网点的泛系联络网，扬弃诸子百家而兴学海新潮、形成了跨域结合、集体创业的新局面。

泛系社会学探索与社会改革的泛系思考*

一、引　　言

社会科学化和科学社会化是现代社会的重要特征。社会科学和自然科学的一体化、学科间的相互渗透、协同发展与辩证综合是现代科学技术发展的重要趋势。泛系方法论[1—3]（pansystems methodlogy，PM）也叫泛系理论或泛系分析，就是在现代科技发展整体化趋势影响下应运而生的一科宏微兼顾、多层网络型的新学科，侧重从关系转化与广义对称来研究一般事物机理与广义系统。它与社会科学的结合正在形成一种边缘性的探索：泛系社会学。

二、社会改革研究提出的一些问题

从泛系理论来看，社会是一个具有伤残信息、模糊因素、反馈时滞，具有大量不可逆过程和多因多果多步段的超繁动态生克大系统。所谓改革，本质上就是对这种系统在历史及其他条件约束下观控结合的一种相对优化的控制。这里涉及合理地、正确地以及相对优化地认识、分析、综合、简化、运筹、观控（观测与控制）和改进社会超繁动态生克大系统的问题。

因此，应该考虑改革的基本原则、概念与方案、政治、经济、法律与科学技术的作用及总体发展趋势，什么是相对优化的观控，能不能拿社会来做实验，合理的党政关系应该是怎样的一个结构，如何保证社会领导集团的健康与良性发展，改革中能否突变，能否有人人都满意的领导体制与改革方案，一个大系统如何才能相对稳定和发展，大系统与子系统、子系统与子系统的协调有什么原则，以及传统文化、民族心理、伦理道德与现代化的生克关系等都涉及广义系统、关系转化、泛对称（广义对称）以及显生（优显、优选、扬弃）与强化的机理研究。正是这些跨学科的带方法论性的概念及其应用成了泛系理论的重点研究对象，它们与社会科学的结合可以为改革研究提出某些参证性的思考。

三、泛系社会学的概念与原理

1. 局整相对生克性，一个社会大系统可以分成许多相交或不相交的子系统（一类局整关系），每一个系统（大系统或子系统）又有相应的运筹或功利指标系统，而指标系统又有大系统与子系统以及子系统与子系统的局整关系。更有甚者，指标系统还有泛环境、时间、空间等参量系统的局整关系，例如长期指标与短期指标的关系。这三类局整

---

*作者：昝廷全、吴学谋，原载《科学经济社会》1988年第2期

关系形成更复杂的高维的局整关系（实际上各与形影关系结合），而它们之间又有各种各样的有条件泛权的生克关系，这就是局整生克相对性。

2. 强化泛系扩变显生，事物按泛系关系扩展形成所谓泛环境；而按相关变异，相互观控来运筹与处理，这一先扩后变的复合过程叫做到泛系扩变。充分科学化、整体化、社会化、现代化、模式化、充分可观控建模化的以及主动塑造、人工加速、人为强化的泛系扩变显生，这就叫做强化泛系扩变显生。三个面向就是一种空间、时间与社会现实的泛系扩变。通过学习、宣传、社会化与强化三个面向应改进各种工作，就是强化泛系扩变显生的一种典型。

3. 竞分三故，指竞争分配的三要素：广义资源（包括机会、条件、自由度）、竞分者（可以是人、集团、自然界的对象）与竞分规范。合理的社会结构在于这三大故的竞分显生。由此不难看出，广义资源的限定、匮乏与破坏性开发（包括人为匮乏化）；分享者与竞争者过度激增；竞分与观控规范不合理等，是社会生态不平衡三大主要因素。因此，必须发掘潜力，发展科学技术，扩充资源（包括增加资源量和扩充资源维度）并消除社会内耗，排除人为的"与门关系"、人为的互克斗争与人为的机会匮乏化，制止破坏性开发与宏观显克性的"发展"。在发展中要最大限度地利用资源的价值，开源节流，注意信息交流和协调，不断完善法制、政策、纪律和规章制度。合理引导、安排、限定、分配各种资源机会与竞分者，对竞分规范在发展中科学化和完善化，集中优势解决社会的紧瓶颈问题，特别按照强化泛系扩变显生原则进行综合引导、发展与治理。实际上，一个好的竞分规范，不但使已有资源的竞分合理，而且能扩充资源。特别对于人才开发更是如此，人才既是竞分者，本身又属于广义资源，而且是创造或扩展资源的资源。

四、社会学的泛系思考

前面所述局整生克相对性与竞分三故相结合的显生或显克我们称之为二律生克，二律生克是世界性的问题。社会上的重大问题，包括政治、经济、军事、外交、生态、教育中的重大问题都涉及这样那样的二律生克。

每一个社会大系统或子系统在追求实现自己的功利运筹目标系统（包括目标产量系统），可能这种目标系统受社会化观控相对性泛网所折射、变型、改造，但归根结底是某种功利运筹目标系统，而一个社会大系统的变革首先在于这个目标系统的协调，改变或变革，包括把传统的理论基础在新的历史条件下作某种显生再解释。我们为共产主义奋斗，建设有中国特色的社会主义，实现四个现代化，经济效益、社会效益和生态效益一起抓等都属目标系统的问题。

每一个社会系统（大系统、子系统）都有特定的历史条件或泛环境条件，目标系统如何协调、改革或变革是不能随意决定的，更不能照搬外国的经验，而且目标系统还有局整相对生克性。一旦确立或逐步完善具体化目标系统，就得对社会按一定显生的步骤来运筹。改造、变革、协调、整顿，以至进入对社会的重建过程。有一点是很清楚的，每一个社会子系统一般倾向于为自己的急功近利奋斗，历史上的社会子系统有点像气体分子一样，在微观局部一般按急功近利形成的"位势"方向运动，但总体可能形成一种定势，一种动态平衡。所以社会大系统的目标系统要使任何子系统都满意，使与任何系统的任何功利运筹目标都协同显生是不可能的。一个好的政府、一个好的管理者或领导人不在于每件事都力求满足每一个子系统急功近利的要求。而是应按大系统的宏微兼顾合理的目标系统来协调、改革、变革、指导、律定、统帅各种子系统的目标系统及相应的观控行为。这就是子系统与大系统、大系统内外的一个复杂的观控过程，简称大系统化，包括传统社会学所说的社会化。

一般社会大系统太复杂了，只有作某种简化处理（泛系简化原则），实际上就是基于二律生克关系或按大系统的相对宏观的战略目标系统来反调一些必需的微观战术目标及与之协同的内外系统或子系统的生克关系。总的来说，这是一个基于二律生克或泛系社会学其他原理的社会典型商缩影联立显生的分析与运筹（简称社会缩影显生）。面对现代中国的改革，理顺几个典型商缩影系统的宏微生克关系仍是头等重要的事，包括各个阶层、各类区域，各类产业、各种团体、各种管理体系与权力结构体系、各种党派等之间的生克关系以及它们与社会大系统（宏观战略目标）之间的生克关系。

参考文献

[1] 吴学谋，泛系方法论的研究与应用，哲学研究，4（1988）.
[2] 吴学谋，泛系方法论与数理系统科学，深圳大学学报（哲社版）.4（1985）.
[3] 吴学谋，泛系方法论及其应用控制论、认识论、生克论与社会学，Busefel. 26－27（1988）.
[4] 昝廷全，泛系生态聚类生克分析，科学探索学报.3（1986）.
[5] 昝廷全、吴学谋，生克论与社会生态学的泛系原理，首届全国数理生态会议论文集，武汉大学出版社，1986.

（作者工作单位：昝廷全：兰州大学西北开发综合研究所 吴学谋：中国数字工程研究所）

泛系生态逻辑、观控相对性与 Bohr 互补原理*

　　逻辑是一个多义词。泛系生态逻辑除指泛系生态学的基本原理外，更主要是指按泛系生态观来研究思维规律，它是泛系方法论、广义系统的泛环境关系与逻辑学的一种三结合研究。人的认识、实践或思维过程受内环境、外环境与泛环境的影响，同时又可能改变内环境、外环境与泛环境。广义的主体、客体、观测、控制、观控模式与功能、泛环境等形成一种动态的以至多层结构的广义因果生克网，这就是泛系方法论所说的观控相对性概念，它所发展的具体研究则是泛系生态逻辑的重要内容，与之有关的是理论物理的 Bohr 互补原理。后者是基于微观物理中波粒二象性的不可同时可观测性以及不可或缺性而提出的一种概念，是环境、观测角度与手段对观测的限制与选择。Bohr 曾想把它推广于一般认识论与社会，可惜受具体物理背景的牵缠而陈述尚欠清晰。若用泛系方法论的概念与语言，Bohr 所希望的泛化则是很自然的，可以看成是泛系观控相对性原理的一种特化。就波粒二象性来说物理上的限制是不能同时可观测，但它们却可同时表现在描述微观粒子的薛定格方程中，方程的解是波函数，它刻画了物质波的这一缩影，而方程的特征参量或特征值却是离散的，它恰恰描述了物质的粒性缩影。

　　逻辑学是研究思维的形式与规律的，可以看成是从认知心理学中独立出来的专门研究。而心理本质上是大脑这一广义主体与社会这一广义客体或泛环境之间的动态关系，实际上是两个至今所知最复杂的动态广义大系统之间在观控相对性基础上产生的过程，其中重要的典型关系即是泛关系与泛系生态关系。

　　在这里，泛系方法论与泛系逻辑找到了 Lyeli 均一律（《地质学原理》，将今论古法），达尔文进化论，Haeckel 重演律，黑格尔认识重演律的共性形式，不只看到逻辑学、方法论与认识论内在具体的统一，而且发现它们与系统论、生态学（广义生态学、社会生态学、思维生态学）和地学的联系。

　　Bohr 同 Einstein 之间在学术上有许多争议，但互补原理与相对性原理却在观控相对性的概念中相联系而协同。这一个潜在的联网更可广及孙子兵法、孔子的教学论、卡尔曼观控性、现代军事的观控结合技术、生物反馈疗法与气功、美感与朴金野现象、条件反射，等等。这个奇妙的潜网现在通过泛系方法论的初步研究已露端倪，它的进一步科学显化将可以建立一种跨越军事、人体、自然、系统、思维、数学、社会、技术与生态等科学领域以及文学艺术的泛系理论——泛系观控相对论。

参考文献

[1] 吴学谋. 生态学、医学、诊断学的泛系元理论. 大自然探索[J], 2, 3（1983），1（1984），2（1985）.
[2] 吴学谋. 泛系方法论、泛系逻辑与智能科学的一些问题. 自然杂志[J]. 6（1986）.
[3] 吴学谋. 泛系方法论一百条. 科学探索[J]. 3（1986）.

*作者：刘粤生、韩锋、吴守治、昝廷全，原载《大自然探索》1988 年第 25 期

试论非线性经济系统的基本特征*

一、引　　言

党的十一届三中全会以来，我国进行了从农村到城市的一系列经济体制的改革，复杂多样的经济实践不断向经济理论提出新的研究课题和新的要求。要求经济学能够从理论上指导人们按照经济过程的内在规律性去进行经济活动，以促进社会财富的不断增长和经济的稳定发展。

尽管现在的经济理论已经能够解释许多复杂的经济现象，有效地处理极为复杂的经济问题，成功地组织了许多优化高效的经济系统，但对于许多常见的经济问题却常常显得无能为力，经济理论落后于经济实践的状况仍然相当严重。例如，人们还不能有效地控制生产过程，特别是在我国目前进行规模宏大的经济体制改革的关键时刻，一方面强调微观搞活，另一方面宏观控制就显得更为重要。再比如，对外开放已经作为一项基本国策被提了出来，一个十分紧迫的问题是如何才能使投资与引进尽快形成现实生产力。对于诸如此类的问题，经济理论目前还不能给出令人满意的回答。

经济理论落后于经济实践的一个重要原因就是传统的经济理论偏重于抽象的经济本质和经济性质的研究，而对于经济过程的运行机制和动态行为没有予以足够的重视。传统经济理论的研究方法大都是高度抽象同时思辨性很强，而对于具体的经济实践只能给出一些抽象的"原则"。

现实中的经济现象和经济过程往往纵横交错、相互联系并彼此渗透，形成一个具有一定结构和整体功能的集合，是一个具有反馈时滞、复杂多变的经济系统[1-2]。经济系统复杂性的发现丝毫没有减缓经济学的发展，而是恰恰相反，它促进了经济学向前发展。

二、线性与非线性经济系统

现代经济学研究中心任务之一就是关于经济系统过程的内在规律性及其运行的机制研究。我们知道，状态的连续更替即构成过程。因此，为着重研究经济系统的变化规律，首先要确定其状态及其描述参量。

由于经济系统的复杂多样，使得经济系统的状态往往不好确定，因此状态变量也不易选取。但是，有一些特殊的经济状态是比较容易识别的，如社会总供给等于社会总需求的平衡状态。这时，描述这一系的状态变量就约化为两个：社会总需求和社会总供给。通常，为了完整描述经济系统的一般状态，所需要的状态变量至少在两个以上，往往为几十个，甚至上千个。这里描述平衡状态只需要两个状态变量是由于随着经济过程的进展而发生的状态变量的归并问题。这一现象具有普遍性，它是经济系统内部的非线

*作者：昝廷全，原载《兰州大学学报（社会科学版）》1988 年第 4 期

性相互作用的结果。这正是传统经济理论进行简单描述的依据，它显然只对经济系统的一些特殊状态才有效。

通常根据经济系统内部相互作用的性质可以把它分为两类：线性经济系统和非线性经济系统。所谓线性经济系统，就是说在其内部各个因素共同作用的结果等于每个因素单独作用时效果的机械叠加。用数学的语言来说就是满足叠加原理。设 x_1, x_2, $\cdots$, x_n 为几个不同的作用因素，算子 L 代表每个因素对经济系统的作用函数。

如果满足

$$L(C_1X_1+C_2X_2+\cdots+C_nX_n) = \sum_{i=1}^{n} L(C_iX_i)$$

其中 C_1, C_2, $\cdots$, C_n 为常数，则我们称该经济系统为线性的。否则为非线性经济系统。

对线性经济系统，它的每一个特定的相互作用因素组合都对应一个且仅对应一个效果或称为可能状态。我们可以通过确定系统的两个状态在状态空间中画出一条直线，据此，可以追踪经济系统的过去，也可以预测其将来行为。这样，就可以完整地描述其行为动态。因此，这类经济系统从本质上讲是十足简单的。

线性经济系统的一个典型例子就是投入产出模型。在这种模型及其各种改进模型中，投入与产出的关系均为线性关系。线性经济系统在数学上用线性方程表达。因此，存在一个唯一单值反函数，这就意味着两层含义：第一，在这里"单因单果"成立；第二，一定的投资通过系统的内部作用可以引起一定的产出，而单值反函数存在又意味产出也可以以同样的映射（作用）关系形成一定的投资。也就是说投入与产出的关系是对称的。另外，由于这种模型是线性的，它在空间和时间上至多按线性规律变化，产生不了突变，不会有真正的"发展"和质的变化。在制定经济发展战略的问题上，这就意味着把投资放在什么地方在什么时候投资所产生的社会经济效益即便不一样，也至多按线性规律变化，而且这种变化关系是完全确定的。也就是说，存在投资的绝对优化地方和绝对优化时间，任何其他投资都是"不明智"的。

从上面的讨论不难看出，线性经济系统给出的是一幅单调刻板的经济图景，在这里确定性和可逆性占主要地位。事实上，经济现象和经济过程的复杂多样，具有不稳定性和演化机制。在非线性经济系统中，整体的性质不再等于各部分的简单叠加，一个微小的涨落可能与系统内部的非线性相互作用耦合而形成"巨涨落"，导致用它的幅值无法衡量的戏剧性结果。

非线性是社会经济系统固有的动态属性，正是由于社会经济系统的非线性，才产生出了错综复杂的经济现象和风云变幻的人类社会。过去，平衡、稳定、均匀和有序是经济学研究的主要对象，传统的经济理论大多带有线性化的色彩。现在，人们越来越认识到不平衡、非均匀、不稳定等才是经济系统的主要特征，非线性过程才是经济过程的基本和主导过程。例如，近年来世界石油价格的波动和美国股票市场的萧条等显然都是非线性经济系统发展到某一临界状态时的高度不稳定性造成的。在这个临界点上是不符合经济规律的。关于非线性经济系统动态行为研究可能为解决这类问题提供新的思路。然而，总的来说人们现在还不能有效地对付社会经济系统非线性问题的挑战，这是因为现实中的经济系统并不像传统经济理论描述得那样简单，而是一个以非线性方式运动变化和发展着的五彩缤纷的世界。

我们之所以强调经济系统的非线性是因为它与线性经济系统之间往往存在很大差别。当非线性经济系统在远离平衡时，它的不同部分好像能够"互通信息"，相互制约，按一定方式在大范围内协调运动，形成宏观有序结构。我们称此现象为非线性经济系统的相干效应。我国大力提倡的横向经济联合就是国家水平或地区水平上的经济相干效应。联合体中的各单位通过竞争与合作都会有所发展和提高。因此，不难看出，发展经济横向联合是振兴经济的一个重要突破口和进行经济体制改革的重要内容，也是经济体制改革提出的一个新的研究课题。

前面已经指出，在线性经济系统中，各种影响因素的一个特定组合对应且仅对应于一个状态，而且它和控制参量的值有关。在非线性经济系统中，这种一一对应的单因果形式已被破坏，代之以一因多果或同因异果为主。突出的表现在远离平衡状态的区域内，当它的控制参数入达到某一阈值λ_c时，系统的状态失去稳定性，发生分岔现象。在分岔点上，从本质上讲不可能决定系统的下一步状态。偶然性决定系统的哪些部分在新发展道路上保留下来，而且这条道路一经选定，确定论又开始起作用，直到达到下一分叉点。

由于非线性经济系统的动态变化中存在一系列的分岔点，自然提出了在不同的结果之间进行多次选择的问题。在这里随机论和确定论巧妙地统一到了一起。随机论和确定论之间并没有不可逾越的鸿沟，而是存在着由此及彼的桥梁。同时，也给经济预测提出了新的研究课题，必须重新考虑把随机性和确定性截然分开的做法。

上面的例子尽管很简单是现实经济过程的一种高度理想化，它的解可以用解析的方法求出，但就是这种高度简化的例子确实向人们初步展现了非线性经济系统的复杂多样的图景：在非线性经济系统中可以产生在线性经济系统中不可能出现的分岔、突变和不可逆性。而从稍微复杂一点的模型中可以产生周期和准周期运动、准周期分岔和混沌运动等。

用非线性的观点和系统的观点去认识所研究的经济现象和经济过程，目的在于强调非线性的作用。尽管非线性经济系统具有多样性，不可测性和复杂性等，但这并不意味着非线性经济系统的动态行为是不可知的。

三、非线性经济系统的动态特征

经济系统的动态行为一方面受控于非平衡约束，另一方面更主要地取决于其内部的非线性自我调节机制。系统内部的自我调节因素十分复杂。为研究问题方便起见，我们把它们大致分为两类：合作机制与抗衡机制。前者是扩张性的，后者是抑制的。这样，我们可以把错综复杂的影响因素的作用按上述两类机制来考虑。

当经济系统的合作与抗衡这两种作用大致相等时，就出现了动态平衡，系统大致上维持平衡。实际上，现实中的经济系统很少处于平衡状态。马克思在谈到资本主义经济中的商品供求关系的平衡时说，在资本主义现实经济生活中，"供求实际上从来不会一致；如果它们达到一致，那也是偶然现象，所以在科学上等于零，可以看作没有发生过的事情"[3]。马克思的这一论断同样也适合于社会主义经济。不平衡是绝对的，平衡总是暂时的、相对的。问题是不平衡要限制在一定的范围内，或者是在远离平衡的区域内形成新的协同有序结构。不然的话，经济系统就会发生大的动荡，甚至于崩溃。作为极端的例子，如果在经济运行中，上述一种调节机制失灵，例如抑制作用失灵，就会导致经济的过度增长，最后到达不可收拾的地步；反之，如果抗衡和抑制调节不起作用，经济系统的发展就会停滞萎缩，甚至于解体。实际上，正是由于非线性经济系统的非平衡，才产生了丰富多彩的经济现象。

以前有一种观点认为，之所以出现经济波动现象，是由于非经济因素的干扰，或者是由于影响因素太多不可能计及一切次要因素所致；另一种观点认为，统计规律才是经济系统的基本规律，绝不可能由确定性描述中计入次要因素而得到。近来的研究表明，上述这样把经济系统的确定性描述和随机性描述截然分开的做法是不妥当的，非线性经济系统可以演化为一种即表现出确定性行为又具有对初始条件敏感的具有不可预测性的自然趋势。这些随机性既不是确定性的例外，也不是环境随机影响的产物，而是非线性经济系统内在随机性（intrinstic stochasticity）或称为动力随机性的表现。也就是说，对于非线性经济系统来说在确定性和随机性之间没有不可逾越的鸿沟，而是存在着由此及彼的桥梁。考虑到任一经济活动必须在一定的持续时间中才具有经济意义，描述经济活动的各种变量往往对应于一定的时间间隔。也正因为经济活动在时间上具有最小不可再分的基元，人们常常称经济时间是"量子化"的。因此，我们可利用如下非线性差分方程来描述非线性经济系统的发展速度 V

$$V_t + 1 = V_t[1 + a(1 - V_t/k)]$$

其中 a 为控制参数，k 为常数。当 $a<2$ 时，存在一个稳定平衡点；当 $a = 2$ 时，这个点变为亚稳定点；而在 $a>2$ 时，这个点变为不稳定的，它分岔为两个新的在参数 a 的取值范围内局部稳定的周期为 2 的定点。经济系统稳定地振荡在这两个定点之间。随着 a 的增大，这两个点又变成不稳定的，于是又分岔为 4 个局部稳定的周期为 4 的定点，接着又分岔为周期为 8 和 16 的定点。按照这种方式一分为二，最后出现一个周期为 $2a$ 的稳定环的无限系列。随着 $n→∞$，经济系统进入混沌状态[4]。

在混沌区中，很接近的初始条件，即可能在充分长的时间后引出差异很大的结果。这种从简单的确定性模型中产生出来的明显随机的动态行为说明经济周期和周期波动现象未必只是环境的随机扰动或者是由于数据采集时的样本误差所引起的，而是系统内在随机性的反映。

我们现在把上述结果与实际情况作一对照。根据刘树成同志的研究[5]，如果把我国国民收入年增长率 2 至 3 年的两个相邻波动合计为一个周期进行考察，1953 年到 1986 年的 34 年中共有七个周期，平均长度为 4.9 年；如果将 5 年以下的两个相邻小周期合计为一个大周期考虑，共有 4 个大周期，平均长度为 8.5 年（参见表 1），这与我们根据差分方程导出的 4 年和 8 年的周期基本一致。

美国经济学家凯钦（J·Kitchin）于 1923 年提出了平均长度为 4 年的经济发展小周期。这种周期能够反映对经济发展的影响相对较少时间较短的因素。美国 1807 年至 1937 年的 130 年中，共经历了 37 个小周期，其平均长度为 3.51 年。如果把两个相邻的小周期合计为一个大周期考虑，美国在 1795 年到 1937 年的 142 年中共经历了 17 次大的经济发展周期，其平均长度为 8.35 年。这与我们从理论上计算的经济周期也较好地吻合。

表1　我国社会总产值年值长率周期的长度

起止年份	类型和长度		
	所有波动	小周期	大周期
1953—1955	3 年（增长）①	5 年（增长）	10 年
1956—1957	2 年（增长）		
1958—1962	5 年（古典）②	5 年（古典）	
1963—1968	6 年（古典）	6 年（古典）	6 年（古典）
1969—1972	4 年（增长）	4 年（增长）	8 年（增长）
1973—1974	2 年（增长）	4 年（增长）	
1975—1976	2 年（增长）		
1977—1981	5 年（增长）	5 年（增长）	10 年（增长）
1982—1986	5 年（增长）	5 年（增长）	

注：① 增长型是经济波动的低谷不是绝对量的下降，而是增长率的相对减缓，经济发展处于正增长之中。

② 古典型是指经济波动的低谷为绝对量的下降，经济发展出现负增长。

在数学上非线性经济系统在远离平衡状态时发生的周期波动现象对应于系统的状态失去稳定性而形成稳定的极限环。经济周期的大小取决于控制参数，也与经济系统的环境约束有关。此时，经济系统各个部分的状态都以规则的时间间隔发生变化，这显然是个相干过程。由此可以看出，它的各个部分之间好像存在一种"通信"途径，来保证系统的整体动态行为的一致性。

我们实际看到的经济现象是它的上述内在规律性和外界环境的影响（通常称为外随机性）共同作用的结果。经济周期只是经济系统的动态行为的一个典型类别。除此之外，非线性经济系统还可以发生混沌运动等。

上面我们在讨论经济周期时，没有考虑空间差异性，即假定经济系统在空间上是均匀的。但实际上，国家与国家之间、地区与地区之间的经济发展显然是非平衡、不均匀的。世界上有发达国家、发展中国家和不发达国家之分。在我国也存在着东部沿海经济发达地区、中部次发达地区和西部待开发地区。由于空间差异性的存在，就必然会有经济扩散现象。这种扩散可能引起新的经济非平衡，小的涨落可能被放大，形成在空间上宏观有序的状态结构或称为空间周期。这样，时间上的经济周期就不是非线性经济系统唯一形式的宏观有序的结构。这时，经济系统的变化与时间和空间都紧密联系了起来，称为非线性经济系统动态行为的时空耦合效应。

特别地，当不同国家或地区之间的经济扩散流的数值彼此相差很大时，系统可能呈现出一种稳定的、与时间无关的空间变化，形成相对稳定的空间结构。这是一种空间对称破缺过程，而前述经济周期和经济波动则对应于时间对称破缺过程。事实上，正是由于经济发展的空间对称破缺，才出现了世界上不同国家不同地区的不同经济结构和经济体制。到目前为止，我们还未见及有关经济系统空间有序结构方面的研究报导。

四、几点讨论

第一、根据本文的研究，非线性经济系统在远离平衡状态时，各部分可以协同发展而形成相干效应。这就为我国进行经济体制改革中提供的横向经济联合提供了理论的依据。要形成相干效应，就必须开放搞活，只有这样才能互通信息，产生整体最优化。由此不难看出，"对外开放、对内搞活"的方针和加强横向经济联合等改革方针与措施是客观经济发展的内在规律性所要求的。

第二、为了保证国民经济的稳定增长，必须按照经济系统的内在动态行为来组织经济活动，事先进行预测研究。预测的成功与否取决于我们对经济系统本身的了解，尤其是对它的动态特性的了解。传统经济理论把经济系统分为确定性和随机性两种，并发展了两套不同的预测方法：确定预测方法和统计预测方法。最近对非线性经济系统动态行为研究的结果表明，在确定性与随机性之间并没有不可逾越的鸿沟，而是存在由此及彼的桥梁。这样，就使得对非线性经济系统的预测问题变得复杂起来了。到目前为止，还没有普适的预测方法。一种观点认为，对于具有这种复杂的动态行为的系统在短期内是不可预测的，而在长期内是可以预测的。另有一种观点认为，这种系统是短期可预测而长期不可预测的。总之，由于非线性经济系统具有复杂的动态行为，使得人们不得不重新思考关于它的预测问题。

第三、本文从经济理论上证明了经济周期是非线性经济系统的固有现象，决不仅是由于外界非经济因素的随机干扰引起的。因此，社会主义经济发展呈现周期性的波动，是社会主义经济运行过程中的正常现象。问题是要加强国民经济管理，通过人为控制尽可能使经济周期"淡化"，以保证社会经济的稳定增长与发展。

第四、本文的研究从理论上论述了非线性经济系统的时间周期和空间周期及其混合。这就提示我们一方面要"淡化"经济周期，另一方面要充分利用经济现象的空间结构及其时空耦合，特别是要及时利用世界经济发展的大循环，抓准突破口，不失时机地促进我国经济的振兴与繁荣。

致谢：本文初稿完成后承蒙聂华林副编审、李国璋副教授提出宝贵意见，宁智平同志帮助抄写，在此一并致谢。

参考文献

[1] 昝廷全. 1987. 泛系理论与经济系统的生克分析. 兰州大学学报. 经济学专辑. 96—99.
[2] 昝廷全 吴学谋. 1988. 泛系社会学与社会改革的泛系思考. 科学·经济·社会. 2（1988）. 114—115.
[3] 马克思恩格斯全集. 第25卷. 第21页.
[4] 昝廷全. 1988. 非线性生态系统的复杂动力学行为研究（Ⅰ）. 应用数学和力学. 12（1988）. 947—953.
[5] 刘树成. 1987. 投资周期波动时经济周期波动的影响. 数量经济技术经济研究. 10（1987）.

自然资源的运筹分析及其泛权场网模型

应用数学和力学，第 9 卷第 8 期(1988年 8 月)
Applied Mathematics and Mechanics

应用数学和力学编委会编
重庆出版社出版

自然资源的运筹分析及其泛权场网模型[*]

昝廷全　　朱立新

(兰州大学)　(新疆大学地理系)

(吴学谋推荐，1988年 1 月23日收到)

摘　要

本文提出了竞分三故原则，很自然地把自然资源、能源、人口和环境等问题统一到一个共同的模式之中，为这些问题的综合研究提供了一个基本框架，使得自然资源运筹分析的思路更加清晰，各部分之间的关系更加明了。在此基础上，本文提出了多个场网之间运筹分析的数学模型，为定量解决全球性的综合问题奠定了基础。我们特别讨论了自然资源一竞分者两个场网之间的生克关系和运筹分析的数学模型，为定量解决资源一人口，资源一经济等问题提供了数学工具。

一、引　言

随着全球性的人口、资源、能源和环境问题的日益尖锐，许多国家的研究机构纷纷从不同的角度对这一综合性问题进行研究和预测，试图寻求解决的对策[1~4]。但有一点是十分清楚的，我们必须依靠现代科学和技术，努力寻求和探索新的资源，更好地了解我们的环境，并与大自然建立一种较少破坏性的共存关系。幸运的是，在世界发生巨大而深刻变化的同时，科学技术正按指数形式反馈加速向前发展，人类认识和揭示自然奥秘的能力也正在发生飞跃和深化。本文试图利用泛系理论[5~8](Pansystems Theory)的思想和方法对自然资源的开发利用进行运筹分析，提出自然资源开发利用的竞分三故范畴，在此基础上进一步提出自然资源开发利用的泛权场网模型，最后进行了个例分析。

二、自然资源的泛系竞分三故原理

泛系理论也叫泛系分析或泛系方法论，是我国于1976年才正式提出的一种跨学科新研究[5]。它侧重从关系、关系转化、广义对称和充分可观控建模的角度来分析一般事物机理与广义系统。现在引起了国内外学术界的极大关注，我国著名科学家钱学森教授指出[9]，泛系理论就是用现代数学语言来表达一般系统的普遍规则。现代系统科学的理论与方法或专题均可在泛系理论中找到新的缩影，新的联系和部分新的显微与深化，因而泛系理论有可能发展

---

[*] 本文得到兰州大学基金课题"泛系方法论及其在西北开发中的应用"资助。

注：已收录《系统经济学探索》

冻结壁系统热力学熵模型（Ⅱ）

用数学和力学，第 9 卷第 9 期(1988年9月)
Applied Mathematics and Mechanics

应用数学和力学编委会编
重庆出版社出版

冻结壁系统热力学熵模型(Ⅱ)*

昝 廷 全

（兰州大学，1988年1月16日收到）

摘 要

本文是文献[1]的继续，首先论述了冻结壁系统的力能学，在此基础上通过对模型Ⅰ的定量讨论得出了冻结壁系统热学稳定性熵的模型（称为模型Ⅱ）。最后利用安徽桃园矿付并的现场观测资料对模型进行了验证，其结果令人满意。

一、冻结壁系统的力能学分析

辩证唯物主义观点认为，整个自然界是在永恒地流动和循环中运动着，"除永恒变化着、恒运动着的物质以及这一物质运动和变化所依据的规律外，再没有什么永恒的东西"。运动是物质的基本属性，这里的运动是指一般变化。因此，冻结壁系统的基本属性就是其运动，它的发展变化规律依赖于力能学基础。

冻结壁系统及其各组成部分的能量收入、转化和传递过程正在引起学者们越来越多的注意。冻结壁系统中发生的能量变化涉及热力学概念和理论的领域，既包括应用于宏观世界的热力学，又包括适用于基本粒子、原子和分子世界的统计热力学。

真实的冻结壁系统是一个复杂的开放系统，它与环境处于经常的质量、能量和信息的交换之中[2,3]。它的性质和特征不仅在固相过渡到液相或气相时发生明显的变化，而且当冻土面的某一层向另一层过渡时也发生明显的变化。例如，冻土的容重可以被观察到随深度的明显变化等。

在研究冻结壁系统力能学基础时，不能只局限于计算和系统热量输入（或输出）有关的些力能参数，同时必须考虑到质量交换的因素。这意味着，研究冻结壁系统力能学时，不应当考虑到和气象因素的相互作用方面，而且要考虑到制冷量水分迁移（物质的收入和支出）。能量以热量的形式进入系统，只是系统能量交换的一个途径。冻结壁系统力能学的第方面是地球化学质量交换过程中的能量输入或输出。

通常地把冻结壁系统的能源归纳为两大类：一是外部输入的制冷能量，二是地球内部产的"内生能"。这两种能源比较起来，内生能对冻结壁系统的作用和影响，更多的是通过接的途径和方式来表现，是被动的，需要外部能量的"起动"才能够释放出来，而制冷量冻结壁系统中所发生过程的直接动力和基本条件。这两大类能量的存在，并在冻结壁系统

* 吴学谋推荐。

注：已收录《系统经济学探索》

非线性生态系统的复杂动力学行为研究（Ⅰ）

应用数学和力学，第 9 卷第10期 (1988年10月)
Applied Mathematics and Mechanics

应用数学和力学编委会编
重庆出版社出版

非线性生态系统的复杂动力学行为研究（Ⅰ）*

昝 廷 全

（兰州大学，1988年2月12日收到）

摘 要

本文丛拟系统讨论非线性生态系统的复杂动力学行为及其内在 机 制.本文 简 要论述了生态学研究日益重要的意义，述评了生态理论落后于社会实践的状况和原因，指出了现代生态学 研 究所应遵从的程序；比较详细地论述了生态系统的四个基本特征：层次性、开放性、非线 性 与远离平衡；最后系统地论述了非线性生态系统的平衡与非平衡、稳定与不稳定以及动态行为的外 在 随机性和动力随机性，指出在非线性生态系统的确定性行为和随机行为之间存在由此及彼 的 桥梁，由此将导致生态预测新模式.

一、引 言

随着全球性的人口、粮食、资源、能源和环境问题（称为五大危机）的日益尖锐突出，世界上很多国家的研究机构纷纷从不同的角度对这些问题进行研究和预测，试图寻求解决问题的途径和办法.尽 管 到目前为止还没有解决上述危机的理想方案，但有一点是 十 分 清 楚的：我们必须寻求和探索新的资源，更好地了解人类赖以生存的环境，建立一种人 与自然较少破坏性的共存关系.现 代生态学恰恰以人与自然之间的关系作为主要研究 内 容.因此，我们有理由认为生态学在解决上述危机和协调人与自然关系的过程中必将发 挥 日 益重要的作用.

尽管现在的生态理论已经能够解释很多复杂的生态现象，有效地处理相当复杂的生态问题，成功地设计了许多优化高效的生态工程，但对一些常见的生态问题却 常 常 显 得无能为力，生态理论落后于社会实践的状况仍然相当 严重.例如，人们还不能有效地控制自然生态过程，特别是如何调控才能使一个生态系统的生态、经济和社会效益同时达到最 优 化等.对于诸如此类的问题，生态理论目前还不能给出令人满意的回 答.总之，生态理论还远远不能满足社会实践的需要.

生态理论落后于社会实践的一个重要原因就是传统的生态研究要么偏重于对生态现象的描述记载和定性解释（这相当于生态学发展的最初阶段）；要么强调以假定存 在 平衡为前提

*吴学谋推荐.

本研究得到中国科学院青年奖励基金和兰州大学青年科研基金资助.

925

注：已收录《系统经济学探索》

Management and Optimization Model for Rangelands in Western China

Human Ecology in China; 143—148

Management and Optimization Model for Rangelands in Western China

Zan Tingquan   Li Zizheng

1. Introduction

The climate characteristic of Northwestern China is dry with little precipitation and frequent wind flows, i. e. , continental climate. The annual rainfall in most of the rangelands is between 250 to 600 mm, majority of which are concentrated in summer. This region is categorized as arid desert grassland, or semi—arid range belt, or semi—moist mountain rangeland. Due to lacking scientific management policy, neglecting the ecological cycle of resource replenishment and focussing solely on maximizing products—these are causes of constant over—grazing problems in this arid rangelands. In addition, outbreaks of rats and insects as well as the interference of human beings (e. g. stripping the grass, digging the roots and cultivating activities, etc.) led to a reverse succession of the plant community, such as the degradation of the rangeland and the declining of the grassland environment. The result of these activities is that the economic and ecological benefits of the grassland resources can not attain their potentials. The purpose of this research is, therefore, to seek after the growth regulation of the grassland resources, to discover internal mechanism of land degradation, and to design a management policy in order to attain the best economic benefit while maintaining the ecological balance. In this study, we use Tan—ju Range of River West as a case study, applying the technique of system engineering and pansystem analysis to investigating the causes of land degradation, and look for proper treatment measures and establish an optimization model of grassland utilization.

2. Weighted Multi—Policy Analysis for Rangeland Management

The primary concern in rangeland management is the conservation and the utilization of grassland resources. In the following discussion, weighted multi—policy decision making analysis is applied to studying the principal cause of the degradation at Tan—ju Range and the corresponding management policy. In fact, weighted multi—policy analysis combines qualitative and quantitative decision making methods. The process of this analysis is to divide a grazing system into several subsystems and to find key

注：已收录《系统经济学探索》

1989

关于 DNA 结构与功能的研究

非线性生态系统的复杂动力学行为研究（Ⅱ）

关于 DNA 结构与功能的研究*

DNA 结构与功能研究的理论和实践意义是众所周知的，只需提及以下两点就一目了然了：构成第四次工业革命三大支柱之一的遗传工程，就是用人工方法把细胞中的遗传物质经处理后再放入细胞，以期求得人们需要的新遗传物质；另外一个显著的例子就是对癌症的研究，人们已经发现有些物质，例如 Bg，其结构式为

$$\begin{array}{ccccccc} O & & & & O & & CH_3 \\ \parallel & & & & \parallel & & | \\ C & -CH_2 & -CH_2 & -C & -NH & -N \\ | & & & & & & | \\ OH & & & & & & CH_3 \end{array}$$

对癌细胞有较强的杀灭作用，但它同时对造血细胞也有较强的诱变能力，导致正常细胞及生殖细胞遗传结构和遗传物质发生改变。上述问题的解决和优化有待于 DNA 结构与功能研究的进一步深化。

Watson 等在 1953 年提出了 DNA 双螺旋结构模型，从此，人类对生命过程的研究深入到了分子水平，随后很快破译了 DNA 遗传密码（线性密码），亦即发现 DNA 中的碱基 C（鸟嘌呤）、C（胞嘧啶）、A（腺嘌呤）和（胸腺嘌呤）的排列含有蛋白质制造程序的指令。但问题是：为什么遗传密码总是由四个元素组成?即为什么 DNA 中独立的碱基数总是为 4?以及它是以怎样的机理相互作用?Seykold 企图从信息论的角度回答这个问题，他设 DNA 中的总碱基数为 N，表达信息的线性序列由 n 个单位构成，则信息量为：

$$I = \log 2(Nn) = n\log 2N$$

假定：$Nn = e$ (常数)，由 I 极大求得：$N = e \approx 2.72$ 与 4 接近，他由此解释 DNA 中独立的碱基数为什么为 4。最近，我国学者罗辽复论述了 Seykold 假定的不合理性。

DNA 双键分子中，碱基分为两类：一类是嘌呤型，一类是嘧啶型。一个嘌呤和一个嘧啶形成专一的氢键耦合，这是构成遗传现象的基础。它的动力学原因很复杂。B.Pulman 等人发现，DNA 双螺旋结构中最重要的稳定因素不是两个键上互补的基之间的氢键，而是由于碱基的垂鸟堆积所产生碱相互作用。我国学者罗辽复用四能级模型讨论了复制的忠实性，把解键过程的高度有序视为构象变换，利用四能级跃迁的非平衡特征解释了解键过程的稳定性和复制的忠实性。

在前人的基础上。笔者提出以下几点关于 DNA 大分子结构与功能研究的设想。

首先，我们引进两个定义：①取 DNA 中的 G、C，A、T 组成一系统，记为 I；②取 DNA 分子的集合为另一系统，记为 II。

笔者认为：

（1）在 I 上满足二元运算。

---

*作者：昝廷全，原载《微生物学免疫学进展》1989 年第 3 期

（2）Ⅰ是不封闭的。

（3）Ⅰ是紧致系统，Ⅱ是松驰系统。

现在，对上述设想作一概要说明。笔者首先引进两个定义，明确地圈出了我们研究的对象。与此同时，也就等于定义了系统和环境。这也就清楚了哪些是研究客体自身的属性，哪些是与之相互作用的环境因素。应该指出，在生物学研究中，把影响研究客体的诸多因素变换为熵是非常方便的。因此以后提到的环境都是熵环境，不再一一重复。

如果利用列举法，系统Ⅰ可表为[G、C、A、T]，所谓在Ⅰ上满足二元运算，就是指有下列式子存在：G^0G、G^0C、C^0C、C^0A、A^0A、A^0T、T^0T。这里"^{0}"表示一个运算（相互作用），它的意义是显而易见的。由于Ⅰ上定义了运算，它们就具有了一定的结构，对应于一定的结构信息，同时还具有其他形式的信息。设想(2)是说，上述的二元运算结果有可能属于I=[G、C、A、T]，也有可能是一种不属于Ⅰ的新物质。例如，如果G^0C∈I，那么，由于在Ⅰ上满足二元运算，上述过程的产物仍可和Ⅰ中的某一元素（或自身）相互作用，直到生成一个新质的客体，它不属于Ⅰ。实际上，正是由于Ⅰ是不封闭的，总要生成新质客体，生命才有可能进化，由此可展开进化机制的讨论。

问题在于，上述二元运算以怎样的方式进行?动力学原因是什么?笔者认为，Ⅰ上的二元运算具有空间和时间上的准对称性。时间准对称性对应于作用时间准周期，可以这样理解，在DNA内部存在着二元运算的程序序列。该程序的开启和关闭有两类机制：其一，是通过G、C、A、T的相互作用而自动进行；其二，是通过另外一种物质，称为启动因子，作用于Ⅰ，使程序打开和关闭。当然，程序执行状况与熵环境状况有关。我们的任务在于发现这种控制指令，然后即可展开人工调控及优化过程，设想一下建立在这样基础上的基因工程将是多么的理想和经济。

另外，由于在Ⅰ上满足二元运算，应用计算机模拟DNA生物大分子是相当方便的。因此，计算机在生物学中的应用具有客观上的基础。

由于Ⅰ不封闭，使得Ⅱ不断有新质客体出现。开始处于量变阶段，随着时间的推移，到某一时刻当系统的某一序参量达到某一阈值时，系统Ⅱ发生突变，改变DNA的结构。现在DNA中的四个独立碱基就是以前这种突变的结果。我们很自然地推想将来的DNA中将有五六个或更多的独立碱基存在，这是进化的结果。这一问题的研究可借用I.Prigogine提出的耗散结构理论、H.Haken提出的协同理论、Zeeman等提出的突变理论等。

综上所述，在笔者提出的三点假设基础上，我们可以解决几乎所有与此有关的生物问题。这样，就建立了统一的系统模式，为其定量化、进而为建立数学模型提出了统一的基础，对于学科的发展无疑其有建设性意义。

最后指出，因为生命体是一个高度有序体系，我们可以构造一序空间，"赋予"每一生命客体一定的"序值"，引进序空间上的运算，把对生命客体的研究转化为对序空间结构和特性的研究，这样可以发展一新的数学分支，它将是最适于生物学的数学理论。

非线性生态系统的复杂动力学行为研究（Ⅱ）

应用数学和力学，第10卷第2期（1989年2月）
Applied Mathematics and Mechanics

应用数学和力学编委会编
重庆出版社出版

非线性生态系统的复杂动力学行为研究(Ⅱ)*

昝 廷 全

（兰州大学，1988年5月18日收到）

摘 要

本文是文献[1]的继续，主要讨论了非线性生态系统的一维简单模型所呈现出的复杂动力学行为：定点运动、周期运动和混沌运动等．简要论述了这种简单模型所显示出的复杂动力学行为的普适性，这可由M. Feigenbaum第一常数和第二常数描述．最后，本文还讨论了非线性生态系统在从某分岔状态通近分岔点时会由于逼近失稳而发生的"单边强化现象"，这在生态资源的开发利用和人工生态系统的设计与管理中具有重要的理论意义和实践意义．

一、引 言

我们在文献[1]中已经指出，非线性生态系统的动态行为一方面受制于环境的非平衡约束，另一方面更主要地取决于系统的内部相互作用．本文通过对非线性生态系统的简单一维模型的讨论说明在一定的种群生态系统中存在复杂的动力学行为，而且，上述这些复杂的动力学行为都是由确定性方程得出的结果．

非线性生态系统的动态行为可以由一组偶合的非线性的常微分方程组或偏微分方程组描述，也可由非线性的迭代方程（组）来描述．方程含有一个或几个控制参数，随着参数的变化，系统可以呈现定常状态、周期状态、拟周期状态和混沌状态等．这些状态相互转变，不断演化，就构成了非线性生态系统的多样性和复杂性．

人们通常用微分方程

$$d\vec{x}/dt = f(\alpha, \vec{x}) \tag{1.1}$$

或迭代方程

$$x_{i_{j+1}} = f(\alpha, x_{i_{j}}) \qquad (i = 1, 2, \cdots, m) \tag{1.2}$$

来描述生态系统的动态行为．其中 $\vec{x} = (x_1, x_2, \cdots, x_m)$ 是状态变量向量，α 是控制参数．由于 (1.1) 和 (1.2) 式右端 $f(\alpha, \vec{x})$ 和 $f(\alpha, x_{i_{j}})$ 中不明显地含有时间 t，所以称为自治动力系统．对于函数 f 的表达式中显含时间 t 的非自治动力系统，可以通过适当的变量代换化为自治...

* 吴学谋推荐．

本研究得到中科院青年奖励基金和兰州大学青年科研基金资助．

101

1990

经济系统的泛结构及其泛系观控分析
全球变化与广义资源
生态系统的熵与信息

经济系统的泛结构及其泛系观控分析*

一、引　言

当代经济学理论在解释和预测许多新的经济现象时都遇到了不同程度的困难，例如对经济周期波动现象的解释和经济预测方法的困境等[1]。因此，有人说经济学面临着一场挑战。我们没有必要担心和害怕这场挑战。实际上，经济学目前的困境预示着经济学下一时期的大发展。迎接这场挑战大致有两种对策可供选择：其一，是在保持原有规律的前提下，引入新的经济机制或引入过去忽略了的经济变量，来解释新的经济现象；其二，重新考查经济理论的基础，探索新的研究方法。

本文采取上述两种对策中的后一种，从考查经济理论的基础出发，把泛系理论的概念、观点、原理、模式与方法应用于研究经济系统和复杂的经济问题，试图建立泛系经济学的基本框架，以期更有效地分析、组织、运筹和预测各种经济系统和现象。

二、泛系方法论的有关概念与原理

泛系方法论（pansystems methodology，PM）也叫泛系理论或泛系分析，是我国学者吴学谋教授于 1976 年正式提出的一种跨学科新研究[2—3]，他发扬了中国传统哲学与方法论中的侧重关系、关系转化与广义对称的特点，努力荟萃古今中外而创一家之言。他侧重从关系、关系转化、广义对称和充分可观控建模的角度来分析和运筹一般事物机理与具有模糊因素、伤残信息和反馈时滞的动态生克大系统（简称广义系统）。现代系统科学的许多理论与方法或某些事物现象均可在泛系理论中找到新的缩影、新的联系和部分新的显微与深化，因而它为新的横断研究与广义的观控（观测与控制）提供了重要思路和手段。因此，我们有理由认为泛系理论必将在讨论社会经济等复杂问题的分析与运筹中发挥重要作用，而泛系经济学为迎接经济理论面临的挑战，提供了新的思路与新的研究方法。

泛系（pansystems）一词系我国首创，随着泛系方法论研究工作的发展，它的含义也有所发展。它只在特定情况下指广义系统（关系、对称、转化、生克等）或某些特化的广义系统，而在大多数情况下是指一种研究倾向或一种观点与方法，有时也指按横断的泛系概念或按泛系框架发展的某些专题群落。按侧重关系、关系转化与泛对称的观点并用泛系方法论的概念、原理、框架、模式与定理来模拟、分析、运筹有关事物，建立理论分析模式，就叫有关事物的泛系化，也称按泛系观来处理有关问题或对有关事物建立泛系模型。泛系化的另一含义指泛系化思维运筹（即多层次高维化，动态性多样化，系统性比较化，泛系性扩变化与充分可观控性的模拟化）。

*作者：昝廷全，原载《兰州大学学报（社会科学版）》1990 年第 3 期

泛系方法论所讲的广义系统（S）是指某些称为广义硬件的事物集合（H_1）与某些有关的所谓广义软件或泛结构集合（H_2）的形式结合或软硬兼设体：$S=（H_1, H_2）$。这里广义软件或泛结构是指一般关系、关系的关系、动态关系、含参量的关系、谓词与结构等概念的引申、推广或形式概括，它往往由事物论域或基本集合派生或由某些典型关系生成，也可以用公理形式刻画。广义系统潜在地概括了通常系统科学中的系统及数理科学中的形式、量、关系、结构等概念，可以用来描述事物、刻画性质，条件与规律。变化、运动、发展、转化与过程在形式上往往可用动态的或含参量的广义系统来表征，它们本身又可以类聚而成为另外的广义系统。

多个因子集的直积的子集就叫做多元关系。通常的权重是用数来刻画的。在泛系方法论中可以把某些因子集或广义系统的硬部作为泛权（即广义的权重）。这一过程叫做赋泛权，这样的多元关系叫泛权关系。以广义系统的硬部作为场基而定义函数或映射就叫做泛系意义下的场，它本质是定义域有泛结构的映射或函数，再对这种映射或函数赋泛权，就叫做泛权场。广义系统硬部引入二元关系后叫网络，再对二元关系赋泛权就叫做泛权网络。泛权场和泛权网络统称泛权场网，它们都是泛权关系。泛权变域可看成泛权关系的影系。泛权关系（特别是泛权场网）是通常的典型的广义系统或泛结构，现代控制论和系统论中常用的抽象自动机的概念以及现代人工智能中的知识表示都可划归为泛权场的形式。

泛系观控关系是泛系方法论中心概念之一。这里所说的观控是指广义的观测与控制。前者指探取或获得对象事物的状态或广义软件的状况与信息，后者指改变对象事物的状态或广义软件。观控的方式、方法、模式、机构简称观控模式（包括手段、仪器和工具以及某些中介系统）。多个广义系统联立，它们的观测、控制、观控模式、广义主体与客体、泛环境，包括背景知识，信息、准则、运筹目标与不同层次不同扩变联系的观控，它们往往形成一种多环的、动态的、有条件的广义的"因果·生克·观控"网或网与网的过程，这种机理表现的概念叫泛系观控相对性原理。在传统的认识与心理学中，认识与实践主要表现一种社会化观控相对性结合中相对表层与相对深层的两种不同扩变联系的观控。实践与实验只有在充分可观控模拟以及观控相对性合理结合的前提下才能发挥较好的显生作用。

把一些泛系概念或概念网或网的某些缩影、变型及其转化作为描述、联系、分析、运筹事物机理的概念性参证框架或坐标系，这种框架就叫做泛系框架。它大大扩展了一些泛系概念的应用范围。现在我们就从对经济理论的基础考察和从建立其泛系框架开始泛系经济学的研究。在此基础上进一步引申出泛系经济学的基本框架。

三、经济系统是经济学研究的基本功能单位

"经济系统"这一名词目前已得到了广泛的应用。在利用系统理论特别是大系统理论研究宏观经济问题方面已经作了大量的、颇有成效的工作。许多国家都成立了相应的专门机构从事这方面的研究与应用。例如，美国国家经济研究会主办的"经济计量模型比较研究会"和英国社会科学研究会主办的"经济计量方法研究计划（PREM）"等。但是，关于"经济系统"的精确定义到目前为止还没有形成完全一致的看法，我们从经济

学研究的最原始问题开始讨论经济系统的组成、结构与功能等。笔者在文献[4]中曾经指出，经济学的核心问题归根到底是对稀有资源的对策性的价值运筹，实际上就是在动态约束条件下的多边生克关系问题。广义的经济现象、经济行为和经济过程是涉及社会总投入与社会总产出、社会性交换、生产与消费等具有对策性的动态生克大系统。为叙述方便起见我们首先区别三类系统，即资源系统（R）、经济系统（E）和社会系统（S）。从控制理论角度出发，可以把经济系统看成是社会系统（S）和资源系统（R）的交集，即 $E \subset S \cap R$。

从系统层次上来看，经济系统是社会系统的一个子系统（$E \subset S$），其基本功能就是根据社会需求把资源变成适于消费的资料并把它输送到消费者手中。当把经济系统作为社会系统的一个子系统（$E \subset S$）研究时，其社会经济方法的分析是决定性的；同时，经济系统（E）也可以被看做资源系统的一个子系统，即 $E \subset R$，这时其生产工艺方面的分析占主导地位。另外必须指出，人在这其中扮演着双重角色，既是为生产给定其最终目标的消费者，又是作为生产本身最重要职能要素的劳动资源，而且是可以创造资源的资源。

从 $E \subset R$ 的角发来看经济系统主要的问题是如何更有效地利用资源，提高对其变化规律的宏观观控水平，进而为决策者提供切实可靠的科学依据。我们曾指出了自然资源开发利用的泛系竞分三故原理[4-5]，即可以把自然资源的开发利用分为三大范畴——广义资源、竞分者和竞分规范，合理的社会经济结构在于这三大故范畴的充分竞分显生。这里的广义资源既包括自然资源，也包括人力资源和能源等；这里的竞分者不一定是指个人，在不同的情况下，它可以指参与广义资源竞争分享的个人、集团、国家甚至人类和自然对象；这里的竞分规范是指资源的竞分时所应遵从的原则，如社会福利、生态平衡和环境保护等要求。在文献[5]中我们还提出宜于分析经济系统和资源场网之间的转化及生克关系的泛权场网模型。

经济系统的输出对输入的依存关系可以利用生产函数来描述，其可一般性地写为

$$Y = F(X_1, X_2, \cdots X_m, C_1, C_2, \cdots C_n)$$

这里 Y 为输出强度的近似值，X_i ($i = 1, 2, \cdots, m$) 为生产诸因素的消费强度，C_i($i = 1, 2, \cdots, n$)为参数向量。典型的生产函数如道格拉斯函数

$$Y = C_0 L^c K^{1-c}$$

其中 L 为劳动投入强度，K 为资本资源的投入强度，C 为参数。

在自然资源变换为社会消费品的过程中，除了需要具有物质形态的硬投入，即通常所说的生产力的三要素以外，还需要另一类不具有物质形态的软投入[6]，包括经济管理、劳动力的积极性和科学技术等。物质产品生产的过程就是上述两种投入组合不断变化的运动过程，正是由于后一种投入的存在，使得对许多经济要素的定量描述和精确测度发生困难，我们将在后文中较为作详细的论述这一问题。

经济系统的上述组成和结构特点。决定着经济系统是一个非线性随机系统，在文献[1]中有关于非线性经济系统基本特征的详细论述。这里我们补充指出两点：

第一，经济系统的资料数据的取得具有不可重复性，可利用的资料系列比较简短。这首先是由于经济过程的不可逆性，而且数据资料一般都是以年度或以季度为周期抽查的，因此，采样的频率很低，要形成相对"完备"的资料系列需要相当长的时间，这就

要求人们要加强收集和积累各种经济数据和资料。近年来人们试图利用计算机模拟和实验经济学方法解决这一问题，目前仍处于探索阶段。

第二，不可能对经济系统进行经典意义上的定量描述和精确测度。影响经济系统的主要因素除包括自然条件、固定资产数量等这些硬因素外，还包括管理水平、经济体制和经济政策等这些软因素。关于硬因素的描述可以像物理学中描述电压与电流的定量关系一样精确，但关于软因素的测度却很难精确，如工人积极性的高低和经济管理水平的好坏等很难用经典数学的方法精确定量。这表现为经济参数的不确定性，我们认为可以利用专家评分和模糊方法进行测度。但是，经济参数的不确定性也是参数估计所固有的，这是因为可供利用的经济资料系列不够完备等。因此，经济系统是一个具有伤残信息的动态生克大系统，对它的分析运筹需要新的研究方法和研究手段，正是在这样的前提下，泛系经济学应运而生。

四、经济系统的泛结构及其观控相对性

从泛系理论的角度来看，可以把经济系统看成是由以生产力的三要素作为广义硬件（A）与某些有关的广义软件或泛结构集合（B）的综合体 $S = (A, B)$，这里的广义硬件也包括社会化的个人或有法人资格的集体或家庭，也可以是它们的杂化集合。这里的广义软件是指经济制度、经济政策、经济关系、含参量的关系与经济结构等概念的引申、推广与概括，它可以用来描述经济过程与现象，刻画其性质、条件与规律。经济改革、经济发展与经济过程在形式上都可用动态的或含参量的广义软件来表征。

经济系统的广义软件或泛结构决定着它的优劣和是否高效。作为生产力三要素的组合固然很重要，但它归根到底还是由经济系统的广义软件决定的。关于这个问题过去没有引起经济学家的足够重视。过去加速经济发展主要是靠增加硬投入的数量来实现的，特别在一些资本主义国家，经济的高速发展是以资源的过度浪费为代价，甚至使有些稀有资源濒于匮乏。与此有关出现了不同的经济学观点，最典型的有两派：一派认为经济增长是有极限的，另一派认为经济增长是没有极限的。这两种观点分别以《增长的极限》和《没有极限的增长》为代表。其争论的焦点首先就在于人在经济过程中的双重角色，人既是资源竞分者即消费者，其本身又是广义资源而且是可以带来新的资源的资源。其次两种观点之别还在于对待经济系统的泛结构的态度上，人们不仅可以以增加硬投入的方法发展经济，在科学技术高度发达的现代社会，通过优化经济系统的泛结构的方法，提高劳动者科学文化素质，完善经济政策和管理体系，来发展经济具有巨大的潜力。

经济系统的广义软件或泛结构可以用泛权场网和泛权关系来描述。设 A 为经济系统的广义硬件的集合，$a \in A$ 表示 a 是 A 的一个要素。$\{a|P\}$ 表示满足条件 P 或具有特征 P 的 a 作为元素形成的集合。设 $A_1, A_2, \cdots, A_n$ 均为经济系统的广义硬件集合，定义 $\bigcup A_i = A_1 \bigcup A_2 \bigcup \cdots \bigcup A_m = (a| \exists i, a \in A_i)$，同时定义 $\bigcap A_i = A_1 \bigcap A_2 \bigcap \cdots \bigcap A_m = (a| \forall i, a \in A_i)$。定义直积 $\prod A_i = A_1 \times A_2 \times \cdots \times A_m = \{(a_1, a_2, \cdots, a_m) | \forall i, a_i \in A_i\}$。若 $B \subset A$，即 $a \in B \Rightarrow a \in A$，$f \in \prod A_i$，则称 f 是 A_i 间的一种 m 元关系。若 $\forall i, \prod A_i \ni A$，则记 $\prod A_i$ 为 A_m。当 $f \subset A_m$ 时，则称 f 是 A 的 m 元关系。若 $f \subset (\prod A_i) \times W$，则称 f 为 m 元泛权关系，简称泛权关

系。这里 W 是作为某种广义的权重或价值变域的集合，也叫泛权空间，它的元素叫泛权，它的子集叫泛权水平。

设 $g_1 \subset F \times G$, $g_2 \subset G \times H$, $D \subset G$，则定义 $g_1 \circ g_2 = \{(x, y) | \exists t \in G, (x, t) \in g_1, (t, y) \in g_2\}$, $g_1 \circ D = \{x | \exists t \in D, (x, t) \in g_1\}$, $D \circ g_2 = \{y | \exists t \in D, (t, y) \in g_2\}$，形如 $g \subset G^2 \times W$ 的三元关系叫泛权网络。若 $D \subset W_1$，则定义 $g \circ D = \{(x, y) | \exists t \in D, (x, y, t) \in g\}$，形如 $g \subset F \times G \times W$，或 $g \subset G \times$ 评的关系叫泛权场，类似可定义 $g \circ D$。泛权网终与泛权场统称为权场网。泛权场网与泛权关系可以用来有效地描述经济系统的泛结构。据此，经济系统可以形式地描述为 $S = (\bigcup A_i, [(\prod A_i) \times W] \uparrow T)$，这里经济系统的泛结构用泛权关系的幂集表示。

经济学研究的最终目的在于提高对经济系统的观控水平，使人们在分析、运筹经济系统时更加自由。泛系方法论把对经济系统的观测看作是获取经济系统的泛结构的情况与信息，而把经济控制看作是对经济系统的泛结构的改变或改造。一种典型的动态经济系统的典型模式是抽象自动机，可表示为 $S = (W_1, G, W_2, f, g)$ 这里 W_1, G, W_2 分别表示经济系统的输入集合、状态集合和输出集合，而 $f \subset G^2 \times W_1$ 为泛权网络，叫态转关系，$g \subset G \times W_2$ 为泛权场，叫输出关系或观测关系，S 是以 $W_1 \bigcup G \bigcup W_2$ 为硬部和以 f 与 g 为软部的经济系统。

单独用 g 与 W_2 来观测 G，有时可能观测性不强。同样，单独由 f 与 W_1 来控制 G，可控性可能相当弱。若把它们二者结合起来，往往可转化成新型的自动机 $S^* = (W_1, G, W_2, f^*, g^*)$, $f^* \subset G^2 \times W^*$, $g^* \subset G \times W^*$，这里 $W = W_1 \bigcup W_2$，W^* 是以 W 为抽象字母表示的语言空间。对不同的形式语言 $D \subset W^*$，经济系统的观控性就得到强化或弱化。这就是观控联合产生的生克关系。在这里经济系统的观测与控制之间有相互生克关系，而且作为观控模式的 S 也与观控性有生克关系。最后是约化为各种各样的 S^* 与 $D \subset W^*$，这就是经济系统的泛系观控相对性。据此，我们可以根据不同的目标，采用不同的观控模式来提高对经济系统的观控水平，使宏观经济决策科学化。

五、经济系统的泛环境分析

无论是企业还是一个地区或国家的经济要想持续稳定地发展，都必须对外开放。而如何开放，开放的适宜程度有多大取决于它的泛环境。所谓经济系统的泛环境是指与其有泛系关系的对象群，它包括经济系统的内环境、外环境、子系统，产生渊源与演化历史及其因果上的扩展。设经济系统的广义元素为 $a_i (i = 1, 2 \cdots, m)$，对其中的 a_j 元素来说，$a_1, a_2, \cdots, a_{j-1}, a_{j+1}, a_{j+2}, \cdots, a_m$ 等 $(m-1)$ 个元素及其与 a_j 元素之间的泛系关系总和为 $\sum\limits_{j=1}^{m} K_{ij} a_j$，因此，整个经济系统的内环境可表示为 $\sum\limits_{j=1}^{m} \sum\limits_{i \neq j}^{m} k_{ij} a_i$。

对于一定的对象 G 及泛环境基元集 F，令 $H = F \bigcup G$ 为广义硬件，引入某些广义软件 f，例如，$f: H^* \to W$ 或 $f \subset H^* \times W$，则可形成一种典型的广义经济系统：$S(H, f)$。最简单的典型模型为 $f \subset F \times G$，这时泛环境的相容关系，多元关系或广义软件可通过某些泛导转化为其他的相应广义软件，反之亦然。例如，泛环境的泛系区域 $F = \bigcup F_i (d\delta)$ 就导致区划 $G = \bigcup G_i (df(\delta))$，这可以看成是经济区划概念的一种泛系化。在经济系统的泛环境

关系 $f \subset F \times G$ 中，$X \in G$ 的小环境可以定义为 $\delta_0(f_0 x)$ $(\subset F)$，这里 $\delta \in Es(\subset F)$ 可刻画某种近邻性相容关系，它又可由某些关系相容化而生成，特别是由某些近邻的泛系关系相容化而生成。

实际上，经济系统的泛环境对经济系统的影响都要通过上述经济小环境才能发生作用。另外，我们也可以把经济系统的泛环境分为硬部和软部两个部分，例如基本设施包括交通、通讯、能源、供水设施等都是投资环境中的硬件。软环境的范围很广，包括社会心理、民族传统、劳动者的素质、科技水平、管理水平、信息资源、竞分规范及社会秩序等。硬环境与软环境相互作用，形成特定的组合，由此影响着经济系统的变化与发展。

参考文献

[1] 昝廷全，1988，试论非线性经济系统的基本特征，兰州大学学报（社科版），4（1988），13—18.

[2] 吴学谋，1985，一种新的科学探索——泛系分析，深圳大学学报（自然科学版），4（1985），1—9.

[3] 吴学谋，泛系方法论及其应用，Busefal，26（1986），27—35.

[4] 昝廷全，1987，泛系理论与经济系统的生克分析，兰州大学学报，经济学专辑，96—99.

[5] 昝廷全，朱立断，1988，自然资源的运筹分析及其泛权场网模型，应用数学和力学，8（1988），759—762.

[6] 李国璋．软投入在西北地区经济发展中的作用：分析和预测．西北地区二000年科学技术发展战略与对策研究总报告．甘肃科技出版社（待出版）．

（作者工作单位：兰州大学西北开发研究所）

全球变化与广义资源

地球科学进展　　　　　探索与争鸣　　　　　1990, No. 1

全球变化与广义资源

昝廷全　张　静

（兰州大学西北开发综合研究所）

关键词：全球变化　硬资源　软资源　广义资源

一、引言

我们正生活在一个大转变的时代，全球性的人口、资源、环境、经济等问题日益尖锐突出，世界上许多国家的研究机构（如国际应用系统分析研究所、美国兰德公司等）试图寻求解决的对策，这一综合性问题的核心是资源问题。人口问题的出现是因为资源的有限；环境问题的提出是由于对资源的滥用；经济问题的中心议题是对稀有资源的优化利用。为此，我们（昝廷全等1986，1987，1988）曾提出了广义资源的概念，它是自然资源概念的进一步延伸和泛化。本文在全球问题的背景下详细论述广义资源的概念、内容及意义，提出了广义资源研究应该注意的几个问题。

二、广义资源：
硬资源与软资源

资源，是人类赖以生存和发展的基础。出于本身的需要，人类不断地向自然索取。一般地说，存在于自然界中，在现有生产力发展水平和研究条件下，为了满足人类生产和生活需要而被利用的自然物质和能量，都称作资源，但这是指狭义的资源，确切地说是自然资源，即传统资源学所论及的主要研究对象。

但是，在人类—资源—经济系统中，人类是主体，人作用于环境，使其中的资源为人类所用，因此，人类索取的资源种类、数量和范围与人口的数量、质量，人类的生产技术水平及管理水平密切相关。暂且不提人口对自然资源的消耗，因为自然资源的开发需要人力，而人力就是一种资源。人除了具有体力外，还有智力，从原始人的简单思维到现代头脑的高度发达与完善，经历了漫长的岁月和复杂的进程，与之并行发展的是人类利用资源的手段，越来越多的自然现象被认知、征服，越来越多的资源被开发、利用。人们与自然斗争的过程中渐趋完善的科学技术又反过来指导人们的生产活动。目前我们已经开发利用的很多自然资源在科学技术水平低下的年代根本不可能成为资源。科技水平和管理水平的逐步提高使人们对资源的利用范围迅速地扩大，资源种类与数量相应增多。另一方面，管理措施的不得当和解决污染等问题手段的不过硬又会导致自然环境的破坏和自然资源的衰退与枯竭，即大大减缩人们可利用资源的数量与种类。由此可见，资源系统中应包括与自然资源休戚相关

收稿日期：1989年8月25日，10月11日收修改稿。

注：已收录《系统经济学探索》

生态系统的熵与信息[*]

1990 年 6 月至 7 月，我们邀请了美国杨柏翰大学（BrighamYoung University）的青年生态学家 Brian A.Maurer 博士来兰州大学进行学术访问和交流，并探讨了开展合作研究的可能途径。Maurer 博士在兰期间作了两场大型学术报告和若干场小型专题讨论会。他着重介绍了美国生态学家关于生态系统的熵与信息的研究进展情况。这里根据 Maurer 博士的报告，并结合我们自己的工作，对生态系统的熵与信息的研究概况作一简要介绍，以期引起更多同行的兴趣和研究。

熵（entropy）的概念最初由物理学家 Clausius（1864）提出，其定义式为：

$$\Delta S = \frac{\Delta Q}{T} \tag{1}$$

其中：ΔQ 为环境供给系统的热量，T 为温度，ΔS 是所研究的热力学过程不可逆程度的一种测度。其统计定义由如下的 Boltzmann 关系式给出（1896）：

$$S = k\ln W \tag{2}$$

其中：k 为 Boltzmann 常数，W 为分子热运动的热力学几率。这就足说，熵是分子热运动状态的几率大小的度量。也可看作是分子热运动的混乱度或无序度。

信息论中熵的定义式为：

$$H = -\sum_i P_i \ln P_i \tag{3}$$

其中：P 为概率。当各运动状态以等概率的力的式出现时，上式简化为：

$$H = \ln W \tag{4}$$

负熵与信息等价，是系统有序度的度量。从这里的论述不难看出，热力学熵是信息熵的特例，它只能用于描述系统的热运动这种特定的运动方式；而信息熵（或信息）可用于描述从热运动到生命活动任何一种物质运动方式的混乱度（有序度）。

根据信息层次性原理（昝廷全，1985），生态系统涉及热力学信息、结构信息（即信息论中的信息）和生命信息三个层次，在一定条件下三者之间可发生变化与转化。能量在生态系统中从一种状态转变为另一种状态，产生出有组织的结构。其转化方式有两种：一种导致能量的净损耗，可由热量来测度，Maurer 和 Brooks 称此为热量产生的转化（heat generating transformations）；另一种把能量储存起来并变得可进一步利用，Maurer 称此为守恒性转化。实际上，这两种转化在生态系统中是同时进行的。

生态系统中的能量流动伴随有熵产生。产生热量的转化导致热力学熵产生，这是生态系统结构损耗（cost）的度量；守恒性转化产生结构熵，它是系统的结构复杂性的度量。根据耗散结构理论（Prigogine，1967，1980），宏观序（macroscopic order）或结构熵可以由耗散过程产生，生态系统的熵变可分为两部分：熵流 $d_e s$ 和熵产生（$d_i s$），即

$$ds = d_e s + d_i s \tag{5}$$

---

*作者：昝廷全，1990 年手稿

其中：$d_i s \geq 0$，说明生态系统内部的熵产生要满足热力学第二定律，这也说明生态系统内部的熵产生过程是不可逆的。

将（5）式两边同除去时间 dt，我们得到

$$\frac{ds}{dt} = \frac{d_e s}{dt} + \frac{d_i s}{dt} \qquad (6)$$

在不同情况下，（6）式有三种取值：

（1）$\frac{ds}{dt} > 0$，$\frac{d_i s}{dt} > -\frac{d_e s}{dt}$ 负熵流不足以抵消熵产生或环境向生态系统供给正熵流，生态系统趋向更加"混乱"。

（2）$\frac{ds}{dt} = 0$，$\frac{d_i s}{dt} = -\frac{d_e s}{dt}$ 负熵流刚好抵消正熵流，生态系统在热力学的意义上处于正常状态。

（3）$\frac{ds}{dt} < 0$，$\frac{d_i s}{dt} < -\frac{d_e s}{dt}$ 负熵流大于熵产生，生态系统向着有序化的方向发展。这时生态系统处于优良状况，是进化的。

Brooks 和 Wiley（1988）用符号 Ψ 表示生态系统中的能量"损失"（cost）或"分配"（allocation）。Ψ 是一个专门的耗散函数，其至少包括两类过程：①外部耗散，用 Ψ_α 表示；②系统内部的耗散，用 Ψ_μ 表示。对生物系统来说，Ψ_μ 包括积累生物量的分配（Ψ_μ^b）和积累遗传多样性的分配（Ψ_μ^i）。Maurer 和 Brooks 认为所有的生态系统的熵产生包括 Ψ 的三个组成部分，即

$$d_i s = \Psi = \Psi_\alpha + \Psi_\mu^b + \Psi_\mu^i$$

其对应于系统层次（the genealogical hierarchy）的产生，通过开发环境的"熵梯度"（entropy gradients）而存在。因为生态层次部分由非生物因素决定，部分由生物因素决定，Ψ_α 决定生态层次中非生物因素的比例。因此，$d_i s$ 可以部分地影响 $d_e s$。Ψ_μ^b 和 Ψ_μ^i 决定生态层次中生物因素的比例。Brooks 等（1989）将它们的关系列成如下示意图（图1）。

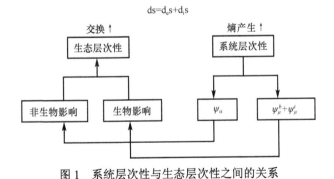

图 1　系统层次性与生态层次性之间的关系

对于给定的同一生态系统层次而言，最大熵（H_{max}）和实际观察的熵值（H_{obs}）之差就是在该层次上系统的组织程序的度量。这个差值就是宏观信息（Layzer，1975）。H_{obs} 是生态系统的内部熵（Ψ_μ）的度量，也表示信息系统中的实际多样性。

$$定义\ D = H_{max} - H_{obs} \qquad (7)$$

则 D 是时间的增函数，其对应于生态系统的组织程度的增加（Brooks 和 Wiley，

1988），H_{obs} 也是时间的增函数，而且是时间的凹函数。Smith（1988）已经从数学上证明，一类非常一般的模型，即所谓"分室的勒贝格空间"（partitioned Lebesque space with automorphism）具有这些性质。这类模型包括稳定马尔科夫链。

生态系统的熵产生的比率是不同的，这是因为守恒性转化储存的能量以不同的比率退化。因此，生态系统以不同的时间和空间尺度来发展其组织结构（Waurer and Brooks，1990）。例如，在量低的组织水平上，时间间隔最短，其空间尺度亦最小，对 Ψ 的最大贡献将是 Ψ_α。因此，Ψ_α 的宏观表现将支配我们的观察。在较中等的组织水平上和中等的时间和空间内，$\Psi_\mu^{\,i}$ 将主宰我们的观察。在这个尺度上，最大的熵产生被耗散到生物量的积累和维持。由此不难看出，生态系统的熵和信息研究与生命起源，与演化和进化生态学都有密切联系。

在这次学术交流过程中，昝廷全向 Maurer 博士详细介绍了他提出的信息层次性原理。Maurer 博士认为，信息层次性原理有利于澄清目前学术界关于热力学熵、信息论中的熵等概念理解上的混乱局面，这无疑对生态系统的熵与信息的研究具有指导意义。通过热烈而又认真的学术讨论，大家一致认为，目前关于生态系统的熵与信息研究急待解决的一个问题，就是关于熵与信息的可操作性公式的构建和其具体观测手段的设计问题。这也是当代生态学研究的前沿性课题之一。

1991

经济系统的生克分析*

生克问题是经济理论与经济实践中经常遇到的问题。本文利用泛系方法论[1][2]，从定性和定量两个方面对经济系统的生克问题进行了比较系统的理论分析。首先给出了经济生克概念的基本含义和性质；建立了描述经济生克问题的数学模型；最后，详细介绍了经济生克分析的泛系理法。

一、经济系统的生克概念

广义的经济现象、经济行为和经济过程是涉及社会总投入与社会总产出、社会性交换、生产与消费等具有对策性的动态生克大系统。每一个具体的经济活动，都可以归结为不同利益集团在经济利益上的分享问题[3]。不同层次的经济利益集团之间存在着典型的生克关系。昝廷全（1987）将生克分析应用于经济学研究，并详细讨论了上述类型的经济生克问题。本文从生克概念的本源出发，试图给出经济生克概念的较为全面的论述。

生克概念来源于中国古典哲理，它概括了现实世界中一大类相反相成的现象与机理。其具有一定的确切内涵，同时在漫长的演化中又有一定的机动性。一般说来，"生"的概念是指生成、生长、促进、协同、优胜、有利、吉福等；生的反面即为"克"，是指抑制、损毁、促退、干扰、有害、劣败、凶祸等。生克思想作为一种带有哲理性的抽象，早在中国的古代就被用于分析自然和社会中的各种现象。例如，《易经》、《孙子兵法》、《黄帝内经》等都可以看成不同角度、不同领域的生克理论。而现代的冲突分析（conflict analysis）、对策理论和微分博弈等都可以看成是典型生克问题的具体分析模式。

为了从定性上准确把握经济系统的生克概念（简称经济生克），我们引进经济系统的生克相对性原理：

（1）相生或相克都是相对于两个或两个以上的经济单元[4]而言的，孤立的一个经济单元谈不上相生或相克。生与克是相对而言的，二者互为存在的条件。

（2）生与克本身的条件性：在研究具体的经济关系时，在一种意义上是相生，在另一种意义上不一定相生，也可能相克。反之亦然。

（3）生与克的价值标准：经济生克往往与人或广义主体的价值观、功利观联系在一起，即经济生克往往是相对于某一价值尺度、某一广义主体而言的。因而它与价值论、善恶观等有着密切的联系。

生克相对性原理的实质就是经济生克的广义条件性，它是我们分析和运筹具体经济生克问题的前提和基础。当然，对经济生克问题的深入理解需要有定量研究作支持，二者相辅相成[5]。

---

*作者：昝廷全、张秦龄、吴学谋，原载《天水师专学报》1991年第3期

二、典型经济生克的数学模型

经济生克可以用泛权场网来描述，这里的泛权是指广义的权重，它通常是以数表示的权重概念的引申与推广，可以是任何给定的集合或泛集合的直积。经济生克经常表现为多种资源的生产和分配的生克关系，现在介绍两种与此有关的数学模型。

1. 经济元相克模型

经济元是指具有一定经济学结构和功能的所有系统水平上的经济实体；经济系统由经济元组成，经济元和子系统之间存在着相互联系和相互作用[6]。

设 G 为经济系统，$R=\prod R_i$ 为广义资源因子直积，或称为广义资源空间（参见文献[4]），经济关系 $f \subset G \times R$。对于 $x \in G, f \circ x$ 即为经济元 x 所利用、占据或适应的广义资源因子直积关系，它就是经济元 x 的资源位的数学模型。设 $x, y \in G$ 为两个不同经济元，我们定义它们的资源位相克度为

$$k(x, y) = f \circ x \cap f \circ y$$

它可以按 R 的幂集 $P(R)$ 中的半序性来度量。$k(x, y)$ 也可以被看作是经济元 x 和 y 的资源位的重叠度。

以经济元的资源位相克度为泛权可以形成一个泛权网络 $k: G^2 \to P(R)$，我们称这一泛权场网为经济元相克模型。若泛权水平为 $D \subset P(R)$ 则 $k \circ D \subset G^2$ 表示相克度控制在 D 水平内相克的经济元。设在 $D_i \subset P(R), i = 1, 2, \cdots, m$ 为不同的泛权水平，则 $k \circ D_i \subset G^2$ 为不同泛权水平相克的经济元集合。

2. 广义供求生克模型

设经济元集合 A 的诸子集组成幂集 $P(A)$，它按包含关系形成半序结构。设每一子集 $D \in P(A)$ 相对于时空参量或其他参量 $t \in T = \prod T_i$，有运筹目标或广义价值泛权 $w \in W = \prod W_i$。这样三元组 (D, t, W) 组成所谓生克论域，或由它们组成所谓生克变域 $G = P(A) \times T \times W$。设 U、Y、H 表示不同的生克泛权论域，定义在 G 上的广义供求场网为

$$f \subset G^2 \times U, g \subset G \times V, h \subset G \times H$$

它刻画了经济元集合 A 中的局整生克相对性，包括子集或子系统 D、不同参量 t、不同价值因子 W 的自我生克，以及各种参量、各种价值、不同子集（子系统）之间的生克，局部与整体之间的生克。

为了讨论的简单起见，令 $U = Y = H = \prod U_k$，

则有 f: $\qquad G^2 \to U, g: G^2 \to U, h: G \to U$

并令 $f(x, y)$ 表示 x 供应 y 的量，$g(x)$ 为 x 的需求量，$h(x)$ 为 x 的供给量。当 U 为可加和的半序集时，$h(x) \triangleq f(x, y) + g(x)$，当 $\triangleq$ 为 =、<、>、$\geqslant$ 时，分别表示供求平衡、供不应求、供大于求、广义均衡。在一定条件下，供求可以互解。供求平衡和广义均衡可看成相生，否则就产生相克。

f 与 g 之间的关系可以由统计资料或先验论证建立。这种关系的生克程度可以用来评估该关系的优劣并可作为改造场网和经济关系的依据。例如，人口与资源的生克关系可以化为泛权场网生克分析的模式，据此可以判识人口增长与经济增长的生克程度。

三、经济生克关系的泛系理法

泛系方法论为经济生克关系的充分可观控建模提供了具体的泛系理法，现将几种典型的泛系理法分别介绍如下：

1. 五行生克模式

五行生克学说是中国古代自然观的重要组成部分。这一学说认为，万物均由金、木、水、火、土五种物质元素所构成。这五种元素之间既有相互生长、促进的一面，也有相互克制、约束的一面，这就是"五行相生"和"五行相克"的说法。五行生克学说包含了朴素的唯物主义和辩证法思想。若把五行看作是经济元的类型，再考虑到它们之间的生克关系，则可以把五行生克思想扬弃为分析经济生克关系的现代模式。

设 G 为某一经济系统的经济元集合，$f \subset G^2 \times W$ 为 G 上的泛权网络，$W = W_1 \times W_2$ 为生克度量。若 (x, y, W_i) 表示经济元 x 按水平 W_1 生经济元 y，同时，x 按水平 W_2 克经济元 y。这里 $W_i(i=1,2)$ 可以是代价、水平、方向、指标等，其本身也可以是直积 $W_i = \prod^k W_{ik}$。为了便于比较，假设 W_i 具有某种广义次序性并有极小元素（广义零元）O_i，我们定义

$$x_1(y) = \{x | (x, y, W_1, O_1) \in f, W_1 > O_1\}$$
$$x_2(y) = \{x | (x, y, O_1, W_2) \in f, W_2 > O_2\}$$
$$x_3(y) = \{x | (y, x, W_1, O_2) \in f, W_1 > O_1\}$$
$$x_4(y) = \{x | (y, x, O_1, W_2) \in f, W_2 > O_2\}$$

其中：$x_1(y)$ 和 $x_2(y)$ 分别表示生经济元 y 和克经济元 y 的集合，$x_3(y)$ 和 $x_4(y)$ 分别表示 y 生经济 y 和克经济元 y 的集合。x_1, x_2, x_3, x_4, y 正好是"五行生克"（参见图一）。实际上，这是对经济系统按照生克关系的一种特殊聚类。

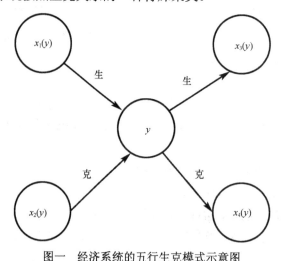

图一　经济系统的五行生克模式示意图

2. 经济生克关系的对策模式

对策或博弈可以看成是经济生克关系的一种典型情况。设 G_i 为 i 方策略集，W_i 是 i 方赢益集，引入如下映射

$$f: G = \prod G_i \rightarrow W = \prod W_i$$

当各方取综合策略 $x=(x_1, x_2, \cdots, x_n)=(x_i)$ 时，赢益 $f(x)=(W_1, W_2, \cdots, W_n)=(W_i)$，其中 $x_i \in G_i$ 表示 i 方的策略，$W_i \in W$ 表示 i 方的赢益或显生。在经济运筹的对策当中，由于每一方都力争自己有最大的赢益，因此诸方的赢益与显生是相互制约、相生相克的。经济系统的赢益生克性在数学上表现为 f 的值域应有所限制，即 $f(x) \subset W$。

现在以下棋为例较为详细地讨论一下生克对策问题。设 $\{i\}=\{1, 2\}$ 表示下棋的双方，$W=W_1 \times W_2$，$W_1=W_2=\{$赢、输、和$\}=\{V, g, P\}$ 则 $f(x_1, x_2) \in W_1^2 = W_2^2 = \{(V, V), (g, g),$ $(P, P), (V, g), (V, P), (P, V), (g, P), (P, g), (g, V)\}$，其中：$x_1$，$x_2$ 分别表示 1 方与 2 方的一组策略。显然，实际的结局只有三种，即

$$f(x_1, x_2) = (V, g)$$
$$f(x_1, x_2) = (g, V)$$
$$f(x_1, x_2) = (P, P)$$

这时，经济系统的生克性就体现在 $D = \{(V, g), (g, V), (P, P)\} \subset W_1^2 = W_2^2$ 上。

3. 经济生克关系的层标模型

现实中的经济系统(G)一般比较复杂，为了便于分析，往往把它分成许多小系统，形成一个系统族 $P(G)$，其按包含关系形成一个半序集。对于经济系统 G 的每一子系统 $g \in P(G)$，有时空参量或广义参量 $t \in T = \prod T_i$，也有其运筹目标 $d \in D = \prod D_m$，这样就形成一种映射

$$f: P(G) \times T \rightarrow D$$

经济系统的复杂性往往表现在 g 与 t 之间有生有克；同一 (g, t)，其运筹目标 d 的各分量之间也有生有克，不同的 (g, t) 之间，其相应的运筹目标 d 亦有生有克。这时，有

$$(g, t, d) \in P(G) \times T \times D$$

可以作为经济生克关系的广义主体，类似于前面所说的对策模型中的 i 或 x_i。由于运筹目标 d 有内分层 $d=(d_1, d_2, \cdots, d_m)$ 与外分层 $d=f(g, t)$，而且 g 与 t 也有层次。因此，这种生克模型称为经济生克关系的层标模型。一般地讲，层标模型还包括某种综合价值观模型：

$$\varphi: P(G) \times T \times D \rightarrow V = \prod V_i$$

映射 φ 对运筹目标的内、外层指标 m, g, t 赋予了泛权，它可以综合地评价层标的水平泛序。

一般地讲，对于越多的 m, g, t，对于越大的 g，泛权应偏优偏大。这种泛权建模准则叫做经济运筹的大社会化准则。用大社会化准则来区分善恶体现了社会经济系统显生的机理。如果按照 (m, g, t) 的效益（如按 (m, g, t) 的投入产出比）来确定泛权，就称为经济运筹的效益准则。

4. 经济关系的生克模型

各种经济关系之间往往存在有生克关系。例如，按照广义资源的供应划分的区划与

按其需求划分的区划之间就有匹配与不匹配的问题。类似地，还有人口聚类区划与广义资源聚类区划之间的协调匹配问题等。

经济关系的另外一种典型生克模式是

$$f_i: G^2 \rightarrow W_i$$

$$g_i: G^2 \rightarrow W_j$$

$$L_{ij}: W_i \times W_j \rightarrow M_{ij}$$

其中 $a \in \{n, [n], *\}$。这时产生复合

$$r_{ij} = (f_i, g_i) \circ L_{ij}: G^2 \rightarrow M_{ij}$$

设 M_{ij} 的泛权聚类水平为

$$M_{ij} = UM_{ijk}(d\theta_{ij})$$

其中 θ_{ij} 为聚类算子。再假设

$$\delta_{ij} = r_{ij} \circ \theta_{ij} \circ \theta_{ij}^{-1}$$

则有

$$G' = UG_{ijk}(d\delta_{ij})$$

这里 $G_{ijk} \subset G'$ 表示两种经济关系 f_i 与 g_i 之间对于综合泛权水平 M_{ij} 的一种生克关系。泛权水平 M_{ij} 可以用来描述合理与不合理、优化与劣化、最优与次优等不同的生克程度。关于这个问题我们将另辟专文详细探讨。

顺便指出，本文的研究具有一定普适性。它不仅适用于经济学，而且也适用于整个社会科学、自然科学、人体科学等领域中有关问题的研究。

1991 年 4 月

参考文献

[1] 吴学谋，从泛系观看世界，中国人民大学出版社，北京，1990.
[2] 昝廷全，泛系理论概述，系统工程，1988，6：19－20.
[3] 昝廷全，泛系理论与经济生克分析，兰州大学学报，经济学专辑，1987.
[4] 昝廷全，系统经济学探索：概念与原理，大自然探索，1991，2：44－47.
[5] 昝廷全，中国经济的发展与经济学家的责任，科学·经济·社会，1991（待发表）.

系统动力学流图的泛系分析*

摘要： 本文首先对系统动力学进行了简要评述，提出了 SD 流图的泛系因果分析方法，并利用 Prolog 语言给出了对因果泛权网络进行计算机仿真的一般性算法。最后，给出了一个示范性案例研究。

一、引　　言

系统动力学（system dynamics，SD）自美国 MIT 教授 J.W.Forrester（1961，1968）创立以来，在近 40 年中得到了迅猛的发展。它以系统理论、信息反馈理论、决策理论、仿真与计算机技术为基础，开创了一套研究复杂系统的概念和方法，目前已经广泛地应用于社会、经济、生态、管理等广泛领域。

系统动力学作为现代战略与策略运筹的高级实验室，在技理上由因果网络分析与计算机仿真技术组成，它们是系统动力学赖以实现的基础。然而，从 SD 创始至今，上述两个方面的研究均未能很好地发展。从总体上来说，存在下面两个方面的问题：

（1）网络分析与计算机仿真自身发展的停滞。SD 因果分析基于数学的网络分析，只能进行简单的一维意义下的数值分析，而无法统一地进行高维多层次的数值分析，更没有引入广义权重而计及非数值运算和"超网"的因果分析。在计算机仿真方面，虽设计了专门化的 Dynamo 语言，但它完全是数值计算型语言，这已远远落后计算机科学的发展水平。因此，使用逻辑型语言以进行广义因果分析是系统动力学极为迫切的问题。

（2）SD 流图分析与计算机语言形式上的不一致性。SD 流图分析是用直观的图来表示，而计算机仿真是程序式语言，二者在形式上具有不一致性。这样，很难真实地模拟系统的形式与内容的有机联系。而且，用直观的流图来表示因果关系也不便于研究工作的深化。其本身就造成了系统仿真向深层次发展的障碍。

本文拟利用泛系方法论，特别是泛系因果分析方法对上述问题进行探索性研究。

二、泛系因果网络分析

从泛系观来看，SD 是一种因果关系的宏观显生技术，是泛系因果网络分析的特款。下面从泛权网络的定义开始我们的讨论。

定义 1　设 A 为一般事物集合，W 为一泛权集合，则称 $B \subseteq A^2 \times W$ 为一泛权网络。

定义 2　设 SD 的因果网络由结点集 V 构成，则 $D = \{(v, v')|v, v' \in V\}$ 叫做 SD 的泛网。

定义 3　设 D 是 SD 的泛网，$W = \prod_{i=1}^{n} W_i$ 为泛权集，则 $D_W \subseteq D \times W$ 为 SD 的泛权网络，简称为 SD 的泛权网。

定义 4　设 $W_o = \{1, -1\}$，D 为 SD 的泛权网络，

*作者：张保平、眭廷全，原载《天水师专学报（泛系学刊）》1991 年第 4 期

$$D_{W_o} = \left\{ ((v, v'),\ a) \middle| a = \begin{cases} 1 \ \text{当}\ (v, v')\ \text{为正因果关系} \\ -1 \ \text{当}\ (v, v')\ \text{为负因果关系} \end{cases} \right\}$$

$\subseteq D \times W_o$ 叫 SD 的馈性网络。

定义 5 设 $x: D \to W_o$, $f(v, v') = a$, $((v, v')),\ a) \in D_{W_o}$, 而 $(v_1,\ v_2)$, (v_2, v_3), $\cdots$, $(v_{n-1},\ v_n)$, $(v_n = v_1)$ 构成 SD 的反馈环 R, 则如果

$$f(v_i, v_{i+1}) = \begin{cases} 1 & \text{称 R 为正反馈环} \\ -1 & \text{称 R 为负反馈环} \end{cases}$$

定义 6 (谓词权重)、设 Dw 为 SD 泛权网, 则

$$Wp = \{ p | p\ \text{是}\ Dw\ \text{上的 Prolog 谓词} \}$$

叫做 SD 谓词泛权集

定义 7 $Dp = \{(v, v', w, P(v, v', w)) | P \in Wp\ \text{是关}(v, v', w)\ \text{的谓词}\} \subseteq Dw \times Wp$ 叫做 SD 的仿真网络。

根据上面的定义, 不难求得泛权因果关系网络的计算机仿真的一般性算法:

STEP1. 点初始化谓词 init(v): 对点 v 置初始状态。

STEP2. 问题谓词: gest(v) $\vdash$ P(v, v', w), gest(v')。

STEP3. 系统控制目标: goal $\to \pi$init (v_i), πgest (v_i)。

三、示性案例: 简单的库存反馈控制系统

如图 1 所示为一简单的库存反馈控制系统。因数据流是一维层次意义上的, 故节点名也叫做点变量名, 其间关系为:

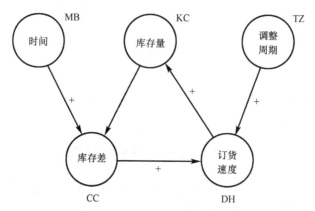

图 1　简单的库存反馈控制系统

$$CC = MB - KC$$
$$DH = CC/TZ$$

系统的泛权网为:

{(MB, CC, CC = MB–KC), (KC, CC, CC = MB–KC), (CC, DH, DH = CC/TZ), (DH, KC, KC = DH+KC), (TZ, DH, DH = CC/TZ)}

其仿真网络中:

$$P(MB, CC) \vdash CC = MB - KC;$$

$$P(KC, CC) \vdash CC = MB-KC;$$
$$P(CC, DH) \vdash DH = CC/TZ;$$
$$P(DH, KC) \vdash KC = DH+KC;$$
$$P(TZ, DH) \vdash DH = CC/TZ$$

现给定 MB = 6000 件，TZ = 5 周，KC=1000 件，则本系统的反馈控制算法为：

$$init(MB) \vdash MB = 6000;$$
$$init(TZ) \vdash TZ = 5;$$
$$init(KC) \vdash KC = 1000;$$
$$gest(x) \vdash P(x, y), gest(y);$$
$$goal \vdash gest(KC)$$

为简化结果，限定 2 周订一次货，即

$$KC = 2 \cdot DH + KC$$

则执行程序可得下列系统变化过程的数据，如表 1。

表 1　程序运算结果：系统变化过程

时间（周）	库存量	库存差	订货速度
0	1000	5000	1000
2	3000	3000	600
4	4200	1800	360
6	4920	1080	216
8	5352	684	130
10	5611	389	78
12	5767	233	47
14	5860	140	28
16	5916	84	17
18	5950	50	10
20	5970	30	6
22	5982	18	4
24	5989	11	2

四、结　束　语

本文利用泛系方法论，给出了 SD 流图的因果泛权网络模型，在此基础上提出了计算机仿真的一般性算法。这一研究对泛权网络的技理层次的突破具有重要意义。

参考文献

[1] 吴学谋，从泛系观看世界观，中国人民大学出版社，1990.北京.
[2] 昝廷全，泛系理论概述，系统工程，1988 年第 6 期.
[3] 昝廷全、吴学谋，经济系统的泛权场网模型与运筹方法，系统工程，1991 年第 5 期.
[4] 昝廷全、朱立新，自然资源的运筹分析与泛权场网模型，应用数学和力学，1988 年第 8 期.
[5] 昝廷全，经济系统的泛结构及其泛系观控分析，兰州大学学报（社会科学版），1990 年第 2 期.
[6] 李永礼，Prolog 语言，兰州大学出版社，1991，兰州.

系统经济学探索：概念与原理*

摘要：本文在广义资源竞分的泛系原理的基础上，提出了资源位的概念，较为详细地阐述了存在资源位、实际资源位、潜在资源位和非存在资源位及其相互关系，建立了描述资源位结构的数学模型。介绍了资源位功能分析方法。最后对传统经济理论进行了简要述评，并提出了经济学发展的方向，为系统经济学的创立奠定了基础。

关键词：广义资源，竞分元，竞分规范，广义资源竞分泛系原理

一、广义资源竞分的泛系原理

经济的持续发展和人类的生存越来越依赖于对资源的合理配置和开发，越来越依赖于生态、经济和社会的协调发展，其构成一个复杂的系统工程。为了便于分析和研究，首先区别三类范畴或称三大故[1][2]：广义资源、竞分元和竞分规范。广义资源是自然资源概念的引申与推广，包括自然资源、生产力要素、智能资源、时间和空间等，其又可划分为硬资源和软资源两部分[3]，即广义资源={硬资源，软资源}，竞分元在不同的情况下可指参与广义资源竞争分享的个人、集体、地区、国家甚至人类，也可以是动植物群落、生态系统等自然界的对象。例如，对水资源来说，发电厂和地表生态环境都是竞分元，竞分规范是指竞分元在对广义资源的配置和开发时所应遵从的原则。我们把对这三大故之间关系的分析、运筹和决策的优生显生，或选取某些关系、框架和方案，使广义资源的配置和开发的生态、经济和社会的总效益向着优化的方向发展，称为广义资源配置的泛系原理。实际上，这一原理应该成为持续经济发展的基本原理和生态、经济和社会总体效益评价的标准。

为了叙述的方便，我们把竞分元划分为生态元、经济元和社会元。生态元是指具有一定生态学结构和功能的所有生物组织层次的对象，如个体、种群和群落等；经济元是指具有一定经济学结构和功能的所有系统水平上的经济实体；社会元是指所有层次上的社会系统，据此可以将生态、经济、社会等问题自然地统一于共同的模式之中。

根据行为方式的不同，竞分元还可以被分为"随机行为者"和"笛卡儿主义者"两种类型。前者的行为不考虑任何经济合理性，其行为是完全随机的，后者则严格按照理性行事，他们随时有可能调整自己的行为方式以期获得哪怕是高一点点的收益。显然，实际上竞分元行为方式介于上述两种极端情况之间。但是，"随机行为者"和"笛卡儿主义者"的概念似乎抓住了竞分元行为的基本特点。关于这个问题我们将在后续文章中详细讨论。

二、资源位的定义、组成及相互作用

现在我们以前述广义资源竞分的泛系原理为基础，参照刘建国关于生态位的研究工

---

*作者：昝廷全，原载《大自然探索》1991年第2期

作[4]，引进资源位的概念，为了定义资源位，首先引进广义资源空间的概念。

定义 1（广义资源空间）：以广义资源因子为坐标所撑起的高维抽象空间，称为广义资源空间。

定义 2（资源位和非资源位）：在广义资源空间中，能够被竞分元实际和潜在利用、占据或适应的部分，称为该竞分元的资源位。其余部分称为该竞分元的非资源位。

定义 3（存在资源位）：对于某个给定的竞分元 X，存在于一定时间和空间 $T \times S$ 内的资源位，称为存在资源位（Ne）。

定义 4（实际资源位）：被竞分元 X 实际利用或占据的存在资源位叫做竞分元 X 的实际资源位（Na）。

定义 5（a–实际资源位）：存在资源位如果只被竞分元 X 所实际利用或占，称为竞分元 X 的 α–实际资源位（α–Ne）。

定义 6（β–实际资源位）：若存在资源位被竞分元 X 利用，同时也被其他竞分元所利用，称为竞分元的 β–实际资源位（β–Na）。

定义 7（潜在资源位）：在存在资源位中，那些没有被竞分元 X 所利用的部分，称为竞分元 X 的潜在资源位（Np）。

定义 8（α–潜在资源位）：在潜在资源位中，既没有被竞分元 X 利用，也没有被其他竞分元利用的部分，称为竞分元 X 的 α–潜在资源位（α–Np）。

定义 9（β–潜在资源位）：在潜在资源位中，没有被竞分元 X 利用但被其他竞分元利用的部分，称为竞分元 X 的 β–潜在资源位（β–Np）。

定义 10（非存在资源位）：在时间和空间 $T \times S$ 中不存在的资源位，称为竞分元 X 的非存在资源位（Nnon）。

根据定义，我们直接得到不同资源位之间的下列等式：

$$N = Ne+Nnon \tag{1}$$

$$Ne = Na+Np \tag{2}$$

$$Na=(\alpha\text{–}Na)+(\beta\text{–}Na) \tag{3}$$

$$Np=(\alpha\text{–}Np)-(\beta\text{–}Np) \tag{4}$$

三、资源位结构的数学描述

根据系统的层次理论，资源位可以被看作是由许多要素组成的集合，这样的要素称为资源位元素。

A. 资源位元素个数的数学描述

设集合 $N(X_i)$ 表示与广义资源因子 $X_i(i = 1, 2, \cdots, r, \cdots, s, \cdots, n)$ 相对应的一维资源位，其资源位元素（$NE_{ij} \in (X_i)$）的个数为 m_j，即 $j = 1, 2, \cdots, k, \cdots, l, \cdots, m_j$。一维资源位 $N(Xr)$ 和 $N(Xs)$ 的直积 $N(Xr, Xs)$ 构成二维资源位，序偶($N Erk, Nesl$)是它的一个元素。二维资源位元素个数的总和为 $m_t \times m_s$，类似地，n 维资源位元素的总个数为 $\prod_{i=1}^{n} m_i$。

在连续资源位的情况下，其元素的个数是无限的，规定用资源位的体积来描述其元素的总个数（NE），即有

$$NE = \iint \cdots \int \alpha \cdots \int \cdots \int d_{x1} \cdot d_{x2} \cdots d_{xi} \cdots d_{xj} \cdots d_{xn} \qquad (5)$$

积分区域 Ω 遍及广义资源空间中的所有的资源位范围。

当 $n=1$ 时，有

$$NE = \int \alpha \, dx \qquad (6)$$

即一维连续资源位的元素总数等于资源位的长度。

B. 资源位元素多样性的数学描述

资源位元素的多样性刻画资源位结构的异质程度，即刻画资源位质上的变异度。我们利用不确定性的 Shannon-Wiener 指标来度量资源位元素的多样性。下面我们将以一维离散资源位为例给出其元素多样性的计算公式，二维连续资源位、三维和三维以上资源位的元素多样性的计算公式的基本思路同一维离散资源位的情况类似。

设 X_i 为第 i 个资源位元素，$P(x_i)$ 表示 x_i 的取值概率。对于实际资源位，$P(x_i)$ 表示资源位元素 x_i 被竞分元利用的概率，对于潜在资源位和存在资源位，$P(x_i)$ 是指资源位元素 x_i 发生的概率，则一维离散资源位元素的多样性指标（NED）为：

$$NED = -\sum_{i=1}^{n} P(x_i) \ln P(x_i) \qquad (7)$$

从上式可以看出，资源位元素多样性指标值的大小，既与资源位元素的个数（n）有关，也与各资源位元素取值的均匀程度有关。资源位元素的个数越多，各元素取值的均匀程度越高，则资源位元素的多样性越高。

C. 资源位元素均匀性的数学描述

资源位元素的均匀性（NEE）是资源位元素取值概率的均匀程度。对于实际资源位，NEE 是指竞分元对各资源位元素利用概率的均匀度，对存在资源位和潜在资源位来说，NEE 是指各资源位元素发生概率的均匀度。NEE 可以用资源位元素的多样性指标 NED 来描述。

$$NEE = NED/NEDmax \qquad (8)$$

式中 NEDmax 为资源位元素的最大多样性，此时各资源位元素的取值概率相等。由定义容易看出：NEE ∈ [0，1]。当 NED = NEDmax 时，NEE = 1。

四、资源位功能分析

定义 11（资源位功能）：资源位对竞分元所产生的效应，称为资源位功能。其可以用竞分元的增长率、积累率等概述。

资源位功能是广义资源配置和进行经济评价的基础。下面以一维连续资源位为例来说明资源位功能的有关概念（如图）。横轴表示一维连续资源位，纵轴表示资源位功能的大小。不同的资源位元素所产生的资源位功能可能不同。图中资源位元素 Z_0 所对应的资源位功能最大，X_0 被称为最优资源位元素。

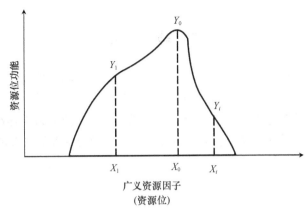

图　资源位功能示意图

定义 12（资源位元素功能差）：设 X_i, X_j 为两个不同的资源位元素，它们所产生的功能分别为 Y_i 和 Y_j，定义它们的资源位元素功能差（FD）为：

$$FD = |Y_i - Y_j| \ (i \neq j) \tag{9}$$

利用资源位功能的大小，可以进行资源位分类。例如，把经济增长率大于或等于 1 的资源位称为源（source），把增长率小于 1 的资源位称为汇（sink），等等。

应当指出，许多资源位元素都可以被两个或两个以上的竞分元所利用与分享，这将涉及资源位质的相似性（quality similarity）和资源位量差（quantity difference）问题，我们将在另文中详细讨论这一问题。

五、案例研究：对传统经济理论的评论

传统经济理论所讲的资源是以经济方面来限定的，因而资源往往被等同于经济资源。在具体的商品经济活动中，经济资源在很大程度上又被缩小为生产要素，进而只考虑生产要素的有效利用，而对空气、水、森林等自然资源、时空资源和智能资源的浪费司空见惯，这不仅破坏了人类生存的生态环境，而且对经济的持续发展造成了严重威胁。实际上，传统经济理论只考虑了实际资源位，忽视了潜在资源位和非存在资源位。为了保证经济的持续发展，应该遵从以下原则：

A. 合理利用存在资源位：包括引入新的竞分元，开发存在资源位的多层次利用，去除有害竞分元和潜在低效竞分元。具有相同或相似的资源位的竞分元，对资源位的利用效益（即资源位功能）可能有很大差别，应该用资源位功能高的竞分元去置换那些资源位功能低的竞分元。

B. 扩大资源位"体积"和开拓存在资源位：采取人为措施使原来不能被竞分元利用、占据或适应的部分变成竞分元的资源位，使非存在资源位变成存在资源位，以满足竞分元的需求和提高资源位功能。例如，利用现代科技手段，提高对矿产资源的利用率，以扩充资源位宽度；寻求新的资源种类，以增加资源位的维数。

六、结 论

本文指出的广义资源竞分的泛系原理，很自然地把资源、环境、人口和经济问题统一到一个共同的模式之中，为这些问题的综合解决提供了一个统一框架。

传统经济理论只考虑了实际资源位，而忽视了潜在资源位和非存在资源位，本文的研究拓广了经济学的研究范围。它可以很方便地被用于研究人类目前所面临的一个严重挑战，即全球经济的持续发展问题。

参考文献

[1] 昝廷全、吴学谋，泛系社会学探索与社会改革的泛素思考，科学·经济·社会，4，2（1988），64－69.

[2] 昝廷全，交叉科学研究，应用系统分析，甘肃科技出版社，1989.

[3] 昝廷全、张静，全球变化与广义资源，地球科学进展，5，1（1990），54－57.

[4] 刘建国，扩展生态位理论，现代生态学透视（马世骏主编），科学出版社，1990.

[5] 昝廷全，经济系统的泛结构及其泛系观控分析，兰州大学学报（社会科学版），18，2（1990），31－37.

经济系统的泛权场网模型与运筹方法

20　1991年9月　　　　系　统　工　程　　　　第9卷第5期（总第45期）

经济系统的泛权场网模型与运筹方法

昝廷全　　吴学谋

【提　要】 本文利用泛系方法论，首先给出了经济系统的形式定义，引进了描述各种经济关系的泛权场网模型及其运筹方法，给出了经济系统的整体性的数学描述。最后，讨论了经济系统的软、硬部之间的诱导转化。

【关键词】 经济系统，形式定义，泛权场网，局整关系，形影关系

一、经济系统的形式定义

经济系统这一名词目前在经济学术界和理论宣传界得到了广泛的应用。在利用一般系统理论和控制理论研究宏观经济问题方面已经做了大量的卓有成效的工作[1]。但是，到目前为止还没有形成为普遍接受的经济系统的定义。为了便于理论分析，我们这里给出经济系统的一个形式化定义。

经济系统由经济单元[2]组成，诸经济单元之间和子系统之间存在着相互联系和相互作用。

从数学上讲，经济系统 (S) 可以形式化地定义为：

$$S = (A, B)$$

其中 A 为经济单元集合，称为经济系统的硬部；B 为经济单元之间的联系与作用，称为经济系统的软部或泛结构[3]。从本质上讲，经济系统的泛结构是经济单元之间的联系或关系、关系的关系、动态关系、含参量的关系以及关系的高级迭代和多次复合等。它是传统经济结构概念的引申与推广，可以用来描述经济过程与现象，刻划其性质、条件与规律。经济系统的软部对硬部起着某种组织和序化作用。

经济系统的上述形式化定义是一种递归性定义：

经济系统 = (硬部，软部)

硬部 = (经济单元集合，经济系统集合，软部集合)

软部 = (硬部的泛权关系集合，泛权关系的复合，软部的泛权关系集合)

这里，泛权关系是指带有广义权重的关系。这个递归性定义把经济系统概念的外延推得很广，这就使得对经济系统的研究具有相对的普适性。

经济系统的软部概念可以合理地概括结构主义经济学中的结构与功能的某些研究。设 S 为某一经济系统，$S_i(i = 1, 2, \cdots, m)$ 是 S 的子系统，则 S_i 之间的关系就是 S 的结构。若经济系统 S 与环境系统 E 的子系统有某些联系，S 与 E 的子系统共同构成大系统 S'，则 S' 的软部就是经济系统 S 的功能。简单地说，所谓经济系统 S 的结构就是它的子系统之间的关系，是经济系统软部的一部分；所谓经济系统 S 的功能，就是经济系统 S 与其环境系统的关系，亦即经济系统 S 的

本文于1991年3月16日收到。昝廷全，男，29岁，兰州大学西北开发研究所副研究员，在国内外发表论文40多篇、专著1本，1989.10～1990.2赴西德Aachen工大进修运筹学，吴学谋，男，56岁，武汉数字工程所研究员、国家级中青年专家，泛系方法论创始人，在国内外发表论文100多篇，专著4本。730001-779

注：已收录《系统经济学探索》

经济系统的因果关系分析与运筹方法

18   1991年11月   系 统 工 程   第9卷第6期（总第46期）

经济系统的因果关系分析与运筹方法*

普廷全 吴学谋

【提 要】 因果关系和局整关系是经济系统两大基本关系。本文在实际经济问题分析的基础上，首先介绍了经济系统的若干因果关系结构及其运筹原则；详细论述了经济因果关系的商化分析方法；最后，根据广义因果分析的观点提出了系统动力学模型的改进方案。

【关键词】 经济系统，因果关系，运筹原则，因果小环境，商化分析，SD模型

一、引 言

在经济研究中，我们实际面对的经济系统是一个动态的复杂巨系统。经济问题往往与文化传统、思维方式、价值观念、心理和生理的需要等密切相联。所有的经济决策者都必须以这种广泛的背景为基础，从而既能反映又能影响这些广泛的领域。任何一项新的措施或政策的出台，都会影响许多不同的方面，而这些方面又会影响其他的东西等等，形成一个多重因果关系网络。在这一系列的复杂的因果关系网络中，很难作出简单而直观的判断，需要从定性和定量两个方面发展新的分析和运筹方法。

实际上，许多经济问题和经济关系是相互联系和相互影响的，其构成一个复杂的动态因果关系网络，动一结则全网变。邓小平同志指出，"只有实行对外开放政策，吸收世界的先进科学技术和经验，包括资金，才能加速中国的建设"。中国经济的发展必须纳入世界经济发展的轨迹。我国实行的改革开放政策，其目标之一是使我国与世界"大系

统化"，行为长期化，以加速我国经济的持续发展。但是，如果经济决策缺乏足够的科学论证，却可能出现地区分割、市场封锁和经济过分分散等现象，结果是每个地区、每个部门、每个单位都"小系统化"，行为短期化。也就是说，以"大系统化"为目标，其结果却可能出现"小系统化"。我们必须揭示这其中的动态因果关系和这一"怪圈"形成的机制。在这个基础上，才可能提出真正解决现实经济问题的对策和可操作性方案，其依赖于经济系统的因果关系分析与运筹方法。

经济系统的因果关系和局整（局部与整体）关系是两个最基本的经济关系。本文拟系统探讨经济系统的因果关系分析与运筹方法，下面从经济系统的因果关系结构开始我们的讨论。

二、经济系统的因果关系结构与运筹原则

定义1 因果关系*f* 是指由先行现象 *A* 引

本文于1991年9月15日收到。普廷全：兰州大学西北开发研究所副研究员；吴学谋：武汉数字工程所研究员。730001-941
* 本项研究得到甘肃省自然科学基金课题"广义因果关系的泛权扬网模型与SD模型改进研究"资助。

注：收录《系统经济学探索》

非线性生态系统的复杂动力学行为研究（Ⅲ）

应用数学和力学. 第12卷第7期（1991年7月）
Applied Mathematics and Mechanics

应用数学和力学编委会编
重庆出版社出版

非线性生态系统的复杂动力学行为研究（Ⅲ）*

昝廷全　刘宗超

（兰州大学，1990年8月20日收到）

摘　要

本文继续文献[1～2]的研究，首先引进了生态系统的系综概念，在此基础上比较详细地讨论了生态协同学的微观方法和宏观方法，将这二者结合起来，利用生态系统输出（或可以测得）的宏观数据，建立广义金兹堡-朗道方程（GGLE），把握广义相变（群落演替）前后的信息变化，找出其微观对客观结果的作用机制，这也许是对复杂生态系统作用机制研究的一条新途径.

关键词　生态系统　非线性　系综　吸引子　信息　协同

一、生态系统的系综概念

生态系统的非线性变化具有如下特点[1]，当某控制参数达到临界值时，子系统产生相干效应，进入协同一致的集体运动状态，生态系统从无序走向有序，产生时空耦合"花样"，各子系统之间的相互关系被确定下来，这种有序结构的形成具有突变性，是一种广义相变.群落演替、社会更替、舆论的形成都是典型的例子.

生态系统的协同变化具有内禀性[2]. 对特定的生态系统而论，具有特定的合目的性，这种合目的性就是生态系统进行自组织性协同变化的动力，涨落是该动力的来源，系统的内禀特性对这种涨落进行选择，只有与临界点要求相适应的涨落才能被放大而波及全局，成为生态系统的主控因子.

一个现存的生态系统是业已经历的一系列演化的目前阶段，也是即将经历的未来演化的起点.生态系统的历史就是其状态连续更替的链条.为了进一步研究生态系统的演化，下面我们引进生态系统群的概念[3].

尽管系统概念使用甚广，但把一塘芦苇、一片临时工棚等当作一个系统看待也是不妥的. 事实上，在事物尚未形成系统之前，诸个体之间的作用还不具有协同性，它所表现出的作用只是诸个体作用的叠加，至多是整体等于部分之和，这是任何事物在形成一个系统之前所必须经历的阶段，我们称这样的研究对象为系统群，它是对各个体在尚未形成而正在形成系统之前这段时间内诸个体之集合的描述.系统群和系统的区别在于系统是有特定功能的，而系统群没有整体特定功能，它的各个体之间的作用往往具有盲目性.有了系统群的概念后，对生态系统也可进行类似的考虑，划分出生态系统群和生态系统.

* 吴学谋推荐. 本研究得到中科院青年奖励基金和兰州大学青年科研基金资助.

注：已收录《系统经济学探索》

人口、资源与环境协调发展的综合模式研究（I）：思路与框架

第 1 卷　第 (3,4) 期
1991 年 12 月

中国人口·资源与环境
CHINA POPULATION, RESOURCES AND ENVIRONMENT

Vol.1, No.(3,4)
Dec., 1991

人口、资源与环境协调发展的综合模式研究(I)：思路与框架

昝廷全
(兰州大学西北开发综合研究所)

摘　要　本文首先提出人口、资源与环境协调发展的三大范畴：广义资源、竞分元与竞分规范。在这基础上，提出持续发展指标(I_s)和社会经济过程与生态过程的耦合度指标(I_o)，论述了确定竞分元的合适规模与行为方式的方法，为人口、资源与环境协调发展的综合研究提供思路与框架。

关键词　人口；竞分元；广义资源；竞分规范；持续发展指标；耦合度指标

一、引　言

进入本世纪 80 年代以来，随着科学技术以反馈加速的方式不断向前发展，随着世界人口的不断增长，人类向大自然攫取的规模、强度和速率与日俱增，人口、资源、环境领域的问题和危机，已经对全球经济的持续发展和地球的长期可居住条件造成相当大的影响，甚至成为裁军和国际和平与安全谈判中不得不关注的大事。

在这种时代背景的感召下，各种各样的人口、资源与环境方向的研究机构应运而生，并且做了大量卓有成效的工作，如国际性的 MAB 计划、IGBP 计划和 HDGCP 计划，以及我国的"三北"防护林建设工程等。但是，这些工作都没能揭示社会经济发展和人口、资源之间关系的内在联系和动力机制，没有解决人口、资源与环境如何协调发展问题。而现实又迫切要求我们从理论和方法上提出解决问题的综合性对策与可操作性方案。笔者拟对人口、资源与环境协调发展的综合模式进行系统探讨，本文主要论述该项研究的基本思路与总体框架。

二、人口、资源与环境协调发展的三大范畴：广义资源、竞分元与竞分规范

为了自然地把人口、资源与环境等问题统一到一个共同的模式之中，为这些问题的综合研究提供一个基本框架，使得研究思路更加清晰，各部分之间的因果与相关关系更加明了，我们将人口、资源与环境的协调发展划分为三大范畴：广义资源、竞分元与竞分规范。

广义资源是自然资源概念的引伸与推广，包括自然资源、人力资源、信息资源、科技资源、时间与空间资源等。资源是相对于主体而言的，我们把广义资源所对应的广义主体称为竞分

收稿日期：1991—09—17

注：已收录《系统经济学探索》

全球变化中的人类因素计划

全球变化中的人类因素计划（HDGCP）*

咎 廷 全

（兰州大学西北开发综合研究所　730000）

关键词： 全球变化　人类因素计划

随着全球变化问题的日益尖锐突出，公众在这个方面的觉悟与日俱增，工业家和政治领导人相继提出了种种应急措施，自然科学家和社会科学家逐渐携手合作共同探讨世界经济持续发展的途径。全球变化既然属于全球规模，则与此相应，也必须采取全球规模的对策。"全球变化中的人类作用计划"（HDGCP）是最新推出的又一个全球规模的研究计划，它是从社会科学的角度来研究全球变化问题。这个计划由国际高等研究机构联合会（IFIAS）、国际社会科学协会理事会（ISSC）和联合国大学（UNU）联合制订、组织和协调。

一、基本思路和目标

目前，我们已经进入"全球变化"时代。具有深刻意义的一个新的事实是，这些变化已开始在全球范围内产生严重的后果。如果人类不马上采取措施，如果人类不对自己的活动方式、行为准则和道德规范进行深刻的反思，世界经济的持续发展和地球的长期可居住条件都将受到严重威胁。正是在这样的前提下，全球变化中的人类因素计划应运而生。

全球变化的人类因素计划（HDGCP）是一项社会科学研究计划。这个计划的时间跨度是10年（从1990年到2000年），其目的是力求更好地了解导致全球环境变化的人类原因，并为创造一个称心的未来制定恰当的对策。事物都是一分为二的。在全球变化中也蕴藏着许多机会，利用这些机会可以探求一条通向可以继续维持人类生活的未来的道路。全球变化中的人类因素计划的一项宗旨，就是要认识这种机会，并想方设法抓住和充分利用这种机会。这项计划的意图是在协助制订有关全球环境变化的人类因素方面的研究议事日程方面发挥领导作用，激励和协助致力于该计划目标的其它研究活动。通过这项国际研究计划，将创设适宜于

Lyon，France，1983.

[26] Wang Guang—yuan et al.，Fuzzy Optimum Design of Aseismic Structure, proc. of the PRC—US—Japan Trilateral Symposium on Eng. for maliple Natural Hazard Mitigation, 1985.

[27] Richard N. Palmer，Evaluation of Water Supply and sewage Lifelines Using Fuzzy Sets, Fuzzy Math in Earthquake Researches (continued volume)，Seismological press，1985.

[28] 刘锡荟等，城市生命线工程抗震的模糊图分析方法，地震工程与工程震动，Vol. 9, No. 1, 1989.

[29] 吴国有等，天津市煤气管网的震害预测及可靠性分析，灾害学，1990年第二期。

* 收稿日期：1990年10月22日

注：已收录《系统经济学探索》

当代生态学研究的泛系方法（一）*

——生态系统的形式描述与因果关系分析*

摘要： 从拟建立生态学理论的公理化形式出发，提出了生态系统的形式描述，并根据生态系统的泛结构特征对生态系统进行了新的分类。详细介绍了生态系统的因果关系及其运筹原则，进而提出了典型的泛系模型。

一、引　言

随着全球性生态环境问题的日益突出，吸引了一大批具有远见卓识的自然科学家和社会科学家，例如 Odum、Miller、Watt、Holing 和一些著名的学术团体如国际应用系统分析研究所（IIASA）、兰德公司（RAND）及罗马俱乐部纷纷卷入这一涉及资源、生态、环境、人口与经济等复合问题的研究。但是，由于生态系统结构功能上的复杂性和在时间序列上的多变性，使得年轻的生态学在目前的全部理论和全部方法，无论是逻辑体系，还是实证体系，都远远不能恰当地解释和预测生态现象和生态行为。因此，无论在理论体系的完备上，还是在方法论的创新上，目前生态学都正在酝酿着突破性的萌动。

令人庆幸和引为自豪的是，我国学者吴学谋教授于 1976 年正式提出了一门跨学科的新研究：泛系方法论（pansystems methodology，PM）。它是一种侧重从关系、关系转化、广义对称和充分可观控建模的角度对一般事物和广义系统机理具有科学性和方法论性的新探索。它为当代生态学研究提供了新的思路和新的概念框架，特别是对于生态学的公理化分析具有重大的推动作用。据此，可以在严格的逻辑意义上将生态学理论与对理论的解释完全分离开，这样可以明确地表明生态学理论的全部假设和逻辑结构。这样做可以很方便地扩展生态学理论的范围，而不用对理论进行修正，只需减少有关生态概念的内涵，以扩大其外延。

二、生态系统的形式描述

生态系统是现代生态学的核心概念之一。若用 S 表示生态系统，则可形式化地表示为：

$$S = (A, B)$$

其中 A 为生态系统的硬部，是生态系统的物质形态组分；B 为生态系统的软部，是由各种生态关系构成的广义生态结构，或称之为生态系统的泛结构。从本质上讲，它是生态系统组成要素之间的联系或关系，包括一般的生态关系、关系的关系、动态关系、含参量的关系以及关系的多级迭代和多次复合等。因此，生态系统的泛结构是生态系统中的广义关系。

---

*作者：昝廷全，原载《资源生态环境网络研究动态》1991 年第 1 期

记生态系统的硬部为 A, $A^{[n]} = A \cup A \cup \cdots \cup A$, $A^* = A \cup A \cup \cdots$。则其典型的软部 $B = A^a \times W$, $a \in \{n, *, [n]\}$，这里 W 为任何给定的集合，称为广义的权重集合或泛权集，它是通常以数表示的权重概念的引申与推广。因此，一种典型的生态系统的形式描述为：

$$S = (A, A^a \times W)$$

由于生态学本质上是一门研究广义生态关系的学问，因此，生态系统泛结构的研究具有重要意义。一般地讲，泛结构可以看作是哲学中广义联系一词相对确切的定型，它对系统的硬部起着某种组织和序化的作用。

生态系统的泛结构概念可以统一地处理生态系统的结构分析与功能分析。设有某一生态系统 S, X_1, X_2, $\cdots$, X_n 是 S 的子系统，则 X_1, X_2, $\cdots$, X_n 之间的关系就构成了系统 S 的结构。若生态系统 S 与其环境 E 的子系统有某些关系，S 与 E 的子系统共同构成大系统 S'，则 S' 的软部即是该生态系统的功能。也就是说，所谓生态系统的结构就是组成系统的诸子系统之间的关系，即生态系统 S 的软部；而所谓生态系统 S 的功能，就是生态系统 S 与其他系统的关系，即生态系统 S 的扩展大系统 S' 的软部。根据生态系统的泛结构，还可以定义生态系统的泛系熵，可统一地处理生态系统的熵与信息，以及关于生态网络的研究。

生态系统的这种形式化描述，是一个灵活多变的方式，称为广义系统描述方法。由这种形式化描述可以很容易地得出生态系统的一种新的分类：即使生态系统的硬部相同，即组成元素相同，由于其泛结构不同，也可以构造出几乎无穷多的不同系统。由此可以得出共硬系统的概念，即硬部不变，而软部相对多变的生态系统。共硬生态系统的概念有助于我们引进生态系统的系综概念。例如，要研究某种已经历时 50 年的树的生长状况，有两种研究方法可供选择：其一是追踪法；其二是找出具有从 1 到 50 年各种年龄的 50 棵树，对其总体进行研究，这种把某一系统在时间上的序列变换到状态空间中的一系列思维复本，就是生态系综方法。由此可见，共硬生态系统的概念潜在地概括了生态系统的概念。

与共硬生态系统的概念相类似，我们有共软生态系统的概念，即软部不变而硬部相对多变的生态系统。共软生态系统是"个体来而复去，而整体保持不变"的一种拟化。例如生态系统中的植物或动物个体可以由于生死变化而不断更换，但在一定的时期内它们之间的生态关系可视为不变，因此是一种典型的共软生态系统。又如，若把宾馆中的旅客视为硬部，其每天都可以有变化，但一定时期内部关系却不变，因此也是一种共软系统。再比如，化学动力学中的置换反应也可视为是一种共软系统。共软系统的概念为这一类问题的研究提供了统一的模式和方法。

如果把某一生态系统作为原型系统，从不同角度根据不同的方法，可以描述出各种不同的模型，则这些模型系统是共原系统。例如对于某一生态系统，人们可以建立 Markov 模型、CTM 模型和非线性动力学模型，这些模型系统就是共原生态系统。共原系统可以形式化表示为：

$$S | \rightarrow M_i$$

其中 S 是原型生态系统，$M_i (i = 1, 2, \cdots, n)$ 为模型系统。

与共原生态系统相对的是共模生态系统，它是指具有共同模型的不同生态系统，可形式化地表示为：

$$S_i \big| \to M$$

共模系统的概念是系统论形成的客观基础之一。正是因为共模系统的客观存在，许多不同领域的异质原型系统的模型在结构上是类似的，才使横断性的系统建模研究具有意义。

三、生态系统的广义因果关系及有关简化方法

因果关系是揭示现实世界中普遍联系的事物的前后相继、彼此制约的一对重要范畴。从哲学上讲，因果关系是指由先行现象引起后继现象的一种必然联系。其中先行现象称为原因，后续现象称为结果。

生态系统中因果关系及其表现方式不仅包括一因一果的简单情况，还包括一因多果、多因多果、同因异果、异因同果等复杂的情况。生态系统更为复杂的因果关系是带有泛权（panweight）的因果网络。其数学描述为：

$$f \subset G^2 \times W$$

其中 G 为事件集，W 为泛权集。

生态系统的广义因果关系不仅包括传统因果关系的概念，还包括形式因果关系（自变量与因变量的关系、逻辑推理关系、结构功能关系、输入输出关系和投入产出关系等），以及各种条件、手段、方法与结果和目标之间的关系。

从数学上讲，生态系统的广义因果关系可以用二元关系 $g \subset E \times F$ 来描述。这里 E 除了表示通常的原因之外，还可以表示条件、手段、输入以及它们的多重组合等广义的因，而 F 则表示结局、效果、效益、目标、输出及多重组合等广义的果。

以二元关系 $g \subset E \times F$ 为生态系统的广义因果模型，出现了多对应的不确定性问题，我们可以用多种泛系方法将它转化为   对应的因果关系，下面介绍两种典型的简化方法——泛导法和商化方法。

泛系理论的泛导指广义的变变关系，包括系统的微积分、变化、梯度、旋度、散度、灵敏度、比率、差分、累和、传递函数、投入产出技术系数、抽象自动机等，以及有关的推广、方程、关系或系统。对于 $g \subset E \times F$，设 $E = \prod E_i$，$F = \prod F_j$，f 为多元因果关系，又设

$$e_i: \ E \to E_i$$
$$f_j: \ F \to F_j$$

为自然投影，由它们派生出单元因果关系 g_i：

$$g_{ij} = e_i^{-1} \circ g \circ f_j \subset E_i \times F_j$$

若用 $\theta_i \subset E_i^2$ 表示 E_i 中的因变化：$x, y \in E_i$，$x \to y$ 等价于 $(x, y) \in \theta_i$。这时在 F_j 中的诱导变化为：

$$g_{ij}^1(\theta_i) = g_{ij}^{-1} \circ \theta_{ij} \circ g_{ij} = f_j^{-1} \circ g^{-1} \circ e_i \circ \theta \circ e^{-1} \circ g \circ f_j \subset F_j^2$$

这里 $g_{ij}: P(E_i^2) \to P(F_j^2)$ 就是一种特化的泛导。利用这种泛导模型可以把已知的因关系转化为一一对应的因果关系。

利用泛导法还可以根据生态系统的各种观测数据来建模多元因果关系，其具体步骤为：①对各种数据进行预处理，例如组合、简化、滤波、压缩归并和函数变换等；②对

前述结果求各类泛导，例如累和、差商、多次累和与差商等；③对泛导进行比较分析：是否形成方程组？组合泛导之间的广义距离是否取极值等；④返归原数据求出生态系统的多元因果关系模型。

前已述及，生态系统的广义因果关系往往极为复杂，构成一个泛权因果网络。为了简化分析，我们可以利用泛系聚类分析方法，将其进行商化。这种商化过程体现了由微观因果关系到宏观因果关系的形式转化机制，对于化繁为简地处理实际问题是很方便的工具。

设生态系统的泛权因果关系为 $g \subset E \times F \times W$，其中 E 为广义因，F 为广义果，W 为泛权空间。若 $\theta \in Es[E]$，$\delta \in Es[F]$，（这里 $Es[\cdot]$ 表示半等价关系），则 $E = \cup E_i(d\theta)$，$F = \cup F_j(d\delta)$，这时，定义

$$h \subset (E/\theta) \times (F/\delta) \times W = \{(E_i, F_j, W) \mid E_i \times F_j \times \{W\} \cap g \neq \Phi\}$$

称为商化泛权因果关系。h 的意义是：若 $(E_i, F_j, W) \in h$，则必存在广义因 $x \in E_i$，广义果 $y \in F_j$，使得 $(x, y, W) \in g$，也就是说，x 与 y 之间有 g 型泛权为 W 的因果关系。

运用泛权因果分析方法来观察和分析各种各样的生态问题，有助于我们更深刻地把握问题的实质，同时也使我们对各种具体的生态环境问题有一个统一的整体认识。泛系方法论为各种具体的广义因果分析发展了若干重要的概念和运筹原则，下面进行详细介绍。

四、生态系统广义因果关系的运筹原则

在生态系统的泛权因果网络中，若网点表示某些事件，而泛权是赋泛权的逻辑关系或因果关系与观控关系，例如或、与、非、异或、延滞等，泛权可以表示代价、转化条件、资源情况、因果方式、可能性、模糊性与其他参量，每一网点本身也可以赋泛权而形成泛权场网。现在我们从因果小环境原理开始介绍几种典型的运筹原则。

1. 因果小环境原理

按照因果关系为紧邻的小环境被称为因果小环境。其运筹意义为，利用因果小环境往往有助于进行目标反索、搜索、试探、限定评价、求解等。这种利用优化小环境的运筹思想就称为因果小环境原理。在生态系统的泛权因果网络中，有限步的前因或后果就形成生态系统的因果小环境，由前因小环境可以运筹地了解生态系统的潜在内涵以及使其变化的机理；而后果小环境则可以较快地评估生态系统的功能和利弊。

现在我们给出因果小环境原理的一个具体推演模式。设 G 为某一论域，$I = I(G) = \{(x, x) \mid x \in G\}$ 为 G 中的幺关系，$f \subset G^2$ 称为因果元关系，即对于 $(x, y) \in f$，x 为前因，y 为后果，f 为一组推理规则或广义因果联系。定义

$$r_n(f \vee I)^{[n]} = I \vee f \vee f^{(2)} \vee \cdots \vee f^{(n)}$$

为 n 步因果算子，其实际意义为：或者一步未推或者推一步或者推二步，……，或者推 n 步。当 $n = 1$ 时，$r_1(f) = I \vee f$，它表示从 x 到 y 的一步推理；当 $n = 2$ 时，$r_2(f) = I \vee f \vee f^{(2)}$，它表示两步推理。

对于 $x \in G$，$x \circ r_n(f)$ 叫做生态系统向后推展的果环境；对于 $y \in G$，$r_n(f) \circ y$ 叫做 y 向

前推展的因环境。定义

$$r_n(f,x) = x \circ r_n(f) \cup r_n(f) \circ x$$

称为对 x 的因果小环境。类似地，我们定义

$$r_n(f,y) = y \circ r_n(f) \cup r_n(f) \circ y$$

称为对 y 的因果小环境。生态系统的因果小环境在不同程度上表征一种可观测性，因而 f 有时又被称为生态系统的可观测元关系。现在引进生态系统的控制元关系 $g \subset G^2$ 或 $g \in P(G^2)$，当 $g \in R[G]$ 时，我们得到如下关系式

$$r_n(f) \circ x \subset r_n(f) \circ (x \circ g)$$
$$x \circ r_n(f) \subset (x o g) \circ r_n(f)$$
$$r_n(f,x) \subset r_n(f, x \circ g)$$

这就是观控结合可以使生态系统的可观性得到强化的一种典型描述。详细讨论将在以后的文章中给出。

在研究和分析运筹复杂的生态环境问题时，可以通过理出某个 n 步因果小环境的办法来对"信息海洋"进行限定，一般只需分析处理或观控不大的 n 即可达到目的。这种限定大大缩短了信息处理的工作量，使得研究工作能够以最经济的方式进行。

2. 大合取与大析取网络

在生态系统的泛权因果网络中，若事件很多而大部分逻辑权为"与"（合取∧）或必要条件很多，就称该生态系统的泛权因果网络为大合取网络，也称该生态系统为大合取系统。对这种生态系统来说，为了达到诸终点，必须经过多种合取结构或"与"结构的串并组合。

若在生态系统的泛权因果网络中，逻辑权较多地是析取（"或∨"）结构，则称该泛权因果网络为大析取网络，并称该生态系统为大析取系统。在人工生态系统的设计与运营过程中，应当尽量地谋求廉价多端输入析取结构与廉价的多输出析取结构，前者使人工生态系统容易实现，后者使其有多种功能和多种发展的途径。

在大析取生态系统中，对前因条件的网点和连线要按低代价、高效率的准则来选取，称为高效条件。这一原则说明在手段、输入、条件为析取时要选择高效的。高价合取原则适用于大合取生态系统。其意义是说，要把高代价的必要条件（网点与联系）作为关键，并集中资源去运筹和处理，并作为关键重点予以优先保证。这两条原则是价值工程、统筹方法与网络运筹的基础性原理。

3. 动态关键序原则

在大合取生态系统中，必要条件往往有量的要求，要达到所谓生效泛权的量值才能有效。除了必要的保险冗余量以外，超量一方面造成浪费，另一方面还可能克制它的必要条件。每一必要条件的当前泛权与生效泛权的差距和达到生效泛权的代价成正比，这种折算代价可用作关键性的排序准则，其相当于高价合取作为关键。关键性也可以高效性、速效性、危险性、紧迫性等为准则。在关于生态系统的实际运筹当中，及时、高效、快速、动态地观测、评估泛权差距、代价、效率与关键序，并采取相应的决策和控制，创造相应的条件或手段，使诸必要条件发展成为充分条件，我们称此为生态系统运筹分

析的动态关键序原则。它表明无条件地把某些必要条件判为主导因素或主要矛盾是不妥当的。这就要求资源（时间、空间、人力、财力、物力、能量和信息等）应当按照动态关键序进行分配。

参考文献

[1] 吴学谋，从泛系观看世界，北京，中国人民大学出版社，1990.
[2] 吴学谋，大自然探索，1983，2、3；1984，1；1985，2.
[3] 昝廷全，交叉科学研究，兰州，甘肃省科学技术出版社，1989.
[4] 昝廷全，系统工程，1988，6；科学探索学报，1986，3.
[5] 郭定和，贵州科学，1988，2.

当代生态学研究的泛系方法（二）*
——经济系统的泛权场网模型与运筹方法

摘要：本文给出了描述生态关系的泛权场网模型及其约化的方式；并详细讨论了典型生态关系的数学模型；最后论述了生态系统的系统观，提出了生态系统整体性的数学描述。

一、生态系统的泛权场网模型

从某种意义上讲，生态学主要内容是研究各种生态关系。它们构成一个复杂的生态关系网络或生态关系场。

场的概念来源于物理学，如温度场、引力场、电磁场等。其基本含义是指某一物理量在空间的分布。从数学上讲，各种场可以用函数来描述，如数量场可以用数量函数来描述。因此，可以把场写成如下映射的形式：

$$场 f：硬基（空间点等）\xrightarrow{\text{对应}}某场量（标量或矢量）$$

这里把场看成是场基与某场量的一种对应关系，等于推广了物理学关于场的概念，因为场基可以是空间区域，也可以是任意集合或广义系统[1]。

在前文中[2]，我们已经指出，生态系统可以形式化地表示为：

$$S = (A, B)$$

其中 A 为生态系统的硬部，是生态系统的物质形态组成，或者说 A 是由生态元组成的集合[3] [4]；B 为生态系统软部，是由各种生态关系构成的广义生态结构。以生态系统的硬部 A 为场基而定义函数或映射就成为泛系意义下的生态场，简称生态场。其数学本质就是定义域有广义生态结构的函数或映射。

由于生态场的非均匀性，在建立生态场模型时可以对生态场赋予广义权重。我们知道，权重通常是用数来刻画的，它可以用来表示某种标准下重要程度、等级、分类等。将这个概念进行推广，取一般集合或它们的值作为广义的权重就称为泛权。在生态场的定义中，若其函数或映射是赋泛权的，就称为生态系统的泛权场。生态系统的泛权场也包括函数值或映射值。取泛权值时的特殊情况，即

$$f：A \to Y = 泛权值 W$$

如果对于生态系统关系的硬部引入某种二元关系就叫做生态关系网络。如果对生态网络再赋予广义的权重，就叫做泛权网络。如果生态系统的硬部引入赋泛权的多元关系就称为泛权生态关系或称其为带泛权生态关系的生态系统。赋泛权的生态场和泛权网络合称为生态系统的泛权场网。从实质上讲，它们都是泛权生态关系。下面我们给出生态系统泛权场网的数学模型。

给定生态系统 $S =(A, B)$，其中 A 为生态元集合；B 为泛权生态关系，$B \subset P(A^a \times W)$，

---

*作者：昝廷全，原载《资源生态环境网络研究动态》1991 年第 2 期

$a \in \{n, [n], {}^*\}$, W 为泛权集。就称为 n 元泛权生态关系。类似地有

$$f = f_1 \cup f_2 \cup f_3 \cup \cdots \cup A^* \times W$$

这就是上述泛权生态关系的一般形式。

根据上面的论述，生态系统的泛权场网模型可以统一写成如下形式：

$$S_i = (A, f_i)(i = 1, 2)$$

当 $i = 1$ 时，

$$S_i = (A, f_1), f_1 \subset A \times W$$

这里 f_1 即为一元泛权生态关系，它等于映射 $f_1: A \to W$，即映射值取泛权值的特殊泛权场。

当 $i = 2$ 时，

$$S_2 = (A, f_2), f_2 \subset A^2 \times W$$

这里 f_2 为二元泛权生态关系，即生态系统的泛权网络模型。

反映正负相关作用的泛权网络是显示生态系统的典型数学模型。设生态系统 $S = (A, B)$，$A = \{a_1, a_2, a_3, a_4, a_5\}$，$a_i$ 表示生态元，$B \subset A^2 \times W$，$W = \{+, -\}$ 表示正相关和负相关作用。令 $B = \{(a_1, a_2, +), (a_1, a_3, -), (a_2, a_3, -), (a_3, a_4, -), (a_3, a_5, -), (a_4, a_5, +)\}$，其网络图如图 1 所示。

生态系统的正负相关作用可用不同的数学形式来刻画，比较适用的一种方法是用相邻事件的变化率来描述（如图 2 所示）。设 X 代表某生态事件，X_i 为 i 点的某事件，ΔX_i 表示第 i 点事件的变化，$d_{ij} = \dfrac{\Delta X_i}{\Delta X_j}$ 表示相邻两点 i, j 的变化率。取 d_{ij} 为泛权，当 $d_{ij} > 0$ 时表示正相关作用；当 $d_{ij} < 0$ 时表示负相关作用；当 $d_{ij} = 0$ 时表示 i, j 两点对于事件 X 是解耦的。d_{ij} 的绝对值越大，表示 i, j 两点之间的相关程度越高，反之亦然。若这里的相关作用为因果作用时，这种方法就相当于一种特殊的因果分析模式[1]。

生态系统的泛场网一般都比较复杂，为了便于分析，这里给出了一种约化的方法。对于给定的生态系统 $S_2 = (A, f_2)$，$f_2 \subset A^2 \times W$，令 $H = A^2$，则 $f_2 \subset H \times W$。令 $D \subset W$ 为泛权水平，则 $f_2 \circ D \subset H = A^2$，我们称 $f_2 \circ D$ 为泛权控制在 D 内的生态系统的泛权子网。从数学上讲，可以将 $f_2 \subset A^2 \times W$ 看作三元关系，而 $f^2 \circ D$ 则转化成了二元关系。这样就把生态系统的泛权网络进行了约化。例如，对于前面的例子（参见图 1），设泛权水平为 $D = \{+\} \subset W = \{+, -\}$，则 $B \circ D = \{(a_1, a_2,), (a_2, a_3,), (a_3, a_4,), (a_4, a_5,)\}$ 表示 B 的一个子网络，其上的泛权取自 D。

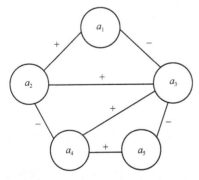

图 1　生态系统的泛权网络示意图

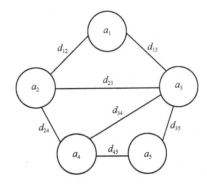

图 2　泛权为相邻时间变化率的生态系统

一般地讲，若生态元序偶$(x, y) \in (B \circ D)^{(n)}$，则表示存在$W_i \in D (i = 1, 2, \cdots, n)$使得$(x, y) \in (\circ) - \prod(g \circ W_i)$，即生态元$x$与$y$可以由诸泛权分别为$W_i$的$n$段串行连接。

根据前面的论述不难看出，把泛权控制在一定范围可以使泛权网络变成通常的场网，是泛权生态关系变成多元生态关系；把多元生态关系的某些因子控制在一定范围内可以使之变成低维的多元生态关系，例如可以使10元生态关系变成8元生态关系；也可以用自然投影的方法把泛权生态关系、多元生态关系变成低维的多元生态关系。所有这些转化方式统称为生态系统的泛权场网的约化。

二、典型生态关系的泛权形式

从数学上讲，局整生态关系和形影生态关系是基本的生态关系形式，串并生态关系是常见的生态关系形式。

1. 局整、形影生态关系

对于给定的生态系统$S = (A, f), f \subset A^* \times W$。令$D \subset A$，显然有$D^* \subset A^*$，且$D^* \times W \subset A^* \times W$。记生态系统的子系统为$S_D = (D, f_D), f_D \subset D^* \times W_D$，可以按如下算法构造出$f_D$的具体形式：

（a）若子系统S_D的泛权空间W_D就是生态系统S的泛权空间W，即$W_D = W$，则$f_D = f \cap (D^* \times W_D)$。

（b）在一般情况下，$W_D \neq W$，但W_D与W之间有某种关系$g_2 \subset W \times W_{D_o}$令$f_D' = f \cap (D^* \times W) \subset D^* \times W$，则$f_D = f_D' \circ g \subset (D^* \times W) \circ g \subset D^* \times W$。

设有生态系统$S = (A, f), f \subset A^* \times W$。令$g: A \rightarrow g(A)$为一映射（形射关系），则生态系统$S$在$g$作用下的影系$g(S)$或记为$S_g = (g(A), f_g), f_g \subset [g(A)]^* W$。引入映射$\psi_g: A^* \times W \rightarrow [g(A)]^* W$，相当于从生态系统$S$的软部到影系统$S_g$的软部的映射，则有$f_g = \psi_g(f) \subset [g(A)]^* W$。

若$W \neq W_g$，即生态系统S与其子系统S_g的泛权空间不同，但它们之间存在某种联系$h: W \rightarrow W_g$，则$\psi_{g,h}: A^* \times W \rightarrow [g(A)]^* \times W$。这就是说，对于$(x_1, x_2, \cdots, W) \in A^* \times W$，我们有$(g(x_1), g(x_2), \cdots, h(W)) \in [g(A)]^* \times W_{g_o}$这时，生态系统$S$的影系统可形式化地表示为：

$$S_{g, h} = (g(A), \psi_{g,h}(f))。$$

2. 串并生态关系

串联与并联是生态关系的常见形式。从数学上讲，串联生态关系可以通过$f \subset A^2$形式反映出来。设$g = f \circ D \subset A^2$，则串联生态关系又与生态系统的泛权网络联系起来。下面给出若干有关定义。

定义1 对任何$f \subset A^2$，如果$x, y \in A, (x, y) \in f$，就称生态元x与y按f意义为串联，否则为并联。

定义2 对于$x, y \in A, f \subset A^2, (x, y) \in f \cup f^{-1} \cup I, I = I(A) = \{(x, y) | x \in A\}$，则称生态元$x$与$y$为迷向$f$串联，否则为迷向并联。

定义3 对 $f, g \subset A^2$，称 $f \cup g$ 为析取并联, $f \cap g$ 为合取并联, $f \circ g$ 为复合串联。

定义4 设 $f, g \subset A^2 \times W$ 为生态系统的二个泛权网络, $D_1 、 D_2 \subset W$ 为两种泛权水平, 则 $f \circ D_1 、 g \circ D_2 \subset A2$, 表示相应水平的生态子系统, 对不同水平的网络也有上面三种类型的串并关系。

定义5 设 $i \subset A^2$ 为生态系统的网络族, 则由 $\cup f_i, \cap f_i, (\circ) - \prod f_i = f_1 \circ f_2 \cdots \circ f_n \subset A^2$ 形成的总体是一个扩充的网络族, 称为 f_i 的串并空间。

定义6 若 $f \subset A^2 \times W, D \subset W, g = f \circ D \subset A^2, (x, y) \in g - g^{-1}$, 则称生态元 x 与 y 为 D 水平串联; 若 $(x, y) \in g - g^{-1}$, 则称生态元 x 与 y 为 D 水平并联。

3. 生态系统软、硬件之间的诱导转化

给定生态系统 $S = (A, B), B \subset A^* \times W$, 设 $r \subset W \times V$, 为泛系空间的转化, 并设 $\psi \subset A \times C$, 则生态系统的软部亦随之变化。可以按照如下算法具体构造变化后的生态系统 $S_C = (A \circ \psi, B_C)$:

（a）根据 $\psi \subset A \times C$ 可以诱导出 $\psi_a \subset A^a \times C^a, a \in \{n, [n], \}^*$。

（b）根据 $r \subset W \times V$ 可以诱导出 $\emptyset \psi, r, a \subset (A^a \times W) \times (C^a \times V)$。

（c）在原生态系统 $S = (A, B)$ 中, $B \subset A^* \times W$, 取 $h \in B, h \subset A^* \times W$。

（d）由（b）、（c）求得 $h \circ \emptyset \psi, r, a \subset C^a \times V$。

（e）求出转化后的生态系统软部 $B_C = \{h \circ \emptyset \psi, r, a | h \in B\} \subset C^a \times V$

据此可以很方便地求出转化后的生态系统 $S_C = (C, B_C)$。

三、泛权生态关系的系统观

前面介绍的生态系统的泛权场、泛权网络模型和泛权生态关系等概念与模型具有高度的普适性, 在自然、社会以及思维领域中都可以找到它们的原型和表现形式, 本节进行简要的总结。

泛权生态关系系统观的本质特征就是生态系统的整体性原理: 生态系统的整体与部分以及部分与部分之间存着相互联系和相互制约的关系, 因而使生态系统呈现出不同于生态元或其部分特征的整体特性。

生态系统的整体性原理可以用泛权场网模型予以精确刻画。设生态系统 $S = (A, B), A = \{a_1, a_2, \cdots, a_n\}, B \subset A^n \times W$, 若 $A_D \subset A$, 则 $S_D = (A_D, B_D)$ 为 A_D 上的子系统, $B_D \subset A_D^i \times W, (i \leqslant n)$。实际上有: $B_D = B \subset A_D^i \times W$。类似地, 设 $A_E \subset A, S_E = (A_E, B_E)$ 为 A_E 上的子系统, $B_E \subset A_E \times W (j \leqslant n)$。实际上有: $B_E = B \cap \subset (A_D^i \times W)$。

若 $A = A_D \cup A_E$, 则 $B = B_D \cup B_E$ 只在下列情况下成立:

（a） $B_D = B_E = \emptyset$, 则 $B = \emptyset$;

（b） $B_D \neq \emptyset, B_E \neq \emptyset, S_D$ 与 S_E 之间不存在任何关系。

虽然, 这两种情况都与严格的生态系统定义（诸生态元之间及个子系统之间存在着相互联系）相矛盾, 由此得到 $B_D \cup B_E \neq B$。特别地: $B_D \cup B_E \subset B$, 这正是亚里士多德的著名论断"整体大于部分之和"的数学描述。从理论上讲, 也可能出现生态系统的"整体小于部分之和"的情况, 这取决于各类生态关系的相对生态程度。

参考文献

[1] 吴学谋，从泛系观看世界，北京，中国人民大学出版社，1990.

[2] 昝廷全，交叉科学研究：应用系统分析，兰州，甘肃科技出版社，1989.

[3] 昝廷全，系统经济学探索：概念与原理，大自然探索，1991，2：44－47.

[4] 刘建国，扩展生态位理论，现代生态学透视（马世骏主编），北京，科学出版社，1990.

关于资源生态学研究的若干问题*

摘要： 资源生态学研究的核心问题是广义资源开发利用的生态规范。根据泛系理论，本文介绍了广义资源的竞分三故原则，生态势的泛对称转化原理和资源生态学的建模方法。最后大致描绘出了资源生态学的概念性理论框架。

关键词： 资源生态，广义资源，泛对称转化

一、广义资源的竞分三故原则

经济的持续发展和人类的生存越来越依赖于对资源的合理配置和开发，越来越依赖于生态、经济和社会的协调发展，其构成一个复杂的系统工程。广义资源的竞分三故原则是说，资源的合理开发利用在于广义资源、竞分者和竞分规范（三故）之间关系的优化显生。

广义资源是自然资源概念的引申与推广，包括自然资源、生产力要素、人力资源、信息资源、时间和空间等。广义资源可进一步划分为硬资源和软资源两部分，即广义资源={硬资源，软资源}。

所谓硬资源是指自然界存在的，在一定的技术、经济和社会条件下能被人类用来从事生产和社会活动并直接形成产品和服务的有形物质，其中还包括不需要加工就可被人类直接利用的有形物质。显而易见，自然资源属于硬资源的范畴。另外，人力资源也是硬资源。

软资源包括科技资源、信息资源等以人们的智力为基础的资源。软资源对硬资源的开发利用具有重要的决定性作用。依靠现代化的科技手段可以增加资源量，扩充资源维度（即增加资源种类）。从某种意义讲，软资源对硬资源具有观控作用（观测控制作用），这个作用的结果又反馈于整个广义资源系统。从某些方面来说，硬资源是被动的，软资源是主动的，硬资源的作用需要软资源来"启动"。

当前，人类所面临的一系列全球性问题大都与资源短缺有关。对世界资源的前景预测存在两种截然不同的观点：悲观派和乐观派。悲观派以基于 Jay W. Forrester 的《世界动力学》（*World Dynamics*）的罗马俱乐部第一个研究报告《增长的极限》为代表。悲观派认为，随着世界人口的迅速增长，地球上的自然资源将会枯竭，生物系统为人类提供生活资源的能力将会下降，污染愈加严重和无法控制，在地球支撑人类活动的临界点上，世界系统必将崩溃，避免这一可怖终局出现的唯一途径是奉行零增长对策。与此相反，乐观派认为，地球的潜力是无限的，当前的资源匮乏，供不应求的现实主要归咎于管理不当和价格不合理等人为因素，随着技术手段的进步，开发新资源的前景是无限的，新技术带来的副作用，如环境污染等也可借助技术手段本身逐步解决。

根据广义资源系统的观点，悲观派与乐观派争论的焦点恰恰在于对资源的理解上。

---

*作者：眭廷全，原载《资源生态环境网络研究动态》1991 年第 3 期

悲观派主要通过对硬资源的分析得出了增长有极限的结论，而忽视了广义资源系统中的软资源及其对硬资源的观控作用。乐观主义者将科学技术说成是包治百病的灵丹妙药，认为一切问题都会因科学技术的发展迎刃而解，盲目夸大软资源在整个资源系统中的作用。对于广义资源系统的两大组成部分硬资源和软资源以及它们之间相互关系的正确认识，有助于我们建立现实的未来观。

人类对环境的作用，称为人类作用；环境对人类的作用，称为环境反馈作用。环境反馈作用具有两种典型形式：积分反馈和瞬时反馈，前者指环境对人类历史作用的累加报复，后者指环境对人类现时作用的同时报复。一般而言，环境反馈滞后于人类作用，但是随着人类作用强度的增加，环境反馈的滞后周期缩短，二者几乎趋于同步发生。由于资源生态系统是一个非线性系统，环境反馈不仅可以发生在人类对环境的作用点上，人类对环境的局部作用可能引起全球性的环境变化，其判识指标依赖于非线性生态系统的复杂动力学机制。

竞分三故中的竞分元是指所有层次上的竞分主体，在不同的情况下可指参与广义资源竞争分享的个人、集体、地区、国家甚至人类，也可以是动植物群落、地表生态环境等自然界的对象。例如，对水资源来说，发电厂和地表生态环境等都是竞分元。一般地说，竞分元可以分为生态元、经济元和社会元三类。生态元是指具有一定生态学结构和功能的所有生物组织层次的对象，如个体、种群和群落等；经济元是指具有一定经济学结构和功能的所有系统水平上的经济实体；社会元是指所有层次上的社会系统。据此，可以把资源开发、生态、经济和社会等问题统一到一个共同的模式之中。

根据行为方式的不同，竞分元还可以被划分为"随机行为者"和"笛卡儿主义者"两种类型。前者的行为不考虑任何经济合理性，其行为完全是随机的；后者则完全按照理性行事，他们随时有可能调整自己的行为方式以获得哪怕是高一点点的收益。实际上，随机竞分元的存在有助于发掘新的资源，而笛卡儿竞分元有助于现有资源的充分利用。显然，现实中的竞分元的行为方式介于上述两种极端情况之间。但是，随机竞分元和笛卡儿竞分元的概念似乎是抓住了竞分元行为的本质。

竞分规范是指竞分元在对广义资源的配置和开发时所应遵从的原则，包括经济、社会和生态三个方面的规范问题。保护环境、维持生态平衡指的就是资源开发中所应遵循的生态规范。这是资源生态学研究的一个核心问题，下面我们提出与此问题密切相关的一个新原理。

二、生态势的泛对称转化原理

我们首先对现行生态位或生态势的概念作一简单回顾和述评。生态位一词至今还没有形成一个公认的标准概念。Grinnell（1917）首次把一个物种不同于其他物种的与环境系统的特殊关系性形成一个概念展现在人们面前，并用 Ecological niche 来表示这一概念，形象地比喻生物体存在的小空间（niche 一词的本意是指供神的"龛"），他的定义只是定性描述，偏于强调环境系统。以后的 Elton（1924）、Hutchinson（1975）等人都对生态位进行了比较系统的研究，并对这一概念进行了发展，但是，至今仍然没有形成一致公认的标准概念。

本文从生态系统的相空间（phase space）概念出发来定义生态势（ecological potential）概念。如果生态系统的状态可用状态变量 $g_i(i=1, 2, 3, \cdots, n)$ 来表征的话，那么我们可以用该 n 个变量为坐标所构成的 n 维数学空间中的点来代表。该数学空间称为生态系统的相空间。这样，生态系统的状态与其相空间中的点具有一一对应关系，生态系统的变化过程对应于相空间中的曲线，但反过来不一定成立。

定义了生态系统的相空间概念之后，我们就来讨论生态势的定义。生态系统的相空间不是均匀结构，从相空间中的一点跃迁到其他各点的概率是不同的，有时甚至是不可能的。实际上是很容易理解的，比如一个生态系统不可能从任一状态一下子发展到顶级群落状态。也就是说，生态系统的相空间具有一定的结构信息。我们将要定义的生态势概念就与相空间的这种结构信息相联系。我们认为所谓生态系统的生态势就是指生态系统从某一状态转移到其他邻近状态的最大潜在能力。用生态系统的相空间概念可表述为，一个生态系统的生态势就是从其空间中的某一点转移到其他各点的最大概率。

从以上定义可以看出，生态势的概念与生态系统的平衡、稳定与进化问题密切相关。也正因为如此，我们认为生态势问题是资源生态学中最基本的问题之一。

众所周知，生态系统的变化是绝对的，不变是相对的。实际上不存在绝对的生态系统的平衡，生态系统的平衡与稳定只不过是生态系统的多变与少变的对立统一。反映在生态势上，就表现为生态势的泛对称转化。所谓泛对称，就是传统对称概念的延伸与推广，是变与相对不变（即多变与少变），自由与相对约束的联系与转化。

生态系统的变化方式可以多种多样，有突变、渐变等，那么，什么样的变化方式被认为是允许的，或者说是优化的呢？我们认为生态系统的变化应该满足生态势的泛对称转化。由定义不难看出，生态系统的生态势受控于它的泛结构，所谓生态系统的泛结构是结构、关系、性质、关系的关系、动态关系、含参量的关系等概念的引申、推广或形式概括。如果 S_1、S_2 表示某一给定生态系统的不同泛结构，转化使得 S_1 内的成分变为属于 S_2，这种转化叫做 (S_1, S_2) 模拟，它描述一种广义守恒性或不变性，是一种典型的泛对称。一般地，我们得出泛系生态学的一个新原理——生态系统的泛对称转化原理：生态系统的变化是绝对的，不变是相对的，优化的变化方式是泛对称转化。显然这一原理包容了生态系统的平衡与稳定等概念。

三、资源生态学的建模方法

资源生态学的建模方法大致可以分为五个步骤：

第一，建立因果关系网。实际上，这相当于用特殊的泛权场网来描述资源生态系统，这里的泛权场网是指带有广义权重的场网。

第二，构造流图。它是反映资源生态系统的反馈结构及其性能的结构图，用以描述系统的积累效应（状态变量）及其变化（速率变量）。这相当于建立泛导层次的因果泛权场网。

第三，是上述两种场网的复合，它仍然是因果泛权场网，然后再进行广义量化，最后在计算机上进行模拟和解释以及进行必要的修正。之所以要进行广义量化，是因为资源生态系统通常包含大量的模糊因素和逻辑关系等，很难用传统的数进行量化。广义量化的基本思路是能够辨别异同和进行适当的运算并满足一定的运算性质，如封闭性、广义守恒性和同态性等。具体可用区间数、模糊集等进行量化。

第四，是建立泛导方程，泛导是指广义的变量关系，对一般的变量 $X_i(i = 1, 2, 3, \cdots, n)$，若它们之间可以定义某种泛导，记为 $\triangle = \triangle(X_i, X_j)$，则

$$\triangle_{ij} = g_{ij}(X_1, X_2, \cdots, X_a)$$

称为资源生态系统的泛导方程组。

第五，求出资源生态系统的具体因果关系。给出其运筹原则与方法：泛系商化分析、高价合取原则、低价析取原则、动态关键序原则和因果小环境原理。

从模型的变量组成上来说，主要包括网结变量（关键变量）、网结连线变量和一组动网传动系数。关于具体建模的技术问题可参阅有关文献。

四、资源生态学的概念性理论框架

根据前面的论述，提出如下资源生态学的概念性理论框架，以求教于学界同仁：

1. 资源生态系统基础：特征与目标

（1）资源生态过程与经济过程的耦合度
（2）资源生态系统的基本特征
（3）资源生态系统的概念性模型：网络流模型
（4）资源生态系统的目标系统

2. 广义资源空间与广义生态位理论

（1）广义资源与广义资源空间
（2）生态元
（3）广义生态位
（4）广义生态位的动力学

3. 资源生态系统的效益分析（Ⅰ）

（1）生态效益及其评价指标
（2）生态效益的计算
（3）经济效益及其评价指标
（4）经济效益的计算
（5）案例研究

4. 资源生态系统的效益分析（Ⅱ）

（1）生态经济效益的生克关系分析
（2）生态经济效益的评价公式（包括风险分析）
（3）案例分析

5. 资源生态系统的调控原则与管理模式

（1）资源生态工程与技术

（2）资源生态系统的调控原则与方法

（3）资源生态系统的管理决策新模式

6. 问题讨论与前景展望

（1）资源生态效益与环境效益的联系与转化

（2）资源经济效益与社会效益的联系与区别

（3）一些开放性的问题

（4）前景展望

参考文献

[1] 昝廷全. 非线性生态系统的复杂动力学行为研究. 应用数学和力学，1988（10）；1989（2）；1991（7）.

[2] 昝廷全、刘宗超. 1990.非线性生态系统分析。《现代生态学透视》（马世骏主编），科学出版社，北京.

[3] 昝廷全等. 泛系生态聚类生克分析. 科学探索学报，1986 年第 3 期.

[4] Zan Tingquan，Li Zizhen. 1990. Management and Optimal Model for Rangelands in Western China, in：Human Ecology in China，Science and Technology Press，Beijing.

1992

复杂系统的泛系聚类方法
系统经济学的理论框架
系统经济学探索：资源配置新论

复杂系统的泛系聚类方法*

摘要： 本文利用半等价算子 ε_1 和相等化算子 δ_i 研究了复杂系统的聚类问题；阐述了分析运筹复杂系统的 $\delta(1, 3)$ 解耦原理、对偶转化原理和大系统分解原理；详细讨论了复杂系统的连通性与解耦性并提供了有关定理。最后，利用泛系聚类方法讨论了复杂系统的层次分析。

关键词： 半等价算子；等价化算子；泛系聚类；连通性；解耦性

泛系聚类方法是分析运筹复杂系统的一种新方法，其主要内容是利用泛系算子把各种各样的二元关系族转化成各种半等价关系（相容关系），然后按半等价关系进行聚类划分[1]。在泛系聚类方法的基础上，本文介绍了与系统科学、哲学、自然辩证法、经济学有关的一些泛系理法。

一、泛系算子与泛系聚类

相容化算子 ε_1 和相等化算子 δ_i 合称为泛系算子，记为 θ。所谓泛系聚类，就是利用泛系算子 θ 将广义系统或泛结构[2][3]转化为某种相容关系类或相等化关系。也就是说，θ 即为如下映射关系；

θ: 广义系统→相容关系类或相等化关系类。

设 G 为给定的集合，定义幺关系

$$I = I(G) = \{(x,\ x)\}x \in G\}$$

包含幺关系的二元关系称为具有自返性，这样的二元关系总体记为

$$R[G] = \{f | I \subset f\},\ f \subset A^2$$

如果 $f = f^{-1}$，则称为具有对称性，其总体记为

$$S[G] = \{f | f^{-1} = f\}$$

并用

$$Sa[G] = \{f | f \cap f^{-1} \subset I\}$$

和

$$T[G] = \{f | f^{(2)} \subset f\}$$

分别表示具有反对称性和传递性的二元关系集合。这里 $f^{(2)}$ 表示复合 $f \circ f$。

令 $E_a[G]$，$E[G]$，$L[G]$ 分别表示半等价关系，等价关系与半序关系形成的二元关系集合，则：

$$E_a[G] = R[G] \cap S[G]$$
$$E(G) = R[G] \cap S[G] \cap T[G] = E_a[G] \cap T[G]$$
$$L[G] = R[G] \cap Sa[G] \cap T[G]$$

记 ε_1 为相容化算子，G 为给定的集合，$g \subset G^2$，则 $\varepsilon_1(g) \in E_a[G]$，按 ε_1 相容的聚类是 G 的一些子集 G_j，记为

$$G = \cup G_j(d\varepsilon_1(g))$$

---

*作者：昝廷全、吴学谋，原载《应用数学和力学》1992 年第 6

这就是按相容关系对 G 的聚类。G_j 实际上是 G 中相对于 ε_1 的最大相容子集，它满足

$$G_j = \max\{D|D \subset A, D^2 \subset \varepsilon_1\}$$

它们之间可能相交，也可不相交，子集的个数可能是无穷大（$|\{j\}| \to \infty$）。以 G_j 为元素形成的集合叫做 G 对 ε_1 的商集或商系统：

$$\{G_j\} = G/\varepsilon_1$$

由 G 到 G_j 的自然转化或二元关系

$$f_{\varepsilon 1} = \{(x, G_j)|x \in G_j\} \subset G \times (G/\varepsilon_1)$$

叫做商化，其逆转化叫做积化。下面我们给出 ε_1 的具体定义。

定义 1（相容化算子）设 $I = \{(x, x)|x \in G\}$，$g \subset G^2$，我们定义：

$$\varepsilon_1(g) = g \cup g^{-1} \cup I, \quad \varepsilon_2(g) = \varepsilon_1(g \cap g^{-1})$$

$$\varepsilon_3(g) = \varepsilon_1(g^t \cap g^{-1}), \quad \varepsilon_4(g) = \varepsilon_1(g \circ g^{-1}), \quad \varepsilon_5(g) = \varepsilon_1(g^{-1} \circ g)$$

$$\varepsilon_{i+5}(g) = \varepsilon_i(g) = \varepsilon_i(G^2 - g)(i = 1, 2, \cdots, 5)$$

其中 g^t 为传递包。

根据上述定义，算子 ε_1 具有基本的意义。现在，我们具体讨论如何利用算子 ε_1 把一般二元关系转化为半等化关系。

设 $g \subset G^2$ 为一般的二元关系，要把 g 改造为相容关系，就是使 g 满足自返性和对称性：

（1）使 g 自返化，即 $g \to g \cup I, I \subset g \cup I$。

（2）使 $g \cup I$ 对称化，即 $g \cup I \to (g \cup I) \cup (g \cup I)^{-1} = g \cup g^{-1} \cup I$。

令 $\varepsilon_1(g) = g \cup g^{-1} \cup I$，则 ε_1 即为相容化算子，即 $\varepsilon_1: P(G^2) \to Es[G]$，这里 $P(G^2)$ 为 G^2 的幂集。

例 1 设 $G = \{1, 2, 3, 4, 5\}$，$g = \{(1, 2), (2, 3), (4, 5)\}$，求 $\varepsilon_1(g)$，并按 $\varepsilon_1(g)$ 聚类。

解 根据定义 $\varepsilon_1(g) = g \cup g^{-1} \cup I$。所以

$$\varepsilon_1(g) = \{(1, 2), (2, 1), (2, 3), (3, 2), (4, 5), (5, 4), (1, 1), (2, 2), (3, 3), (4, 4), (5, 5)\}$$

按 $\varepsilon_1(g) \in E_\alpha[G]$ 对 G 进行聚类，有

$$G = \cup G_j(d\varepsilon_1(g)) = \{1, 2\} \cup \{2, 3\} \cup \{4, 5\}$$

由此可见，这是一个不分明聚类。

定义 2（等价化算子）设 G 为给定的集合，$g \subset G^2$，我们定义

$$\delta_i(g) = [\varepsilon_1(g)]^t(i = 1, 2, \cdots, 10)$$

$$\delta_0(g) = \max\{\delta|\delta \in E(G), \delta \leqslant g\}$$

$$\delta_{11}(g) = \delta_0[\varepsilon_2(g)], \quad \delta_{12}(g) = \delta_{11}(g) = \delta_{11}(G^2 - g)$$

这里的改造方案是容易理解的，由于等价关系就是在相容关系的基础上再加一个传递关系。因此，把 $\varepsilon_1(g) \in E_\alpha[G]$ 传递化，就变成了等价关系。

δ_i 算子把广义系统或泛结构转化为某种等价关系。若 $g \subset G^2$，则 $\delta_i(g) \in E(G)$，从而有

$$G = \cup G_j(d\delta_i(g))$$

这就是按等价关系对 G 的聚类。与相容聚类不同的是，等价聚类是一种分明聚类，即 $G_1 \cap G_m = \varnothing (1 \neq m)$，

例 2 设 $G = \{1, 2, 3, 4, 5\}$，$g = \{(1, 2), (2, 3), (2, 2), (4, 5)\}$，求 $\delta_i(g)$，并按 $\delta_i(g)$ 对 G 进行聚类。

解 根据定义 $\delta_i(g) = [\varepsilon_1(g)]^t = [g \cup g^{-1} \cup I]^t$ 则有

$\delta_i(g) = I \cup g \cup g^{-1} \cup g \circ g^{-1} \cup g^{-1} \circ g \cup g^{(2)} \circ g^{-1} \cup g \circ g^{-(2)} \cup g \circ g^{-1} \circ g \cup g^{-1} \circ g \circ g^{-1} \cdots$

$= \{(1, 2), (2, 3), (4, 5), (2, 1), (3, 2), (2, 2), (5, 4), (1, 1), (4, 4), (3, 3), (5, 5), (1, 3), (3, 1)\}$

按 $\delta_i(g)$ 对 G 进行聚类，我们得到

$$G = \cup G_j(d\delta(g)) = \{1, 2, 3\} \cup \{4, 5\} = G_1 \cup G_2$$

这里 $G_1 = \{1, 2, 3\}$，$G_2 = \{4, 5\}$。由此可以看出，在 G_1 与 G_2 之间没有 g 的联系，即 G_1 与 G_2 对于是 δ_i 解耦的。

二、$\delta(1, 3)$解耦与对偶转化原理

上面定义的泛系算子对于处理复杂系统提供了方法论性的和数学化的原理。下面主要介绍由算子 δ_1 和 δ_3 引出的 $\delta(1, 3)$ 解耦原理和由 δ_θ 算子引出的对偶转化原理。

$\delta(1, 3)$解耦原理 对于给定的 $g \in P(G^2)$，$G = \cup G_j(d\delta(g))$，设 $\delta = \delta_1(g)$，则 G_j 之间没有 g 通道相连，从而 G 能分解为相对于 g 的绝缘子系统的充要条件是 $\delta_1(g) \neq G^2$；设 $\delta = \delta_3(g)$，则 G_j 之间或者相对于 g 为不相连通，或者只有单向串联通道，因而 G 能分解为相对于 g 绝缘或单向串联的子系统的充要条件是 $\delta_3(g) \neq G^2$。

根据上述原理，δ_1 算子使复杂系统分解为没有 g 联系的子系统 $G/\delta_1(g) = \cup G_j$，其充要条件是等价关系 $\delta_1(g)$ 不等于 G^2。δ_1 对于系统解耦的这种作用实际上是一种对关系 g 的黑箱化作用。据此，可以对于控制论中的黑箱方法研究提供新的思路和启迪。

设 $S = (A, B)$ 为一个要黑箱化的系统[4]，其中 A 为某一给定的集合，B 为 A 上的关系集合。利用 δ_1 进行黑箱化的基本思路是先形成一个扩展系统 $Q = (C, D)$，$S \subset Q$，$A \subset C$。然后再作投影 $f: C \rightarrow E$，E 为引入的 C 的影系统，目的是使 $f(A) \in E$，即在投影 f 作用下把系统 S 的硬部 A 变为 E 中的一个元素，因之，A 的内部被屏蔽了。其具体步骤如下：

（1）构造一个扩形系统 $Q = (C, D)$，$S \subset Q$，$A \subset C$。

（2）求出 $\delta_1(A^2)$。

（3）用 δ_1 对 C 进行商化。

由此得到 $C/\delta_1(A^2) = \{\{x_1\}, \{x_2\}, \cdots, A | x_i \in A\}$ 这时，A 成为 $C/\delta_1(A^2)$ 中的一个元素，相当于把 A 的内部屏蔽了。如果 A 中有两点，则黑箱化后变为一点，相应的点间连线变为自返的。若 A 内的点与 A 外的点有联系，将不受此影响。这相当于 $f: C \rightarrow C/\delta_1(A^2)$，$f(A) = A \in C/\delta_1(A^2)$。

算子 δ_3 使系统分解为没有 g 联系，或者只有单向 g 联系的子系统，因此 $G/\delta_3(g) = \cup G_j$ 是对于 g 中非单向性联系的"黑箱化"屏蔽。

利用 $\delta(1, 3)$ 解耦原理，可以推得下面的大系统分解原理：

大系统分解原理 对于泛权网络 $g: G^2 \rightarrow W$，$D \subset W$，则 $G = \cup G_j(d\delta_1(g \circ D)$ 表示 G_j 为 D 水平上的不可约基础。在图论上表示 G_j 内是按 $\delta_1(g \circ D)$ 连通的，而 G_j 之间是相对绝缘的，也即 G_j 之间没有权重属于 D 的路相连。当把 δ_1 推广为 δ_3 时，则对应一种广义可约性，G_j 内有 D 水平的强连通（参见下节），而 G_j 之间或者 D 水平绝缘，或者只有单向的联系。

算子 δ_θ 能够使远与近、连接与间断等关系相互转化。更一般地，我们有如下对偶转化原理：

对偶转化原理 设 $\theta = \varepsilon_\theta(\delta)$，则 $\delta = \varepsilon_\theta(\theta)$。对 $\delta = \varepsilon_1(g)$, $\varepsilon_2(g)$, $\varepsilon_3(g)$，有 $\theta = \varepsilon_7(g)$, $\varepsilon_\theta(g)$ $\varepsilon_\theta(g')$。

证明 先证当 $\delta = \varepsilon_1(g)$ 时 $\theta = \varepsilon_7(g)$。

实际上，当 $\delta = \varepsilon_1(g)$ 时，

$$\theta = \varepsilon_\theta(\varepsilon_1(g)) = \varepsilon_1(\varepsilon_1(g)) = \varepsilon_1(g) \cup [\varepsilon_1(g)]^{-1} \cup I$$
$$= g \cup g^{-1} \cup (g \cup g^{-1})^{-1} \cup I$$
$$= (\overline{g} \cap \overline{g}^{-1}) \cup (\overline{g}^{-1} \cap \overline{g}) \cup I = (\overline{g} \cap \overline{g}^{-1}) \cup I$$

而

$$\varepsilon_7(g) = \varepsilon_2(\overline{g}) = \varepsilon_1(\overline{g} \cap \overline{g}^{-1}) = (\overline{g} \cap \overline{g}^{-1}) \cup (\overline{g} \cap \overline{g}^{-1})^{-1} \cup I = (\overline{g} \cap \overline{g}^{-1}) \cup I$$

所以，当 $\delta = \varepsilon_1(g)$ 时，$\theta = \varepsilon_7(g)$。

类似地，可以证明其他各式。

对偶转化原理可以有多种语义解释。这里我们从事物的联系与解除联系的角度给出其解释：

（1）当 $(x, y) \in \delta = \varepsilon_1$ 时，由于 $\varepsilon_1(g) = g \cup g^{-1} \cup I$，表示 x 与 y 之间或者正向连接一次或者反向连接一次，称为一次连通；这时 $\theta = \varepsilon_\theta(\delta) = \varepsilon_7(g) = (\cap^{-1}) \cup I$，表示 x 与 y 之间既没有用 g 正向连接一次也没有用 g 反向连接一次，称为一次解耦。因此，δ 与 θ 在 ε_θ 的作用下恰为连通与解耦的相互转化。

（2）当 $(x, y) \in \delta = \varepsilon_2$ 时，由于 $\varepsilon_2(g) = \varepsilon_1(g \cap g^{-1}) = (g \cap g^{-1}) \cup I$，表示 x 与 y 之间即要用 g 正向连接一次，又要用 g 反向连接一次，称为一步强连通。这时，$\theta = \varepsilon_2(\delta) = \varepsilon_\theta(g) = \varepsilon_1(\overline{g}) = \overline{g} \cup \overline{g}^{-1} \cup I$，表示 x 与 y 之间或者没有一次正向连接，或者没有一次反向连接，称为一步弱解耦。因此，δ 与 θ 表示一步强连通与一步弱解耦的相互转化。

（3）当 $(x, y) \in \delta = \varepsilon_3$ 时，$\theta = \varepsilon_\theta(g')$。这时表示的是强连通与弱解耦之间的相互转化。

三、连通与解耦关系

所谓连通性，是指 x 与 y 之间存在着某种通路，使 x 与 y 之间可用联系连接起来。连通有多种方式，下面是一些具体定义：

定义 3（连通性） 当 $(x, y) \in \varepsilon_1(g')$ 时，称 x 与 y 之间具有 g 连通性，或可用 g 连接。

根据上述定义，$\varepsilon_1(g') = g' \cup g^{-t} \cup I$，若 $(x, y) \in g' = g \cup g^{(2)} \cup g^{(3)} \cup \cdots$，表示从 x 到 y 或者连接一次、或者连接两次、或者连接三次，……；若 $(x, y) \in g^{-t} = g^{-1} \cup g^{-(2)} \cup g^{-(3)} \cup \cdots$，表示从 y 到 x 或者连接一次、或者连接两次、或者连接三次，……。

定义 4（强连通） 当 $(x, y) \in \varepsilon_3(g)$ 时，称 x 与 y 之间具有强连通，或可用 g 强连通。

根据算子 ε_3 的定义，$\varepsilon_3(g) = \varepsilon_1(g^t \cap g^{-t}) = (g^t \cap g^{-t}) \cup I$。若 $(x, y) \in (g^t \cap g^{-t})$，表示从 x 到 y 既要正向连接一次、两次、……，同时又要反向连接一次、二次、……。

定义 5（n 步连通） 当 $(x, y) \in \varepsilon_1(g^{(n)})$ 时，称 x 与 y 之间为 n 步连通，或可用 g 连接 n 次。

根据 $\varepsilon_1(g^{(n)})$ 的定义，$\varepsilon_1(g^{(n)}) = g^{(n)} \cup g^{-(n)} \cup I$，因此，$(x,y) \in \varepsilon_1(g^{(n)})$ 意味着 x 与 y 之间或者正向连接 n 次，或者反向连接 n 次。

定义 6（n 步强连通） 当 $(x,y) \in \varepsilon_2(g^{(n)})$ 时，称 x 与 y 之间为 n 步强连通。

实际上，

$$\varepsilon_2(g^{(n)}) = \varepsilon_1(g^{(n)} \cap g^{-(n)}) = (g^{(n)} \cap g^{-(n)}) \cup (g^{(n)} \cap g^{-(n)})^{-1} \cup I$$
$$= (g^{(n)} \cap g^{-(n)})^{-1} \cup I$$

所以，$(x,y) \in \varepsilon_2(g^{(n)})$ 表示 x 与 y 之间既要正向连接 n 次，同时又要反向连接 n 次。

连通性的反面是解耦性，它是指 x 与 y 之间解除了某种联系，因而 x 与 y 之间不存在某种通路。与连通性相对应，解耦亦有多种形式，下面给出几种典型解耦的具体定义：

定义 7（强解耦） 当 $(x,y) \in \varepsilon_7(g^t)$ 时，称，与 y 为强解耦。

根据定义，

$$\varepsilon_7(g^t) = \varepsilon_2(^t) = \varepsilon_1(^t \cap ^{-t}) = (^t \cap ^{-t}) \cup I$$

当 $(x,y) \in \varepsilon_7(g^t)$ 时意味着 x 与 y 之间既没有正向连接也没有反向连接，因而是完全解除了联系。

定义 8（n 步强解耦） 当 $(x,y) \in \varepsilon_7(g^{(n)})$ 时，称 x 与 y 之间为 n 步强解耦。

实际上，

$$\varepsilon_7(g^{(n)}) = \varepsilon_2(^{(n)}) = \varepsilon_1(^{(n)} \cap ^{-(n)}) = (^{(n)} \cap ^{-(n)}) \cup I$$

当 $(x,y) \in \varepsilon_7(g^{(n)})$ 时，意味着 x 与 y 之间既无 n 次正向连接亦无 n 次反向连接。

定义 9（弱解耦） 当 $(x,y) \in \varepsilon_6(g^t)$ 时，称 x 与 y 之间为弱解耦。

根据定义，$\varepsilon_6(g^t) = \varepsilon_1(^{(n)}) = (^{(n)} \cap ^{-(n)}) \cup I$。$(x,y) \in \varepsilon_6(g^t)$ 表示 x 与 y 之间或者没有正向连接或者没有反向连接。

定义 10（n 步弱解耦） 当 $(x,y) \in \varepsilon_6(g^{(n)})$ 时，称 x 与 y 之间为 n 步弱解耦。

实际上，$\varepsilon_6(g^{(n)}) = \varepsilon_1(^{(n)}) = {}^{(n)} \cup {}^{-(n)} \cup I$。当 $(x,y) \in \varepsilon_6(g^{(n)})$ 时意味着 x 与 y 之间或者没有正向，次连接或者没有反向 n 次连接。

根据以上讨论，我们不难得到如下定理：

定理 1 若 $G = \cup G_i(d\varepsilon_3(g)) = \cup G_j(d\varepsilon_\theta(\varepsilon_3(g)))$，则 G_i 是强连通，G_j 是弱解耦。

证明 根据定义

$$\varepsilon_3(g) = \varepsilon_1(g^t \cap g^{-t}) = (g^t \cap g^{-t}) \cup I$$

当 $(x,y) \in \varepsilon_3(g)$ 时意味着 x 与 y 为强连通。设 $x, y \in G_i$ 且 $(x,y) \in \varepsilon_3(g)$，则 G_i 为强连通。

ε_θ 为对偶转化算子，ε_3 为强连通算子，所以，$\varepsilon_\theta(\varepsilon_3(g))$ 为非强连通算子，即弱解耦算子。若 $x, y \in G_j$，且 $(x,y) \in \varepsilon_\theta(\varepsilon_3(g))$，则 G_j 为弱解耦。

定理 2 若 $G = \cup G_i(d\varepsilon_1(g^{(n)})) = \cup G_j(d\varepsilon_7(g^{(n)}))$，则 G_i 是 n 步弱连通，G_j 是 n 步强解耦。

证明 根据定义，若 $(x,y) \in \varepsilon_1(g^{(n)})$，意味着 x 与 y 之间可用 g 或者正向连接 n 次，或者反向连接 n 次，故 $x, y \in G_i$ 为 n 步弱连通。

当 $(x,y) \in \varepsilon_7(g^{(n)})$ 时，表示 x 与 y 之间既没有正向 n 次连接，也没有反向 n 次连接，故 $x, y \in G_j$ 为 n 步强解耦。

定理 3 若 $G = \cup G_i(d\varepsilon_1(g^t)) = \cup G_j(d\varepsilon_7(g^t))$，则 G_i 为连通，G_j 为强解耦。

证明 当 $(x, y) \in \varepsilon_1(g^t) = g^t \cup g^{-t} \cup I = g \cup g^{(2)} \cup g^{(3)} \cup \cdots \cup g^{-(1)} \cup g^{-(2)} \cup \cdots \cup I$，表示 x 与 y 之间是连通的。故 $x, y \in G_i$ 是连通的。

当 $(x, y) \in \varepsilon_7(g^t) = \varepsilon_2(^t) = \varepsilon_1(^t \cap^{-t}) = (^t \cap^{-t}) \cup I$ 时，表示 x 与 y 之间既无正向连接，又无反向连接。故 $x, y \in G_j$ 为强解耦。

四、复杂系统的层次分析

层次性是一种客观存在的事物属性。从泛系观来看[2]，层次是事物之间的一种特殊的泛序结构。可以按照不同的方法或方案引出事物的层次结构。泛系聚类为复杂系统的分层提供了一种新的思路和方法。

设有广义系统 $S = (A, f)$，$f \subset A^\alpha \times W$ 为泛权关系，$\alpha \in \{n, [n], *\}$，其满足

$$A^{[n]} = A \cup A^2 \cup A^3 \cup \cdots \cup A^n, \quad A^* = A \cup A^2 \cup A^3 \cup \cdots$$

并设

$$\theta: \ P(A^\alpha) \to E_\delta[A]$$

为泛系算子，则对于泛权水平 $D \subset W$，$\theta(f \circ D) \in E_8[A]$，这时有泛系聚类：

$$A = \cup Ai(d\theta(f \circ D))$$

或

$$S = \cup Si(d\theta(f \circ D))$$

Ai 或 Si 就是相应于 (f, D, θ) 的 S 的下层子系统。

由此可以看出，系统分层具有相对性，其相对性准则由泛权关系 f，泛权水平 D 和泛系算子 θ 联合组成。泛权水平 D 可作多种解释，例如可表示在泛权关系 f 与泛系算子 θ 体制下元素连通或解耦的程序等。当 $f \subset A^2 \times W$ 为泛权网络时，取 $\theta = \delta_1$，或 δ_3，则子系统 S_i 内外反映一种对 $f \circ D$ 水平的连通性反差，其也有 (f, D, θ) 相对性，这深化了我们对系统层次概念的理解：由一种准则不能进一步分层不等于按另一准则也不可能；按一种属性泛权为低层的广义系统，按另一种属性泛权可以为低层，也可以为高层广义系统。根据相对性准则 (f, D, θ) 的不同情况，可以展开复杂系统的层次分析的更加内容丰富的讨论。

参考文献

[1] 昝廷全、汪懋康、李百炼，泛系生态聚类生克分析，科学探索，6（3）（1986），47—48.

[2] 吴学谋，从泛系观看世界，中国人民大学出版社（1990）.

[3] 吴学谋，逼近转化论与数学中的泛系概念，湖南科技出版社（1985）.

[4] 昝廷全，泛系方法论概述，系统工程，6（1988），19—20.

系统经济学的理论框架*

摘要：传统和现代经济学都以商品作为理论分析的出发点，而把生态环境和持续发展作为其理论内核的外在约束。本文拓广了经济学的研究范围，提出了系统经济学的概念，它是利用现代系统科学方法，以资源和商品共同作为理论分析的出发点，去研究经济过程"资源→生产→分配→交换→消费→环境→资源"当中的人与人之间和人与自然之间的关系。本文详细论述了系统经济学的基本研究内容；提出了系统经济学的理论框架。本文还以经济学为背景，论述了各种非线性问题背后所蕴藏的共同系统机制就是复杂巨系统的作用机制。

关键词：系统经济学，复杂巨系统，经济增长，持续发展，理论框架

A Theoretical Framework of Systems Economics

Zan Ting-quan

Abstract：Both conventional and modern economics take the commodity as a starting point for theoretical analysis, and view eco-environment and sustainable development as the externalities of their theories. In this article, the scope of economics is broadened and the concept of systems economics is given. By systems economics we mean that research on the relations between man and nature and between man and man in the economic process "Resource→Production→Distribution→Exchange→Consumption→Environment→Resource" by modern systems science methodology and starting with both of resource and commodity. In this article, the research contents of systems economics are discussed in detail; a theoretical framework of systems economics is proposed. Taking the economics as a background, it is revealed that the common systems mechanism behind various nonlinear problems is the acting mechanism of complex mega-systems.

Keywords：Systems Economics；Complex Mega-systems；Economic Growth；Sustainable Developments；Theoretical Framework

一、引　言

人类已经进入"全球变化"时代[1][2]。如何在经济学中反映这一变化，而不是把它作为经济理论内核的外在约束条件，使得经济学面临着一场拓展研究范围的革命；由于资讯事业和交通工具的发达，小小寰球趋于一村，全球经济形成了一个密不可分的网络结构，每一国家经济发展都必须纳入世界经济发展的轨迹。这就使得经济系统构成一个"复杂巨系统"，如何对如此复杂的经济系统进行有效的分析和运筹，就使得经济学面临着一场研究方法的革命。正是在经济学面临着研究范围和研究方法的双重革命的背景下，系统经济学应运而生。

---

*作者：昝廷全，原载《系统工程》1992 年第 3 期

所谓系统经济学，我们是指应用现代化系统科学的理论与方法，特别是应用复杂巨系统的理论与方法，以资源和商品为理论分析的出发点，去研究经济增长和持续发展问题。从本质上讲，就是去研究"资源→生产→分配→交换→消费→环境→资源"这一经济过程中人与人之间和人与自然之间的关系。

经济学作为一门独立的学科，迄今已有两百多年的历史。在这期间出现了许多不同的经济学派，它们在一定的条件下都能够解决某些现实经济问题。那么，为什么又要提出系统经济学呢？建立这样一门新的经济学有没有必要呢？下面我们就来具体探讨这个问题。

二、系统经济学产生的背景和必要性

按照马克思主义观点，任何一门学科的产生和发展都是由社会生产实践需要和它所处的历史时期科学技术的整体发展水平所决定的。系统经济学自然当不例外。我们现在从改革开放向经济学提出的一些现实问题和人类所面临的持续发展问题两个方面来论述系统经济学的产生背景和必要性。

1. 改革开放向经济学提出的一些现实问题

在经济研究中，我们实际面对的经济系统是一个动态的复杂巨系统。任何一项新的政策或措施的出台，都会影响许多不同的方面，而这些方面又会影响其他的东西等，其形成一个多重因果关系网络[3]。在这一系列的复杂因果关系网络中，很难作出简单而直观的判断，需要从定性和定量两个方面发展新的分析和运筹方法。

实行改革开放是我国的一项基本国策。所谓改革，从本质上讲就是在历史、现状、国内外环境及其他条件约束下对国民经济系统的观测与控制（简称观控）相结合的一种相对优化的广义控制。这实际上包括三个层次的问题：首先，是经济系统的本体论问题，即经济系统的客观存在方式与动态特性。实际上，经济系统的客观属性就是系统性；其次，是以对经济系统的广义观控为主的认识论问题[4]；再次，是在二者的基础上对经济系统的优化控制问题，包括观控模式和中介系统等。因此，经济体制改革实际上涉及上述三个方面的内容，当然主要侧重于第三个层次的问题。

为了使控制的方向明确，使国民经济系统向着预期的目标发展，就必须有明确的短期目标和长期目标以及实现这些目标的可操作性方案，尽管它们在发展过程中可能会有所变化。因为随着人们认识的深化，也许会发现必须修改原来的目标与措施，或者必须制订新的目标与措施才能符合变化了的客观实际。这就自然产生了下列一系列具有基础意义的问题：

（1）怎样才能对实际经济状况进行科学的认识？

（2）怎样才能为政府提供具有可操作性的经济改革方案？

（3）为了达到预期目标，应当采取什么样的观控模式？或者说，目标与手段之间应当是一种怎样的关系？

（4）在多个目标相互矛盾的情况下，协调各个目标之间的关系应当遵从什么样的原则？

（5）为了搞好大中型企业，应当为企业创造一个什么样的外部环境？

企业内部应该具有一个什么样的竞分机制？等等。而且，这些问题之间还存在着复杂的因果生克关系，它们构成一个"问题群"。要对这样的"问题群"进行有效的分析和运筹，需要发展一些新的概念、理论与方法，需要一种新的思维方式和概念性框架。实际上，这种新型的科学范式正在出现，它就是系统经济学。

从本质上讲，开放属于改革的一种措施。开放具有两层意义：其一，是国内各地区、各部门、各单位之间相互开放，例如，发展横向经济联合和成立企业集团等；其二，是向国外开放。邓小平同志指出："只有实行对外开放政策，吸收世界的先进科学技术和经验，包括资金，才能加速中国的建设"。中国经济的发展必须纳入世界经济发展的轨迹，正在成为一种共识。但是，合适的开放度是多大？哪些部门可以开放、哪些部门不可以开放？如何才能保证使我国在国际分工中获得最大利益，同时又使我国人民对世界发展作出应有的贡献？只有在对这些问题进行深入研究的基础上，才可能真正从经济学角度提出解决现实经济问题的对策和可操作性方案。这就要求我们必须在马列主义的指导下，采取系统科学的方法，从定性与定量两个方面对经济系统进行分析与研究，特别是发展处理复杂巨系统的新理论与新方法。

2. 持续发展问题

19 世纪的古典经济学家，如马尔萨斯和李嘉图等都非常关心资源对经济系统的作用。但是，20 世纪的经济学家大都在与自然资源和环境问题没有直接关系的前提下发展他们的经济理论。例如，著名经济学家 Arrow、Debreu、Hicks 和萨缪尔森对现代经济理论的发展都具有重要影响，但在他们的工作中都没有直接涉及环境问题。大约在最近20 年以来，经济理论又开始正视环境问题，但只是将其作为经济理论的外在约束条件。

经济学以"经济增长"为原则，于是，利润的多寡、产值的大小、GNP 增长速度就构成了主要的经济指标。所有能够促进这些指标提高的活动都会受到鼓励。于是，竭泽而渔、短期行为，不惜滥耗资源，破坏生态环境，以换取眼前的高产值和经济增长速度的行为不断发生。这种行为的思想基础就是认为人类应当具有享受资源的日益增长的特权和资源无限的观念，从而忽视了其他种群在维持生命支持系统中对人类的工具性价值，更忽视了其他物种的内在价值，同时也没有对资源在当代人与后代人之间的合理分配给予足够的重视。也就是说，在资源配置过程中，没有充分考虑其他竞分元的正当要求。这必然会导致某些支持人类生存与发展的资源日趋匮乏，动、植物的多样化日益减少，水土流失严重，环境污染日益加剧，进而危及社会经济的持续发展和人类在地球上的生存条件。对此，恩格斯曾提出过具有远见卓识的警告："我们不要过分陶醉于我们对自然界的胜利。对于每一次这样的胜利，自然界都报复了我们。"

随着科学技术的加速发展和社会生产力的不断提高，特别是由于科学技术所产生的全球性知识和信息的交流，人类活动、特别是经济活动已经达到了这样的规模和强度，使"人类已经成为一种新的影响巨大的地质力量"[7]。在这种历史背景下，就自然要求经济理论把"经济增长"和"持续发展"同时作为基本原则。按照这一观点，现在来考察一下经济理论（传统的和现代的）是否已经包容了持续发展的内容。经济学作为一门独立的学科，迄今已有两百多年的历史，已经形成了许多不同的经济学派。但在不同的经济学派中有些概念是相近的，例如商品、价格、市场、供给、需求、价值、货币、资本、利润、地租、利息、投入、产出、投资、储蓄、消费、汇率、税金、国民收入等。显然，利用这些已有的经济学名词和术语是很难全面阐述持续发展问题的。这是由于经济学研究范围的局限性造成的。传统经济学从对商品的考察开始，进而研究"生产、分配、交换、消费"这一不封闭的经济过程。从而，忽视了经济过程与自然之间的关系。从本质上讲，就是在经济理论的内核中忽视了人与自然的关系，把生态环境与持续发展问题作为经济理论的外在约束。这就从客观上要求扩大经济学的研究范围，以在经济理论内核中包括持续发展的内容，为人类从事兼顾经济增长与持续发展的经济活动提供科学的理论指导。

上面我们从改革开放和持续发展两个方面论述了系统经济学产生的背景和必要性。系统经济学产生的另外一个重要原因，就是经济学发展至今已经形成了一个庞大的理论体系，利用系统科学方法对它的一些概念和问题进行"规范化"工作，对于提高经济学自身的科学化水平具有重要的义。例如，问题的提法或表述方式对于问题的解决具有重要影响。在经济学"规范化"工作的基础上，还有利于比较不同经济学派之间结构和功能的异同。

三、系统经济学的理论框架

系统经济学（systems economics）这一名词最早由 K.A.Fox 和 D.G.Miles（1987）在他们编辑的一本同名论文集中提出[9]。这本论文集分为总论和应用两个部分，总共 10 篇论文。但是，在这本书中，他们并没有给出系统经济学的定义，也没有提出系统经济学的理论框架，主要是用贝塔朗菲的一般系统理论概念、经典控制论和生态学观点去研究传统的经济问题。

我们认为，系统经济学就是应用系统科学的理论与方法，特别是复杂巨系统的理论与方法，以资源和商品作为出发点[10]，去研究经济增长和持续发展问题。从本质上讲，就是通过对资源和商品的考察去研究经济过程中人与人之间和人与自然之间的关系。这里的经济过程概念是指经济学研究范畴拓广后的经济过程，其主要包括以下诸环节：资源→生产→分配→交换→消费→环境→资源，其构成一个封闭循环。资源是联系经济过程中人与自然关系的纽带；商品和剩余价值的分配体现着人与人之间的关系。

根据上述定义不难看出，系统经济学是在其理论内核中包括持续发展的问题，而不是将其作为理论框架的外在约束。这也许是在"全球变化"时代经济学必须进行的一场重要革命。系统经济学以资源和商品同时作为经济研究的出发点，以此为基础展开经济过程中，人与自然之间和人与人之间关系的研究。传统经济学以商品作为理论分析的出发点，其核心内容之一就是供求规律的研究。商品是指有限的、有用的和可以交换的物质或服务，它完全由其物质性、时间性、空间性及其劳动含量所刻画。多种商品的集合构成一个商品空间。由于每一商品都与一个实数，即这个商品的价格有关，因此，可以在商品空间上定义测度，其构成一个价格空间。比较同一地点、不同时间的价格变化就可以得到利息和贴现率的概念；比较同一时间、不同地点的价格变化就可以得到汇率的概念[11]。但是，根据商品、价格、市场、供给、需求、汇率等概念很难精确阐述持续发展问题。因此，必须拓广经济学的研究范围。

如前所述，传统经济学的出发点是商品。为了兼及持续发展，我们提出了系统经济学以资源和商品同时作为理论分析的出发点。一般而言，资源通过生产过程转化为商品。在这一过程中，资源作为投入，商品作为产出。单位时内的资源输入（资源流）通过生产系统转化为商品流，它们的量纲都可表示为货币（元），可以形式化地表示为：

$$Q = Q(R)\text{或}\quad Q = Q(H, S)$$

其中 Q 为商品，R 为广义资源，H 和 S 分别表示硬资源和软资源。

商品生产出来之后，只要具有一定的需求，就可通过市场进入流通。商品的生产过程和供求关系共同决定商品的价格。在西方国家，Walras 均衡理论始终是主流经济学的重要基石。其基本内容就是在一组假设条件下，证明了一组均衡价格的存在。在系统经济学中，类似的均衡价格是否存在？如果存在，是否唯一？充要条件如何？在计划经济为主、市场调节为辅的经济体制中对应的内容是什么？等等。所有上述问题，都是系统经济学的主要研究内容。

系统经济学的研究对象是经济系统。我们在文献[12]中给出了经济系统的一个形式化定义：

经济系统(S)由经济单元组成，诸经济单元之间和子系统之间存在着相互联系和相互作用，其可形式化地表示为：

$$S = (A, B)$$

其中 A 为经济单元集合，称为经济系统的硬部；B 为经济单元之间的联系与作用，称为经济系统的软部，典型的软部可表示为

$$B \in P(A^0 \times W)$$

其中，$P(\cdot)$ 表示幂集，即 $P(G) = \{D|D \subset G\}$，$a \in \{n, [n], *\}$，其满足：

$$A[n] = A \cup A^2 \cup \cdots \cup An$$

$$A^* = A \cup A^2 \cup \cdots\cdots$$

W 为泛权空间，它是传统数学中权重概念的引申与推广，可以是一般集合或广义系统。

一般而言，经济系统是一个复杂巨系统。与复杂巨系统相对应的就是简单巨系统的概念。现在我们给出它们的具体定义：

简单巨系统：指包括巨大数目组成要素的系统，而且每个要素都具有相同的诚性和性质，它们之间的作用往往是线性的。

复杂巨系统：是指包括巨大数目的互不相同的组成要素的系统，其中每个要素都具有独特的属性和性质，它们之间往往存在高度的非线性相互作用。

根据上述定义，经济系统显然属于复杂巨系统的范畴。经济系统的组成要素之间往往存在着大量的非线性相互作用[13]，而且每个竞分元（包括潜在的和实际的竞分元[14]）在经济系统中的角色和作用往往也不一样。例如，处于不同社会阶层和不同利益集团中的竞分元对资源和商品的供给和需求情况差别很大。

尽管系统科学近年来取得了巨大进展，但是到目前为止还没有有效地处理复杂巨系统的一般方法。一般认为，I.Prigogine 的耗散结构理论和 H.Haken 的协同学适用于简单巨系统，它们能够在多大程度上适用于复杂巨系统仍然是一个值得认真研究的问题。它

们在社会经济系统中的应用一直未见有实质性进展的成功案例可能就源于此。从更广泛的观点来看，数学中的非线性问题、力学中的非线性问题、物理学中的非线性问题、生物学中的非线性问题和经济学中的非线性问题，目前都发展到了一个共同的"极限水平"，只要其中有一学科取得突破性的进展，其他学科中的非线性问题都会迎刃而解。由于非线性只是系统机制的一种"数量表现"，这就说明它们蕴含着共同的系统机制。我们认为，各种非线性背后的共同机制就是复杂巨系统的作用机制。从这个意义讲，关于复杂巨系统的研究对整个科学技术的发展具有基础性的重要意义。

经济系统作为一种典型的复杂巨系统，其典型的结构就是泛权场网。从某种意义上讲，现代数学的基础之一就是牛顿微积分。牛顿发明微积分的，一个直接背景就是为了描述质点的状态和运动。具体说来，就呈描述质点运动中的变变关系[15]，即一个变量变化之后其他变量将会随之如何变化。而经济系统的典型变变关系呈网络形式，这是否提示人们从数学的基础性概念开始探索描述复杂巨系统的科学理论与方法。也就是说，牛顿微积分描述的是自然界的一类"变变关系"，而自然界和复杂巨系统中可能还存在着其他类型的"变变关系"。这是系统学和系统经济学的一项重要研究内容，也可能为当代数学研究提供一个新的生长点。

为了全面地把握经济系统的变化规律，必须从定性和定量两个方面对经济系统进行分析和研究。由于经济系统包括大量的人文因素，例如，工作态度和积极性等，它们往往很难用传统数学关于量化的概念，发展一套广义量化方法，以弥补传统数学方法对人文因素进行量化之不足。发展广义量化的基本思想就是，只要某种数学结构能够用于排序、辨别异同，并且具有足够的运算性质，如封闭性等，就可用作广义量化的数学方法。

系统经济学的另外一个方面的重要内容，就是利用系统学的"范式"对经济学进行"规范化"研究，包括对已有经济概念和经济问题的概念化和规范化研究与科学定型。目前学术界关于某些问题的争论部分地就是由于对概念理解上的偏差所造成的。有些问题的提法本身不够科学，这对问题的解决增加了额外的困难。也就是说，问题的表达对问题的解决具有重要影响。从这种意义上讲，利用系统学的"范式"对经济学进行概念化和规范化的研究，对于提高经济学的科学化水平具有巨大的推进作用。

四、结论与展望

本文通过对传统和现代经济学在处理资源和持续发展问题时的缺陷，提出了系统经济学应当以经济增长和持续发展同时作为理论分析的出发点，进而提出了系统经济学的理论框架，为系统经济学的学科建设奠定了基础。本文还以经济学为背景，论证了各种非线性问题的背后蕴含着共同的系统机制。我们认为，各种非线性问题的背后这种共同机制就是复杂巨系统的作用机制。因此，研究和探索有效地处理复杂巨系统的一般方法为基础数学、系统学和系统经济学提供了重要的生长点。

参考文献

[1] 昝廷全、张静，广义资源与全球变化，地球科学进展，1（1990），54—57.

[2] 昝廷全，全球变化的人类因素计划，地球科学进展，1（1990），73－76.

[3] 昝廷全、吴学谋，经济系统的因果关系分析与运筹方法，系统工程，6（1991）.

[4] 昝廷全，经济系统的泛结构及其泛系观控分析，兰州大学学报，2（1990），31－36.

[5] A.Kneese，Economics and Environment，Penguin Books，New York.

[6] 恩格斯，自然辩证法，马克思恩格斯选集，第 3 卷第 517 页.

[7] Stoppani，Corsodi Geologia，1573，Vol.ii，Cap，xxxi，Sect 1327Milan.

[8] 商德文，用系统论、控制论的方法研究经济学，北京大学学报（哲学社会科学报），6（1990），43－50.

[9] K.A.Fox，D.G Miles（eds），Systems Economics，Iowa State University Press，Iowa，1987.

[10] 昝廷全，系统经济学探索：资源配置新论，社科纵横，1（1992），11－16.

[11] G.Debreu，Theory of Value，John Wiley&Sons Inc.，New York，1959.

[12] 昝廷全、吴学谋，经济系统的泛权场网模型与运筹方法，系统工程，1（1991），20－24.

[13] 昝廷全，试论非线性经济系统的基本特征，兰州大学学报（哲学社会科学报），4（1988），13－18.

[14] 昝廷全，系统经济学探索：概念与原理，大自然探索，2（1991），38－42.

[15] 吴学谋，从泛系观看世界，中国人民大学出版社，北京，1989.

系统经济学探索：资源配置新论*

摘要： 本文以全球变化为背景，将传统的资源配置概念推广为广义资源的配置，提出了广义资源配置的目标就是兼顾经济增长与持续发展。传统经济理论以商品空间和价格空间为出发点，将生态环境和持续发展问题作为经济理论的外在约束。为了使经济理论内核中包括持续发展问题，本文提出了系统经济学同时以资源空间、商品空间和价格空间作为出发点，进而提出了系统经济学的理论框架，在此基础上运用非线性理论讨论了资源配置的模式问题。

一、引 言

我们已经进入"全球变化"时代。这些变化已经开始在全球范围内产生严重后果。这就要求人们必须认真探讨和研究导致全球变化的根本原因，进而采取相应的对策和措施，以保证经济社会的持续发展和地球的长期可居住性。

根据马克思主义观点，世界上的万事万物都是变化的，"除永恒变化着、永恒运动着的物质以及这一物质运动所依据的规律外，再没有什么永恒的东西"。从这个意义上讲，全球变化是绝对的，不变是相对的。而且，静止本身并没有什么价值可言，只有在变化中才能提供更多的发展机会和开拓新的生存空间。但是，这里的"全球变化"概念具有特定的含义。对某一科学概念的理解和认识应该结合一定的实际背景并放在一定的理论框架之中，特别是在当代新学科、新名词不断涌现的情况下更应如此。为了明确起见，我们应当区分导致全球变化的两种不同原因：首先，是自然趋势所引起的变化；其次，是由人类活动所引起的变化。近年来许多文献和本文中的全球变化是指第二类原因（即人类活动）所引起的全球变化。在实际中，这两种原因所引起的全球变化的结果总是交织在一起，如何区分每一种原因和作用对全球变化的贡献，这本身就构成一个重要的研究课题。将这类问题抽象化，反映在系统学上，就构成了系统的输出分离定理。例如，在水土流失研究中，如何区分出自然趋势和人类活动分别对水土流失的作用强度等均属这类问题。

人类活动，特别是经济活动，大都与资源的开发利用有关。没有对稀有资源的竞争和占有就无所谓政治和经济活动的重大问题。随着社会经济的进步和人们认识的不断深化，资源概念的外延也在不断拓展，我们进一步提出了广义资源的概念。它是自然资源概念的引申与推广，包括硬资源和软资源两个部分，其可以形式化地表示为：广义资源 = {硬资源，软资源}。

自然资源是典型的硬资源，科学技术是典型的软资源。由于科学技术一直都在不断发展，而且目前更以反馈加速的方式迅猛向前发展，所以广义资源构成一个动态系统，具有一定的结构和功能。其结构主要是指硬资源和软资源的不同构成及其不同组合；功能主要是指它作为人类生存与发展的支持系统的作用。所有的资源配置过程都是广义资

---

*作者：昝廷全，1992 年手稿

源功能的实现手段，这里的资源配置是指广义资源的配置（下同）。

众所周知，自然资源可分为可更新资源和耗竭性资源两种。为了寻求既能保证当代人生活水平的不断提高又能保证持续发展的资源对策，D. Pearce（1987）提出了"合成资源"（the composite resource）的概念，其含义就是把资源基础（resource base）表示为可更新资源与耗竭性资源的合成，而且要求可更新资源的利用率决不能超过其再生率，在这种约束条件的范围内哪一种资源被利用都被认为是没有差异的。G.C.Rauss 等（1983）将系统科学应用于资源研究，在控制理论框架的基础上提出了自然资源利用与配置的一般模型，考虑了自然资源系统的复杂性，强调了自然资源系统的概念化与形式化的意义。R.Costanza 等（1987）讨论了持续发展、资源和财富在种内、种间和跨代（intra-and inter-species，intergenerational）之间的分配问题，特别指出了对未来资源的价值贴现最多只能反映未来的资源对当代人的价值，而非是未来资源对未来人的价值。R.N. Coulson 等（1987）描述了人工智能（AI）方法用于自然资源管理的思路和程序，他们认为利用问题求解与决策的专家系统（expert systems）将管理模式与自然资源模型结合起来，提供了自然资源研究的一种新方法。

二、广义资源配置的目标：经济增长与持续发展

粗略地讲，资源配置的目标就是使资源的配置和利用达到最优化。根据 H.A.Simon 的有限理性假说以及由于人们认识能力的局限和搜集信息的不完全性等，在现实中最优化极少达到，真正可达到的是"满意解"（satisfactory solution）或次优解。不论最优还是次优，都属于系统的评价问题（参见[1]）。评价一个系统或一件事情首先要有一个明确的目标，然后才能确定评价标准、制订评价指标。显然，这里的评价主体是社会化的人。因而，评价是有社会价值观的，例如，生克观、善恶观和运筹目标等。

传统经济学中评价资源配置的标准是指资源配置与经济增长之间的关系，当资源配置有利于经济增长时就被认为是优化的，否则就被认为是非优的。因此，不论利用什么资源、采取什么样的资源组合，只要能够提高经济增长速率都将受到鼓励。这必然会导致某些支持人类生存与发展的广义资源日益匮乏，动、植物的多样性日趋减少，环境污染日益加剧，水土流失严重，最终将危及人类在地球上的生存环境和经济社会的持续发展。

在这样的历史背景下，资源配置的目标既要保证适当的经济增长，以满足当代人的平均生活水平的不断提高，同时又要保证不损害经济社会的持续发展，亦即不损害未来人（后代）的利益。从某种意义上讲，经济增长与持续发展的关系就是短期目标与长期目标的关系。它们之间存在着复杂的因果生克关系，因而它们还与价值观和伦理观相联系，构成一个复杂的因果生克关系网络。因此，有人提出要建立一种新的地球文明观和环境伦理观。从本质上讲，它们都属于广义资源在种内、种间和跨代之间的分配规范。

在文献[3]中，我们提出了资源配置可以分为宏观和微观两个层次。它们都属于广义资源在种内的分配情况。在一般情况下，我们还应当考虑广义资源在人类与非人类竞分元之间，以及现代与后代（潜在竞分元）之间的分配。由于现代经济学强调我们人类应当具有享受资源的日益增长的权力，从而忽视了其他种群在维持生命支持系统中对我们

的工具性价值，同时也忽视了其他物种的内在价值。也就是说，在资源配置过程中忽视了其他竞分元之间的正常需求。在涉及广义资源在现代与后代之间的分配时，大多数经济学家都采用贴现的办法。尽管贴现行为可能导致一种社会陷阱（social trap），但它确实能够提供生态环境破坏与宏观经济政策之间的某种联系。在资源配置过程中，后代相当于一种潜在的竞分元，它的需求要靠现代人来"表达"，这就是问题复杂性的症结所在。

我们在文献[3]中提出了广义资源在种内配置的合理性指标(I_o)和(I_s)。如果将I_o和I_s中的变量作广义的理解，它们就可用于描述人类竞分元与非人类竞分元之间的资源配置问题，在考虑广义资源在跨代之间的分配时，有人提出应当尽量满足当代人的需求，因为这样将会留给后代一个较好的"经济基础"。D. pearce 提出应当以保证当代人与后代人对自然资源具有相同的接近程度为原则。我们认为，为了解决这个问题，首先必须弄清楚广义资源作为一个系统的整体变化规律,在此基础上以当代人与后代人对广义资源而非对自然资源具有相同的接近程度为原则来考虑跨代之间的广义资源配置。这在目前仍然是一个开放的问题，需要进一步的深入研究。特别是如何将其反映在经济学的理论内核中，而不是将其作为经济理论的外在约束。这正是系统经济学的一项重要研究内容。

三、系统经济学的理论框架与资源配置模式

系统经济学（systems economics）这一名词最早由 K.A.Fox 和 D.G.Miles（1987）提出。但是，他们并没有给出系统经济学的定义。我们认为，系统经济学应当包括如下两个方面的内容：

首先，是应用系统科学的理论与方法去研究经济问题，包括按照系统科学的范式对已有经济问题概念化和规范化，这是因为问题的表述对问题的解决具有重要影响。进一步，由于经济过程和经济现象的复杂性，现有的系统科学成果可能还不够用，这就要求人们以经济学为背景去发展系统科学。特别急需发展一套广义的量化方法以弥补传统数学方法在对经济变量进行量化时的不足。

其次，为了在经济理论框架内部包括持续发展的内容，而不是将其作为经济理论的外在约束条件，我们将资源空间、商品空间和价格空间同时作为系统经济学的出发点，以此为基础展开人与自然和人与人之间关系的研究。传统经济学以商品空间和价格空间为出发点，从对商品的考察开始，其核心内容之一就是供求规律的研究。商品是指有限和有用的物质或服务，它完全由其物质性、时间性和空间性及其劳动含量所刻画。多种商品的集合构成一个商品空间。由于每一商品都与一个实数，即这个商品的价格有关，因此，可以在商品空间上定义测度，其构成一个价格空间。比较同一地点、不同时间的价格变化就可以得到利息和贴现率的概念；比较同一时间、不同地点的价格变化就可以得到汇率的概念。但是，根据价格、商品、供给、需求、利息和汇率等经济学术语很难精确阐明持续发展问题。为了在经济理论内部包含持续发展的内容，就必须拓广经济学的研究范围。

如前所述，传统经济学的出发点是商品空间和价格空间。为了兼及持续发展，我们提出系统经济学的出发点为资源空间、商品空间和价格空间。一般而言，资源通过生产

过程转化为商品，如图1所示。这里广义资源作为输入，商品作为输出。单位时间内广义资源输入（资源流）通过生产系统转化为商品流，其量纲都是货币（元），可以形式化地表示为：

$$Q = Q(R) \text{ 或 } Q = Q(H, S)$$

这里 Q 为商备，R 为广义资源，H 和 S 分别为硬资源和软资源。

图1 资源、商品、价格三者关系示意图

　　商品生产出来之后，只要具有一定的需求，就可通过市场进入流通。商品的生产过程和供求关系决定商品的价格。在西方国家，Walras 均衡理论始终是主流经济学的重要基石，其基本内容就是在一组假设条件下，证明了一组均衡价格的存在。在系统经济学中，类似的内容可叙述为：在资源市场和商品市场的综合供求关来的约束下，类似的均衡价格是否存在?如果存在，是否唯一?充分必要条件如何?在计划经济与市场调节相结合的经济体制中对应的结果是什么? 等等，所有上述问题，都是系统经济学的主要研究内容。

　　综上所述，我们提出系统经济学的基本理论框架，如图2所示。

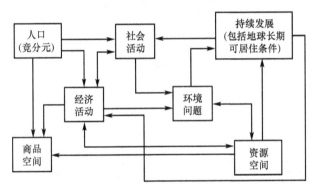

图2 系统经济学的理论框架示意图

　　人类及各种竞分元为了生存，就具有一定的商品需求和进行社会、经济活动的欲望。资源空间通过经济活动（包括生产系统与商品空间发生联系。社会活动、经济活动和资源利用的方式直接影响环境变化。环境变化和资源系统状况又直接影响经济社会的持续发展以及地球的长期可居住性，这转而又影响社会、经济活动和竞分元的变化。

　　我们现在以上述系统经济学的基本理论框架为背景，来探讨广义资源的配置模式问题。从泛系方法论来看，资源配置过程实际上是对资源系统的观测与控制（简称观控）过程。所谓观测是指探取和获得资源信息，所谓控制是指改变资源系统的状态和资源配置与利用。这里的观控主体是社会化的人，其还可以观控这种对资源系统的观控过程。通过这种观控过程取得足够的资源信息是进行资源配置的基础。

　　合理的资源配置模式是计划为主、市场为辅。资源配置的计划方式可以保证经济社会的持续发展；资源配置的市场方式可以保证效率。从宏观上讲，资源配置是指种内、种间和跨代之间的资源分配。它涉及许多伦理问题，因而也就具有一定的价值观、善恶观和运筹目标等，只有通过计划才能保资源配置满足大社会化原则，才能体现社会主义制度的优越性。同时，由于收集资源信息的不完全性，即所谓的"信息难关"，计划不可能面面俱到，必须以市场作为资源配置的辅助手段。至于具体哪些资源必须通过计划的方式来配置，哪些资源可以让市场来置，可以采用非线性系统科学中的"奇怪吸引子"（strange attractor）理论来研究。

资源配置是一个复杂的社会、经济范畴，它不仅受到社会经济因素的影响，同时还与价值观念、文化传统、心理与生理的需求有关，更与环境变化和持续发展有着密切的联系。因此，所有的资源配置都必须以这种广泛的背景为基础，从而既能反映又会影响这些广泛的领域。资源配置的时间序列数据蕴藏着影响其变动的全部其他变量的痕迹。这就使得资源配置构成一个复杂的非线性动态系统，其特征之一就是"奇怪吸引子"的存在。所谓资源系统的"奇怪吸引子"是指这样一种状态，在它周围的一定范围内，所有的资源变动都会自动趋于该状态，该状态像是一个吸引中心。因此，国家只需引导资源配置过程中的"奇怪吸引子"的变动方式就可以间接调控该"吸引子"周围一定范围内的资源配置变动，在此范围内，可通过市场进行资源配置。在不受"吸引子"影响的其他范围内，则主要应以计划方式进行资源配置。这就使计划与市场在资源配置过程中的不同作用置于科学的基础之一。结合其体的案例研究，就可给出具体的定量结果或进行计算机仿真。

四、结　束　语

本文以全球变化为背景，将传统的资源配置概念推广为广义资源配置，使其兼顾经济增长与持续发展，而且提出了系统经济学的理论框架，论述了资源配置的非线性机制。

参考文献

[1] 昝廷全，关于系统学研究的若干问题，系统工程理论与实践（已接受发表）.

[2] 昝廷全，全球变化的人类因素计划，地球科学进展，1991，（1），73—76.

[3] 昝廷全，人口、资源与环境协调发展的综合模式研究（Ⅰ）：思路与框架，中国人口、资源与环境，1991，（3—4），58—63.

[4] 昝廷全、朱立新，自然资源的运筹分析与泛权场网模型，应用数学和力学，1988，（8），759—762.

[5] 昝廷全、张静，广义资源与全球变化，地球科学进展，1990，（1），54—57.

[6] D.pearce，Foundation of an Ecological Economics，Ecol. Modeling，1987，（38），9—18.

[7] G. C. Rausser，S.R.Johnson and C.E.Willis，systems science and Natural Resources Economics，Int.J.Systems sci.1980（8），829—853.

[8] R.Costzan and H.E.Daly，Toward an Ecological Economics，Ecol，Modelling，1987.（38），1—7.

[9] R. N. Coulson，L.J. folse and D. K. Lott，AI and Natural Resource Management，Science，1987，（4812），262—267.

[10] H.A.Simon，The New Science of Management Decision，Prentice-Hall，Inc. Englewood Cliffs，New Jersey，1987.

[11] 恩格斯，自然辩证法，马克思恩格斯选集，第3卷第517页.

[12] 昝廷全、吴学谋，经济系统的因果关系分析与运筹方法，系统工程，1991，（6），11—17.

[13] G. Debreu，Theory of Value，John wiley g Sons Inc.，New york，1959.

[14] K. A. Fox and D.G.Miles，systems Economics，Iowa State university press，Ames，1987.

1993

A General Mathematical Framework of Complex Systems（Ⅰ）*

Abstract: The fundamental and simplest structure of a complex system is a network. According to this idea, we plan to develop a general mathematical framework of complex systems. In this paper, we discuss in detail the concept of systems, a general description of systems: System = (Hardware, Software, Environment), and whole-part relations, including relations between elements and systems, subsystems and systems, and between systems. The rules of operations of systems are given, and the induced transformations between hardware and software of systems are briefly discussed.

Key words: complex systems, hardware, software, operations of systems, induced transformations, mathematical framework

I. Introduction

The phenomenon in nature is various. Essentially, the nature is a non-equilibrium and nonlinear complex system. The non-equilibrium describes its physical mechanism and the nonlinearity represents its quantitative characteristic. It is just the non-equilibrium and nonlinearity that make the nature have the limitless diversity. It has made a great success for calculus to describe motions of a single particle. But the fundamental and simplest structure of complex systems is network. It has an essential difference from a particle which is black-boxilized. In order to develop an effective mathematical approach to deal with complex systems, it is necessary to broaden the scope of calculus starting from the basic concepts. In celestial mechanics, the two-body problem was completely solved very early, but the three-body problem has not been better solved up to now, its complexity happened to go beyond the prediction. We believe that the mathematical structure which corresponds to three-body problem is the simplest nonlinear network, and calculus has a great limit when it is used to deal with nonlinear network. This is the main reason why the three-body problem has not been solved up to now.

Mathematically, the phenomenon in nature can be divided into linear and nonlinear types. As to a complex system with network structures, if there exist nonlinear interactions between its elements, then superposition principle does not hold, the linear method is essentially not applicable, and the application of calculus has a great shortcomings. If the relation between the elements of the complex system is linear, then it can deal with linear methods, and calculus is applicable. For thirty years, every discipline with the characteristic of nonlinearity has made a great progress, particularly an exciting revolutionary achievement in the recent ten years. Up to now, all nonlinear problems in mathematics, mechanics, physics, biology and economics have been developed into a "common limiting level". Once the nonlinear problem in any discipline makes a break-through, the nonlinear problems in every other disciplines will be solved easily. This fact implies two problems: Firstly, it has a certain shortcomings for one to deal with complex systems by the use of

---

*作者：昝廷全，原载《Applied Mathematics and Mechanics》1993 年第 4 期

conventional mathematical methods. It is necessary to develop a new mathematical framework which is basically different from conventional mathematics. Secondly, it means that behind all the nonlinear problems in various disciplines there are common physical mechanisms[1], since nonlinearity is just a quantitative appearance of systems mechanisms. Starting from the view of structure of systems, we plan to develop a new general mathematical framework of complex systems.

II. The Concept and Description of Systems

1. The concept of systems

Bertalanffy pointed out that a system may be defined as a compound of some interacting elements[2]. Everything in nature at least has an interaction of gravity. And then how to specify a system by such a definition ? To answer this question, the author further discussed the concept of system[3]. He pointed out that the interactions between elements and between subsystems of systems in systems science are referred to some explicit characteristic. More important, with respect to the characteristic the intensity of interactions is intensive to make the system have wholeness. For instance, consider a field with many newly planted trees. When the trees are very small, the ecological interactions are too weak for them to construct an ecosystem though there exists the interaction of gravity. This is because the field of trees does not possess wholeness in ecological meaning at that time. But, if our interest is a gravity characteristic of the field of trees as a whole, then it can be viewed as a system. That is to say, some set of elements, which does not possess wholeness with respect to some characteristic and therefore cannot be regarded as a system, may possess a wholeness with respect to other characteristics, and therefore can be viewed as a system. This may be named Relativity of Systems.

From all the above discussion, a new definition of system can be got as follows: a system is a compound of a set of elements, there exist interactions between the elements and between the subsystems with respect to some characteristics and the intensity of the interactions is strong enough for the set of elements to possess wholeness with respect to the characteristics.

The definition itself of system implies Hierarchy of Systems. The element itself of some system(S_1)can be a system(S_2)consisting of another set of elements, and the just difference is that the elements of(S_2)are more microscopic than those of(S_1). For example, as to a system of a group of enterprises, every enterprise is an element. But, every enterprise itself can be regarded as a system consisting of various production departments. We can give another example in ecology, As to a community ecosystem, every population is an element, and every population itself can be viewed as a population ecosystem at a lower level [5].

Generally speaking, systems at different levels have different motion formations, different characteristic scales of eigenspace and eigentime[1][5]. That is to say, systems a every level have their own characteristics. This makes it possible to study systems at any level separately. Moreover, systems at upper levels are embodied by systems at lower levels. Systems at lower level are determine subsystems and control of systems at upper levels. Therefore, the systems at upper levels determine and control the states and behaviors of systems at lower levels and the latter acts as its microscopic mechanisms of the former.

2. A general description of systems

System is a generalization of the concept of set. It provides a wider range of tools for dealing with organizations, wholeness and hierarchical orders and so on. According to the definition, a system(S)can be divided into two parts: a set(G)of elements and a set(R)of relations between elements. This can be schematically expressed as[6][7][8]:

$$S = (G, R)$$

Where G is also called a hardware of the system and R the software of the system. G can be described by a general set or by a fuzzy set. The typical structure of R is as follows [8]:

$$R \in P(G^a \times W)$$

where $P(.)$denotes a power set, for any set A we have

$$P(A) = \{D|D \subset A\}$$

where $a \in \{n, [n], *\}$, and satisfies:

$$G^{[n]} = G \cup G^2 \cup \ ... \ G^n$$
$$G^* = G \cup G^2 \cup ...$$

In order to describe a system completely, addition to specification of the hardware(G)and the software(R), the environment(E)of the system should be specified. Therefore, a system can be generally described as:

System = (Hardware, Software, Environment)

or written as:

$$S = (G, R, E)$$

3. The relation between elements and systems

Suppose that there is a system S = (G, R, E), the relation between system S and element $g \in G = \{g_1, g_2, ...\}$ can be expressed as:

$$f_{gi} = (\sigma_{gt}, r_{gt})$$

where σ_{gt} is a membership of g_i belonging to the set G. For any element $g_i \in U$, there is a corresponding real number σ_G in the interval [0, 1], i.e., $\sigma_G \in [0, 1]$, which is called the grade of membership of gi in G. The mapping

$$\sigma_G: U \rightarrow [0, 1], g_i \rightarrow \sigma_G(g_i)$$

is called the membership function of G. The hardware G of the system is completely determined by its membership function. When the domain of a degrades to be$\{0, 1\}$, G becomes a common set.

Generally speaking, the hardware G of the system is a fuzzy set. This means that the system is essentially open, and moreover, the generations or disappearance of the elements of the system and inputting and outputting the system of elements generally need a transient stage from the one to itself and the other. This implies that the change of elements from belonging to not belonging to a system need to take some time, i.e., the speed is not infinite.

r_{gi} is an action intensity between gi and the system. In an approximate case, r_{gi} can be expressed as

$$r_{gi} = \frac{\text{the number of connecting lines between gs and other elements inside the system}}{\text{the number of connecting lines between gi and other elements inside the system and environmental system}}$$

$$= \frac{\sum_{j\sim i}\rho_{ij} < g_i, g_j > (g_j \in G)}{\sum_{j\sim i}\rho_{ij} < g_i, g_j > (g_j \in G) + \sum_{j\sim i}^{\infty}\rho_{ij} < g_i, e_j > (e_j \in E)}$$

Definition 1　The system consisting of the elements e_j which satisfy $\sigma_{ej} = 0$ and $\rho_{ij} < g_i$, $e_j > \neq 0 (g_i \in G)$is called the environment of the system S.

The environment is that part in the rest world of the system which is related to the system. That part in the rest world which does not relate to the system does not belong to the environment of the system. The system thus defined is dynamical. As the change of the system and its environment, the elements which are independent of the system may become related to the system and therefore become the environment of the system. Similarly, elements of the environment may go out of the environment or become the elements of the system.

Definition 2　The element gi is called a "soliton" of the system if it satisfies $\sigma_{gi} \neq 0$and $\rho_{ij} < g_i, g_j > = 0 (g_j \in G, j \neq i)$

$$P_{si}\}9t, 9J\} -\}(9)\}G, \text{jest}).$$

Theorem 1　The system whose elements are all "solitons" is a common set($\sigma_{gi} = 1$, $i = 1, 2, 3, \cdots$)or a fuzzy set($\sigma_{gi} \in (0, 1)$).

The proof of theorem 1 is obvious. In set theory, only is the membership relation of an element in the set considered, and the relation between elements is not taken into account. This is just a special system whose elements are all "solitons".

4. The relation of systems

Definition 3　Suppose that there are two systems $S_1 = (G_1, R_1, E_1)$and $S_2 = (G_2, R_2, E_2)$, if $G_1 = G_2$ and $R_1 = R_2$, then S_1 and S_2 is called being equal.

Definition 4　For S_1 and S_2 in Definition 3, if $G_1 = G_2$ then S_1 and S_2 are called systems with the same hardware.

Both of isolated and closed systems are system with the same hardware. The major research objective of classical mechanics is systems with the same hardware.

Definition 5　For S_1 and S_2 in Definition 3, if $R_1 = R_2$ then S_1 and S_2 are called systems with the same software.

In systems with the same software, elements change but the structure does not. The order structure, such as the maintenance of a dissipative structure in an open system belongs to such a case.

Theorem 2　The systems S_1 and S_2 are equal if and only if the two systems are with the same hardware and software.

Definition 6　Suppose that $S = (G, R)$is a system, An element g of G may be regarded as a system $g = (a, r)$at a lower level. If the software of S and g are the same, *i.e.*, $R = r$, then S is called a self-similarity system.

Theorem 3　For a self-similarity system, there must be a certain constant k, such that $R = kr$, where k is called a self-similarity scalar.

Definition 7　For systems $S_1 = (G_1, R_1)$and $S_2 = (G_2, R_2)$, if $G_1 \subset G_2$, $R_1 \subset R_2$, then S_1 is called a subsystem of S_2.

Theorem 4　The system S_1 is equal to a system S_2 if and only if they are subsystems mutually.

Proof($\Longrightarrow$)If S_1 is equal to S_2, from the definition we have $G_1 = G_2$, $R_1 = R_2$, then $G_1 \subset G_2$, $G_2 \subset G_1$ and $R_1 \subset R_2$, $R_2 \subset R_1$, that is, S_1 and S_2 are subsystems mutually.

($\Longleftarrow$)If S_1 and S_2 are subsystems mutually, from the definition we have $G_1 \subset G_2$, $G_2 \subset G_1$ and $R_1 \subset R_2$, $R_2 \subset R_1$, therefore $G_1 = G_2$, $R_1 = R_2$, i.e., S_1 is equal to S_2.

Definition 8[8]   The transformation from a system to its subsystems is called confinement; The transformation from a subsystem to the system is called extension.

III. Operations of Systems

By operations of systems we mean to get new systems from some systems cording to some rules.

Definition 9   The system consisting of all subsystems of a system S is called a power system of S, denoted by $P(s)$.

Example 1   Suppose $S = (A, R)$, $A = \{a_1, a_2, a_3\}$, $R = \{f_{11}, f_{12}, f_{21}, f_{22}, f_{13}\}$, Where f_{ij} represent relations between a_i and a_j.

According to the definition of power system, then $P(S) = (A', R')$, $A' = \{S_1, S_2, S_3, \ldots, S_8\}$, where S_i is a subsystem of S:

$$S_1 = (a_1, f_{11}), S_2 = (a_2, f_{22}), S_3 = (a_3, \phi)$$
$$S_4 = (\{a_1, a_2\}, \{f_{11}, f_{22}, f_{12}, f_{21}\}), S_5 = (\{a_3, a_4\}, \{f_{22}\})$$
$$S_6 = (\{a_1, a_3\}, \{f_{11}, f_{13}\}), S_7 = (\{a_1, a_2, a_3\}, R), S_8 = S\phi$$

$S\phi = (\phi, \phi)$is called an empty system and let it be a subsystem of any system.

$$R' = \{f'_{12}, f'_{23}, f'_{34}, f'_{45}, f'_{56}, f'_{67}, f'_{78}, f'_{81}\}$$

Where f'ij the relation between S_i and S_j:

$$f'_{12} = \{f_{12}, f_{21}\}, f'_{23} = \phi, f'_{34} = \{f_{13}\}, f'_{45} = \{f_{12}, f_{21}, f_{22}, f_{13}\}$$
$$f'_{56} = \{f_{12}, f_{21}, f_{13}\}, f'_{67} = \{f_{11}, f_{12}, f_{21}, f_{13}\}$$

and so on.

Definition 10   Suppose that $S_1 = (A_1, R_1)$and $S_2 = (A_2, R_2)$are two arbitrary systems,

$$S = S_1 \cap S_2 = (A_1 \cap A_2, R_1 \cap R_2)$$

is called intersection of systems S_1 and S_2.

Example 2   Suppose $S_1 = (A_1, R_1)$, $A_1 = \{a_1, a_2, a_3, a_4, a_5, a_6\}$, $R_1 = \{<a_1, a_2>, <a_2, a_3>, <a_3, a_4>, <a_4, a_5>, <a_5, a_6>\}$; and $S_2 = (A_2, R_2)$, $A_2 = \{a_1, a_3, a_5 \}$, $R_2 = \{<a_1, a_3>, <a_3, a_5>\}$, then $S_1 \cap S_2 = (A, R)$, $A = \{a_1, a_3, a_5 \}$, $R = \{<a_1, a_5>\}$

According to the definition, element as is a solution of system $S_1 \cap S_2$.

Theorem 5   For a system S, let S_i be an arbitrary subsystem of S, then

$$S \cap S_i = S_i$$

For the sake of operations, we introduce the concept of empty system.

Definition 11   A system which has no element is called an empty system.

Theorem 6   Suppose that $S\phi$ is an empty system, for any system S, there holds:

$$S \cap S\phi = S\phi$$

Definition 12   Suppose that there are two arbitrary systems $S_1 = (A_1, R_1)$and $S_2 = (A_2, R_2)$, the system

$$S = S_1 \cap S_2 = (A_1 \cup A_2, R_1 \cup R_2 \cup \text{(the set of relations between } A_1 \text{ and } A_2))$$

is called union of S_1 and S_2.

Example 3 Let $S_1 = (\{ a_1, a_2\}, \{f_{12}, f_{22}\}, \{f_{13}, f_{25}\})$, $S_2 = (\{ a_3, a_4\}, \{f_{33}, f_{44}\}, \{ f_{35}, f_{42}\}$, then

$$S = S_1 \cap S_2 = (\{ a_1, a_2, a_3, a_4\}, \{f_{12}, f_{22}, f_{13}, f_{33}, f_{34}, f_{42}\}, \{f_{25}, f_{35}\})$$

Example 3 shows that the relation f_{13} between system S_1 and the environment and the relation f_{43} between system S_2 and the environment now become the internal structure of the system $S = S_1 \cap S_2$.

Theorem 7 "The whole is more than the sum of its parts".

Proof Generally, let a system $S = (A, R)$, and let $S_i (i = 1, 2, \cdots, n)$ be its subsystem, $S_i = (A_i, R_i)$; and. To prove "The whole is more than the sum of its parts" is to prove • Therefore, that is to prove. Obviously holds only in the following cases:

(1) $R = \phi$, then $R_i = \phi (i = 1, 2, \cdots)$;

(2) $R \neq \phi$, but $R_i \cap R_j = \phi (i \neq j)$, i.e., there is no relation between any two subsystems. But both cases above contradict the definition of systems, therefore, in a general case we have

$$\bigcup_{i=1}^{n} R_i \neq R$$

Particularly

$$\bigcup_{i=1}^{n} R_i \subset R$$

Therefore

$$\bigcup_{i=1}^{n} S_i \subset S$$

That is "the whole is more than the sum of its parts". The greater part is the relations between subsystems induced from the software of the system.

Example 4 Let a system $S = (A, R)$, $A = \{1, 2, 3, 4, 5\}$, $R = \{<1, 2>, <1, 3>, <1, 5>, <2, 3>, <2, 4>, <2, 5>, <3, 4>, <4, 5>\}$ and let $A_1 = \{1, 2, 5\}$, $A_2 = \{3, 4 \}$, find out the relations between S_1 and S_2.

Solution $A_1 = \{1, 2, 5\}$ $A_2 = \{3, 4\}$, therefore $A_1 \cup A_2 = A$.

$$S_1 = (\{1, 2, 5\}, f_1), f_1 = \{<1, 2>, <1, 5>, <2, 5>\}$$
$$S_2 = (\{3, 4\}, f_2), f_2 = \{<3, 4>\}$$

Then

$$f_1 \cup f_2 = \{<1, 2>, <1, 5>, <2, 5>, <3, 4>\} \subset f$$

Therefore

$$\bigcup_{i=1}^{2} S_i \subset S$$

This means that "the whole is more than the sum of its parts". The greater part is the relations induced from the software of the system. This is because the four relation lines: $<1, 3>$, $<2, 3>$, $<2, 4>$ and $<4, 5>$ are cut off which are between S_1 and S_2 and induced from the software of the system.

The following hold for operations of systems:

(a) $S \cup S = S$, $S \cap S = S$

(b) $S \cap S\phi = S\phi$, $S \cup S\phi = S$

(c) $S_1 \cup S_2 = S_2 \cup S_1$, $S_1 \cap S_2 = S_2 \cap S_1$

(d) $(S_1 \cup S_2) \cup S_3 = S_1 \cup (S_2 \cup S_3)$, $(S_1 \cap S_2) \cap S_3 = S_1 \cap (S_2 \cap S_3)$

Theorem 8 Let $S_i(i = 1, 2, 3)$ be systems, then the following distribution law holds:

(e) $S_1 \cap (S_2 \cup S_3) = (S_1 \cap S_2) \cup (S_1 \cap S_3)$

(f) $S_1 \cup (S_2 \cap S_3) = (S_1 \cup S_2) \cap (S_1 \cup S_3)$

Proof Omitted.

Theorem 9 Let S_1 and S_2 be two arbitrary systems, then the following equalities hold:

(g) $S_1 \cup (S_1 \cap S_2) = S_1$.

(h) $S_1 \cap (S_1 \cup S_2) = S_1$.

This is called absorption law. The proof is omitted.

Theorem 10 Let S_1 and S_2 be two arbitrary systems, then

$$S_1 \subset S_2$$

if and only if $S_1 \cup S_2 = S_2$ or $S_1 \cap S_2 = S_1$.

Definition 13 Suppose that there are two systems $S_1 = (A_1, R_1)$ and $S_2 = (A_2, R_2)$, the system whose hardware is $A_1 \!-\! A_2$ and whose software is $R_1 \!-\! R_2$ is called complement of S_2 to S_1, denoted by

$$S = S_1 \!-\! S_2 = (A_1 \!-\! A_2, R_1 \!-\! R_2)$$

where

$$A_1 \!-\! A_2 = \{a | a \in A_1 \wedge a \notin A_2\}$$
$$R_1 \!-\! R_2 = \{f | f \in R_1 \wedge f \notin R_2\}$$

Example 5 Let $S_1 = (\{2, 5, 6\}, \{<2, 5>, <2, 6>, <5, 6>\})$, $S_2 = (\{1, 2, 4\}, \{<1, 2>, <2, 4>\})$, then:

$$S_1 \!-\! S_2 = (\{5, 6\}, \{<2, 5>, <2, 6>, <5, 6>\})$$

Definition 14 Suppose that E is a discussion base, $E = (A_0, R_0)$. The complement of any system $S = (A, R)$ to E is called absolute complement of the system S, denoted as $\sim S$, or written as

$$\sim S = E \!-\! S = (\{x | x \in A_0 \wedge x \notin A\}, \{f | f \in R_0 \wedge f \notin R\})$$

It is easy to see from the definition of complement

(a) $\sim (\sim S) = S$

(b) $\sim E = S\phi$

(c) $\sim S\phi = E$

(d) $S \cup \sim S = E$

(e) $S \cap \sim S = S\phi$

Theorem 11 Let S_1 and S_2 be two arbitrary systems, then we have:

(a) $S_1 \!-\! S_2 = S_1 \cap \sim S_2$

(b) $S_1 \!-\! S_2 = S_1 \!-\! (S_1 \cap S_2)$

Proof (a) $S_1 \!-\! S_2 = (\{x | x \in A_1 \wedge x \notin A_2\}, \{f | f \in R_1 \wedge f \notin R_2\})$

$\qquad S_1 \cap \sim S_2 = (\{A \cap \{xI \, x \notin A_2\}, R_1 \cap \{f | f \notin R_2\})$

$\qquad\qquad = (\{x | x \in A_1 \wedge x \notin A_2\}, \{f | f \in R_1 \wedge f \notin R_2\})$

Thus the theorem is proved.

(b) The proof is omitted.

Theorem 12   Let $S_i(i = 1, 2, 3)$ be systems, then:
$$S_1 \cap (S_2-S_3) = (S_1 \cap S_2)-(S_1 \cap S_3)$$

Theorem 13   Let T be a subsystem of S, i.e., $T \subset S$, then:

(a) $\sim S \subset \sim T$

(b) $(S-T) \cup S = S$

IV. The Induced Transformation between the Hardware and Software of a System

Let a system $S = (A, R)$, $R \in P(A^* \times W)$. If the hardware A is transformed into $A_0 \psi$ induced by a binary relation $\psi \subset A \times C$, then the software will accordingly change. The meaning of such problems is that for a general binary relation $\psi \subset A \times C$, if C is introduced certain structure and characteristic, this will lead to a change in the software R. For instance, in order to simplify the analysis of complex systems, C may he introduced some quotient structure, then the software of S will accordingly change.

Let $\psi \subset A \times C, r \subset W \times V$. Now let us construct the transformation forms of the system S in detail:
$$S_T = (A_0\psi, R_T)$$

From $\psi \subset A \times C$, it may be induced that:
$$\psi_a \subset A^a \times C^a, a \in \{n, [n], *\}$$

In fact, the above may be got by direct definition:
$$\Psi_n = \{(a_1, a_2, ..., a_n, c_1, c_2, ..., c_n)|a_i \in A, c_i \in C\} \subset A^n \times C^n$$
$$\psi^{[n]} = \Psi_1 \cup \Psi_2 \cup \cdots \cup \Psi_n \subset A \times C \cup A^2 X C^2 \cup \cdots \cup A^n \times C^n \subset A^{[n]} \times C^{[n]}$$

From $r \subset W \times V$, it may be induced that:
$$\Phi_{\Psi, r, a} \subset (A^a \times W) \times (C^a \times V)$$

Therefore
$$R_0 \Phi_{\Psi, r, a} \subset C^a \times V$$

We define
$$R_T = R_0 \Phi_{\Psi, r, a} \subset C^a \times V$$

It may be concluded that for a system $S = (A, R)$, $R \in P(A^a \times W)$, $(a \in \{n, [n], *\})$, when the hardware A is transformed into $A_0\psi$ induced by $\psi \subset A \times C$ and pan weight space W is transformed into W_{0r} induced by $r \subset W \times Y$, then the software is transformed into $R_T = R_0 \Phi_{\Psi, r, a}$. Therefore, the transformed system of system S is:
$$S_T = (A_0\psi, R_0 \Phi_{\Psi, r, a})$$

Example 6   Let a system $S = (A, f)$, $f \subset A^2 \times W$, and let
$$\Psi = \{(x, A_i)|X \in A_i \subset A(d\theta)\} \subset A \times A/\theta$$

where $A(d\theta)$ represents a quotient system of A induced by the binary relation θ, simply denoted as A/θ. Let:
$$r \subset W \times V$$
$$\Psi_2 \subset A^2 \times (A/\theta)^2$$

$$\Phi_{\varPsi 2, r, 2} \subset (A^2 \times W) \times [(A/\theta)^2 \times V]$$

Therefore

$$f_{\mathrm{T}} = f_0 \, \Phi_{\varPsi 2, r, 2} \subset (A/\theta)^2 \times V$$
$$S_{\mathrm{T}} = (A/\theta, f_0 \, \Phi_{\varPsi 2, r, 2})$$

This model may be used to simulate many problems of complex systems.

V. Perspectives

The research of nonlinearity and complex systems is a frontier project at present. It has absorbed more and more attention from distinguished scientists and many achievements have been made. By using our own methodology, we plan to develop a new mathematical framework to deal with complex systems. In this article, our attention is mainly given to the discussion of the concept of systems and the operations of the systems. From the next article on, we will construct an abstract mathematical structure of complex systems.

References

[1] Zan Ting-quan, The framework of systems economics, Systems Engineering, 10, 2(1992), 26−33. (in Chinese).

[2] Bertalanffy, L. V., General Systems Theory, George Braziller Inc., New York(1973).

[3] Zan Ting-quan, On some problems of systems sciences research, Theory & Practice of systems Engineering, 13, 3(1993).(to appear)(in Chinese).

[4] Zan Ting-quan and Liu Zong-chao, Study on the complex dynamics of nonlinear ecosystems(III), Applied Mathematics and Mechanics(English Ed.), 12, 7(1991), 647−653.

[5] Zan Ting-quan, Study on the complex dynamics of nonlinear ecosystems(I), Applied Mathematics and Mechanics(English Ed.), 9, 10(1988), 985−992.

[6] Zan Ting-quan and Zhu Li-xin, Operations analysis and pan weighted network model of natural resources, Applied Mathematics and Mechanics(English Ed.), 9, 8(1988), 813−817.

[7] Zan Ting-quan and Wu Xue-mou, Pansystems clustering approach of complex systems, Applied Mathematics and Mechanics(English Ed.), 13, 6(1992), 507−514.

[8] Wu Xue-mou, The Pansystem View of the World, China People's University Press, Beijing(1990).(in Chinese).

[9] Zan Ting-quan and Wu Xue-mou, The panweighted network model and operations methodology of economic system, Systems Engineering, 9, 5(1991), 20−24. (in Chinese).

复杂系统的泛系聚类方法与层次分析（英文）

复杂系统的泛系聚类方法与层次分析
A PANSYSTEMS CLUSTERING APPROACH AND HIERARCHICAL ANALYSIS OFCOMPLEX SYSTEMS

Pansystems clustering approach (PCA) is a new method for analysing and operating complex systems. By using pansystems operators, various binary relations may be transformed into semi-equivalence relations, and then can be classified according to semi-equivalence relations. On the basis of pansystems clustering approach, we introduce some pansystems rationalities related to systems science, philosophy, dialectics and economics.

1. Pansystems operators and pansystems clustering

Both equivalence operators δ, and semi-equivalence operators ε, are called pansystems operators, denoted by θ. So-called pansystems clustering is to transform generalized systems or panstructures into some semi-equivalence relations. That is to say, θ is as the following mapping：

θ：Generalized systems→semi-equivalence relation classes.

Let G be a given set, define an identity relation as follows

$$I = I(G) = \{(x,x) | x \in G\}$$

The binary relation containing an identity relation is called reflexive. All of such binary relations are denoted as

$$R[G] = \{f | I \subset f\}, f \subset A^2$$

If $f = f^{-1}$, it is called symmetric. All of such binary relations are denoted as

$$S[G] = \{f | f^{-1} = f\}$$

and use

$$S_*(G) = \{f | f \cap f^{-1} \subset I\}$$

and

$$T(G) = \{f | f^{\prime\prime} \subset f\}$$

注：原载国际科控论学报，1993 年第 5 期。

· 221 ·

注：已收录《系统经济学探索》

· 165 ·

复杂系统的一般数学框架（I）

应用数学和力学，第14卷第4期（1993年4月）
Applied Mathematics and Mechanics

应用数学和力学编委会编
重庆出版社出版

复杂系统的一般数学框架(I)*

昝 廷 全

（兰州大学，1992年5月11日收到）

摘 要

复杂系统的基本和最简单的结构就是网络．根据这一思想，本系列论文拟发展一套处理复杂系统的新数学框架．本文详细论述了系统的概念、一般描述方法：系统＝（硬部，软部，环境）和局整关系，包括子系统、元素与系统的关系和系统与系统的关系；给出了系统运算的基本法则；简要论述了系统的软、硬部之间的诱导转化．

关键词 复杂系统 硬部 软部 系统运算 诱导转化 数学框架

一、引 言

自然界的现象千变万化．从本质上讲，自然界是一个非平衡和非线性的复杂系统．非平衡是指物理机制，非线性是指数量特征．正是由于非平衡和非线性，自然界才呈现出无穷的多样性．微积分对于描述单个质点的运动取得了巨大的成功．但是，复杂系统的最简单和典型的结构就是网络，这与黑箱化的质点具有本质的不同．为了寻求复杂系统的有效数学处理方法，必须从基本概念开始拓广微积分的研究．在天体力学中，二体问题很早就解决了，但三体问题至今没能完全解决，其复杂程度超出当初人们的预料．我们认为，三体问题对应的数学结构是一个最简单的非线性网络，而微积分对于处理非线性网络具有很大的局限性，这也正是为什么三体问题至今未能完全解决的原因．

从数学上讲，自然界的现象可以划分为线性的和非线性的两类．对于具有网络结构的复杂系统，如果它的元素之间存在非线性的互相作用，这时迭加原理不满足，线性方法从本质上讲不适用，微积分方法的应用就具有很大的局限性．如果复杂系统元素之间的相互作用是线性的，刚可用线性方法处理，微积分方法从理论上讲是适用的．近30年来，各门以非线性为特征的学科研究突飞猛进，尤其是近10年来，取得了激动人心的重大进展．到目前为此，数学、力学、物理、生物和经济学中的非线性问题都发展到了一个共同的"极限水平"，只要其中任何一门学科中的非线性研究有了突破性进展，其它学科中的非线性问题即可迎刃而解．这一事实说明两个问题：第一，利用传统数学方法处理复杂系统具有很大的局限性，必须发展从本质上不同于传统的新数学框架；第二，这说明在各门学科中的非线性问题背后蕴藏着

* 吴学谋推荐．
国家自然科学基金资助课题．

注：已收录《系统经济学探索》

人口、资源与环境协调发展的综合模式研究（Ⅱ）：资源配置新论

第3卷 第3期
1993年9月

中国人口·资源与环境
CHINA POPULATION, RESOURCES AND ENVIRONMENT

Vol.3,No.3
SEP.,1993

人口、资源与环境协调发展的综合模式研究(II)：资源配置新论

昝廷全
(兰州大学西北开发综合研究所)

摘 要 本文在文献[3]的基础上，提出了广义资源配置的目标就是兼顾经济增长与持续发展。为了使经济理论内核中包括持续发展问题，认为系统经济学应以资源空间、商品空间和价格空间作为出发点，进而提出了系统经济学的理论框架，在此基础上运用非线性理论讨论了资源配置的模式问题。

关键词 广义资源；资源配置模式；持续发展；系统经济学

一、引 言

人类活动，特别是经济活动，大都与资源的开发利用有关。随着社会经济的进步和人们认识的不断深化，资源概念的外延也在不断拓展，我们提出了广义资源的概念。它是自然资源概念的引伸与推广，包括硬资源和软资源两个部分，其可以形式化地表示为：

广义资源＝{硬资源，软资源}

自然资源是典型的硬资源，科学技术是典型的软资源。由于科学技术一直都在不断发展，而且目前更以反馈加速的方式迅猛向前发展，所以广义资源构成一个动态系统，具有一定的结构和功能。其结构主要是指硬资源和软资源的不同构成及其不同组合；功能主要是指它作为人类生存与发展的支持系统的作用。所有的资源配置过程都是广义资源功能的实现手段，这里资源配置是指广义资源的配置。

根据广义资源观点，传统资源的研究中一个重要的缺陷就在于仅仅考虑了广义资源中的硬资源，而没有结合软资源进行全面系统的研究。实际上，软资源至少在三个方面具有重要作用；首先，软资源对经济发展的直接作用日益增强。例如，作为软资源重要组成部分的科技资源对经济增长的贡献率在某些发达国家达70%以上；其次，是软资源的间接作用。从某种意义上讲，软资源对硬资源具有一定的观控作用，软资源是主动的，硬资源是被动的，它需要软资源的"启动"才能发挥作用；第三，增加软资源对经济增长的贡献率，降低硬资源对国民生产的作用，优化软、硬资源的投入组合，主动促使经济结构发生变化，可望获得积极的生态环境效益，并有利于经济社会的持续发展。

软资源的作用不仅是客观存在的而且是十分重要的。因此，研究由硬资源和软资源共同构

收稿日期：1991－12－02

注：已收录《系统经济学探索》

关于系统学研究的若干问题

1993 年 11 月　　　　　系统工程理论与实践　　　　　第 6 期

关于系统学研究的若干问题[①]

昝廷全

(兰州大学西北开发研究所, 兰州 730000)

On Some Problems of Systematology Research

Zan Tingquan

(Northwest Development Institute, Lanzhou University, Lanzhou 730000)

Abstract　In this article, based on the disciplinary development laws, the author articulates the historical background for the origin and development of systematology and presents the rules for how to define new concepts and how many new concepts should be included in the systematology. And then, the author discusses in detail the axiomatic structure of systematology and proposes research subjects of five aspects of systematology as follows: spatial and temporal eigen-scales, evolution, stability, observation-control, and systems estimation problems.

Keywords　systems, spatial and temporal eigen-scales, axiomatic structures, observocontrol-lability.

随着科学技术的进步, 社会经济的发展, 人类向自然攫取的强度和速率与日俱增, 进而产生了全球性的口、资源、环境、经济和社会等问题。而且, 这些问题之间还存在着复杂的因果生克关系, 构成一个"问题群"。要对这样的"问题群"进行有效的分析和运筹, 任何传统的单一学科都显得无能为力, 因而必须采取多学科联合攻关的方式。最近, 由国际高等研究机构联合会 (IFIAS)、国际社会科学协会理事会 (ISSC) 和联合国大学 (UNU) 联合制订的"全球变化中的人类作用计划 (HDGCP)"[1] 明确提出要根据问题来组织不同学科的力量, 而不是相反。由于问题本身的复杂性和综合性, 需要发展一些新的概念、理论与方法, 需要有一种新的思维方法和概念性框架。实际上, 这种新型的科学范式正在出现, 这就是系统科学。钱学森认为, 系统学是系统科学的基础学科, 本文从学科发展规律的论述开始关于系统学的产生发展、基本概念、公理化结构的讨论, 提出了系统学的基本研究内容可以划分为如下五个方面: 特征时空尺度问题、进化问题、稳定性问题、系统的观测与控制问题及系统评价问题, 并逐一进行了简要论述。

一

任何一门学科的产生和发展, 都有其独特的社会历史条件和推动发展的因素, 按照辩证唯物主义和历史唯物主义的观点, 首先, 社会生产实践的需要是任何学科产生和发展的内在动力因素。例如, 电子计算机的出现对系统科学的巨大推动作用等。实际上, 系统科学正是顺应了学科发展的规律。在本世纪社会生产实践的需要和科学技术高度发达的基础上产生并发展起来的。发展所处的历史时期的科学技术的整体发展水平是一门学科产生和发展的直接动力因素; 其次, 学科

①本文于 1991 年 2 月 1 日收到,

本文得到国家青年科学基金资助项目 89104007 和兰州大学重点科研课题"复杂系统的建模原理与方法"联合资助。

注: 已收录《系统经济学探索》

1996

系统经济学的对象、内容与意义

系统经济学的对象、内容与意义

《经济学动态》1996.10

昝廷全

所谓系统经济学(SYSTEMS ECONOMICS)，是指利用现代系统科学的思想和方法，并吸取中国古典哲理的精华，如生克思想等，去研究经济过程"资源→生产→分配→交换→消费→环境→资源"当中的人与人、人与自然之间的关系。确切一点来讲，系统经济学就是利用现代系统科学的思想方法和中国古典哲理的精华去研究经济系统的形成和演化规律。

一、系统经济学的研究对象

系统经济学的研究对象是经济系统。经济系统是系统科学思想在经济学中的反映，或者说它是经济学吸收现代科学思想的结晶。虽然经济系统这一名词得到了广泛的使用，国际投入产出学会还专门创办了以经济系统为名的国际性杂志《经济系统研究》(Economic Systems Research)，但是到目前为止我们还没有见及普遍公认的经济系统的定义。在系统经济学中，我把经济系统定义为由经济元和它们之间的经济关系共同构成的整体，通常把经济元的集合称为经济系统的硬部，把它们之间的经济关系称为其软部。经济系统可以形式化地表示为：经济系统＝(｛经济元｝,｛经济元之间的经济关系｝)。

这里经济元是指具有一定功能的所有组织水平上的经济实体，在不同的情况下它可以是参与资源竞争和利用的个人、家庭、企业、地区、国家甚至整个人类。例如，对于水资源来说，发电厂和当地居民等都是参与竞争、利用或适应的经济元。同时，作为生态元的地表生态环境也参与水资源的竞争和利用。

根据行为方式的不同，经济元还可以被划分为"随机主义经济元"和"笛卡尔主义经济元"两种类型。前者的行为不考虑任何经济合理性，其行为是完全随机的，后者则严格按照理性行为，随时调整自己的行为方式以期获得哪怕是高一点点的收益。前者的存在有利于开发新的资源，后者的存在有利于资源的充分利用。显然经济元的实际行为方式介于上述两种极端情况之间，正如西蒙所指出的有限理性假设那样。但是，"随机主义经济元"和"笛卡尔主义经济元"的概念似乎抓住了经济元行为的基本特点。

按经济系统的定义其典型例子有：全球经济系统＝(｛国家｝,｛国家之间的经济关系｝)；国民经济系统＝(｛家庭、企业、政府｝,｛前者之间的经济关系｝)；金融经济系统＝(｛中央银行,商业银行,其他金融机构｝,｛前者之间的关系｝)；企业集团(经济系统)＝(｛集团总部,集团所属各企业｝,｛前者之间的经济关系｝)。从上面的例子可以看出，经济系统的定义从本质上讲是一种递归性定义。只要定义了一个确切的内核(经济元)，就可以通过递归和复合把它的定义范围推得很广，同时又不失确切性。也就是说，经济系统的这一定义兼顾了普适性和确切性，这就使得系统经济学的研究既具有一定的普适性，同时又具有可操作性。

一般地讲，为了更准确地描述一个经济系统，还应当指明它所处的环境。这里所指的环境包括：经济系统的演化历史和来源，以及

18

注：已收录《系统经济学探索》

系统经济学研究：经济系统的基本特征

《经济学动态》1996.11

系统经济学研究：经济系统的基本特征

昝廷全

一、经济系统的层次性和全息性

经济系统的层次性与全息性分别偏重于经济系统的相异性和相似性。前者指根据某个或某些指标可以把经济系统划分为若干层次的经济系统，它们各自具有自己的特点和规律；后者指不同层次的经济系统或者同一经济系统在不同的演化阶段具有某些相似的性质和规律。

经济系统的层次性是系统经济学的重要概念之一。在经济系统中，根据组织水平的不同可以把它划分为家庭经济系统、企业经济系统、区域经济系统、国家经济系统、全球经济系统五个层次，全球经济系统是经济系统的最大一级组合。

辩证唯物主义观点认为，不同层次的物质具有不同的运动形态、性质和规律，与家庭经济系统对应的学科是家庭经济学，企业经

变革和上层建筑的完善等问题。信息化每推进一步，都离不开管理体制和经营机制问题的妥善解决。

信息化是一项长期的、艰巨的、复杂的国家工程和社会工程，必须有国家高层领导从国民经济和社会发展的全局出发的强有力的统一领导和规划，同时还要开展信息化的宣传，把它当作振兴经济、繁荣社会、促进人类进步的一项高尚的富有教育意义的活动来抓，信息化宣传活动应当同把我国建设成富强、民主、文明的社会主义现代化国家这一伟大历史使命相结合，长期坚持下去。

三、需要研究网络经济学

随着网络革命的兴起和信息网络的发展，越来越多的经济问题需要经济学去研究，最迫切的有信息网络建设的费用效益分析和评价问题，信息网络的收费方式和标准问题，网络信息商品（包括软件）或服务的成本核算和价格形成问题，网络资源（包括设备、软件、人员、信息内容等）的供给与需求分析等。

从具体的网络经济问题研究开始，进一步上升到信息网络经济活动及其规律性研究，这需要有一个长的过程。目前，我们见到的网络经济学研究多数是同计算机经济学、通信经济学以及信息经济学相关部分研究合在一起的，较难分离出来，虽也有独立的网络经济学著作，但同计算机经济学、通信经济学以及信息经济学的著作相比，显得更不成熟，尚处于探索和建立过程中。

网络经济学的研究，要以信息网络本身的研究为前提和条件。中国信息经济学会召开"中国信息网络及其市场发展"研讨会，对今后促进网络经济学的研究有着重要的意义和积极的作用，需要说明一点，本文所说的网络经济学，是指研究信息网络经济问题的经济学，不是研究第三产业整体的服务经济学，仅仅是研究联网的或线上的信息服务的经济学。

（作者：国家信息中心专家委员会主任）

（责任编辑，村中）

10

注：已收录《系统经济学探索》

泛系医学与泛系工程学的一些概念*

  中医系统工程是中医与系统工程的结合，而这二者的泛系化研究就导致泛系医学与泛系工程学的概念。泛系医学是泛系方法论与广义系统的辨证论治相结合的一种探索，包括从宏到微多层次或联系多种泛环境来探讨广义系统的诊断、治理、调整与协同。它还从泛系方法论角度来总结或概括中医、西医、技术系统，自然系统、生态系统与社会系统的故障诊断、容错运行、维修康复、综合治理、代偿运筹等的一些机理。它在广义系统框架下提出的关于功能与结构、脏腑、经络、辨证论治、诊断、定位、五行生克、缩影互诊、模模观控、泛系差分、结构乏晰性等一般的模型以及泛系异同分析、观控分析、量化分析等都可看成是泛系医学的一些内容或分析手段。另外有关的有把宏微、局整、因果、观控、异同与泛对称结合起来的泛系医学框架的概念，有把溯因、限定与异同结合起来的侦查诊断显生的概念以及把局整、因果、观控、串并、模拟结合起来的五结合显生的概念等。

  泛系工程学指用泛系理论发展起来的工程学或系统工程学，是一种具体的能直接应用的方法，技术与模式体系，特别是把泛系方法论用于具体的工程技术上的技术科学性的原理与方案思路。在《泛系方法论一百条》中有许多关于分析、比较、概括、综合、学习、解题、开发、创造、管理、运筹、模拟、显生、强化、泛系化思维、对策、诊断、鸟瞰、显微、发问、观控等的具体的、技术性的概念与原理。它们都可以作为泛系工程学的基础。自然，进 步的发展还有待于结合实用背景与目标更具体化，更适用技术化，也有待于结合当代系统工程，技术开发，革新创造等丰富的实践在泛系框架下再总结、再创造和再升华。

  辨证论治的泛系医学模型，建模与量化的泛系原理，而后是机器实现，这就是泛系医学与泛系工程学相结合而实现医学专家系统的一条具体路线。相容聚类的泛权场网建模，缩影显生，泛权判属，而后是缩影会诊和机器实现，这就是医学识别与其他模式识别的一条实用的泛系工程路线。

  对于系统工程，对于超繁系统的处理，下列关于泛系逻辑与泛系显生的概念或原理都是很典型的：鸟瞰、缩影、泛序、因果、五结合、小环境、泛对称、强化泛对扩变、观控相对性（观控结合）、局整相对生克性、因果相对独立性、竞分三故（资源、竞分者、竞分规范）、对策与侦查诊断等。这一些可看成泛系工程学的基本概念，也是系统工程与超繁动态大系统处理的共性原则。

  医学教学现代化大都与教育工程相联系，而后者与生物医学工程、泛系医学以及泛系工程学有一共性的理论基础，即为泛系观控逻辑。

  泛系方法论所说的观控指广义的观测与控制。前者指探取或获得对象事物的状态、结构、广义软件的情况、知识与信息。广义的控制指改变对象事物的状态、结构、广义

  *作者：昝廷全，原载《中国系统工程》试刊 1996 年第 5 期

软件以及在动态干扰下对它们的相对保持。观控的方式、方法、模式、机构简称观控模式，包括手段、仪器和工具以及某些中介系统。多个广义系统联立，它们的观测、控制、观控模式、泛环境、广义的主体客体，包括背景知识、信息、准则、运筹目标与不同层次不同扩变联系的观控，这一些往往形成一种多环的、有条件的、动态的、广义的"因果·生克·观控"网或网的网与网的进程，这种机理表现的概念叫做泛系观控相对性原理。这是泛系理论总结的一个跨学科概念，泛系辨证论治与泛系识别只是这一大类特化的具体模型或程式。

在传统的认识论与心理学中，认识与实践主要表现为一种社会化观控相对性结合而分别侧重观测与控制的两种广义过程。感性认识与理性认识则分别属社会化观控相对性结合中相对表层与深层的两种不同扩变联系的观控。实践与实验只有在充分可观控性模拟以及观控相对性合理结合的条件下才能发挥较好的显生作用。通常所说的智力结构大都指一种特殊的观控模式。另外与泛系观控相对性原理有关的有：伤残信息的泛系模拟原理，孙子知胜律，孔子学习律（温故知新、学思结合），快深频原理，双爆炸生克原理，Piaget 的主客体相互作用图式说，心理物理学的 Weber-Fechner 定律，定势错觉心理，桑代克的尝试错误学习律，Knlma 的观控理论，力学与相对论中的参考系或观测主体的相对性原理，物理中的 Bohr 互补原理，五行生克，气功与生物反馈疗法，不同体系的观控相对性语言互译的条件性（泛系解释原理），观控相对性技术（观控结合显生技术），条件反射与操作条件反射，Lyell 历史均一律（将今论古法），等等（见《泛系方法论一百条》）。

观控结合显生技术是现代系统工程，军事技术的重要组成，泛系医学的辨证论治模型的计算机化，生物反馈疗法、精神分析疗法以及泛系识别技术都是观控结合显生技术的特殊形式。实际上，观控结合显生技术也是教育工程、医学教学现代化与计算机化以及一般强化教学效果的一种泛系工程学原理。例如《参考消息》1986 年 5 月 18 日转载《亚洲华尔街日报》3 月 13 日报道指出西德为世界工业品贸易市场提供百分之十七的商品，超过日本，而按人均计算，是美国的四倍，日本的二倍，而西德经济迅速发展的秘密有三：独一无二的徒工训练制度，政府按供应学派经济理论进行改革，保持企业界在世界市场上的竞争能力。而其中第一条则属实施一种特化的观控结合显生技术或教学制度。具体做法是刚到劳动就业年龄的年轻人在两年时间里，每周有三天干活，两天半到三天在学校学习，这样他们就能同时取得实践经验和理论知识，既能成为熟练工人，又能成为受过训练的技术员。星期六学到的东西，下个星期一就能在干活时运用；星期三实际干过的事情，星期四就会在课堂上得到理论上的解释，而这种观控结合显生的训练制度使人们能形成正确的态度，也能打下理论基础，还能使人们易于接受变化。

正如吴学谋教授指出的，中医侧重外展协变、天人相应、形神合一、阴阳五行、联表析里与动参辨证，其模式的实质与框架是科学的，是有生命力的。但由于历史的局限性，毋庸讳言。中医理论中还有许多概念，论述与处理形式有过多的不确定性与多义性因而增加了教学与传授中的困难，也不利于进一步观控结合显生。因而中医理论本身也有一个现代化的问题，但不是用西医去改造中医。

条件反射与操作条件反射也是一种观控相对性原理的特化形式，根据它们可以发展机器教学的多种观控结合显生技术。例如一种常用的程式是：①储存与呈现教材，并向学生提出问题；②接受学生的反应或答案，并即刻指出学生答案的正误；③控制学生的学习行为，如在显示一个问题时，不让他同时看到前后的问题或陈述，在未做出自己的答案以前，不能预先看到答案。类似的还有语言实验室，反应分析器等。

泛系教育学发展了许多有关教学、解题与创新的原理，诸如解题三法，快深频原理，六种强化，四元术，创新七策五结合显生、快鸟瞰八法，因果分析九计，典型模式案例观控重演，典型模式基砖，泛系关系分析，六技，等等。它们原则上都可转化为计算机辅助的观控结合显生技术，因而可使泛系教育学泛系统化，这思路提供教育工程，包括中医教学系统工程或中医计算机辅助教学系统的进一步发展作参考。

泛系工程学的另一个重要概念是泛对称显生技术。例如不相容问题的相容术，尼仑堡创新术，放松功，心荷卸载术与适用技术都属特化的泛对称显生技术。后者指适宜地区发展的小型技术，主要思想有：①适合于地区的环境（资源、制度、自然环境）；②是劳动集约型的，投资量小；③有使非专业人员也能理解掌握的简便方案与程式；④用当地的原材料生产在当地消费的产品。泛系方法论、泛系医学、泛系工程学与中医系统工程本身也应采用适用技术的思想，降低目标水平，因陋就简以便更好地与现实社会的低标准衔接，实现小环境显生与泛对称显生。

泛系工程学的另一组基本原理是泛序逻辑，这里应注意的是泛系方法论所说的序与协同学和耗散结构理论所谓的序化不是一个概念。后者只不过是指增加泛结构或广义软件而使广义系统再组织化的意思。泛系方法论把广义软件的相对减少定义为广义的熵或泛系熵，这里对信息论的一种基本研究，是使熵与结构信息概念跨学科泛化的一种可行的科学做法，与流行的直观类比之说有很大的区别。这种熵或负熵按集合的包含关系也形成一种半序结构。序化可以显生，也可以显克，这叫做生克相对性，许多科普宣传把序化与显生无条件地连在一起，把热力学的熵比附乱用，实际上是捣乱常识。序化显生（或系统化显生、减熵显生），解耦显生，局整相对生克性，泛序约化，综合近优性，评分的泛系准则，优化缩影律（缩影显生），动态关键序，泛序与异同关系间的转化定理（Dilworth 型定理），循序运筹等都属可用于泛系工程的泛序逻辑。这里循序运筹指运筹观控应计及事物的串并，反馈、与或、轻重、缓急、主次、远近、因果、上下、先后、泛权等表现的泛序性或广义阶段性，包括资源应按权分配。

有人认为对系统工程找到普适的方法是不现实或不可能的。实际上我们提到的泛系工程学的原理与概念就带有共性。1969 年美国的 A.D.Hall 提出的系统工程三维结构本质上是一种特化的泛序显生技术，属于泛序逻辑的具体研究，它也有相当的普适性。Hall 的三维是时间、逻辑与知识。时间维表示系统工程工作大致应分七个阶段：①规划；②拟订方案；③研制；④生产；⑤安装；⑥运行；⑦更新。逻辑维指每阶段都大致有七个步骤：①摆明问题；②系统指标设计；③系统综合；④系统分析；⑤优化；⑥决策；⑦实施计划或反馈修改。

Hall 的知识维有人说是指完成上述阶段与步骤的各种专业知识和技术素养，有人又作另外解释。但 Hall 原理的实质是一种泛序显生技术。泛系理论也为其他领域发展了许多泛序显生的技术（见《泛系方法论一百条》）。

1997

系统经济学研究：经济系统的定义与类型
经济系统的认识和描述：认识相对性原理
系统经济学的公理系统：三大基本原理
泛系理论与经济系统的生克分析

系统经济学研究：经济系统的定义与类型

兰州大学学报（社会科学版）
1997，25（1）：43～48

Journal of Lanzhou Univ. (Social Sciences)
Vol. 25 No. 1 1997 P43～48

系统经济学研究：经济系统的定义与类型

昝 廷 全

（麦科特集团集装箱有限公司，惠州 516001）

内 容 摘 要 系统经济学的研究对象是经济系统。经济系统是指由经济元（硬部）和它们之间的关系（软部）共同构成的有机整体。按照不同的标准可以把经济系统划分为不同的类型。按照经济系统与环境之间的关系可以把经济系统划分为孤立系统、封闭系统与开放系统。孤立系统与环境既没有硬资源交换、也没有软资源交换；封闭系统与环境只有软资源交换；开放系统与环境既有硬资源交换也有软资源交换。本文最后给出了经济系统类型划分的一般方法，(I, 0, D) 分类相对性准则。

关 键 词 经济系统 经济元 关系 类型

中图法分类号 F069

一、引言

所谓系统经济学，是指运用现代系统科学的思想方法，并吸取中国古典哲理的精华，去研究经济系统的形成与演化规律，或者说去研究经济系统过程"资源→生产→分配→交换→消费→环境→资源"当中的人与自然和人与人之间的关系（昝廷全，1992、1995，陈斯慧，1996）。在经济系统过程的这六个环节当中，生产、交换、分配和消费这四个环节在有关文献中已有大量的论述，这里不再赘述。现在我们简要论述一下资源的概念。

根据 Waler·J·Wessels（1993）的定义，经济学就是关于人们如何配置稀缺资源的研究。在系统经济学中，我们把资源分为硬资源、软资源和机会三种类型，其构成一个资源系统，即

资源系统＝（｛硬资源、软资源、机会｝，前三者之间关系）

硬资源具有具体的物质形态，软资源没有具体的物质形态。典型的硬资源有自然资源、劳动力资源、产品和要素等；典型的软资源有管理水平、科学技术和信息等。一般来说，软资源对硬资源起着组织和有序化的作用，硬资源往往需要由软资源来"启动"才能发挥作用。对硬资源的使用和占有具有排它性或非共享性，即不可能同时被两个或两个以上的经济元利用；而软资源的利用具有可共享性。机会的性质介于硬资源和软资源之间，一方面它和硬资源一

• 收稿日期：1996-10-11.

43

注：已收录《系统经济学探索》

经济系统的认识和描述：认识相对性原理

《经济学动态》1997.2

经济系统的认识和描述：认识相对性原理

答廷全

一、引 言

爱因斯坦认为，我们的一切思维都是概念的一种自由游戏。思维的绝大部分不用符号也能进行，而且在很大程度上是无意识地进行的。经验告诉我们，人们有时会完全自发地对某一经验感到"惊奇"。当经验同我们充分固定的概念世界有冲突时这个"惊奇"就会发生。每当我们尖锐而强烈地经历这种冲突时，它就会以决定性的方式反过来作用于我们的思维世界。思维世界的发展在某种意义上说就是对"惊奇"的不断摆脱。

在上述思想的基础上，我们可以得到思想演进的一般模式：当经验事实同原有思维方式相一致时，思维世界相对稳定；当经验事实同原有思维方式相矛盾时，"惊奇"即涨落发生，思维世界失去稳定性，人们调整自己的思维方式，思维世界发生自组织，演化为新的思维模式。在一定时间范围内，这个新的思维模式与经验事实相一致，思维世界相对稳定。但当新的经验事实与这个现有的思维世界不一致时，又发生冲突，即涨落（惊奇），人们又不得不调整自己的思维模式。如此不断反复，决定着人们思想的演进模式：

思维世界 $\xrightarrow[\text{失去稳定}]{\text{涨落（惊奇）}}$

新的思维世界 $\xrightarrow[\text{失去稳定}]{\text{涨落（惊奇）}}$ ……

传统经济理论在解释经济现实时发生的困难，具体表现为传统经济学的"外部的证实"发生了危机。从认识论上讲，这一危机发生的原因就是传统经济学认识模式上的局限性造成的，即经济学理论的"内在完备性"的局限性造成的。

为了全面地理解这个问题，应指出经济理论与经济现实之间的区别与联系。经济理论是概念和命题的总和。这些概念和命题之间存在着一定的和谐的和逻辑的关系，表现为经济理论的"内在完备性"。经济现实是独立的客观存在。经济理论只有通过它同经济现实之间的联系才能获得其"内容"和"意义"。它们之间的这种联系纯粹是直觉的联系，并不具有逻辑的本性，即经济理论的"外部的实证"。科学的经济理论与空洞的幻想之间的区别就在于这种联系，即这种直接的结合能够被保证的程度。任何经济概念和理论都是人的创造物，它本身在逻辑上是完全任意的，它所受的唯一的一个目标限制就是要尽可能做到同经济现实具有可靠的和完备的对应关系。从目标与手段的角度来讲，经济理论"内在的完备"是手段，"外部的证实"是目的。当"外部的证实"不能保证时，就要修正和完善"内在的完备"，即经济理论体系。

为了解决传统经济学在"内在的完备"和"外部的证实"两个方面的危机，我们提出了系统经济学的概念。任何一门学科都有自己的研究对象。系统经济学的研究对象是经济系统。系统经济学关于经济系统的研究包括三个方面的内容：一是经济系统的本体论问题，如它的非线性和非平衡特征等；二是经济系统的认识论问题，如对它的观测和描述等；三是经济系统的管理与控制问题。前两个方面的问题是第三个问题的基础，后一个问题以前两个问题为依据。

经济系统的认识与描述对于系统经济学研究的重要性是显而易见的。本文从认识论中的认识主体与认识客体的概念开始，详细

注：已收录《系统经济学探索》

系统经济学的公理系统：三大基本原理

1997 年第 2 期

系统经济学的公理系统：三大基本原理

系统经济学的公理系统：三大基本原理

昝廷全

(一)世界最经济原理

W. J. Wessle 认为，经济学研究对稀缺资源配置的选择。正是由于资源的稀缺性 (Scarcity) 才导致了成本和边际分析。它们共同构成了经济学的基础。从广义上讲，所谓成本就是指所耗费的广义资源。我们把这种广义的成本称为广义代价。

经济系统的状态在时间上的连续更替即构成经济过程；经济过程的外在表现就是经济现象。我们总结出的世界最经济原理为：经济过程的广义代价 (M) 趋于最小可能值，即 $M \rightarrow \lim \text{Min}(M)$。

这里广义代价 (M) 是指所"耗费"的广义资源，这里"耗费"与"完全消耗"不同，例如，采用粗暴的方式进行矿产资源开发，虽然矿产资源的利用率极低，没有完全利用，但却可能导致无法再对该矿产资源开发利用，或者再开发费用昂贵。

根据经济学诺尔奖得主科斯的研究，人类社会之所以出现企业，其中一个重要的原因就是为了减少交易费用 (Tc)，根据系统经济学观点，交易费用显然属于广义资源的范畴。这样，企业的出现就变成了世界最经济原理的自然推论。

(二)社会福利原理

共同富裕是最根本的社会福利标准。西方国家每年公布的"贫困线"是保证最低的社会福利水平，其依据是人的最低生存需求。从系统经济学的角度看，人的需求可以划分为：(1) 基本生理需求，即基本生存需求；(2) 心理需求；(3) 有效需求；(4) 社会总需求；(5) 合法优惠需求。

用规定贫困线的方式来制订社会福利政策从本质上讲是完全平均的财富分配规范。不计其因素而单方面强调平均，往往要以牺牲效率为代价。

社会福利的本质是社会资源（财富）的分配问题。在错综复杂的各种社会经济关系中，局部与整体的关系和因果关系是两种最基本的关系形式，在社会财富的分配过程中这两种关系体现得十分明显：是否把财富按不同的份额分给不相同的人，这是局部关系；这样分配的结果，可能会影响人们的积极性和创造性，进而又影响财富的生产和创造，这是因果关系问题。

财富的分配涉及三个范畴：财富、经济元（需求主体）和分配规范。因此，提高人民生活水平和社会福利水平可以从以下三个方面着手：(1) 创造更多的社会财富。但在一定历史时期内社会财富总是有限的。(2) 控制人口，即控制财富的竞分者数量。因为资源有限，如果人口太多，无论如何分配都无法提高全社会的福利水平。(3) 完善分配规范。在财富和人口为既定的前提下，可以通过完善竞分规范来提高全社会的整体福利水平，维持社会的稳定与健康发展。

传统观点认为，只有将社会财富平均分配才能保证社会稳定。这种观点可能是基于这样的认识：社会财富太少，只有将社会财富平均地分配给大家，才能保证满足每人的基本生存需求（五种需求形式之一），社会才能稳定。这样做的结果是保护落后，牺牲了效率，不利于激发人们的创造性和积极性，进而影响社会财富的创造和生产。在社会财富充裕到一定程度之后，拿出其中的一部分平均地分配给那些不能自食其力的人们，用制订贫困线的方式保证社会最低社会福利水平是可取的，但把全社会的财富统进行平均分配，这在中国历史上肯定是不可取的。

为了使分配规范既合理又科学，首先必须承认社会和人们需求的多样性和层次性，不同的人（群）本身的需求就是不同的（基本生存需求除外），特别是心理需求差别更大。而且每个人对社会的贡献也是不同的。因此，平均分配既不利于财富的进一步创造和生产，也不能因人而异地满足大多数人的需求。从而，平均分配既不利于社会稳定，也不能使财富的创造走上良性循环。

比较合理和科学的分配办法是，不仅着眼于现有的有限财富的分配，而是更加关注这种分配效果是否有利于财富的进一步创造和生产，即对持续发展的影响，这里还涉及到激励机制的问题。不仅仅着眼于满足每个人的基本生存需求，而是更加关注因人而异地满足人们更高层次的不同需求，这种（下转第 216 页）

注：已收录《系统经济学探索》

泛系理论与经济系统的生克分析[*]

一

由于新技术革命浪潮的冲击，以及现代化社会的瞬息万变、复杂多样，传统的经济学理论和方法已不能完全适应，急需从研究的方法论层次上展开新的探索。我国学者首创的泛系方法论或泛系理论，已经广泛地应用于许多领域。若把它引入经济系统的动态分析，可以为现代经济学研究提供一条新的思路。

泛系方法论（pansystems metholdology，PM）也叫泛系理论或泛系分析，侧重关系、关系转化、泛对称与充分可观控建模的角度来研究一般事物机理与广义系统。我国著名科学家钱学森教授指出，泛系理论就是用现代数学的语言来表达一般系统的普遍规则。把泛系理论的观点、概念、原理、模式与方法用于研究复杂的经济问题，这种交缘性的探索就导致泛系经济学的诞生。广义的经济现象、经济行为和经济过程是涉及社会总投入与社会总产出、社会性交换、生产与消费等具有对策性的动态生克大系统。经济学研究的最终目的在于寻求合适的理论、方案或模型来观控这种特殊的大型泛系，我们称之为经济泛系（economic pansystems），使人们在分析、组织、预测与运筹经济泛系的动态泛结的时更加自由。

二

与本文有关的泛系概念包括 7 组 18 种，它们是：广义系统、转化、泛对称、12 种泛系关系、泛系显生、泛系框架与泛系强化。这 7 组概念可分别记为：$T(i)$，$i = 1, 2, ..., 7$。若采用元语言符多：I 表示析取，$:: =$ 表示递归定义，$V\{X(k) \mid k \to K\}$ 表示诸 $x(k)$ 的析取，则上述 18 种泛系概念可形式化地定义：①$T:: = V\{T(i) \mid i = 1, 2, ...7\}$。②$T(4):: = V\{R(i) \mid i = 1, 2, ..., 12\}$，这里 $R(i)$ 顺序为广义的关系：宏微、动静、局整、形影、因果、观控、生克、泛序、串并、模拟、集散和异同。③$T(1):: = (A, B)$，这里 A 叫做广义硬件，B 为广义软件。④$T(2):: = T(1)$ 的 $PR \mid$ 带参量的 $T(1)$。⑤$T(3):: = $ 相对的、近似的、广义的对称 $\mid$ 具有不同维数或变域参量的 $T①$ 之间的 $T②$ 或 $T④ \mid T(1)$ 的相对不变性或相容性 I 繁简关系 $\mid V\{R(i) \mid i = 1, 2, ...12\} \mid T(3)$。⑥$T⑤:: = $ 某些 T 相对优化的显化。⑦$T(6):: = T$ 网的缩影或其转化作为分析与运筹 $T(1)$ 的概念性参证框架。⑧$T⑦:: = $ 用某些网缩影或 PM 原理与方法来强化思维与运筹。

三

为了建立经济泛系的数学模型，需要借助泛语（panlanguage）的概念。所谓泛语，是指一类典型的广义系统。它是形式语言的推广，可以形式化地描述为 $S = (A, B)$,

*作者：昝廷全，1997 年手稿

$B \subset P(A^* \times W)$，这里 $A^* = \cup A \uparrow Ik$，$\{Ik\}$ 为某个给定的集族，W 为泛权集，$P()$ 为幂集算子，重要的种类有：

（1）泛权网(PN)：$B \subset A^2 \times W$；

（2）泛权场(PF)：$B \subset P(A^* \times W_1) \cup A \times W_2 \times W_3$；

（3）泛权场网(PFN)：$B \subset P(A^* \times W_1) \cup A \times W_2 \times W_3 \cup A^2 \times W_4$；

（4）泛权关系(PR)：$B \supset A^* \times W$；

（5）简化 PFN：B：$A \cup A^2 \to W$；

（6）简化 PR：B：$A^* \to W$，或 B：$D \to W, D \subset A^*$；

（7）n 元泛权关系：$B \subset A^n \times W$，或 B：$A^n \to W$；或 B：$D \to W, D \subset An$；

（8）分积式 PR：$A = \cup Ai, B \subset (nAi) \times W$。

泛语可以为各种各样的经济问题进行泛系建模，特别是泛权关系族和泛权场网族对有关的经济现象和经济过程，例如投入产出、国民经济宏观控制和微观经济学问题等，可以进行建模与模拟，所涉及的主要是一些简化的泛权场网族。

设 f：$nF_i \to W, g$：$nG_j \to W$ 为两个泛权关系，$D \subset F_i \cap C_m, Q_1$：$W \uparrow D \to W, Q_2$：$W^2 \to W$，$Q = (Q_1, Q_2)$，则定义一般的复合 fQg 或 $fQg(CD)$ 为 $fQg(X_i \mid i \neq 1, Y_j \mid j \neq m) = Q_1(f(x_{ij} \mid x_i = t)Q_2g(y_j \mid ym = t) \mid t \in D)$ 所表征的运算，对于泛权为布尔二值逻辑时，$f \subset nF_i, g \subset nG_{ij}$。退化的复合用小圈"。"代表 Q，这时有

$$f \circ g(CD) = \{x_i, y_i\} \mid i \neq 1, j \neq m\} \mid l \exists t \in D, (x_i \mid x_i = t) \in f, (y_j \mid ym = t) \in g\} \subset H = (\prod F_i) \times (\prod G_j), i \neq 1, j \neq m。$$ 由这种退化自然可诱导两种转化映射 f：$P(\prod G_i) \to P(H)$，和 g：$P(\prod F_i) \to P(H)$。

四

上面我们引进了泛语和泛权场网。复杂的经济系统行为可以用泛语、泛权场网来描述其生克问题。现实中的经济系统存在着大量的生克关系。经济系统往往是多个系统形成的泛系生克自动机，具体表现为多种资源的生产和分配的生克关系，例如协同、平衡、发展和决策等。经济系统还与政治、文化、历史和科学技术等互为泛环境关系。因此，又可成为更大的经济系统的子系统或部件。

经济系统的一种较为具体的泛系生克模型是泛系生克自动机，它是在具有多端输入输出的会诊自动机的输入输出中赋形生克因子的自动机。泛系生克自动机是研究经济系统的动态对策或微分对策离散化很适用的一种模型。对复杂的经济问题，可以赋以泛权。这里泛权可以是经济活动的强度和规模、物流、能源、货币流和信息等。一种典型的生克自动机的形式为：（输入，输出）×（生，克）。这正好描述了经济系统动态对策的普适性。经济系统的基本要求就是各个经济泛权之间生克关系的协调，提高泛权空间 W 的协调水平。

每一个具体的经济活动，都可以归结为不同经济利益集团在经济利益上的分享问题。不同层次的经济利益集团之间的关系，显然是一类典型的生克关系。我们根据各经济利益集团在经济利益分享上的顺序把它们分成不同的等级。设 G 为经济利益集团的集合，$f \subset G$ 表示经济利益集团之间相邻等级的经济利益关系，亦即 $(x, y) \in f$ 表示 Y 为比 X

高一等级的经济利益集团。设 $\theta\colon P(G^2)\to Es(G)$，$G=\cup G(de(f))$，则对各种 θ 和 G，或 X，$Y\in G$，具有下列相应的引申关系：①n 个等级经济利益集团的关系为：$\theta(f)=\varepsilon_1(f(n))$；②在经济利益分享上有直接联系的经济利益集团不超过 n 个等级，它(Ti)的关系可表示为：$\theta(f)=\varepsilon_1((I\subset f(n))$，③在经济利益分享上没有直接联系的利益集团的关系表示为：$\theta(f)=\varepsilon_1(f)$。这里 I 为幺关系，ε_1 为泛系算子。

我们现在研究经济系统的各种泛权关系：$f_i\colon G^*\to w_i$ 间的生克关系。用 $\varphi\colon \prod w_i\to w$ 来表征经济系统各泛权之间的综合生克指标，这里 $h=(f_i)$。$\varphi\colon G^*\to W$，设 $W=VP_k(d_k)$，$\delta=(h^{-1})|(k)$，则 $G^*=\cup S_k(d\delta)$，这时平权多元关系 $S_k(\subset G^*)$ 表征经济系统诸泛权关系 f_i 具有综合泛权 P_k 级的生克关系。综合泛权的各种级别可用来描述经济系统的协同与对应、相生与相克、优化与劣化、合理与不合理等的程度，它可作为评估和完善经济系统泛权关系 f_i 的依据。

五

根据上面的讨论不难看出，经济学的核心问题归根到底就是对稀有资源的对策性的价值运筹，实际上就是在动态约束条件下的多边生克关系问题。

设 G 为基域，它可以是所研究的经济系统的时空范围($G=T\times F$)，则基本场网为

$$f\colon G\cup G^2\to W$$

设运筹论域为一子区域 $D\subset G$，则相应的约束可表示为

$$C\colon f\subset \cap g_i$$

综合泛权映射表示为

$$I=I(D)\colon W\to M$$

优化指标为

$$m_0=m_0(D)\to M$$

若 M 为赋半序范线性空间，则 D 为优化的 $f=f_0$ 使得

$$\|m_0-1(f_0)\|=\min\{\|m_0-1(f)\||c\}$$

根据具体情况可以适当定义 f 与 f_0 之间的差距，以及由 f 到的 f_0 观控势。

设资源和经济场网分别为

$$fit\quad G\cup G^2\to w_i \text{ 和 } g_i\colon G\cup G^2\to w_j$$

并定义

$$I_{ij}=w_i\times W_j\to M_{ij}$$

这时有

$$r_{ij}=(fi,gi)_0 I_{ij}\colon G\cup G^2\to M_{ij}$$

若 M_{ij} 的泛权聚类水平为

$$M_{ij}=\cup M_{ijk}(d\theta_{ij})$$

并设

$$\delta_{ij}=r_{ij}{}^O e_{ij}{}^O r_{ij}^{-1}$$

则有

$$G\cup G^2=\cup E_{ijk}(d\delta_{ij})$$

这时在无泛权场网 $E_{ijk}(\subset G\cup G^2)$ 上表示资源和经济场网之间具有综合泛权 E_{ijk} 级的

协同运筹关系。另外，据此在经济分析的基础上，还可以具体判识人口增长与经济发展的协同程度。

参考文献

[1] 吴学谋. 一种新的科学探索——泛系分析. 深圳大学学报（自然科学版），1985；（4）.

[2] 钱学森. 进一步探索人体科学的途径. 中国气功. 1987；（3）.

[3] 昝廷全. 泛系生态聚类生克分析. 科学探索学报. 1989；（3）.

[4] 昝廷全、张志良. 泛学方法论在人口研究中的应用. 西北人口，1987（1）.

[5] 应宇、昝廷全. 我国价格运行的战略耗散结构模式. 社会科学讨论，1987（8）.

[6] 昝廷全. 生态系统熵论与西北开发. 西北开发探索文集（第二期）. 成都：四川科技出版社，1987.

[7] 艾南山、昝廷全. 泛系地理学与国土资源开发，国际自由控联（IFAC）1986 年《建模、决策与对策及其在社会问题中的应用》学术会议论文集（英文），1986.

1998

系统经济学研究：价值函数与等价交换原理

兰州大学学报（社会科学版）
1998, 26 (1)：59~63

Journal of Lanzhou Univ. (Social Sciences)
Vol. 26　No. 1　1998 P59~63

系统经济学研究：价值函数与等价交换原理

昝廷全

（暨南大学企业管理系教授，广州　510632）

内容摘要　本文首先提出了价值函数的概念，它是把不具有直接可比性的商品投影到某个具有可比性的价值系统的影射。利用价值函数的概念，本文提出了"等价交换原理"。作者认为，价值系统中的等价关系是商品交换的标准，使用价值的不同是交换的动机。由价值函数所定义的价值系统可以是一个纯粹的符号系统，价值量的大小就是货币。现行货币所对应的符号系统的数学结构是代数结构，未来货币所对应的数学结构可能是拓扑结构或序结构。

关　键　词　价值函数　等价交换原理　未来货币

中图法分类号　F014.3

1. 价值函数的定义和确定

随着人类社会出现劳动分工，不可避免地导致商品交换。为了进行商品交换，就需要一个交换的参考标准。我们知道，任何商品都具有价值和使用价值两个属性。在简单商品经济社会中，商品的使用价值是人们进行商品交换的目的，商品的价值是人们进行商品交换的标准。同一个商品对于不同的经济主体具有不同的使用价值。根据马克思的观点，商品的价值由凝结在商品中的社会平均必要劳动时间所决定。一般来说，不同商品的使用价值不具有可比性，而商品的价值具有可比性。

我们定义经济系统的价值函数为　价值函数：商品→价值

记 f 为价值函数，D 为商品集合，M 为价值集合，则价值函数可以写为

$$f: D \to M,$$

价值函数 f 是一个典型的二元关系，对于每一个商品 $x \in D$，有唯一的价值量 $y \in M$ 与之对应，记为

$$f(D) = \{f(x) \mid x \in D\} \subset M$$

这里 D 即为价值函数 f 的定义域，称为价值函数 f 的"形"，M 为价值函数的值域，称为价值函数 f 的"影"。因此，价值函数就是一种形影关系。

从数学上讲，一般二元关系是多多对应，而函数则是单值对应或多一对应。从经济实践可以知道，商品与价值的关系不可能是多多对应，而只能是单值对应或多一对应。也就是说，一个

* 收稿日期：1997-03-06.

注：已收录《系统经济学探索》

系统时代：从"规模经济"走向"系统经济"

暨南学报（哲学社会科学）
JOURNAL OF JINAN UNIVERSITY
(Philosophy & Social Sciences Edition)
第20卷 第2期
1998年 4 月
Vol. 20

系统时代：从"规模经济"走向"系统经济"

昝廷全 黄德鸿

提 要 本文首先论述人类社会已经进入"系统时代"，这自然要求经济活动从"规模经济"走向"系统经济"，进而详细论述系统经济的内容与特点，以及发展系统经济的基本步骤。作为案例分析，本文最后论述了深港经济衔接的基本思路。

关键词 系统时代 规模经济 系统经济 效应 步骤

一、引 言

美国著名未来学家托夫勒指出，人类自诞生以来先后经历了农业时代和工业时代，目前由工业时代转向信息时代。昝廷全在《系统经济学》第二卷中指出，人类社会已经进入"系统时代"。从"规模经济"走向"系统经济"是人类社会所面临的一个重要战略选择，它呼唤一种新的经济学范式。我们认为，这种新型的经济学范式就是系统经济学。

二、人类社会已经进入"系统时代"

托夫勒按照"技术决定论"，把人类的发展历史划分为三次"浪潮"。第一次浪潮是大约公元前8000年以前开始的农业革命，以农业部门和农业产品为主，形成了农业社会和农业文明；第二次浪潮是17、18世纪中期以后，因发明了蒸汽机而导致的工业革命，以工业部门和工业产品为主，所以叫做工业社会。第三次浪潮是从本世纪60年代后期开始，随着电子技术的发展，人类将由工业社会达到信息社会。

托夫勒用"信息社会"来描述第三次浪潮。美国社会学家丹尼尔·贝尔（Daniel Bell）当年首次使用"后工业社会"（Postindustrial Society）的名称来描述未来社会。也有人称人类正处在"电子技术社会"。尽管这些对人类历史划分和描述都具有一定的片面性，但它们确实从一个侧面反映了人类社会的演化特征，同时也揭示这样一个事实：人类社会已经进入了一个新的时期，人类正处在一个转折点上。

昝廷全在《系统经济学》第二卷中指出，人类社会已经进入"系统时代"。"系统"已经正在成为人类的一种基本生存方式和发展途径。人的本质特征之一就是"趋群社会性"，这

注：已收录《系统经济学探索》

规模经济的一般理论：中国范例

中国工业经济 1998年第4期　　　　　　　　　　　经济增长与发展

规模经济的一般理论：中国范例

昝廷全

　　规模经济(Economy of scale)是工业化时代"大量生产"的产物。其具体含义为，在投入增加的过程中，产出增加的比例超过投入增加的比例，产品的平均成本随着产量的增加而降低。其具体机制是，在投入增加的过程中，固定成本不变，总产量的提高可以降低单位产出的平均固定成本，这在一般情况下也就导致平均成本的降低。人们一般所说的规模经济是就企业而言的。熊贤良(1997)指出，应当区分规模经济的不同层次，进而采取相应的对策。他论述了企业规模经济，企业外部、行业内部的规模经济，有时又称作"地区集中化经济"(Localization economy)，多个企业一个地区集中所形成的规模经济，称作"城市化经济"(Urbanization economies)和国家层次上的规模经济。熊贤良的研究从理论上发展了传统经济学关于规模经济的理论，从实践上对我国如何发展规模经济具有现实意义。

　　本文根据系统经济学方法，在熊贤良(1997)等人工作的基础上，拟发展一套关于规模经济的一般理论，并简要论述它在我国经济实践中的意义，提出我国发展规模经济的系统对策。

　　1. 规模经济的一般定义

　　从本质上讲，规模经济是"系统经济效应"，或称为经济系统的"系统效应"的一种典型表现形式或实现方式(昝廷全、黄德鸿，1998)。所谓"系统经济效应"，我们是指以经济系统方式而进行的经济活动，它符合系统经济学的三大基本公理的要求，具体内容包括：(1)经济活动的广义代价趋于最小可能值(世界最经济原理)；(2)经济系统的社会福利水平趋于最大可能值(社会福利原理)；(3)经济系统的持续发展指标和耦合度指标不减(持续发展原理)。

　　传统经济学中规模经济的核心是为了节约生产成本。从系统经济学观点来看，其本质是为了满足世界最经济原理，这一般地也就导致经济系统的社会福利水平的提高，但与经济系统的持续发展没有固定的联系。根据经济系统的层次性特征，企业是一种特殊层次上的经济系统，在系统经济学中，我们把传统经济学关于规模经济的定义推广于所有经济系统，即任何经济系统都存在一个规模经济问题。我们给出规模经济的一般性定义如下，所谓经济系统的规模经济，我们是指经济系统在制度环境、制度安排和投入要素质量不变的情况下，仅仅增加投入要素数量的过程中，产出增加的比例超过投入增加的比例，单位产品的平均成本随产量的增加而降低，这个定义不仅适用于企业，而且适用于任何其他经济系统，如区域经济系统、国家经济系统、农业经济系统和工业经济系统等。由此不难看出，企业规模经济是我们关于规模经济的一般定义的一个特例。

　　在上述规模经济的定义中，"制度环境、制度安排和各投入要素质量不变"是一个重要的前

注：已收录《系统经济学探索》

关于我国企业兼并的几个理论问题：系统经济学分析

《管理世界》双月刊
1998 年第 5 期

关于我国企业兼并的几个理论问题：系统经济学分析

昝廷全

1.兼并企业经济系统的形成问题

企业通过兼并，可以形成具有新型产权关系的"兼并企业"，但它是不是严格系统经济学意义上的经济系统呢？这就意味着能不能兼并的前提。也就是说，只有当新形成的兼并企业是一个严格意义上的经济系统时才能考虑这种企业之间兼并的可能性。因为，只有当兼并企业是一个经济系统时才可能产生系统经济效应。

根据系统经济学观点，经济系统的各经济元之间不仅具有一定的经济联系，更重要的是，这些经济联系的强度相对于其目标而言使其具有整体性。兼并企业的整体性相对于其产品生产和产品的市场竞争力而言。

从企业发展的战略目标上讲，一般是从"单一产品"到"相关多元化"，再到"不相关多元化"，我们认为，只有到"单一产品"的有效市场容量达到饱和时，企业才能向多元化发展，不论是相关多元化还是不相关多元化，都应当符合各"元"之间的经济联系相对于其目标而言都具有整体性，有些企业之间的兼并尽管可以实现多元化经营的战略目标，但应不应当兼并要根据上述标准来判定。

另外一个重要的方面是"组织整合"问题，在企业兼并之前，每个企业都有自己的管理模式和组织结构，在企业兼并之后，原有企业的管理模式和组织结构在新形成的企业中能不能"兼容"、能不能进行"组织整合"，这些都是兼并企业经济系统的形成问题，也是进行企业兼并所要考虑的首要问题。

2.系统经济效应问题

根据系统经济学观点，从企业的角度来讲，企业兼并的目的是为了实现系统经济效应。所谓系统经济效应，是企业以经济系统的方式进行经济活动更加符合系统经济学的三大基本公理。这三大基本公理是：(1)世界最经济原理：经济活动的广义代价应为最小可能值。(2)社会福利原理：经济系统的社会福利水平趋于最大可能值。(3)持续发展原理：经济系统的持续发展指标和耦合度指标不减。

根据世界最经济原理，兼并企业应当发生"成本节约"(Costsaving)，即兼并企业的总成本要小于兼并前每个企业成本之和，从效益的角度来讲，就是亚里士多德所说的"整体大于部分之和"。设兼并企业的效益为S，兼并前每个企业的效益为S_i(i=1,2...n)，则根据世界最经济原理应有 $S > \sum S_i$，如果用△表示由于兼并所产生的系统经济效应，则有 $\triangle = S - \sum S_i$。

为了使不同层次和不同类型的经济系统的系统经济效应具有可比性，我们引进"系统经济效应水平"的概念，并定义为系统经济效应与经济系统的总效益的百分比，

用 ρ 表示，则有 $\rho = \triangle / S \times 100\%$。

从这个意义上讲，兼并企业的系统效应水平越高越好，但不论如何，不能为负，也就是说，$\rho > 0$ 是进行企业兼并的基本条件。

企业兼并如果满足了世界最经济原理，也就自动地满足了社会福利原理的部分要求，兼并企业的效益的提高有利于其社会福利水平的提高。当然，社会福利水平的提高不仅与兼并企业的效益有关，还与其收入分配有关，设 S_w 表示社会福利水平，则社会福利原理对企业兼并的约束为 $S_{w\text{兼并后}} - S_{w\text{兼并前}} > 0$。

兼并企业的持续发展主要包括两个内容，其一是持续发展问题，主要包括资源的代际配置和积累与消费的比例（即最优积累率）问题；其二是耦合度问题，即兼并企业的经济过程与生态过程的耦合程度问题。这有三种情况，一是兼并企业的经济过程与生态过程完全没有重叠，即耦合度为0。这是人们最不希望看到的情况。二是兼并企业的经济过程与生态过程完全重叠，即耦合度为1，在这种情况下，兼并企业的生产与生物链循环完全重叠，是一种没有"废料"的生产。这是一种理想情况，在现实中一般很难实现。三是兼并企业的经济过程与生态过程部分重叠，即耦合度大于0小于1，在现实经济生活中所发生的基本上都是这种情况。兼并企业为了实现系统经济效应就要尽量提高其耦合度指标，设 I_s 和 I_c 分别表示持续发展指标和耦合度指标，则持续发展原理对企业兼并所提供的约束为 $I_{s\text{兼并后}} - I_{s\text{兼并前}} > 0, I_{c\text{兼并后}} - I_{c\text{兼并前}} > 0$。

3.特征尺度（规模经济）问题

当前，我国的大部分企业规模偏小，没有达到规模经济所要求的规模"值"，因此，我国当前所进行的企业兼并的一个重要目标就是通过兼并实现兼并企业的规模经济效应。规模经济是工业化时代"大量生产"的产物，笔者(1988 年)给出了规模经济的一个一般化定义，所谓经济系统的规模经济，是指经济系统在制度环境、制度安排和投入要素质量不变的条件下，仅仅增加投入数量的过程中，产出增加的比例超过投入增加的比例，单位产品的平均成本随产量的增加而降低。

从企业兼并的操作意义上讲，首先要确定各个产业和各类型企业产生规模经济效益的规模"值"，只有没有达到规模值的企业之间才有可能进行兼并；而对于已经达到或超过其规模值的企业之间不应当进行兼并。

根据系统经济学观点，规模经济过程的原因和极限都源自于经济系统的特征时空尺度。经济系统的特征时空尺度是我们在发展系统经济学的过程中提出的概念，它是指

—211—

注：已收录《系统经济学探索》

亚洲金融危机透视及相应对策

《东南亚研究》1998.2　　　　　　　　　　　　SOUTHEAST ASIAN STUDIES

亚洲金融危机透视及相应对策

黄德鸿　　　　翁廷全

【内容提要】今年七月由泰国所爆发的金融危机在短短几个月内逐步演化为一场亚洲金融危机,某引起了世界各国的极大关注。本文利用系统经济学的思想方法对这场金融危机从实物经济与符合经济的角度以及区域国际经济系统的系统性风险两个方面进行剖析,在此基础上提出了对我国防范金融危机的有点启示。

一、亚洲金融危机与欧美国家的不同反应

今年七月以来,泰国货币开始大幅度贬值。10月30日,泰铢与美元的比价跌至40泰铢兑换1美元,创历史最低点,迫使泰国政府不得不出面干预,从而爆发了一场金融危机。

泰国金融危机象传染病一样很快引发了东南亚诸国加印度尼西亚和马来西亚等国家货币的大幅度贬值,人们称之为东南亚金融危机或东南亚金融风暴。

针对东南亚的金融危机,国际货币基金组织和有关国家召开专门的会议讨论决定向这些国家有条件地提供巨额美元贷款,以支持这些国家稳定金融市场,我国提供了20亿美元的贷款支持。

就在东南亚金融危机还没有任何好转的同时,日本山一证券公司正式宣布"自主废业",由此引起了日本经济在长期运行中所积累的一些潜在危机的爆发,进而导致日本金融也进入了危机状态。

这些潜在的危机以往被经济的高速增长所掩盖了。

11月17日,韩国政府金融改革法案未获通过,韩圆对美元的比例猛开为1000:1,20日又继续上开为1139.1:1。这一天,人们狂抛韩圆,抢购美元和黄金,金价在一天之内上涨了10%。至此,韩国政府也宣布韩国陷于金融和财政危机状态,并正式向国际货币基金组织提出需要200亿美元的援助。于是,由泰国经济危机而引起的东南亚金融危机又演化成了亚洲金融危机。

针对亚洲金融危机会不会拖累全球的问题引起了世界各国的极大关注。美国总统克林顿表示,此种情况可能会减缓全球经济增长,必须"严肃以待"。白宫首席经济顾问艾伦11月24日表示,亚洲经济动荡将使美国明年的贸易逆差扩增,导致美国1998年经济增长减缓"几个到十分之一"的百分点。

但是,欧洲对这场金融危机的反应与美国量新不同。欧洲联盟(EI)经济事务委员席尔吉在巴黎表示,欧盟与亚洲贸易量稀少,亚洲市场委缩对欧洲经济无重大冲击。法国财政部长史特劳斯卡恩11月24日强调,亚洲经济危机不会对法国有任何负面影响。法国银行(央行)总裁崔其特也表示,目前的亚洲金融风暴将不至于对欧洲景气循环产生重大影响。

在东南亚各国货币受到金融风暴影响而纷纷贬值之后,人们正在关注这场金融危机会不会波及中国、人民币会不会受到贬值的压力等问题,对此,中国人民银行和国家统计局有关官员表示,中国外汇储备充足,人民币汇率稳定,并未受到任何贬值的压力。

亚洲这场金融危机会不会波及中国?或者说,为什么没有波及中国?到底会不会拖累全球?为什么美国和欧洲的观点南辕北辙?针对这些问题,我们利用系统经济学的思想方法,对亚洲这场金融危机进行透视,剖析其产生的原因和传播的机制。

4

注：已收录《系统经济学探索》

1999

简析全球化思潮
系统经济学的对象与内容
关于竞争力研究的几个基本问题

简析全球化思潮*

摘要：文章对经济全球化思潮的概念、表现形式和作用机制及其对策进行了探讨，指出当前世界经济的全球化趋势是一种重要的社会思潮。

关键词：经济全球化；表现形式；作用机制；对策

按照社会思潮的定义，它是指在特定的环境中，反映人们的某种利益要求并对社会有广泛影响的思想趋势和倾向。因此，当前世界经济的全球化趋势是一种重要的社会思潮。本文拟就经济全球化思潮的概念、表现形式和作用机制及其对策逐一进行初步探讨。

一、经济全球化思潮的概念

1997 年 7 月源于泰国的金融危机，后来演化成一场亚洲金融危机，并逐渐对全球经济产生重要的影响，是当代经济全球化的一个现实例证。

经济全球化的技术性条件是资讯、信息传输和处理以及交通工具的发达，其经济背景是全球性的人口、资源与环境等问题的日益尖锐突出。人口问题的出现是因为资源有限；环境问题的提出是因为对于资源的滥用；经济问题的中心议题是对稀缺资源的优化利用。在这种时代背景的感召下，各种各样的人口、资源与环境方面的研究机构与研究计划应运而生。所有这些都说明经济全球化是对整个人类社会产生重要影响的一种思想倾向和趋势。

按照系统经济学观点，全球经济系统形成的标志应当是世界各国之间的经济联系的强度足以使其具有了全球尺度上的整体性和共同目标，并依此来律定每个国家的经济行为。对于全球经济系统而言，每个国家都是它的一个经济元。全球经济系统尚未形成，而正处于向它演进过程中。这也正是经济全球化概念的内涵。

经济全球化的集中和典型表现就是金融的全球化，以及由此导致的金融不稳性等。

二、经济全球化的表现形式和作用机制

经济全球化趋势的典型表现形式可以分为以下三种形式。

第一种情况是由于在全球范围的资源配置所导致的全球性问题，具体来讲，是由于地区和国家之间的经济发展水平所造成的。由于欠发达地区和国家的经济基础、技术水平相对落后，在很大程度上只能靠向发达地区和国家出卖原材料和初级能源以发展经济。这样势必造成越是落后的地区和国家，资源开采程度越高，环境破坏越严重。另外，对于发达地区和国家来说，它们具有充足的资源购买力，可以相对较少地开采本土上的资源，对本土环境的破坏程度相对较轻。这就是说，发达地区和国家的经济发展在某种

---

*作者：昝廷全，原载《南方经济》1999 年第 2—3 期

程度上是以欠发达地区和国家的环境破坏为代价的。这类环境反馈需通过国际谈判，建立全球性生态意识和生态伦理规范才能解决。

第二种情况是世界上某一个地区发生的某种经济事件"通过不同国家和地区之间的经济联系"迅速向全世界传播并对全球经济产生广泛影响，发生于 1997 年的亚洲金融危机事件"的传播及其产生影响的情况就属于此类现象。亚洲金融危机是一种具有地区特征而颇具全球影响的金融危机。现在我们从实物经济与符合经济的背离和区域国际经济系统的系统性风险两个方面对亚洲这场金融危机进行剖析。我们知道，一个国家经济的发展和社会福利水平的提高最终取决于它所创造和拥有的社会财富，即商品和服务。但是，现代经济都是货币经济，对货币的依赖性极高。自从货币转化为生息资本开始，再加之它的证券化就使得金融流通过程独立化，游离于物质再生产过程而具有自身的变化规律，与实物经济相对地形成了一个符号经济。实物经济与符号经济之间的背离是许多经济问题产生的根源。泰国金融危机主要是因为巨额房地产投资而形成的泡沫经济，致使房地产价格膨胀，最终导致泡沫经济破灭。其触发点是国际投机资本操纵股市、汇市，在投机中牟取利益，最终导致货币贬值。

从组织水平上讲，亚洲金融危机属于区域国际经济系统的范畴。这个系统中一个国家发生了金融危机之所以能够引发其他国家的金融危机，是因为他们之间存在着"经济联系"。正是国家之间的这些"经济联系"充当了金融危机传播的通道。它主要包括跨国投资、国际贸易、外汇体制和经济信息等，甚至还包括价值观念。总之，国际经济联系应当有利于不同国家之间的优势互补，提高系统经济效益，实现区域国家经济社会的持续健康发展。但是，由于国际经济系统发展的不成熟，就使得国家之间这种经济联系往往又充当了风险与危机的传播通道，进而产生了区域国际经济系统的系统性危机。

根据上面的论述，对于亚洲这场金融危机，关国和欧洲具有不同的看法是完全可以理解的。欧洲和亚洲之间的国际贸易量稀少，或者说，它们之间的"经济联系"相对较少，亚洲金融危机不具备传播到欧洲的通道和途径。所以，欧洲认为，亚洲金融危机不会对欧洲经济产生大的冲击。与欧洲的情况不同，美国与亚洲诸国的经济联系密切，亚洲金融危机自然也较容易传播到美国，进而对美国经济产生影响。

上述观点还有助于解释为什么新加坡在这场金融危机中受影响相对较小。从数量上讲，新加坡出口额相当于其国内生产总值的两倍，出口额很高但它的出口30%是对美出口，20%是对欧盟的出口，对马来西亚出口占 12%，对日本出口占 7%，对中国和中国香港地区出口占 6%可见，它的出口以美国和欧盟国家为主，而且大部分对亚洲的出口又是对美欧的再出口。因此，亚洲对它的影响不大，再加上新加坡银行经营稳健和金融体制牢固等，就使得新加坡在这场金融危机中影响相对较小。

第三种情况是由于不同国家之间的经济联系的非线性特征所导致的"时滞"（time-delay）现象和"蝴蝶"效应。

一般地讲，全球经济系统会对发生于某一国家或地区的某种"经济事件"产生反馈作用（即发生响应），这种反馈作用具有两种典型形式：瞬时反馈和积分反馈。前者指经济系统对"经济事件"的同时反馈，后者指经济系统对经济事件的积分反馈。一般来讲，经济系统的反馈滞后于经济事件。但是，随着人类作用的规模、强度和速率的增加，经济系统反馈的滞后周期有缩短的趋势。但是，不管怎样，"时滞"的存在是我们制订经济政策和法规时必须重视的一个问题。有些政策和法规刚出台短期内可能会产生好的效果，但其"滞后"的不良影响可能比短期内的效果要大得多。有时候为了解决某些眼前的经济问题而采取的某些措施可能会在"时滞"后产生更为严重的新问题。亚洲金融危机刚刚爆发时，国内就有学者认为，我国具有充足的外汇储备，所以东南亚危机不会对我国产生影响，这就有点像一个比喻一样：街上正流行感冒，我家有很多感冒药，所以不会被传染感冒一样，这显然是忽视了"时滞"的存在，到现在为止再也不会有人这样认为了。

从局部与整体的关系上讲，经济系统对"经济事件"的反馈不仅仅可以发生在"经济事件"的作用点上，而且可能因"经济事件"的局部作用引起全球经济状况发生变化，这种现象被人们形象地描述为"蝴蝶效应"：巴西上空一只蝴蝶扇动翅膀可能在北京引起旋风。例如，亚洲金融危机对全球经济产生的广泛影响等。

三、经济全球化的对策

经济全球化属于全球性的问题，其对策也只能在全球层次和全球规模上寻找。根据系统经济学观点，不同层次的系统具有不同的特征尺度，设 $L_i(i = 1, 2, \cdots, 6)$ 分别表示家庭经济系统、企业经济系统、产业经济系统、区域经济系统、国家经济系统和全球经济系统的特征尺度，则有

$$L_i < L_{i+1}(i = 1, 2, \cdots, 5)$$

因此，经济全球化所涉及的空间范围和时间尺度比任何层次的经济系统都要大，这就为经济全球化对策提供了基本的时空框架。

面对经济全球化的趋势，必须创设适宜于全球化研究的有关概念、理论与方法（或者按照库思的说法称为科学范式），从而奠定共同的行动基础，并有助于达到对于责任和机会的更好地了解。其具体对策可以概括为以下几点：①促进对左右经济全球化的复杂动因的科学理解和认识；②不断努力研究、探索和预测经济全球化的进程与规律；③确定大范围的社会经济战略以防止或减轻经济全球化的不利影响，或适应已经无法避免的变化；④分析对付经济全球化、促进全球经济的可持续发展目标的实现的政策方案。

面对经济全球化思潮，我国特别应注意以下两个方面的问题：

第一，要正确处理好实物经济与符号经济之间的关系。尽管符号经济是为实物经济服务的，但是符号经济的发展对于实物经济的发展具有重大的促进作用，而且符号经济的发展水平是一个国家国民经济发展水平的标志。问题关键在于要正确处理好它们之间的关系，规范符号经济的运作，避免过度投机这是我国目前加快金融体制改革应特别注意的问题。

第二，在不断扩大对外开放的同时，认真识别哪些国际经济联系是风险和危机的传播通道，以便及早采取预防措施。对外开放是我国的一项基本国策。要提高对外开放的质量必须认真识别哪些国家经济联系容易引起经济危机和风险的传播，或者说，当这些联系达到什么强度时容易充当危机和风险的传播通道。以便提前组织力量建立国民经济危机与风险的预警监测和预警预报系统，保证国民经济的持续发展稳定和健康向前发展。

系统经济学的对象与内容

所谓系统经济学，指利用现代系统科学的思想方法和中国古典哲理的精华，如生克思想等，去研究经济过程"资源→生产→分配→交换→消费→环境→资源"当中的人与人、人与自然之间的关系，揭示经济系统的形成和泛化规律。

系统经济学的研究对象是经济系统。经济系统是由经济元和它们之间的经济关系构成的整体。经济元指具有一定功能的所有组织水平上的经济实体，在不同情况下它可以是个人、家庭、企业、地区、国家甚至整个人类。

系统经济学的主要内容，亦即其理论框架，主要包括三大基本公理：最经济原理、社会福利原理和持续发展原理。世界最经济原理，即经济现象的自然过程和社会过程的广义代价趋于最小可能值，它是支配自然过程和社会过程的统一规律。社会福利原理，即社会经济活动应以提高全社会的社会福利水平为目标，创造尽可能多的社会财富，按照供求关系的优惠性或按对社会系统的观控权对人群进行分类，制定合理的规范，将财富在不同类型的人群（阶层）之间进行分配，以保证社会福利的不断提高。持续发展原理，经济活动和经济过程要以不降低经济系统的持续发展水平和不损害人类的生存环境为前提，社会经济的发展应以不降低持续发展指标和耦合度指标的数值为前提，并逐步建立和完善资源的配置和利用规范，努力做到定性分析与定量研究相结合，使之具有一定的可操作性。

系统经济学顺应时代的发展，以当代中国的经济实际为背景，是研究中国经济问题的较为适宜的经济理论。

（作者：昝廷全.竹青摘自《经济学动态》1996 年第 10 期）

关于竞争力研究的几个基本问题

企业经营与管理 1999 年第 3 期 中国工业经济

关于竞争力研究的几个基本问题

昝廷全　赵　淼

竞争力的概念作为一个专业术语，最早是以国际竞争力的形式进入学术研究领域的。国际竞争力的研究是由总部设在日内瓦的世界经济论坛(简称 WEF)与瑞士洛桑国际管理开发学院(简称 IMD)从 1980 年开始联合倡导并率先进行研究的。他们于每年的 9 月 1 日(1986,1989~1994)在瑞士洛桑发布各国国际竞争力的评价结果。从 1995 年开始，WEF 和 IMD 分别使用各自设定的评价指标体系发布国际竞争力报告。目前，此项研究已经受到各国政府的普遍重视，成为世界热点问题之一。在 WEF 和 IMD 进行的世界各国国际竞争力年度评价和分析研究报告的影响下，关于竞争力的研究已经成了我国学术界和实业界讨论得较多的热点之一。但由于在我国竞争力概念提出的时间还不长，可以经常见及混淆企业竞争力和国家竞争力的论述等。本文拟采用系统经济学方法对竞争力研究的若干基本问题进行初步探讨，以期深化关于竞争力的理论研究，探索提高竞争力的有效途径。

一、竞争力的一般定义

一般地讲，所谓竞争力，是指一个行为主体与其他行为主体竞争某种(些)相同资源的能力。因此，竞争力与以下三个方面有关：

1. 一个行为主体(a_i)的竞争力(Fa_i)不仅与自身有关，还与参与资源竞争的其他行为主体(a_j,$j\neq i$,$j=1,2,\cdots,m$)有关，包括其他行为主体的数量、类型、特征和能力等有关。例如，对于一个企业的产品竞争力来讲，如果生产同种产品的其他企业的数量较少，市场营销能力较差，则该企业的产品竞争力就较高，反之则反。

2. 竞分规范。从上面的定义可以看出，竞争力是一个与博弈论有关的概念。任何竞争行为都是在一定的竞分规范(游戏规则)下进行的。竞争力可以分为相同竞分规范下的竞争力和不同竞分规范下的竞争力两种情况。

(1)相同竞分规范下的竞争力。假设在某种竞分规范(g)下，竞分者 a_1,a_2,$\cdots$,a_m 的竞争力的大小分布为 $Fa_i > Fa_{i}+1(i=1,2,\cdots,m-1)$，则在另一种竞分规模(假设为 g')下，其竞争力大小分布一般来说会发生变化而不再满足 $Fa_i > Fa_{i}+1$，甚至刚好倒置，即满足 $Fa_i < Fa_{i}+1(i=1,2,\cdots,m-1)$，一般情况下也许变得不再满足这种简单的表达式。因此，竞争规范的变化可以导致竞争力大小分布的变化。

(2)不同竞分规范下的竞争力。公平的竞争应当是同一规范下的竞争。但是，现实经济生活中大量存在不同竞争规范下的竞争，特别是目前我国处于转制时期，不同竞分规范下的竞争尤为突出，双轨制问题和二元经济问题等都是这类现象的典型表现形式。我以前在讨论企业兼

— 71 —

注：已收录《系统经济学探索》

2000

资源位理论及其政策启示
资源位的组成及其相互关系研究

资源位理论及其政策启示

经济热点　　　　　　　　　　　　　　　　　2000年第9期　中国工业经济

资源位理论及其政策启示

昝廷全

内容提要　本文论述了资源位理论的基本思想,提出了资源位理论的分类系统,特别论述了存在资源位(实际资源位和潜在资源位)与非存在资源位。在此基础上,提出了相应的对策建议。

关键词　资源位　广义资源　实际资源位　潜在资源位

一、资源位的概念

从投入产出的角度来讲,传统经济学通过效用最大化对经济系统的产出进行了较为详细的研究,而对经济系统的广义资源投入并没有进行深入细致的研究。在传统经济学中,人们是从产出的角度,根据不同的投入和不同的投入水平的产出的差异来研究广义资源投入的,并没有对经济系统的广义资源本身进行认真研究,这是由传统经济学中经济过程的局限性所造成的。在系统经济学中,昝廷全(1992,1995)把经济过程从传统的只包含"生产→分配→交换→消费"四个环节的非闭路循环扩展为包括"资源→生产→分配→交换→消费→环境→资源"六个环节的这样一个闭路循环。这样,我们就可以把可持续发展问题内生在经济理论中,而不是将其作为经济理论的外在约束。著名系统哲学家拉兹洛最近指出,人类社会目前面临三大问题:一是全球化问题,尤其是金融全球化;其二是和平与发展问题,南北半球主要面临发展问题,东西半球主要面临战争与和平问题;三是可持续性发展问题,主要是指人类在地球上生存与发展的可支持性条件。因此,可持续发展是经济学研究所必须面临的一个时代性课题。通过引进资源位概念,我们将经济学与可持续发展建立起联系。

资源位的概念与昝廷全和朱立新(1988)提出的自然资源的竞分三故原理密切相关。昝廷全和朱立新把自然资源的开发利用划分为三大范畴或三大故:资源、竞分者和竞争规范。这里的资源指广义资源,是自然资源概念的引伸与推广,包括自然资源、人力资源、信息资源、科技资源、时间(机会)与空间资源等。从形态上划分,广义资源可以划分为硬资源、软资源两部分,即:广义资源=({硬资源,软资源},{软、硬资源之间的关系})。这里,硬资源是指客观存在的,在一定的技术、经济和社会条件下能被用来维持生态平衡、从事生产和社会活动并能形成产品和服务的有形物质,还包括不需要加工就可被人类直接利用的客观物质,如空气等。显而易见,自然资源、能源等都属于硬资源的范畴。软资源包括知识资源、科技资源、信息资源等以人类智能为基础的资源。软资源对硬资源的开发利用具有决定性的作用,这个作用的结果又反馈于整个广义资源系统。从某些方面来讲,硬资源是被动的,软资源是主动的,硬资源的作用需要软

* 教育部人文社科"九五"规划专项课题(99JD790009)。

注:已收录《系统经济学探索》

资源位的组成及其相互关系研究

资源位的组成及其相互关系研究

一、引　言

从经济系统的投入产出的角度来讲，传统经济学通过效用最大化偏向于对产出的研究，而对作为经济系统投入的广义资源没有进行深入细致的研究。造成这种情况的主要原因之一就是，传统经济学所研究的经济过程是只包括"生产→分配→交换→消费"这四个环节所构成的非闭路循环。在系统经济学中，把经济过程扩展为包括"资源→生产→分配→交换→消费→环境→资源"这六个环节的闭路循环。这样，我们就可以把可持续发展问题内生在经济理论中，而不是将其作为经济理论的外在约束。受生态学中生态位概念的启发，提出了资源位的概念。根据资源位的定义，在广义资源空间中，能够被某经济系统实际和潜在利用、占据或适应的部分，就称为该经济系统的资源位。

设 $G=\{g_i|i=1,2,\cdots,m\}$ 为不同经济系统组成的集合，$R=\Pi R_i$ 为广义资源空间，即由广义资源因子所撑起的高维空间，经济关系 $f \subset R \times G$，则对经济系统 $g_i \in G$ 来讲，$f \cdot g_i$ 即为经济系统 g_i 的资源位数学模型。在广义资源空间的其余部分，即不能被该经济系统实际和潜在利用、占据或适应的部分，称为该经济系统的非资源位（non-resource niche）。

二、资源位的组成

资源位的存在和被利用具有时空特征。对于某一经济系统 X，存在于一定空间（S）和时间（T）内的资源位称为存在资源位（existing niche，EN）。实际资源位（actual niche AN）是指被经济系统 X 实际利用或占据的存在资源位。存在资源位如果只被经济系统 X 所利用，叫做经济系统 X 的 α-实际资源位（alpha actual niche，α-AN）。若存在资源位被经济系统 X 同时也被其他经济系统所利用，称为经济系统 X 的 β-实际资源位（beta actual niche，β-AN）。在存在资源位中，那些没有被经济系统 X 所利用的部分叫做经济系统 X 的潜在资源位（potential niche，PN），其中，既没有被经济系统 X，也没有被其他经济系统所利用的，称为经济系统 X 的 α-潜在资源位（alpha potential niche，α-PN）。没有被经济系统 X，但被其他经济系统所利用的部分，叫做经济系统 X 的 β-潜在资源位（beta potential niche，β-PN）。在空间（S）和时间（T）内不存在的资源位，称为经济系统 X 的非存在资源位（non-existing niche，NEN）。

资源位的组成及其相互关系可由图1来描述。

注：摘载《数量经济技术经济研究》2000年第11期。

注：已收录《系统经济学探索》

2001

技术创新原理与创新制度安排*

技术创新和制度创新是我国实现经济增长方式转变的两个密切相关的重要环节。技术创新有利于提高经济系统的生产能力，改善经济系统的产业结构，实现经济的持续发展。西方经济学就是在考虑了技术因素之后而形成了宏观动态的经济增长理论。经济制度虽然小能提高经济系统的生产能力，但却可以左右和影响其能力的发挥，是决定经济人行为和系统效率的一个重要因素。不仅如此，经济系统的制度安排还直接影响经济系统的技术创新活动。本文首先论述技术创新原理，然后讨论技术创新与制度安排之间的关系，最后根据技术创新原理简要论述我国技术创新中存在的问题及相应的对策。

一、技术创新原理

从一般意义上讲，"发明"（invention）是"创新"（innovation）的基础。当一个构思在实验室被证实是可行的时候，人们就称之为"发明"；而只有当它能够以适当规模和切实可行的成本稳定地加以重复生产的时候，发明才转变为创新。有些创新属于基础性创新，可以创造出一个全新的产业，如飞机、电话和数字电脑等，有些创新使既有的企业发生重大转变，如集成电路的发现。

技术的发明和创新分别称为技术发明和技术创新。类似地，制度的发明和创新分别称为制度发明和制度创新。对于技术创新而言，由于所发明的技术的性质不同，其所经历的时间长短也不同。典型的基础创新，从发明到发展成熟往往需要 30 年的时间。1903 年，莱特兄弟在美国北卡罗来纳州发明了简陋的飞行器，证实了动力飞行是可行的，但是又过了 30 年，人们才发展出服务大众的民航业务。

熊彼特在本世纪 30 年代就开创了对于技术创新的研究，并提出了被后人称之为熊彼特假设的著名论述，即技术创新主要发生在具有垄断性质的大型企业之中。但是，一直到 60 年代末和 70 年代初，西方主流经济学家一直漠视技术进步在经济发展中的作用。70 年代以来，人们利用结构完善的市场理论来解释经济现实时越来越不如意。传统的市场理论是在技术和制度作为既定假设前提条件下发展出来的。于是人们开始把技术和制度作为经济学的核心变量进行研究，并分别形成了经济增长理论和制度经济学派。

尽管经济学家和公众已经认识和日益重视技术及其创新在经济发展中的作用，但是，到目前还没有关于技术创新的一般理论。根据系统经济学观点，经济系统具有层次性。按照组织水平的不同，可以把经济系统划分为家庭经济系统、企业经济系统、区域经济系统、国家经济系统和全球经济系统。熊彼特的技术创新假设是针对企业层次的经济系统而言的。英国经济学家弗里曼（Freeman）于 1988 年提出了"国家创新系统"的概念。本文提出的技术创新原理适合于任同层次和任何性质的经济系统，既适合于家庭

*作者：昝廷全，原载《企业活力》2001 年

经济系统、企业经济系统、区域经济系统、国家经济系统和全球经济系统，也适合于按行业划分的工业经济系统、农业经济系统和金融经济系统等。

任何技术创新都需要一定的时间和空间。一般来讲，影响深远的和基础性技术创新需要的时间长，涉及范围广；影响时间短的和非基础性技术创新需要的时空范围小。从另一方面来讲，根据系统经济学观点，高层次经济系统的特征时间尺度和特征空间尺度大于低层次经济系统的特征时空尺度。我们认为，经济系统所"应当"从事的技术创新项目与经济系统的特征时空尺度有关，并将其总结为经济系统的技术创新原理。

技术创新原理：经济系统选择的技术创新项目所需要的时间尺度和所涉及的空间范围应当与经济系统的特征时间尺度和特征空间尺度相匹配。

应用技术创新原理有两个关键：一是确定经济系统的特征时间尺度和特征空间尺度。这可以根据系统经济学原理通过实证分析来求得。二是确定具体的技术创新项目在理想条件下所需求的时间尺度和所涉及的空间范围。

在系统经济学中，按照组织水平的不同，我们把经济系统划分为家庭经济系统、企业经济系统、区域经济系统、国家经济系统和全球经济系统。如果将来人们发现在地球以外的星际空间也存在经济活动的话，则与之相应地还有星际经济系统。对于每个层次的经济系统都存在技术创新的问题，在此仅论述企业经济系统的技术创新。

在市场经济条件下，企业作为生产产品和提供服务的经济主体，它的目标就是追求最大经济利益。应用新技术可以给企业带来暂时的市场垄断（称为动态垄断）。企业对研究与发展（R&D）的投入和采用新技术的动力主要来自于对动态垄断下未来的预期的最大经济利益的追求。我国国民经济中生产活动发生在各种各样的企业经济系统之中，从最小的单人业主制典型小企业到支配经济生活的大型企业集团。这些大小不同甚至是大小极为悬殊的企业在技术创新项目的选择上存在巨大的差异。根据系统经济学观点，一般来讲，大企业的特征尺度要大于小企业的特征尺度。根据技术创新原理。大企业适宜于选择需要时间长、涉及空间范围广的技术创新项目，而小企业适宜于选择需要时间短、涉及范围小的技术创新项目。这就说明了为什么像 IBM，NEC 和 National 等国际大公司都拥有自己的 R&D 中心，而一般的小公司则没有。

二、技术创新与创新制度安排

技术创新原理指明了每种经济系统应当从事什么样的技术创新。但是，技术创新的实现还有赖于创新制度安排。也就是说，技术创新与制度因素之间存在着一种动态的匹配关系。根据系统经济学观点，高层次经济系统对低层次经济系统行为的制约和影响称为低层次经济系统的制度环境；经济系统对它的经济元或子系统行为，包括技术创新活动的约束和影响称为经济系统的制度安排。因此，经济系统的技术创新和扩散与它所处的制度环境及其制度安排存在着密切的联系。从另一方面来看，技术创新也是导致制度变迁的积极因素。

根据制度的层次性，与家庭经济系统、企业经济系统、区域经济系统、国家经济系统和全球经济系统的技术创新相对应的制度安排分别是家庭经济制度、企业经济制度、区域经济制度、国家经济制度和全球经济规范；而与之相对应的制度环境相对复杂一点，例如，企业技术创新的制度环境不仅包括其所处的区域经济系统对它的制约和影响，还包括国家经济系统和全球经济系统对它的制约和影响。从某种意义上讲，不同类型和不同层次经济系统的技术创新项目由技术创新原理来律定，而与之相适应的制度安排和制度环境构成一个制度体系。从总体上讲，技术创新系统和制度体系之间的关系应当有利于改进技术创新的公平竞争环境、提供技术创新的激励、形成创新选择机制，使创新资源更有效率。

三、我国技术创新目前面临的问题与相应对策

我国目前要实现经济增长方式的两个根本转变，必须把技术创新和创新制度安排作为两个重要环节来抓。在党的十一届二中全会以前，由于缺乏足够的创新激励，企业普遍缺乏技术创新的动力，对创新和扩散以及引进技术吸收的动力不足。改革开放以来，我国虽然进行了一系列政治经济体制的改革，但企业制度改革滞后、政企不分、行政条块分割、地方保护主义严重等都与经济系统的技术创新没有形成良好的匹配关系。

（1）从企业经济系统的层次上讲，要建立现代企业制度，使得激励与技术创新相容。根据我国中小企业的特点，其技术创新应该定位在连续性技术创新或渐进性技术创新，尤其侧重于工艺及相关技术的创新。对于我国的大中型企业来讲，可以选择一些规模较大的技术创新项目。但有一个前提，即首先要解决国有大中型企业目前所面临的困境。国有大中型企业在过去的十多年时间里支持了国民经济的高速增长，承担了大量的社会福利、就业及其他的社会保障责任，沉淀的社会负担及负债经营负担越来越重，需要通过企业改组合建立现代企业制度，化解债务，理清产权，使之成为真正自负盈亏、自主经营的经济主体和技术创新主体。

（2）区域经济系统的技术创新。根据工业化程度的高低，一般把我国划分为三大地区：东部地区、中部地区和西部地区。夏禹龙（1983）提出了国内梯度技术的传递观点，从东部到西部地区按顺序呈现出"先进技术"水平、"中间技术"和"传统技术"水平梯度。并据此主张我国应实施"梯度发展"和对技术"梯度推移"。后来又有人提出反梯度理论。根据系统经济学观点，区域经济系统技术创新主要是要根据自己的资源、环境和人口特点，以及自己的经济区位、经济技术基础和产业结构，选择那些与自己的特征尺度相匹配、有利于形成区域层次的系统经济效应（包括规模经济效应）的技术创新项目，积极从事那些同时对本区域同行业企业可以共享的技术创新。例如，甘肃兰州是一个全国性的化学工业基地。这个地区要积极引导化工方面的技术创新和设计化工技术创新导向的区域制度安排。

（3）在国家层次上讲，一方面要继续从事那些只有国家才有能力从事的重大基础性创新，包括加强基础教育和实施科教兴国战略。但是，国家不应过多地实施那些一般性的技术创新项目。据 1990 年的统计，我国政府直接从事的技术创新经费占总技术创新经费的 50% 以上，这一比例显然是过高。从另一方面来讲，国家要为企业和区域经济系统的技术创新提供一套与技术创新相匹配的制度环境。首先要提供一个公平竞争的市场环境，其次要具有一种内在有效的技术创新激励功能，第三要设计一套诱导技术创新土体自觉地按照技术创新原理去选择技术创新项目的激励机制，第四要建立和完善技术创新的法律体系。

经济学研究的三个基本层次：哲理、数理与技理

《数量经济技术经济研究》2001年第12期

经济学研究的三个基本层次：
哲理、数理与技理
——兼论经济学家的标准与分类

管廷全

内容提要 本文首先把经济学研究划分为三个基本层次：哲理层次、数理层次与技理层次，并把哲理与数理两个层次的研究称为经济理论，指出了每个层次的研究重点以及不同层次研究之间的关系与转化。最后，根据本文的研究，提出了经济学家的标准，即所谓经济学家，必须在经济学的哲理、数理与技理三个层次上，或者至少在其中的某一个层次上具有相对系统的原创性研究，并据此提出了经济学家的一个分类系统。

关键词 经济学研究 哲理 数理 技理 经济学家 分类

一、引言

如果从亚当·斯密发表《国富论》的1776年算起，经济学至今已有200多年的历史。在这个过程中，经济学家们围绕每个时代的主要经济问题进行了大量的研究。这些研究有的侧重于经济学基本概念和基本理论的研究，有的侧重于经济学的数学模型研究，有的侧重于经济理论的应用研究，与之相对应地形成了各种各样的经济学流派和学术理论体系。

为了正确认识和理解这些经济学家的学术工作，以及这些大师们的工作在整个经济学大厦中处于什么样的位置和角色，本文把所有的经济学研究内容划分为三个基本层次，即哲理层次、数理层次和技理层次。按照这种观点，可以很方便地把历史上所有经济学的工作"投影"到这三个基本层次上。这样一来，就可以清楚看到哪些经济学家的工作侧重于哲理层次，哪些经济学家的工作侧重于数理层次，哪些经济学家的工作侧重于技理层次，有些经济学家对经济学研究的两个层次或三个层次同时具有贡献。

二、经济学研究的三个基本层次：哲理、数理与技理

通过认真的探讨和思考，我们认为，似乎可以把所有的经济学研究划分为关于经济系统的哲理、数理与技理这三个基本层次的研究。经济学研究的哲理主要是指经济学研究的系统化的世界观，其生命在于创新、普适性、宏观战略性与启迪思维的功能。传统哲学追求普适性，即探讨各种各样的"对所有的 x 而言，满足 P(x)"。经济学研究的数理强调模型、定量和确切性，主要追求各种各样的"存在 x，满足 P(x)"。我们把经济学的哲理与数理统称为经济理论。经济学研究的技理主要研究经济理论的应用，准确讲就是经济学研究的技理主要研究经济理论的应用方法、技术与具体的应用理法（rationales）。

如果用 P、M、T 分别表示哲理层次、数理层次与技理层次的研究，用 ER 表示经济学

注：已收录《系统经济学探索》

资源位的层级结构及其政策启示

中国工业经济 2001年第6期　　　　　企业经营与管理

资源位的层级结构及其政策启示

昝廷全

内容提要 本文根据资源位理论的基本思想,提出了资源位的层级结构:个人资源位、家庭资源位、企业资源位、区域资源位、国家资源位和全球资源位等,详细论述了不同资源位之间的相互关系及其测度公式。在此基础上,提出了国民经济持续健康发展的资源位对策。

关键词 资源位 层级结构 资源位对策

所谓资源位,就是在广义资源空间中,能够被某经济系统(经济主体)实际和潜在利用、占据或适应的部分,就称为该经济系统的资源位。在以往的研究中,昝廷全详细论述了资源位理论的基本思想,提出了资源位理论的分类系统,特别论述了存在资源位(实际资源位和潜在资源位)与非存在资源位;论述了资源位的构成及其相互关系,并构造了描述资源位构成之间相互关系的数学模型;利用资源位概念给出了产业经济系统自组织演化的数学模型,从形式上推广了配第——克拉克定律(Pitty-Clark's Law)。本文着重探讨资源位的层级结构及其政策启示。

一、资源位的层级结构

众所周知,资源是相对于主体而言的。根据定义,资源位所对应的主体就是经济系统。根据系统经济学的研究成果(昝廷全,1995),经济系统具有层次性,按照组织水平的不同,可以把经济系统划分为个人(最基本的经济元)、家庭经济系统、企业经济系统、区域经济系统、国家经济系统和全球经济系统等。于是,我们自然得出资源位的层级结构:个人资源位、家庭资源位、企业资源位、区域资源位、国家资源位和全球资源位,甚至还可得出支撑人类在地球上长期可居住的全球生态资源位等。为了简明易见,可以将资源位的层级结构表示成图1的形式。

1. 个人资源位

个人资源位是指,在广义资源空间中,个人所能实际和潜在利用、占据或适应的部分。因此,个人资源位与个人对资源的观控能力有关,观控能力越高,其资源位也就越高。也就是说,一个人的资源位高低与他所处的社会地位、声望和所掌握的权力大小有关,所以,处于一个组织底层的员工

图1 资源位的层次结构示意图

产权安排的最低层次原理及其应用

产权安排的最低层次原理及其应用

昝廷全

内容提要　本文根据系统经济学的观点和资源位理论的基本思想,提出了产权的层级结构:个人产权、家庭产权、企业产权、区域产权、国家产权和全球产权(人类产权)等,详细论述了不同产权之间的相互关系及其测度公式。在此基础上,提出了产权安排的最低层次原理。本文的研究对于我国国有企业的所有制改革和农村土地产权制度改革具有重要的现实指导意义。

关键词　产权　层级结构　最低层次原理　企业改制

一、产权的层级结构

产权问题是我国国有企业改制和社会主义市场经济制度建设过程中必须面对的一个关键性问题。从本质上讲,所谓产权是指产权主体和广义资源之间的一种关系,由此确定了在资源利用时所引起的人们之间互相认可的行为关系。产权安排确定了每个人相应于物时的行为规范(菲吕博腾、配杰威齐,1991)。设 G 为所有产权主体所构成的集合,R 表示广义资源集合,f 表示产权,则 f 可以表示为

$$f : G \longrightarrow R$$

由此不难看出,产权是资源位的一部分。或者说,产权是由资源位转化而来的,是资源位的子集。昝廷全(2001)根据经济系统的层次性和资源位理论提出了资源位的层级结构。根据产权和资源位之间的对应关系以及资源位的层级结构可以自然地推导出产权的层级结构:个人产权、家庭产权、企业产权、区域产权、国家产权和全球产权(人类产权)等。

产权层级结构包含两层含义:第一层含义是,产权是多层次的,在现实中客观存在着不同层次的产权,典型的产权形式包括上述 6 种类型。菲吕博腾和配杰威齐(1991)使用了国有产权与私有产权的概念,并分别将国有产权与国有制对应、私有产权与私有制对应,他们所使用的私有产权主要对应于产权层次结构中的个人产权和家庭产权。

我国学术界关于产权问题的讨论主要集中于个人产权和国家产权,而对不同层次产权的独立特征和产权的完备性讨论得很少,几乎是空白。这就局限了我国产权制度改革与完善的视野。但是,关于家庭产权的讨论是个例外。在家庭产权的层次上,以农村"家庭联产承包责任制"为主题进行了大量的研究,但并没有从产权层级结构的高度去认识"家庭联产承包责任制"。以产权层次结构为背景可以展开关于"家庭联产承包责任制"更加广泛和深刻的讨论。在企业产权的层次上,围绕国有企业的改制进行了大量的研究,主要集中在政企分开问题上,达成了要把企业变成经济运行中的独立实体和竞争主体的共识。但对不同企业的资源位和产权

— 17 —

注:已收录《系统经济学探索》

经济全球化的新视野

经济全球化的新视野

围绕中国加入世界贸易组织(WTO)这个问题，经济学家们进行了大量的对策性研究，这些都是十分必要的。但是，我们必须清醒地看到，WTO只是经济全球化的一个自然产物或一种表现形式，为了深刻认识加入WTO对我国经济的作用和影响，必须将其放在经济全球化这个大背景中去考察去研究。就WTO谈WTO、研究WTO，显然是一种急功近利的做法，是短视的，不利于我国在经济全球化的进程中占据主动地位，最终，也不利于我国经济的长期可持续发展。

经济全球化思潮与表现形式

按照社会思潮的定义，它是指在特定的环境中，反映人们的某种利益要求并对社会有广泛影响的思想趋势和倾向。因此，当前世界经济的全球化趋势是一种重要的社会思潮。1997年7月源于泰国的金融危机，后来演化成一场亚洲金融危机，并逐渐对全球经济产生重要的影响，是当代经济全球化的一个现实例证。

经济全球化的技术性条件是资讯、信息传输和处理以及交通工具的发达，其经济背景是全球性的人口、资源与环境等问题的日益尖锐突出。人口问题的出现是因为资源有限；环境问题的中心议题是对稀缺资源的优化利用。在这种时代背景的感召下，各种各样的人口、资源与环境方面的研究机构与研究计划应运而生。所有这些都说明经济全球化是对整个人类社会产生重要影响的一种思想倾向和趋势。经济全球化趋势的典型表现形式可以分为以下三种形式。

第一种情况是由于在全球范围的资源配置所导致的全球性问题，具体来讲，是由于地区和国家之间的经济发展水平所造成的。由于欠发达地区和国家的经济基础、技术水平相对落后，在很大程度上只能靠向发达地区和国家出卖原材料和初级能源以发展经济。这样势必造成越是落后的地区和国家，资源开采程度越高，环境破坏越严重。另一方面，对于发

注：已收录《系统经济学探索》

2002

企业可持续发展的资源位对策

《数量经济技术经济研究》2002年第2期

企业可持续发展的资源位对策

查廷全

内容提要 本文根据资源位理论的基本思想，针对企业经济绩效随领导人易位而出现大幅振荡的经济现象，剖析了这一现象产生的深层次原因，指出企业过度依赖企业员工（包括高层管理者）的个人资源位和企业资源位个人化是妨害企业生存发展的两大因素。在此基础上，提出了企业实现可持续发展的资源位对策。

关键词 资源位 个人资源位 企业资源位 企业资源位个人化

改革开放以来，我国进行了一系列经济体制改革，资源配置的方式也逐渐从完全由国家计划，经过计划为主、市场调节为辅过渡到社会主义市场经济体制。在这一体制下，企业逐步成为真正的市场经济活动主体。由此，也出现了一些新的经济现象，一个非常好的企业，往往会随着一个高层管理者的更换，导致整个企业走下坡路甚至跨台；相反，一个濒临倒闭的企业，可能因为更换个别高层领导而使企业起死回生。我们认为这两种情况都是不正常的。本文试图从资源位理论的角度对这种经济现象的深层次原因进行剖析，进而提出实现企业可持续发展的资源位对策。

一、资源位理论

企业是企业家根据某个想法或目标，去组织各种资源所构成的一个经济系统。所谓经济系统，实质上是经济元以及它们之间的各种经济关系共同构成的有机整体，即

经济系统＝（{经济元}，{不同经济元之间的关系}）

按照组织水平的不同，可以把经济系统划分为个人（最小经济单元）、家庭经济系统、区域经济系统、国家经济系统、全球经济系统等。因此，对企业经济系统绩效的研究也应该在这样的层级结构中去考察。经济系统的层级性决定着经济系统的资源位的层级结构。

为了定义资源位，首先引进广义资源空间的概念。所谓"广义资源空间"，是以广义资源因子为坐标所撑起的高维抽象空间。在广义资源空间中，能够被竞分元实际和潜在利用、占据或适应的部分称为竞分元的资源位，其余部分称为该竞分元的非资源位。把竞分元限制为经济元即经济系统，则我们可以给出经济系统资源位的一个定义：在广义资源空间中，能够被经济系统实际和潜在利用、占据或适应的部分，称为该经济系统的资源位，根据经济系统的层次性，可将资源位划分为个人资源位等、家庭资源位、企业资源位、区域资源位、国家资源位、全球资源位。与本文研究有关的主要是个人资源位与企业资源位。个人资源位与个人对资源的观控能力有关，观控能力越高，其资源位也就越高。也就是说，一个人的资源位高低与他所处的社会地位、声望和他所掌握的知识、权力的大小有关，可以一般地表示为

个人资源位＝$f_{\text{个人}}$（国家，地区，企业，家庭，技术，制度，地位，声望，信誉，权力……） (1)

企业资源位是指在广义资源空间中，企业所能实际和潜在利用、占据或适应的广义资源。企业资源位是国家、地区、管理水平、获取政府资源的能力、技术创新能力、制度环境

—18—

制度的数学模型与制度设计的两个基本原则

2002 年 2 月
第 2 期（总 167 期）

中国工业经济
China Industrial Economy

Feb.2002
No.2

【公共管理】

制度的数学模型与制度设计的两个基本准则

昝 廷 全

（郑州大学商学院，河南 郑州 450052）

[摘要] 本文根据制度的一般定义，建立了制度描述的一个数学模型，即制度可用行为集中的一条封闭曲线来描述。在此基础上，论述了制度边界的存在及其数学描述，根据对待制度边界的态度，区分了积极型和保守型两类经济系统。提出了制度设计和制度安排应遵循的两个基本准则，即制度应在行为集 X 中明确区分出可行集与不可行集、制度设计应尽量减小制度边界，使之趋近于零。

[关键词] 制度； 数学描述； 封闭曲线； 制度边界； 制度设计
[中图分类号]F270 [文献标识码]A [文章编号]1006 - 480X(2002)02 - 0066 - 04

"制度"是经济学的一个基础性概念。从 1969 年开始设立诺贝尔经济学奖至今，已有四位经济学家——Robert W. Fogel、Douglass C. North、Ronald H. Coase、Hayek 主要以在制度研究方面的突出贡献而获奖。回顾他们的获奖历程，不难看出，制度在经济学研究中的重要性日益提高。近年来，人们还发现，在世界上一些制度转型国家（如前苏联和中国）的经济发展过程中，制度因素发挥了根本性的作用。根据昝廷全(2001)的观点，关于制度的研究包括哲理、数理和技理三个层次，即制度研究的哲学基础和定性分析框架、数学模型和定量研究、制度的应用研究和制度设计。到目前为止，关于制度研究的大量工作主要集中在哲理层次，对于数理层次的研究相对较少。

本文以下部分包括三个方面的主要内容：第一部分提出描述制度的一个数学模型；第二部分依据制度边界的标准，区分了两种类型的经济系统：积极型和保守型经济系统；第三部分对本文的研究进行简要概括，提出了制度设计的两个基本准则，指出了下一步的研究方向。

一、制度的一般定义与数学模型

到目前为止，经济学家还没有形成对制度概念公认一致的定义。一些比较有影响的制度的定义有：

(1)道格拉斯·诺斯(Doglass C. North,1990)的定义：制度是一个社会中的游戏规则，或者更正式地说，制度是人类设计出来调节人类相互关系的一些约束条件。

(2)舒尔兹(Schultz,T.W.,1968)的定义：制度是一组行为规则的集合，这些行为规则与社会、政治及经济活动有关，支配和制约社会各阶层的行为。

(3)康芒斯(Commons,1981)的定义：制度是集体行动对个体行动的控制。

[收稿日期] 2001 - 12 - 08
[作者简介] 昝廷全，郑州大学商学院院长，博士生导师。

注：已收录《系统经济学探索》

经济制度的形式化定义及其基本特征：系统经济学观点

2002 年 1 月　　　　　　　河南社会科学　　　　　　　Jan.,2002
第 10 卷 第 1 期　　　　HENAN SOCIAL SCIENCES　　　Vol.10 No.1

经济制度的形式化定义及其基本特征：系统经济学观点

昝廷全

(郑州大学 商学院,河南 郑州 450052)

摘　要: 本文首先把制度定义为经济系统对它的经济元及其子系统的约束和影响(称为制度要素),以及这些不同约束和影响之间的关系构成的有机整体,其可以形式化地表示如下:经济制度=({制度要素},{不同制度要素之间的关系})。在此基础上,讨论了制度的层次性和全息性,以及不同层次制度之间的相互关系。最后论述了制度要素的类型,以及它们之间的局整关系和因果关系。从本文研究中可以得出一个重要启示:各层次的经济制度是一个密不可分的大系统,任何一个层次的改革和创新,都与其他所有层次的制度密切相关。这就从客观上要求我国目前所进行的体制改革必须采取系统推进模式。

关键词: 经济制度;制度要素;形式化定义;层次结构;全息性
中图分类号: F0　　　　　　**文献标识码:** A　　　　　**文章编号:** 1007-905X(2002)01-0006-04

从经济制度的角度来讲,西方经济学发展至今,经历了古典制度经济学、市场经济理论和新制度经济学三个发展阶段。古典制度经济学产生于资本主义经济制度由发端到基本形成的阶段。其理论的代表人物有斯密、李嘉图和马克思。从19世纪70年代开始,经过第二次产业革命,资本主义经济制度逐渐成熟,经济学家主要在制度为既定前提下发展经济运行的理论。到新古典综合派以后,这一市场经济理论基本形成。但是,随着结构完善的市场经济理论在解释现实时越来越不如意,人们开始把技术和制度重新作为经济理论的核心研究内容,考虑技术因素之后形成了宏观动态的经济增长理论,把经济制度重新作为研究对象而不是分析的前提,从而导致了西方新制度经济学的兴起。

经济制度虽然不能提高经济系统的生产能力,但却可以左右和影响其能力的发挥。经济制度是决定经济人行为和经济系统效率的一个重要因素。由于没有一套合适理论范式去分析制度的影响和功能,长期以来,制度被排斥于经济理论分析之外。以科思和诺斯为代表的新制度经济学把制度作为经济分析的对象,而不是作为理论分析的既定前提,在经济学领域中掀起了一场革命。我国目前正处于制度转型时期,关于经济制度研究对我国具有特别重要的意义。在整个制度经济学的分析和研究中,制度的概念具有基础性和关键性的作用。本文根据系统经济学方法,拟就制度的定义、类型、层次性、全息性以及不同层次制度之间的关系等进行初步探讨。

一、经济制度的形式化定义

尽管在经济学术界和理论宣传界,制度一词的使用越来越高,但是,经济学家到目前为止还没有形成对其概念公认一致的定义,这一些比较有影响的关于制度的定义:

1. 道格拉斯·诺斯(Doglass North,1990)的定义:制度是一个社会中的游戏规则,或者更正式地说,制度是人类创造出来调节人类相互关系的一些约束条件。

2. 舒尔兹(Schultz,T.W.,1968)的定义:制度是一种行为规则的集合,这些行为规则与社会、政治及经济活动支配和制约社会各阶层的行为。例如,它们包括管束离婚的规则,支配政治权力的配置与使用的宪法中所含的规则,以及确定由市场或政府来分配资源与收入的规则。

3. 康芒斯(1981)的定义:制度是集体行动对个体行动的控制。

上述这些关于制度的定义,都在一定程度上反映制度的内涵。科学概念应当具有明确的内涵和外延,而自然语言的含义往往具有多义性和模糊性。当然,人类永远也离不开思辨和自然语言。科学概念是律化了的自然语言,属于自然语言的范畴,它为思维提供了较好的载体。下面,我们用系统经济学方法来探讨一下制度的一般定义。

收稿日期:2001-11-04
作者简介:昝廷全(1962-),男,安徽界首人,郑州大学商学院院长,教授,博士生导师。

注：已收录《系统经济学探索》

特征尺度理论：经济学中的短期、长期与可持续发展

《数量经济技术经济研究》2002年第6期

特征尺度理论：
经济学中的短期、长期与可持续发展

昝廷全　刘　彬　徐林发

内容提要 本文首先论述了特征尺度的基本概念，提出了特征时间尺度是可持续发展基本时间测量单位的观点，利用特征尺度概念给出了经济学中长期与短期的定义，论述了它们与马歇尔长期与短期概念之间的区别与联系，详细讨论了特征尺度与战术和战略之间的联系，以及不同层次经济系统战略与战术之间的区别、联系与转化。

关键词 特征时间　基本测量单位　长期与短期　战略　转化

一、特征尺度的基本概念

根据系统经济学研究（昝廷全，1993；1995；1997），经济系统是经济学的基本研究对象，特征尺度是经济系统的一个基本特征。特征尺度是特征时间尺度和特征空间尺度的统称。所谓特征时间尺度，是指能够体现经济系统本质变化的最短时间跨度；与特征时间尺度相对应的空间范围被称为特征空间尺度。

在特征尺度的定义中关键是"本质变化"，那么什么是"本质"呢？所谓"本质"是一事物区别于它事物的标志，越接近事物的"根部"，越靠近事物的本质。

层次性是经济系统的另一个重要基本特征。按照组织水平的不同，可以把经济系统分为如下8个基本层次：个人（最小经济元）、家庭经济系统、企业经济系统、产业经济系统、区域经济系统、国家经济系统、地区经济系统和全球经济系统。一般说来，经济系统的层次越高，特征尺度越长。

设 L_i 表示第 i 个层次经济系统的特征尺度。

$L_1, L_2, \cdots, L_8$ 分别表示个人、家庭经济系统，$\cdots$，全球经济系统的特征尺度，则有

$$L_{i+1} \geq L_i \qquad (i = 1, 2, \cdots, 7)$$

二、可持续发展的测度

可持续发展和全球化是目前人类社会所面临的两大基本问题。可持续发展问题的核心是时间概念。为了科学地测度可持续发展，首先要确定测度可持续发展的基本时间测量单位。国内外学术界对可持续发展问题进行了大量研究，但是关于什么是测度可持续发展基本时间测量单位这个基本问题的研究尚未见报道。我们认为，经济系统的特征时间尺度是测度经济系统可持续发展的基本时间测量单位。

由于经济系统具有层级结构，每个层次的经济系统都存在可持续发展问题，其基本时间测量单位就是该层次经济系统的特征尺度。

注：已收录《系统经济学探索》

特征尺度理论与企业发展战略的层级结构

2002 年 5 月
第 5 期（总 170 期）

中国工业经济
China Industrial Economy

May.2002
No.5

【企业经营与管理】

特征尺度理论与企业发展战略的层级结构

昝廷全

（郑州大学商学院， 河南 郑州 450052）

[摘要] 本文根据系统经济学思想，首先论述了经济系统特征尺度的基本理论，给出了系统经济学关于短期和长期的严格定义。在此基础上，提出企业发展战略的层级结构。根据时间区间的长短，区分了企业战略的五种不同情况，指出企业家在什么情况下应当关注自身企业管理、产业（行业）变化、区域经济变化、国家经济变化和全球经济变化等。同时，也指明了不同层次的企业战略所对应的不同经济学分支。

[关键词] 经济系统； 特征尺度； 企业战略； 层级结构

[中图分类号]F270 [文献标识码]A [文章编号]1006 - 480X(2002)05 - 0086 - 05

一、特征尺度理论

特征尺度概念最早由昝廷全(1993)提出。特征尺度概念最早提出时是针对一般系统而言的，时间和空间是研究系统变化的基本时空框架。无论是有限或是无限的系统都有其一定的时间延拓和空间展开，空间和时间通过一定的过程联系在一起，正如亚里士多德所说的"时间是通过过程来赋型的"。不同的运动过程的时间尺度不同，各个过程之间的差别甚大。例如，地质时代就是一个相当漫长的时间跨度，而某种生命过程的时间跨度也许只有几分钟，甚至稍纵即逝。我们把能够体现系统过程特征的最小时间跨度叫做特征时间尺度。系统的每一变化过程的特征时间尺度从客观上决定了我们研究它所需要的资料系列的最短长度和研究周期。特征时间尺度越长，涉及的空间范围亦越广。我们把与特征时间尺度相对应的空间范围称为系统的特征空间尺度。特征时间尺度和特征空间尺度合称为特征时空尺度，简称为特征尺度。

昝廷全(1995)将特征尺度的思想应用于经济学研究，提出特征尺度是经济系统的一个基本特征。特征尺度是特征时间尺度和特征空间尺度的统称。所谓特征时间尺度，是指能够体现经济系统本质变化的最短时间跨度；与特征时间尺度相对应的空间范围被称为特征空间尺度。在特征尺度的定义中关键是"本质变化"，那么什么是"本质"呢？所谓"本质"，是一个经济系统区别于其他经济系统的标志，越接近事物的"根部"，越靠近事物的本质。根据系统经济学观点，层次性是经济系统的另一个重要基本特征。按照组织水平的不同，可以把经济系统划分为如下 7 个基本层次：个人（最小经济元）、家庭经济系统、企业经济系统、产业经济系统、区域经济系统、国家经济系统和全球经济系统。一般说来，经济系统的层次越高，特征尺度越长。即：

$$L_{个人} < L_{家庭} < L_{企业} < L_{产业} < L_{地区} < L_{国家} < L_{全球}$$

[收稿日期] 2002 - 04 - 20
[作者简介] 昝廷全,郑州大学商学院院长,博士生导师。

注：已收录《系统经济学探索》

临界战略初探

《数量经济技术经济研究》2002年第10期

临界战略初探

昝 廷 全

内容提要 本文利用系统经济学方法，首次提出了临界战略的概念。由于经济系统的非平衡和非线性特征，当控制参数变化到某一个临界值时，经济系统将出现具有多重解的分岔点，经济系统在分岔点上的选择就成为临界战略。本文进一步探讨了临界状态的三个特点和临界战略的典型结构。

关键词 经济系统 临界战略 分岔点 临界状态

波特在最近出版的《日本还有竞争力吗?》一书中指出日本公司和美国公司的一个重要差异就是战略问题。日本公司之所以输给美国公司，主要是因为战略上的失误。日本公司的作法是做和竞争对手一样的事情，但要争取比竞争对手做得更好。在这个基础上，日本公司提出了全面质量管理（TQM），连续改进（Continuous Improvement），精益管理等。这些方法在一定条件下确实也使日本公司在一定时期内产生了非常积极的效果。我国在 20 世纪 80 年代也曾积极推广日本公司提出的全面质量管理模式。波特通过对比日本和美国公司战略和管理模式的差异之后指出，日本经济近年来的连续低迷，一方面是由于日本国家模式的失当；另一方面是由于日本公司战略上的失误。美国公司的优势在于战略选择、在于及时开发和发现新兴产业和有市场前景的新产品，其核心是创新理念和创新能力。

根据系统经济学观点，经济系统具有非线性和非平衡特征，其中最为突出的就是存在临界点和分岔。日本公司和美国公司战略管理上的上述区别与临界战略管理密切相关，准确地说，日本公司之所以输给美国公司主要是由于临界战略的不当选择造成的。

一、临界战略的概念

"临界"的概念最早源于物理学，意思是说，对于一个物理系统，其性质随着物理参数的变化而变化，当物理参数达到或超过某一阈值时，物理性质将发生突变，超导现象就是典型的临界行为。诺贝尔奖获得者普里高津（Prigogine）在研究非线性热力学系统时发展出了一套从混沌到有序的科学理论，其核心思想之一就是在分岔点上的选择。将这种思想用于经济学研究，经济系统的非线性与非平衡特征就是经济系统的复杂性和多样化产生的根源。

根据经济系统的非线性和非平衡特征，当控制参数达到某一阈值 λ_0 时，经济系统将发生分岔，在临界点 λ_0 上的经济系统面临多种途径选择。其典型结构为，在分岔点上，经济系统面临三种可能的分支：原分支、机会（分支1）和危机（分支2），如图1所示。在经济实践中，经济系统在分岔点上所面临的选择可能很多，但总体上可以划分为上述三种类型。经济系统在分岔点上具体选择哪一个分支取决于经济系统所掌握的知识、信息、偏好和对未来的预期。我们把经济系统在分岔点上的选择称为临界战略。

经济系统的临界状态和分岔点类型与控制参数密切相关。在经济系统建模时，环境对经济系统的影响就表现为参数。经济系统的环境发生变化就导致控制参数发生变化。环境对经济系统的非平衡约束能够使隐藏在经济系统非线性特征之中的复杂动力学行为充分展现出来。经济系统的临界状态和分岔行为是经济系统复杂动力学行为的典型表现形式。

注：已收录《系统经济学探索》

如何从 "零" 开始创建大型企业

□舒廷全

经济学诺贝尔奖获得者 Samuelson 在其经典著作《经济学》中引用 Calvin Coolidge 的话说:"美国的事业是企业"(The business of America is business)。实际上,企业在我国国民经济中也同等重要,以致有人提出这是一个企业家的时代,于是,成为叱咤商场的企业家是很多人的梦想。

探照系统经济学观点,所谓企业家,是指能够根据一个 idea(想法)或者目标,组织各种资源,构建一个企业经济系统,生产市场需要的商品和服务的人,因此,企业家与企业的创建相联系,这也正是著名经济学家照波特意义上的企业家定义。在现实经济生活中,常常存在这样一种矛盾的情况,一方面,很多想要创建企业、尤其创建大型企业的人,苦于没有足够的资金,另一方面,许多金融机构又由于找不到合适的项目而有钱无处投放。本文提供一种如何白手起家、从"零"开始创建大型企业的基本思路和方案,下面从我创建企业的一个实际案例开始论述。

1992 年我有幸参与麦科特集团的创建工作(麦科特集团的上市公司简称为:麦科特 A、股票代码:000150)。并亲自撰写麦科特集团公司行公司章程、规划、安排集团公司的部门设置,进行包括麦科特徽标在内的整个 CI 设计。由我自己完整主持创建的公司是麦科特集装箱有限公司,公司成立初期,集团公司没有投给任何经费(只是承诺给 5 万元的开办费,实际上这 5 万元在公司创建后的第 3 年才兑现)。当时,我的处境可以说是真正的白手起家:零资产、零负债、净资产当然也为零。

公司的创建过程是这样的:第一步,首先注册了一个公司,注册的名称为麦科特集团实业发展总公司;第二步,利用这个公司与韩国大宇集团和 ACE 产业株式会社签订了合资合作生产国际标准干货集装箱的合同,该项目总投资 2000 万美元,我们公司占股 70%,韩方总共占股 30%;第三步,合同签订后,我就利用这个项目的名义进行融资,其中最关键的一步就是从新加坡银行融到了 1000 万美元的资金,于是,我们公司就变成了名副其实的大资产、大负债的大型企业。

利用系统经济学方法对这个案例进行分析,可以得出关于创建企业的一个如下命题:

命题 (从零开始创建大型企业的基本方案):"白手起家",从"零"开始创建大型企业的关键是如何从零资产,零负债的零净资产状态转化为大资产,大负债的零净资产状态,如图-1 所示。

关键环节:
项目名称(故事构想、未来预期)
银企关系、不动产时间差融资
高科技项目融资、风险投资

图-1 从"零"开始创建大型企业的关键:实现两种不同的零净资产状态之间的转化

如何才能实现图-1 中所示的两种不同的净资产状态(状态 1 和状态 2)之间的转化呢?根据我在《系统经济学》(1995,1997)中所提出的因果小环境原理和目标反索方法,实现这个转化的关键是如何融资,根据创建集装箱公司的案例,融资问题又转化为如何设计或寻找一个可行的项目。目前,国际融资中有两个通行的标准:一个是项目的好坏,这主要在项目的可行性报告中反映;另一个是企业领导人素质。以前,外资或外国银行还将地方政府的支持程度作为对中国企业融资的附加标准,但随着我国加入 WTO 和市场经济的逐步建立,这条附加标准估计很快将会被取消。

综上所述,白手起家,从"零"开始创建大型企业的关键是选择一个好的项目,实现两种不同的零净资产状态之间的转化,即从图-1 中的状态 1 转化到状态 2,关于这其中的具体细节和技巧以后可以根据个案情况详细展开。(作者单位:郑州大学商学院,郑州,450052;北京广播学院媒体管理学院,北京,100024)

注:已收录《系统经济学探索》

创建企业的三个理由

□ 昝廷全

特别有意思的是，从事经济活动的形式有很多，为什么要选择企业这种形式呢？下面我们首先根据系统经济学方法给出企业的形式化定义，在此基础上提出创建企业的三个理由。

企业是目前媒体和学术理论界使用最多的名词之一。但是，到底什么是企业？或者说，一个完整企业的标志是什么？到目前为止，还未见及对这些问题的经济学解释和准确的经济学描述，虽然从法律上讲，工商注册的完成标志着一个企业的诞生。根据系统经济学的观点，企业是一个系统，准确一点来讲，企业是经济系统层级结构中的一个层次，即企业经济系统，可以形式化的表示为

企业经济系统={{人力资源，非人力资源，无形资产}，{前三者之间的关系}}

企业经济系统形成的一个重要标志就是企业作为一个整体具有它的任意组成要素所不具有的"新质"。这个"新质"的典型表现形式为节省交易费用、资源位的提升和产生"整体大于部分之和"的系统经济效应，这也是创建企业的三个主要理由。

1.节省交易费用

诺贝尔经济学奖得主科斯认为企业的出现是为了节省交易费用。假设一个产品需要n道工序才能完成，如果没有企业，第i道工序生产的半成品要拿到市场上去交易，寻求下一道(i+1)工序的买主；第(i+1)道工序生产的半成品为第(i+2)道工序的输入，又需要到市场上去交易……如此类推，总共需要(2n+1)次中间交易。每次交易都需要一定的人力和财力等，科斯将其称之为交易费用(transaction cost)。如果把这些工序都放到一个企业里面去完成，则就不需要这(2n+1)次中间交易，就可以节省这些交易费用，自然也就提高了生产利润。

科斯利用交易费用的概念进一步探讨了企业规模问题。企业的出现可以节省交易费用，但是，同时也增加了管理费用。管理费用包括专门从事管理工作的人员工资、业务招待费和行政办公费用等。企业的出现可以节省交易费用，但是，企业的规模多大合适呢？企业的规模是不是越大越好呢？科斯指出，当企业的管理费用小于交易费用时，就应当增加企业的规模；当管理费用大于交易费用时，就应当减少企业的规模；当管理费用等于交易费用时，企业的规模就达到了极限，也就是企业的最大适度规模。

2.提升资源位

人们之所以组织起来构建一个企业，更为重要的一个原因是因为企业资源位大于个人资源位。畅销书《穷爸爸，富爸爸》中有一段精彩的对白。他的穷爸爸受过良好的教育，就就业业的工作，但还是买不起海边漂亮的别墅，当他问起富爸爸如何能买得起海边的别墅时，富爸爸回答说："我也买不起，但我的公司买得起。富爸爸的这个回答所指的正是企业资源位和个人资源位之间的差异。"我也买不起"指的是仅仅依靠个人资源位是买不起海边漂亮的别墅的；"但我的公司买得起"指的是公司资源位大于个人资源位，有些依靠个人资源位买不起的东西，依靠企业资源位是完全可以买得起的。这也就揭示了创建企业的一个重要目的就是要提升资源位。

从这里也可以看出企业家和企业高层管理者(CEO)之间的重要区别。企业家能够根据某些想法，确定具体的目标，组织各种资源（包括人力资源和非人力资源），去构建一个企业经济系统或商业系统，形成比单个个体资源位较高的资源位水平；CEO的工作是管理企业家创建的业已存在的企业经济系统。

3.产生系统经济效应

归根结底，创建企业的最终目的就是了产生"整体大于部分之和"的系统经济效应。粗略地讲，所谓"系统经济效应"指以经济系统的方式进行经济活动，以非经济系统的方式进行的经济活动更加符合世界最经济原理、社会福利和谐和可持续发展原理。相对于个体系统，企业是比个体高一层次的经济系统，因此企业的资源位要大于组成它的个体资源位总和，同样的投入，企业的效益或产量大于组成它的个体单独存在时所能产生的效益或产出之和。从另一方面来说企业的特征尺度要大于构成它的个体特征尺度，因此，相对于个体形式的经济活动而言，企业的经济活动持续的时间尺度更长，更能够可持续发展。因为大企业的特征尺度大于小企业的特征尺度，因此，平均来讲，大企业的发展比小企业的发展更具有稳定性。

从系统经济效应的观点来看，企业兼并重组和创建企业的基本目标或目的，都是为了产生"整体大于部分之和"的系统经济效应。对于企业兼并重组来讲，其基本前提条件就是兼并后所形成的企业的资源位和效益要分别大于等于兼并成员企业在兼并前单独存在时的资源位总和和效益总和。前者使得新建企业更符合可持续发展原理，后者使得兼并企业符合世界最经济原理和帕累托利原理。

创建企业的具体情况和具体情况千差万别，但从经济学角度来看，其基本的目标和理由不外乎本文所提出的三个方面。实际上，创建企业的三个主要理由，为如何创建企业指明了方向。

（作者单位：郑州大学商学院、北京广播学院媒体管理学院）

注：已收录《系统经济学探索》

系统营销的三个基本原理

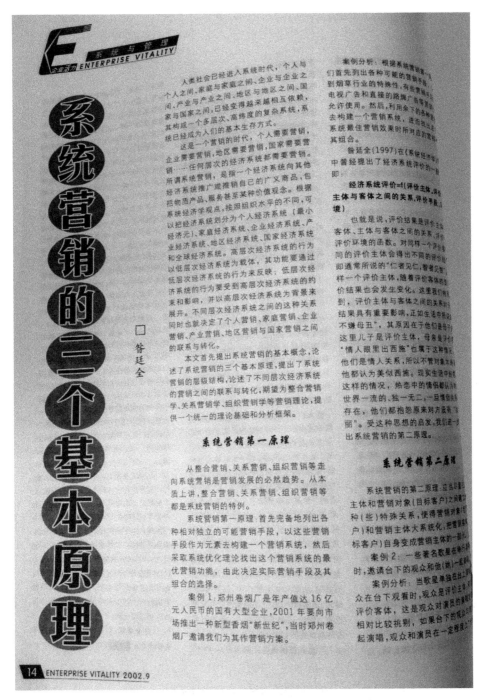

系统与管理 企业活力 ENTERPRISE VITALITY

系统营销的三个基本原理

□ 昝廷全

人类社会已经进入系统时代，个人与个人之间、家庭与家庭之间、企业与企业之间、国间、产业与产业之间、地区与地区之间、国家与国家之间，已经变得越来越相互依赖，家与国家之间已经构成一个各层次、高纬度的复杂系统，系统已经成为人们的基本生存方式。

这是一个营销的时代，个人需要营销，企业需要营销，地区需要营销，国家需要营销……任何层次的经济系统都需要营销。所谓系统营销，是指一个经济系统向其他经济系统推广或推销自己的广义商品，包括物质产品、服务甚至某种价值观念。根据系统经济学观点，按照组织水平的不同，可以把经济系统划分为个人经济系统（最小经济元）、家庭经济系统、企业经济系统、产业经济系统、地区经济系统、国家经济系统和全球经济系统。高层次经济系统的行为以低层次经济系统为载体，其功能要通过低层次经济系统的行为来反映，低层次经济系统的行为要受到高层次经济系统的约束和影响，并以高层次经济系统为背景来展开。不同层次经济系统之间的这种关系同时也就决定了个人营销、家庭营销、企业营销、产业营销、地区营销与国家营销之间的联系与转化。

本文首先提出系统营销的基本概念，论述了系统营销的三个基本原理，提出了系统营销的层级结构，论述了不同层次经济系统的营销之间的联系与转化，期望为整合营销学、关系营销学、组织营销学等营销理论，提供一个统一的理论基础和分析框架。

系统营销第一原理

从整合营销、关系营销、组织营销等走向系统营销是营销发展的必然趋势。从本质上讲，整合营销、关系营销、组织营销等都是系统营销的特例。

系统营销第一原理：首先完备地列出各种相对独立的可能营销手段，以这些营销手段作为元素去构建一个营销系统，然后采取系统优化理论找出这个营销系统的最优营销功能，由此决定实际营销手段及其组合的选择。

案例1：郑州卷烟厂是年产值达16亿元人民币的国有大型企业，2001年要向市场推出一种新型香烟"新世纪"，当时郑州卷烟厂邀请我们为其作营销方案。

案例分析：根据系统营销原理，我们首先列出各种可能的营销手段，考虑到烟草行业的特殊性，有些营销手段如电视广告和直接的路牌广告等暂时不允许使用。然后，利用余下的各种手段去构建一个营销系统，进而找出这个系统最佳营销效果时所对应的营销手段组合。

昝廷全（1997）在《系统经济学》中曾经提出了经济系统评价的一般公式：

经济系统评价=f{评价主体，评价客体，主体与客体之间的关系，评价环境}

也就是说，评价结果是评价主体、客体、主体与客体之间的关系，评价环境的函数。对同样一个评价客体，不同的评价主体会得出不同的评价结果，即通常所说的"仁者见仁，智者见智"。同样一个评价主体，随着评价客体的变化评价结果也会发生变化。这里我们特别要提到，评价主体与客体之间的关系对评价结果具有重要影响，正如生活中常说的"不嫌母丑"，其原因在于他们是母子关系，这里儿子是评价主体，母亲是评价客体，"情人眼里出西施"也属于这种情况，他们是情人关系，所以不管对象如何他都认为是美似西施。现实生活中的这样的情况，热恋中的情侣都认为世界一流的、独一无二，一旦情侣关系不存在，他们都抱怨原来对方哪里有那么美丽。受这种思想的启发，我们进一步提出系统营销的第二原理。

系统营销第二原理

系统营销的第二原理：适当构建营销主体和营销对象（目标客户）之间的某种（些）特殊关系，使得营销对象（客户）和营销主体大系统化，把营销对象（目标客户）自身变成营销主体的一部分。

案例2：一些著名歌星在举行演唱会时，邀请台下的观众和他（她）一起唱。

案例分析：当歌星单独在台上演唱，观众在台下观看时，观众是评价主体，歌星是评价客体，这是观众对演员的演唱水平相对比较挑剔，如果台下的观众和歌星一起演唱，观众和演员在一定程度上

注：已收录《系统经济学探索》

产业经济系统与产业分类的(*f, θ, D*)相对性准则

第35卷 第3期
Vol. 35 No. 3

郑州大学学报(哲学社会科学版)
JOURNAL OF ZHENGZHOU UNIVERSITY

2002年5月
May 2002

产业经济系统与产业分类的(f,θ,D)相对性准则

昝廷全

(郑州大学 商学院，河南 郑州 450052)

摘　要：产业经济系统是由各个不同的产业和它们之间的经济关系共同构成的有机整体。在此基础上提出了产业分类的一般方法：(f,θ,D)相对性准则，这里 f 为原始经济关系，θ 为分类准则，一般为半等价关系(相似关系)，D 为关系 f 的权重水平。分类相对性准则指出 f,θ,D 这三者中任何一个发生变化，都会导致不同的产业划分。传统产业分类方法都是(f,θ,D)相对性准则的特殊情况。

关键词：产业分类；产业经济系统；(f,θ,D)相对性准则；半等价关系

中图分类号：F019　　**文献标识码**：A　　**文章编号**：1001-8204(2002)03-0076-05

一、产业经济系统的形式化定义

产业概念的界定与产业分类密切相关，而产业分类的论述离不开产业经济系统，为此，我们首先给出产业经济系统的一个形式化定义。在系统经济学中，我们把经济系统定义为由经济元和它们之间的经济关系共同构成的有机整体。将这一思想应用于产业经济学，我们便得到产业经济系统的一个形式化定义：

产业经济系统是由各个不同的产业和它们之间的经济关系共同构成的有机整体，其可以形式化地表示为

产业经济系统＝(〈产业 i|i=1,2,…,n〉,〈不同产业之间的经济关系〉)

这里的产业(G)是指具有一定经济功能的不同组织水平上的经济实体，在不同的情况下各个产业的内涵与外延亦不相同，其划分的一般方法就是本文第三节所介绍的产业划分的(f,θ,D)准则。产业的一个特点就是：当把一个产业作为经济元去构成一个产业经济系统时，人们把它当做一个"黑箱"来看待，不考虑它的内部结构，只考虑它的功能，即它与外界的关系。

根据产业经济系统的定义，我们不难得出产业结构和产业组织的概念：

所谓产业结构是指不同产业之间关系的总和。

所谓产业组织是指产业内部各经济实体之间的关系的总和。对于工业组织来讲，它指的就是工业内部不同企业之间的关系。

二、产业分类方法述评

适当的历史反思有利于鉴往知来，重视文献综述既是尊重别人的学术成果，也有利于搞清楚所研究问题的来龙去脉和当前状态。本节按照时间顺序对主要的产业分类方法及其所包含的产业结构思想进行简要述评，为下节提出产业分类的(f,θ,D)相对性准则作准备。

1.魁奈《经济表》

魁奈 1758 年发表了其著名的《经济表》。这个表将所有社会成员划分为 3 个阶级：生产阶级、土地所有者阶级和不生产阶级，然后研究它们三者之间的流通和再生产问题。根据前面所给出的产业经济系统的形式化定义，魁奈《经济表》实际上给出了如下的产业经济系统定义：

产业经济系统＝(〈生产阶级，土地所有者阶级，不生产阶级〉,〈它们三者之间的关系〉)

魁奈经济表考察的是一个封闭系统的情况，即只考虑各产业之间的关系，并没有考察它们与环境之间的关系(对外贸易)。同时，魁奈经济表考虑的是

收稿日期：2001-12-20

作者简介：昝廷全(1962—)，男，安徽界首人，经济学博士，郑州大学商学院院长，教授，博士生导师。

注：已收录《系统经济学探索》

2003

系统经济：新经济的本质

——兼论模块化理论

2003 年 9 月
第 9 期(总 186 期)

中国工业经济
China Industrial Economy

Sep.2003
No.9

【国民经济运行】

系统经济：新经济的本质
——兼论模块化理论

昝廷全

(北京广播学院媒体管理学院，北京市　100024)

[摘要]　全球经济正处于一个转型时期,其结果是导致新经济的出现。本文认为,系统经济就是新经济的本质。经济转型的过程就是系统经济逐渐形成并占主导地位的过程。本文详细论述了系统经济的产生背景、基本特征和主要思想,并将其与美国和日本一些学者近年来提出的模块化理论进行对比分析,指出模块化是系统经济的基本实现形式之一,属于系统经济学技理层次的研究。本文进一步分析了系统经济的三种典型表现形式:共硬系统、共软系统和软、硬部之间的诱导转化,最后提出了发展系统经济的基本步骤。

[关键词]　系统经济；模块化；共硬系统；共软系统；诱导转化

[中图分类号]F06　[文献标识码]A　[文章编号]1006-480X(2003)09-0023-07

一、引言

随着信息技术革命和广义交通事业①的发展,现代经济社会正在发生基本而深刻的变化,进而对整个人类社会产生不可逆转的影响。为了深刻理解新经济的形成和产业结构的基本变化,美国哈佛大学商学院院长吉姆·克拉克(K.B.Clark)和前副院长卡利斯·鲍德温(Baldwin,C.Y)1997 年联合在《哈佛商业评论》(Harvard Business Reviews)第 5 期上发表了"模块化管理"(Managing in an Age of Modularity)的论文,2000 年又合作出版了《设计规则:模块化的力量》(第一卷)。他们指出,模块化对产业结构调整具有革命性意义。从 20 世纪 90 年代中后期开始,日本学者国领(1995)、池田(1997)和青木昌彦(2003)等以汽车工业为主要对象,相对独立地发展了模块化理论,系统论述了它对产业结构的意义。青木昌彦(2003)认为,模块化是新产业结构的本质。

昝廷全等从 20 世纪 80 年代开始研究系统经济(1988,1995,1997,2002),到目前为止,基本上完成了系统经济学哲理框架的搭建工作,得出了一批具有数学形式的新结果,提出了发展系统经济的一些具体理法。根据系统经济学观点,新经济的本质是系统经济,模块化是新产业结构的具体表现形式之一。为了深刻理解现代经济社会的转型,深刻理解新产业结构的本质,就不能只在模块化这个技理层次上研究问题,应当把模块化放在系统经济的背景下来研究,不能过于片面强调模块化,应当强调在系统整体性统帅下的模块分解和模块集中。系统经济更能全面地反映新经济的特征。本文根据系统经济学的基本思想,详细论述系统经济的产生背景、基本特征和主要思想,剖析系统

[收稿日期]　2003-08-10
[作者简介]　昝廷全,北京广播学院媒体管理学院院长,郑州大学商学院院长,博士生导师。
①　这里的广义交通相当于英文中的 Generalized Communications,包括狭义的交通、通信、交流等。

23

注：已收录《系统经济学探索》

不同经济系统的资源位关系研究

不同经济系统的资源位关系研究

一、引言

在广义资源空间中,能够被经济系统实际和潜在利用、占据或适应的部分称为该经济系统的资源位(昝廷全,1990 年,1995 年,2000 年)。资源位具有两种属性:一是质的属性,二是量的属性。资源位元素是表示资源位中不同质的单元。各个资源位元素的数量之和构成资源位的数量。我们用资源位质的相似性来描述不同经济系统的资源位之间质的相似程度,用资源位量差来表达不同经济系统资源位之间的数量差异。

二、资源位质的相似性

我们分离散资源位和连续资源位两种情况进行讨论。

情况一:离散资源位

离散资源位质的相似性(niche quality similarity,NQS)可用公式(1)来计算。设记经济系统 G_1 和 G_2 的资源位元素个数分别为 NNE_A,NNE_B,经济系统 G_1 和 G_2 相同资源位元素的个数为 NNE_{AB}。如果用 $NQS_d(AB)$ 表示离散资源位质的相似性,则有:

$$NQS_d(AB) = \frac{NNE_{AB}}{\max(NNE_A, NNE_B)} \times 100\% \qquad (1)$$

在表 1 中,经济系统 G_1 有 5 个资源位元素,经济系统 G_2 有 4 个资源位元素,二者相同的资源位元素有 3 个,即{a,c,d}。所以,根据公式(1),可以算出,$NQS_d(AB) = 60\%$。这说明经济系统 G_1 中有 60% 的资源位元素与经济系统 G_2 中的资源位元素相同。或者说,经济系统 G_2 的资源位元素和经济系统 G_1 中 60% 的资源位元素相同。

公式(1)可用于 n 维(n≥1)离散实际资源位、潜在资源位、存在资源位或非存在资源位的各种情况。

注:已收录《系统经济学探索》

产业资源位理论与产业结构演化的自组织模式

产业资源位理论与产业结构演化的自组织模式

产业结构的演化可以划分为自组织型演化与层级型演化。产业结构的层级型演化是指由于高层次经济系统或政府对产业经济系统的约束和影响直接导致的产业结构演化问题,例如,由于产业政策所直接导致的产业结构变化。关于这个问题,我们将在"自组织经济制度和层级性经济制度:产业政策的不同组合"一章中详细讨论,本章着重讨论产业结构的自组织型演化。所谓产业结构的自组织型演化是指由于各产业的资源位及其功能差异的存在,使得各产业之间会产生一种自组织,这种自组织是各企业之间的相互作用的结果,例如,由于各产业的边际收益不同所造成的资源配置的自发变化等。配第 - 克拉克定律是从劳动力资源配置的角度来论述在经济发展的不同阶段,劳动力在各产业分布的变化规律。

本章结合我国的经济实际,首先讨论了产业结构变化对经济增长的贡献;接着较为详细地论述了产业资源位理论,以期为产业结构的演化提供较为全面的基础,最后构造了产业结构演化的自组织数学模型,论述了产业结构演化的自组织数学模型的特点,指出了配第 - 克拉克定律只是自组织模型的一个特殊情况。

一、产业结构演化与经济增长

世界各国经济发展的历史表明,一国经济在取得持续增长的同时,往往伴随着旧产业逐步衰亡和新产业的产生。从短期来看,产生结构演变的内涵是经济资源不断从传统产业向新兴产业转移,各种生产要素在各产业间的流动使资源配置优化,从而推动经济增长。从中长期来看,产业结构演化的内涵主要在于发展新技术、开辟新资源,增加资源难度,调整相应的经济社会结构以进行制度创新。或者说,在长期内的经济增长主要取决于资源位的扩充和制度的创新,

产业经济从低级向高级的演变,是国民经济得以实现持续增长的客观要求。在产业经济学中,从劳动力资源配置的角度来研究产业结构演化规律的著名定律就是配第 - 克拉克定律。克拉克通过分析不同国家在一定时间序列中所发生的变化,来探讨产业结构的演变规律,主要考察在经济发展进程中劳动力在各产

注:已收录《系统经济学探索》

中国区域资源位研究

《管理世界》（月刊）
2003 年第 11 期

中国区域资源位研究 *

郭廷全　郭鸿雁　刘　彬

摘要：本文首先界定了区域资源位的概念与分析框架；在此基础上，选取从业人员数量等13个变量构成区域资源位计量指标体系，同时选取北京等31个样本地区，运用因子分析方法对样本地区的区域综合资源位及各子资源位进行计量分析。区域资源位排序结果与中国区域经济的发展现状基本吻合。因子分析结果还进一步显示：在构成区域资源位的各子资源位系统中，资本与技术资源位对区域综合资源位的贡献率最大，它是构成区域综合资源位的主导因素。进一步的理论分析与实证研究表明：区域资源位与地区经济发展水平之间总体存在正相关；在构成区域综合资源位的各子资源位系统中，人力资源位、资本与技术资源位对经济发展水平的贡献度较高。聚类分析的结果进一步印证了这一结论。最后，在相关结论的基础上，本文提出了我国区域经济可持续发展的资源位对策。

关键词：区域资源位　人力资源位　资本与技术资源位　地区经济发展水平

一、资源位一般理论

(一)资源位的概念

资源位的概念与昝廷全和朱立新(1988)提出的自然资源的竞分三敌原理密切相关。昝廷全和朱立新把自然资源的开发利用划分为三大范畴或三大敌：资源、竞分元和竞争规范。这里的资源是指广义资源，它是自然资源概念的引申与推广，包括自然资源、人力资源、信息资源、科技资源、时间(机会)与空间资源等。从形态上划分，广义资源可以划分为硬资源、软资源两部分，即：广义资源＝{|硬资源,软资源|,|软、硬资源之间的关系|}。

从某方面讲，硬资源是被动的，软资源是主动的，硬资源的作用需要软资源来"启动"。这也是正确和全面理解"知识经济"真正内涵的关键所在。我们通常把由多种广义资源因子所撑起的高维空间称为广义资源空间。系统经济学研究中，一般取广义资源空间为 n 维笛卡尔空间。

资源是相对于主体而言的，我们把广义资源所对应的主体称为竞分元。根据竞分元这一定义，在不同的情况下，它可以是指参与广义资源竞争分享或配置的个人、家庭、企业、产业、地区、国家甚至整个人类，也可以是植物群落和生态系统等自然界的对象。昝廷全(1991)把竞分元划分为生态元、经济元和社会元。据此，我们可以将生态、经济、社会等问题自然地统一于共同的模式之中。

竞分规范是指竞分元在广义资源配置过程中应遵从的原则，包括生态规范、经济规范和社会规范。本文讨论区域经济系统的资源位问题，主要阐述其经济规范。根据经济系统分类的(I, θ,D)相对性准则(昝廷全,1997,2000；昝廷全、吴学谋,1993)，可以有各种各样层次不同、相互关联的经济系统，每一系统都有自己因时间、地点和其他参量而不同的功能指标。不同的经济系统与不同的目标构成"经济系统—目标"组合。不同的"经济系统—目标"组合之间存在着有条件的、含参量的和不同程度的因果关系、局整关系与生克关系。

昝廷全(1990)首次提出"竞分元资源位"的概念。由于竞分元可以划分为经济元、社会元和

★本文受河南省杰出青年基金课题和郑州大学人文社科基地"系统经济学研究所"专项研究课题联合资助。

注：已收录《系统经济学探索》

制度的拓扑模型

《数量经济技术经济研究》2003年第8期

制度的拓扑模型

昝 廷 全

内容提要 本文首先提出了制度研究的一般模式：哲理（P_n）→数理（M_n）→哲理（P_{n+1}）→数理（M_{n+1}）→…。在此基础上，论述了制度建模在整个制度研究中的关键作用。本文用栅格空间表示准商拓扑空间，在此基础上构造了制度的拓扑模型。

关键词 行为空间 准商拓扑空间 制度边界 拓扑模型

制度是制度经济学的核心概念之一，制度的深入研究对于制度经济学，乃至整个经济学都具有十分重要的意义。本文试图建立制度的拓扑模型，这是制度建模的根本出路。

一、制度研究的一般模式

在制度经济学研究中，关于制度的研究应当包括哲理、数理和技理三个层次，即制度研究的哲学基础和定性分析框架、数学模型和定量研究、制度的应用研究和制度设计。对同一层次的制度问题，一般来讲都是从定性分析走向定量研究，从哲学层次（P_n）走向数理层次（M_n）。同一制度问题不同层次研究之间的关系与转化规律如下：

$$哲理(P_n) \rightarrow 数理(M_n) \rightarrow 哲理(P_{n+1}) \rightarrow 数理(M_{n+1}) \rightarrow \cdots$$

也就是说，在第 n 层次上的数理研究的基础上，或者说，当第 n 层次上的数理分析出现局限性时，就会要求在更高层次（第 $n+1$ 层次）上的哲理突破，提出制度研究新的哲理框架以扩大原有理论的解释范围，化解原来层次上理论的局限性。

不难看出，要想使制度研究逐渐深入，即从第 n 层次深入到第 $n+1$ 层次，第 n 层次的数理研究（M_n）是必不可少的关键环节。换句话说，缺乏第 n 层次的定量研究，就无法从对制度第 n 层次的哲理研究升华到第 $n+1$ 层次的哲理研究。

二、行为空间的分类与栅格表示

制度的本质是对行为的约束和观控。为了建立制度的拓扑模型，首先必须从哲理层次上理清楚基本思路，在此基础上才有可能建立其有价值的数学模型。根据制度是行为空间中封闭曲线的思想，我们首先要对行为空间进行认真的分析和研究。所谓行为空间，就是经济主体各种可能的行为共同构成的抽象数学空间。行为空间中的每一个点就代表一种可能的行为。各种经济主体的具体行为不计其数，从制度设计的角度来看，人们不可能针对每个具体的行为都设计出一种具体的制度，只能把每一类行为作为制度设计的基本对象单元。从数学上来讲，与制度设计所对应的行为空间不是引入拓扑结构的欧几里德空间 R^n，解决问题的关键是要对欧氏拓扑空间进行转化，即必须从 R^n 上的常用拓扑空间转向它的准商拓扑空间。从 R^n 的常用拓扑空间到 R^n 上的准商空间的转化带来了行为从无限到有限的转化，从微观到宏观的转化，从不可操作到可操作的转化，最终表现为从形系统到影系统的转化，这里形系统表示现实存在的所有行为，影系统表示划分出来的行为商空间，即

注：已收录《系统经济学探索》

层 级 战 略

《数量经济技术经济研究》2003年第4期

层级战略

昝 廷 全

内容提要 本文运用系统经济学的基本理论与分析方法，针对新制度环境下不完全信息和有限理性的基本假设，提出经济系统可持续发展的层级战略思想，即通过粗粒化、宏观化的处理方法，将某一层次的经济系统放置在更高层次上进行观控，其理论依据是"宏观少变，微观多变"的科学规律。在具体操作中，除了强调分类方法的应用，还应注重对经济系统非平衡约束的观控。

关键词 经济系统 层级战略 粗粒化 宏观化 特征尺度

一、引 言

近年来，随着迈克尔·波特的著名三部曲：《竞争战略》、《竞争优势》、《国家竞争优势》等管理学经典著作的相继问世，国内外掀起了关于战略研究的热潮。从抽象的理论研究来看，以科斯和诺斯为代表的新制度经济学打破传统主流经济学理论假设的局限性，提出不完全信息、有限理性等基本假设，为经济学分析提供了较为合理的研究背景和分析前提。然而，从所使用的研究方法来看，新制度经济学的分析架构仍旧是新古典的，其研究结果也有待进一步挖掘和深化。为此，本文将运用系统经济学的基本理论与研究方法，针对新制度环境的基本特征，把系统分析引入不完全信息和有限理性的经济学研究，从而提出经济系统可持续发展的层级战略思想。

二、战略的层级结构

层级战略的提出源于经济系统所具有的层次性。经济系统的层次性是系统经济学的重要概念之一。

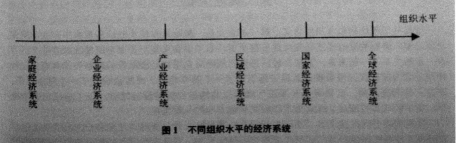

图1 不同组织水平的经济系统

在经济系统中，根据组织水平的不同，即选择(f,θ,D)相对性分类准则中的θ为组织水平，则可以把它划分为家庭经济系统、企业经济系统、产业经济系统、区域经济系统、国家

注：已收录《系统经济学探索》

2004

经济系统的测度与评价*

摘要：本文详细论述了经济系统测度的基本思想，并将其划分为功能测度和状态测度两种类型，给出了具体的测度方案。测度是评价的基础。在经济系统测度的基础上，本文提出了经济系统评价的一般模式，提出了评价函数的概念，即：评价 = fe（评价主体、评价客体、价值主体、价值客体、需求关系、满足需求情况）由评价函数 fe 自然诱导出经济评价的相对性。本文的最后给出了经济系统评价的四种功能。

关键词：经济系统；测度；评价；评价模式；评价函数

Estimation and Evaluation of Economic System

ZHAN Ting-quan

Abstract：This paper expounds the basic thought for estimating economic system in detail，divides it into the function estimation and the state estimation and puts forward a practical estimation plan. Estimation is the foundation of evaluation. On the basis of economic system estimation，this paper puts forward a general mode for evaluating economic system and the conception of evaluating function, that is：Evaluation = fe（evaluation subjective body，evaluation objective body，value subjective body，value objective body；need relation, the condition that meets the need）From the evaluation function fe naturally derives the relativity of economic evaluation. Finally，this paper gives four functions for the evaluation of economic system.

Key words：Economic system；estimation；evaluation；evaluation mode；evaluation function

经济系统测度的目的是为了对经济系统进行比较和评价。这就决定了经济系统测度的基本思想是要具有可比性，例如，用于经济系统测度的数学系统能够排序和具有基本的加减运算以及运算的封闭性等。

经济系统测度是进行经济系统评价的基础。组建一个经济系统，或者管理一个经济系统，人们最关心的是经济系统的效果如何，即对经济系统的评价问题。我们知道，任何经济系统都有自己的目标系统。所谓经济系统的评价就是指经济系统的实际状况距离它的目标系统的远近程度。更准确一点讲，所谓评价是指客体对主体需求的满足情况。因此，明确经济系统的目标系统是进行经济系统评价的前提条件。在系统经济学中，所有经济系统的目标系统都由三大基本公理来律定。

一、经济系统的测度

关于经济系统的测度，首先要明确一个进行测度的认识主体，而被测度的经济系统就相当于一个认识客体。根据认识相对性原理，经济系统之间的认识包括经济系统指向

---

*作者：昝廷全，原载《郑州大学学报》2004 年第 1 期

自身的认识、相同层次经济系统之间的认识和不同层次经济系统之间的认识三种类型。除了经济系统指向自身的认识之外，在其他两种类型的经济系统之间认识情况下，被观测的经济系统相当于一个认识客体，外界对它的初步认识就是把它作为一个"黑箱"，不考虑它的内部结构，而只考虑它与外界的关系。因此，经济系统功能性测度的基本内容就包括经济系统的投入和产出情况，以及它与环境的关系。经济系统的投入主要就是广义资源，其产出主要是商品和服务，它与环境的关系主要包括资源的永续利用和对人类生态环境的影响。因此，经济系统功能性描述属于世界最经济原理和持续发展原理的范畴。

从传统经济学对经济系统测度的内容来看，例如国民收入和国民生产总值等都属于经济系统功能性测度的一部分，即主要是对经济系统产出的一种测度，而没有包括经济系统中的广义资源投入和与环境之间关系的测度内容。由此可以看出，传统经济学用GNP 和 GDP 来测度国民经济系统是不完善的，至少要增加广义资源投入情况，或者增加投入产出比指标。更完善一点的做法，还要增加对持续发展的测度。

与经济系统功能性测度相对应的是所谓的结构性测度。经济系统指向自身的测度主要是指结构性测度。当然，外界对经济系统的测度也可以是结构性的。所谓经济系统的结构性测度是指导经济系统所生产的商品结构和服务结构以及所消耗的广义资源结构（包括权益性投资和积累与消费的关系）。

从这里可以对"速度与效益的关系"进行全面的阐发。速度主要是指经济系统商品和服务产出的增长速度。仅用这个增长速度，显然不是对经济系统的完备测度。

从初步的功能性测度的角度来看，至少也要增加广义资源投入情况，或者增加投产比指标。再与结构性描述结合起来，就可以区分以下几种情况：第一种情况是，产出不变，广义资源投入减少，经济效益增加；第二种情况是，产出不变，广义资源投入的结构发生变化，比如增加软资源投入比例，降低硬资源投入比例，从而有利于环境保护和持续发展；第三种情况是，产出增加的速度大于投入增加的速度；第四种情况是，产出增加的速度大于投入增加的速度，而且产出的商品与服务结构更加优化，档次更高，投入的广义资源结构更加优化，经济系统的长期性（权益性）投资增加。这样，经济系统不仅表现出了当前的速度增长，更为经济系统的未来发展积累了资本，从而有利于经济系统的持续发展。

根据前述经济系统测度的基本思想，关于经济系统的测度大致可划分为两大种类：一种是对经济系统在一定时间区间所生产的最终商品和服务的测度；另一种是对经济系统在某一时间区间内所处的状态的测度，内容主要是包括经济系统的社会福利水平、持续发展水平和经济效益即投入产出比例等。

1. 对经济系统最终商品和服务的测度

对经济系统最终商品和服务的测度又分为列举法和价值法。现在分别进行论述：

（1）列举法

所谓经济系统最终商品和服务测度的列举法，是指把各种商品和服务的种类和数量进行逐个列举和计量的方法。例如，对于一个国家经济系统来说，应用列举法就是把它在某一时间区段，例如，一年中生产的各种商品和服务全部分门别类地列举出来，作为一个简单的案例。假定某一个国家在某一年度所生产的最终商品和服务如下：

①钢铁：X 吨

②发电：Y 吨

③小麦：Z 吨

④大豆：M 吨

⑤水稻：N 吨

⑥服务：Q 小时

列举法的好处是经济系统提供了哪些具体商品和服务一目了然，每种商品和其自身不同时段的数值的比较容易进行。列举法比较适用于商品和服务种类比较简单的经济系统，例如家庭和企业经济系统。但对于商品和服务种类比较复杂的经济系统来说，它的缺点主要有以下几点：第一，对于现实中的复杂经济系统来讲，它生产的商品和服务种类繁多，成千上万，用列举法进行统计十分繁杂。第二，随着科学技术的进步和人类需求的变化，商品和服务的种类随时都在变化，这样，今年的主要商品和服务明年可能就变成了次要的商品和服务，甚至干脆被新的商品和服务替代了。这样，就不利于对经济系统的不同状态和不同的经济系统进行比较。第三，对于不同的商品和服务，它们具有不同的效用，不同的商品和服务之间不具有直接可比性。由于列举法的这三个方面的缺点，对于经济系统最终商品和服务的测度所采取的主要方法应是所谓的价值法。

（2）价值法

现实中区域层次以上经济系统产出的商品和服务的种类千差万别，成千上万，用列举法进行测度在实际上是不可行的，而且也不便于比较。在这种情况下，就往往采取价值法。

所谓价值法是指把经济系统所产出的各种具体商品和服务都投影到某一价值系统：即：价值函数 f_1：具体商品和服务→价值系统关于价值函数的性质可参见拙文《系统经济研究：价值函数及其测度》（《兰州大学学报》社会科学版，1997 年第 4 期）。实际上，常规经济学关于国民经济系统的测度使用的就是这种价值法，即把所有的商品和服务都换算成货币。任何具有一定性质，如可比性、运算法和封闭性等的数学系统都可用作价值系统。

同样的，可以通过价值函数 f_2 把投入经济系统的各种具体资源也换算成货币，即：f_2：具体资源→价值系统

利用价值函数 f_1 和 f_2 就可以计算出任何经济系统在任何时间区间内所生产的最终商品和服务的价值。常规经济学的 GNP 和 GDP 指标都是属于价值法的范畴。

2. 对经济系统状态的测度

对经济系统状态的测度主要包括社会福利水平、持续发展水平和经济效益即投入产出比例（世界最经济原理）三个方面的内容。

社会福利水平可以用丰裕度的概念粗略地描述。经济系统的丰裕度可以定义为：

经济系统的丰裕度 = 总收入−最低生存需求/总收入 = 1−最低生存需求/总收入

设 ρ 表示丰裕度，DL 表示最低生存需求，TIN 表示总收入，则有：

根据 DL 取值的不同，存在以下四种情况：

（1）如果 DL = 0，则 $\rho = 1$

（2）如果 0<DL<TIN，则 0<ρ<1

（3）如果 DL = TIN，则 ρ = 0

（4）如果 DL>TIN，则 ρ<0

当 0<ρ<1 时，还可以进一步将其进行分类，例如划分为富裕、中富、小康和贫穷等类型。由于经济系统的基本生存需求是随时间不断变化的，所以，如果 TIN 不变，则丰裕度就要降低。随着 DL 的提高，要想使丰裕度不变或者提高，就必须增加总收 TIN。对于全球来讲，随着 DL 的提高，要想使丰裕度不变或者提高，就必须增加社会总财富。

经济系统的持续发展水平可以用持续发展指标、耦合度指标和实际积累率与最优积累率之间的差值三个指标来衡量。

经济系统的实际积累率描述经济系统持续发展的潜力，它与最优积累率的差值描述经济系统持续发展的情况。

在价值函数 f_1 和 f_2 的基础上，可以很方便地计算经济系统的投入产出比，即：

投入产出比 = 产出的商品和服务（价值量）/投入的资源量（价值量）

二、经济系统的评价模式

前面已经指出，组建或管理一个经济系统，人们最关心的是它的效果如何，即对经济系统的评价问题。评价的存在与人类的存在一样久远。价值一词最初的含义是指某物的价值，主要指经济上的交换价值。哲学家 E.Von 哈特曼首次把价值学（axiology）这个词用于书中：《价值学纲要》（1991 年）。W.M 乌尔班的《评价的性质与法则》（1990 年）是阐述这个问题的第一篇英文论文。

经济评价是一种认识活动，经济系统的认识相对性原理是进行经济评价的认识论基础。经济评价所揭示的不是经济系统是什么，而是经济系统对于人意味着什么，有什么意义。经济活动的特点就是合乎规律合乎目的地改造客观世界，以满足人的需求。从这个意义上讲，系统经济学不仅要揭示经济系统的形成和演化规律，还要揭示它对人的价值。

系统经济学对经济系统的研究具有两种不同的取向：一是揭示经济系统自身的形成和演化规律；二是揭示经济系统对于人的意义和价值。前者可称之为对经济系统的认识，后者可称之为对经济系统的评价，评价以认识为基础。经济实践既基于对经济规律本身的认识，又基于对满足人的需求的价值关系的认识。它们构成了经济活动的两种尺度：其一合乎规律性，其二合乎目的性。

经济系统评价的目的是要揭示作为需求主体的经济系统与作为需求客体的经济系统或者商品与服务之间的价值关系。一般来讲，所谓价值，是指客体与主体需求的关系。从本质上讲，所谓价值是指客体满足人的需求的关系。当客体没有满足主体的需求，客体对主体就是没有价值的或者是有害的。从表面上讲，价值是客体满足主体的一种效用。这种效用是外在的，丰富多彩的和可以直接认识的。而产生这一效用的主体与客体之间的关系却是内在的和不能直接认识的。经济评价的目的，主要不是对已有的效用这种现象的把握，而是要揭示产生这一效用的主体与客体之间的价值关系。

根据以上的论述，经济系统的评价包括三个步骤：

（1）确定作为价值主体的人（广义经济人）的需求，即目标系统；

（2）确定作为价值客体的经济系统的属性与功能，即经济系统的测度；

（3）以价值主体的需求去衡量价值客体的属性和功能，进而判断价值客体是否能够以及在何种程度上满足价值主体的需求，即经济评价。必须指出，评价主体和价值主体一般来讲是不同的。评价主体实际上对应于认识相对性原理中的认识主体，而价值主体属于评价客体中的一部分，如图1所示。因此，评价的结论与评价主体、评价客体、价值主体、价值客体、价值主体对价值客体的需求关系（即价值主体的目标系统）和价值客体满足价值主体的需求情况有关。即：

评价 $=fe$（评价主体、评价客体、价值主体、价值客体、需求关系、满足需求情况）

这里 fe 称为经济系统的评价函数，上述六个因素中任何一个发生变化，都会导致 fe 取值的变化，即评价结果的变化。

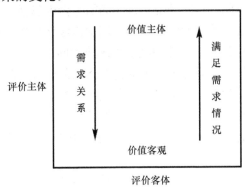

图1 评价模式：评价主体、评价客体、价值主体与价值客体之间关系示意图

我们曾经指出，经济活动是合乎规律性与合乎目的性的统一。具体一点来讲，经济活动应当是在符合规律性的前提下，根据人们的需求而进行的符合目的性活动。经济评价的最终目标是系统经济学的三大基本公理。当经济评价仅限于单个经济人各种需求之间的取舍而不危及他人利益时，也就是说，当它没有外部效应，或者其外部效应与经济系统整体利益一致时，社会对它是宽容的，会引导它追求自身最大利益。因为在这种前提下，经济人自身利益的提高有利于社会福利水平的提高。这时，经济系统的最优状态就是 Pareto 最优状态。

但是，一旦单个经济人自身利益的提高危及他人或社会的利益时，或者说，它的外部效应危及经济系统整体的利益时，那么，它就将受到社会的约束。这是经济评价的极限，是道德评价的起点。在经济评价极限的范围内，系统经济学具有自然科学的品格，而在超出经济评价极限时，即在道德评价的范围内，系统经济学就具有了不同于自然科学的品格，它所主要探讨的不是经济系统及其规律"是什么"，而是"应该如何"。也正是在这种意义上讲，它具有社会科学的品格。因此，我们说系统经济学既具有自然科学的品格，又具有社会科学的品格。或者说，系统经济学是连接自然科学和社会科学的桥梁。

个人是最小的经济元。根据组织水平的不同，我们曾经把经济系统划分为家庭经济系统、企业经济系统、区域经济系统、国家经济系统和全球经济系统五种类型。实际上，任何低层次经济系统都是高层次经济系统的一部分。也就是说，它们之间普遍存在着局部与整体的关系。一般来讲，局部与整体的利益是不一致的，有时甚至具有生克关系。或者说在一个经济系统内部往往存在不同的利益集团。

正是由于人类经济活动是符合规律性和符合目的性的统一这种独特的生存和发展方式内在地包含了价值判断的成分，自然导致要把规范研究和伦理研究纳入系统经济学研究的范畴。这就要求经济系统的评价不能仅以自身的利益为最高尺度，而必须综合地处理局整关系、生克关系和因果关系等。

三、经济系统评价的相对性

在经济系统评价的问题当中，评价主体就是认识相对性原理中的认识主体；认识相对性原理中的认识客体属于评价客体，即被评价的经济系统。由于不同的经济系统之间的认识包括三种类型，因此，不同经济系统之间的评价也包括三种类型：经济系统对自身的评价、相同层次经济系统之间的评价和不同层次经济系统之间的评价。这时，作为认识主体的经济系统和作为价值主体的经济系统属于同一个经济系统。经济系统评价的另外一种常见情况，即评价主体是独立于评价客体之外的人和政府。常规经济学中的经济系统的评价主要属于这种情况，即评价主体是处于被评价的经济系统之外的人。

与认识相对性原理相对应，我们有经济系统评价的相对性。同样一个经济系统，由于评价主体的不同，其评价的结果可能大相径庭。中国谚语"情人眼里出西施"，讲的正是评价的相对性问题。

根据经济系统的评价模式，评价结论由评价函数决定。

一般来讲，评价函数中评价主体、评价客体和价值主体等六个变量中任何一个发生变化，都会导致评价结论的变化。我们将其称为经济系统评价的相对性。同样一个经济制度，对于不同的评价主体来讲，往往会得出不同的评价结论，就是经济系统评价相对性的典型表现。

根据经济系统的评价函数，价值主体的需求，即目标是决定评价结论的重要因素之一。一般来讲，任何经济系统都有自己的需求和目标系统，即存在组合：（经济系统*目标）。所谓经济系统评价是指它的实际情况距离目标状况的远近程度，或者说是指它的实际情况满足需求的情况，或者说是它们之间的生克关系。经济系统实际状况由经济系统的测度来描述。

经济系统的目标是一个复杂的概念。一般来讲，经济系统的整体利益和局部利益并不一致，有时甚至发生冲突，即存在生克关系。这时，就无法用简单的纯经济标准进行评价，而必须涉及道德评价和伦理评价的内容。在这种情况下，我们认为，首先应该满足每个人的基本自下而上需求；其次，再按照大社会化准则对经济系统进行评价。所谓大社会准则，我们是指最大限度地满足经济系统大多数人的需求。大社会化准则是社会福利原理的微观基础。

四、经济系统评价的功能

经济系统的评价具有四种基本功能：首先是判断功能。它是以人和各种广义经济人的需求为尺度，对业已存在的经济系统或经济行为作出价值判断。通过这一价值判断来揭示作为价值客体的经济系统与人（包括广义经济人）的需求的满足关系是否存在以及在多大程度上存在。

其次是预测功能，它是以人（包括广义经济人）的需求为尺度，对将要形成的经济系统或经济行为的价值作出判断。这一价值判断的特点是具有超前性。它是对未来形成的经济系统或经济行为与人（包括广义经济人）的需求的关系作出判断，从而预测未来经济系统或经济行为的价值。这时的经济评价是对未来经济系统或经济行为与人（广义经济人）的需求的满足关系的预测，或者说是对一种可能的价值关系的预测。广义经济人通过这种预测就可以确定未来的追求目标。

第三个基本功能是将同样具有价值的经济系统或经济行为进行比较，从而确定其中哪一个更有价值，即排出一个价值序列。在现实经济生活中，人们常常面临鱼和熊掌不可兼得或两害相权的选择。在面临选择的情况下，人们要有所取就必须有所舍。评价的功能就是确定哪一个更值得取，哪一个更应当舍。这就是经济评价的选择功能。通过经济评价就把取与舍在人的需要的基础上统一起来。

第四个功能是导向功能。我们知道，经济活动的理想是合乎目的与合乎规律的统一。在这种统一中，合乎目的是灵魂。从某种程度上讲，人类的经济活动的目的主要是为了享用价值。而要享用价值，就必须创造价值。要创造价值，就必须知道什么是有价值的。因此，只要通过经济评价，才能确定对经济活动进行调控的目标与方向，从而使经济活动更符合目的。

参考文献

[1] 昝廷全. 系统经济学的对象、内容与意义[J]. 经济学动态, 1996, （10）.

[2] 昝廷全. 系统经济学研究：经济系统的认识相对性原理[J]. 经济学动态, 1997, （2）.

[3] 昝廷全. 系统经济学的三大基本公理[J]. 管理世界, 1997, （2）.

[4] 昝廷全, 郭鸿雁, 刘彬. 中国区域资源位研究[J]. 管理世界, 2003, （11）.

[5] 昝廷全. 系统经济：新经济的本质[J]. 中国工业经济, 2003, （9）.

[6] 昝廷全. 制度的数学模型与制度设计的两个基本准则[J]. 中国工业经济, 2002, （2）.

[7] 昝廷全. 资源位的层级结构及其政策启示[J]. 中国工业经济, 2001, （6）.

[8] 昝廷全. 制度的拓扑模型[J]. 数量经济技术经济研究, 2003, （8）.

[9] 昝廷全. 层级战略[J]. 数量经济技术经济研究, 2003, （4）.

[10] 昝廷全. 产业经济系统研究[M]. 北京：科学出版社, 2002. 的价值作出判断. 这一价值判断的特点是具有超前.

经济系统的资源位凹集模型及其政策含义[*]

摘要： 本文首先论述了"系统经济，整合为王"的基本思想；在此基础上提出了经济系统的资源位凹集模型；把经济系统的实际资源位结构构造成凹集是整合在所有权意义上不属于自己的资源的必要条件，这为如何发展系统经济指明了方向；根据这个模型，推广了国际贸易理论的 Heckscher-Ohlin 定理，提出了如何应对经济全球化和如何在国际分工中获得最大的国家利益的对策性建议和必须进行的观念转变；最后，在对科斯企业理论进行认真分析的基础上，提出了企业凹集模型，进一步指出在系统经济条件下，整合资源的能力是企业家的核心能力的新理念。

关键词： 经济系统；资源位；凹集模型；整合资源

A convex-set model for resource-niche of Economic systems and its meaning in policy-making

Zan Ting-quan

Abstract： In this article，a basic idea that integrating is of the most important is proposed first. On the basis，a conves-set model for the resource-niche of economic systems is presented. It means that it is a necessary condition for integrating resources outside the economic system in the meaning of ownership to construct the structure of the resource-niche as a convex set. It points a direction of developing system economy. According to this model，Heckscher-Ohlin theorem is extended，this implies reasonable strategies for dealing with economic. globalization and maximizing profits getting from international separations，and makes some ideas to be changed. At，a convex-set model for enterprises is developed on the basis of discussion on Coase's firm theory. It is also pointed out that in the case of system economy，the ability of integrating resources is the greatest among all capacities of entrepreneurs.

Key words： economic system resource-niche convex-set model integrating resources

一、引言：系统经济，整合为王

按照西方主流经济学的观点，市场经济的本质是交换，交换有利于提高参与交换各方的效用。交换的前提是交换各方必须用属于自己的东西去交换，不能用不属于自己的东西去交换。因此，所有权的界定是发展市场经济的基础。在市场经济的条件下，一个企业绩效大小的决定性因素就是该企业拥有多少在所有权意义上属于自己的资源，如土地、资本和劳动等。20 世纪 80 年代开始，有人系统研究开放条件下的市场经济问题，但是，其着眼点仍然是企业在所有权意义上所拥有的资源的多寡。这种思想的集中表现就是企业生产函数。稍微细心的观察将会发现，这种情况正在发生不可逆转的深刻变化。

---

*作者：昝廷全，原载《中国工业经济》2004 年第 12 期

诺贝尔奖得主普里高津（Prigogine）指出，人类社会目前正处于一个大转变的年代。在中国，我们同时又处在从计划经济向市场经济的转型时期，对这种"大转变年代"的感受和理解更加具体和深刻。我们认为，这种大转变年代的具体表现形式就是系统时代的到来（昝廷全，1997；昝廷全，黄德鸿，1998）。关于系统时代的概念和特点，我们已在相关文献中进行了较为详细的论述（昝廷全，2003，2004），这里着重指出，随着系统时代的到来，人类生活的各个层面都在和已经发生根本性的变化，包括政治层面、社会层面和经济层面等。系统时代对经济层面产生的重要影响就是导致了一个崭新的产业形态的出现，这个崭新的产业形态就是系统经济。我们进一步认为，系统经济就是新经济的本质（昝廷全，2003）。与系统经济这种崭新的产业形态相对应的观控能力更强的管理模式就是系统管理模式（昝廷全，2002）。"系统时代—系统经济—系统管理"构成了相对自成一统的学术思想体系（昝廷全，2004）。

在系统时代的背景下，在系统经济的条件下，决定一个企业绩效的关键因素已经发生了变化，不再取决于企业在所有权意义上拥有多少资源，而在于它能够整合到多少在所有权意义上不属于自己的资源。我们形象地把这种规律称作"系统经济，整合为王"，或者更一般地称为"系统时代，整合为王"。决定企业绩效关键因素的这种变化是本质的，从某种意义上讲，它代表着一场深刻的经济革命，或者准确地称之为系统革命。一是由于决定企业绩效关键因素的这种转变，使得企业的组织形式必须进行相应的调整，现在正在蓬勃兴起的网络型企业（Internetworked enterprise）、网络型组织、弹性组织和对企业外包、企业边界的研究热潮都可以看作是为了适应这种转变在唯象层次上的技术性应对措施。科斯理论回答了为什么产生企业和企业的适度规模问题，但是没有真正解决企业内部的结构问题。二是由于这种转变要求我们对于企业家的评价标准发生了变化，从系统经济的意义上讲，企业家的核心能力就是整合资源的能力。经济学家熊彼特根据他所处的那个时代的特点提出了企业家的一个定义，他认为，所谓企业家就是根据某一个目的或目标去组织各种资源，然后构建一个商业系统的人。从这里我们可以体会出熊彼特意义上的企业家与我们这里提出的企业家的核心能力就是整合资源的能力之间的联系与转化。三是为了全面适应系统经济革命的要求，不仅要在企业组织、管理模式和操作层面上进行相应的调整，还必须将其放在系统时代和系统经济这个大的历史背景下理解，如此才能找到根本性的出路。

实际上，在这种历史背景下，不仅企业模型需要变化，产业模型、地区模型、国家模型，乃至全球模型都需要进行重新审视和反思。特别需要指出的是，我们可以根据本文的讨论对经济学诺贝尔奖得主伯特尔·奥林和詹姆士·米德（Bertil Ohlin，James E.Meade）关于国际贸易的理论有了更深刻的理解，包括它的意义、局限性和可能的进一步拓展方向等，这对于我国如何应对经济全球化和如何充分利用加入WTO这个历史契机获得最大的国家利益具有重要的现实指导意义。

二、经济系统的资源位凹集模型

昝廷全（2001）把经济学的研究划分为哲理、数理和技理三个层次。上面我们论述了发展系统经济和在系统时代背景下企业转型的一些哲理层次的问题，为了使我们的研究具有可操作性，必须建立具有一定观控能力的数学模型。

上面我们已经指出，在系统时代背景下的企业家的核心能力就是整合资源的能力，这与在传统市场经济条件下对企业家能力的要求不同。我们把这个问题扩展来看，从一般意义上讲，一个经济系统在什么条件下才能产生"整体大于部分之和"的系统经济效应？根据现代分析哲学的最新研究成果，问题的提法对问题本身的解决具有重要影响。我们认为，对上述这个问题的思考和研究是整个系统经济学研究的核心内容之一。

产生"整体大于部分之和"的系统经济效应是任何经济系统的追求目标。从国际层面上讲，成立 WTO 的目的就是为了在世界范围内产生"整体大于部分之和"的系统经济效应，包括世界上的一些经济自由贸易区的建立都是为了类似的目的。从企业层面上讲，风起云涌的企业战略联盟、各种形式的网络型企业，以及企业外包和企业弹性边界的兴起等，从本质上讲，都是为了"整体大于部分之和"的系统经济效应。科斯理论从交易费用的角度解释了为什么会有企业。实际上，还有一个成立企业的重要原因科斯理论没有揭示出来，这个重要的原因就是成立企业之后，特征尺度加长了，更利于长期可持续发展。比所有这些问题更为根本的问题是，企业的内部结构和内部组织应该是什么样子？为此，我们认真研究了经济系统的资源位模型的拓扑性质。我们发现，只有当经济系统的实际资源位模型为凹集时，经济系统才可能产生"整体大于部分之和"的系统经济效应。

为了建立经济系统的资源位凹集模型，首先必须引进资源位的概念（昝廷全，1988，1997，2000，2001，2002，2003）。资源位模型的建立要以经济系统的广义资源空间为基础。根据系统经济学观点，经济系统具有层次性，每个层次的经济系统都与一个特定的广义资源空间相联系。所谓经济系统的广义资源空间，是指以经济系统实际或潜在利用、占据和适应的各种广义资源因子为坐标轴所撑起的高维抽象空间。为了讨论问题的方便，我们一般取其为 n 维欧氏空间。

在广义资源空间中，能够被经济系统实际或潜在利用、占据和适应的部分就称为该经济系统的资源位。设 $R = \prod R_i$ 为广义资源空间，即由广义资源因子所撑起的高维抽象空间，$G = \{g_i | i = 1, 2, ..., m\}$ 为不同经济系统组成的集合，经济关系为 $f \subset G \times R$，则对经济系统 $g_i \subset G$ 来讲，$f \cdot g$ 就是经济系统 g_i 的资源位数学模型。在广义资源空间中，不能被该经济系统实际和潜在利用、占据或适应的部分称为该经济系统的非资源位。根据这个定义，每一种资源对应于广义资源空间中的一个特定的维度。在只有一种资源的情况下，广义资源空间退化为一条实直线，这时经济系统的资源位模型为实直线上的一个区间；在有两种资源的情况下，广义资源空间为二维欧氏空间，这时经济系统的资源位模型为该平面中的一个区域；在有三种资源的情况下，广义资源空间为三维欧氏空间，此时经济系统的资源位模型为该三维欧氏空间中的一个体积；在四维或四维以上的广义资源空间中，经济系统的资源位模型为 n 维欧氏空间中的一个超体积。一般地讲，经济系统的资源位模型就是广义资源空间的一个子集。

根据经济系统资源位的数学模型及其拓扑性质，我们得出经济系统能够产生"整体大于部分之和"系统经济效应的资源位模型如下，我们称其为经济系统的资源位凹集模型。

经济系统的资源位凹集模型。在广义资源空间中，经济系统的实际资源位模型为凹集是产生"整体大于部分之和"的系统经济效应的必要条件。这里的实际资源位对应于传统经济学中在所有权意义上所拥有的资产。

凹集是一个严格的数学概念。根据集合的拓扑性质，一般可以把集合划分为凹集和凸集。在传统经济学分析中，特别是在讨论资源的优化配置时，关于凸集分析的一些概念和结论得到了广泛的应用。相对来讲，在传统经济学中凹集分析的应用非常有限。我们认为，产生这种情况的深层原因还是源于经济学研究的局限性。随着资源位概念的引入，拓展了经济学的研究范围，一个最直接的结果就是可以把可持续发展问题内生在经济理论的内核，而不是将其作为经济发展的外在约束。为了深化资源位的研究自然要求我们在经济学中引用更多的数学工具。这样，我们自然就能理解了凹集分析在系统经济学研究中的重要性。

为了直观起见，我们结合凸集并在与凸集的对比中来介绍凹集的几何表示。我们知道，所谓一个集合 A 是凸集，是指当 x_1 和 x_2 属于 A 时，则连接 x_1 和 x_2 的线段也属于 A。反过来讲，当连接 x_1 和 x_2 的线段不属于* 时，我们就称 A 为凹集。图 1 中（a）和（b）分别是凸集和凹集的典型示意图。

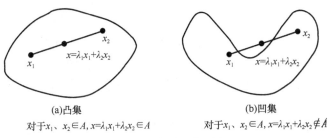

(a)凸集   (b)凹集

对于 x_1、$x_2 \in A$，$x = \lambda_1 x_1 + \lambda_2 x_2 \in A$ 对于 x_1、$x_2 \in A$，$x = \lambda_1 x_1 + \lambda_2 x_2 \notin A$

图 1   凸集和凹集示意

从资源位理论的角度来讲，经济系统的实际资源位模型为凹集的含义是指，在广义资源空间中，经济系统的实际资源位集合中任何两点之间的连线上总有不属于其资产的点。一般来讲，经济系统的实际资源位，亦即经济系统在所有权意义上所拥有的资产总是小于经济系统的潜在资源位。经济系统的实际资源位凹集模型提出了进一步的限定条件，同时也为如何发展系统经济提供了严格的判识标准，这是建立发展系统经济的具有可操作性方案的基础。

三、国际贸易的资源位凹集模型

经济系统的资源位凹集模型是发展整个系统经济的基础，具有非常广泛的应用，适用于任何层次的经济系统，本文注重探讨在国际贸易和企业理论两个层次的应用。我们首先探讨国际贸易理论，并且通过凹集模型的引入，提出一种新的国际贸易理论。

古希腊的哲学家普罗泰格拉曾经指出，人是万物的尺度。苏格拉底进一步指出，思维的人是万物的尺度。我们认为，一个概念、一种理论、一个模型、一个坐标系都可以被认为是观察世界的一种尺度。因此，我们可以把经济系统的资源位凹集模型看作是观察经济世界的一种尺度。现在我们首先用这把尺子来透视一下传统的国际贸易理论。

国际上已有定评的关于国际贸易理论方面的研究成果当推经济学诺贝尔奖得主伯特尔·奥林和詹姆士·米德的工作。他们的主要理论模型为：假设有两个国家，而且只有两种最终产品 y_1 和 y_2 以及两种资源投入 x_1 和 x_2，且满足：

$$x_1 = a_{11}y_2 + a_{12}y_2$$
$$x_2 = a_{21}y_1 + a_{22}y_2$$

进一步假定，这两个国家具有相同的需求结构，因此，可以用相同的效用函数 $u(y_1, y_2)$ 来衡量它们对这两种最终生产产品的消费效用，如果 A 国的两种投入的可利用量分别为 x_{1A} 和 x_{2A}，则它的资源配置的优化模型为：

$$\max u(y_1, y_2)$$
$$\mathrm{s.t.} a_{11}y_2 + a_{12}y_2 = x_{1A}$$
$$a_{21}y_1 + a_{22}y_2 = x_{2A}$$

假设 B 国的可利用资源量分别为 x_{1B} 和 x_{2B}，则 B 国也面临类似的资源优化模型。如果 $x_{1A} > x_{1B}$，那么 $x_{2A} > x_{2B}$，两国间的贸易不可能做到互利；如果 $x_{1A} > x_{1B}$，$x_{2A} < x_{2B}$ 则两国间的贸易会对双方都有好处。这就是著名的 Heckscher-Ohlin 定理。

从上面的论述可以看出，Heckscher-Ohlin 定理只是给出了在非常特别的情况下对两国都有利的国际贸易条件。通过简单的数学分析不难发现，经济系统的资源位凹集模型给出了在一般情况下任何多个国家之间进行互利贸易的严格数学模型，可以认为是对 Heckscher-Ohlin 定理的一个推广，从而可以把 Heckscher-Ohlin 定理看作是经济系统的资源位凹集模型的一个特例。据此，我们提出关于国际贸易的资源位凹集模型。

国际贸易的资源位凹集模型。为了在国际贸易中求得一国经济发展的最优解，必须把国家的实际资源位结构打造成凹集。

凹集模型对 Heckscher-Ohlin 定理的这一推广具有重要的现实意义。经济全球化已经成为一种不可抗拒的历史潮流，加强国际联系、充分利用国际联系是求解任何一个国家经济发展最优解的唯一出路，已经成为各国政要和经济界人士的共识。紧接下来的问题就是，一个国家如何抓住经济全球化所提供的机会、如何在参与国际分工中取得最大的国家利益？根据本文的研究和凹集模型，我们可以对这个问题给出一个准确的回答：就是要把自己国家的实际资源位结构打造成凹集。根据这一结论，可以提出在国家层面上资源优化配置、地区产业布局和产业结构优化升级的具体对策性建议和方案。

凹集模型在哲理上的一个直接推论就是，我们必须对国家宏观经济管理的某些理念和做法进行重新思考和审视。在系统时代，在经济全球化飞速发展的今天，对我们的国家宏观经济管理人员的素质提出了新的更高要求，不仅要求我们的管理者要眼睛向内，管理好自己在所有权意义上所拥有的资源，而且比以往任何时候都要更加重视国际眼光和整合国际资源的能力。实际上，这也应当是我国积极加入 WTO 的根本目的之所在。

四、企业凹集模型

前面我们利用经济系统的资源位凹集模型这把尺子对传统的国际贸易理论进行了透视，在此基础上得出了与发展系统经济相适应的新国际贸易理论，现在我们转向讨论企业问题。实际上，利用经济系统的资源位凹集模型对现有企业理论的透视同样富有成效和令人鼓舞。

学术界关于企业理论的研究很多，已经得到国际定评的工作当推科斯的交易费用理论。虽然企业作为一种经济组织与工业革命相伴而生，但是，在科斯之前，人们往往把这种组织形式的存在视作理所当然的事情，把它当做一个黑箱。一般认为，科斯是第一个打开企业黑箱的人。科斯通过引进交易费用的概念部分解释了企业存在的原因，并因此荣获了1991年度的经济学诺贝尔奖。科斯最为著名的两篇文章就是他分别于1937年和1960年所发表的《企业的本质》和《社会成本问题》。科斯理论的核心就是在引进交易费用概念的基础上，通过交易费用与管理费用的比较成功解释了为什么会产生企业以及企业的适度规模等问题，同时为系统分析经济制度及其意义铺平了道路。

通过对科斯的认真研究和深入思考，我们认为，虽然科斯理论解释了产生企业的主要原因，但是，他所指出的这些原因是不全面的。根据系统经济学观点，企业作为独立的一个经济系统层次，其形成的一个重要标志就是企业作为一个整体具有它的任何组成要素都不具有的"新质"。这个"新质"的典型表现形式就是节省交易费用、提升资源位和产生"整体大于部分之和"的系统经济效应，这也是企业产生的三个主要原因（昝廷全，2002）。传统企业理论上的局限，在企业实践上得到了直接的体现。根据传统的市场经济理论，决定企业绩效的关键因素是企业在所有权意义上所拥有的资源的多寡。在这种思想的指引下，企业家所关心的头等大事就是最大限度地"圈地"。这种行为显然不再完全适用于与系统时代相适应的系统经济。我们必须以系统时代为背景，在系统经济思想的观照下对传统的企业理论进行深刻的反思和认真的探索。

经济系统的资源位凹集模型是发展系统经济的必要前提条件。根据这个模型来透视科斯的企业理论不难发现，虽然科斯的企业理论在解释企业存在的原因方面取得了成功，相对于企业的内部结构来讲，它还属于企业的"宏观"理论，没有对企业的内部结构做出任何限定。经济系统的资源位凹集模型正好在这方面弥补了科斯理论的不足。根据系统经济学观点，经济系统具有层次性，各种各样的经济系统构成一个复杂的层级结构，企业作为一个独立的经济系统层次镶嵌在这个层级结构之中。经济系统的资源位凹集模型适用于任何层次的经济系统，当然也适用于企业这个层次的经济系统。根据经济系统的资源位凹集模型可以自然诱导出企业的凹集模型。

企业凹集模型。把企业的实际资源位模型构造为凹集是产生"整体大于部分之和"的系统经济效应的必要条件。

这里，企业的实际资源位是指企业在所有权意义上所拥有的资源，包括硬资源、软资源和机会等（昝廷全，1991）。不难看出，企业凹集模型是对科斯企业理论的引申、推广与科学定型。由于凹集是一个严格的数学概念，因此，企业凹集模型具有数学上的精确性。

企业凹集模型是"系统时代，整合为王"思想的精确数学刻画。根据企业凹集模型，在系统经济条件下，"圈地"能力不再是一个企业家能力高低的主要象征，决定企业绩效的关键因素不再是企业在所有权意义上所拥有的资源的多寡，而主要取决于它的资源位模型的拓扑结构，这就为企业的内部结构提供了一个具体的约束，从而使其具有可操作性。

作为一个极端的例子，我们来讨论一下如何从零创建大型企业（昝廷全，2002）。为了使我们的论述不流于空泛，我们把从零创建大型企业的含义界定为从零资产、零负

债的零净资产状态 O_1 转化为大资产、大负债的零净资产状态，O_2 如图 2 所示。虽然在 O_1 和 O_2 状态的净资产都为零，但它们却有本质的区别。在状态 O_1 是真正的零，什么也没有；在状态 O_2，虽然净资产也为零，但却不是真正意义上的零，此时可能已经实现了从零向大型企业的转化。这其中的关键就是如何才能实现这种转化。现在，我们按照企业凹集模型对这个案例进行简单分析。状态 O_1 代表在所有权意义上所拥有的资产为零，要完全依靠整合外部资源实现向状态的 O_2 转变。因此，能否实现这种转化，或者说能否实现从零创建大型企业，完全取决于能否整合所有权意义上不属于自己的资源的能力。当然，这是一种极端情况，在现实中创建大型企业的起点不可能是真正的"零"状态，至少具有一定的人力资源。企业凹集模型的深层指导意义在于，为了从零创建大型企业，必须把所拥有的接近于零的实际资源位构造成凹集的形式，以利于最大限度地整合外部资源。

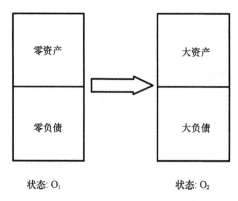

状态: O_1　　　　　　　状态: O_2

图 2　从零创建大型企业

五、讨论与展望

本文以系统时代为背景，首先从哲理层次上论述了"系统时代，整合为王"的观点。这是本文讨论的大背景。为了能够整合在所有权意义上不属于自己的资源，本文提出了一个严格的数学模型，即经济系统的资源位凹集模型。现在我们稍为详细地讨论一下这一结论更为广泛的经济学背景及其与整个系统经济学研究的关系。

我们知道，西方主流经济学的核心理论是一般均衡理论。一般均衡理论的成立有几个重要前提，其中最重要的三个条件包括完全竞争、完全信息、完全理性等。实际上，这三个条件在现实中都很难满足。经济学诺贝尔奖得主西蒙把完全理性限定为有限理性，在此基础上发展了一套有限理性假设理论，这也是他获奖的主要工作。有多位经济学大师对完全信息进行限定，提出了经济学中的信息不对称问题和逆向选择问题等，并为此获得了经济学诺贝尔奖。对于完全竞争，大家都知道这是一种理想模型，在现实中很难实现，但是到目前为止，还没有得出非常漂亮的结论。

我们认为，系统时代是强调资源整合的时代，竞争的形式将从完全竞争走向合作竞争，合作竞争将成为系统经济条件下市场竞争的主要形式。合作是为了形成较高层次的系统，把蛋糕做大，这对任何一方都有利；蛋糕做大之后，毕竟每个人的利益不同，最终还是要竞争。但是，这种竞争是合作前提下的竞争，不同于传统条件下的完全竞争。昝廷全（2003）提出了关于合作竞争的一个系统经济学模型，该模型涉及经济系统的两个不同层次，而非合作博弈模型只涉及经济系统的一个层次。按照合作竞争将成为系统经济条件下市场竞争的主要形式的观点，关于合作博弈的研究将比非合作博弈研究具有更为重要的现实意义。

本文提出的经济系统资源位凹集模型正是侧重于合作的一种具体形式。根据这个模型，把经济系统的实际资源位构造成凹集是实现整合在所有权意义上不属于自己的资源的必要条件。这一结论对于发展系统经济和整个系统经济学研究具有十分重要的现实意义和理论意义。

第一，从发展系统经济的应用层面上讲，资源位凹集模型为经济系统的内部资产结构的拓扑性质提出了严格的限制，同时也为经济系统内部结构的构造指明了方向。而且，由于这个模型的精确性，因而也就具有一定的可操作性。可操作性与精确性密切相连，没有精确性就没有可操作性。因此，精确性和普适性是任何一门学科追求的目标。普适性越大，学科的应用范围就越广。但是，普适性和精确性往往是一对矛盾，普适性越大，精确性往往就越差。本文虽然提出了精确的经济系统的资源位凹集模型，因此，具有较好的可操作性，但具体方案还要根据具体情况而定。

第二，根据经济系统的资源位凹集模型可以展开对于国际贸易理论和科斯企业理论更为丰富的讨论，这种讨论的不断深化完全有可能发展出一种新的与系统经济相适应的国际贸易理论和一种全新的企业理论。我们认为，一种研究除自身的价值之外，还在于它是否能够激发出更多的研究。

第三，本文的研究是整个系统经济学研究的一个自然延续。虽然本文在哲理层次上提出了一些新的见解，发展了具有数学形式的模型，提出了在国际贸易和企业层次上的可能应用，但从整体上来讲，还需要更多深入具体的研究，有很多很好的研究专题有待于进一步展开。

参考文献

[1] 昝廷全. 系统经济学（第一卷：概念、原理与方法论）[M]. 香港：经济与法律出版社，1995.

[2] 昝廷全. 系统经济学（第二卷：理论与模型）[M]. 北京：中国经济出版社，1997.

[3] 昝廷全，黄德鸿.系统时代：从规模经济走向系统经济[J].暨南大学学报，1998（2）.

[4] 昝廷全. 系统管理模式（电子版）[M]. 北京：北京广播学院音像教材出版社，2002.

[5] 昝廷全. 系统时代：概念与特征[J]. 河南社会科学，2003，（1）.

[6] 昝廷全. 系统经济学的对象、内容与意义[J]. 经济学动态，1996，（10）.

[7] 昝廷全. 系统经济学研究：经济系统的基本特征[J]. 经济学动态，1996，（11）.

[8] 昝廷全. 系统经济：新经济的本质——兼论模块化理论[J]. 中国工业经济，2003（9）.

[9] 昝廷全. 资源位理论及其政策启示[J]. 中国工业经济，2000，（9）.

[10] 昝廷全.经济学研究的三个基本层次：哲理、数理与技理——兼论经济学家的标准与分类[J]. 数量经济技术经济研究，2001，（12）.

[11] 昝廷全. 关于系统学研究的几个基本问题[J]. 系统工程理论与实践，1993，（6）.

[12] 昝廷全. 系统经济学探索[M]. 北京：科学出版社，2004.

[13] 昝廷全. 中国传媒经济[C]. 北京：科学出版社.

[14] 昝廷全. 如何从零创建大型企业[J]. 企业活力，2002，（1）.

[15] 宏泰顾问. 诺贝尔经济学大师的智慧[M]. 北京：中国纺织出版社，2004.

系统时代：概念与特征*

摘要：随着交通运输和信息技术的快速发展，人与人之间和人与自然之间的关系正在发生深刻的变化，人类社会已经或者正在进入一个新的历史时期，我们称之为系统时代。系统时代的基本特征包括：层次性、非线性与非平衡以及特征尺度等。

关键词：系统；系统时代；层次性；非线性；非平衡；特征尺度

Systems time：the concept and characteristics

Zan Tingquan

Abstract：With the traffic development of transportation and information technology，the relations of people and people，people and nature are irreversaly changing，the human society already or is entering a new historical era，i.e. systems time. The basis characteristics of systems time includes hierarchy，non-equilibrium and eigenscales.

Key words：system；systems time；level quality；non-linear quality；non- equilibrium；yardstick of characteristic

一、引　言

根据系统经济学的基本理论和观点，笔者认为，人类社会目前正处于"系统时代"。"系统"已经或者正在成为人类的一种基本生存方式和发展途径。人的本质特征之一就是"趋群社会性"，这就从本质上决定着系统是人类生存的一种强化方式。事实上，系统化的思想可以追溯到古代。早在古希腊时期，哲学家亚里士多德就提出"整体大于部分之和"的思想；文艺复兴时期，思想家卢梭又提出了"一般意志论"。所有这些，在一定意义上都反映了集体主义的系统观。随着现代交通、通讯和信息处理技术的发达，小小寰球趋于一村。美国前国务卿基辛格博士指出，世界在经济信息交流和人类精神方面已经变得越来越相互依赖了。近年，随着数字革命和网络的普及，有人指出人类已经进入网络时代。笔者认为，信息和网络都是系统的一个要素或一种结构方式，都不能准确描述现代社会的特征。信息是系统控制的根本，没有信息，系统控制就无从谈起。网络是系统的结构特征。因此笔者认为，系统时代这个概念更能全面地反映人类社会的时代特征。

系统时代不仅反映了人与人、国家与国家之间的联系日趋密切，而且也反映了人与自然之间的全球联系正在不断加强。早在古代，人们就提出了"天人合一"的思想，这一思想即将人类与自然界视作一个大的系统。近年，科学技术的进步使得人类对自然界干预的强度和速率空前，然而此时，自然界对于人类干预行为的报复也是空前的。沙

*作者：昝廷全，原载《河南社会学》2004 年第 12 卷

尘暴就是现实生活中一个很好的例子。正是从这个意义上说，人类对资源的过度开发和利用以及自然过程的不可逆性造成了人与自然界冲突的日趋加剧，这正是系统时代思想与可持续发展理论提出的现实背景。

二、系统时代的有关概念

1. 系统

根据系统论创始人贝塔朗菲的定义，所谓系统，就是指一组相互联系、相互影响的元素所构成的一个有机整体。进一步讲，系统包括两部分，即系统的硬部和系统的软部。系统的硬部指系统的元素所构成的集合，系统的软部则指系统元素之间关系所构成的集合。对此，我们可以把系统形式化地表示为：

$$系统 = (\{元素\}, \{元素之间的关系\}) \tag{1}$$

不难看出，系统是通过软部，也就是不同元素之间的关系而成为一个有机整体的。这里我们需要强调的是，并不是任何一组相互联系、相互影响的元素都能称为系统。构成系统的关键在于元素之间关系的强度，这种强度要使得硬部的各个元素相对于某个目标而言具有整体性。只有元素之间关系的强度相对于目标而言具备了整体性，才能称之为系统。

2. 个人主义与集体主义

个人主义与集体主义是反映人与人之间关系的一对概念。个人主义强调个人是构成社会、分析社会的基本出发点，社会的一些问题都能够从个人出发去分析、去研究从而得到答案。个人主义的观点很多，较为典型的如尊重个人选择、尊重个人价值等。集体主义则认为集体具有组成它的个人所不具有的自身价值和目标，也即集体意志。卢梭的一般意志论是集体主义观点的最早起源。一般意志思想在中国最为典型的体现就是计划经济。计划经济强调一个国家具有国家意志和国家目标，任何个人都要服从国家意志和国家目标。那么，当由国家选出的领导人代表国家意志和国家目标时，封建社会或封建统治就诞生了。因此，从这个意义上说，整个东方的计划经济和封建统治都可以追溯或归结到卢梭的一般意志论，它是一个推广到极端的形式。

从系统的定义中不难看出，系统的概念更接近集体主义的观念。也就是说，个体一旦构成系统，系统就具有了不同于它的组成部分的性质和特征[1]。但是，对于系统的价值和目标的阐述我们还要在构成系统的个体也即系统元素的层面上寻找答案。从这个意义上讲，系统又不完全等同于集体主义。因此，我们一方面承认经济系统具有系统本身新的属性，另一方面，我们也强调这一新的属性之所以出现恰恰是因为不同个体之间的相互联系和相互影响。经济系统作为一个整体，对它的新的属性的研究要通过不同个体之间的相互联系、相互影响才能找到答案，系统整体的目标和价值只能在它的不同个体的相互联系和相互影响中获得意义。通过经济系统的引入，我们就可以把个人主义和集体主义在某种意义上统一起来。

3. 构造性因素、工具价值与内在价值

构造性因素是澳大利亚经济学家柯武刚和史漫飞在制度经济学中提出的概念。所谓

构造性因素，往往是指对于系统来说不可或缺的因素。例如在研究弹道飞行时，重力因素被抽象掉将导致运动方程无法求解，因此，重力因素在这里就成为构造性因素。

构造性因素概念的提出对于人与自然之间关系的处理具有很大的启发性。具体来说，在处理人与自然的关系时，如果自然界的某一对象对于人与自然构成的大系统来讲不是构造性因素，那么处理起来就非常自由。如果自然界的某一对象虽然是构造性因素，但它是可再生的，这时处理起来也相对自由，只要开发利用的速度不大于构造性因素的可再生速度即可。如果自然界的某一对象对构成人与自然的大系统来讲是构造性的，而且是不可再生的，这时处理起来就要格外谨慎，人与自然关系的紧张以及生态环境问题的出现，往往是由此造成的。

工具价值与内在价值的概念是西方哲学家提出来的。任何事物包括自然界的对象都具有两种价值：一种是工具价值，一种是内在价值。所谓工具价值，是指当人类把自然界对象看作资源时，自然界对象相对于人类来说即具有工具价值。自然界在对人类具有工具价值的同时，其自身也具有存在价值。例如对稀有动植物的保护，一方面，它牵涉到地球生物种类的多样化问题，对于人类来说，动植物种类太少将危及人类最终的生存，那么在这个意义上稀有动植物就具有了工具价值。但另一方面，与人类同样，稀有动植物存在的本身也具有其内在的价值，人类应该充分尊重这一价值。

理解工具价值与内在价值的概念对于人类社会的可持续发展意义重大。现代社会人与自然之间的冲突日趋加剧，由于自然过程的不可逆性，人类对自然资源的过度开发和利用在很大程度上妨害了经济社会的可持续发展。为此，站在自然界与人类共同构成的大系统的层面上讲，自然界与人类是平等的，人类以自我为中心、将价值观直接指向自然界的做法是错误的。与之相反，人类应充分地尊重自然界的内在价值。

4. 开放系统

现代社会所处时代不仅具有系统性，而且具有开放性。也就是说，现代社会正处于一个开放系统时代。开放系统是相对于孤立系统和封闭系统而言的。孤立系统是没有生命力的，创新是社会进步的不竭动力，因此，社会要进步，必然要求开放。

所谓开放系统，是指与环境既有硬资源交换又有软资源交换的系统。硬资源与软资源是构成广义资源的主要部分。比较而言，硬资源通常具有具体的物质形态，例如自然资源、劳动力资源、产品和要素等；而软资源一般不具有具体的物质形态，例如管理水平、科学技术和信息等。现实中的系统基本上都是开放系统。一般来讲，硬资源的交换不可避免地伴随着软资源的交换。从实际操作上讲，只要存在信息交流和要素流动，系统都是开放系统。开放系统是系统的高级形态。封闭系统与开放系统在行为模式上存在着较大的差异。

封闭系统的行为模式强调等级和尊严，其中典型的例子就是改革开放之前的官本位思想。在封闭系统的行为模式中，不同等级之间的流动相当困难，人们注重的是等级而不是契约。因此，命令、服从和忠诚被非常看重。与之相反，开放社会则更注重人际交往和贸易，这一行为模式强调诚实和信用。中国目前正在从计划经济向市场经济转型，这一过程必然相应要求从封闭社会向开放社会转型，走向开放是必然的。

三、系统时代的基本特征

1. 层次性

层次性是系统时代的重要特征。所谓层次性，是指整个人类社会所构成的系统具有类似层级型的结构。需要指出的是，笔者这里所讲的层级结构不同于封建社会的层级结构，它是指按照不同的组织水平能够将经济系统划分为若干层次，这些不同层次之间各自具有自身的特点和规律[2]。

根据组织水平的不同，经济系统也即经济社会可划分为如下几个层次：个人（最基本的经济元）、家庭经济系统、企业经济系统、产业经济系统、区域经济系统、国家经济系统、全球经济系统。

全球经济系统是目前为止最高一级的经济系统，因为我们尚未发现地球之外还存在任何人类的经济活动。全球经济系统反映了全球各个国家之间关系越来越密切，正在逐步形成一个全球性的经济系统。现实经济生活中 WTO 及其所倡导的经济全球化就是逼近全球经济系统的最好证明。比全球经济系统低一级的是国家经济系统，也即将构成全球经济系统的每个国家都视作一个独立的经济系统。与国家经济系统相对应的学科是宏观经济学。国家经济系统之下是区域经济系统。例如，中国人民银行系统实行的大区域管理以及西部大开发，都反映了区域经济的概念。再接下来的层次是产业经济系统，也即将每个产业作为一个系统，不同产业具有不同的特点。产业经济系统是产业经济学的主要研究对象，也是产业政策制定所必须研究的课题。将构成产业经济系统的单个企业独立进行研究，就构成了企业经济系统。与企业经济系统对应的学科是企业经济学或者微观经济学。比企业经济系统再低一个层次的是家庭经济系统。作为构成社会的一个基本单元，随着诺贝尔经济学奖获得者贝克有关研究工作的展开，家庭经济系统日益引起人们的关注。个人是构成经济系统最基本的单元，也是整个经济系统层级结构的最低层次。关于个人经济行为的分析是经济学最基本的内容。经济系统的层级结构如图 1 所示。

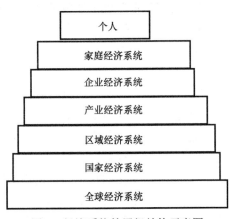

图 1　经济系统的层级结构示意图

由上面的论述不难看出，每个层次的经济系统都有自己独有的特征和规律，不同层次的经济系统之间是相互联系、相互影响的。一般来说，高层次的经济系统是以低层次的经济系统为其载体的，高层次经济系统的功能通过低层次的经济系统来体现。低层次的经济系统是高层次经济系统的子系统或经济元，高层次的经济系统制约和支配着低层次经济系统的状态和行为，也就是说，低层次经济系统的发展和变化是以高层次的经济系统作为其背景来展开的，高层次经济系统对低层次经济系统的约束和影响构成低层次经济系统的制度环境。那么相应地，低层次经济系统自身的制度设计类似于我们提出的自组织制度，也即制度安排。因此，从这个角度来看，经济学界关于制度是内生变量还是外生变量的争论其结论非常清晰：高层次经济系统对低层次经济系统的约束和影响所构成的制度环境是外生的，而经济系统通过内部自组织所形成的制度安排则是内生的。内生变量和外生变量一定要指明是针对哪一个经济系统，笼统地说是没有意义的。

将经济系统作为研究对象，这是系统经济学的一个基本思想。研究对象的系统性决定了我们必须采用系统分析的思维框架。例如，国企改革问题就不能单在企业系统这一个层次上求解，而应该在更高的层次上，运用系统的观点来处理。因此，我们认为，企业问题的最优解往往不在企业内部，而是需要整合个人、家庭、企业、产业、地区、国家，甚至全球层次的经济系统。

2. 非线性与非平衡

经济系统的非线性和非平衡是经济过程和经济现象的复杂性与多样性产生的源泉。经济过程是经济系统的状态连续更替的链条，经济过程的外在表现即为经济现象。

根据经济系统各经济元相互作用的数量特征，我们将经济系统划分为线性经济系统和非线性经济系统两类。所谓线性经济系统，是指各经济元的共同作用等于各经济元单独作用的机械叠加。用数学的语言来讲，就是满足叠加原则，否则，称为非线性经济系统。

从因果关系来看，线性对应于单因单果，而非线性对应于多因一果或一因多果。非线性在数学上的体现就是多重解。当产生多重解的时候，人们往往面临选择，我们将处于分岔点上的选择称为临界战略。临界战略对事物的影响是巨大的。柳青所讲的"人生道路固然漫长，而紧要处往往只有几步"也正体现了这一思想。

非线性的很多特征要能够展现出来，就要求经济系统不仅是非线性的，而且是非平衡的。因为即使这个系统是非线性系统，如果在平衡态，经济系统的非线性特征也不可能全部发挥出来。

平衡的概念最早出现于物理学。对于一个孤立的热力学系统，它最终必将达到熵最大的热力学平衡态。在这个平衡态，系统有两个特征：第一，状态变量不随时间变化；第二，系统与环境没有物质和能量的交流。为了描绘经济系统的平衡和非平衡状态，我们首先给出定态的概念。假设经济系统的状态可以用一组变量 $X_i(i = 1, 2, ..., n)$ 来描述，我们定义变量 $X_i(i = 1, 2, ..., n)$ 不随时间变化的状态为经济系统的定态，即：

$$dX_i/dt = 0 (i = 1, 2, ..., n) \qquad (2)$$

其中 t 为时间。传统经济学中所指的均衡态实际上就是一种定态。所谓经济系统的平衡态是指与环境没有任何广义资源交流的定态。因此，在平衡态，经济系统既与环境没有任何交流，状态变量也不随时间发生变化。自给自足的封建经济就是典型的平衡态。经济的平衡态是一种缺乏效率、没有生机的死结构。从这个角度上说，片面追求经济的平衡发展、走平均主义道路是不可取的。

正如马克思所讲的"静止是相对的,运动是绝对的",平衡是暂时的,而非平衡则是经济系统的常态。非平衡态往往通过环境约束来实现。当经济系统面临非平衡环境约束并具有非线性属性时,就会展现出丰富多彩的经济现象。例如,改革开放初期,邓小平关于让一部分人先富起来的政策主张就是非平衡的做法,这是一件非常有意义的事情。只有采取这种非平衡的做法,才能激发全体人民的积极性。激励机制设计是目前国际上研究的一个热点,在委托代理中如何通过约束机制的设计激励人的积极性,同样可以从这里得到启发。

3. 特征尺度

时间和空间是研究系统变化的基本时空框架。无论是有限或是无限的系统都有其一定的时间延拓和空间展开,空间和时间通过一定的过程联系在一起,正如亚里士多德所说的"时间是通过过程来赋型的"。不同的运动过程的时间尺度不同,各过程之间的差别甚大。例如,地质时代就是一个相当漫长的时间跨度,而某种生命过程的时间跨度也许只有几分钟,甚至稍纵即逝。我们把能够体现经济系统过程特征或者说经济系统本质变化的最小时间跨度叫做特征时间尺度。系统的每一变化过程的特征时间尺度从客观上决定了我们研究它所需要的资料系列的最短长度和研究周期。特征时间尺度越长,涉及的空间范围亦越广。我们把与特征时间尺度相对应的空间范围称为系统的特征空间尺度[3]。特征时间尺度和特征空间尺度合称为特征时空尺度,简称为特征尺度。

经济系统的特征时空尺度是经济系统本身固有的属性,它并不因任何外界环境的变化而变化[4]。根据经济系统的层次性特征,每一个层次的经济系统都有自己的特征时空尺度。关于经济系统的特征时空的测度还有待于进一步研究。但是,一般来讲,高层次经济系统的特征时空尺度大于低层次经济系统的特征时空尺度,即

$$L_{家庭} < L_{企业} < L_{产业} < L_{地区} < L_{国家} < L_{全球}$$

不同层次经济系统的特征尺度如图 2 所示。

特征尺度概念对于制度设计具有重要意义。从特征尺度上讲,高层次经济系统的制度建立和运行所涉及的时间尺度和空间范围要比低层次经济系统所涉及的时间尺度和空间范围更大,这是由高层次经济系统的特征时空尺度大于低层次经济系统的特征时空尺度这一客观属性所决定的。因此,相对于企业制度来讲,国家制度要稳定得多。从这个意义上说,一个企业的管理制度可以根据情况随时修改,这样可以增加企业的竞争力,有利于企业的发展。但是,一个国家的制度就需要保持相对的稳定性。这里"相对的稳定性"是相对于企业而言的,它应和国家经济系统的特征时间尺度相匹配。如果一个国家的制度在其特征时间尺度范围内朝令夕改,就会使以它作为制度环境的区域、产业、企业和家庭经济系统以及个人无所适从,这样做一定不利于国民经济的发展,甚至会给国民经济带来灾难。

经济系统的特征尺度还是判断经济可持续发展的客观参照标准。一般地讲,为了求得一个经济变量的数值,就要将它与事先选作标准的同类量,即基本测量单位相比较,得出的倍数即为该变量的数值。显然,所选择的基本测量单位越小,测得的变量数值就越大;选择的基本测量单位越大,测得的变量数值就越小。所谓经济的持续增长和持续

发展，是以经济系统的特征时间作为基本测量单位的。由于特征时空是经济系统的固有属性，这样就使得对经济系统持续发展的衡量有了一个客观的时间尺度标准。

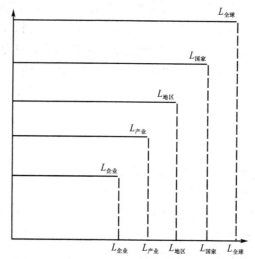

图2　不同层次经济系统的特征尺度示意图

特征尺度概念的提出也为经济系统的适度规模研究提供了一条新的思路。诺贝尔经济学奖得主科斯从交易费用和管理费用的观点研究了企业的起源和合适规模。特征时空的概念有助于理解任何经济系统的起源和规模。笔者提出如下观点：经济系统的层次和类型决定了它所具有的特征时间尺度和特征空间尺度；只有当它的实际规模等于它的特征时空尺度时才能符合最经济原理，此时效率最高，即取得了规模效益。

参考文献

[1] 昝廷全. 产业经济系统研究[M]. 北京：科学出版社，2002.

[2] 昝廷全. 系统经济学研究：经济系统的基本特征[J]. 经济学动态，1996，（11）：12－17.

[3] 昝廷全. 特征尺度理论与企业发展战略的层级结构[J]. 中国工业经济，2002，（5）：24－28.

[4] 昝廷全. 特征尺度理论：经济学中的短期、长期与可持续发展[J]. 数量经济技术经济研究，2002，（6）：11－13.

2005

中、美、日国家资源位对比研究
资源位定律及其应用

中、美、日国家资源位对比研究*

摘要： 本文在资源位的基本理论基础上提出了国家资源位的基本分析框架，并对中国、美国和日本三国的国家资源位进行了计量分析。计量结果表示：中国各分资源位（除资本资源位外）普遍偏低，中国国家资源位综合指数与美国、日本的国家资源位综合指数具有较大差距。在构成中国国家资源位的各个分资源位指标中，人力资源位、技术资源位和信息资源位是影响国家资源位指数的关键资源位，基础设施资源位是影响国家资源位的另一重要因素。最后，本文分析了国家资源位与国家经济发展水平之间的正相关关系，依据中国国家资源位存在的相对优势及不足，有针对性地提出国家可持续发展的资源位对策。

关键词： 国家资源位；人力资源位；资本资源位；技术资源位；国家经济发展水平

在系统经济学中，通过引入"广义资源空间"，提出了"资源位"概念。所谓"资源位"，就是指在广义资源空间中能够被某经济系统（经济主体）实际和潜在利用、占据或适应的部分。严格地讲，包括国家在内的各个层次的经济系统之间的竞争及其生存空间和发展机会等都与资源位的概念密切相关。

本文利用有关的资源位理论和系统经济学的观点，通过对比中国、美国和日本的资源位状况，在定量分析的基础上初步探讨了中国资源位存在的优势与不足，为中国经济、社会和环境各方面的可持续发展提供科学的依据和参考，从而为中国的生存和发展研究奠定坚实的基础。

一、资源位的一般理论

从经济系统的投入产出角度来讲，传统经济学通过效用最大化侧重于对产出的研究，而对作为经济系统投入的广义资源没有进行深入细致的研究。造成这种情况的主要原因之一，就是传统经济学所研究的经济过程是只包括"生产→分配→交换→消费"这四个环节所构成的非闭路循环。在系统经济学中，昝廷全（1995）把经济过程扩展为包括"资源→生产→分配→交换→消费→环境→资源"这六个环节的闭路循环。这样，我们就可以把可持续发展问题内生在经济理论中，而不是将其作为经济理论的外在约束。受生态学中生态位概念的启发和马建国（1990）工作的影响，昝廷全（1990）提出了资源位的概念，并在此基础上详细研究了资源位的有关问题（2000）。

1. 资源位的概念

为了论述的方便，在系统经济学中，我们通常把由多种资源因子所撑起的高维空间称为广义资源空间。一般取广义资源空间为 n 维笛卡儿空间。这里的资源是指广义资源，它是自然资源概念的引申与推广，包括自然资源、人力资源、信息资源、科技资源、时间（机会）与空间资源等。从形态上划分，广义资源可以划分为硬资源、软资源两部分，即

---

*作者：昝廷全、席雪红，原载《中国传媒大学学报（自然科学版）》2005 年第 2 期

广义资源 =({硬资源，软资源}，{软、硬资源之间的关系})这里硬资源是指客观存在的，在一定的技术、经济和社会条件下能被用来维持生态平衡、从事生产和社会活动并能形成产品和服务的有形物质，还包括不需要加工就可被人类直接利用的客观物质，如空气等。显而易见，自然资源、能源等都属于硬资源的范畴。软资源包括科技资源、信息资源等以人类的智能为基础的资源。软资源对硬资源的开发利用具有决定性的作用，这个作用的结果又反馈于整个广义资源系统。从某些方面来讲，硬资源是被动的，软资源是主动的，硬资源的作用需要软资源来"启动"。这也正是正确和全面理解"知识经济"真正内涵的关键所在。

资源是相对于主体而言的，这里主要是指参与广义资源竞争的各种类型和各种层次的经济系统，在不同的情况下，它可以是指参与广义资源竞争分享或配置的个人、家庭、企业、产业、地区、国家甚至整个人类。昝廷全（1990）首次提出"竞分元资源位"的概念。由于竞分元可以划分为经济元、社会元和生态元，因此竞分元资源位自然可以具体化为经济系统的资源位、社会系统的资源位和生态系统的资源位。昝廷全（2000）详细研究了产业资源位问题及其数学模型，同时给出了经济系统资源位的一般性定义：在广义资源空间中，能够被某经济系统实际和潜在利用、占据或适应的部分，就称为该经济系统的资源位。设 $G = \{g_i | i = 1, 2, ..., m\}$ 为不同经济系统组成的集合，$R = \prod R_i$ 为广义资源空间，即由广义资源因子所撑起的高维空间，经济关系为 $f \subset R \times G$，则对经济系统 $g_i \in G$ 来讲，$f \circ g_i$ 即为经济系统 g_i 的资源位数学模型。

2. 资源位的分类

根据不同的标准，可以得到不同的资源位分类系统。

根据经济系统的层次性，我们相对地有不同层次的资源位概念：个人资源位、家庭资源位、企业资源位、产业资源位、区域资源位、国家资源位和全球资源位等。与本文研究相关的主要是国家资源位。

根据资源位的存在与非存在形式，以及资源位的实际和潜在被利用状态，可将资源位分为存在资源位（包括实际资源位和潜在资源位）和非存在资源位。这是资源位理论的核心内容之一。

资源位的存在和被利用是具有时空特征的。对于某一经济系统 X，存在于一定空间（S）和时间（T）内的资源位称为存在资源位（existing niche，EN）。实际资源位（actual niche，AN）是指被经济系统 X 实际利用或占据的存在资源位。存在资源位如果只被经济系统 X 所利用，叫做经济系统 X 的 α-实际资源位（alpha actual niche，α-AN）。若存在资源位被经济系统 X 同时也被其他经济系统所利用，称为经济系统 X 的 β-实际资源位（beta actual niche，β-AN）。在存在资源位中，那些没有被经济系统 X 所利用的部分叫做经济系统 X 的潜在资源位（potential niche，PN），其中，既没有被经济系统 X 也没有被其他经济系统所利用的，称为经济系统 X 的 α-潜在资源位（alpha potential niche，α-PN），没有被经济系统 X 但被其他经济系统所利用的部分，叫做经济系统 X 的 β-潜在资源位（beta potential niche，β-PN）。在空间（S）和时间（T）内不存在的资源位，称为经济系统 X 的非存在资源位（non-existing niche，NEN）。资源位的组成及其相互关系可由图 1 来描述。

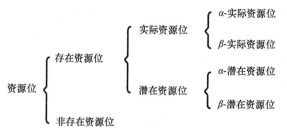

图 1 资源位的组成及相互关系

二、国家资源位分析框架

国家资源位是经济系统资源位的具体化，由此可以自然地给出国家资源位的一般性定义：在广义资源空间中，能够被某个国家实际和潜在占据、利用或适应的部分。设 $G = \{g_i|i = 1, 2, ..., m\}$ 为不同国家的集合，$R = R = \prod R_i$ 为广义资源空间，经济关系为 $f \subset R \times G$，则对于国家 $g_i \in G$ 来讲，$f \circ g_i$ 即为国家 g_i 的资源位数学模型。

根据系统经济学观点，国家资源位是一个动态的复杂系统，它由诸多子系统构成。国家经济系统并非各个子系统简单的线性组合，而是一个复杂的非线性动态系统。依据资源位的形态不同，可以将国家资源位分为两个子系统：国家硬资源位系统与国家软资源位系统，即

国家资源位 = {国家硬资源位, 国家软资源位}

硬资源位与软资源位又由若干二级子系统构成，即

硬资源位 = {人力资源位, 资本资源位, 自然资源资源位,

基础设施资源位, 区位资源位, … }

软资源位 = {技术资源位, 信息资源位, …}

国家资源位的详细构成参见图 2。

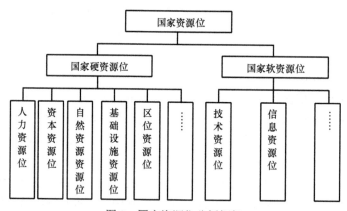

图 2 国家资源位分析框架

其中，人力资源位指劳动力的数量与质量；资本资源位指资本存量、资本使用的便利性与控制力；自然资源资源位指拥有和占据的土地、森林、矿产和水利等；基础设施资源位指拥有或分享的能源、交通、通讯、文化卫生等设施；技术资源位指知识资源存量、技术的创新与转化能力；信息资源位指拥有或分享的各种信息。

三、中、美、日国家资源位的计量

为了对比分析中、美、日三国的国家资源位，首先对国家资源位进行计量。

依据客观性、综合性、系统性、可靠性与稳定性原则，参考联合国的《统计年鉴》、世界银行的《世界发展报告》和瑞士洛桑的《全球竞争力报告》等世界上有影响的几大统计报告，本文选择了六大类16小类具体指标来测度国家资源位，下面我们对这些指标进行简要的说明：

（1）人力资源位指标，其可以用以下两个指标描述：①劳动力数量；②劳动力素质，即劳动力的质量，这主要取决于劳动者受教育和职业技术培训的程度。我们用每10万人大专及以上人口衡量劳动力质量。

（2）资本资源位指标。其可具体分解为以下两个指标：①资本形成总额。反映国家固定资本形成总额以及存货的增加；②金融机构年末存款余额，反映国家的资本使用的便利性。

（3）自然资源资源位指标。自然资源资源位指标从自然资源方面反映国家经济地理状况，反映国家制定发展战略的物质基础，其可分解为以下三个指标：①人均耕地面积；②人均森林面积；③人均水力资源量，水资源是国家最基础的资源，影响国家的长期可持续发展。

（4）基础设施资源位指标。基础设施资源位指标从基础设施方面反映国家的资源位状况，反映国家发展的基本条件，其可分解为以下三个指标：①人均发电量；②人均拥有铺设道路面积；③人均病床数。

（5）技术资源位指标。技术资源位指标从技术实力方面反映国家科技状况，反映了国家资源位中的核心因素状况，其可以分解为以下三个指标：①科技人员数量；②研发经费支出；③拥有专利数量。

（6）信息资源位指标，其可以用以下三个指标来描述①电脑普及率；②万人上网人数；③移动电话拥有率。

1. 中、美、日国家资源位的计量

首先对各个指标值进行无量纲处理，把各个指标值转化为无量纲的相对量，通过专家赋权法和综合评价法对国家资源位进行计量，见表1。标准化之后的数据表、权重表和计量结果如表2、表3和表4所示。

2. 计量结果分析

由表4所示，美国、日本和中国的国家资源位综合指数分别为0.59910、0.03140与-0.63050。仅仅依据表面数据我们就可以知道中国与美国、日本相比，在广义资源投入方面的较大差距。除了资本分资源位为正值外，其他的指标值均为负值，说明我国的分资源位指数低于三国的平均水平，且基本上处于最低水平，这说明我们的国家资源位在总体和绝大部分方面都处于美、日、中三国各资源位指标的均值之下。稍加分析，不难发现：

（1）我国分资源位指数（除资本资源位指数外）普遍偏低。

表1　美国、日本和中国国家资源位表

指标		美国	日本	中国
人力资源位	劳动力数量（万人）	13507.3	6412	73025
	每万人大学生数量（人）	4650	2070	361.1
资本资源位	资本形成总额（亿$）	310219.43	10698.7	44960.1
	金融机构年末存款余额（亿$）	43775.7	78593.6	173660.4
自然资源资源位	人均耕地面积（公顷）	0.540	0.041	0.102
	人均森林面积（公顷）	0.742	0.19	0.125
	人均淡水资源（立方米）	9259	4338	2282
基础设施资源位	人均用电量（千瓦时）	12331	7628	827
	每万人铺设道路长度（公里）	229.6	90.8	14.5
	每十万人医生数（人）	276	197	167
技术资源位	每百万人中科技人员数量（人）	4099	5095	545
	研发经费支出占 GDP 比例（%）	269	3.29	1.10
	万人拥有专利数（件）	298	10.57	0.02
信息资源位	百人电脑拥有量（台）	625	35.8	1.9
	百人上网人数（人）	33	23	1
	每百人移动电话量（部）	36.2	728	11.0

资料来源：①主要资料来自于联合国统计司（www.unstas.un.org）②资料来自 Human Development Indicators2003③资料来自于中国统计局网站（www.stats.gov.cn）（以 2001 年平均汇率为转换标准：US1＄＝8.277′，US1＄＝121.51Yen）

表2　美国、日本和中国国家资源位指标标准化后的数据表

指标		美国	日本	中国
人力资源位	劳动力数量（万人）	−0.47765	−0.67160	1.14926
	每万人大学生数量（人）	0.98983	0.02003	−1.00987
资本资源位	资本形成总额（亿$）	1.14838	−0.67869	−0.46969
	金融机构年末存款余额（亿$）	−0.81660	−0.29872	1.11532
自然资源资源位	人均耕地面积（公顷）	1.14743	−0.68476	−0.46167
	人均森林面积（公顷）	1.14938	−0.47883	−0.67056
	人均淡水资源（立方米）	1.10621	−1.26637	−0.83984
基础设施资源位	人均用电量（千瓦时）	0.93405	0.12091	−1.05496
	每万人铺设道路长度（公里）	1.08174	−0.19104	−0.89070
	每十万人医生数（人）	1.11297	−0.29008	−0.82289
技术资源位	每百万人中科技人员数量（人）	0.35649	0.77291	−1.12939
	研发经费支出占 GDP 比例（%）	0.29311	0.82069	−1.11380
	万人拥有专利数（件）	−0.28361	11.11117	−0.82756
信息资源位	百人电脑拥有量（台）	0.95814	0.07902	−1.03717
	百人上网人数（人）	0.85519	0.24434	−1.09952
	每百人移动电话量（部）	−0.12229	1.05552	−0.93323

表 3　专家赋权后的各资源位指标的权重表

指标		各资源位指标权重	
人力资源位	劳动力数量（万人）	0.19	0.29
	每万人大学生数量（人）		0.71
资本资源位	资本形成总额（亿$）	0.16	0.55
	金融机构年末存款余额（亿$）		0.45
自然资源资源位	人均耕地面积（公顷）	0.15	0.40
	人均森林面积（公顷）		0.31
	人均淡水资源（立方米）		0.29
基础设施资源位	人均用电量（千瓦时）	0.15	0.38
	每万人铺设道路长度（公里）		0.32
	每十万人医生数（人）		0.30
技术资源位	每百万人中科技人员数量（人）	0.19	0.35
	研发经费支出占 GDP 比例（%）		0.36
	万人拥有专利数（件）		0.29
信息资源位	百人电脑拥有量（台）	0.16	0.36
	百人上网人数（人）		0.34
	每百人移动电话量（部）		0.30

表 4　美、日、中国家资源位指数表

国家	人力资源位	资本资源位	自然资源资源位	基础设施资源位	技术资源位	信息资源位	国家资源位
美国	0.56426	0.26414	1.13608	1.03499	0.14804	0.59901	0.59910
日本	−0.18054	−0.50770	−0.49999	−0.10221	0.88821	0.42818	0.03140
中国	−0.38372	0.24456	−0.63609	−0.93277	−1.03625	−1.02719	−0.63050

（a）人力资源位

我国的人力资源位虽然数量占有绝对优势，但是人力资源位更强调劳动力素质。劳动力质量指标的权重大约为 0.71，而我国的劳动力素质的衡量指标即每十万人的大专以上人口数量不及美国的 8%、日本的 18%，因此，标准化之后的数值很低，这是我国人力资源位指数低的主要原因。

（b）资本资源位

美国经济实力强大，即使较小比例的投资，也具有较大的金额。日本还没有完全从"泡沫经济"中走出来，人们的收入增长有限，作为投资保障的存款余额和投资的热情不高，因此，日本的资本资源位比较低。中国经历了 25 年的改革开放，老百姓拥有大量的银行存款，这大大提升了中国的资本资源位。资本资源位是我国国家资源位中唯一的优势，应该有效利用这一优势，同时促进其他资源位的提升。

（c）自然资源资源位

据专家测算，在世界各国主要矿种探明储量比较中，中国仅次于美国和俄罗斯，居世界第三位，但我国人均矿产资源却仅居世界第八十位，即人均水平远远落后于世界平均水平。从表 4 中，我们同样可以看出我国自然资源的人均水平与相对贫乏的日本相比，还具有一定的差距。美国拥有丰富的资源，自然资源资源位的各分资源位的基础指标都占据绝对优势。

（d）基础设施资源位

基础设施是经济发展的基础。这里我们选择了人均用电量、每万人铺设道路公里数、每十万人医生数三个指标，从生活、生产、交通、卫生几个方面反映了基础设施状况。尽管我国近几年加大了基础设施的投资力度，但是基础设施资源位相对于美国、日本还有很大的差距。

（e）技术资源位

日本的技术资源位指数最高，超过了美国，也是唯一的超过美国的分资源位指数，这就是在自然资源严重缺乏的情况下，日本经济能够快速增长和发展，并一跃成为世界第二大经济强国和最大的债权国的主要原因。日本的科技进步对经济增长的贡献率达70%以上。美国是高科技的策源地，在基础科学和前沿科学领域占据世界首位，这是美国能够长期保持超级大国的基础和支撑。我国在航天技术、数学等高端领域虽然已接近世界先进水平，但与美国、日本相比，技术资源位整体水平仍然较低。

（f）信息资源位

信息资源位由接触信息的方便程度与速度、传播的广度等三方面反映。信息是做出决策的依据。在现代社会，谁首先拥有了信息，谁就占据了竞争优势。美国在 90 年代初选择信息产业作为主导产业，积极推进该产业的发展，成为美国能够成为世界第一经济强国的重大战略选择。日本在 90 年代后与美国经济实力差距拉大的原因也在于战略选择的错误。昝廷全（2002）认为，20 世纪 90 年代之后日本落后于美国的主要原因是由于临界战略选择的失败。我国的信息产业起步较晚，与美国、日本相比，仍有很大的差距。

（2）总体国家资源位指数反映了我国与美国、日本的差距。

我国的总体国家资源位水平处于三国的平均值之下。而且无论分资源位指数还是国家资源位的综合指数，美国是在三个国家中都具有绝对的优势。日本与美国相比，除了技术资源位较高外，其他的资源位水平都比较低，有一定的差距。但是，日本国家资源位的综合指数还是比我国的国家资源位指数高。尤其是技术资源位，日本在三个国家中最高，是日本发展的相对优势。

四、国家可持续发展的资源位对策

相对优势根据前面计量分析结果的结论，我们提出如下的国家可持续发展的资源位对策：

1. 优先发展教育，努力提高人力资源位

人力资源位是最基本的、最关键的资源位要素，它直接影响其他资源位的提升和应用，是影响国家资源位综合指数的主导因素。国家要实现可持续发展，就必须高度重视人力资源位的提高。从我国的目前情况看，提高人力资源位，促进经济可持续发展，必须做好以下三个方面的工作：第一，加大对教育的投入，深化教育体制改革，调整教育结构，扩大职业教育、在职教育的规模，大力发展适应经济发展需要的教育体系，积极培养适合国家经济发展需要的各类人才。第二，营造宽松自由、尊重知识、尊重人才、鼓励个性和激励创新的社会氛围，摒弃传统文化中不利于个人潜能发挥的评估标准和落

后习惯，促进人才成长。第三，为高素质人才和专业化的人力资源提供良好的工作环境和生活环境，吸引优势要素资源，发挥人力资源位的整合作用，不断提升技术资源位和信息资源位，从根本上提高国家竞争能力。

2. 利用资本优势，不断提升技术资源位与国家资源位

我国在资本资源位方面具有相对优势，在技术资源位和信息资源位方面与美国和日本具有较大差距，是影响我国国家资源位综合指数的主要因素，也是影响中国经济发展的主要制约因子。技术资源位与信息资源位是国家资源位提升的关键因素，而且技术资源位是信息资源位提升的基础。这就要求我们要有效地利用资本资源位的相对优势，弥补技术资源位与信息资源位的不足，从而促进我国国家资源位的提升，实现国家的可持续发展。从资本资源位、技术资源位和信息资源位的角度出发，国家可持续发展的资源位对策如下：第一，充分利用现有的资本资源位优势，把储蓄转化为有效投资。第二，注重投资方向的相互配合，创造经济发展的充要条件。第三，进一步加大科技投入，提高国家技术资源位。第四，加大对基础设施的投入，为经济的顺利发展提供支撑条件。

3. 加强国家科技创新体系建设，提升技术资源位

人力资源位的提升是技术资源位提高的基础，技术资源位又直接影响信息资源位。因此，如何提升技术资源位非常重要。相应的对策包括以下三点：第一，创新是技术资源位提升的基本出发点，要构建高效合理的国家科技创新体系，促进科技与经济的紧密结合。第二，科技创新体系的建立是一个系统工程，要建立健全与科技创新体系相配套的各项政策和措施，为创新体系的建立提供制度上的保障。第三，积极探索产学研相结合的发展模式，保证中国技术资源位的可持续增长。

4. 合理利用存在资源位，积极开拓非存在资源位

根据资源位一般理论，从广义资源的存在与利用状况出发，我们认为国家经济可持续发展的关键还在于合理利用国家存在资源位，并积极开拓国家非存在资源位。第一，促进潜在资源位向实际资源位转化，合理利用国家的存在资源位。从资源利用与经济发展的关系出发，国家应在充分利用其实际资源位的基础上，加快潜在资源位向实际资源位的转化，尤其重视国家的 β 潜在资源位的加速转化，从而实现资源的优化配置和国家的可持续发展。

第二，采取人为措施，将国家的非存在资源位转化为存在资源位，从而满足国家发展需要并提高其资源位功能，采取各种措施和多种手段使那些原来不能被其适应、利用或者占据的资源空间转变为存在资源位，促进国家的可持续发展。

参考文献

[1] 昝廷全. 系统经济学（第一卷：概念、原理与方法论）[M]. 香港：经济与法律出版社，1995.

[2] 昝廷全. 系统经济学（第二卷：理论与模型）[M].北京：中国经济出版社，1997.

[3] 昝廷全. 系统经济学探索[M]. 北京：科学出版社，2004.

[4] 昝廷全. 系统管理模式（电子版）[M]. 北京：北京广播学院音像教育出版社，2003.

[5] 昝廷全. 昝廷全文集: 现代应用系统分析[M]. 广州: 广东经济出版社, 1999.

[6] 昝廷全. 产业经济系统研究[M]. 北京: 科学出版社, 2002.

[7] 昝廷全. 资源位理论及其政策启示[J]. 中国工业经济, 2000, (9).

[8] 昝廷全. 资源位的层级结构及其政策启示[J]. 中国工业经济, 2001, (6).

[9] 昝廷全. 资源位的组成及其相互关系模型[J]. 数量经济技术经济研究, 2001, (11).

[10] 昝廷全. 临界战略初探[J]. 数量经济技术经济研究, 2002, (10).

[11] 昝廷全. 企业可持续发展的资源位对策[J]. 数量经济技术经济研究, 2002, (1).

[12] 昝廷全, 郭鸿雁, 刘彬.中国区域资源位研究[J].管理世界, 2003, (11).

[13] 黄硕风. 综合国力新论[M]. 北京: 中国社会科学出版社, 2001.

[14] 毕世杰, 马春文.发展经济学[M]. 北京: 高等教育出版社, 2000.

[15] 钟阳胜. 追赶型经济增长理论[M]. 广东: 广东高等教育出版社, 1998.

[16] 舒尔茨. 论人力资本投资[M]. 北京: 北京经济学院出版社, 1994.

[17] 刘易斯. 劳动力无限供给条件下的经济发展[J]. 见阿加瓦拉和辛格编, 不发达经济学, 1993 年英文版.

[18] 莱斯特·瑟罗. 二十一世纪的角逐[M].北京: 社会科学出版社, 1992.

[19] 约翰·奈斯比特, 帕特里夏·阿伯迪妮[美]. 2000 年大趋势[M]. 北京: 中共中央党校出版社, 1990 年中文版.

[20] 马克思.资本论(第 2 卷)[M]。北京: 人民出版社, 1975.

[21] 马克思, 恩格斯·马克思恩格斯全集(第 23 卷)[M]. 北京: 人民出版社, 1972.

资源位定律及其应用*

摘要：本文首先从硬资源和软资源的角度分析了资源整合的机理：硬资源是互不相交的闭集，软资源是可以相互交叉的邻域（开集），软资源是资源整合的媒介，不同硬资源闭集的邻域的交集非空是资源整合的必要条件。接着，提出了关于经济系统资源整合的资源位第一定律和第二定律。资源位第一定律指出，经济系统所能整合的最少外部资源的强度等于包含该经济系统资源位的最小凸集的测度与其实际资源位集合的测度之差，并在此基础上提出了系统势力的概念。资源位第二定律是指，在经济系统的资源位已呈凸集的情况下，可以通过引进凸集外部的一个资源点，将资源位拓展为一个凸锥。在这种情况下，所整合的外部资源可以远远大于经济系统自身的资源。最后，根据这两个资源位定律，提出了经济发展的资源整合对策。

关键词：经济系统；资源位定律；资源整合；系统势力

The Law s of Resource-niche and Applications

ZAN Ting-quan

Abstract：In this paper，the mechanism of resource-integrating is firstly analyzed from the point of view of hard-resources and soft-resources. Hard-resources which will not intersect for ever are closed sets，on the other hand，soft-resources are open sets（or neighborhood）and they can intersect. Soft-resources are media for integrating resources，and that intersection of neighborhood of hard resources is not empty is the necessary condition for integrating recourses. Secondly，the first and second laws of resource-niche for resource-integrating of economic systems are developed. The first law of resource-niche for resources integrating of economic system s is that theintensity of interacted resources from outside the system is the difference between measures of the minim al convex set and the primary resource-niche. On this basis，the concept of system influence is proposed. The second law of resource-niche for resource integrating states that under the condition of resource-niche of the economic system is already convex set，a point from outside the system should be introduced，and resource-niche of the system can be extended to a convex cone. In this condition，the integrated resources from outside the system can be far m ore than that the economic system possessed itself. Finally，counterm easures are drew based on the above two laws.

Key Words：economic system ；laws of resource-niche；integrating resources；system influence

  人类社会已经进入系统时代。"系统时代，整合为王"的思想正在逐步深入人心。昝廷全（2004）从经济系统的资源位的拓扑结构角度指出，为了进行资源整合，经济系统必须把自己的资源位结构打造为凹集。本文在资源整合机理分析的基础上，进一步研究在经济系统的资源位已呈凹集的情况下，最小能够整合多少外部资源，以及在经济系

---

*作者：昝廷全，原载《中国工业经济》2005 年第 11 期

统的资源位为凸集的条件下可以通过什么样的外部途径进行资源整合。

一、资源整合的机理

资源是人类赖以生存和发展的基础。出于本身的需要，人类不断向自然索取。而且，随着科学技术突飞猛进地发展，人类对自然的干预程度逐步形成了一种新的威力巨大的"地质力量"，进而引发了全球性的人口、资源、环境、经济、社会、政治等问题。这一系列问题的核心就是资源问题。从某种意义上讲，整个经济学的核心内容就是研究资源的优化配置和合理利用问题。不论是资源的优化配置还是资源的合理利用都与资源整合有着密切的关系。在有些情况下，甚至可以说，资源的优化配置就是资源整合问题。如果把这里的"资源"概念理解为"广义资源"，情况更是如此。

广义资源概念是正确理解资源整合机理的基础。昝廷全（1988，1990）通过把资源划分为硬资源和软资源提出了广义资源的概念。我们可以把广义资源形式化地表示为：

广义资源 ＝ {（硬资源，软资源），（硬资源与软资源之间的关系）}

所谓硬资源是指在一定的技术、经济和社会条件下能够被人类用来维持生态平衡、从事生产和社会活动并能形成产品和服务的有形物质，包括那些不需要加工就可被人类直接利用的客观物质，如空气等。显然，各种自然资源和能源都属于硬资源的范畴。软资源是指以人类的智能为基础的资源，如科技资源、信息资源、知识资源等。软资源对硬资源的开发利用和资源整合具有重要的决定性作用，这个作用的结果又反馈于整个广义资源系统。昝廷全（1991）指出，从某些方面来讲，硬资源是被动的，软资源是主动的，硬资源的作用需要软资源来"启动"。

为了深刻理解资源整合的机理和本质，我们稍微详细地分析一下硬资源与软资源的区别与联系。硬资源具有两个显著的特点：一是它存在的边界是确定的，而且往往是静态的；二是硬资源的利用具有排他性。正是由于硬资源的第一个性质，我们可以用拓扑空间中的闭集来表示硬资源。不同硬资源的边界是两两不相交的，即满足所谓的可列可加性。从数学上来讲，满足所谓的可列可加性是进行定量描述的基础。硬资源的这两个基本特征是经济学中"边际效用"概念赖以成立的基础。边际效用概念又是建立各种经济学均衡模型的基础。均衡模型是西方主流经济学理论体系的核心。因此，从某种意义上讲，整个西方主流经济学都是建立在边际效用基础之上的，其处理的资源对象主要是硬资源。之所以这样，就是因为硬资源的边界是静态的，具有可列可加性，是互不相交的闭集，便于定量描述，纵观经济学发展的历史不难看出这一点。

近年来，随着科学技术的飞速发展，人力资本和知识资本在经济社会发展中的作用不断增强，在著名的道格拉斯生产函数中也把技术作为一个重要的独立变量。技术和知识资本是一种典型的软资源，人力资本是硬资源和软资源的复合体。与硬资源相比，软资源有两个显著特点：一是硬资源的边界很容易确定，其边界的存在是静态的，而软资源的边界往往不易确定，其边界的存在是动态的；二是硬资源的利用具有排他性，而软资源的利用不具有排他性，有时甚至具有利他性，即软资源的价值随着使用者的增加而增加，一个代表性的例子就是网络的价值与用户的平方成正比。综合这两点就导致软资源不满足"边际效用递减定律"。其根本原因在于软资源不满足可列可加性，无法采用传统的数学方法进行定量描述。因此，也就无法按照传统的方法建立包括软资源在内的经济学均衡模型。为此，必须探索新的研究方法和分析工具。

更进一步地，我们可以把软资源分为两种类型：第一种软资源的存在和作用必须和某一具体的或固定的硬资源相复合，这种软资源就相当于拓扑空间中闭集的邻域。例如，计算机是一种典型的硬资源，其边界是确定的和静态的。计算机的操作系统是一种典型的软资源，而且这种软资源只有和计算机复合在一起时才能发挥作用。根据前面的论述，可以把计算机看作是拓扑空间中的闭集，而操作系统就相当于这个闭集的邻域。当然，计算机作为一种硬资源，它的作用需要操作系统这种软资源来"启动"。第二种软资源就是所谓的"系统资源"，它和法国社会学家布尔迪厄 1980 年提出的社会资本（social capital）的概念密切相关，但又不完全相同。简单地讲，系统资源是由经济系统的不同经济元通过相互作用所形成的资源，随着不同经济元之间相互作用的途径、中介和强度等的不同而不同，更有甚者，还可能与经济系统所处的动态环境有关。

有了上述关于硬资源和软资源的论述作基础，现在就可以非常方便地讨论资源整合的机理问题了。我们把资源整合分为三种类型：一是硬资源和硬资源的整合；二是硬资源和软资源的整合；三是软资源和软资源的整合。

第一，硬资源和硬资源的整合需要软资源作中介。设 A、B 表示两种不同硬资源的两个闭集，这两种硬资源要进行整合，就要求与闭集 A 相复合的软资源（记为闭集 A 的 εA 邻域）和与闭集 B 相复合的软资源（记为闭集 B 的 εB 邻域）的交集非空，即：

$$\varepsilon A \cap \varepsilon B \neq \varnothing \tag{1}$$

公式（1）就是硬资源与硬资源整合的必要条件。为了便于理解，可以把公式（1）所表达的含义用图 1 直观地示意出来。也就是说，硬资源与硬资源整合需要软资源作为中介，而且与不同的硬资源相复合的软资源的交集不能为空集。比方说，两台计算机要进行资源整合，就要求它们所使用的操作系统能够兼容，这就相当于与它们复合的软资源的交集至少非空。

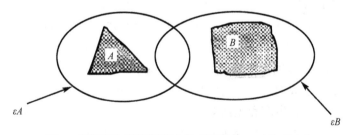

图 1　硬资源与硬资源整合的必要条件：$\varepsilon A \cap \varepsilon B \neq \phi$

第二，硬资源和软资源的整合。包括两种情况：一是硬资源和第一种软资源的整合。根据第一种软资源的定义，第一种软资源必须和某一具体或固定的硬资源相复合才能存在和发挥作用。也就是说，第一种软资源必须作为硬资源的邻域形式而存在，这时，第一种软资源和硬资源形成一个密不可分的"复合体"。这种复合体的典型代表就是人力资源。作为生物学意义上的人的边界是确定的，可以用拓扑空间中的闭集来表示，但是，复合在人身上的软资源包括知识、技能和文化等又具有软资源的品格，相当于拓扑空间中的开集，人力资源就是由作为生物学意义上的人和复合在人身上的软资源所构成的一个密不可分的复合体。显然，和单纯的硬资源相比，这种复合体的边界已经具有了相当的动态性，其度量的难度要远远大于对单纯硬资源的度量难度。按照这种思路，可以对人力资源问题展开新的研究。二是硬资源和第二种软资源即系统资源的整合。关于这个问题，我们将另辟专文进行讨论。这里简要指出，系统资源可以和经济系统的任何硬资源相复合，这个性质是系统资源的主要特征之一。

第三，软资源和软资源的整合。由于软资源的特点就是其边界的动态性，不同软资源之间的交集很容易不空，因此，软资源和软资源之间的整合相对容易。

综上所述，资源整合主要讨论的是硬资源与硬资源的整合以及硬资源和第一种软资源之间的整合。本文讨论的主要是资源整合的机理，至于在什么条件下硬资源整合软资源和软资源整合硬资源不予区分，至于在什么条件下资本雇佣劳动还是劳动雇佣资本等问题不在本文的讨论之列。

二、资源位第一定律

昝廷全（2001）指出，可以把经济学研究划分为哲理、数理与技理三个基本层次。实际上，经济学每一个专题或方向的研究也存在类似的哲理、数理与技理三个基本层次的问题。这一思想当然也适用于资源整合和资源位研究。上面所讨论的资源整合的机理问题属于哲理层次的分析。下面，我们转向关于资源整合的定量描述研究。

虽然由于软资源不具备数学上的可列可加性和使用上的排他性，因而不满足边际效用递减规律，进而带来了按照传统数学方法进行定量描述的困难。但是，我们可以借助资源位概念使用拓扑学方法从总体上准确描述经济系统所能整合的资源的多寡。资源位概念是系统经济学的核心概念之一。正是通过资源位概念的引入，系统经济学把可持续发展问题从经济发展的外在约束条件转化到了经济学的理论内核之中。这和"系统时代，整合为王"的思想一样，是系统经济学对于所处的系统时代特征的反映。一般认为，哲学研究具有明显的时代特征，实际上，经济学研究的时代特征比哲学与时代特征的联系更加紧密，因此，经济学研究的演化阶段的变化更加频繁。从大的阶段来划分，在经济学发展的300多年的历史中，根据所处的时代的不同，至少出现了以下几个典型的经济学流派：重商主义、古典经济学、凯恩斯主义经济学、货币主义经济学和制度经济学等。每一个经济学流派的形成都与当时的时代背景有关，正如恩格斯所指出的，任何一门学科的产生和发展都与社会生产和生活需要有关。重商主义强调贸易是财富增长的主要源泉，而工业生产更加注重经济系统在所有权意义上所拥有的资源特别是硬资源的多寡，或者说更加注重闭集内部特定的硬资源的价值。从某种意义上讲，重商主义更加接近我们的"系统时代，整合为王"的思想。系统经济学就是为了适应系统时代的到来应运而生的经济学研究的一个新方向。昝廷全（2004）指出，在系统时代的背景下，整合资源的能力比所谓的"圈地"能力更加重要。

昝廷全（2004）从经济系统资源位拓扑结构的角度，提出了经济系统为了进行资源整合必须把它的资源位结构打造成凹集的观点。现在进一步的问题是，在经济系统的资源位结构已呈凹集的条件下，它最少能够整合多少外部资源？这个问题具有非常重要的现实意义。经济系统所能整合的最少的外部资源在某种意义上决定了经济系统的发展潜力，值不值得努力去进行资源整合，以及对经济发展可能的贡献大小。

经过认真的分析和研究，我们发现，可以用经济系统资源位的闭包的测度定量描述经济系统所能整合的最少外部资源。设经济系统的资源位可以用集合 G 表示，其测度的大小用 $m(G)$ 表示，同时用 $co(G)$ 表示资源位集合 G 的闭包，$co(G)$ 的测度用 $m\{co(G)\}$ 表示，则资源位为集合 G 的经济系统所能整合的最少外部资源的多寡可以用经济系统资源位集合的闭包的测度减去资源位集合的测度来表征。设经济系统所能整合的最少外部资源强度为 g，则有：

$$g = m\{co(G)\} - m(G) \tag{2}$$

我们将这个结论称为资源位第一定律。

资源位第一定律的含义就是，资源位集合为 G 的经济系统所能整合的最少外部资源的强度等于经济系统资源位集合闭包的测度减去该经济系统资源位集合的测度。简单的数学分析可以发现，经济系统资源位集合 G 的凸包 $co(G)$ 就是包含这个集合的最小凸集，也就是包含 G 的所有凸集的交集，或者是集合 G 的所有凸组合构成的集合。设 C 是包含 G 的任意凸集，则有：

$$co(G) = \bigcap_{c(B) \supset G} c = \{\sum_{i=1}^{m} \lambda_i x_i \mid x_i \in G, \ \lambda_i \in [0,1], \ \sum_{i=1}^{m} \lambda_i = 1\} \tag{3}$$

显然，凸集的凸包等于凸集本身。由此，我们又导出了昝廷全（2004）的结论，经济系统能够整合外部资源的必要条件是它的资源位结构为凹集。在它的资源位拓扑结构已呈凸集的情况下，经济系统所能整合的最少外部资源为零，这是因为凸集的凸包等于凸集本身，根据公式（2），g 等于 0。

应用资源位第一定律的关键是如何求得资源位集合的测度。准确地讲，是如何求得资源位集合的勒贝格（Lebesque）测度。求解集合测度的基本思想就是用简单集合的测度去逼近开集和闭集的测度，然后再用开集和闭集的测度去逼近复杂集合的测度，具体做法就是用开集从外部逼近，用闭集从内部逼近，即所谓的外缩内涨。具体步骤如下：

（1）设经济系统的资源位集合 G 为非空开集，且有结构表达式：$G = \bigcup_K (\alpha_K, \beta_K)$。

规定 G 的测度为：

$$mG = \sum_K (\beta_K - \alpha_K)。$$

（2）设有界闭集 $F \in (a, b)$，则 $G = (a, b) - F$ 为有界开集，规定闭集合的测度为：$mF = b - a - mG$。

这里，mG 可以根据（1）的规定求出，因此，上式中的 mF 是可以准确计算的。

（3）设 E 为有界点集，G 为包含 E 的任一开集，F 为含于 E 内的任一闭集，E 的外测度 m^*E 与内测度 m_*E 分别定义为：

$$m^*E = \inf_{G \supset E} mG, \quad m_*E = \sup_{F \subset E} mF$$

（4）若 E 的外测度等于内测度，即 $m^*E = m_*E$，则称 E 为勒贝格可测集，其测度记为 mE。

稍为细心的观察将会发现，资源位第一定理暗含了这样的假定，我们可以用经济系统资源位集合的测度来描述资源位的高低大小及其对经济发展的作用与贡献。根据测度理论，资源位集合的测度具有两个极限，一个是无穷大，另一个是零。无穷大分为实无穷和潜无穷。随着人们认识世界和改造世界的能力的不断增强，可以有条件地认为经济系统的资源位是潜无穷的。但是，在一定的历史时期内，经济系统的资源位至多是实无穷。人们可以对实无穷进行操作，而潜无穷是一个过程。经济系统资源位测度的另外一个极端就是测度的最小值为零。其实，"零"这个概念可以包含非常丰富的内容，并不像初看上去那么简单。广义地讲，我们可以把所能到达的最小值定义为广义零值。一个集合的测度为零，但这个集合不一定是空集。例如，整个数轴上的有理数有无穷多个，有理数集显然不是空集。但是，全部有理数的测度却为零。这是因为，有理数在整个数轴上的分布是离散的，没有"连成一片"。用系统经济学的观点来说，就是不能形成系统势力。当经济系统的资源位表现为广义资源空间中的"离散点"，或者说是由广义资源空间中的"离散点"构成的集合时，在这种情况下，我们就说经济系统的资源位没有系统势力。在经济系统的资源位的测度大于零时，即经济系统的资源位在广义资源空间中"连成一片"时，我们就说经济系统的资源位具有"系统势力"。

从系统势力的定义可以看出，上述关于系统势力的定义具有非常确切的内涵。从某种意义上讲，系统势力是一个严格的数学化的概念。也就是说，经济系统要想拥有系统势力，其资源位的测度必须大于零，而测度的概念具有非常严格的数学定义。

从本质上讲，系统势力和资源整合的思想在深层意义上是一致的。即使一个经济系统拥有很多离散的资源点，如果这些资源点不能"连成一片"，其也无法拥有系统势力，其对经济系统发展的贡献将是非常有限的。从这个意义上讲，即使不考虑整合外部资源，仅对经济系统自身的资源位的合理利用和配置来讲，资源整合也具有非常重要的意义。这自然也是"系统时代，整合为王"思想的题内之意。根据这种思路，可以把资源整合划分为两种类型：第一种是经济系统自身资源的合理利用，主要表现为自身资源的优化组合；第二种是如何通过把自身的资源位结构打造成凹集来整合不属于自己的外部资源。由此，自然诱导出"系统致胜"的应用理法，这是系统经济学在技理层次的直接应用。其实，在经济、社会和政治领域，很早就已经潜在地意识到了这种思想，只是没有上升到理论高度。比如，区域经济合作、各种利益集团和政党的形成在深层意义上都可以看作是"系统致胜"思想的直接应用。

三、资源位第二定律

资源位第一定律描述的是经济系统仅仅依靠自身的资源位拓扑结构最少所能整合的外部资源的多少。现在，我们进一步要问，在经济系统资源位拓扑结构已呈凸集的情况下，还能不能整合外部资源？或者说，可以通过什么样的途径去整合外部资源？这正是资源位第二定律所要回答的问题。

需要指出的是，在经济系统资源位拓扑结构已呈凸集的情况下当然可能继续整合外部资源，只是整合外部资源的途径和仅仅依靠自身资源位拓扑结构进行资源整合的机制有所不同而已。也就是说，资源位第一定律指出了经济系统整合外部资源的可能下限，但并没有说明上限是多少。实际上，用动态的观点看，经济系统在长期内所能整合的外部资源为无穷大。也就是说,经济系统所能整合的外部资源为开集。但在一定的时期内,经济系统所能整合的外部资源又是一定的,所能整合的外部资源集合为闭集。从哲理层次上讲,开集具有想象空间,闭集没有想象空间。可以用生活中的一个例子来说明开集和闭集的区别。关于旅游,我们经常听说的一句话就是:看景不如听景。听景是开集,在你没有亲自到过景点之前,仅凭听景,你可以对景点有任何美好的想象。但是,一旦你亲自到了景点之后,你对景点就不存在任何的想象空间了,它的漂亮程度就是你所看到的真实水平,此时的景点就从听景时的开集变成了看景的闭集,关于景点所拥有的任何想象空间都不复存在了。还有,我们大家都有这样的体会,看小说比看电视更有想象空间,其中的道理也是如此。

虽然从理论上讲,经济系统在长期内所能整合的外部资源可以是无穷大,但是在它的资源位拓扑结构已呈凸集的情况下应当采取什么的途径去整合外部资源呢?或者说,此时其整合外部资源的可能途径是什么?对于一个企业来讲,其内部潜力挖掘到极限之后它会怎么办呢?它显然会转向外部寻找,最容易整合的资源就是属于它的闭包内的资源,然后就要想办法整合属于闭包之外的资源。对于一个朋友群体也是如此,如果朋友群体内部资源相互取长补短、优势互补达到极限之后,再想发展也只能转向该朋友群体外部寻找,必须结识该朋友群体外部的新朋友。有时,结识一位关键性的新朋友可能带来一个全新的发展空间,特别是当他结识的新朋友属于原来朋友群体的闭包之外的朋友时情况更是如此。

将上述思想进行扬弃,利用拓扑学工具给出一个严格的数学描述,我们称其为资源位第二定律,具体表述为:在经济系统资源位集合的拓扑结构已呈凸集的情况下,可以通过引进资源位集合外部的某一"资源点"的途径来整合外部资源;该资源点和经济系统自身的资源位凸集构成一个凸锥,此时经济系统整合的外部资源的强度等于该凸锥的测度减去经济系统自身资源位凸集的测度。如图 2 所示。

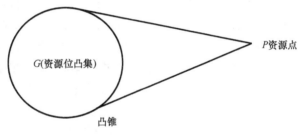

图 2　资源位第二定律示意

设经济系统的资源位凸集为 G,它和外部资源点 P 形成的凸锥为 D,mG 和 mD 分别表示集 G 和 D 的测度,则在资源位第二定律的条件下,经济系统所能整合的外部资源强度 g 为:$g = mG - mD$。资源位第二定律成立的必要条件就是,经济系统资源位凸集和外部资源点形成的凸锥内部的资源点之间要满足传递性。这里,我们简单说明一下传递性的概念。例如,如果可以从甲大于乙,乙大于丙,推导出甲大于丙,我们就说"大于"关系具有传递性。又如,朋友关系一般不具有传递性,如果甲是乙的朋友,同时,乙是丙的朋友,但这并不能保证甲是丙的朋友。从数学上讲,传递性隐含了某种序关系。如果不同的资源点之间存在一定的序关系,我们就可以采取抽子列的方法按照序关系抽取资源点的链,进而考虑这种资源链的测度,用资源链的测度减去采用传统经济学方法比较容易测量的硬资源的测度就可以得到软资源(包括系统资源)的测度。

用拓扑学的语言来讲就是，资源位第二定律要求整合外部资源所形成的凸锥至少要是 T_1 空间（T_1 空间包括 T_0 空间）。假设 x,y 是属于该凸锥的任何两个不同的资源点，如果该凸锥是 T_0 空间，则存在 x 的邻域不含 y，或者存在 y 的邻域不包含 x；如果该凸锥是 T_1 空间，则存在 x 的邻域不含 y，同时存在 y 的邻域不包含 x。但是，两个不同资源点的邻域是相交的，或者说，该凸锥中的开集是相交的，你包含我的邻域，我包含你的邻域。这刚好和本文第一节所叙述的资源整合机理相一致。

四、结论性讨论

昝廷全（1998）提出了"系统时代：从规模经济走向系统经济"的观点，在此基础上又于 2004 年提出了"系统时代，整合为王"的基本思想。本文的研究就是这种思想的继续和延伸。值得一提的是，昝廷全（2004）在"经济系统的资源位凹集模型及其政策含义"一文的讨论与展望部分中明确提出，合作竞争将成为系统经济条件下市场竞争的主要形式的观点，同时指出，关于合作博弈的研究将比非合作博弈研究具有更为重要的现实意义。凑巧的是，2005 年的诺贝尔经济学奖刚好授给了主要从事合作博弈研究的，这也可以从某种程度上说明了系统时代的到来和系统经济的日益重要性。

在系统时代和系统经济占主导地位的情况下，合作与整合将成为主要的经济学词汇和生活用语。本文论述了资源整合的机理，这是深刻认识和理解资源整合规律的基础。我们把资源整合分为三类：一是硬资源和硬资源的整合；二是硬资源和软资源的整合；三是软资源和软资源的整合。在分析了资源整合机理的基础上，本文提出了描述资源整合规律的资源位第一定律和第二定律。资源位第一定律给出了经济系统所能整合的外部资源的下限，指出了一个经济系统最少可以整合多少外部资源。在描述整合资源多少的时候，我们不直接采用资源位集合的"体积"，而采用资源位集合的测度作为衡量标准，据此我们提出了系统势力的概念。系统势力的关键是各资源点要能连成一片，其本质就是系统化。资源位第二定律针对资源位集合已呈凸集的情况下，指出了经济系统应当采取什么样的途径整合外部资源，具体做法就是在经济系统资源位凸集外部找一个资源点，这个资源点和凸集一起形成一个凸锥，这个凸锥的测度可以远远大于经济系统资源位凸集本身的测度。也就是说，经济系统所整合的外部资源可以远远大于经济系统本身所拥有的资源。当然，经济系统的对外开放是资源整合的前提条件。

参考文献

[1] 昝廷全. 经济系统的资源位凹集模型及其政策含义[J]. 中国工业经济，2004，（12）.

[2] 昝廷全.自然资源的运筹分析及其泛权场网模型[J]. 应用数学和力学，1988，（8）.

[3] 昝廷全. 全球变化与广义资源[J]. 地球科学进展，1990，（1）.

[4] 昝廷全. 人口、资源与环境协调发展的综合模式研究（I）：思路与框架[J]. 中国人口、资源与环境，1991，（3）.

[5] 昝廷全. 经济学研究的三个基本层次：哲理、数理与技理——兼论经济学家的标准与分类[J]. 数量经济技术经济研究，2001，（12）.

[6] 林金坤. 拓扑学基础[M]. 北京：科学出版社，2002.

2006

论传播的分类及其数学模型*

摘要：本文利用系统经济学的资源位理论，在对申农信息传播模型进行剖析的基础上，提出了传播有效性条件：信息发送者和信息接收者的知识软件的交集非空是实现有效传播的必要条件。利用拓扑传播学方法，建立了单向传播和双向互动传播的一步和 n 步强连通与弱连通模型。最后论述了在系统经济条件下，传媒是经济系统的构造性元素，这是经济学从牛顿时空观转向爱因斯坦时空观的必然结果。

关键词：资源位；传播有效性；强连通；弱连通；构造性元素

On Classification and Mathematical Models of Communication

ZAN Ting-quan

Abstract：In this paper，by use of the resource-niche theory of systems economics and analyses of model of Osgood communication system，an effective condition of communication is drew as following：it is necessary condition for effective communication that intersection of knowledge software of sender and receiver is not an empty set. According to topological communication，one step and n step strong connectivity and weak connectivity of unilateral communication and two way communication are built. At last，it is presented that media is a constructive element for economic system under the condition of system economic，which is implication result when space-time viewpoint changes from Newton's to Einstein's.

Keywords：resource niche；effective communication；strong connectivity；weak connectivity；constructive element

传播学的基本模型是申农的信息传播模型。实际上，所有的传播概念都是以经典的申农模型为基础。申农模型可以简化如图 1 所示：

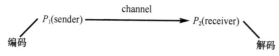

图 1　申农传播模型示意图

信息由 P_1（sender）编码之后通过渠道（channel）传递给 P_2（receiver），P_2 对信息解码之后便获得了原始的信息。信息要成功地从 P_1（sender）传送到 P_2（receiver），传统传播学认为 P_1 的编码规则和 P_2 的解码规则是完全一致的，其重叠度是为 1 的。但在实际中编码规则和解码规则的重叠度往往不为 1，一般的情况是介于 0 和 1 之间，即属于[0, 1]这一个区间范围内的某个数字。也就是说，重叠度是一个模糊集合的隶属度。隶属度的概念是伟大的数学家和系统科学家扎德教授在模糊数学中提出来的。一般可以将编码规则和解码规则的重叠度分为三种情况：

---

*作者：昝廷全，原载《中国传媒大学（自然科学版）》2006 年第 2 期

（a）P_1 的编码知识和与 P_2 的解码规则完全一致，则完全不能解码。

（b）P_1 的编码知识和与 P_2 的解码规则部分重叠，则能部分解码。

（c）P_2 的解码知识 ≥ P_1 的编码知识，则能完全解码。

一、从资源位的观点看传播

在系统经济学中，我们把一般资源的概念拓展成了广义资源，并把广义资源划分为硬资源和软资源两个部分。更进一步地，我们把广义资源理解成是由硬资源和软资源组成的一个广义资源系统。硬资源是指具有具体物质形态，看得见摸得着的资源，例如桌椅板凳之类。硬资源的一个显著特点是边界清晰，而且往往是静态的，因此两个硬资源的交集为 ∅。设两个硬资源分别为 G_1 和 G_2，则 $G_1 \cap G_2 = \varnothing$。根据系统经济学的资源整合定律（昝廷全，2005），两个硬资源之间进行资源整合需要软资源作中介。复合在每个硬资源上的软资源构成每个硬资源的 ε 邻域，不同硬资源的 ε 邻域之间的交集非空才能进行硬资源之间的整合，即围绕 G_1 的 ε_1 邻域与围绕 G_2 的 ε_2 邻域的交集要非空，即 $\varepsilon_1(G_1) \cap \varepsilon_2(G_2) \neq \varnothing$，这时，两个硬资源 G_1 和 G_2 才能进行整合，这是硬资源整合的基本条件。

以人力资本为例来说，从生物学意义上来讲，人的边界是清楚的，两个人之间的交集为 ∅。人力资本不只是指生物学意义上的人，在生物学意义上的人的身上复合的人所掌握的知识、技能、生产诀窍、信用水平等构成了人的软资源。这些软资源复合在人身上之后就构成了每个人的知识邻域，相当于每个人周围都有一个场，这个场就构成了每个人的一个 ε 邻域。因此，人力资源是一个复合的概念，既有硬资源，又有软资源。人作为人力资本的时候便能作为资源进行整合，其前提条件就是他们的软资源之间的交集不能为空集，即满足条件

$$\varepsilon_1(G_1) \cap \varepsilon_2(G_2) \neq \varnothing$$

综上所述，硬资源要进行整合，则需要复合在每个硬资源之上的软资源要有重叠。用数学语言来讲就是，围绕每个硬资源的 ε 邻域的交集要非空，即 $\varepsilon_1(G_1) \cap \varepsilon_2(G_2) \neq \varnothing$。我们之所以反复重复这个公式，是因为这个公式是系统经济学中资源位定律的核心思想，其具有重要的传播学含义。

由此，我们对传播便有了新的看法。按照上述观点，我们再来分析信息传播的简单申农模型。在申农模型中，P_1 和 P_2 必须拥有共同的编码和解码知识，信息才能进行有效传播。进一步地，我们将 P_1 的知识背景、文化背景、社会背景、经验世界等定义为 P_1 的知识软件，同时把 P_2 的知识背景、文化背景、社会背景、经验世界等定义为 P_2 的知识软件，复合在 P_1 上的知识软件和复合在 P_2 上的知识软件构成各自的 ε 邻域，只有二人拥有共同的知识软件时才能解码，二者知识软件的交集非空是传播能够成功的必要条件，即 $\varepsilon_1(G_1) \cap \varepsilon_2(G_2) \neq \varnothing$，我们将其定义为传播有效性条件。我们将这个条件用文字语言表述如下：

传播有效性条件：信息发送者和信息接收者的知识软件的交集非空是实现有效传播的必要条件。为了直观起见，我们用下面的图 2 示意。

进一步来说，知识软件的重叠度越高，信息能够正确传达的程度就越高。如果二者知识软件不重叠，则沟通存在问题。信息发送者和信息接收者之间沟通存在问题往往都

是因为他们二者之间的知识软件重叠不够造成的。信息要被准确传送，我们要求两个沟通者之间的知识软件尽量重叠，知识软件越重叠越能沟通。小学毕业生与博士毕业生在专业上无法沟通就是因为二者的知识软件不同。

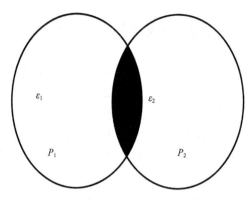

图 2 传播有效性条件示意图

再看看广告的情况。如果广告主的知识软件与观众的知识软件不能重叠的话，观众便无法正确理解广告所传达的信息，那么广告的作用就无法实现，即为失败的广告。如果广告的设计者以其独特的知识软件设计广告，而不考虑与受众的知识软件的重叠问题，这样所设计出来的广告一定是失败的。因此，设计广告不能只考虑广告的新颖性和艺术性，必须要考虑受众的知识软件与理解广告所需的知识软件是否重叠。

我们通常所说的代沟的道理也是一样的。长辈与晚辈的知识软件不一样，二者的交集为 ∅ 或者说重叠度非常小，即 $\varepsilon_1(G_1) \cap \varepsilon_2(G_2) << 1$，则二者无法正常沟通。因此，代沟的真正原因不是年龄，而是知识软件的不同。从这个意义上讲，传播就是一个沟通的中介（media），因此传播也是一种资源整合的手段，这一思想和整合营销传播的思想正好是一致的。我们为什么要做广告? 比如说生产商生产某种产品，假设消费者正好需要这种产品，如果没有广告，消费者就无法知道应该去哪里购买该产品，而生产者也无法知道买者在哪里。通过传播过程进行了信息沟通，生产者找到了买者，而消费者也能够找到所需要的产品，交易就得以顺利进行。

二、从拓扑学的观点看传播

拓扑传播学是传播学研究的一个新方向。从拓扑传播学的角度来看，我们可以将申农的传播模型简化成简单的 $P_1 \rightarrow P_2$ 的过程。我们的观点是，把传播渠道看作是一种关系。从拓扑传播学的意义来讲，信息从发送者 P_1 到信息接收者 P_2 的发送成功，就意味着 P_1 和 P_2 之间有了连通，就是说二者之间的信息是可以沟通的，或者说二者之间存在一条路径，路径本身就是一种关系。而路径、连通都是拓扑学的关键词汇。从这个意义上讲，信息传播本身完全是一个拓扑过程，关键是能否建立连通关系，由此决定着信息能否有效传播。

如果信息发送者 P_1 只是单向发送信息给接收者 P_2，在拓扑传播学中我们称之为单连通，也称为弱连通。如图 3 所示：

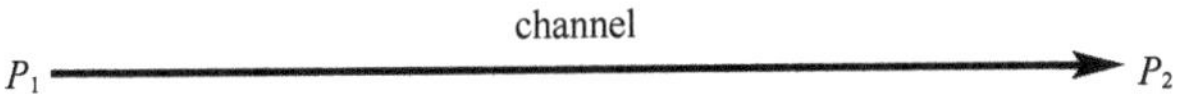

P_1 ———————————— channel ————————————► P_2

图 3　一步单连通（弱连通）

与单连通相对应的，如果 P_1 和 P_2 之间的信息交流是双向互动的，在拓扑传播学中我们称之为双连通，双连通也称为强连通。在现在的分众时代，特别强调信息传播的互动，即特别注重从单连通到双连通的转变，或者从弱连通到强连通的转变。如图 4 所示为信息传播的互动示意图，图中所示为一步双连通。

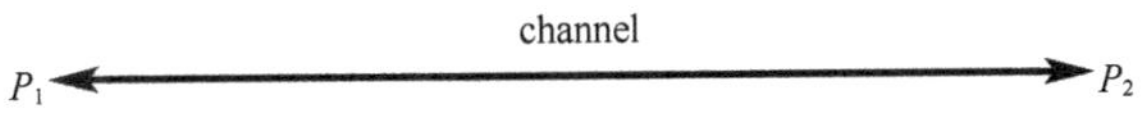

P_1 ◄——————————— channel ————————————► P_2

图 4　一步双连通（强连通）

图 3 和图 4 所示的连通都是一步连通，与之相对应的是 n 步连通。相应地，n 步连通也分为 n 步单连通（也称 n 步弱连通）和 n 步双连通（也称 n 步强连通），如图 5 和图 6 所示：

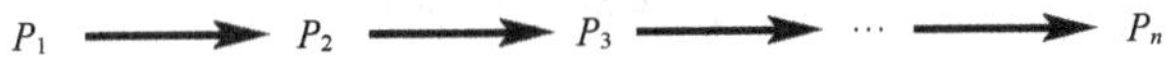

P_1 ——► P_2 ——► P_3 ——► $\cdots$ ——► P_n

图 5　n 步单连通（n 步弱连通）

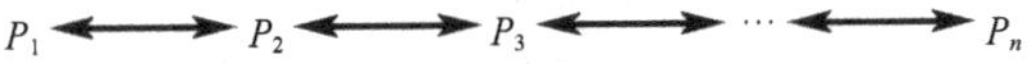

P_1 ◄——► P_2 ◄——► P_3 ◄——► $\cdots$ ◄——► P_n

图 6　n 步双连通（n 步强连通）

P_1 和 P_2 之间是 n 步连通，意思是说信息传递必须通过 n 个环节，而且这 n 环节全部是连通的。简单的一步连通是 n 步连通的特殊情况。例如，中央文件下达到地方要经过很多环节，由中央到省到地市再到县乡，最后执行，这其中显然包括信息传播的问题，而且属于信息的 n 步连通的情况。

现实中，信息传播的类型是复杂多样的。在 n 步连通的情况下，信息并不总是从 Pn 直接一步一步返回互动的，也会发生以下情况：

不难看出，任何两点之间只要有信息传递就应当是连通的。如果两点之间存在信息沟通，我们就说着两点之间是零距离（昝廷全，2005）。在此我们先来谈谈零的概念。零有着非常丰富的内容，零并不代表没有。有没有零点或者说有没有原点是非常重要的，在拓扑空间里，如果没有零点则拓扑空间就改变了。零的概念是广义的，我们把能够到达的最小值叫做广义零值。如有理数在数轴上的分布是密集的，其个数是无穷的，但有理数的测度为零。两点之间的沟通就是零距离，零成了一个广义的概念，可以看作一个距离概念。在测度论中，只要定义的测度满足三个基本公理（也叫距离公理），就可以定义广义零值。

从哲理上说，老子说的无中生有，这里的无指的就是广义零的概念。我们可以用集合论的观点给这个概念建立一个数学模型：可以把无看作集合论中的空集 $\varnothing$，但我们可以将空集再 $\varnothing$ 作为一个元素去构成更高层次的集合，可以将这个新构成的集合写成 $\{\varnothing\}$，$\varnothing$ 本来没有，但在 $\{\varnothing\}$ 的情况下，集合 $\{\varnothing\}$ 就有了一个元素 $\varnothing$，这样就实现了从无到"有"的转化。我们可以进一步构成更多的模型 $\{\varnothing, \{\varnothing\}\}, ..., \{\varnothing, \{\varnothing\}, ...\}$ 等。

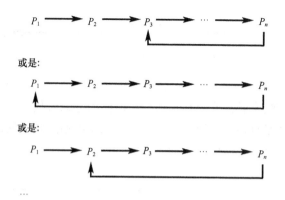

或是：

或是：

…

三、系统经济背景下的传播

根据系统经济学观点，系统经济可以定义为以经济系统方式进行的经济活动。系统经济是和原子经济相对应的（昝廷全，2005）。所谓的经济系统是指由一组经济元 E_1, E_2, …, E_n 通过相互联系相互作用共同构成的有机整体。可以形式化地表示为（图7）：

经济系统 =（{经济元}, {经济元之间的关系}）)

在系统经济学中，经济系统是一个基本概念，是系统经济的主要研究对象。关键在于经济系统里不同的元素 E_i 之间的相互作用的渠道。同样的经济元之间的相互作用，如果渠道不同的话，就构成了不同的经济系统。渠道在这里就是一种媒介。媒介是传播学中的概念。所以说，传媒不是经济系统外在的东西，传播是经济系统中固有的构造性元素。

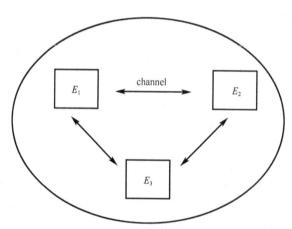

图7　传媒是经济系统的构造性元素

在以往西方主流经济学中基本不考虑传播和媒介的问题，因为它采用的是牛顿时空观。牛顿是经典科学的缔造者和奠基人。根据牛顿时空观，不同经济元 E_i 之间的相互作用是瞬间完成的，它们之间相互作用的传播速度是无穷大的，因此也就不需要考虑不同元素之间相互作用的渠道。正如从北京到广州如果是瞬间到达的话，则具体通过什么渠道（无论是飞机、火车或是汽车）则无关紧要了。如果瞬间到达的话，就要考虑到渠道的问题了。在现代社会，牛顿时空观在自然科学里早已经被发展了。牛顿时空观在宏观低速的情况下是成立的，但在微观高速的情况下却不能成立，牛顿时空观在这种情况下必须转化成爱因斯坦时空观。

爱因斯坦时空观认为,两个物体之间的相互作用速度的最大值是光速,因此,不同物体之间的相互作用不可能瞬间完成。这意味着两个经济元之间相互作用的传播是需要一定时间的,因此就必须要考虑两个经济元之间相互作用的渠道,即二者通过什么中介相互作用。在这种情况下,就必须要考虑传媒的问题。特别在传媒产业如此发达的现代社会,传媒对整个经济系统的作用越来越重要的情况下,我们必须抛弃牛顿时空观而采用爱因斯坦时空观,充分考虑不同经济元之间相互作用的中介系统。

从这个意义上讲,传媒与经济系统是密切联系的,是融为一体的。反过来说,要全面深刻的理解传媒经济,我们不能就传媒谈传媒,只有将它放在系统经济的背景下,才能真正理解传媒的本质。

如前所说,两个经济元之间要发生相互作用,这两个元素之间的 ε 邻域的交集不能为 $\varnothing$。如果二者的 ε 邻域的交集为 $\varnothing$,则不能进行资源的整合,不进行资源的整合则不能形成系统势力。所谓系统势力,是指经济元之间要发生资源整合,整个系统的资源位"连成一片",不能是孤立的资源点,复合在每个资源点上的软资源的 ε 邻域的交集要非空。这与传播原则一致,即信息的发送者和接受者要完成一个传播过程,他们之间的知识软件一定要重叠,即我们前面所称的传播有效性条件。

参考文献

[1] 昝廷全. 资源位定律及其应用[J]. 中国工业经济, 2005, 11.

[2] 昝廷全. 沟通就是零距离[J]. 北京:中国传媒大学出版社, 2005.

[3] 昝廷全. 拓扑传播学初探[J]. 中国传媒大学学报(自然科学版), 2006, (1).

电视广告投放效果研究初探*

摘要：文章在分析电视广告投放效果影响因素的基础上，提出并分析了电视广告购买指数，以系统的思维方法，运用层次分析法，以保健食品电视广告为例，构造层次结构模型，定性地描述保健食品电视广告购买指数受哪些因素的影响，定量地描述各个因素对保健食品电视广告购买指数的权重。

关键词：电视广告购买指数；层次分析法；广告投放；效果

一、电视广告购买指数的提出及其影响因素分析

广告效果是指广告发布以后，在接受者中所产生的影响与和行动，是广告传播效果与销售效果、社会效果的整合效应。广告是一项高风险的投资，在运作之前，应该为它的目标的顺利实施而作出精确、科学的广告效果评估，这一则可以检验自己广告实施工作的进程，二则可以及时发现问题，做到亡羊补牢。如果对广告效果评估不重视，即盲目投资，其结果往往是造成投资的浪费。

在传媒经济研究中，广告的研究占有举足轻重的地位，尤其是电视广告。据业内人士估算，中国广告市场每年实际总收入已超过 1000 亿元，其中电视广告实际收入可达 255 亿元，成为广告产业的支柱。央视市场研究股份有限公司的调查表明，2006 年以来中国电视广告价格全线上升，其中以中央电视台增幅最大，秒单价上涨 37.5%，省级卫视广告秒单价平均上涨 19.30%。中国广告协会电视委员会副主任金国强介绍，根据刊播价位测算，上半年中国电视媒体广告总投放量达 789 亿元，同比上升 35%，以此速度发展，中国可望成为世界第二大电视广告市场。

从广告经营角度来讲，受众的市场调查是一项基础工作，受众收视率是衡量一个栏目或节目是否成功的重要指标之一。目前，广告主在决定选择哪家电视台哪个栏目哪个时段播放广告时，所考察的重要指标之一是收视率。收视率作为一种科学、系统的信息，在媒介经营中有不可替代的作用。在电视行业中，收视数据是联系媒体、广告商和商家的纽带，在这三者中间起着调节作用，开发好、利用好收视数据可以起到节目调整、联系广告商和说服受众等作用。

然而收视数据也有自己的缺陷：只能记录收视行为，不能记录行为背后的情感和节目忠诚度。广告的最终目的是要实现购买行为。受众的最终购买一般要经过知（收看或收听广告）、情（对广告从而对产品有好感）、意（购买的意愿）、行（购买行为）四个阶段。商家最关注的是第四个阶段，也就是广告是否刺激了商品的销售行为。而收视率主要关注的是收视行为的第一个阶段，也就是说通过它只能了解到受众是否观看或收听了广告。却不能确定这种广告能不能转化成最后的购买行为。

广告客户通过收视数据来了解广告效果时，其实是用第一个阶段来推测第四个阶

---

*作者：丁昱煜、昝廷全，原载《现代管理科学》2006 年第 7 期

段，所以经常会有误差。比如，有的节目收视或收听率很高，但是它的受众可能集中在购买力有限的阶层。那么中高档的消费品广告就不会有太大的实际效果。如果受众对象与广告主的目标消费者发生偏离，即二者的交集为空集时，收视率对广告主来说几乎没有意义。即使收视率很高，广告主投放广告的效果也会很差。

因此虽然收视率是决定广告效果的重要指标，但并不是唯一标准，广告主在选择广告时段时，不仅要考虑受众收视率，还要考虑所在行业、目标消费者与受众之间的关系。为此，引入电视广告购买指数。所谓电视广告购买指数，是衡量电视广告效果的综合指标，它主要受收视率、受众构成、广告主所在行业与投放成本四个因素的影响（图1）。

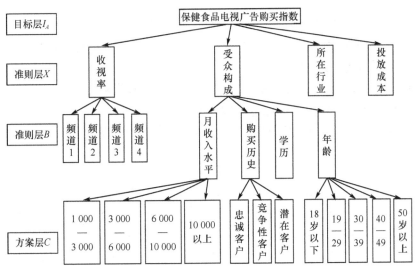

图 1　层次结构模型

将电视广告购买指数看作一个系统，这一系统是由众多电视广告系统评估指标构成的，各指标具有一定的层次和结构，并相互作用，将各种指标按不同层次聚集组合，将收视率，受众构成，投放成本，广告主所在行业主看作是子系统，这四个子系统又由不同的指标去描述，把电视台广告按几个频道化分，不同频道对应不同的收视率；把受众构成以受众月收入水平、购买历史、年龄段、学历来描述，月收入水平、购买历史、年龄段再分别细分描述。

$$I_A = f(X_1, X_2, X_3, X_4)$$

其中：I_A 为电视广告购买指数；X_1 表示收视率；X_2 表示受众构成，包括年龄、性别、文化水平收入水平、购买历史；X_3 表示广告主所在行业；X_4 表示投放成本。

二、以保健食品电视广告投放为例运用层次分析法构造电视广告购买指数分析模型

以某一品牌的保健食品电视广告投放为例，运用层次分析法来对电视广告购买指数进行分析。

分析步骤如下：

（1）建立层次结构模型。

（2）构造成对比较矩阵（判断矩阵）。请专家委员会对指标进行两两比较，经过处理（去掉最高和最低评价分数后，进行平均），构造出所有权重的判断矩阵。

电视广告购买指数中，收视率、受众构成、广告主所在行业、投放成本四个因素对于目标 I_A 的比较矩阵如下：

$$A = \begin{bmatrix} & X_1 & X_2 & X_3 & X_4 \\ 1 & 4/3 & 4 & 4/3 \\ 3/4 & 1 & 3 & 1 \\ 1/4 & 1/3 & 1 & 1/3 \\ 3/4 & 1 & 3 & 1 \end{bmatrix}$$

X_1 表示收视率；X_2 表示受众构成；X_3 表示所在行业；X_4 表示投放成本。

其中，$X_{1/2} = 4/3$ 表示收视率 X_1 与受众构成 X_2 对于目标 I_A 的重要性之比为 $4:3$，即认为收视率更重要，其他类同。

（3）计算权向量并做一致性检验。把变量电视广告购买指数 I_A 表示成变量 X_1, X_2, X_3, X_4 的线性组合，即，$I_A = W_1 X_1 + W_2 X_2 + W_3 X_3 + W_4 X_4$

其中，$W_i > 0$，W_1, W_2, W_3, W_4 叫各因素对目标 I_A 的权重，$W = (W_1, W_2, W_3, W_4)^t$ 叫权向量

$$\xrightarrow{A列向量归一化} \begin{bmatrix} 0.364 & 0.364 & 0.364 & 0.364 \\ 0.273 & 0.273 & 0.273 & 0.273 \\ 0.091 & 0.091 & 0.091 & 0.091 \\ 0.273 & 0.273 & 0.273 & 0.273 \end{bmatrix} \xrightarrow{按行求和} \begin{bmatrix} 1.456 \\ 1.092 \\ 0.364 \\ 1.092 \end{bmatrix} \xrightarrow{归一化} \begin{bmatrix} 0.364 \\ 0.273 \\ 0.091 \\ 0.273 \end{bmatrix} = W$$

$$\lambda = \frac{1}{4}\left(\frac{1.456}{0.364} + \frac{1.092}{0.273} + \frac{0.364}{0.091} + \frac{1.092}{0.273}\right) = 4$$

一致性检验 $CI = \frac{\lambda - 4}{4 - 1} = 0$ A 一致

精确值为 $W = (0.364, 0.273, 0.091, 0.273)^t$

用同样的方法构造第 3 层对于第 2 层前两个准则的每一人准则的成对比较矩阵，设为

$$B_1 = \begin{bmatrix} & b_{11} & b_{12} & b_{13} & b_{14} \\ 1 & 7/3 & 7/3 & 7 \\ 3/7 & 1 & 1 & 3 \\ 3/7 & 1 & 1 & 3 \\ 1/7 & 1/3 & 1/3 & 1 \end{bmatrix}$$

b_{11} 表示频道 1 收视率；b_{12} 表示频道 2 收视率；b_{13} 表示频道 3 收视率；b_{14} 表示频道 4 收视率。

计算权向量并做一致性检验得出 $\lambda = 1/4(2/0.5 + 0.856/0.214 + 0.856/0.214 + 0.2856/0.0714) = 4.00$

精确值为 $W_{b1} = (0.500, 0.214, 0.214, 0.0714)^t$

一致性检验 $CI = \frac{\lambda_1 - 4}{4 - 1} = 0$ B_1 一致

$$B_2 = \begin{bmatrix} & \overset{b_{21}}{} & \overset{b_{22}}{} & \overset{b_{23}}{} & \overset{b_{24}}{} \\ 1 & 7/4 & 7/4 & 7 \\ 4/7 & 1 & 1 & 4 \\ 4/7 & 1 & 1 & 4 \\ 1/7 & 1/4 & 1/4 & 1 \end{bmatrix}$$

b_{21} 为受众月收入水平；b_{22} 为受众购买历史；b_{23} 为受众年龄；b_{24} 为受众学历。

计算权向量并做一致性检验得出 $\lambda = 1/4(1.751/0.434+1/0.248+1/0.248+0.25/0.062) = 4.032$

精确值为 $Wb_2 = (0.434, 0.248, 0.248, 0.062)^t$ $\lambda = 4.032$

一致性检验 $CI = \dfrac{\lambda_2 - 4}{4-1} = 0.011$

随机一致性指标 RI

n	1	2	3	4	5	6	7
RI	0	0	0.58	0.90	1.12	1.24	1.32

$$CR = 0.012 < 0.1$$

B_2 的不一致性程度在容许范围内，此时可用 B_2 的特征向量作为权向量。

把受众月收入水平 C_1 划分为 1 000 元—3 000 元，3 000 元—6 000 元，6 000 元—10 000 元，10 000 元以上四个档次；把受众购买历史 C_2 划分为忠诚客户，竞争性客户，潜在客户三个档次；把受众年龄 C_3 划分为 18 岁以下，19 岁—29 岁，30 岁—39 岁，40 岁—49 岁，50 岁以上五个档次；对于保健食品的消费来说，受众受学历影响不大，故不再作细分。对 C_1，C_2，C_3 构造判断矩阵并作一致性检验。

$$C_1 = \begin{bmatrix} & \overset{c_{11}}{} & \overset{c_{12}}{} & \overset{c_{13}}{} & \overset{c_{14}}{} \\ 1 & 1/2 & 2/7 & 1/4 \\ 2 & 1 & 4/7 & 1/2 \\ 7/2 & 7/4 & 1 & 7/8 \\ 4 & 2 & 8/7 & 1 \end{bmatrix}$$

c_{11} 表示月收入 1 000 元—3 000 元，c_{12} 表示月收入 3 000 元—6 000 元，c_{13} 表示月收入 6 000 元—10 000 元，c_{14} 表示月收入 10 000 元以上。

计算权向量并做一致性检验得出 $\lambda = 1/4(0.38/0.095+0.76/0.19+1.333/0.334+1.524/0.381) = 4$

精确值为 $W_{c1} = (0.095, 0.190, 0.334, 0.381)^t$ $\lambda = 4$

$CR = 0$，C_1 为一致

$$C_2 = \begin{bmatrix} & \overset{C_{21}}{} & \overset{C_{22}}{} & \overset{C_{23}}{} \\ 1 & 8/3 & 8/5 \\ 3/8 & 1 & 3/5 \\ 5/8 & 5/3 & 1 \end{bmatrix}$$

C_{21} 表示忠诚客户；C_{22} 表示竞争性客户；C_{23} 表示潜在客户。

计算权向量并做一致性检验得出

$$\lambda = 1/3(1.5/0.5+0.562\,5/0.187\,5+0.937\,5/0.312\,5) = 3$$

精确值为 $W_{c2} = (0.5, 0.1875, 0.3125)t$

$CR = 0$，C_2 为一致

$$C_3 = \begin{array}{c} \begin{array}{ccccc} C_{31} & C_{32} & C_{33} & C_{34} & C_{35} \end{array} \\ \begin{bmatrix} 1 & 1 & 1/2 & 1/3 & 1/8 \\ 1 & 1 & 1/2 & 1/3 & 1/8 \\ 2 & 2 & 1 & 2/3 & 1/4 \\ 3 & 3 & 3/2 & 1 & 3/8 \\ 8 & 8 & 4 & 8/3 & 1 \end{bmatrix} \end{array}$$

C_{31} 表示 18 岁以下；C_{32} 表示 19 岁－29 岁；C_{33} 表示 30 岁－39 岁；C_{34} 表示 40 岁－49 岁；C_{35} 表示 50 岁以上。

计算权向量并做一致检验 $\lambda = 1/5(0.335/0.067+0.335/0.067+0.665/0.133+1/0.2+ 2.666/0.553) = 5$

精确值 $W_{c3} = (0.067, 0.067, 0.133, 0.2, 0.553)^t$

$CR = 0$，C_3 为一致

由以上模型可知，收视率、受众构成、广告主所在行业、投放成本对电视广告购买指数的权重分别是 0.364，0.273，0.091，0.273。可以推出，频道 1 收视率对电视广告购买指数的权重为 0.500×0.364 = 0.182。依此类推，可得出频道 2、频道 3 对电视广告购买指数的权重。受众月收入水平对电视广告购买指数的权重为 0.434×0.273 = 0.118；依此类推，可得出受众购买历史、受众年龄、受众学历对电视广告购买指数的权重。并可推出不同档次月收入水平的受众、不同购买历史的受众、不同年龄的受众对电视广告购买指数的权重。

通过以上模型可知，利用层次分析法，构造电视广告购买指数层次结构模型、构造成对比较矩阵（判断矩阵）并作一致性检验，对电视广告投放效果进行评估有一定的可行性。

本论文侧重的是一种思想的阐述，一种方法的构造，在构造成对比较矩阵（判断矩阵）时，X_i，X_j 赋值的科学性与准确性、权威性有待于进一步提高。进一步要解决的问题是如何用科学的方法，得出各个因素的指标，建立各因素指标与各因素权重之间的函数，进而得出具体的电视广告购买指数。

参考文献

[1] 昝廷全. 系统经济学探索. 北京：科学出版社，2004.

[2] 黄升民. 中国广告 20 年. 中华传媒网有限公司，2001.

[3] 陈庭. 决策分析. 北京：科学出版社，2003.

[4] 庄淑容，宋秩铭. 奥美的观点. 北京：企业管理出版社，2002.

论传媒经济学与系统经济学之间的关系*

摘要：本文首先剖析了传媒经济学的学科定位，详细论述了传媒经济与系统经济之间的关系，特别从资源位的角度论述了传播过程的机制和系统特点。本文认为，在系统经济条件下，传媒是经济系统的构造性元素。由于传媒产业不遵从边际效用递减规律，这就从本质上定了应用传统的经济学方法来研究传媒经济是没有出路的，系统经济学为传媒经济学提供了最新的研究方法，传媒经济大大丰富了系统经济学的研究对象。本文最后论述了"大媒体"（TMT）的概念，即高技术、媒体与通信三者的交叉融合。正是由于 TMT 的出现，"去中心化"将是信息传播的未来趋势之一。

关键词：传媒经济；系统经济；资源位；TMT

一、传媒经济学的学科定位

传媒经济学是一门比较新的学科。有人认为传媒经济学是新闻传播学的分支，也有人认为它是应用经济学的分支。为了避免纯粹学术名词的争论，我们称传媒经济学为新闻传播学和经济学的交叉学科，是一门综合学科。中国传媒大学是全国第一家招收传媒经济学博士生、硕士生、本科生的学校。我国的传媒经济学博士生和硕士生最早是在新闻传播学学科名下进行生的。由于历史原因，最早开始从事传媒经济研究的学者大都是学习新闻传播及其相关专业身的，所以，从这个方面来讲，有人认为传媒经济学是新闻传播学的分支也是可以接受的。

到目前为止，主流经济学家或者正统意义上的经济学家还很少研究传媒经济问题。比如：在中国经济学的主流杂志，包括《经济研究》、《经济学动态》、《中国工业经济》、《数量经济技术经济研究》、《管理世界》等，这些关于经济学研究的最高刊物到目前为止还没有一篇文章是关于传媒经济这个主题的，也就是说主流经济学家基本上没有介入到传媒经济学的研究中来。

我们认为传媒产业既然是一个产业，当然符合产业发展的一般规律。虽然传媒产业具有自己的特点和特殊流程，但是传媒产业既然属于产业的范畴，也就应当遵从产业发展的一般规律及产业经济学分析的一般范式。例如：最近比较热门的话题是传媒产业的组织创新。大家可以看到，现在手机、网络上都可以看电视，报纸可以放到网络上了。这种不同行业媒体的相互交叉融合越来越受到学术界的关注。实际上，对这个问题研究的唯一正确的方法就是产业经济学里的组织创新理论，产业组织、产业结构是基本分析的工具。所以，对不同行业"交叉"的概念，没有产业分析的基本工具是无法研究清楚的，至少无法用规范的学术语言研究清楚。而产业经济学对于这类现象很早就已经提出了相当成熟的理论来分析组织创新问题，所以我们认为要对目前这种传媒产业相互之间的交叉融合进行研究必须借助产业经济学的概念，问题的具体表述就是"传媒产业的组

---

*作者：昝廷全，原载《现代传播》2006 年第 2 期

织创新问题"。只有从这个角度进行研究，我们才能找到传媒产业，或者叫"大传媒"的本质、发展趋势和发展规律以及所应采取的对策。

从学科冠名的习惯上来看，传媒经济学应当属于经济学的范畴，而经济传媒学则应属于传播学的范畴。经典的学科名称也有同样的特点，例如：物理化学是用物理的方法研究化学问题而属于化学的范畴，而化学物理则是应用化学的方法研究物理问题而属于物理的范畴，这两个概念是不同的。为了避免纯粹围绕学术名词的争论，我们可以用一种综合的说法，即传媒经济学是新闻传播学与经济学的一个交叉学科。在传媒经济学硕士招生时，我们也将充分考虑传媒经济学的这个特点，兼顾新闻传播与经济专业的学生，考试科目设有传播理论与传播史和西方经济学，任选其一。

综上所述，既然传媒经济学严格来说是属于产业经济学的范畴，那么它与系统经济学就有密切联系。因为系统经济学是在对经济学的各个分支进行扬弃、进行总结的基础上提出的，并试图为经济学提供一个新的综合分析范式。这个分析范式不仅适用于产业经济学，也适用于微观和宏观经济学以及经济学的各个分支。在这个意义上讲，它自然也对传统的产业经济学扬弃，不仅适用于传统的产业经济学范畴，也适用于像传媒经济这样新的产业经济现象。我在2002年出版了一本《产业经济系统研究》，专门说明系统经济学对产业经济学的研究。所以，系统经济学与产业经济学的关系是非常密切的，或者笼统地说，系统经济学为经济学提供了方法论及基本的参照框架和分析工具。任何事情的成功，工具的作用十分重要。

二、传媒经济与系统经济的关系

进一步来说，传媒经济是一个全新的经济行业与经济形态，那为什么一定要采用系统经济学的方法呢？因为，传统经济学是无法对传媒经济进行准确描述和深入研究的。我们知道，在主流经济学中有一个最突出的特征即边际效用递减。众所周知，西方经济学的核心思想和基本架构是一般均衡理论，而整个一般均衡理论就是建立在边际分析之上，就是说没有边际效用递减就没有办法证明出一般均衡理论。所以边际效用递减规律在西方经济学里面是一个极为基础的定理。而恰恰是这个在传统经济学中十分基础的定理在传媒行业里面是不成立的。例如：对信息产品的消费就是不符合边际效用递减规律的，它们是可以反复使用并且边际效用往往是递增的。边际效用递减规律在传媒行业里不成立意味着以边际效用递减规律为基石的传统经济的分析方法在传媒领域里是不适用的，这样我们就必须探讨用新的方法进行研究。而系统经济学正是可以处理在系统资源的背景下，当边际效用递减规律不成立时，我们该怎样研究问题。从另外一个角度来看，传媒行业的研究也为系统经济学的研究提供了非常好的案例。所以说，传媒经济学与系统经济学联系异常密切。

按照系统经济学的观点，传媒经济学的研究对象是传媒经济系统，而传媒经济系统的构成是由以传播过程为载体相伴发生的这样一些经济过程或者经济增值活动。所以，传媒经济学虽然是经济学的分支，但是必须考虑到传媒经济或传媒经济过程的特点。系统论有老三论和新三论，老三论包括：信息论、系统论和控制论。新三论包括突变论、协同论和耗散结构理论。其中，信息论论述了最简单的传播过程即申农模型。申农是信息论的剑始人，他是一位研究通信的数学家，他的代表性著作就是 *The mathematical theory of communication*，其中提出了一个关于传播的基本模型（如图1所示）：

图1　申农信息传播模型

由上图可知传播过程包括最基本的三个元素：信息发送者、信息传播渠道和信息接收者，任何传播过程都必须包括这三点。再复杂一些还包括信源、编码和解码等。其中，解码与接收者的经验世界有关系，不同的知识背景、经验世界的接收者收到相同的信号后所得到的信息是不一样的。信息发送者与接收者要发生联系，必须要有渠道和解码。也就是说，信息发送者与接收者在有沟通渠道的基础上还要有一套共同的编码规则，根据这套编码规则编码之后才能进行解码，而这个编码规则要变成公共信息才能使整个传播过程有效。整合营销传播中就涉及个人的经验世界问题，广告商在制作广告时就要考虑接收者和发送者他们之间有没有交集，如果没有交集他们之间是很难解码的，也就是说广告是失败的。例如：广告制作人根据自己的经验世界和知识背景来进行构思广告设计和广告创意，广告发出去后，消费者不知道发送者的经验背景是什么，那就无法进行解码，因此广告信息的传播是无效的。所以，有些外国的广告中国人看不懂，就是因为两者的知识背景及经验世界不同。

编码其实是一种软件知识，渠道则是一种系统关系。关系从系统的角度来看，就是一种系统资源。我们知道信息传输过程涉及硬资源和软资源。硬资源（如：信息发送者与接收者）是两个闭集，边界很清楚，不可能相交；软资源（如：编码知识）必须被发送者和接收者同时掌握，也就是说信息发送者与接收者的软资源必须要有交集，同时光有交集还不够，还要有渠道即系统资源，传输过程才能完整进行。

综上所述，信息传输必须首先包括硬资源（他们之间的交集为零，边界清晰），其次要包括在硬资源基础上的软资源（在这里即编码规则），从拓扑学的意义上来说就相当于硬资源作为闭集，软资源作为闭集的邻域；而领域之间的交集是不为零的，最后还要具有系统资源（即渠道：在数学上是一种映射），三者具备，传输才能成功。传播学是一个天然的拓扑学问题。因为传播学就是讲沟通与连通性的，连通性就是拓扑学问题。拙著《沟通就是零距离》中的距离就是拓扑学的概念。只要两点之间有连线，我们就可以认为他们之间的距离为零；若没有连线，则距离为无穷大。这就是拓扑学的观点。所以说，拓扑学是传播学研究的天然的最好数学工具。目前，在国际国内还都没有人用拓扑学观点来研究传播学的问题。在这方面，我们刚刚开了一个头。

从传播学来讲，拓扑传播学一定是一个很好的方向，其中包括同态、渠、连通问题和舆论形成等。其中，舆论形成问题指在系统里，持有某一种共同价值观的人的数量大于或等于某一个临界值 N，这时就称形成了某种舆论。什么样的传播空间里面可能形成舆论，即舆论形成的充分必要条件是什么?这个问题是可以证明的。我们提出舆论核的概念，即要形成舆论，就要先形成舆论核，这有点类似于固体物理里面的结晶核的概念，即一个物体要想成为一个晶体要先有结晶核。这是一个很有意思的问题，比如政府想营造一种舆论（社会预期），那么在什么条件下才可能形成这样一种预期呢?关于这个问题，我们已经进行了初步研究（昝廷全，2005）。

选举的问题也是一样：假如有 10000 个人参加选举，每 100 人分为一组，同时假设其中有 100 个人反对你，而竞选规则是必须一致通过才能当选，每个组里面的规则是少数服从多数。怎么才能竞选成功呢?如果把这 100 个人分到一组里去，那你就不能当选，若将这 100 个人分到不同的组里去，那他们的意见就起不了作用了，因为每组仅分进一个持反对意见的人，那么就达不到舆论核形成的临界条件，从而反对的舆论也就不可能形成，因而可以成功当选。

总的来说，我们对传媒经济的研究是一个典型的系统资源的问题，没有渠道信息是无法传递的。渠道就是关系，关系就是系统资源，所以没有系统资源就无法对传媒经济进行研究。由于最基本的传播过程就涉及系统资源包括硬资源（闭集）和软资源（交集）。系统资源一个最显著的特征是边际效用不递减，正好适用于传媒经济的特点。任何传统经济理论的平移，都是牵强附会的，传媒经济的研究必须从最基本的传播过程开始就利用系统资源这一套概念来分析，这就是传媒经济学与系统经济学的接口。历史上有许多类似的例子，例如牛顿在研究物理问题时发现数学工具不够用，转而研究微积分从而发现一种新的数学工具，再用这个新发现的数学工具来描述力学规律。再如，爱因斯坦当时做广义相对论时，发现数学工具不够用了，所以他在学习里曼克夫斯基理论之后，再进行广义相对论的研究。

从宏观上来说，传媒经济的分析架构必须符合产业经济学的分析范式。但是，从严格意义上讲是存在问题的，因为产业经济学也是建立在以边际效用递减规律为基础的一般均衡理论上的（包括它的数理分析也是基于这一点的），所以传媒经济学在起点上就遇到了一个新的问题，这个新的问题恰恰是这个时代的大问题，也是整个经济学的前沿问题。我们也许不能圆满地解决传媒产业中边际效用不递减规律这一问题，但是必须思考和清楚这个现象的存在，这样就不会去作简单的类比和平移。

三、资源位定律对传媒经济的启示

"系统时代，整合为王"。工业时代衡量企业价值是根据企业所拥有的资产数量，认为企业家圈"地"越多，其能力越强。这是工业时代的概念。在系统时代，衡量一个企业家能力大小不再看其圈地能力而是看他整合外部资源的能力。例如：浙江某大企业，拥有近几个亿的厂房及设备，如果按工业时代的价值观来看，其资产庞大，因此，企业价值也就大。但从系统时代的观点来看，若其不能整合外部资源，则该企业家的经营能力就要大打折扣。

以下三点是系统经济学的资源位定律的主要内容（昝廷全，2004，2005）：

（1）若要整合外部资源，首先必须把经济系统的资源位结构打造成凹集，这是必要条件。

（2）经济系统所能整合的最少的外部资源等于包含这个凹集的最小凸集（闭包）减去这个凹集本身。

（3）当经济系统是凸集时，此时若要整合外部资源则需要从外部寻找一点，形成一个凸锥。则此时所能整合的外部资源就是凸锥减去凸集。

上述三个结论对企业是否需要组成战略联盟很有启发意义。企业通过增强管理等措施来挖掘潜力，当内部潜力用完时，那就需要到外部寻找"资源"了，包括与其他企业建立战略联盟。

但是，整合资源的前提条件是一定要有软资源，光有硬资源是没有办法进行资源整合的。软资源是硬资源之间进行整合的必要条件。例如：互联网上有很多台电脑，每一台电脑分属于不同的使用者，电脑是一种硬资源，是边界很清楚的闭集。但是只要安装了操作系统（相当于围绕电脑的邻域），连上网线之后（系统关系）就可以用搜索引擎在互联网上使用其他电脑上的资源，也就是说两台电脑这时的交集是不为零的。所以资源整合需要软资源，没有软资源是不可能进行资源整合的（昝廷全，2005）。

更有甚者，你根本不知道你调用的是哪台电脑上的资源，因为边界已经极为模糊，这时企业的边界是动态的。例如，你在网上搜索系统经济，可能会有很多篇文章，这些文章可能是分属于不同图书馆和网站的，但你根本不知道你从哪些网站上将这些数据调出来的。这时传统意义的产权关系模糊了。如果产权关系出现了问题，传统经济学中"租金"的概念就有问题了，因为不知道该把"租金"付给谁。"租金"是政治经济学中的核心概念之一。由于产权的模糊，系统资源很难说属于谁，这时"地租"的概念也就模糊了。在系统资源及边际效用不递减的条件下，传统的产权概念需要重新审视。把经济学的基本概念直接运用到传媒经济学上就会出问题，所以传媒经济是没法用传统的办法来分析的。所以必须发展新的经济学概念，然后才能对传媒经济学进行本质的了解。而传统经济学遇到的问题恰好是我们系统经济学的专长，系统经济学就是研究经济关系的，系统经济学的研究对象就是经济系统。经济系统指由一组元素通过他们之间的关系构成一个有机整体，关系就类似于传播学中的"渠道"。从这个意义上来讲，传媒经济学从基本定义开始就和系统经济学刚好是吻合的。所以，系统经济学为我们传媒经济学的研究提供了最新的方法。

四、大媒体（tele-communication media technology，TMT）

所谓 TMT，就是指通信、媒体和高科技的三合一。高科技使美国经济持续 146 个月高增长，创美国经济增长的历史纪录。当时经济学界对此没有合理的解释，为什么原本应该出现的 8 年经济周期没有出现，于是开始有人怀疑传统经济学中的经济周期理论是否依然成立。高科技中所谓的数字技术与传媒关系十分密切，比如现在的电视剧、后期制作等都离不开数字技术，中央台的节目目前已要求全部采用数字信号。当然，数字技术所包括的范围更加广泛。

过去，权威就意味着对舆论的控制优势。但是，现在权威对舆论的控制优势在慢慢下降，因为舆论的渠道越来越多，不同的声音也越来越多。传媒中"守门人"的概念在发生变化，正在发生传媒的所谓"去中心化"现象，其意思是说，每个人都可以成为一个信息源，每个人都有相应的渠道表达自己的声音。传媒将来的趋势将是"去中心化"。

现在的通信已经十分发达，其业务甚至已经拓展到了电视，因为通信有着可以到达千家万户的通讯网络，哪怕是偏僻的农村，只要哪里通电话，通信网络就能延伸到哪里。在有些国家，不仅通信部门、甚至电力部门也在做电视，各种网络的交叉融合是将来的大趋势。前面已经指出，这种交叉对应于产业经济学里面的组织创新，但不是传统意义上的组织创新。

综上所述，TMT 就是大传媒的概念。对 TMT 的研究也在呼唤新的研究方法。系统经济学可以用来研究网络包括因果关系网络、网络的连通与解耦问题等。实际上，每一个信息渠道就是一条因果链，链是动态的，链的环境也是动态的，链的分解取决于环境和时间，而动态环境是不可控的。同时，边际效用也是不递减的，与现在的情况将有所不同：通话的人越多，通话的速度越快，质量也越好。互联网也具有相同特点，使用的人越多，价值越高。这种情况如何处理，可以采用系统经济学方法来进行研究。TMT 是未来媒体发展的大趋势，传媒行业的转型将存在很大的商机，同时伴随而来的是新的产业模式和商业形态。

五、系统时代背景下传媒在经济系统中的作用

由于系统时代的到来，经济学的整个分析范式都在发生变化。经济学的发展与时代背景的联系是非常密切的，任何时代变迁都会带来经济学的变革。从经济学发展的几个阶段可以清楚地看出这个特点：重商主义者认为，贸易是财富的主要来源；在工业经济时代，系统内部闭集的资源价值具有重要的决定意义；在系统经济时代，整合外部资源的能力是更为重要的事情。

其中，系统经济时代具有本质上的变化，比如在工业时代，强调设备、厂房和人力资源等，而在系统时代则强调整合内外部资源的能力。时代背景变了，经济学的分析范式也要发生相应的变化。比如，经济学的第一个定理：供求定理，它并没有考虑环境变化，同样的产品在不同的地方会有不同的供求情况。例如：洋葱卷在北方可以卖得很好，但在广州可能就卖不出去，这是由于地方文化差异造成的。

另外，还有媒介问题。供求定理假定卖者与买者之间的沟通是自动进行的、是瞬间完成的。但是，实际上，信息传播并不是瞬间完成的，它需要一定的中介和时间。广告就是通过媒体将卖者的信息传递给买者。没有媒介，信息就无法传递。在系统时代，人们之间的联系越来越密切，媒介的种类也越来越丰富，不同的媒介通过不同的渠道进行信息的传播，这一活动对经济的运行影响越来越大。所以，经济学的研究对象一定要把环境与中介加入其中，即经济学研究对象：经济系统（economic system）+中介+环境中介在经济系统中是一个构造性元素。所谓构造性元素，就是指它是不可或缺的。货币也可以被看作是广义的媒介，政府通过控制货币发行量来对经济系统进行调控。根据凯恩斯的思想，在需求不足的情况下，政府需要通过扩大公共开支来刺激整个经济系统，从而诱导民间投资。所以政府某项公益工程成功与否，主要看中介是否实际发挥其作用。交通、通信和商业流通都是广义的传媒。在系统时代，传媒的作用越来越大，传媒不仅仅是广告的问题，其内涵远为丰富。在经济学中关于信息方面的研究已有多位学者获得诺贝尔奖，其中包括信息不对称问题，信息经济学业因此崛起。由于传媒的核心就是信息的传播，所以传媒经济学与信息经济有着必然联系。有了传媒，信息自然可以传播，所以在我们新的经济学分析范式中必须加上传媒。现代经济学不考虑传媒，认为信息是瞬间到达的，包括获得经济学诺贝尔奖的学者所提出的信息不对称原理，也没有考虑信息的传递需要时间和中介，所以这项工作不仅仅在国内，在国际上也都是欠缺的。从传媒经济学的角度来研究经济学是进入到事物技理的层次，对经济学研究范围的扩张有着

非常好的前景。

除了信息不对称，在系统经济学中，我们还提出了信息传播中的另外一个问题：宏观信息的微观化和微观信息的宏观化问题。例如：中央文件下发给各地方，由于各地方的情况不尽相同，具体执行时，各地方政府往往都会制定一个实施细则，然后将实施细则与中央文件一同下发，这就是宏观信息的微观化。由于各地方都有着自己的偏好和利益，往往按照有利于自己的方式来理解中央文件，所以在宏观信息微观化的过程中往往存在多异性的问题。再如，中央作经济决策需要了解中国的经济运行情况，是过热还是过冷，应当采用积极的财政政策还是消极的财政政策。于是，要求每个企业报送自己的报表，通过统计局逐层汇总，最后把微观信息汇总成宏观信息，这就是微观信息宏观化的过程。在微观信息宏观化的过程中，也会出现问题，比如报表虚假问题，为此我国专门制定了统计法来统一规范企业行为。

信息不对称是同一个经济层次的问题。宏观信息的微观化和微观信息的宏观化实际上是跨越不同经济系统层次的问题，是不同经济层次之间的博弈问题。经济系统包括很多层次，例如：全球经济系统、国家经济系统、区域经济系统、产业经济系统、企业经济系统和家庭经济系统等。从低层次向高层次跨越时就是微观信息的宏观化，而从高层次向低层次跨越时就是宏观信息的微观化。同一层次经济系统之间的博弈可以用"直接感受"的方式去处理，而不同层次经济系统之间只能"间接感受"，这是认识论上的问题。宏观信息的微观化和微观信息的宏观化与传媒有很大关系，也就是说如果解决不了渠道的问题，微观化和宏观化的问题也是解决不了的。根据信息论的研究结果，信息的传输渠道及环节对信息的失真程度影响非常大。从系统经济学的角度来看，每一种渠道就是一种关系，不同渠道的连接就是一种关系的复合或者关系的 N 次幂。

综上所述，在系统经济时代，传媒在经济学中将扮演越来越重要的角色，传媒经济学和系统经济学的关系也将越来越密切。系统经济学为传媒经济学提供了较好的研究方法，传媒经济学大大丰富了系统经济学的研究内容。

参考文献

[1] C. Shannon and W.Weaver, The Ma the matical Theory of Communications, Urbana: University of illinois Press, 1949.

[2] 昝廷全：拓扑传播学探索（Ⅰ）：信息传播与舆论形成的拓扑学研究，北京广播学院学报（自然科学版），2005 年第 4 期.

[3] 昝廷全：拓扑传播学探索（Ⅱ）：Osgood 传播系统的拓扑模型，北京广播学院学报（自然科学版），2005 年第 5 期.

[4] 昝廷全：经济系统的资源位凹集模型及其政策含义，中国工业经济，2004 年第 12 期.

[5] 昝廷全：资源位定律及其应用，中国工业经济，2005 年第 11 期.

论传媒与传媒经济系统*

——兼谈传媒经济学的研究对象及方法

摘要：本文首先区分了广义传媒和狭义传媒的概念：广义传媒是指能够传播物质、能量与信息的一切中介系统的统称；狭义传媒仅指传播信息的中介系统。在对传媒概念进行广义理解的前提下，讨论了传媒的经济属性。根据协同学方法，特别讨论了信息增值过程。明确指出，信息增值过程是连接传播和传媒经济的桥梁。提出了传媒价值定律：一个媒体的价值取决于它所镶嵌其中的经济系统状况。最后简要讨论了传媒经济学的研究方法及其与相关学科的关系。

关键词：广义传媒；狭义传媒；信息增值；传媒价值定律

一、传媒与传媒经济系统

1. 关于传媒的界定

在传统的传播学研究中，传媒（media）是"传播媒体"或"传播媒介"的简称。传播学的奠基人威尔伯·施拉姆定义"媒介就是插入传播过程之中，用以扩大并延伸信息传送的工具"。1943 年由美国图书馆协会出版的《战后公共图书馆的准则》一书首次使用 media 一词作为术语。目前，传媒已成为各种大众传播工具的总称，在非严格意义上特指大众传媒。具体而言，包括印刷传媒（书籍、杂志、报纸）、电子声像传媒（广播、电视、电影）和网络传媒等。

事实上，我们还可以从一个更广阔的视角去理解传媒。我们知道，物质、能量和信息是构成客观世界的三大基本要素，据此我们可以把传媒划分为广义传媒与狭义传媒。

广义传媒是指能够传播物质、能量、信息的一切中介系统的统称，对应的英文是 communication 而不简单的是 media。例如：航空运输、航海运输、铁路运输、电网（能量运输）等，经济学中几乎所有的流通问题都与广义传媒有关。

狭义传媒是指仅仅传播信息的中介系统。以前人们在传播学基础上所进行的传媒研究即属于此列，这也是传媒经济学研究的重点。同时对传媒经济的研究必须建立在传播学的基础上，在了解了传播的原理、流程、特点和效果等基本问题的基础上才能进行传媒经济问题的研究。

狭义传媒包括在广义传媒的范畴之内。同时广义传媒在一定条件下又可以转化为狭义传媒问题。昝廷全在物质、能量和信息是客观世界的三大基本要素的基础上提出了信息层次性原理（1997）。由于科学技术的进步和生产实践发展的需要，使得信息与知识的传递，知识与情报的交流，无论在空间上还是时间上都达到了空前的规模。信息层次性原理描述的信息层次有：结构信息、热力学信息和生命信息三个层次。信息具有层次性，不同层次的信息之间是相互联系的并且在一定条件下可以相互转化。客观世界的三

---

*作者：昝廷全，原载《现代传播》2006 年第 6 期

大基本要素发挥作用时都与信息的传递有关，即广义传媒问题在一定条件下都可以归结为狭义传媒问题。

2. 传媒经济系统

在对传媒概念进行广义理解的前提下，我们就可以对传媒的经济属性进行研究。根据系统经济学观点，经济学的研究对象是各种各样的经济系统，包括显化、未显化的经济系统，以及形成和待形成的经济系统。经济系统是山各种各样的经济元通过相互联系、相互制约、相互影响所构成的有机整体。经济元之间的相互联系和相互作用需要一定的渠道和中介系统。这终渠道和中介系统就是广义的传媒。按照这种理解，就存在两种类型的传媒经济问题，第一种类型的传媒经济问题是传媒对传统经济交易的支撑作用，第二种类型的传媒经济问题是传媒本身的经济问题。在现有的传媒经济研究中，对上述两种类型的传媒经济问题没有进行严格的区分，有时甚至混为一谈，这样很不利于传媒经济学研究的深入。

根据系统经济学观点和我们对于拓扑传播学的最新探索（昝廷全，2006），可以把传媒系统划分为硬部和软部。构成硬部的元素包括新闻传播活动涉及的传媒实体、受众实体、投资实体、管理实体和利益相关者实体；软部是指这些实体之间关系的集合，这些实体之间的关系直接包含或者间接隐含了各种经济关系。不同传媒实体之间关系的复杂性是传媒系统复杂性的根本原因。

随着我国社会主义市场经济建设的不断深入，传媒系统的经济属性日益显现出来，由于传媒系统本身固有的系统性，系统经济学应用于传媒系统经济研究具有十分广阔的前景，对于媒体的微观管理和社会传播系统的宏观运行都有相当重要的价值。传媒经济过程是由以传播过程为载体相伴发生的一些经济过程或经济增值活动。这其中自然涉及传播过程中的信息增值问题，信息增值现象奠定了所有传媒经济活动的基础。

二、信 息 增 值

关于信息增值问题哈肯在协同学（synergetics）里有相当详细的论述，高等协同学主要论述复杂系统信息传输中的信息增值问题。在传媒经济学中对信息增值的研究，应当建立在传播效果研究的基础上。传播学经验学派已经在传播效果研究领域建立了一个相对完整的分析框架。从 20 世纪 30 年代的强大效果论（"枪弹论"）到 40 年代的有限效果论、60 年代的适度效果论以及 70 年代以后强效果论的回归，对大众传播效果的认识经历了一个发展变迁的过程。事实上，对传播效果强大理论认识的回归也从另一个侧面说明了信息在传播中有明显的增值作用。

如前所述，物质、能量和信息是客观世界的三大基本要素，这三大要素在空间的分布是非均衡的。在广义传媒的前提下，传播行为会改变三大要素的分布：改变人的生存状态，改变信息的分布，改变社会的贫富状况，改变能量的分布，改变信息的共享程度，改变知识的分布，甚至包括改变社会阶层。而狭义传媒则主要改变的是信息和知识的分布状态。从这个意义上来讲，狭义传媒对贫富差别、社会等级的影响是间接的。在广义传媒的背景下，传播对这些情况的改变都是直接的。

信息增值问题是连接传播和传媒经济的桥梁。下面给出信息增值过程的一个图示（如图1）。关于信息增值过程的数学描述可以采用协同学方法。诺贝尔奖得主普里高津（Prigogine）在耗散结构理论中对此也有相关论述，对于信息增殖和传媒经济研究具有重要的启发作用。

信息
传播
⟹
物质变化：$\triangle M_i$对商品、服务需求的变化
能量变化：$\triangle E_i$对能量的变化
信息变化：$\triangle I_i$对信息需求的变化
⟹
信息
增值

图1　信息增值过程示意图

上述信息增值过程可以用下面的例子来简单说明一下。例如有人偶尔看到《哈利·波特 4——哈利·波特与火焰杯》，感觉这部电影场面很大气，故事非常有想象力，意犹未尽，于是产生了想要看一看其他哈利·波特系列电影的强烈念头，即对《哈利·波特与魔法石》、《哈利·波特与密室》、《哈利·波特 3：阿兹卡班的囚徒》这三部电影产生了强烈的需求，这个由此信息产生对其他信息需求的过程就是信息增值过程。又如，假设国家出台了一条政策，此政策的颁布会刺激国民经济的发展，而国民经济的发展又对能源产生了新的需求，这个过程同样也是广义传媒意义上的信息增值过程。在讨论广义传媒意义上的信息增值过程需要注意的一点就是，假如这个增值过程对能量和物质产生新需求时，则研究这个过程时需要考虑其所处的经济系统的状况的改变。假如发生的仅仅是信息的变化，则不需要考虑经济系统背景的变化。

在现实的传媒现象中，报纸的二次售卖属于典型的信息增值过程。报纸的首次售卖即把报纸内容卖给受众，吸引受众的注意力，而受众的注意力又是广告主所青睐的稀缺资源，于是实现了报纸的二次售卖—把受众的注意力卖给了广告主。到这里为止，其实这一增值过程还未完成，因为广告主所做的广告使部分消费者对广告主推销的商品产生了需求，从而使此增值过程又进行了下去，从而可能实现 N 次售卖。电视等一些信息传播媒体都是这样的增值实现方式，至于 N 等于多少，这要具体问题其体分析。

三、传媒价值定律

在信息增值的基础上，我们提出传媒价值定律：一个媒体的价值取决于它所镶嵌其中的经济系统，包括这个经济系统所覆盖的区域大小、人口构成、人口规模与经济总量。简单地说，媒体价值取决于两个因素：①媒体镶嵌其中的经济系统的规模；②受众的规模、构成、消费偏好和购买能力等。

例如，中央电视台的媒体价值，首先取决于它所镶嵌的整个国家的经济系统的规模和构成。从这一点来讲，它的媒体价值显然大于任何地方电视台。因为它镶嵌在整个国家这一宏观经济系统之中，地方电视台是镶嵌在区域经济系统之中的，整个国家的国民经济系统的规模和总最显然大于任何一个区域经济系统。这也就是为什么许多地方电视台都希望上星、都希望在更多的地区落地的原因，因为这一行为将直接扩大该电视台所镶嵌的经济系统范围，从而提高媒体的价值。所以节目上应该扩大落地范围，对地方媒体来说是至关重要的事。与此同时，自然也扩大了媒体的受众规模。

关于受众影响媒体价值的问题，不仅包括上述规模、构成、消费偏好、购买力等要

素，从整合营销的角度来说，只要受众的态度发生转变，都可以产生新的需求，从而影响媒体的价值构成。北京交通广播电台和其他地以的交通广播电台，同属于地方性的大众传媒，在相同时段的广告价位相差甚多，就在于无论从购买力，还是消费偏好来讲，北京地区的受众的价值都远远高于地方，因此，北京交通广播电台的媒体价值大于任何其他地区交通广播电台的媒体价值。

四、传媒经济学研究方法

传媒经济学是在广义传媒的基础，包括对物质、能量、信息的传输和传播的基础上讨论传媒经济问题，其中关键的环节是信息增值问题，重要的定律是传媒价值定律。图2是传媒经济学与相关学科之间关系的示意图。

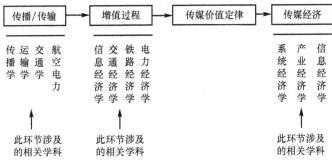

图2　传媒经济与相关学科关系示意图

也就是说，在传播（传输）过程，发生了信息增位，信息增值过程符合传媒价值定律，在此从础上展开对传媒经济的研究。信息的传播（传输）环节，对应的学科是传播学、运输学和交通学等；信息的增值环节，对应的学科是信息经济学、交通经济学、铁路经济学等；传媒经济学的研究应当建立在信息经济学、产业经济学和系统经济学的基础之上。这应当是传媒经济学研究的起以，在此从基础上建立传媒经济学的完整研究范式。

参考文献

[1] 昝廷全：论传媒经济学与系统经济学之间的关系，现代传播，2006年第2期.
[2] 昝廷全：系统经济学探索，科学出版社2004年版.
[3] 昝廷全：拓扑传播学初探，中国传媒大学学报（自然科学版），2006年第1期.
[4] 昝廷全：论传播的分类及其数学模型，中国传媒大学学报（自然科学版）2006年第2期.

拓扑传播学初探[*]

摘要：本文将拓扑学方法应用传播学，开辟了传播学的一个新方向——拓扑传播学。本文给出了信息传播渠道的一个严格数学定义，分别讨论了不同传播渠道和不同传播空间之间的同伦关系，证明了渠道同伦和传播空间同伦都是等价关系。据此，可以对不同传播渠道和不同传播空间进行等价聚类。最后讨论了可形成"舆论点"与"舆论区域"的传播空间特点，得出了"舆论"的一个严格数学定义，提出了舆论是一种数学映射的观点，并给出了舆论形成的充分必要条件。本文把 Osgood 传播系统看作是一个拓扑空间，在此基础上建立了 Osgood 传播系统的基本群模型，较为详细地讨论了 Osgood 传播系统的拓扑性质，得出了两点重要推论：一是 Osgood 传播系统的基本解是拓扑不变量；二是可形成舆论的 Osgood 传播系统是单连通的。

关键词：传播空间；拓扑；同伦；舆论；Osgood 传播系统；基本群

Primary Research on Topological Communication

ZAN Ting-quan

Abstract：In this paper，a info communication channel is defined as a strict mathematical mapping by the way of topology. Homotopy relations between different communication channels and between different communication spaces are discussed. It is proved that both channel homotopy and communication space homotopy is equivalence relation. Accordingly，equivalence clustering for different communication channels and different communication spaces is made. At last the characteristics of communication space which may form "consensus point" and "consensus area" are discussed in details，a strict mathematical definition of"consensus"is given and it is given that consensus is a mathematical mapping, the sufficient and necessary conditions of consensus formation is proposed. This paper provides a foundation for topological communication study.

What's more，Osgood communication system is firstly regarded as a topological space，on this basis，a basic group model of Osgood communication system is constructed. The topological characters of Osgood communication system are discussed in details and two inferences are drew：one is that the basic group of Osgood communication system is a topological invariable，the other is that Osgood communication system which can form consensus is singly connectivity.

Key words： communication space；topology；homotopy；consensus；Osgood communication system；basic group

一、信息传播渠道

根据申农（Shannon）信息传播模型，信息发送者、信息接收者和信息传播渠道是信息传播的三大基本要素，我们首先定义信息传播渠道开始我们的讨论。

定义 1（信息传播渠道） 设 X 是由信息发送者和接收者构成的拓扑空间，a 为信息的发送者，b 为信息的接收者，如果存在一个连续的映射：$\sigma: I \rightarrow X$，满足 $\sigma(0) = a, \sigma(1) = b$，

---

*作者：昝廷全，原载《中国传媒大学学报（自然科学版）》2006 年第 1 期

则称 σ 为从 a 到 b 的一个传播渠道，这里 $I = [0, 1]$。

设 σ：$I{\rightarrow}X$，是 X 中从信息发送者 a 到接收者 b 的一个传播渠道，则由 $\sigma = \sigma(1-t)$，$t{\in}I$，定义的 σ 的逆道。σ：$I{\rightarrow}X$ 是指 X 中从信息接收者 b 到信息传播者 a 的信息反馈渠道。根据传播渠道的这种对称性，我们也称 σ 为连接信息发送者 a 和信息接收者 b 的一个信息传播渠道，而无需指明 a 和 b 哪一个是信息的发送者和信息的接收者。

应当着重指出的是，上面定义的信息传播渠道是一个映射，而不是映射的像 $f(I)$ 见图 1。例如，根据信息传播渠道的定义，由 $\sigma(t) = t$，$t{\in}I$ 确定的映射 σ：$I{\rightarrow}R^1$ 和由 $\Gamma(t) = t^2$ 所确定的映射 σ：$I{\rightarrow}R^1$ 都所是联结 0 和 1 的信息传播渠道，但它们是两个不同的映射，因而是 0 和 1 之间的两个不同的信息传播渠道。但如果只看映射像，显然有 $\sigma(X) = \Gamma(I) = \sigma(I)$。

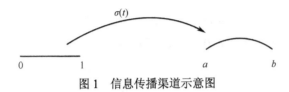

图 1　信息传播渠道示意图

二、信息传播渠道的同伦

从数学上讲，上节中定义的信息传播渠道是指定义在闭区间 $I = [0，1]$ 上的一个连续映射。现在我们考虑更为一般的情况，即信息传播渠道的同伦问题。

为了研究信息传播渠道的同伦问题，我们要拓宽研究范围，考虑一般的连续映射的情况。设 X 和分别是由信息发送者和信息接收者组成的拓扑空间，f, g：$X{\rightarrow}Y$ 是从 X 到 Y 的两个连续映射或者两个信息传播渠道。我们先来分析一下 f 连续地形变为 g 是什么意思。直观上，f 连续地形变为 g 可以看成有一族以 $t{\in}[0, 1]$ 为参数的连续映射（信息传播渠道）$\{f_t$：$X{\rightarrow}Y$：$t{\in}[0, 1]\}$ 使得 $f_0 = f_1, f_1 = g_0$。这里要求当 t 在区间 I 上连续变动时，f_t 依一种连续的方式变动。也就是说，$f_t(x)$ 同时连续地依赖于 $t{\in}$ 和 $x{\in}X$。所以，如果存在一个连续映射 F：$X{\times}I{\rightarrow}Y$ 使得 $F(t, x) = f_t(X)$，$t{\in}I$，$x{\in}X$ 的话，F 的连续性可描述信息传播渠道的连续形变 f_t。

定义 2（信息传播渠道的同伦）　设 X 和 Y 分别是由信息发送者和信息接收者组成的拓扑空间，g_0, g_1：$X{\rightarrow}Y$ 是连续映射，为两条不同的信息传播渠道。如果存在连续映射 F：$X{\times}I{\rightarrow}Y$ 使得对所有 $x{\times}X$ 成立，$F(x, 0) = g_0(x)$，$F(x, 1) = g_1(x)$，我们就说信息传播渠道 g_0 同伦于信息传播渠道 g_1，记作 F：$g_0 \cong g_1$：$X{\rightarrow}Y$，或简记为 F：$g_0{\cong}g_1$。这时，称 F 为从信息传播渠道 g_0 到 g_1 的一个同伦或伦移见图 2。

定理 1　设 X 和 Y 分别是信息发送者和信息接收者构成的两个拓扑空间，$M(X, Y)$ 是从 X 到 Y 的所有信息传播渠道的集合，则在集合 $M(X, Y)$ 中，同伦关系是一种等价关系。

证明：为证渠道同伦关系是一种等价关系，就是要证同伦关系满足自反性、对称性和传递性。

（1）根据信息传播渠道同伦的定义，设，$f\ g$：$X{\rightarrow}Y$ 是两个连续的映射，则存在连续映射 $F(x, t)$：$X{\times}I{\rightarrow}Y$，满足 $F(x, 0) = f, F(x, 1) = g$。

令 $F(x, t) = f(x)$，$x{\in}X, t{\in}I$，显然满足 $F(x, 0) = f, F(x, t) = f$，亦即 F：$f{\cong}$：$fX{\times}I{\rightarrow}Y$。即渠道同伦关系是自反的。

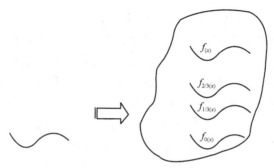

X: 信息发送者空间   Y: 信息接收者空间

图 2   渠道同伦示意图

（2）设渠道 f 与 g 同伦，即 $f \simeq g X \to Y$，则有 $F: X \times I \to Y$ 使得 $F: f \simeq g: X \to Y$，定义 $F: X \times I \to Y$ 为 $F(x, t) = F(x, 1-t), x \in X, t \in I$，就知 $F: g \simeq f X \to Y$。即渠道同伦关系是对称的。

（3）设渠道 f 与 g 同伦，g 与 h 同伦，即 $f \simeq g: X \to Y, g \simeq h: X \to Y$，则有 $F: X \times I \to Y$ 和 $G: X \times I \to Y$ 使得 $F: f \simeq g X \to Y$ 和 $G: g \simeq X \to Y$。定义 $H: X \times I \to Y$ 为

$$H(x, t) = \begin{cases} F(x, 2t) & x \in X \quad 0 \leqslant t \leqslant \dfrac{1}{2} \\ G(x, 2t-1) & x \in X \quad \dfrac{1}{2} \leqslant t \leqslant 1 \end{cases}$$

由粘接定理，H 为连续映射，并且对所有的 $x \in X$

$$H(x, 0) = F(x, 0) = f(x)$$
$$H(x, 1) = G(x, 1) = h(x)$$

由此 $H: f \simeq g \quad X \to Y$。因此，渠道同伦关系是传递的。所以，渠道同伦关系是等价关系，证毕。

渠道的同伦关系是一种等价关系，这一结论具有重要的传播学价值。据此，我们可以把从 X 到 Y 的渠道集合分成许多等价类，每个等价类称为一个渠道同伦类。在只有单一信息发送者 a 和信息接收者 b 的情况下，这一结论的含义就是我们可以把 a 与 b 之间的所有信息传播渠道分成若干渠道等价类。属于同一等价类的渠道具有相同的传播特点，从传播学意义上讲，可以认为它们是没有区别的。属于不同等价类的渠道具有不同的特点，因此，必须区别对待。

现在，我们来讨论渠道的乘积和复合，我们首先给出渠道乘积的定义。

定义 3（渠道乘积）   设 $\alpha, \beta: I \to X$ 是 X 中的两条信息传播渠道，符号 $\alpha(1) = \beta(0)$，

定义
$$\alpha * \beta(t) = \begin{cases} \alpha(2t) & t \in [0, \dfrac{1}{2}] \\ \beta(2t-1) & t \in [\dfrac{1}{2}, 1] \end{cases}$$

根据粘接定理，$\alpha * \beta$ 是 X 中的一条信息传播渠道。我们称 $\alpha * \beta$ 为渠道 α 与渠道 β 的乘积（如图 3 所示）。

由上面的定义不难看出，渠道乘积相当于把两个渠道首尾相接地串联起来，前一半时间用两倍的速度走完渠道 α，后一半时间用两倍的速度走完渠道 β。因此，只

有当 $\alpha(1) = \beta(0)$ 时渠道乘积才有意义。其传播学的直观含义就是信息的接力棒式的传播见图3。

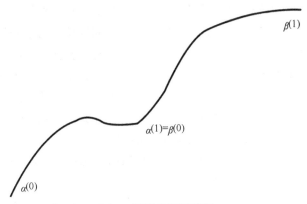

$\beta(1)$

$\alpha(1)=\beta(0)$

$\alpha(0)$

图3　渠道乘积示意图

关于渠道复合，我们有如下一般性定理。

定理 2　设 $f_0 \cong f_1$：$X \to Y$, $g_0 \cong g_1$：$Y \to Z$, 则 $g_0 \circ f_0 \cong g_1 \circ f_1$：$X \to Z$。

证明：设 F：$f_0 \cong f_1$：$X \to Y$, G：$g_0 \cong g_1$：$Y \to Z$, H：$X \times I \to Z$ 为我们定义

$$H(x, t) = G(F(x, t), t)x \in X, t \in I$$

则有：

$$H(x, 0) = G(F(x, 0), 0) = g_0(f_0(x)) = g_0 \circ f_0$$
$$H(x, 1) = G(F(x, 1), 0) = g_1(f_1(x)) = g_1 \circ f_0$$

所以，H：$g_0 \circ f_0 \cong g_1 \circ f_1$。证毕。

这个定理使我们在处理渠道复合时，可以将若干因子渠道换成与之同伦的渠道，其结果仍得与原来的渠道复合同伦的渠道复合。

三、传播空间与舆论的形成

前面我们讨论了渠道之间的同伦关系，它首先取决于所讨论的连续映射，同时还先决地受到赖以建立渠道的传播空间的制约。这里的传播空间是指以信息接收者集合为基础所构成的拓扑空间。

如果传播空间 Y 是单点空间或欧氏空间的凸集，则从任意拓扑空间 X 到传播空间 Y 的任意两条渠道都是同伦的。也就是说，设 V 是 n 维欧氏空间 Rn 中的一个凸集，设 X 是一个拓扑空间（信息发送者空间），f_0, f_1：$X \to V$ 是从 X 到 V 的信息两条渠道，我们都有渠道 f_0 同伦于渠道 f_1，即 $f_0 \cong f_1$：$X \to V$。事实上，对每一点 $x \in X$，联结 $f_0(x)$ 和 $f_1(x)$ 的直线段整个位于 V 内。对于每一点 $x \in X$，让 $f_0(x)$ 沿着上述直线段匀速地滑到 $f_1(x)$，整体上我们就得到一个从渠道 f_0 到渠道 f_1 的同伦。具体说来，我们可以定义映射 F：$X \times I \to V$ 为 $F(x, t) = (1-t)f_0(x) + tf_1(x)$, $x \in X, t \in I$。显然，F 是连续的，并且有 $F(x, 0) = f_0(x)$, $F(x, 1) = f_1(x)$, $x \in X$。所以渠道 f_0 与渠道 f_1 同伦，即 F：$f_0 \cong f_1$：$X \to V$。

下面，我们较为详细地讨论一下传播空间的一些特点与舆论形成机制问题。

定义 4　设 X 和 Y 是两个不同的传播拓扑空间。若存在连续映射 f：$X \to Y$ 和 g：$Y \to X$, 满足 $g \circ f = 1$　X：$X \to X$ 和 $f \circ g = 1_Y$：$Y \to Y$, 我们就说传播空间 X 和 Y 具有相同的伦型，

记为：$f X \cong Y$。这时称 f 为从传播空间 X 到传播空间 Y 的一个同伦等价，同时称 g 为 f 的同伦逆。

与证明渠道同伦关系是一种等价关系相类似，容易证明，传播拓扑空间之间的同伦关系也是一种等价关系。据此，我们可以根据传播空间的伦型对不同的传播空间进行分类。伦型相同的传播空间所具有的性质称为伦型不变性。传播空间的伦型不变性是传播学所要研究的具有共性的问题。与此同时，伦型不同的传播空间又各具特点，我们必须分类对待。认识到这一点，对我们加深对信息传播过程和信息传递规律的认识具有重要的帮助作用。一般认为，在传播空间中，当持某种观点的成员数 n 大于某个临界值 $n = N$ 时，即认为舆论就形成了，这是"相对舆论"的定义。本文采用"绝对舆论"的定义，"绝对舆论"是指传播空间中的所有成员都持有相同的观点。在以下的讨论中，我们用传播空间 X 的成员 x 代表 x 的观点。

定义 5 设 X 是一个传播空间，x^0 是 X 中的任一点。若 X 上的恒同映射 $1 X: X \to X$ 同伦于把 X 的每一点都送到 x^0 的常值映射 $e_{x^0}: X \to X$，我们就说传播空间 X 是可形成舆论的，或者说传播空间 X 是可压缩的。

下述定理给出了形成舆论的充分必要条件。

定理 1 传播空间 X 可形成舆论的充要条件是，传播空间 X 与单点空间具有相同的伦型。

证明：先证必要性。设传播空间 X 可形成舆论，即有 $x^0 \in X$ 使得 $I_X \cong e_{x0}: X \to X$，其中 e 是满足 $e(X) = \{x^0\}$ 的常值映射。按对任意 $x \in X, f(x) = x^0$ 定义：$f X \to \{x^0\}$，按 $g(x^0)$ 定义 $g\{x^0\} \to X$，则 f 与 g 均为连续映射。同时不难验证

$$g \circ f = g \circ e_{x_0} = e_{x_0} \cong 1X: X \to X$$

$$f \circ f = 1\{x^0\} \cong \{x^0\} \to \{x^0\}$$

所以，$X \cong \{x^0\}$，$\{x^0\}$ 是一个单点空间，必要性得证。

再证充分性。

设传播空间 X 与单点空间具有相同的伦型，即存在连续映射：$f X \to \{y^0\}$ 和 $g: \{y^0\} \to X$，使得 $g \circ f \cong I_X: X \to X, f \circ g \cong 1\{y^0\}: \{y^0\} \to \{y^0\}$

设 $g(y^0) = x^0$，对所有 $x \in X$ 取 $e(X) = x^0$ 得到常值映射 $e: X \to X$，于是

$$e = g \circ f \cong 1X: X \to X$$

即传播空间 X 可形成舆论。证毕。

在一般的情况下，传播空间 X 并不能形成一个共同的"舆论点"，用拓扑空间的术语来讲就是传播空间 X 不能收缩到 X 的某一点，但却可以连续地形变收缩为传播空间 X 的真子空间 G 而不变动 G 中的点。在这种情况下，我们就称传播空间 X 可以形成一个"舆论区域"。

定义 6 设 G 是传播空间 X 的一个真子空间，若有连续映射 $F: X \times I \to X$，使得对所有 $x \in X, H(x, 0) = x, H(x, 1) \in G$ 而对所有 $x \in G$ $H(x, 1) = x$ 我们就称传播空间 X 是可形成"舆论区域"的，H 是 X 到 A 上的一个"舆论收缩"，同时称 G 为传播空间 X 的一个"舆论收缩核"。

如果把上述定义中的条件对"所有 $x \in G, H(x, 1) = x$"改为对所有的 $x \in G$ 和 $t \in I$ 都有

$H(x, t) = x$，我们就称 H 是 X 到 G 上的"强舆论收缩"。"舆论收缩"与"强舆论收缩"的区别在于：前者 G 中的点可以变化，后者 G 中的点始终保持不动。由此，我们引进如下"舆论"与"舆论核"的概念。

定义 7 设 G 是传播空间 X 的真子空间，若存在 X 到 G 上的一个连续映射 g: $X \rightarrow G$，使得对每点 $x \in G$ 有 $g(x) = x$，就称 f 为传播空间 X 到 G 上的一个舆论，并且称 G 为传播空间 X 的一个"舆论核"。

与信息传播渠道相类似，舆论也是一个映射，而不是映射像，即舆论是，f 而不是 $f(X)$。这样我们就用拓扑学方法提出了舆论的一个严格数字定义，这对于传播学和舆论形成机制的研究具有重要的意义。

四、Osgood 传播系统的基本群模型

在传播学中，最基本的传播模式就是 Shannon 传播系统。在 Shannon 传播系统的基础上，发展了许多更加贴近现实更加复杂的传播模式，如奥斯古德（Osgood）模式、施拉姆（Schramm）模式、纽科姆（Newcomb）模式、韦斯特利-麦克莱恩（Westley-Maclean）模式、和格伯纳（Gerbner）模式等。本文利用拓扑学方法，建立了 Osgood 传播系统的基本群模型，并讨论了 Osgood 传播系统的一些拓扑性质。

申农传播系统是申农和韦弗为解决工程问题而发展起来的机械传播模式，它没有考虑人类传播的问题。奥斯古德在申农传播模式的基础上，根据他的意义理论（theory of meaning）和一般心理语言过程（psycholinguistic processes in general）提出了在一个个体内同时具有发射和接收功能的模式。在这个模式中，将符号的"意义"列入了研究范围，而在申农传播模式中对信息的定义特地排除了意义。

在申农传播模式中，信源、信宿、发射者和接收者都是相互独立的，这对工程应用问题来讲通常是正确的。但是，人类传播系统的情况要复杂得多，一个个体通常兼具信源和信宿的功能，同时作为发射者和接收者，通过许多反馈机制对自己编码的消息进行解码。人们通常把具有上述特点的传播系统称为 Osgood 传播系统。

我们用 X 表示 Osgood 传播系统，X 显然是一个拓扑空间。设 $x_0 \in X$ 是 X 的一点，表示 Osgood 传播系统的一个个体，根据 Osgood 传播系统的特点，它的每一个个体既是发射者，又是接收者，结合昝廷全（2005）的结论，在 X 中存在始点和终点都在 x_0 的渠道（连续数学映射），我们称其为 X 中以 x_0 为基点的一个环型渠道，简称环道。在一般情况下，以 x_0 为基点的环型传播渠道可能不止一条，我们把 X 中以 x_0 为基点的环型传播渠道的全体记为 $\Omega(X, x_0)$。

环型渠道是一种特殊的渠道，因此，昝廷全（2005）关于渠道的讨论对 $\Omega(X, x_0)$ 中的元素全部成立。显然，$\Omega(X, x_0)$ 中的所有的环道都是端点固定的（即为 x_0），因此，$\Omega(X, x_0)$ 中先决地确定了定端同伦意义上的等价关系。把环道作为渠道按定端同伦等价所划分出来的渠道类称为环道类。将 X 中以 x_0 为基点的环道类的全体记为 $\pi_1(X, x_0)$。根据昝廷全（2005）的结论，以 x_0 为基点的任意两个环道都可以相乘。因此，昝廷全（2005）引进的渠道乘积 $\alpha * \beta$: $I \rightarrow X$ 中的运算* 是 $\pi_1(X, x_0)$ 中的一个运算。

定理 1 Osgood 传播系统的环道类集合 $\pi_1(X, x_0)$ 在运算* 的意义上成为一个群，称为

Osgood 传播系统 X 的以 x_0 为基点的基本群。

证明：①显然运算*是可结合的

②$\pi_1(X, x_0)$中存在关于运算*的单位元，即将 I 中所有点映射到 x_0 的常值映射 e 所在的环道类

③$\pi_1(X, x_0)$中任一元素都有关于运算*的逆元素。即对任一环道 α，都存在环道 α 的逆道 α，$\alpha*\alpha$ 是这样一个渠道：先用一半的时间以两倍的速度走完环道 α，后一半时间用两倍的速度逆行回来。

五、Osgood 传播系统基本群之间的同构

前面，在构造 Osgood 传播系统的基本群时，我们首先要选定 Osgood 传播系统 X 中的一点 x_0 作为基点，并将 X 的以 x_0 为基点的基本群记为 $\pi(X, x_0)$。如果选择 Osgood 传播系统中的另一点 $x_1 \in X$ 作为基点，我们就将得基本群 $\pi_1(X, x_1)$。一般来讲，基点的选取可能会影响 Osgood 传播系统的基本群的结构。这样，随着基点选取的不同，我们就会得出 Osgood 传播系统不同的基本群 $\pi_1(X, x_1)$，但是，下面的定理 2 描述了 Osgood 传播系统的基本群的一个重要性质。

定理 2 设 X 表示 Osgood 传播空间，x^0 和 x^1 是 X 的两个点，P：$I \rightarrow X$ 是 X 中联结 x^0 到 x^1 的一个渠道，则有 $\pi_1(X, x^0) \cong \pi(X, x^1)$。

证明：如果我们定义映射 P：$\pi_1(X, x^0) \rightarrow \pi_1(X, x^1)$ 和映射 Q：$\pi_1(X, x^1) \rightarrow \pi_1(X, x^0)$，同时证明它们都是群的同态，并且 $Q \circ P = 1$：$\pi_1(X, x^0) \rightarrow \pi_1(X, x^0)$，$P \circ Q = 1$：$\pi_1(X, x^1) \rightarrow \pi_1(X, x^1)$，则 P：$\pi_1(X, x^0) \rightarrow \pi_1(X, x^1)$ 就是一个同构，即有 $\pi_1(X, x^0) \cong \pi_1(X, x^1)$。

现在我们开始证明，定义映射 P：$\pi_1(X, x^0) \rightarrow \pi_1(X, x^1)$ 为

$$P([\alpha]) = \overline{[\rho]} * [\alpha] * [\rho], [\alpha] \in \pi_1(X, x^0)$$

由图 4 不难看出，$\overline{[\rho]} * [\alpha] * [\rho]$ 是 Osgood 传播系统中以 x^1 为基点的环道，故有 $P(\pi_1(X, x^0)) \in \pi_1(X, x^1)$

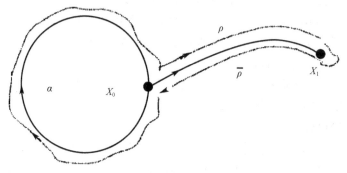

图 4 映射 P (.) 示意图

设 $[\alpha]$, $[\beta]$ 为 Osgood 传播系统中以 x^0 为基点的两个不同环道类，有 $[\alpha]$、$[\beta] \in \pi_1(X, x^0)$ 则按定义

$$P([\alpha] * [\beta]) = \overline{[\rho]} * [\alpha] * [\beta] * [\rho] = \overline{[\rho]} * [\alpha] * [\rho] * \overline{[\rho]} * [\beta] * [\rho] = [\alpha] * \rho([\beta])$$

故 P：$\pi_1(X, x^0) \rightarrow \pi_1(X, x^1)$ 是一个同态。

同理可证，如果定义映射 Q：$\pi_1(X, x^1) \rightarrow \pi_1(X, x^0)$ 为

$$Q([\sigma]) = [\rho] * [\sigma] * \overline{[\rho]}, \ [\sigma] \in \pi_1(X, x^1),$$

则：Q：$\pi_1(X, x^1) \rightarrow \pi_1(X, x^0)$ 也是一个同态。

对于任一 $[\alpha] \in \pi_1(X, x^0)$，容易验证

于是 $Q \circ P = 1$：$\pi_1(X, x^0) \rightarrow \pi_1(X, x^0)$。

$$(Q \circ P)([\alpha]) = Q\left(P([\alpha])\right) = Q(\overline{[\rho]} * [\alpha] * [\rho]) = [\rho] * \overline{[\rho]} * [\alpha] * \overline{[\rho]} * [\rho] = [\alpha]$$

同理 $P \circ Q = 1$：$\pi_1(X, x^1) \rightarrow \pi_1(X, x^1)$。

综上所述，P：$\pi_1(X, x^0) \rightarrow \pi_1(X, x^1)$ 是一个同构，即有 $\pi_1(X, x^0) \cong \pi_1(X, x^1)$。

根据定理 2 分别以 Osgood 传播空间中的两个点 x_0 和 x_1 为基点的两个不同环道类的集合之间的同构关系完全由 x^0 与 x^1 之间的渠道 ρ 确定，我们不妨将其记作：ρ。

根据定理 2，如果 Osgood 传播系统属于连通的拓扑空间，则对任意的 $x^0 \in X$ 和 $x^1 \in X$，都有：$\pi_1(X, x^0) \cong \pi_1(X, x^0)$。

在这种情况下，如果我们只对 Osgood 传播系统的基本群感兴趣时，常以 $\pi_1(X, x)$ 记它的基本群，而不标明以哪一点为基点，因为以 X 的任何一点为基点所得到的基本群都是同构的，从代数结构的角度来讲都是没有差别的。

现在，我们简要讨论一下 Osgood 传播系统基本群平凡的渠道连通空间（称为单连通空间）的情况。按照 Osgood 传播系统基本群的几何含义，单连通空间是这样一种渠道连通空间，它的每一条环道都可以在该空间中连续地收缩成一条常值渠道。只有一个发射者和接收者的传播空间，R^n 及 R^n 中的凸集，都是单连通空间的典型例子。按照任一条环道都可以收缩为一条常值渠道的直观说法，不难证明，当 $n \geq 2$ 时，n 维球面是单连通空间，但与欧氏空间中的凸集不同，S^n 属于不可形成舆论的传播系统，而 R^n 中的凸集是可形成舆论的可缩空间。

单连通空间与可缩空间的区别在于，前者可以连续地收缩成一个常值映射，后者可以收缩为其中的一个点或一个子集。关于单连通空间，我们有如下定理。

定理 3 设 Osgood 传播系统 X 是单连通的，则 X 中任意两条起点和终点分别相同的渠道都是定端同伦的。

证明：设 α, β：$I \rightarrow X$ 是 Osgood 传播系统中的两个渠道，$\alpha(0) = \beta(0) = x^0, \alpha(1) = \beta(1) = x^1$，则 $\overline{\alpha} * \beta$：$I \rightarrow X$ 是以 x^1 为基点的一条环道。由于 X 单通道，$\overline{\alpha} * \beta \sim e_{x1}$。另外，当然，$\overline{\alpha} * \alpha \sim e_{x0}$。因此，$\alpha \sim \alpha * e_{x1} \sim \overline{\alpha} * \alpha * \beta \sim e x^0 * \beta \sim \beta$。即 $\alpha \sim \beta$。

六、Osgood 传播系统基本群的伦型不变性

现在，我们转而讨论 Osgood 传播系统的伦型不变性。首先讨论不同的 Osgood 传播系统之间的连续映射对相应的环道的作用和对相应的基本群的作用。

定义 1 设 X 和 Y 是两个不同的 Osgood 传播系统，$x^0 \in X, f$：$X \rightarrow Y$ 是一个连续映射。若 α 和 β 是 X 中的以 x^0 为基点的两条等价的环道，则显然地 $f \circ \alpha$ 和 $f \circ \beta$ 是 Y 中以 $f(x^0)$ 为基点的两条等价的信息环道。于是，可以定义

f：$\pi_1(X, x^0) \rightarrow \pi_1(Y, f(x^0))$ 为

$$f([\alpha]) = [f \circ \alpha].$$

容易验证，设$[\alpha]$, $[\beta]$ $\in \pi_1(X, x^0)$，则$f([\alpha] * [\beta]) = f([A]) * f([\beta])$，由此知，$f\pi_1(X, x^0) \to \pi_1(Y, f(x^0))$是一个同态，称为连续映射$f$的诱导同态。

定理 4 设X、Y、Z是三个不同的 Osgood 传播系统，$x^0 \in X$，则有：

（1）若：$fX \to Y$和g：$Y \to Z$都是连续映射，则

（2）$(g \circ f) = g \circ f$：$\pi_1(X, x^0) \to \pi_1(Z, g(f(x^0)))$

若$f \cong h$：$X \to Y$并且F：$f \cong h$，则$h = \rho \circ f$：$\pi_1(X, x^0) \to \pi_1(Y, h(x^0))$，

其中ρ：$\pi_1(Y, f(x^0)) \to \pi_1(Y, h(x^0))$是按$\rho(s) = F(x^0, s)$定义的从$f(x^0)$到$h(x^0)$的渠道$\rho$：$I \to Y$确定的同构$\rho$：$\pi_1(Y, f(x^0)) \to \pi_1(Y, h(x^0))$。

证明：（1）设$[\alpha] \leftarrow \pi_1(X, x^0)$，则$(g \circ f)[\alpha] = [g \circ f \circ \alpha]$ $= g(f \circ \alpha) = g(f([\alpha])) = (g \circ f)([\alpha])$

即$(g \circ f) = g \circ f$

（2）设$[\alpha] \in \pi_1(X, x^0)$。根据题设有$F$：$X \times I \to Y$使得$F(x, 0) = f(x)$，$F(x, 1) = h(x)$，$x \in X$，要证$h([\alpha]) = (\rho \circ f)([\alpha])$，就是要证$h \circ \alpha \sim \rho * (f \circ \alpha) \circ \rho$

参照图 5，在左边的三角形，让$g(t) = G(t, s)$定义的传播渠道g：$I \to Y$以三倍的速度沿$\bar{\rho}$走，但走到$(1-s)/3$为止；在右边的三角形，让g以三倍的速度沿ρ走，但从$t = (s+2)/3$开始；在中间利用同伦F从$f \circ \alpha$变到$h \circ \alpha$。注意参数s的水平线与中间部分之交的长为$(2s+1)/3$, $(t-(1-s)/3)*(3/(2s+1)) = (3t+s-1)/(2s+1)$，我们得到所需的定端同伦$G$：$I \times I \to Y$的表达式为：

$$G(t,s) = \begin{cases} \rho(1-3t) & 0 \leq t \leq (1-s)/3 \\ F(\alpha((3t+s-1)/(2s+1)), s) \\ & (1-s)/3 \leq t \leq (s+2)/3 \\ \rho(3t-2) & (s+2)/2 \leq t \leq 1 \end{cases}$$

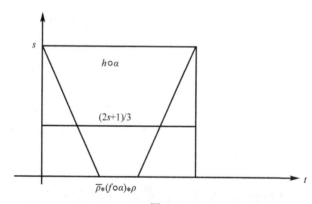

图 5

根据粘接定理，$G(t, s)$是连续映射，并且$G(t, 0) = (\bar{\rho} * (\rho \circ \alpha) * \rho)(t)$，$G(t, 1) = (h \circ \alpha)(t)$，$t \in I$ $G(o, s) = G(1, s) - h(x^0)$，$s \in I$ 即$h \circ \alpha \backsim \rho * (f \circ \alpha) * \rho$，证毕。

下面，我们就来证明 Osgood 传播系统基本群的伦型不变性。

定理 5 设X和Y是两个具有相同伦型的渠道

连通的 Osgood 传播系统，则有$\pi_1(X) \cong \pi_1(Y)$

证明：据题设$X \cong Y$，有连续映射：$f X \to Y$和g：$Y \to Z$，使得$g \circ f \cong 1$：$X \to Z$，$f \circ g$

$\cong 1: Y \rightarrow Y$ 任取一点 $y^0 \in Y$, 记 $x^0 = g(y^0)$, 则我们有连续映射诱导的同态

$$f: \pi_1(X, x^0) \rightarrow \pi_1(Y, f(x^0))$$
$$g: \pi_1(Y, f(x^0)) \rightarrow \pi_1(X, g(f(x^0)))$$

根据定理 4, 有 $g \circ f = (g \circ f) = \rho \cdot 1 = \rho: \pi_1(X, x^0) \rightarrow \pi_1(X, g(f(x^0)))$

其中 ρ 是定理 4 由 gof 到 1 的伦移确定的同构。由此可见, $f: \pi_1(X, x^0) \rightarrow \pi_1(Y, f(x^0))$ 是单同态。同理有 $f \circ g = (f \circ g) = G \cdot 1 = G: \pi_1(x, y^0) \rightarrow \pi_1(Y, f(x^0))$ 其中, G 是定理 4 中由 $f \circ g$ 到 1 的伦移所确定的同构。由此可见, $f: \pi_1(X, x^0) \rightarrow \pi_1(Y, f(x^0))$ 是满同态。于是 $f: \pi_1(X, x^0) \cong \pi_1(Y, f(x^0))$, 证毕。

根据定理 5, 我们不难得出如下两点推论。

推论 1 Osgood 传播系统的基本群是拓扑不变量, 即同胚的渠道连通的 Osgood 传播系统的基本群同构。

推论 2 可形成舆论的 Osgood 传播系统是单连通的。

关于可形成舆论的 Osgood 传播系统, 我们还有如下进一步的定理。

定理 6 设 A 是 Osgood 传播系统 X 的强舆论收缩核, $x^0 \in X$, 则有 $\pi_1(X, x^0) \cong \pi_1(A, x^0)$

证明: 设 $H: X \times I \rightarrow X$ 是 Osgood 传播系统到 A 上面的强舆论收缩核, 则若 A 是 X 中以 x^0 为基点的环道, $\gamma \circ \alpha$ 就是 A 中以 x^0 为基点的环道, 这里 $\gamma: Z \rightarrow A$ 是 $\gamma(x) = H(x, 1)$ 确定的从 X 到 A 的一个收缩。

按照 $p([\alpha]) = [\gamma \circ \alpha]$, $[\alpha] \in \pi_1(X, x^0)$ 定义映射 $p: \pi_1(X, x^0) \rightarrow \pi_1(A, x^0)$, 容易证明, $p: \pi_1(X, x^0) \cong \pi_1(A, x^0)$

最后, 我们简单讨论一下 Osgood 传播系统基本群推广到高维情况所得到的高维同伦的概念及有关结论。

通常称 $I^n = \{(x_1, x_2, \cdots, x_n) \in Rn: 0 \leqq x_1, x_2, \ldots, x_n \leqq 1\}$ 为 n 维欧氏空间 R^n 中的单位高体, 其边界记作: I^n。

定义 2 设 X 为一个 Osgood 传播系统, $x^0 \in X$, n 为正整数, 称连续映射 $\alpha: I^n \rightarrow X$ 为 X 中以 x^0 基点的一个 n 维环道, 如果 $\alpha(\delta I^n) = \{x^0\}$。$X$ 中所有以 x^0 为基点的 n 维环道的集合记为 $\Omega_n(X, x^0)$。在集合 $\Omega_n(X, x^0)$ 中, 定义定端同伦关系如下:

设 $\alpha, \beta \in \Omega_n(X, x^0)$, 若存在一个映射 $H: I^n \times I \rightarrow X$, 使所有

$(t_1, t_2, \ldots, t_n) \in Z^n$ 都有

$$H(t_1, t_2, \ldots, t_n, 0) = \alpha(t_1, t_2, \ldots, t_n)$$
$$H(t_1, t_2, \ldots, t_n, 1) = \beta(t_1, t_2, \ldots, t_n)$$

而对所有 $(t_1, t_2, \ldots, t_n, 1) \in \delta I^n$, $s \in I$, 都有

$$H(t_1, t_2, \ldots, t_n, s) = x^0$$

就说点 α 和 β 是定端同伦的, 记作 $\alpha \sim \beta$。

显然, 定端同伦关系是 $\Omega_n(X, x^0)$ 中的一个等价关系, 按照这个等价关系可以对 Osgood 传播系统 X 中以 x^0 为基点的环道进行分类, 称为 X 中的以 x^0 为基点的 n 维环道类。α 所在的 n 维环道类记作 $[\alpha]$。Osgood 传播系统 X 中所有以 x^0 为基点的 n 维环道类的全体记作: $\pi_n(X, x^0)$, 即: $\pi_n(X, x^0) = \Omega_n(X, x^0)/\sim$ 这里 "$\sim$" 表示等价关系。

在 $\Omega_n(X, x^0)$ 中定义运算 "$*$" 如下:

设 $\alpha, \beta \in \Omega_n(t_1, t_2, \ldots, t_n)$, 令 $\alpha * \beta: I^n \rightarrow X$ 为 $(\alpha * \beta)(t_1, t_2, \ldots, t_n) =$

$$= \begin{cases} \alpha(2t_1, t_2, \ldots, t_n) & 0 \leqslant t_1 \leqslant 1/2 \\ \beta(2t_1 - 1, t_2, \ldots, t_n) & 1/2 \leqslant t_1 \leqslant 1 \end{cases}$$

显然，$\alpha * \beta \in \Omega_n(X, x^0)$，容易验证 $\Omega_n(X, x^0)$ 上的运算 "$*$" 按照 $[\alpha] \triangle [\beta] = [\alpha * B]$ 的定义诱导出集合 $\pi_n(X, x^0)$ 上的 $\triangle$ 运算是可结合的、有单位元的和可求逆的，即 π_n 在运算 $\triangle$ 之下成为一个群，称为 Osgood 传播系统 X 的以 x^0 为基点的 n 维同伦群。

七、讨论与展望

本文是应用拓扑方法研究信息传播过程的一个初步探讨，只是从形式上把传播学和拓扑学联系了起来，所得到的结论还很初步，许多丰富的内涵没有展开讨论，这也是我们今后在这方面研究的一个努力方向。

通过本文的研究，把一类非常典型的传播系统即 Osgood 传播系统与一个代数系统联系了起来。由于 Osgood 传播系统的最大特点就是每个个体既是发射者又是接收者，我们自然地想到了代数系统中基本群的概念。

本文建立了 Osgood 传播系统的基本群模型，详细论述了 Osgood 传播系统基本群的拓扑特征，给出了相应的定义和定理。关于这些定义和定理的传播学意义还有待于进一步研究和认识。我们真诚地希望有更多的传播学者参与这一研究，使传播学的这一研究方向早日成熟起来。

参考文献

[1] Shannon C，Weaver W. The Mathematical Theory of Communication[M]. Urbana：University of illinon isPress，1949.

[2] 沃纳.赛佛林，小詹姆斯.坦卡德.传播理论：起源、方法、与应用[M]. 郭镇之译. 北京：华夏出版社，2000 年

[3] 林金坤. 拓扑学基础[M]. 北京：科学出版社，2002.

形成社会共享的价值观有利和谐*

构建社会主义和谐社会，是以胡锦涛同志为总书记的党中央提出的一项意义重大的战略举措。坚持科学发展观和科学决策是和谐社会建设的重要保证。

什么是和谐社会？胡锦涛同志指出，我们所要建设的社会主义和谐社会，应该是民主法治、公平正义、诚信友爱、充满活力、安定有序、人与自然和谐相处的社会。根据这一特征性概括，为了加深对和谐社会的认识和理解，我们可以将和谐社会划分为"绝对和谐社会"与"相对和谐社会"两种类型。所谓绝对和谐社会，是指每个社会成员都拥有相同的价值观念，这显然是一种理想状况，在现实世界中难以实现。所谓相对和谐社会，是指不同社会阶层之间具有共享的价值观念。相对和谐社会建立在社会分层和阶层划分的基础之上，是一种相对宏观的概念。党中央所提出的社会主义和谐社会建设所指的就是这种具有可操作性的相对和谐社会，其核心内容就是要协调好社会各个阶层的利益需求，从本质上讲，就是协调好人与人和人与自然之间的关系，以促进我国经济社会的持续健康发展。

中国社会科学院社会学研究所陆学艺研究员等认为一个现代化社会分层结构在现阶段的中国社会已现雏形。他们勾画了当代中国社会十大阶层组成的社会分层结构。十个社会阶层分别为国家与社会管理者阶层→经理人员阶层→私营企业主阶层→专业技术人员阶层→办事人员阶层→个体工商户阶层→商业服务业员工阶层→产业工人阶层→农业劳动者阶层→城乡无业失业半失业者阶层。因此，相对和谐社会可以更具体地描述为上述十大阶层之间拥有共享的价值观念。就宏观层次即社会各阶层之间的关系来说，共同的价值观念是可能存在的。用这种宏观的处理问题的方式，相对和谐社会就具有了现实的可操作性。

所谓不同的社会阶层拥有相同的价值观，是指每个社会阶层从不同的角度逼近某一个共同的价值观。这种不同的社会阶层都能够逼近的某一共同价值观念的存在是和谐社会建设的价值基础。因此，建设和谐社会的关键就是如何协调和引导不同阶层的价值观念，使之逼近和形成整个社会共享的价值观。为了建设和谐社会，应当牢固树立和全面落实科学发展观，将构建和谐社会与社会主义物质文明、政治文明、精神文明建设有机统一起来。协调好社会各阶层之间的相互关系，统筹城乡发展和区域发展，理顺效率与公平的关系，切实保障所有社会成员都能分享改革发展的成果，推进社会公平、解决收入分配差距过大和分配不公的问题；协调好人与自然的关系，保证经济社会的可持续发展；始终坚持以人为本，正确处理改革、发展、稳定的关系；加强思想文化建设，为构建和谐社会提供坚实的精神保障支撑。从而使得社会不同阶层利益的交集最大化，最大限度地满足不同社会阶层的共同价值需求。

---

*作者：昝廷全、刘静忆，原载《人民论坛》2006 年 5 月

2007

传媒产业融合*

——基于系统经济学的分析

摘要： 传媒产业是产业融合的重要领域。论文根据系统经济学中的资源位理论对传媒产业融合的机理进行解释，认为传媒产业融合的本质是不同分立产业之间的资源整合问题，是将非存在资源位转化为β—实际资源位、潜在资源位转化为实际资源位的过程。通过分析传媒产业硬资源与软资源的特性，针对我国传媒产业的产业融合提出了建议。

关键词： 传媒产业融合、资源位、资源位质的相似性

Media Industry Convergence：
The Analyses Based on System Economics

ZAN Ting-quan，JIN Xue-tao

Abstract： Media industry is the important area of industry convergence. Combined with the theory of resource niche，this paper explains the principle of the media industry convergence. It points out that the essence of the media industry convergence is the resource integration between different industries. In this integration process，the non-existing niche will be changed into the beta actual niche and the potential niche will be changed into the actual niche.

Key words： media industry convergence；resource niche；niche quality similarity

一、传媒产业融合的内涵与具体表现形式

1. 传媒产业融合的内涵

在信息化技术的推动下，经济领域内出现了为适应产业增长而发生的原有产业边界逐渐模糊、甚至消失，新产业形态出现的现象，我们称之为"产业融合"。产业融合使得原本市场边界清晰的不同产业之间出现了可相互替代的产品与服务，各产业的企业之间从原来没有竞争走向了新型的竞争与合作。

1978年，麻省理工学院媒体实验室的Negrouponte教授用三个圆圈来描述计算机、印刷和广播电视三者的技术边界，认为三个圆圈的交叉处将会成为成长最快、创新最多的领域。Lind提出了一个具有操作性的融合定义："以前各自分离市场的合并以及跨产业进入壁垒的消除"，并用四个圆圈的彼此渐进交叉、渗透，融合成一个大圆圈的图像来形象地说明IT、电信、媒体和消费电子业将融合成一个大产业的过程。传媒产业的融合研究集中在与电信、互联网以及消费电子等产业之间的交叉与融合上。事实上，传媒产业的产业融合体现在两个层面上：

---

*作者：昝廷全、金雪涛，原载《中国传媒大学学报（自然科学版）》2007年第3期

一是体现在与高新技术产业的产业边界模糊化。这一现象是伴随着从二十世纪七十年代开始的信息技术的革命（光缆、无线通讯、卫星的利用普及，数字通讯网的发展）到九十年代个人电脑的普及所带来的互联网的广泛使用，"数字融合"技术改变了获得数据、视像和语音三种基本信息的时间、空间及成本，通过统一的传输网路和接收终端，使不同形式的媒体彼此之间的互换性与互联性得到了加强。"数字融合"的发展为语音、视像与数据文件等信息内容的融合提供了技术支撑，使电信、广播电视和出版等传媒产业出现了相互的交叉与渗透。

二是体现在传媒产业向传统产业的渗透，比如专业的教育频道，是以电视传媒的方式承担起远程教育的任务。可以说传媒产业向传统产业的渗透融合体现了经济服务化的趋势，是广播电视业把其他产业的信息资源整合成为传媒产品（服务），把生产和消费、产品和服务紧密地结合起来。

2. 传媒产业融合的具体形式

按照不同的标准，产业融合的具体形式可以有多种分类。按产品性质，可将产业融合分为替代型融合和互补型融合，前者一般指融合的产品之间有相似的特征、实现相同的效用或者具有共同的标准元件束；后者是指两种或两种以上产品联合使用比单独分开使用时效果要好，也可能是现在联合使用比以前联合使用效果更好。按产业、企业合并、合作的程度分为全面融合和部分融合，前者是指两个以上的产业全面合并成一个产业；后者是不同产业间有部分产品或服务领域出现的融合现象。我国学者胡汉辉等将产业融合分为产业渗透、产业交叉和产业重组三种类型。本论文按照胡汉辉等人对产业融合的分类，对传媒产业融合的具体形式做出说明：

（1）产业渗透。产业渗透往往发生在高科技产业和传统传媒产业的边界处（见图1）。由丁高新技术往往具有渗透性和倍增性的特点，使得高新技术可以无摩擦地渗透到传统传媒产业中，并会极大地提高传统传媒产业的效率。在欧洲和美国，过去用于军事的卫星进入广播电视领域时，直接入户卫星能够拥有200个频道，而那时有线光缆最多只能拥有75个频道，直到21世纪后，有线系统采取了数字形式，才使得频道数量增长了36倍。网络广告、电子报刊、远程教育（医疗与金融服务等）、电子商务、网络视频服务等都是高科技产业与传媒产业相互融合的证明。

（2）产业交叉。产业交叉是通过产业间的功能互补和延伸实现产业间的融合（见图1），这是一种你中有我、我中有你的产业融合境界。这种交互融合的局面最后导致产业边界的模糊或消失。发生交叉融合的产业往往并不是全部融合，而只是"部分的合并"，原有的产业继续存在，因此这也使得融合后的产业结构出现了新的形式。产业交叉例子在研究中出现比较多的是电信、互联网、广播电视和出版等的产业融合之中。

（3）产业重组。产业重组是产业融合的另一种方式（图1），这一方式主要发生在具有紧密联系的产业之间，这些产业往往是某一大类产业内部的子产业。比如多元化传媒集团就代表着传媒产业内部不同子产业之间的重组融合。

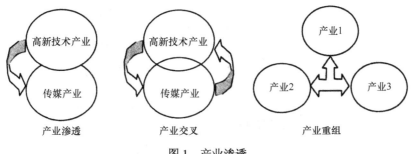

图 1　产业渗透

二、资源位理论概述

经济学的核心内容是研究资源的优化配置和合理利用问题，这些都与资源整合有着密切的关系。根据系统经济学方法，产业经济系统是由各个不同产业与产业之间的关系构成，其形式化的定义为[1]：

产业经济系统 = ({产业(i)|i = 1, 2, …, n}, {产业(I)和产业(j)之间的关系|i≠j, i j = 1, 2, …, n})

产业经济系统及其内部的各产业都拥有自身运转所需的各种各样的资源。昝廷全（1988，1990）通过把资源划分为硬资源和软资源，并提出资源位的概念解释了产业经济系统中资源的利用、配置与整合问题。所谓硬资源是指在一定的技术、经济和社会条件下能够被人类用来维持生态平衡、从事生产和社会活动并能形成产品和服务的有形物质，包括那些不需要加工就可被人类直接利用的客观物质，如空气等。显然，各种自然资源和能源都属于硬资源的范畴。软资源是指以人类的智能为基础的资源，如科技资源、信息资源、知识资源等。软资源对硬资源的开发利用和资源整合具有重要的决定性作用，这个作用的结果又反馈于整个资源系统[2]。

能够被一个产业实际和潜在占据、利用或适应的部分，称为该产业的资源位（resource niche，RN）。产业资源位的存在和利用是具有时空特征的。对于某个产业而言，存在于一定空间（S）和时间（T）内的资源位称为存在资源位（existing niche，EN）。存在资源位如果只被产业 X 所利用，叫做产业 X 的 α-实际资源位（alpha actual niche，α-AN）。若存在资源位被产业 X 同时也被其他产业所利用，则此存在资源位叫做产业 X 的 β-实际资源位（beta actual niche，β-AN）。在存在资源位中，那些没有被产业 X 所利用的部分叫做产业 X 的潜在资源位（potential niche，PN），其中，既没有被产业 X 也没有被其他产业所利用的，称为产业 X 的 α-潜在资源位（alpha potential niche，α-PN），没有被产业 X 但被其他产业所利用的部分，叫做产业 X 的 β-潜在资源位（beta potential niche，β-PN）。在空间（S）和时间（T）内部不存在的资源位，称为产业 X 的非存在资源位（non-existing niche，NEN）。资源位的组成及相互关系如图 2 所示。

资源位可以看作是由性质不同的许多单元组成的集合，这样的单元叫做资源位元素，例如，某个产业的资源位由劳动、技术和资本构成，则劳动、技术和资本都是该产业资源位的一个元素。对不同产业之间资源位的关系，我们可以通过资源位质的相似性（niche quality similarity，NQS）来考察。如果产业 G_1 和产业 G_2 的资源位元素个数分别为 NNE_1 和 NNE_2，两个产业相同资源位元素的个数为 NNE_{12}，则资源位质的相似性为：

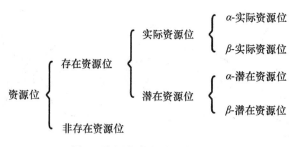

图 2 资源位的组成及相互关系

$$NOS(12) = \frac{NNE_{12}}{\max(NNE_1, NNE_2)} \times 100\%$$

从资源位理论的角度来看，当不同产业边界之间出现交叉与重叠时，不仅单个产业会变成复杂的融合性产业，而且产业之间的关系也会从不相关、上下游等变为更高层次上的混合交融关系。产业（边界）形态以及产业之间关系的改变无时无刻不体现在产业所能获得与占有的资源位上：一方面，单个产业会通过创新将非存在资源位转化成为存在资源位，同时将被潜在资源位进行占有与转化，形成自身的存在资源位，以实现新产品与服务的提供；另一方面，伴随不同产业的产业边界的模糊化，原来分立产业之间的竞争以及对于资源的获取与争夺会日渐激烈，此时不同产业相互提供可替代的产品（服务）并在同样的市场范围竞争，资源位质的相似性会提高，但为了取得竞争的胜利，开拓并利用新的非存在资源位也成为企业竞争的优先手段。

三、传媒产业融合机理——基于资源位

理论的分析从产业资源位理论进一步延伸，产业的演化是一个对存在资源位的合理利用的过程，也是一个对非存在资源位不断开拓的过程。在产业演化过程中所出现的产业融合，其本质是不同分立产业之间的

资源整合问题，是将非存在资源位和潜在资源位转化为实际资源位的过程。论文以下部分应用资源位理论针对传媒产业融合机理给出合理解释。

Stieglitz 指出，两个产业的产业融合一般包含三个具体阶段的动态化过程。第一阶段存在两个从供给到需求都不相关的产业，融合的过程由外部因素（如新的技术发明、政策管制放松）所激发，技术上的开发与互用是这一阶段的标志（技术融合）；第二阶段意味着市场结构和公司行为开始变化，此时产品融合和业务融合是重点；进入到第三阶段后，两个产业从技术或产品市场的角度具有了相关性，并且市场发展趋于稳定化，产业融合范围内的企业（原本属于不同产业）之间的交叉竞争与合作竞争激励，形成了市场融合的态势。

1. 技术融合

产业的发展历史一直与技术的进步创新相伴。技术进步与创新是对非存在资源位开拓的实现，使产业的非存在资源位转变为存在资源位以满足产业发展的需求并提高资源

位功能。较以往的技术进步只在特定产业内部发挥作用不同，上个世纪的信息技术产生了巨大的"通用性和开放性"能量。通用性决定了信息技术在各个不同产业领域的广泛应用，开放性决定了信息技术的兼容性和扩充性。这说明信息技术可以成为很多产业的资源位，并由此形成了革命性的技术进步——新技术广泛扩散——技术融合这一演化路径。对传媒产业而言，数字化技术首先统一了信息形式，实现了原有模拟信号向数字信号的转换，把文本、声音和视频等不同信息形式转化为同一的"比特"（即数字产品）。再次 IP 技术突破了带宽对信息传递的束缚，使信息的传播成本急剧降低，有力地推动了媒体信息的传播广度与力度，使信息由单向的"广播"（broadcasting）方式向双向的交流（communication）方式转变，从此原来各产业分立的传输平台被统一到了一个传播平台上。这种技术进步的力量产生了传媒产业与其他产业的技术手段融合，使其原有的技术边界消失（见表1）。

表1　传媒产业融合的产业活动特征与资源位特征

融合阶段	产业活动特征	产业资源位特征	资源位质的相似性
技术融合	通用的信息技术渗入各个产业；数字技术实现了信息存储和传输形式的统一；网络技术实现了传输平台的统一	非存在资源位（信息技术）、α-潜在资源位转化为 β-实际资源位	
业务融合	传媒产业与其他产业的产品与服务的差异性减弱，相互可替代的产品弱化了不同产业之间的业务边界	β-潜在资源位转化为 β-实际资源位，整合存在资源位	↓
市场融合	来自产业外的竞争压力增大，传统的单一产业价值链被多产业融合的新型价值链所取代、企业之间的交叉竞争与合作竞争共存、不同产业间的市场边界消失	整合存在资源位，开拓潜在资源位（特别是软资源）和非存在资源位	强

所以，传媒产业与其他产业（特别是电信、互联网和消费电子产业）的融合首先由于非存在资源转化为存在资源位，并且成为上述诸产业的 β-实际资源位，技术的创新作为一种外部力量是传媒产业与其他产业之间融合的初始动力。当然外部力量也包括管制放松，它间接改变了传媒产业和其他产业的 α-潜在资源位，使得原来被排斥在严格管制产业之外的资源（比如民营资本）得以进入传媒产业以及电信产业的某些领域。

2. 业务融合

当然技术融合并不必然带来产业融合，经过技术融合、业务融合、市场融合三个阶段，才能完成产业融合的整个过程。技术融合出现以后，电信、互联网、广播电视、多种类出版、电影等产业的产品或服务的差异性明显弱化。在信息产品数字化的基础上，原有不同产品的提供方式及途径趋同，从而上述不同产业的业务边界产生了融合，不同产业中的企业生产替代性产品（服务）的能力开始加强。此时，不同产业中涉及融合的企业会积极地将为其他产业所利用而自己没有利用的 β-潜在资源位转化为自己和其他产业共有的存在资源位——β-实际资源位，比如传媒产业会开拓更多的传播渠道资源（互联网、移动通讯、流媒体等）和开发更多内容资源（短信、mp3、彩铃等），而电信企业以及互联网企业也会寻找更多的传媒内容资源（动漫、电子游戏等）。这一资源位的开拓与寻找过程，使融合产业之间的资源位质的相似性（NQS）提高，不仅替代性产品（服务）会出现，互补性的产品（服务）也会出现（见表1）。

在业务融合的过程中，虽然来自产业外的竞争压力开始出现，但主要的竞争压力仍然来源于产业内部。所以在此阶段，同一产业内部通过对存在资源位（α–实际资源位和β–实际资源位）的整合，构建新的价值链体系，由此传媒产业内部的并购与重组活动也显著增多。

3. 市场融合

随着业务融合的深化，会有更多的资源转变为传媒产业和其他产业所共同占有和利用的β–实际资源位。此时资源位质的相似性会进一步提高，产业融合的范围进一步扩大，来自产业外的竞争会更加激烈。从而不同产业的企业需要调整原有的技术生产路线、业务流程、技术、人力和管理资源，积极开展具有差异性的新业务。

在市场融合这一过程中，过去界限清晰的产业区分时期所形成的传统价值链的合理性正在逐步消失，传媒产业与电信、互联网以及消费电子产业之间形成了一种混沌的价值链网络。在原来各自的价值链上，只有那些能真正产生潜在价值的核心环节才会被重新组合，Wirtz 把这种价值链的重组称为价值增值环节一体化。新的价值链不仅体现了产业资源位的丰富与变化；而且价值的创造及传递方式都发生了明显的改变——不再是单向的运转而是相互流动形成一个比过去更为复杂的循环系统；价值增值环节一体化也构筑了交叉竞争、合作竞争的市场竞争格局。企业之间更提倡一种竞争与合作并存的关系，如果把每个企业看成产业经济系统中的子系统，那么企业已开始寻求开放的资源整合，并由此构成更高层次的系统以获得资源位的提升，从而市场边界最终被改变（见表1）。

四、我国传媒产业应对产业融合的对策建议

孤立的系统总会趋于瓦解，而企业应作为开放的系统与外界进行沟通，不局限于传统的企业边界，有效地联系企业、产业、地区、国家甚至全世界高层次的经济系统，获得更多的外部资源来开创更广阔的发展空间。传媒产业产业融合的出现为我们在理论和实践中探索如何应用系统经济学理论解释传媒产业发展以及指导产业融合提供了绝好的机会。论文已经分析了传媒产业融合过程中，被传媒产业和其他产业占据和利用的资源空间是如何变化的，那么，融合后的传媒产业应如何整合业内外资源取得竞争胜利呢？

首先，我们应该明确我国的传媒产业融合已经行进到了哪个阶段。目前，我国传媒产业的产业融合已经走过的技术融合阶段，当前的主要表现是业务融合，并逐渐向市场融合过渡。当传媒产业与其他产业发生了技术融合时，来自产业外的替代产品的竞争压力出现，但是由于传输平台的"互联互通"还没有最终实现，而同一的信息接收终端也尚未被各个收入阶层所拥有，所以传媒产业应积极利用与开发新的信息技术，改变自身传输渠道的局限，占有更多的β–实际资源位，为日后的升级产品服务做准备；同时，传媒产业应对自身的实际资源位进行重组，以适应未来新型产业价值链的形成，兼并重组

活动的频繁是传媒产业进行系统自身优化的必然过程；通过资源的获取与重组，传媒产业应尽可能地向其他产业进行相关的业务渗透。

其次，要深入了解传媒产业的硬资源和软资源的特性。传媒产业的硬资源包括资本、传播基础设施、传媒产品制作设备、场地等有形的边界清楚的资源；传媒产业的软资源主要包括人力资源、技术资源、信息资源、知识资源和创意资源等。硬资源与软资源的主要区别是：一是硬资源的边界很容易确定，其边界的存在是静态的，而软资源的边界往往不易确定，其边界的存在是动态的；二是硬资源的利用具有排他性，使用中边际效应递减，而软资源的利用不具有排他性，甚至具有利他性的特征。对传媒产业而言，软资源的价值会随着使用者的增加而增加。在技术融合中对非存在资源位的开拓实际上就是传媒产业软资源——技术资源的创新与变革，在这一过程中，软资源可以独立发挥作用，也可以与硬资源复合在一起发挥作用。如果说，技术融合的阶段是对软资源的合理利用及整合的话，那么业务融合对于传媒产业而言则是更多地进行硬资源整合的过程，突出地表现为多种传播渠道的拓展。在业务融合的过程中，传媒产业与其他产业之间竞相提供可替代的产品与服务，自身硬资源的重组以及对新型硬资源的整合活动活跃，此时充分的硬资源是取得市场竞争胜利的主要因素。但面临未来的市场融合，交叉竞争日益激烈，每一个企业都要为进入新市场做准备，如何实现动态差异化战略将成为这一阶段的企业竞争的重点。图3是简化的传媒产业融合后的价值链条，可以发现新型传播渠道（数字传播）的出现是传媒产业对通用性信息技术的利用以及对其他产业硬资源的整合过程。在此之后，如何顺利地实现多元化的内容供应和高品质的内容集成则体现了传媒产业特殊的软资源——创意资源的重要性，缺乏创意资源就不会有传媒内容产品的丰富，那么即便拥有最先进的传输渠道和接收终端，传媒产业也难以在产业融合的大潮中拥有广泛的受众市场。

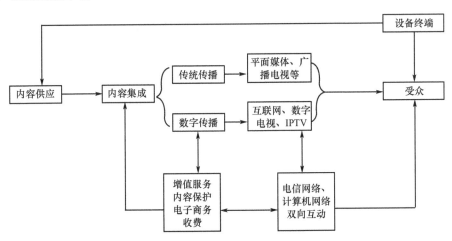

图 3　产业融合后传媒产业价值链

最后，我们可以把融合后的传媒产业看成一个耗散系统，那么系统的开放程度决定了产业及其企业的生存与发展，当系统与外界之间存在着相互作用关系，并进行物质、能量、信息的交流时，才能形成新的有序状态。产业融合发生之前的传媒产业不仅与其他产业之间分立，而且产业内也是条块分割和界限分明的状态。从系统经济学的角度看，这必然会造成熵（混乱和无序度）的增加。从整体优化的观点看，传媒产业的产业融合实现了开放系统的生命力，这不仅是传媒产业与其他产业之间充分交流的契机，也是传媒产业内部打破地域、行政分割，实现资源优化整合的契机。这必然要求国家对传媒产业的产业组织政策（特别是管制）、产业结构政策与产业布局政策进行相应地调整，以利于传媒产业对资源的整合，促进传媒产业通过融合抑制熵的增加，实现产业的有序演进与产业结构的合理化发展。

参考文献

[1] 眭廷全. 产业经济系统研究[M]. 科学出版社，2002.

[2] 眭廷全. 资源位定义及其应用[J]. 中国工业经济，2005，（11）.

[3] 周振华. 产业融合：新产业革命的历史性标志——兼析电信、广播电视和出版三大产业

[4] 融合案例[J]. 产业经济研究，2003，（1）.

[5] 植草益. 信息通讯的产业融合[J]. 中国工业经济，2001，（2）.

[6] 眭廷全，金雪涛，党娜. 传媒产业的产业融合与组织创新趋势[R]. 2006 年中国传媒产业报告，社会科学文献出版社，2006.

[7] 胡正荣，中国广播电视发展战略[M]. 北京广播学院出版社，2003.

[8] 露西·金·尚克尔曼著，彭泰权译. 透视 BBC 与 CNN[M]. 清华大学出版社，2004.

[9] Defining TVs and Computers for a future of High Definition [J]. New York Times，1997－10－2.

[10] Hofstede G. Communications and Media in the digital Age. Speech to mcm Forum，1998.

传媒经济学研究的历史、现状与对策*

摘要：本文首先从国际通行的科学分类规范出发，提出传媒学的学科归类应当属于产业经济学的应用范畴，或者是传播学与经济学的交叉学科。梳理了国外传媒经济学研究的历史脉络，将其划分为三个阶段。论述了我国传媒经济学研究的现状，包括研究队伍和学位教育情况。最后提出了关于加强我国传媒经济学研究的对策。

关键词：传媒经济学；历史；现状；对策

从我国传媒经济发展的实际情况来看，传媒实践走在了传媒经济管理理论的前面。传媒产业的大发展向传媒经济学提出了许多新的研究课题，同时，也为传媒经济学研究提供了广泛的发展空间。本文的研究包括以下四个部分：一是关于科学的分类与传媒经济学的基本属性，二是关于国外传媒经济学研究的历史脉络，三是关于我国传媒经济学研究的现状，四是关于加强我国传媒经济学研究的若干思考与对策。

一、关于科学的分类与传媒经济学的基本属性

联合国教科文组织在20世纪70年代出版的《社会科学和人文科学研究的主要趋势》中，用社会科学和人文科学来概括自然科学之外的科学。社会科学是研究社会现象与发展规律的科学，包括政治学、经济学、社会学和法律学等。人文科学是指以人的精神生活为研究对象的科学，包括音乐、美术、戏剧和诗歌等。因此，又把自然科学之外的科学统称为人文社会科学。在我国，从20世纪50年代起开始使用哲学社会科学的概念。哲学是关于自然界、社会和人类思维及其发展一般规律的科学。之所以使用哲学社会科学的概念，是因为当时的讨论主要受原苏联关于科学分类的影响，认为社会科学与自然科学是并列的，而哲学是对自然科学和社会科学的概括和总结，不能包括在社会科学之中，因而最后使用了哲学社会科学的概念。

从总体上讲，传媒经济学属于哲学社会科学（按照我国的科学分类）和人文社会科学（按照联合国教科文组织的分类）的范畴。哲学社会科学具有鲜明的意识形态属性，这就从根本上决定了传媒经济学总是在某种程度上体现着统治阶级的意志。从研究对象上讲，自然科学的研究对象具有不依赖于主体而存在和发展的客观性与普遍性，主客体界限分明，即使涉及人，也是把人作为没有意志的客体来看待。传媒经济学的研究对象是由有目的、有意志的人构成的传媒经济系统，充满复杂的随机因素和不确定因素。正因为如此，我们认为，诞生于上个世纪的系统方法是研究传媒经济的最好方法。目前，国际上关于传媒经济的研究方法包括理论研究和经验研究两类：理论研究在一定程度上可以说是数学建模，而经验研究主要是使用传媒观测数据进行回归分析、参数估计和模型检验。

在我国，传媒经济学是一门比较新的学科。有人认为它是传播学的分支，也有人认

*作者：昝廷全、刘静忆、王燕萍，2007 年第 6 期

为它应当是应用经济学的分支。从学科冠名的习惯上来看，传媒经济学应当属于应用经济学的范畴，而经济传播学则应当属于传播学的范畴。经典的学科冠名具有同样的特点。例如，物理化学是用物理的方法研究化学问题而属于化学的范畴，而化学物理则是应用化学方法研究物理问题而属于物理的范畴。这两个概念是不同的。为了避免纯粹学术名词的争论，我们可以采用一种综合的说法，我们称传媒经济学是新闻传播学与经济学的交叉学科。

从国际同行的研究来看，传媒经济学强调的是经济学知识在传媒中的应用，其研究大都是围绕经济学所涉及的基本问题展开的，例如传媒产业的"结构、行为、绩效"（SCP）分析、传媒市场的特征、传媒产业组织、消费者（受众）偏好、需求、供给、成本、效率等。也就是说，国际上关于传媒经济学的研究采用的基本上是经济学的分析范式。这从国外的一些传媒经济学者为传媒经济学所下的各种定义中可见一斑。

国际《传媒经济学》杂志（*International Journal of Media economics*）现任主编阿尔巴润（Albarran）博士认为，传媒经济学研究"传媒业如何利用稀缺资源制作内容……满足各种各样的欲望和需求。"[1]

亚历山大（Alexander）等人认为，传媒经济学是指"制作和销售产品给各个传媒行业的公司的经营和财政活动。"[2]

吉利安·道尔（Gillian Doyle）认为："传媒经济学是把经济学的研究与传媒学的研究有机结合起来的一门学问，它所研究的是在传媒业中不断变化的经济因素，这些因素时刻指导或约束着从业人士如经理人、决策人进行抉择。……传媒经济学涵盖了一系列问题，其中包括：国际贸易、商业策略、价格政策、竞争和产业集中，传媒公司乃至整个传媒业都受这些因素的影响。"[3]

国际《传媒经济学》杂志创始人罗伯特·皮卡特（Robert Picard）认为："传媒经济学关注和研究的是形形色色的媒介运营者如何在各种资源非常有限的前提下，满足受众、广告商在社会咨询与娱乐等方面的需求。传媒经济学要考察的问题是：各种媒介产品与服务的生产受哪些因素的影响和制约，而这些产品又在哪些条件下向外分配并供人消费。"[4]

总之，国外传媒经济学研究遵从的是经济学分析范式。从研究内容上来看，主要在两个层次上展开：一是传媒经济现象及其基本规律的探索，诸如传媒市场结构的研究、媒体购并现象及其机制的研究、媒体竞争现象及其机制的研究等。这些研究既有大量的实证经济学研究，也有不少的规范经济学研究；二是各个传媒领域特殊现象及其规律的探索，诸如报纸的发行量问题、广播电视的收听收视率问题、网络的点击率问题及其相应的经营管理问题等。

二、关于国外传媒经济学研究的历史脉络

国外关于传媒经济学研究起步较早，到目前为止大约经历了近100年的历史。皮卡特（Robert G. Picard）教授曾对传媒经济学发展的历史进行了系统梳理。在近百年的历史进程中，传媒经济学的发展总的来讲可以划分为三个阶段：[5]

第一阶段：各个领域独立发展阶段：20世纪70年代之前1925年，美国威斯康星大

学社会学和经济学教授杰米（Jome，Hiram Leonard），在他的《广播产业经济学》著作中提出了"广播经济学"的概念，并进行了比较深入的分析；1927 年，美国明尼苏达大学经济学教授威力（Vaile，Roland Snow）在 1927 年出版了专著《广告经济学》，揭示了企业销售收入与广告投入量之间的关系；1936 年，赫瑞与戈若斯（James Mororton Herring，Gerald C.Gross.）合著的《电信：经济学与规则》出版，标志着"电信经济学"概念的问世。1958 年，墨尔根（Morgan，Thomas Jefferson）出版了一部名为《电信经济学》的著作。这部著作着重分析了电信市场供应方面，对于需求方面的分析比较少。后来，伯明翰大学商学院 Stephen C.Littlechild 教授在 1976 年出版了《电信经济学基础》，分析了电信市场供需平衡及其价格机制。电信的有效竞争及政府管制一直是社会关心的热点和学术研究的重点；1960 年，美国加州大学经济学和政治学教授伯恩斯坦（Bernstein，Irving）教授在其《电视片生产与发行的经济学》著作中提出了"电视经济学"的概念；1963 年，英国剑桥大学的应用经济学教授瑞德威（Reddaway W.B.1913-2002）在《经济杂志》（*Economic Journal*）上发表了题为"报业经济学"（*Economics of Newspaper*）的论文，他总结了前人的研究，提出了学科研究的新思路。

在这个阶段，传媒经济学研究的一个显著特点是：主流经济学家参与较多，有多位诺贝尔经济学奖得主涉足传媒经济学的早期研究，通过研究传媒经济问题对经济学理论做出了重要贡献，极大地提高了传媒经济学在整个经济学中的地位。如 1970 年诺贝尔经济学奖得主、麻省理工学院经济学教授萨缪尔森（Paul A.Samuelson）曾在 1964 年探讨过电视节目的公共产品属性问题；1972 年诺贝尔经济学奖得主、斯坦福大学经济学教授阿罗（Arrow，K.J.）曾在 1965 年前后探讨过商业电视的未来以及广告投放的最佳途径等问题；1986 年诺贝尔经济学奖得主布坎南（James B.Buchanan Jr.）曾从公共产品的角度研究过广播电视经济学的理论与实践问题。特别值得一提的是，在获得诺贝尔经济学奖的学者中有一位学者几乎是完全依靠研究传媒经济现象而获此殊荣，他就是美国弗吉利亚大学经济学教授科斯（Ronald H.Coase）。自 20 世纪 50 年代开始，他一直研究广播电视波段分配的经济与政策问题。他提出的通过拍卖分配广播电视波段的主张被美国联邦通信委员会（FCC）采纳。他深入地探讨广播电视波段拍卖的交易成本及其制度安排之间的关系，揭示了商品或服务的价格不仅受到消费市场供求关系的影响，而且受到制度的严重影响，提出了社会成本理论（problem of social cost），极大地丰富了人类对于价格机制的认识。

第二阶段：传媒经济学学科架构的形成阶段：20 世纪 70—80 年代有三件重要的历史事件或标志性学术成就促进了传媒经济学学科的发展。第一是"传媒经济学"概念的问世。早在 1970 年时，斯坦福大学经济学博士研究生欧文（Bruce M.Owen）等在整理传媒经济研究资料时就提出了大众"传媒经济学"的概念。随后，斯坦福大学的学者米勒（Miller）在 1982 年编著了"传媒经济学资料汇编"。

无论是"大众传媒经济学"还是"传媒经济学"，在涵盖的领域上没有本质的差异，都将报纸、杂志、广播、电视、通信等统统囊括其中；第二是国际"传媒经济学"杂志于 1988 年创刊。它成为新闻学界主导传媒经济学发展的一个重要转折点。这本杂志关注传媒产业各个部分的结构及其行为的原创研究成果，并努力扩大视野，诸如经济和财政对于传媒经营管理的影响；第三是"传媒经济学"教科书的问世。1989 年，由皮卡特撰写的世界上第一部"传媒经济学"教科书正式出版，它成为新闻学界主导世界传媒经济学的另一个重要转折点。随后，新闻学界主导和参与编写了 4 部重要的《传媒经济学》教科书：①佐治亚大学新闻学教授亚历山大（Alison Alexander）等组织编写的"传媒经济学"，1993 年第一版面世；②北得克萨斯大学广播电视电影系主任艾尔布兰（A.an B.Albarran）教授独立撰写的于 1996 年出版的"传媒经济学：理解其市场、产业及其内容"；③苏格兰斯特灵大学电影和传媒研究系主任多勒（Gillian Doyle）高级讲师于 2002 年出版的著作《解读传媒经济学》；④加拿大艾尔贝特大学（university of Alberta）的斯肯斯（Colin Hoskins）于 2004 年出版的《传媒经济学：应用于新旧媒体的经济学》。

第三阶段：传媒产业融合与传媒经济学深化阶段：20 世纪 90 年代以来随着数字技术的发展和政府监管制度的不断放松，不同产业之间的界限不断被打破，传媒产业的交叉融合正在成为传媒产业发展的主要趋势，这就使得传媒经济学研究逐步转向产业经济学范式，深入探讨传媒产业融合的动力、原因、方式，以及相应的运行模式、赢利模式和管理模式等，正在成为在产业融合背景下传媒经济学研究新的生长点。

1993 年，美国密歇根大学经济学、信息学与计算机科学教授迈克等学者（Mackie-Mason, J.K.）提出了"网络经济学"（Economics of Internet）概念。1998 年，意大利锡拉库扎大学信息学院教授迈克雷特（Lee W. McKnight）主编的《网络经济学》出版，并成为该领域经典著作之一。

在网络经济学兴起的同时，美国学者虎克（Jeffrey C.Hooke）在 1998 年分析网络时代的华尔街安全问题时提出了"网络安全经济学"（Economics of Internet Security），从此，信息技术安全经济学研究成为一个重要的议题，这也是传媒产业发展面临的一个重大问题。

1998 年，美国内华达大学新闻学院的曼升（Donica Mensing）提出了"在线报纸经济学"（The Economics of Online Newspaper）；2001 年，美国印第安纳大学传播学系教授沃特曼（David Waterman）提出了"网络电视经济学"的概念，并探讨了交互式以及无限空间、低成本与低价格给电视业带来的新机遇；2002 年，密歇根州立大学的两位学者（Carol Ting, Steven W ildman）提出了"网络广播经济学"（Economics of Internet Radio），并探讨了价格机制问题等。与此同时，报纸、杂志和图书的电子出版从概念变成现实，几乎所有传统媒体都向新媒体转变。以世界报业协会、国际期刊协会为主导的国际业界展开了电子报纸、电子杂志的研究；2002 年，波士顿大学传播学教授德弗瑞（Melvin DeFleur）在其经典教科书《解读大众传播》中对"新媒体经济学"（Economics of New Media）进行了比较完整的论述。

随着传媒经济学研究的不断深入，向经济学提出了许多利用传统经济学理论无法解决的问题。例如，在传媒领域，边际成本递增、边际效用递减规律不成立。有些传媒经济问题的研究甚至动摇了传统经济学的基础。经济学鼻祖亚当.斯密所提出的"看不见的手"是市场机制的基础。"看不见的手"要能像亚当.斯密所说的那样发挥作用，需要满足三个假设：商品的排他性、竞争性和透明性。目前正在发生的数据处理和数据通讯革命，正在削弱这三个假设所代表的有关财产和交换的基本特征。

三、关于我国传媒经济学研究的现状

我国关于传媒经济的研究起步较晚，这主要是因为在实行改革开放之前，我国的传媒一直作为党和政府的宣传喉舌，实行的是政府统筹统支的事业化管理，所需要的经费由政府全额拨付。随着我国的改革开放，在逐步建立社会主义市场经济的背景下，传媒的经济属性逐步被人们认识，特别是党的十五大正式提出了大力发展文化事业和文化产业的号召，为传媒产业和传媒经济学研究开通了制度通道。

根据前面的论述可以看出，国际上最早从事传媒经济学研究的是一批非常杰出的主流经济学家。与此形成鲜明对照的是，由于历史原因，我国最早从事传媒经济学研究的学者大都是学习新闻传播及其相关专业出身的。因此，我国关于传媒经济研究的早期成果基本上是经济学概念向传媒的平移，而且以定性描述为主，缺乏定量研究的支撑。因而，所得出的结论具有两个特点：一是以议论为主，针对性不强；二是精确的定量的标志性成果不多，可操作性不足。

但是，我国以新闻传播学者主导的传媒经济学研究对于我国传媒经济学研究的贡献是非常重要的。首先，引起了人们对于传媒经济问题的重视，奠定了一定的基础；第二，确实印应了社会的需求，为社会提供了服务；第三，随时提醒人们传媒经济具有自身的特点和流程，传媒产业不同于其他的一般产业，对未来的传媒经济学研究具有一定的警示作用；第四，贴近传媒实践，随时发现传媒实践中出现的新问题。

所以，从感情方面来讲，有人认为传媒经济学是传播学的分支也是可以接受的。但是，传媒产业既然是一个产业，当然符合产业发展的一般规律，虽然传媒产业具有自己的特点和流程。比如，现在对于手机电视、网络电视和数字报纸的研究，就必须采用规范的产业经济学理论，从产业融合和组织创新的角度进行探讨，才可能得出有价值的学术结论。

与这种情况相对应，我国目前招收的传媒经济与媒体管理专业博士生与硕士生基本上都是在新闻传播学名下。我国招收传媒经济与媒体管理专业博士生的院校有5所，分别是：中国传媒大学、中国人民大学、复旦大学、武汉大学和北京大学。除了中国传媒大学的昝廷全教授具有经济学博士学位之外，其他研究生导师的学科背景全部是新闻传播学。这就从某种程度上决定了我国传媒经济学的研究内容和研究特点，在取得丰硕研究成果的同时，存在着研究上的一些薄弱环节。从严格的经济学意义上讲，目前学术界关于我国现实存在的某些传媒经济与管理问题的表述不甚规范，这样很不利于问题的彻底解决。现代西方分析哲学认为，问题的表述对于问题的解决具有重要影响。因此，采用现代经济学分析范式，找准我国传媒经济领域存在的真正问题并进行科学表述，是我国传媒经济学研究十分迫切的重要现实任务。

在早期的传媒经济研究中，我国的主流经济学家基本上没有介入传媒经济学研究，这其中大概有两个原因：一是在改革开放之前，传媒一直作为党和政府的喉舌属于事业单位，没有进入经济学家的视野；二是因为他们对传媒不够了解，而且和国民经济的主导产业相比，传媒产业在 GDP 中所占的比例太低，没有引起经济学家的重视。但是，随着传媒产业的快速发展，传媒产业在国民经济中的重要性日益提升，可以预期，在不远的将来，主流经济学家介入甚至主导传媒经济学研究是必然的。

事实上，近年来一些比较敏锐的主流经济学家已经开始涉足传媒经济学的研究。中国社科院工业经济研究所金碚教授出版了《报业经济学》，该书以经济学特别是产业经济学的基本理论、基本方法和分析工具，对报纸产业的经济关系和经济规律进行了系统研究，建立了报业经济学的研究架构和理论体系，各章的分析均以报业经济发展的现实状况为背景，力求反映中国报业经济中各种重要的经济关系和经济规律。上海社科院经济研究所周振华教授近年来从产业经济学的角度研究了信息化进程中的产业融合问题，运用产业边界分析框架，通过对电信、广播电视和出版三个部门从产业分立走向产业融合的演变过程的剖析，揭示产业融合对传统产业分立的历史性否定，考察了这三个部门的产业融合是如何通过突破产业分立的限制，给产业发展带来的新的机会及潜在可能性空间的扩展，揭示了产业融合将成为产业经济发展的新的发动机。

昝廷全（2005）深入分析了传媒的基本属性及其与经济系统的关系，提出了"传媒是经济系统的构造性元素"的观点。所谓构造性元素，就是指它是不可或缺的。经济学中最基本的规律就是供求定律：在其他条件不变的条件下，价格上升，供给增加，需求减少；价格下降，供给减少，需求增加。至于价格信息是如何传递给生产者和消费者的，是通过什么样的渠道和中介系统传递的，经济学没有进行详细讨论。事实上，传统经济学通过假设信息传播的速度是无穷大，把信息传播的渠道和中介问题给抽象掉了。从哲理基础上讲，传统经济学采用的是牛顿时空观。根据牛顿时空观，不同经济元之间相互作用的传播速度为无穷大，因此也就不需要考虑不同元素之间相互作用的传播渠道问题。在经济现实中，不仅传播渠道不能忽略，就是同样的信息，发布和传播的渠道不同，其权重也是不同的。

因此，现代经济学应当从牛顿时空观转向爱因斯坦时空观。爱因斯坦时空观认为，自然界中不同物体之间相互作用的传播速度的最大值是光速。光速是一个有限的数字。这就意味着不同经济元之间相互作用的传播是需要一定时间的，因此必须考虑不同经济元之间相互作用的传播渠道问题，即它们是通过什么中介发生相互作用的。在这种情况下，就必须考虑传媒问题。我们甚至可以说，经济系统是通过传媒"连成"一个有机整体的。正是根据这个理解，我们认为，传媒是经济系统的构造性元素，是内生在经济系统之中的。因此，要全面深刻地理解传媒经济，我们不能就传媒谈传媒，只有将它放在系统经济的背景，才能真正理解传媒的本质。

昝廷全领导的研究团队（2004）采用产业组织理论方法研究了传媒产业的网络外部性问题，建立了相应的数学模型，在此基础上自然诱导出了我国数字电视推广的政策建议。2005年我们的团队着重了媒体价值评价问题，提出了"媒体的价值取决于它所镶嵌的经济系统的性质和规模"的基本论断，发展了一套媒体评价的指标体系。针对目前广告界过分看重收视率的弊端，我们的团队2004年引进了"广告购买指数"。所谓广告购买指数，是指衡量某一媒体某一时段广告效果的指标，它是收视率（阅读率）、受众构成、广告主行业与产品和环境参数的函数。根据《GB/T 4754-94 国民经济行业分类与代码》分行业构造了相应的指标表达式。

四、关于加强我国传媒经济学研究的对策

中国传媒大学拥有全国第一个传媒经济学博士点和硕士点，走在了全国传媒经济学

研究的前列。随着传媒产业的快速发展,许多院校已经或者正在筹备开办传媒经济学专业的学位教育,传媒经济学研究将更加规范,我国将很快迎来一个传媒经济学研究大发展的时期。为此,我们提出加强我国传媒经济学研究的基本思路和对策如下:

1. 理清传媒经济学的发展历史与研究现状,这是传媒经济学研究的起点和基础。

2. 按照经济学分析范式,构造传媒经济学的理论框架。采用数学家兼哲学家怀特.海的方法加强传媒经济学理论体系研究。

3. 在历史逻辑与理论逻辑的统一中深化传媒经济学的研究,这是传媒经济学研究必须采取的科学态度和应有的战略高度。

4. 从传媒产业发展过程研究我国传媒产业目前面临的如下主要问题,为传媒实践第一线服务,取得一批阶段性的标志性成果:

(1)信息传播的去中心化趋势以及由此带来的传媒管理与赢利模式的变化。

(2)随着数字技术的发展和政府管制的逐步放松,传媒产业融合与组织创新问题的研究,即所谓的 TMT(Technology,Media and Telecommunication)问题,特别是传媒与电信的融合问题。在传播认知有效性和营销有效性的基础上,对广告购买指数的研究。以收视率(阅读率)为基础的广告营销策略所依据的是传播的认知有效性。从营销的角度来看,传播的营销有效性具有更加重要的意义。因此,以传播的营销有效性为基础的广告购买指数研究具有更加重要的现实指导意义。

(3)媒体价值评价问题研究。在传媒经济研究中,媒体价值评价是一个基础性问题。媒体价值评价的基本思想就是一个媒体的价值取决于它所镶嵌的经济系统的规模和性质。按照这种思路,可以构造一套关于媒体价值评价的指标体系,用以规范和指导我国传媒产业的发展。

(4)传播过程的信息增值问题研究。

5. 积极整合不同学科资源,促进我国传媒经济学的快速健康发展。传媒经济学是一门传播学与经济学的交叉学科,传媒经济学研究需要传播学、经济学、管理学等学科的支撑,甚至还包括工学门类相关学科关于信息传播技术与规律的研究作支撑。因此,学科交叉对于传媒经济学研究尤为重要。

6. 积极引进和汲取世界传媒经济研究的精华,加强国际交流,丰富和加快我国传媒经济学的发展。

参考文献

[1] Albarran,Alan B11Media Economics:Understanding Markets,Industries and Concepts. Ames:Iowa State University Press. 1996,(5).

[2] Alexander,Alison,James Owers,and Rod Carveth,eds. Media Economics,and edition1Hillsdale,N1J1:Lawrence Erlbaum Associates.1998,(2).

[3] Doyle,Gillian. Understanding Media Economics. London:Sage. 2002,(3).

[4] Picard,RobertG. Media Economics:Concepts and Issues. Newbury Park,Cali.f: Sage Publications. 1989,(7).

[5] 陈中原:《传媒经济学史的简要回顾》,http://www.beiwang.com /a/Article1asp?ArtID = 857.北望经济学园,2005 年 9 月 13 日.

分工与合作的辩证模型：系统经济学分析*

摘要：本文简要分析了传统经济学关于分工与合作的研究现状，从亚当·斯密开始，分工在传统经济学中就得到了充分的重视，与此相对应，与分工密切相关的合作却没有得到应有的重视。为了准确描述分工与合作的关系，本文引进了原子型企业（原子型产业、原子型经济）和系统型企业（系统型产业、系统型经济）的概念。在此基础上，提出了分工与合作的辩证模型：分工与合作是社会资源位的函数；分工与合作互为前提和条件；随着资源位的变化，分工与合作交替成为经济发展的主导因素。

关键词：分工；合作；原子企业；系统企业；辩证模型

A Dialectical Model of Division and Cooperation：Systems Economics Analysis

ZAN Ting-quan

Abstract：The present Situation about the research of division and cooperation in main economics is briefly analyzed. From Adam Smith on，the division has be on roteived a lot of attention of economists，while the Cooperation has not been studied enough.

In order to describe the relations between division and Cooperation，the concepts of atom enterprise（atom-industry and atom-economy）and system-enterpris9（system-industry and system economy）are propesed in this paper. On this basis，a dialectical model about vision and cooperation is pfesonted：division and cooperation are the functions of resource－niche；division and cooperation is necessary conditions each other；as the Change of resource-niche，division and cooperation become the key factor for economic development in turn.

Key words：division，cooperation，atom-enterprise，system-enterprise，dialectical model

一、序　　言

我们知道，分工是一个基本的经济学术语。在亚当·斯密 1776 年出版的经典经济学著作《国富论》里面就进行了充分的论述。虽然在《国富论》出版之前，经济学已经有了很多相关的研究，但是《国富论》的出版真正标志着经济学作为一门学科的诞生。《国富论》里面有丰富的经济学思想，包括看不见的手，市场机制等都有详细的论述。例如，广东省惠州市的电子产业曾经在全国排名第六位，有记者采访当时的惠州市长，问惠州市政府的管理经验是怎么，他回答说：政府的管理经验就是不管。这就是亚当·斯密的看不见的手。实际上，我们中国古代思想家老子提出的"无为而治"，从某种意义上来说也可以理解成看不见的手的作用。或者说，老子的"无为而治"和亚当·斯密的看不见的手在深层意义上是暗合的。但是，老子提出无为而治的思想要比亚当·斯密的思想更加久

---

*作者：昝廷全，原载《中国传媒大学学报（自然科学版）》2007 年第 4 期

远。"无为而治"不是完全的没有"为"。从哲学上说，"不为"就是一种"为"。从系统经济学的角度来看，老子的"无为而治"应该理解为，通过在高层次做"势"和有为，才能带来低层次的"无为而治"。因此，这里的"无为"并不是完全的不为，这里有一个不同层次的问题。

看不见的手被认为是市场机制的代名词。说到管理，包括两个方面，一个是看不见的手，一个是看得见的手。看得见的手就是政府行为，看不见的手就是市场机制，关于看不见的手亚当·斯密在《国富论》里面有充分的论述。

《国富论》讲的另一个经典理论就是分工理论。亚当·斯密举的经典的例子就是做针，把铁丝磨成针。亚当·斯密分析说如果从剪铁丝到磨尖到抛光，一个人完成一个完整的流程，这是一种情况；另外一种情况就是进行分工，有的人专门负责把铁丝斩断，有的人专门负责磨尖，有的人专门负责抛光。他发现，采用后一种分工的形式更能提高效率。分工能够提高效率，也是亚当·斯密最早提出来的，这是经济学里面的一个基本准则。

现在各个行业都在分工，比方说，农民种粮食，工人做工，这是一种分工。工人不种粮食，但是依然有粮食吃，靠的是合作。再比方说，大学老师专门讲课，其实这也是一种社会分工。分工的前提是交换，是需要合作的，所以合作是分工的前提。分工可以提高效率，工人专门做工，农民专门种地，知识分子专门做学问。按照亚当·斯密的观点，这样进行分工，各自都提高了效率。

我们认为，合作的重要性没有被充分认识，人们老强调分工可以提高效率，其实分工是有前提条件的，不是任何分工都能提高效率的。我们认为，分工是以合作为前提的。比方说，如果没有合作只有分工，工人就会饿死，因为工人不生产粮食，他吃什么呢？虽然工人善于做工，但是他要有粮食吃，这就需要农民生产粮食，需要农民去交换，交换只是实现合作的手段，其实质就是一种合作。比方说，知识分子既不生产粮食也不做工，但是他有粮食吃也有衣服穿，这肯定是靠合作，从这一点我们讲合作是分工的前提。但是在一定的历史时期内，可能分工会成为主导方式，分工会带来效率；在另外的历史条件下，也许合作更能提高效率。我们认为，在现在系统经济的条件下，在网络比较发达、交通比较发达的情况下，新一轮的合作可能会成为主导产业，合作型的经济将成为主导经济形态。现在所说的新经济，知识经济，信息经济，包括网络经济，我们认为这些经济从本质上来讲都是以合作为主导的经济。合作经济将成为主流。本文主要论述分工与合作之间的辩证关系以及分工与合作的前提条件。

二、原子型企业与系统型企业

我们认为，原子和系统相对应，这是从哲学上说的。哲学上有两个很典型的概念，一个是还原论，一个是系统论。还原论的思想就是，为了解决一个问题，要把问题尽量的还原到下层的更低层次的子系统，也就是说一直还原到原子。逐步还原，往下还原，求出问题的解。这是还原论的思想。比方说，我们要研究生命问题，大家知道，一个生命个体有各个系统，例如呼吸系统、神经系统、消化系统等，然后到细胞，然后到分子，现在已经可以还原到分子，分子生物学是生物科学的前沿学科。最近有报道称，英国一家公益性的研究所从分子层次上研究衰老的机制，这样就能够解决抗衰老的问题。其实就是一个还原论的思想，逐渐还原到越来越低的层次上考虑问题。

系统论的思想强调，一组元素一旦组成一个系统之后，就会产生不同于元素性质的新质，产生整体大于部分之和的性质。这些新产生的有些性质是不能还原的，还原到下一层的时候这些性质就不存在了。比方说一个生命体，他可能最终是由分子组成的，但是把这些东西都还原成分子，是一堆分子，这堆分子肯定是没有生命了，所以生命就没有了。恰是这些分子逐渐合成，成为人体。所以完全的还原论是不行的。

我们受系统论和原子论思想的启发，把企业分成两种类型：原子型企业和系统型企业。为了准确表述后面我们要讲的分工与合作的思想，我们需要把企业这样分类。分类方法和我们要表述的思想是有关系的。所谓原子型企业就是企业的生产经营管理完全依赖企业自身的实际资源位，或者说完全依赖于企业在所有权意义上所拥有的资源的多少。这样的企业就称为原子型企业。实际资源位是系统经济学的一个基本术语，指的是在广义资源空间中，企业实际占有和能够利用的部分。所谓系统型企业指的是企业在生产经营管理过程中能够或者必需整合在所有权意义上不属于自己的资源，这样的企业我们称之为系统型企业，它的运转必须依赖于整合外部资源，整合在所有权意义上不属于自己的资源。

根据上面的定义，不难发现，系统型企业和我们讲的"系统时代，整合为王"的思想是吻合的。我们说一个企业是不是系统型的，就看它能不能整合外部资源，或者能不能整合在所有权意义上不属于自己的资源。关于企业的这个划分是有意义的。从资源利用的角度考虑，原子型的企业是封闭的，只用自己的资源，自己有多少资源，就用多少资源。如果从企业的经营考虑就是说我有 100 块钱，我就做 100 块钱的生意，这是原子型企业的概念。所谓系统型企业的概念就是我有 100 块钱可能要做 1000 块钱的生意，通过借钱来把生意做大。如果一个企业在经营过程中不贷款，这就是封闭的思想，就属于原子型企业的想法。银行贷款可能是系统型企业的想法。从这个意义上，我们认为，贷款制度的发明恰恰是从原子型企业向系统型企业转变的一个重要的制度创新。我们认为，贷款制度的发明在整个金融史上是个很伟大的发现。它真正实现了从原子型企业向系统型企业的转变。如果没有贷款制度，一个企业如果没有钱了，那他就没有办法做生意了。有了贷款制度就不同了，没有钱可以贷款，贷款就是利用企业外部的社会资源。银行是一个中介结构，银行吸收小额的存款化零为整，然后再贷给企业。银行中介机构的出现很重要，但是最重要的还是贷款制度的发明。现在关于贷款制度的研究主要集中在实用层面上，比如贷款制度怎么规避风险，怎么管理等，但是关于贷款制度的制度意义，对整个经济学制度创新的意义研究得太少。我们认为，贷款制度是从原子型企业转向系统型企业一个关键的制度创新。

从这个意义上讲，我们也可以说，一个企业的领导人是把企业打造成一个封闭的原子型企业还是打造成一个开放的系统型企业，这是衡量一个企业家是不是现代企业家的标准之一。如果一个企业家的经营思想是在经营过程完全依赖于自身的资源，那么这个企业家还是传统意义上的企业家。但是也许他一样可以做得很成功，比方说湖南有一家大型民营企业，总裁的思想就是不上市不贷款。但是，无论如何，他不是现代意义上的企业家。不贷款不上市就是不整合社会资源。

与原子型企业的定义相类似，自然会有原子型的城市经济系统，原子型的地区经济系统，原子型的产业经济系统，原子型的国家经济系统。前面讲的是企业层次的，经济系统的各个层次都是同样的问题，我们可以用类似的方法去定义。比方说美国，大家知道，美国是头号经济强国，但是美国的外债也是世界上第一位的。按照我们的观点来看，美国是一个系统型的国家，欠外债多说明它整合外部资源多，是符合系统经济学思想的，是按照整合为王的思想做的。所以说，适度的欠外债是对的。当然这里边有个度的问题，不能过量。我们知道在传统哲学里面，黑格尔说，尺度是质和量的统一。超过一定的界限，性质就变了。适度的外债是整合外部资源的一个好的做法，是我们提倡的，是衡量是否是一个现代意义上的国家领导人的做法。但是外债超过一定的界限，风险就出现了，经济就可能被其他国家控制，就会失去发展自身经济的主动权。这就是一个度的问题。很多哲学的基本问题，很早以前哲学家就在思考，到现在还是哲学的基本问题，还是需要我们去思考的。只是可能问题提出的方式、环境变了，但是问题是依然存在的。原子型企业和系统型企业的概念是铺垫，后面我们讲分工与合作的辩证关系就很容易了。

从这里我们可以看出来，原子型企业基本上是自给自足的，系统型企业恰恰是需要合作的，它需要整合外部资源。我们知道，现在关于合作竞争的研究非常的多，我们认为合作竞争将会成为这个时代的主流。大家知道，市场经济的基础是交换，交换的基础是每个人必须用属于自己的资源去交换，所以我们说所有权问题是发展市场经济的基础。在传统市场经济条件下，一个企业家的能力就是最大限度地圈地，把资源在所有权意义上最大限度地划归到自己名下，然后发展完全取决于自身的资源。但在系统经济条件下，情况发生了变化。决定能力高低的是他的整合外部资源的能力，看他能够整合到多少在所有权以上不属于自己的资源。按照我们的观点，原子型企业是与传统的市场经济相对应的，系统型企业是与系统经济相对应的，在系统经济条件下，整合为王。决定一个企业家能力高低的不在于企业家的圈地能力，不在于把多少人多少资源都弄到自己公司来，而是取决于能够整合到多少在所有权意义上不属于自己的资源。所以系统型企业是发展系统经济的必要条件。要想大力发展系统经济，必须把企业打造成一个系统型企业。怎么样才能够做到整合外部资源呢？系统经济学中有一个重要结论，就是要把企业的资源位结构打造成凹集，这是企业整合外部资源的必要条件。

这里我们讲了原子型企业和系统型企业的不同，在传统市场经济条件下发展原子型企业，相对应的观念就是企业家的圈地能力，尽量地把不属于自己的资源在所有权意义上划归到自己名下。员工、资源、股权都划归到自己的名下。这是原子型企业的做法。系统型企业就不同了，在系统型企业的概念下股权并不重要了，只要有了基本的股权架构就够了，然后就要最大限度地整合外部资源。从用人制度上来说，不求所有，但求所用，这就是整合外部资源的思想。

三、分工与合作的辩证模型

我们认为，在传统的经济学里面过分强调了分工的重要性，或者说在传统的经济学理论里面，分工的重要性得到了充分的重视。经济学里面有分工定律，是根据亚当·斯密的观点提出来的，分工定律一直是经济学的基本观点。在系统经济学的研究过程中，我们提出了一个新的分工定律。分工受经济系统的系统化水平及其资源位的影响。其实在亚当·斯密及后来的学者的观点里面提出来的分工定律，也谈到分工受市场范围的影响，其实这本身已经涉及合作的问题了。市场是交换的场所，更深层地讲，交换场所就是合作。我们发现，其实原来分工定律的表述里面已经涉及合作的思想了。分工受市场的影响，或者说，分工受合作的影响。

在系统经济学里面，我们提出了新的分工定律。我们认为，分工受市场和资源位的影响。我们认为这种说法更准确一点。经济系统资源位的高低决定分工好还是合作好。在封建经济系统里面，每一个生产者和消费者都是自给自足的，在这种情况下，生产者等于消费者。作为消费者，我只消费我自己生产的东西；作为生产者，我生产的东西完全自我消费。封建经济是没有交换的，也就是没有合作的。这种经济就是原子型经济。随着经济的发展，人类社会开始出现交换，有了交换就有了分工，没有交换就没有分工，也就是说没有合作就没有分工。分工可以提高效率，我们认为只说明了问题的一半，问题的另一半没有说明。分工与合作是一个辩证发展的过程，从这个意义上讲，合作是分工的前提。能不能分工，首先取决于你的资源位，比方说，随着交通运输的发达，分工的范围可以更加广泛，远洋运输工具的发明，使得国际贸易出现了。国际贸易其实是国际合作的一种手段，于是，国家与国家之间就可以进行经济合作、进行经济分工了。比方说，有的国家生产咖啡，有的国家生产粮食，这些国家之间可以互补，这是一个国际范围内合作的问题，从这里我们可以看国际贸易的本质。国际贸易的本质其实就是一种合作的手段。国际合作是需要技术支撑的，需要航海技术的支撑，需要交通运输的支撑，这些技术恰是一种资源位，技术是一种广义资源。所以我们说分工取决于资源位水平，取决于整个社会的资源位水平，仅有市场是不够的，没有技术支撑是不行的。所以，我们把亚当·斯密的分工定律拓展为分工不仅取决于市场，也取决于社会的资源位。这是我们以前已经表述过的思想。

在这篇文章里，我们想要表述的是，分工与合作是一个辩证的过程。在一段时间内，从整个社会来说，它的主导产业可能是原子型的，也就是说社会上的企业大部分都是由原子型企业构成的，所以我们把这种主要由原子型企业构成的产业称为原子型产业，把主要由原子型企业构成的经济称为原子型经济。在某一段时间内，企业的形式可能以原子型企业为主，原子型产业可能占主导地位，整个社会以分工为主，或者说分工是可以提高效率的。随着科学技术的发展，随着整个社会资源位的提升，这个时候就可能转移到合作型企业占主导地位，合作反而更能提高经济效益。我们认为，现代社会是系统时代，在系统时代的背景下，系统经济将成为主导经济形态。系统经济就是主要由系统型企业构成的经济。这个时候，随着资源位的提升，随着科学技术的发展，合作型企业占主导地位，或者说系统经济占主导地位，这个时候就要以合作为主了。分工与合作是辩证发展的，现在可能是系统经济占主导地位，若干年之后，随着科学技术的进一步发展，将来可能又转变为原子型企业原子型经济占主导地位，分工又变成主导因素了。随着科学技术的发展，然后又可能转变成系统经济再占主导地位，这是一个辩证的发展过程，他们之间互为前提和条件。我们认为，传统经济学里面只强调分工提高效率是片面的，就是说在一定条件下分工可以提高效率，但在另外的条件下，可能通过合作或发展系统经济更能提高效率。我们认为，现在这个时代是系统时代，这个时代的主导产业就不是分工了，恰恰是合作。在这个前提下，我们认为，现在是从完全竞争走向合作竞争，合作竞争将是我们这个时代的主旋律。包括双赢、多赢的概念陆续提出来了，不是零合博弈的问题而是双赢、多赢的问题，这就是系统经济的概念。我们把分工与合作的辩证发展过程如图1所示：

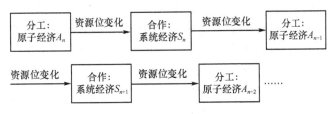

图1　分工与合作的辩证模型

在一定时期内，分工带来效益，这时对应的就是原子经济，用表示；随着资源位的提升，下一步就变成了合作为主，这时就对应于**系统经济**，用表示；随着资源位的进一步变化，这时候可能又转变为原子经济为主，用表示；然后，资源位再进一步变化，又变成合作为主导了，我们用表示此时的**系统经济**。当然，资源位还会继续变化，分工与合作就这样不断交替地辩证发展下去。

所以，我们认为，分工与合作是不断的辩证过程。我们可以从分工与合作，或者从原子经济和系统经济的观点来重新审视我们的经济发展轨迹。经济发展轨迹是否如此？我们可以用这个观点对我们的经济发展史重新考察。在经济史上，每一次资源位的变化，比如蒸汽机的出现，航海技术的出现，信息技术的出现，都导致主导产业形态的变化。

按照这种观点，可以把我们整个人类社会发展历史重新归整一遍。比方说现阶段，信息技术和互联网的出现，使得大范围的合作成为可能。中国人和美国人可以及时沟通信息，可以实现网上资源共享，这时合作成为主流，我们称现在的时代是系统经济时代。一开始分工是主导的，然后合作是主导的，下一步可能变成分工与合作同时主导，这是就是一个网络，既有分工又有合作，分工是好的，合作也是好的。就是说在某个产业范围内，是以分工为主导的，某个产业范围内是以合作为主导的。我们认为这是一个分工与合作的辩证过程。

过去经济学里面片面强调分工能够提高效率，实际上这是需要一定的前提条件的。是以分工为主导还是以合作为主导，取决于初始状态。分工能够带来效益取决于合作条件，分工能够提高效率取决于能不能实现合作，也同时取决于整个社会的资源位水平。以亚当·斯密的做针的分工为例，一个人斩铁丝，一个人磨光，这两个人如果没有办法实现合作，那么分工是不能带来效率的。再比如，一个国家盛产咖啡，另一个国家盛产粮食，他们进行交换，交换是一种合作的手段。任何影响交换实现的技术都是影响分工的。随着产业分工的不断细化，不断深入，不同产业间的依赖性也越来越强。分工越细，它的合作要求也会越来越高。比方说，航海和航空事业的发展，对通讯的要求就越来越高。分工越来越细就会导致对其他产业的依赖性越来越高。电视产业的发展对数字技术的要求越来越高，电视产业越来越依赖数字技术。

当分工发展到一定程度的时候，分工能提高效率的潜力就变成零了。分工细化到一定程度，潜力发挥得淋漓尽致，依靠分工就不能提高效率了，这时合作恰恰能带来效率。不仅产业，科学研究也是一样。现在各个学科的分工都越来越细，当生物科学细化到分子水平量子水平的时候，就需要分子物理量子物理做支撑了。划分得越细，就越需要有别的学科做支撑。

大家知道，西方的主流经济学思想就是一般均衡理论，一般均衡就是所有市场同时达到均衡状态。在传统市场经济里，一般均衡理论暗含的基本假定就是完全竞争、完全理性、完全信息。但是在现实生活中这是很难实现的。在系统时代，我们强调合作成为主流，不是零合博弈，而是双赢多赢，合作可以把蛋糕做大，对每个人都有好处。因此要大力发展系统经济。大家知道，"要想富先修路"。修路是什么概念，修路能提高地方资源位，也就是提升了合作的条件，这是整合外部资源的条件，这是资源位提升问题。从这个意义上我们讲，经济学诺贝尔奖得主福格尔认为，美国西部铁路的贯通对美国经济的影响不大的结论肯定是不对的。铁路贯通，资源位提升了，更有利于合作，不可能对经济发展没有影响。

从原子经济转向系统经济，每一次的转换都是资源位变化的结果。资源位变化有时把系统经济驱动到原子经济，有时把原子经济驱动到系统经济，也就是说同样的资源位的变化有时候是分工的动力有时候是合作的动力。合作经济（系统经济）是资源位的函数。合作也取决于市场和资源位水平。不仅分工取决于市场大小，合作更取决于市场大小。同时合作也取决于分工的水平，分工的水平越高就越需要合作。在这个意义上讲合作是分工的增函数。分工定律指出，分工是合作和资源位水平的函数，进一步地说分工是合作的增函数，合作水平越高就越需要分工。类似地，我们可以提出一个合作定律，合作定律的主要内容就是合作是分工和资源位水平的函数，进一步地可以说合作是分工的增函数，分工水平越高就越需要合作。分工定律和合作定律是对偶的。我们可以把分工定律和合作定律综合起来，统称为分工合作定律，其主要思想就是分工与合作是分工、合作和资源位水平的函数。我们认为，至少应该把合作定律和分工定律同等对待。

四、结论性讨论

本文首先分析了当前经济学关于分工与合作研究的现状。通过分析我们发现，现代经济学对分工给予了充分重视，提出了分工定律，关于分工的研究可以追溯到经济学的鼻祖亚当·斯密，但是合作没有得到应有的重视。为了准确表述分工与合作的问题，我们首先引进两个新的概念，一个是原子型企业，一个是系统型企业，进而提出原子经济和系统经济。以原子型企业为主导的经济就称为原子经济，以系统性企业为主导的经济就称为系统经济。原子经济是与传统的市场经济相对应的，强调企业家的圈地能力；系统型企业是与系统经济相对应的，强调企业家整合资源的能力。在这个基础上我们提出了经济演化的一般规律，在一定的资源位水平上，分工可以带来效率，分工是经济的主导形态；随着资源位的变化，合作演变为经济发展的主导形态；随着资源位的进一步变化，原子经济可能又演变为经济的主导形态，原子经济和系统经济交替出现，交替成为主导产业形态，我们把这个模式称为分工与合作的辩证模型。在更复杂的情况下，原子经济和系统经济不仅交替出现，在某个时间段，原子经济和系统经济可能同时都是经济的主导形态，我们可以用现在的模型去逼近这个复杂情况。我们可以用分工与合作，或者说原子经济和系统经济的辩证模型，重新来考察整个人类社会的经济发展史。

根据系统经济学的观点，我们研究经济历史可以使用两个工具，一个是临界战略，一个是本文提出的分工与合作的辩证模型。临界战略的思想告诉我们，要研究经济历史，不能只看经济的现实轨迹，还看它经历过哪些分岔点，在每个分岔点上，可以有多少种选择，为什么选择了成为历史的这个分岔，另外还有哪些潜在的分岔没有选择，是什么原因。把这个搞清楚才能更深刻地理解历史。另一个工具就是我们今天提出来的分工与合作的辩证模型。我们可以用临界战略研究历史，可以用分工与合作的辩证模型分析历史，也可以把二者接合起来研究历史。

参考文献

[1] 昝廷全. 系统经济学探索[M]. 北京：科学出版社，2004.

[2] 昝廷全. 产业经济系统研究[M]. 北京：科学出版社，2002.

[3] 昝廷全. 系统经济：新经济的本质——兼论模块化理论[J]. 中国工业经济，2003，（9）.

[4] 昝廷全. 经济系统的资源位凹集模型及其政策含义[J]. 中国工业经济，2004，（12）.

[5] 昝廷全. 资源位定律及其应用. 中国工业经济[J]. 2005，（11）.

[6] 昝廷全. 逼近定律与经济系统工程[J]. 经济学动态. 2005，（12）.

2008

传媒价值定律的实证研究
诺贝尔经济学奖获得者与传媒经济研究
制度边界的类型与意义

传媒价值定律的实证研究*

摘要：昝廷全（2006）提出了传媒价值定律。该定律指出，一个传媒的价值取决于它所镶嵌的经济系统的特征与规模，包括这个经济系统所覆盖的区域大小、人口构成、人口规模与经济总量。本文采用 2000—2007 年我国各地区广播电视经营收入和经济发展的有关数据进行统计相关分析，研究了我国广播电视产业与经济系统水平之间的关系，旨在揭示传媒价值与经济系统间的相互关系。实证分析结果在统计学的意义上支持传媒价值定律。

关键词：传媒价值；经济系统；GDP；广告收入

An Empirical Research on the Law of Media's Value

ZAN Ting-quan，MA Ruo-han，GOU Bo-na

Abstract：The law of media's value is first presented by ZAN Tingquan in 2006. The law states that the value of a media is dependent on the economic system item bedded in，including the regional scale，population and economic aggregation of the economic system. In this article，by using the data of Chinese ad incomes of TV and broadcasting stations and economic development，the relationship between TV/broad-casting industries and economic systems is studied in details. It aims at revealing the relationships between the value of a media and economic systems. This empirical study supports the law of media's value statistically.

Key words：media's value；economic system；GDP；ad income

一、引 言

随着数字技术和互联网的飞速发展，传媒正在成为一种影响社会的巨大力量。于是，如何评价一个媒体的价值无论在理论上还是在实践上都是一个十分紧迫的研究课题。

昝廷全（2006）利用系统经济学方法对传媒的经济功能进行了初步分析，在信息增值的基础上，提出了传媒价值定律：即一个媒体的价值取决于它所镶嵌的经济系统的特征与规模，包括这个经济系统所覆盖的区域大小、人口构成、人口规模与经济总量。简而言之，传媒价值主要取决于两个因素：①所镶嵌经济系统的规模；②受众的构成、规模、消费偏好、购买力等。本文以我国近几年来的 GDP 发展数据，和传媒行业的广告收入等数据为基础，通过实证分析，具体检验传媒价值定律的成立条件和适用范围。

二、传媒价值评价体系的构建

近年来，国内学者对传媒价值与经济发展的关系问题已有所研究，但多为定性的描述性分析，缺乏相关数据的举证与支撑。造成这一现象的主要原因是对传媒价值界定与

---

*作者：昝廷全、马若涵、勾博男，原载《中国传媒大学学报（自然科学版）》2008 年第 4 期

度量的困难。传媒具有两重性，分别为经济属性与宣传属性，对两者的界定与度量涉及影响力、公信力及传播范围等诸多方面。从经济属性角度上说，一个传媒的经济价值可以由其营业收入来表征，但对于宣传属性方面，由于涉及人们的心理活动和主观评判等问题而难以定量分析。另外，我国传媒领域相关统计数据不规范、不全面等因素也增加了实证分析的难度。正因为如此，国内学者很少从实证角度研究传媒价值与经济发展间相互关系机制也是可以理解的了。尽管存在上述问题和困难，但是根据一定的假设前提和研究框架设定，构建总体上反映传媒价值与经济规模间关系的指标仍是可能的。

传媒不同于其他商品的一个重要特点就是存在二次售卖现象，首先通过高品质的内容吸引受众，并以其注意力资源向广告主换取广告收入，支持自身发展。追本溯源，受众的注意力资源应是一家传媒发展的根本动力，而这种资源的大小取决于该传媒的受众质量，具体包括受众的构成、规模、消费偏好、购买力等。受众质量水平越高，其注意力资源的品质也越高，从而使得传媒企业拥有更高的谈判筹码，在与广告主的价格博弈中也就拥有更多的主动权。

本文以经济系统规模和受众质量为基本研究对象，构建评价指数。这样既避免了考虑过多因素，尤其是主观因素对实证分析带来的困难，也把握住了传媒价值中两个最重要的评价指标，构建出传媒价值评价体系，部分地解决了目前相关研究中多定性描述，少实证测量的局限性。

中国的传媒市场仍处于地方割据的状态，在电视媒体方面表现得尤为明显，除中央电视台外，各省级电视台只有一个综合性频道可以全国范围内落地，其他大部分频道的传播范围仍只局限在本地方，市级电视台所有频道都只能在本市落地。由此可以说，全国统一的电视传媒市场尚未形成，各媒体的覆盖范围皆在本地区内部。以系统经济学的逻辑分析，这种现象可以理解为，地方电视都只镶嵌在区域层次的经济系统中。这种相对较为封闭的市场状态为传媒价值定律的实证分析提供了天然的样本。

三、定量模型与数据和指标的选取

1. 模型构建

根据上面的分析和假设，传媒价值取决于所镶嵌的经济系统的特征及受众质量，所以我们可以将传媒价值模型表述为：

$$V_i = E_i + C_i$$

其中，V_i 表示传媒价值，E_i 代表传媒所镶嵌的经济系统规模，C_i 表示传媒覆盖受众的质量，i 代表媒体。

我们选取 GDP 来表征相应经济系统的规模。因为 GDP（gross domestic product）是指一国（地区）经济在核算期内所有常住生产单位在一定时期内（通常是一年）所生产和提供的最终产品和劳务的价值的总和，被学界广泛接受为最能代表该国家（地区）宏观经济发展状况的指标。另外，我们选择广告收入近似代表传媒价值。这是因为 GDP 对传媒业的影响主要体现在其与广告收入之间的关系上，一般来说经济发展水平越高，广告收入也就越高。当然，仅仅用广告收入来代表传媒价值显得过于简单，而实际上传媒业与经济系统发展水平间的关系远非如此。根据吉莉安·道尔的研究，传媒业对国民经济存在"放大效应"，即 GDP 增长的同时，广告收入会以放大的速度更快的增长[①]。所以说，广告收入除了与相应经济系统的规模有关外，还与其增长速度有关。因此，我们还选择了 GDP 和广告收入两者的增长率来表征上述关系，进行动态层面的分析。

2. 数据来源和指标的选取

本文采用的数据中，传媒业数据主要源自 2000－2006 年的《中国广播电视年鉴》、《中国广告年鉴》以及中华人民共和国国家广电总局网站，还包括慧聪国际资讯的 2005－2006 年度调查数据、《中国新闻出版统计资料汇编 2007》和中国广告协会统计数据等。经济发展水平的数据则收集自《中国统计年鉴》和中华人民共和国国家统计局网站。

四、实 证 分 析

我们把对传媒价值定律的实证分析分解为两个方面：基于经济系统规模的实证分析和基于受众质量的实证分析。首先进行基于经济系统规模的实证分析计算结果表明，1991 年到 2007 年间，央视广告收入与对应年份全国 GDP 成高度正相关关系（相关系数为 0.9665）（表 1），说明我国经济取得极大进步，即国家经济系统规模扩大的同时，镶嵌其中的中央电视台的传媒价值也随之提升，体现在数据上就是作为其主要收入来源的广告收入的不断增加。央视近年来的广告招商活动愈发引起业界重视，"标王"成为一时的流行词汇，也从侧面彰显出两者间的高度相关性。

表1 1991－2007 年央视广告收入与全国 GDP （单位：亿元）

年份	广告收入	GDP
1991	10.00	21781.50
1994	12.00	48197.86
1995	25.00	60793.73
1996	32.00	71176.59
1997	40.00	78973.03
1998	44.40	84402.28
1999	47.14	89677.05
2000	53.50	99214.55
2001	54.00	109655.17
2002	63.84	120332.69
2003	75.30	135822.76
2004	80.03	159878.34
2005	86.00	183867.88
2006	92.70	210870.99
2007	100.00	249530.00

数据来源：国家统计局网站

---

① 吉莉安·道尔：《理解传媒经济学》，清华大学出版社，2004，P34

再者，从产业经济系统的层面分析，也同样显示出传媒价值与经济系统间的相关性（相关系数 0.9971）。这说明即使从更宏观的层面来看，中国传媒业的价值与全国经济系统的规模也是水涨船高、相辅相成的。近年来我国经济发展状况喜人，2006 年我国经济总量已达 26452 亿美元，位居世界第四。相应地，中国广告业从无到有，历经 20 多年的发展，已经增长了 1000 多倍，同样体现出传媒价值与经济系统规模间的相关性。

正是源于这种相关性，我们可以根据传媒价值定律的思路来解释为何各省级电视台都要求卫星转播以期在更多区域内落地的现象。因为一个传媒的价值取决于该传媒所镶嵌经济系统的规模，系统规模愈大，传媒价值也就愈高。各地方电视台在未上星前，其覆盖范围仅为本地方区域，其传媒价值也就由该地区的经济系统规模所决定，具有一定的局限性。如果一家传媒所在地区的经济规模较小，那么该传媒的发展必然遭遇"透明的天花板"，必将无法破自身的约束。反之，如果一家传媒通过先进的技术手段，扩大了其覆盖的范围，镶嵌于更大规模的经济系统中去，该传媒的价值也就随之增加，也就破除了自身的发展壁垒，实现了跨越式增长。另外，目前许多地方电视台准备整合资源，搭建联播平台，其目的的本质也是期望扩大覆盖范围，即扩大自身所镶嵌的经济系统的规模，增加自身价值的行为。这一点对于那些所在地区经济并不发达的传媒来说，意义更为重大。

但是令人意外的是，将同样的分析方法运用到省级电视台与地区 GDP 的比较中时，两者的相关系数在低度相关与显著相关之间，分别为 0.3500、0.5524、0.5205（数据见表 2），较之前央视广告收入与全国 GDP 间的相关系数有所减小。这似乎与传媒价值定律有所相悖，究其原因可以从以下几点予以解释：

表 2　1981－2006 年中国传媒业广告营业额与 GDP　（单位：亿元）

年度	中国广告营业额	GDP	年度	中国广告营业额	GDP
1981	1.18	4889.5	1994	200.26	48108.5
1982	1.5	5330.5	1995	273.27	59810.5
1983	2.34	5985.6	1996	366.64	70142.5
1984	3.65	7243.8	1997	461.96	78060.8
1985	6.05	9040.7	1998	537.83	83024.3
1986	8.45	10274.4	1999	622.05	88479.2
1987	11.12	12050.6	2000	712.66	98000.5
1988	14.93	15036.8	2001	794.89	108068.2
1989	19.99	17000.9	2002	903.15	119095.7
1990	25.02	18718.3	2003	1078.68	135174.0
1991	35.09	21826.2	2004	1264.60	159589.7
1992	67.87	26937.3	2005	1416.35	184739.1
1993	134.09	35260.0	2006	1573.00	211808.0

数据来源：国家工商总局、国家统计局

1. 地域间广告发展不平衡

中国经济的区域化决定了中国媒体发展的区域化。相应地，中国省级电视广告收入也呈现出明显的区域化特点。长三角、珠三角自改革开放以来一直是中国经济总体发展的主动力,京津冀地区地处我国政治、文化中心,在经济发展上也独具特色。因此,在以广告收入作为主要收入来源的地方电视媒体也就由此产生了区域化差异。从电视台广告收入总量上看,东、中、西部地区呈明显的递减分布。根据国家广电总局 2004 年的数据显示,东部地区占全国各省级电视台总广告收入的 58%,中部地区为 27%,西部地区则仅为 15%[②]。同样一部电视剧,在东部地区的电视台,如东方卫视播放,其广告收入可达数千万元人民币,而在西部地区的电视台播放只能带来几百万元,甚至只是几十万元人民币的广告收入。

2. 省级电视台上星突破地域限制

严格的相关性分析需要一家传媒严格包含于所在经济系统中,但是近年来省级电视台陆续将优势资源上星传播,扩大了覆盖范围,也就突破了地域限制,从系统经济学的角度可以理解为该媒体所镶嵌的经济系统由地区扩大为全国,由此带来传媒价值的提升,其广告收入自然也就增加了。

3. 经营理念的影响

部分省级电视台经营理念先进,营销手段多元化也对测算的相关系数造成了影响。近年来,多家省级卫视开始突破地域限制,跨区域出击,其传播范围突破原有地方割据的状态,拓展至全国。如今相当一部分省级卫视在区域内市场甚至在全国市场已经拥有与央视频道竞争的实力,其在本地区甚至全国的覆盖人口以及观众规模均已经超过了央视的多个频道。这方面突出的代表便是湖南卫视。根据央视-索福瑞的数据显示,2006年 1—7 月,湖南卫视广告收视份额为 2158%,在全国所有卫星频道中排名第三,仅次于央视一套、五套,在省级卫视排名中,以绝对优势位居第一。而湖南地处经济并不十分发达的华中地区,2006 年的国民生产总值为 7568189 亿元人民币,在 31 个省、直辖市、自治区中仅排在第 13 位。极为匮乏的广告资源迫使湖南卫视必须"走出去",突破湖南地缘限制,淡化地域色彩。2003 年"湖南卫视"改称为"中国湖南卫视",力图实现"全国收视、全国覆盖、全国品牌、全国影响",争夺"全国市场"。见表 3。

上述为静态层面的实证分析,而在动态层面上,我们比较了央视广告收入和全国GDP、各省广告收入增长率和同年各省 GDP 增长率之间的关系。见表 4。从数据中可以看出,央视广告收入增长率均值为 12.17,大于全国 GDP 增长率的均值 9.65,说明在动态分析上看,随着我国经济的发展,全国层面的经济系统规模不断扩大,对央视广告收入的影响是以比全国 GDP 更快的速度增长,从传媒价值定律的角度可以理解为央视的传媒价值更快的升值,见图 1。

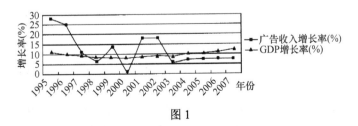

图 1

---

② 《2006 中国电视广告竞争报告》,谢耘耕,唐禾,http://media1people1com1cn/GB/40628 /52626101html

现在我们进行基于受众质量的分析。在整个传媒价值中，受众是传媒价值的终端，受众消费、需求是整个传媒价值的直接来源，受众的变化将直接引起整个传媒价值的变化，所以研究受众更加直接。从传播学上来看，受众是一个重要概念，指的是信息的接受者，是传播整体所指向的客体，又是传播反馈的核心环节，传媒价值必须从受众的反应中进行评价，因此受众是决定传媒价值变化的关键因素。并且随着社会发展水平的提高，受众将越来越占据主要地位。在传媒价值定律的实证分析中，我们借鉴和吸收传播学受众理论的相关成果，细化传媒价值的实证分析。

表3　各省级电视台广告收入与GRP比较　　　　　　　（单位：亿元）

地区	2000 年（0.35）		2003 年（0.5524）		2004 年（0.5205）	
	广告收入	GDP	广告收入	GDP	广告收入	GDP
北京	10.00	2478.76	14.28	9023.77	15.55	6060.28
上海	2.10	4551.15	21.26	6694.23	22.98	8072.83
广东	2.60	9662.39	10.00	15844.64	10.30	18864.62
辽宁	2.30	4669.06	3.72	6002.54	3.84	6672.00
黑龙江	2.99	3253.00	3.50	4052.40	4.00	4250.60
吉林	1.30	1821.19	2.20	3662.08	2.97	3122.01
河北	1.85	5088.96	3.53	6021.29	3.77	8477.63
河南	2.27	5137.66	3.11	6867.70	3.00	8533.79
山东	3.00	8542.44	7.60	12078.13	6.70	15021.84
山西	0.66	1643.81	1.33	2855.23	1.24	3571.37
四川	2.30	4010.25	5.05	5333.09	4.14	6379.63
重庆	1.00	1589.34	3.75	2272.82	4.10	3692.81
湖北	1.15	4276.32	4.19	4757.48	3.92	3633.24
湖南	2.40	3691.88	6.60	4659.99	8.66	3641.94
浙江	2.97	6036.34	6.86	9705.02	8.19	11648.70
江苏	2.00	8582.73	5.61	12442.87	6.60	15003.60
福建	1.66	3920.07	4.28	4083.67	5.14	5763.35
云南	1.08	1955.09	1.70	2556.02	1.34	3081.91
天津	2.28	1639.36	4.04	2578.03	1.76	3110.97
甘肃	0.34	983.36	0.74	1399.83	0.75	1688.49
陕西	1.60	1660.92	3.20	2587.72	3.85	3175.58
江西	1.25	2003.07	2.81	2807.41	3.42	3456.70
安徽	2.85	3038.24	8.20	3023.10	6.33	4359.32
广西	1.20	2030.14	2.21	2821.11	2.38	3433.50
内蒙古	0.32	1401.01	0.50	2388.38	0.81	3041.07
宁夏	0.26	203.37	0.44	445.36	0.64	537.16
海南	0.28	318.48	0.96	693.20		798.90
新疆	0.55	1364.36	1.26	1886.35	0.99	2209.09
青海	0.12	263.59	0.21	300.20	0.14	466.10
西藏	0.04	117.46	0.04	189.09	0.09	220.34
贵州	1.20	993.53	1.72	1426.34	2.10	1677.80

表4　2006年各省广电广告投入与其他统计数据的比较

地区	全省广电广告总收入（亿元）	人均GDP（元）	地区居民消费水平（元）	城镇居民消费水平（元）	总人口（万人）	城镇人口（万人）
北京	24.01	50467	16770	18508	1581	1333
天津	3.43	41163	10564	12554	1075	814
河北	14.4	16962	4945	9008	6898	2652
山西	5.28	14123	4843	8076	3375	1452
内蒙古	2.55	20053	5800	9043	2397	1166
辽宁	18.37	21788	6929	9357	4271	2519
吉林	7.29	15720	5710	8166	2723	1442
黑龙江	10.78	16195	5141	7410	3823	2045
上海	38.38	57695	20944	22294	1815	1610
江苏	40.02	28814	8302	11530	7550	3918
浙江	35.45	31874	11161	15877	4980	2814
安徽	13.84	10055	4441	7942	6110	2267
福建	11.69	21471	7826	11710	3558	1708
江西	6.95	10798	4173	7950	4339	1678
山东	25.92	23794	7025	11193	9309	4291
河南	13.61	13313	4632	8894	9392	3050
湖北	12.55	13296	5533	9041	5693	2494
湖南	20.02	11950	5498	9480	6342	2455
广东	56.75	28332	10829	14913	9304	5862
广西	7.12	10296	4330	7894	4719	1635
海南	2.31	12654	4736	7688	836	385
重庆	8.57	12457	5417	9032	2808	1311
四川	12.62	10546	4501	8305	8169	2802
贵州	4.07	5787	3499	8507	3757	1032
云南	5.75	8970	4075	8579	4483	1367
西藏	0.22	10430	2915	7312	281	79
陕西	9.01	12138	3972	9033	3735	1461
甘肃	1.90	8757	3810	8190	2606	810
青海	0.29	11762	4229	7481	548	215
宁夏	1.39	11847	5112	8711	604	260
新疆	2.38	15000	4206	7875	2050	778

资料来源：《中国广告统计年鉴》、国家统计局

首先，考察受众购买力对传媒价值的影响。我们用各省电视广告经营额代表传媒价值，而用人均 GDP 代表受众购买力，从而测算两者间的相关关系。经计算，全省广播电视广告收入与该省人均 GDP、居民消费水平间的相关系数分别为 0.6030、0.6599，考虑到中国的具体国情，即城乡差距较大的客观条件以及传媒产品主要消费人群多集中在

城镇内在特征，我们单独统计了全省广播电视广告收入与该省城镇居民消费水平间的相关关系（0.7195）。上述三个相关系数的绝对值都大于0.5，表明全省广播电视广告收入与其他三个变量均呈显著相关。

其次，从受众规模上分析，我们同样选择全省广播电视广告收入代表传媒价值，用地区人口总数来代表受众规模。两者间的相关系数为0.5650，而具体测算城镇人口数与全省广播电视广告收入时，两者的相关系数为0.8203，呈高度相关关系。由于经济、文化、社会组织结构等因素，城镇居民能更容易接触到媒体，这就为受众选择性注意提供了行为上的可行性，而在知识结构背景上，城镇居民受教育程度更高，也更容易接受和理解来自媒介的内容。且对于媒体来说，为了取得更大的商业利益，保证收视率，就要吸引最大量的受众群体，因此也更为关注主流受众的需要，迎合这部分受众的内容需求，也就造成了非城镇人口在难以接触到媒体的同时，也更加难以理解和记忆媒体内容。美国学者约翰·赖利和怀特·赖利提出的社会分类论也同样认为，受众的性别、年龄、文化、职业、信仰和经济状况等社会因素，将决定他们对媒体及其信息的态度、需要、选择和反应方式。从以上分析我们得出，城镇受众价值大于非城镇受众价值，因此不难解释，在两次相关分析中单独考虑城镇居民时的相关系数均大于总人口时的结果，由此也从传媒价值定律的角度印证了我国城乡差距较大的现实。

五、结　　论

综上所述，我们分别从两个维度，利用静态与动态、全国与地方的数据，通过统计学中相关分析的方法，证明了传媒价值定律的正确性，即一家传媒的价值与经济系统和受众质量均存在显著的正相关性。也就是说，一个传媒的价值取决于它所镶嵌的经济系统的特征与规模，包括这个经济系统所覆盖的区域大小、人口构成、人口规模与经济总量。一家传媒所镶嵌的经济系统规模越大，所覆盖的受众质量越高，其传媒价值也就越大。

本文的实证分析还表明，当一家传媒所镶嵌的经济系统规模增长时，该传媒的价值并不是同幅度增长，而是以更快的速度的增长。这也利用我国的数据，间接证明了英国传媒经济学家吉莉安·道尔的研究，他指出传媒产业对国民经济有"放大效应"。这种"放大效应"告诉我们传媒产业与国民经济息息相关的共存关系。

参考文献

[1] 昝廷全. 论传媒与传媒经济系统[J]. 现代传播，2006，（6）.
[2] 昝廷全. 论传媒经济学与系统经济学之间的关系[J]. 现代传播，2006，（2）.
[3] 昝廷全. 系统经济学探索[M]. 北京：科学出版社，2004.
[4] 吉莉安·道尔. 理解传媒经济学[M]. 北京：清华大学出版社，2004.
[5] 谢耘耕，唐禾. 2006 中国电视广告竞争报告. [EB/OL]. http://media.people.com.cn/GB/40628/52626101html.

诺贝尔经济学奖获得者与传媒经济研究*

摘要： 国内传媒经济学研究的鲜明特点之一是鲜有经济学者介入这一研究领域。事实上，追溯传媒经济学的研究起源，是从众多的经济学家参与其中开始的，并且当中不乏诺贝尔经济学奖获得者。本文梳理了两位著名的经济学家、诺贝尔经济学奖获得者萨缪尔森和科斯在传媒经济研究领域所做出的贡献。

关键词： 萨缪尔森；科斯；传媒经济

"传媒经济学"概念的问世，被认为是在 1970 年，斯坦福大学经济学博士研究生欧文（Bruce M.Owen）等在整理传媒经济研究资料时提出了"大众传媒经济学"的概念。[1] 此后，传媒经济学的研究从欧美到世界范围内迅速普及，研究领域也随之拓展。但事实上，自 20 世纪 20 年代，对传媒经济现象的探讨就已经开始，"广播经济学"、"广告经济学"、"电信经济学"、"电视经济学"以及"报业经济学"的概念都是在 20 世纪 20 年代至 70 年代之间问世。[2] 期间众多经济学家参与其中，并且当中不乏诺贝尔经济学奖获得者。他们将经济学理论运用于传媒经济现象的研究，极大地提高了传媒经济学在主流经济学中的地位，夯实了传媒经济学的学科理论基础。以下就对两位著名的经济学家、诺贝尔经济学奖获得者萨缪尔森和科斯在传媒经济研究领域所做出的贡献进行回顾与评价。

保罗·安·萨缪尔森（Paul A. Samuelson）

新古典综合学派的代表人物保罗·安·萨缪尔森（Paul A. Samuelson，1915—）1970 年获得诺贝尔经济学奖，也是获得该奖项的第一位美国经济学家。瑞士皇家学院为其颁布的获奖词是："他发展了数理和动态经济理论，其研究涉及经济学全部领域。"让世人熟知萨缪尔森的是他再版十七次的教科书《经济学》。但鲜为人们所注意到的是，萨缪尔森早在 20 世纪 50 年代就撰文探讨广播电视的公共品属性问题，并引发了一场学术争论。

今天的西方经济学教材在讲到公共品时，广泛引用的一个定义是萨缪尔森于 1954 年在《公共支出的纯理论》一文中提出的：公共品指一个人对这种产品的消费，并不能减少其他任何人对该产品的消费。它具有两个本质特征，一是收益的非排他性，二是消费的非竞争性。[3] 1958 年，萨缪尔森在《公共支付理论的几个方面》[4] 一文中论述公共品特性与市场机制的问题时，曾对付费电视是否属于公共品进行了深入的探讨。当时美国联邦通讯委员会（FCC）正尝试推行付费电视。学者们开始思考付费电视与传统的免

---

*作者：昝廷全，原载《现代传播》2008 年第 3 期.

1 Owen，BruceM.（1970）A Selected Bibliography in the Economics of Mass Media Stanford University.
2 陈中原：《传媒经济学研究的简要回顾》，《新闻大学》2005 年春第 9—13 页.
3 Samuelson，P1A1The Pure Theory ofPublic Expenditure，The Review of Economics and Statistics，1954，（11），387—3891.
4 Samuelsan P1A1Aspects of Public Expenditure Theories，The Review of Economics and Statistics，1958，（11），332—228.

费电视在本质属性上是否有根本的区别。一种盛行的观点是：由广告支持的免费商业电视无疑是典型的公共品——电视信号所覆盖之处，只要拥有电视机便能收看，自己的收看也不影响其他人的收看；付费电视从技术上通过加密措施限制了对电视节目的免费消费，排除了一部分消费者。所以有学者认为"付费电视通过技术手段将公共品转化成了私人品"，那么，对于私人品，可以转而依赖价格机制，回避公共支付的一些棘手问题。

萨谬尔森认为，这一观点是错误的。"限制公共品的消费并不能把它变为私人品"。这是因为付费电视和免费商业电视一样，为额外一个家庭提供电视服务的边际成本为零，如果按照市场机制下的帕累托最优条件（$P = MC$）定价，价格也应为零，所以边际成本定价法不能运用于付费电视。从本质上讲，私人产品是一种具有规模报酬的经济，通常遵循边际成本递增，边际收益递减的规律。这也是帕累托最优条件发挥作用的前提。而付费电视与之相反，其边际成本始终为零，而其边际收益是递增的。只要边际收益递增，完全竞争假定下的价格机制就不能发挥作用。

萨的本意是通过付费电视的例子说明"限制公共品的消费并不能把它变为私人产品"，而他的观点却被误解了，不少人认为他是反对付费电视的，因为在萨的原文中有这样一句话："既然收看广播电视节目的边际成本为零，为什么要用收费来排除一部分能从电视节目中得到愉悦感的家庭呢？"也就是说，如果用帕累托最优原理来分析，当价格大于边际成本时，一定存在帕累托改进，在不损害一部分人利益的前提下，能使另一部分人的状况变好。

有学者（Jora R.Minasian，1964）专门撰文反驳萨的观点。[5] Minasian 认为，由于广播电视使用了稀缺的电波资源，稀缺的电波资源是会产生机会成本的，因此需要通过收费实现稀缺资源的竞争性用途的价值最大化。免费商业电视体系中，由于广告支撑电视台的生存，而广告商重视的是观众的规模，所以免费商业电视的节目选择是以能够产生最大的观众规模为标准，而不考虑节目的娱乐性和教育性。在付费电视中，由观众直接支付电视节目的生产成本，因此节目选择必须重视其娱乐和教育意义。从这一意义上说，付费电视更加有效地利用了稀缺资源，使节目类型能够合理分配。也就是说，在免费商业电视体系中，节目的经济回报与节目本身无关，而是取决于观众（消费者）对广告商品的购买，即资源的配置状态并不取决于资源的经济成本，难以实现经济效益。付费电视体系中节目的经济回报直接由节目本身决定，观众通过对节目类型和数量的选择性付费，解决了资源配置的效率问题。Minasian 通过资源配置的经济效益分析，说明了电视产品虽具有公共品的特性，但不能完全依据帕累托最优原则 $P = MC$ 免费提供，相反，引入价格机制更能够实现资源配置的最优化。

Minasian 的对萨文的理解显然有断章取义之处。1964 年，萨谬尔森发表了《公共产品与付费电视：观点的修正》[6]一文对他的观点进行进一步澄清。"我从未就免费商业电视和付费电视两种体系哪个更好发表任何观点，只是说明付费电视哪怕是通过技术手段排除了一部分消费者，它也不能成为私人品。公共品的本质不在于它排除一部分消费者"。萨谬尔森进一步强调：付费电视也面临公共品的两难处境：无法通过市场机制进行定价。价格杠杆之所以不能发挥作用的原因在于：付费电视并不是像完全竞争假定下

---

5 Minasian J.R.Television Pricing and The Theory of Public Goods，Journal of Law and Economics，1964，（10），71—80.

6 Samuelson，PaulA.PublicGoods and Subscription TV：Correction of the Record，Vol17 Journal of law and Economics，（10），81—831.

讨论的私人品那样，是一种具有规模报酬的经济，通常遵循边际成本递增，边际收益递减的规律。这也是资源配置的帕累托最优条件（$P = MC$）发挥作用的前提。而付费电视的边际成本始终为零，所以帕累托最优原理并不适用于付费电视的分析。

这场争论至此结论明晰。事实上两位学者的观点是一致的，即付费电视不属于私人品，不能按照帕累托最优条件（$P = MC$）进行定价。当然，对电视服务收费是否能够提高资源的配置效率，萨谬尔森并没有发表意见。但无论如何，萨的观点在今天仍具极高的借鉴意义。分析传媒经济现象时需要考虑是否选择了恰当的分析工具，而不是将经济学理论进行简单的类比和平移。

罗纳德·科斯（Ronald H.Coase）

英国经济学家罗纳德·科斯由于揭示并澄清了经济制度结构和函数中交易费用和产权的重要性，于1991年获得诺贝尔经济学奖。科斯现在为人们所熟知的是他提出的"交易费用"概念以及"科斯定理"，而这一理论的形成与科斯对广播电视业的密切关注与思考是分不开的。

自20世纪50年代开始，科斯一直致力于研究广播电视波段分配的经济与政策问题。他先后发表了三篇讨论广播电视政策的论文：《广播电视公共政策评述：社会和经济问题》[7]、《广播电视与广告业、政府政策的经济学分析》[8]、《第一修正案的经济学：商品市场和观点市场》[9]，在这些文章中，科斯不遗余力地批评[美国联邦通讯委员会（Federal Communications Commission，FCC）]的广播电视政策，并且指出：解决美国广播电视业效率低下的问题，并不在于更换FCC的官员，而是要解决FCC一直没有解决的两个基本问题：一是电波资源的分配方式，二是广播电视产业的财政制度。

对于广播电视业所使用的稀缺的电波资源，价格机制在其中不能发挥作用，因此需要政府对电波资源进行分配。FCC是直接向国会负责的独立政府机构，其重要职责之一就是发放广播电视牌照。美国所有的商业和非商业的广播电视牌照均由FCC核发。而申请开展广播电视服务的申请者与可以利用的电磁波段之间存在严重的供需矛盾。FCC采用的惯常方法是考察申请者的资质及其服务于公益事业的兴趣。但这些很难量化的指标不免会让人对分配的公正性产生怀疑，甚至偶尔会爆出与申请执照有关的贿赂丑闻，这些都导致了电波资源可能被滥用的社会问题。

科斯认为，FCC的现行免费发放执照的制度可能会导致以下问题：执照的发放由于会考虑到申请者的财力，因此不可避免地倾向于实力雄厚的公司或个人；免费得到执照许可后，从经济上讲（当然法律不允许），他可以随意处置其电视台，甚至将其高价出售。这无疑都导致了资源配置效率的低下。此外，现行的执照发放制度也导致FCC事实上间接地影响了新闻自由。美国虽然没有明确的节目审查制度，但是FCC可以通过拒绝为其更新执照而间接影响节目内容。

7 Coase1R1H1Evaluation of Public Policy Relating to Radio and Television Broadcasting: Social and Economic Issuds, Land Economics, 1965, (5), 161—1671

8 Coase. R. H. The Economics of Broadcasting and Advertising, The Economics of Broadcasting and Government Policy, American Economic Review, 1966, (5), 440—4471

9 Coase1R1H1The Economics of The First Amendment: The Market for Goods and the Market for Ideas, American Economic Review, 1974, (5), 384—3911.

科斯主张应该通过拍卖来分配广播电视波段，调节频率分配的供需矛盾。"公共土地的使用者要向政府缴纳费用，为什么频谱资源的使用者不这样做呢？"因此科斯主张在广播电视的波段分配上引入市场机制，通过拍卖发生的交易成本能更有效地实现资源配置的最优化。

科斯的主张最终被FCC采纳。20世纪90年代以来，美国便对特定的无线电频段采取了通过拍卖发放许可证的方式。2002年以来，英国、德国等欧洲国家在发放3G许可证时，纷纷采取了拍卖的方式。最新的消息是，2006年8—9月，美国进行了其历史上规模最大的频率拍卖。（FCC）对90 MHz频段的1122张执照进行竞标，最终成交1087张，拍卖所得达139亿美元。FCC表示，未来用于广播电视的700 MHz频段资源也将在几年内实行拍卖。

值得注意的是，科斯不仅仅关注广播电视的波段分配问题，还对于美国现行的商业电视制度提出了批评，并强烈主张实行付费电视制度。

科斯认为，商业电视体系的本质是电视台要为节目的生产付出成本，但收看节目的观众无需付费，而希望向观众传递广告信息的广告主要向电视台付费，但单纯的商业广告并不会吸引人们的眼球，所以商业电视的目的就是节目基于广告商的商业利益来吸引观众。"我们期待的广播电视节目并非来自屠夫、啤酒酿造者和面包师的仁爱心，节目是这一贩卖过程中的副产品"——科斯借用了亚当·斯密对市场机制的论述来说明商业电视的本质。

在这一制度下电视台会播出什么样的节目呢？显然是能够最大限度地降低成本并提高广告收入的节目。这不可避免地导致商业电视偏离了公共利益准则而一味迎合公众。在节目选择的市场中，观众也被排除在外，而是由广告商主导。科斯认为，依靠FCC对许可证的发放和更新是不能解决这一问题的，除非FCC改变广播电视业赖以生存的根本财政制度。因此科斯呼吁应引进市场机制提升节目的数量和质量，节目的价值由观众的直接支付来体现。

但是付费电视制度在美国引起了很大的争论，FCC在这一制度的实际上也是慎之又慎。最终还是采取了折中的办法，也就是现行的美国电视体系是商业电视和付费电视两种制度并存。

结　　论

由此我们可以看出，传媒经济的研究在国外一直就不是被排除在主流经济学之外的，主流经济学家对传媒经济的关注一方面提高了传媒经济学的学科地位，同时也的确对现行的传媒经济政策起到了指导性的作用。我们期待国内经济学界有更多的经济学者参与到传媒经济学的研究中来，为我国的传媒经济发展提供可操作的对策性建议。

制度边界的类型与意义*

摘要：根据制度边界的讨论不难发现，不论是层级制度还是自组织制度都存在制度边界。发现和研究制度边界的目的在于更加科学合理地设计制度和制度边界；在于如何利用制度边界以促进经济增长。

关键词：制度；制度边界；系统

著名经济学家科斯被认为是最早注意到制度灰色地带的经济学家。将制度灰色地带规范化和科学化就得出制度边界的概念。本文区分了两种不同类型的制度边界，分别论述了它们的形成原因以及相应的描述方法，并指出制度边界行为对经济增长的积极意义。

一、第一类制度边界

制度是制度经济学的基础和核心概念之一。许多经济学家，如诺贝尔经济学奖获得者舒尔茨、科斯、诺思等都从不同的角度提出过经济制度的定义。但是，到目前为止，经济学界还没有形成关于制度概念的一致公认的定义。虽然如此，有一点是公认的，即制度是规范和约束行为的一套规则系统。制度灰色地带可以被看作是制度边界概念的一个通俗解释。在这个灰色地带上，制度并没有明确规定哪些行为是制度允许的，哪些行为是制度不允许的。为了给出制度边界的一个准确定义，需要借助我们在系统经济学研究中所提出的关于制度的拓扑学定意。

在系统经济学研究中，我们尝试给出了制度的一个拓扑学定义：制度就是行为空间中的一条封闭曲线。简单地说，制度就是在行为空间中划一个圈，圈里的行为是允许的，圈外的行为是不允许的。所谓行为空间，就是经济主体各种可能的行为共同构成的抽象数学空间。行为空间中的每一点都代表一个具体的行为。这样，制度的拓扑定义正好体现了制度是规范和约束人们行为的一套规则系统的核心思想。之所以要求制度曲线必须是封闭的，是因为如果这条曲线不封闭，整个行为空间都是连通的，将分不清内部和外部，也就分不清哪些行为是允许的，哪些行为是不允许的，这样的制度将不具有任何实际上的可行性和可操作性。这里我们并没有涉及制度的成因，只是给出了制度的一个形式化定义，我们在后面讨论第二类制度边界时将涉及由于技术进步所导致的制度演化问题。

在现实中，各种经济主体的具体行为无可计数，行为空间中的每一个点都代表一个具体的行为，这样的点有无穷多个，为了使设计的制度具有可操作性，不可能具体规定每一个点、每一个具体行为是否可行，也就是说，制度设计不可能针对每一个具体行为。为此，我们在前述制度拓扑定义的基础上进一步提出制度设计的一个假设：人们不可能针对每个具体行为都设计一种具体的制度，只能把每一类行为作为制度设计的基本对象单元。简单地说，制度设计不是针对每一个具体行为，而是针对"行为类"，"行为类"

---

*作者：昝廷全，原载《经济学动态》2008 年第 12 期

是制度设计的基本对象单元。这样一来，制度的拓扑定义就变成了"制度是行为空间的商空间中的一条封闭曲线"。形象地说，行为空间的商空间就相当于在行为空间中画上很多小方格，使行为空间变成了一个栅格空间。每一个小方格就代表一个基本的"行为类"。对特定的制度来讲，一个小方格中的行为被认为是等价的，要么全是允许的行为，要么全是不允许的行为。行为空间中的点和具体行为是无限的，商空间的方格相对来说是有限的。这样，把"制度是行为空间的一条封闭曲线"转化成"制度是行为空间的商空间中的一条封闭曲线"就实现了从无限到有限的转化和从微观到宏观的转化，最终实现了从不可操作到可操作的转化。

现在，我们来考察一下把制度看成是行为空间的商空间中的一条封闭曲线之后发生了哪些变化。根据前面的讨论，这时制度允许的行为（称为制度内部）就对应于所有完全包含在制度封闭曲线之内的小方格；制度不允许的行为（称为制度外部）就对应于所有完全处于制度封闭曲线外面的小方格；而所有与制度封闭曲线相交的小方格所代表的行为就是所谓的制度边界。对于该制度来讲，制度边界上的行为没有明确规定是允许还是不允许，也就是所谓的制度的灰色地带。简言之，制度边界就是制度封闭曲线与行为空间的商空间中的小方格相交所形成的"制度环带"。采用形象一点的语言来讲，制度就是在行为空间的商空间中画一个圈，这个圈具有一定的厚度。这个具有一定厚度的圈就代表制度边界。

根据上面的讨论不难看出，这样定义的制度边界是非常严格和准确的，没有任何含混的地方，它完全是根据制度的拓扑模型，通过逻辑演绎出来的，即根据"制度是行为空间中的一条封闭曲线"加上"制度设计以行为类作为基本对象单元"就可以逻辑地导出制度边界的概念，我们把这种意义上的制度边界称为第一类制度边界。

实际上，第一类制度边界的定义本身蕴涵了它的可操作性。例如，制度边界的大小和"厚度"与行为空间的小方格划分即商化的水平有关。一般来讲，小方格越大，制度边界就越"厚"，反之，小方格越小，制度边界就越"薄"。采用数学的语言来说就是，制度边界与行为空间的商化算子有关，我们可以通过改变商化算子（对应于改变小方格的大小）对制度边界进行操作。我们把制度边界与制度内部的比值称为制度弹性。从制度操作的层面上讲，应当尽量减少制度的灰色地带，尽量减小制度边界。但是，如果制度设计完全是刚性的，没有任何弹性，也不利于资源的充分利用。因此，制度边界的存在不仅必然而且必要。在交通灯系统中，在绿灯和红灯之间设置一段黄灯的目的正是在于人为创建制度边界（黄灯就相当于制度边界）以利于道路资源的充分利用。于是，问题就转化为最优的制度弹性是多大（相当于绿灯的时间多长合适）。这个最优的制度弹性可能随着具体制度的不同而不同，不能一概而论，这在目前仍是一个开放问题。

二、第二类制度边界

从制度边界形成的原因上讲，第一类制度边界是由于制度设计的可操作性所导致的，第二类制度边界是由于技术进步所造成的"制度的空白地带"。为了全面深刻理解第二类制度边界的含义，我们首先讨论技术系统和经济系统之间的层次关系，在这个大背景下来理解制度和制度边界。

需求和供给是经济学中最为根本的两个概念，其根本原因在于，人是一个开放系统，需要不断的和外界交换物质、能量和信息才能维持自身的各种耗散结构。所有用于维持这种耗散结构的物质、能量和信息就构成了人类最基本的生活需求。如何才能提供满足人类这些需求的供给呢？答案是通过生产。生产系统是为了满足一定需求的人为系统，高度有序，其中沉淀着人类对自然规律的认识，包含着大量的技术因素。生产的各种最终产品自然沉淀有生产的技术信息，也因生产技术性能的不同而具有不同的使用价值，进而满足不同的需求。

技术系统和经济系统处于不同的系统层次，技术信息通过自由度"归并"产生出经济信息。从这个意义上讲，经济系统高于技术系统。同样，从经济系统到政治系统也属于系统层次的过渡，因此政治系统高于经济系统（钟学富，2007）。产品的技术信息属于产品的自然本质，只有当它与人发生关系满足人的某种需求后才能谈到它的用途。市场是从技术系统过渡到经济系统的前提。各种沉淀着不同生产技术信息的产品通过在市场上进行交换形成一个价格体系。这个价格体系是从技术系统过渡到经济系统所产生的第一个经济信息。有了价格才能进行成本核算，才能计算利润。成本和利润都属于经济信息。这样，如何通过降低成本提高价格以增加利润就构成了完整的经济系统的"投入—产出模型"，从而实现了从技术系统到经济系统的过渡。也就是说，经济信息是先由技术信息归并为用途（使用价值），再由用途归并为价格（交换价值）（钟学富，2007）。因此，从本质上讲，生产的技术信息决定着生产的组织形式，进而决定了经济系统的结构和秩序。

从功能的意义上讲，制度是为了保护和维持现存经济系统的结构和秩序。但是，科学技术是不断发展的，特别是在当代科学技术更以非线性的方式飞速向前发展，这就导致各种新的经济组织形式不断产生，使得经济系统不断从一种结构过渡到另一种结构。对于原有的经济系统的结构和秩序来讲，由于其存续的时间较长，相对稳定，一般来讲已经形成了对应的制度约束；对于新形成的稳定的经济结构和秩序当然也会形成相应的制度。但是，经济系统要想从一种结构过渡到另一种结构，中间必须经过一个不稳定的过渡时期。对应于这两种经济结构之间的不稳定过渡时期就形成了一个制度的空白地带。对于处于制度的这个空白地带上的行为没有相应的制度约束。我们把制度的这个空白地带称为第二类制度边界。

当然，随着经济系统的结构和秩序逐步趋向稳定状态，作为第二类制度边界的这种制度的空白地带将会逐步减小，最终也会形成相对稳定的制度约束。但是，由于新技术不断出现，使得许多崭新的经济现象不断涌现。因此，在经济现实中始终会存在大量的属于第二类制度边界的现象。2007年引起全社会关注的许霆案，其实就是一种第二类制度边界现象。由于技术的进步，出现了以前没有的自动取款机（ATM）。由于以前没有ATM，自然没有关于ATM使用的制度规定，这就出现了相应的制度空白，这才是许霆案引起争议的症结所在。当然，这里还牵涉一个对待制度边界行为的态度和价值取向问题。另外一个典型的例子就是在传媒界最近引起激烈争议的卫星电视的"落地费"问题。按照我国目前的政策规定，用户自己不能直接接收卫星电视信号，只能通过当地的电视网络收看卫星电视。这样一来，各卫星电视频道要想覆盖某个地区和城市，就存在一个落地问题，即必须和当地的电视网络公司谈妥，先把卫星电视信号"下载"到当地的电视网络，然后才能把电视信号传送到各个用户。在电视频道比较少的时候，各地的网络公司都是免费为各卫星电视传输电视信号。近年来，随着卫星电视频道的增多，地方电视网络相对来说开始变成了稀有资源，于是有些电视网络公司开始收取"落地费"。由于"落地费"问题是卫星电视频道出现以来才出现的新的传媒现象，国家广电总局也没有现成的规定来确定"落地费"应不应该收取以及如何收取。因此，"落地费"问题属于传媒界的制度边界现象。

三、制度边界的意义

根据上面关于制度边界的讨论不难发现，任何制度，不论是层级制度还是自组织制度都存在制度边界。对于制度的设计者来讲，发现和研究制度边界的目的在于更加科学合理地设计制度和制度边界；对于受制度约束的行为主体来讲，发现和研究制度边界的目的在于如何利用制度边界以促进经济增长。中国有句俗话"富贵险中求"，其本质就是利用制度边界，可以看作是利用制度边界促进经济增长的通俗说法。在系统经济学研究中，我们曾经根据利用制度边界与否把经济系统划分为两种类型：积极型和保守型经济系统。积极型经济系统的行为范围为制度内部加上制度边界；保守型经济系统的行为范围就是制度内部。这两种经济系统的区别就在于是否利用制度边界。在经济实践中，经常听到的"充分利用政策"，"打政策的擦边球"和"合理避税"等现象都是积极利用制度边界的例子，都属于积极型经济系统的行为特征。

利用制度边界之所以能够促进经济增长，其更深层次的理论依据就是运筹学的一个基本定理：在一定的约束条件下，目标函数的极值都在行为集的边界上。换句话说就是，最优解都在边界上。因此，对于经济行为主体来讲，一方面要遵守各项制度，另一方面要学会识别和利用制度边界。例如，中国加入WTO之后，作为WTO成员，我们当然要遵守WTO规则。但是，由于任何制度都有制度边界，WTO规则作为一种制度当然也有制度边界，这就要求我们不能只是消极被动地遵守WTO规则，而是要认真研究它的制度边界在哪里，并充分利用这个边界，以求在国际贸易中最大可能地促进国家利益。

与此有关的另外一个问题就是对待利用制度边界行为的态度问题。既然制度边界行为有利于经济增长，因此，在对待制度边界行为上要采取宽容的态度。在不违反现存制度的前提下，要鼓励"敢为天下先"。在价值取向上，应当允许制度边界行为的存在，甚至鼓励制度边界行为，这对于增强民族活力，建设创新型国家尤为重要。当然，对于新技术可能引起的不良经济行为应当事先制定防范措施，尽量减少制度边界行为的负面影响。

参考文献

钟学富，2007：社会系统：社会生活准则的演绎生成，中国社会科学出版社.
约翰·S. 戈登，2007：伟大的博弈：华尔街金融帝国的崛起（1653—2004）（祁斌译），中信出版社.

2009

国际贸易系统化水平研究

区域文化产业在不均衡状态下的均衡发展

国际贸易系统化水平研究*

摘要： 本文以全球经济危机为大背景，首先从系统经济学角度简要分析了全球经济危机持续时间的主要影响因素，然后将重点放在国际贸易系统化水平研究上；其次，利用字典序原理方法在二维空间上研究系统化水平，用贸易额和贸易顺差两个变量分析了各国贸易系统化水平状况；第三部分通过加入名义因素，将系统化水平研究由二维空间推广到三维空间，然后借助相对贸易规模和平衡因子对贸易系统化水平重新进行度量，把问题的研究降到了一维实数空间，并计算出了全球经济系统的关键子网所包含的国家或地区个数。最后，文章对两种方法得出的不同结果进行了对比分析。

关键字： 全球经济系统；国际贸易；系统化水平；字典序；平衡因子；关键子网

A Research on the Systematic Level of International Trade

ZAN Ting-quan，CHEN Guo-zhen，YING Si-si

Abstract： This paper studies the systematic level of international trade under the background of global economic crisis. In section one，we summarize the main factors influencing the duration of global economic crisis from the view of systems economics，and put the emphasis on systematic level of international trade. In section two，we study the systematic level by lexicographic order principle in a two-dimensional space，and analyze the systematic level of each country considering trade value and trade surplus. In section three，we extent the study from a two-dimensional space to a three dimensional space by introducing nominal as the third variable. In this part，we re-measure the systematic level of trade in virtue of the relative size of trade and the balance factor to bring the research down to one-dimensional real space，and then calculate the number of countries or areas which are included in the key-subnet of the global economic system. In the last section，we present a comparable analysis of the results from the two methods and provide a summary for the paper.

Keywords： global economic system; international trade; systematic leve; l lexicographic order; balance factor; key-subnet

一、引　言

2007 年夏美国次贷危机的爆发，使得美国各大商业银行相继陷入困局，并迅速殃及世界其他各国。2008 年 9 月 15 日雷曼兄弟银行申请破产，标志着全球金融危机全面爆发，进而演化成全球性的经济危机。虽然各国政府已采取了相应的救市措施，如实行宽松的货币政策、商业银行国有化以及强调公私合作等，并且已收到一定成效，但直至 2009 年一季度，全球经济危机依然影响着世界各国的经济发展和人们的日常生活。

---

*作者：昝廷全、陈国珍、应思思，原载《中国传媒大学学报（自然科学版）》2009 年第 4 期

1. 全球经济危机与全球经济系统

这场全球性的经济危机恰恰表明全球经济是一个大系统。在系统经济学中，昝廷全（1995）把经济系统定义为由一组经济元和它们之间的经济关系共同构成的有机整体。即：

$$G = (\{a_i | i = 1, 2, \cdots, m\}, \{f \subset 2\})$$

其中 G 表示经济系统，a_i 表示 G 中的第 i 个经济元，$A = \{a_i | i = 1, 2, \cdots, m\}$，$f$ 表示经济元之间的关系。

按照昝廷全（2002）提出的 (f, θ, D) 产业分类相对性准则，经济系统可根据不同规则进行分类，其中 f 表示各经济元之间的原始经济关系，H 为所选定的分类准则，D 为 f 的权重水平。(f, θ, D) 分类相对性准则中的任何一个参数发生变动，都会形成不同的分类方法。若选取 "θ = 组织水平"，则可以把经济系统划分为家庭经济系统、企业经济系统、产业经济系统、区域经济系统、国家经济系统和全球经济系统。

全球经济系统作为最高层次的经济系统，它的发展自然成为其他低层次经济系统如国家经济系统、……、家庭经济系统发展的大前提和大背景。按照经济系统的定义，全球经济系统可形式化地表示为：

$$G_{全球} = (\{国家(I) | i = 1, 2, \cdots, n\}, \{国家(I) 与国家(j) 之间的关系 | i \neq j 且 I, j = 1, 2, \cdots, n\})$$

2. 全球经济危机的持续时间

日前，关于美国次贷危机引发的全球经济危机还会持续多久的问题已成为人们关注的焦点。各大媒体也竞相报道有关专家对这一问题的看法。

按照系统经济学观点，我们认为，全球经济系统的特征尺度决定了全球经济危机的持续时间。特征尺度的概念最早由昝廷全（1993）提出。我们把能够体现经济系统过程特征的最小时间跨度叫做该经济系统的特征时间尺度，与特征时间尺度相对应的空间范围称为特征空间尺度。经济系统的特征时间尺度和特征空间尺度一起构成了该经济系统的特征时空尺度，简称特征尺度。特征尺度是经济系统本身固有的属性。全球经济系统作为一个最高层次的经济系统，它的发展变化必然与自身的特征尺度息息相关，因此全球经济危机从爆发到平息，这一变化过程所需要的最短时间也必然取决于全球经济系统所固有的特征尺度。

影响全球经济危机持续时间的另一个重要因素是全球经济系统的系统化水平。本文将针对这一问题进行重点研究。经济系统的系统化水平分为系统广化和系统深化两种情况：系统广化是指现有经济关系的显化，以及与经济系统具有联系的外部环境范围的不断扩大，进而可导致经济系统规模的扩大；系统深化是指经济系统内部经济元之间相互联系的加强。我们知道，进入 21 世纪以来，经济全球化已经成为世界经济发展的重要趋势，经济全球化已显示出强大的生命力，并对各国经济、政治、文化等各方面的发展产生着巨大的影响。根据系统经济学观点，经济全球化的极限方向就是全球经济系统的形成。因此从某种程度上来说，经济的全球化问题就是全球经济系统的系统化问题，但后者更侧重于考察全球经济系统的良性演化程度。全球经济系统的系统化水平越高，表明国际间交流越多，则越有利于资源在全球范围内的优化配置，从而有利于全球经济的发展。本文将用国际贸易系统化水平来对全球经济系统的系统化水平进行度量，运用两种不同的方法定量考察全球经济系统中各经济元，即各个国家的系统化水平状况，并进行对比分析。本文数据来源于联合国商品贸易数据库网站（UN com trade）以及联合国统计司网站（United Nation Statistics Division）。

二、国际贸易系统化水平的字典序原理方法分析

在微观经济学中，偏好关系用于研究消费者对商品的偏好问题，进而分析消费者的消费选择决策。字典序原理方法，即微观经济学中的字典序偏好关系是衡量偏好关系大小的一种排序方法。为简单起见，假定备选方案集合为 $X \in R^2_+$, $x, y \in X$，如果"$x_1 > y_1$"或"$x_1 = y_1$ 且 $x_2 \geq y_1$"则定义 $x \succ y$，读作"x 至少和 y 一样好"，这就是字典序偏好关系。若第二个条件更改为"$x_1 = y_1$ 且 $x_2 > y_2$"，则有 $x_2 \succ y_2$，表示"x 优于 y"或"x 比 y 好"。容易验证，字典序偏好关系是一种非连续的二元关系。本文将字典序原理应用到国际贸易系统化水平的分析中。

我们用贸易额和贸易顺差来衡量国际贸易系统化水平，这样一来，就可以把问题放到二维空间上进行研究，即假定全球经济系统中，各经济元的系统化水平集合 $X \subset R^2 =$（贸易额，顺差）。对于全球经济系统中的第 i 个经济元，即第 i 个国家来说，其系统化程度取决于它的进出口贸易额和贸易顺差。根据字典序原理我们有：对任意的 $x_i, x_j \in X$，$i \neq j$ 如果有"$x_{i1} > y_{j1}$"或"$x_{i1} = x_{j1}$ 且 $x_{i2} > x_{j2}$"成立，则称第 i 个国家的系统化水平比第 j 个国家的系统化水平高。也就是说，若第 i 个国家的进出口贸易额比第 j 个国家的进出口贸易额大，则称 i 国比 j 国的系统化水平高；在二者贸易额相同的情况下，若第 i 个国家的贸易顺差比第 j 个国家的贸易顺差大，则称 i 国较 j 国的系统化水平高。

在本文中，一国贸易额是指该国的进出口商品贸易总额，包括进口商品贸易总额和出口商品贸易总额，而复出口贸易与复进口贸易未包括在内。我们选取各国 2007 年的进出口贸易总额数据进行分析。经过筛选和整理，一共得到全球 141 个国家或地区 2007 年进出口总额的有效数据。贸易总额排名前十位的国家或地区及其进出口商品贸易总额数据如表 1 所示。

表1　按贸易总额排序后前十位国家或地区名单

排名	国家或地区	进出口商品贸易总额（美元）
1	美国	3179658926077
2	德国	2388149167000
3	中国	2173731603694
4	日本	1336570372916
5	法国	1151095146994
6	英国	1064585704358
7	意大利	996640120899
8	荷兰	899008269365
9	比利时	844193439035
10	加拿大	800185605318

注：欧洲联盟因其特殊性未被考虑在内。事实上，欧盟 2007 年的进出口贸易总额达 36569.5 亿美元，比美国同期贸易总额要高。

根据表1,按贸易额排序后,美国位列榜首,可见2007年美国进出口贸易非常活跃,其贸易总额高达3179659亿美元。德国紧随美国之后。而中国则位列第三,进出口贸易总额达到2173731亿美元,说明中国对外进出口贸易发展水平在世界上处于较领先的地位。此外,排名前十位的国家还有日本、法国、英国、意大利、荷兰、比利时和加拿大。从世界各洲分布情况看,排名前十的国家中有六个为欧洲国家(德、法、英、意、荷兰和比利时),而北美洲和亚洲则分别有两个国家跻身前十,即美国和加拿大,以及中国和日本。

在实际的贸易过程中,两国进出口贸易总额相等的情况发生的概率几乎为零,因此在运用字典序原理衡量各国贸易系统化水平时,具有绝对优先权的第一维变量"贸易额"起到了决定性作用,而"顺差"这一变量并没有对其产生本质影响。所以按贸易额排序后的结果事实上就是各国贸易系统化水平排序的结果,也就是说,各国进出口贸易的绝对规模决定了其系统化水平的大小。这样一来,系统化水平的研究本质上已经退化成一维问题。我们知道,一国的贸易系统化水平越高,表明该国与世界其他国家的经济联系越紧密,其经济发展状况对世界经济发展的影响也越大。从按字典序原理度量的各国系统化水平排序结果可以看出,美国的贸易系统化水平最高,表明美国对世界的进出口贸易额相当大,美国经济的发展对世界经济起着重要影响,这与其几十年来的世界经济霸主地位相对应。

三、国际贸易系统化水平理论研究与实证分析

本文第二部分的分析中已指出,可以利用贸易额和贸易顺差来衡量贸易系统化水平,即 $X \subset R^2 = $(贸易额,顺差),然而从字典序原理的分析结果可以看出,贸易顺差实际上并没有起到影响系统化水平的作用。我们知道,一国的贸易顺差、贸易逆差和贸易平衡可以反映该国在特定时期内对外贸易乃至国民经济发展的状况,因此在考察其贸易系统化水平时,"顺差"也应该是一个重要的解释变量。国内生产总值反映了国民经济生产活动的最终成果,是衡量一国综合实力的重要指标,因此我们也将其引入到系统化水平研究中。这样一来,国际贸易系统化水平的研究便成为了一个三维问题,即 $X \subset R^3 = $(贸易额,顺差,GDP)。需要注意的是,这里并没有强调三个变量的优先权问题,它们共同对系统化水平产生影响。

此外,对第二部分中提及的某个国家来说,其贸易额是一个总量数据,即贸易双方是该国和世界其他所有国家,因此除该国以外的世界其他国家是被作为一个"黑箱"来对待的,我们不考虑其内部的贸易状况。这一部分我们将从国与国之间的进出口贸易出发,首先分析两国间贸易系统化水平,进而对国际贸易系统化水平进行更深入的理论研究与实证分析。

1. 两国间贸易系统化水平分析

对两个有商品贸易往来的国家来说,它们之间的贸易关系可用以下图1来描述:

图中,G_i 表示第 i 个国家,T_{ij} 表示 i 国对 j 国的出口贸易额,同理,T_{ji} 表示 j 国对 i 国的出口贸易额。我们构造以下函数来描述两国间贸易系统化水平:

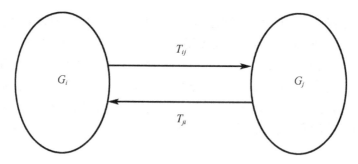

图 1　两国贸易关系简化图

$$f_{ij} = 2 \times \frac{T_{ij} + T_{ji}}{\mathrm{GDP}_i + \mathrm{GDP}_j} \mathrm{e}^{\frac{|T_{ij} + T_{ji}|}{T_{ij} + T_{ji}}} \tag{1}$$

其中 f_{ij} 是 i 国和 j 国间的贸易系统化水平指标，$i \neq j$ 且 T_{ij} 和 T_{ji} 中至少有一个不为零；GDP_i 表示 i 国的名义 GDP。当 $i = j$ 时，f_{ij} 表示一个国家自身与自身之间贸易的系统化水平，研究已失去意义；而当 T_{ij} 与 T_{ji} 同时为零时，表示两国间没有任何商品贸易往来，此时 f_{ij} 表达式（1）式没有定义，在这两种情况下，我们都令 $f_{ij} = 0$。显然这里有 $f_{ij} \in R^1_+ \cup \{0\}$，这样就把问题的研究成功地从三维实数空间降到了一维实数空间，这大大简化了系统化水平的研究。

在（1）式中，表示两国进出口贸易总额之和占其名义 GDP 之和的比例，体现了两国进出口贸易的相对规模大小，这与第二部分中的绝对规模有所不同；$\mathrm{e}^{\frac{|T_{ij} + T_{ji}|}{T_{ij} + T_{ji}}}$ 是值域为（0，1）的减函数，当 $|T_{ij} - T_{ji}| = 0$ 时，该项取最大值 1，此时 f_{ji} 也取最大值，也就是说，当两国贸易的相对规模一定时，若双方处于贸易平衡状态，则两国间贸易系统化水平达到最大。我们知道，一国长期大量出现贸易顺差或贸易逆差都不利于本国经济持续、健康发展，甚至还会引起与有关贸易伙伴国之间的摩擦，只有贸易平衡或基本平衡才有利于两国的经济发展以及维持友好贸易伙伴关系，因此，$\mathrm{e}^{\frac{|T_{ij} + T_{ji}|}{T_{ij} + T_{ji}}}$ 项在一定程度上体现了两国贸易的和谐程度，我们将它称为贸易系统化水平的平衡因子。经过数据筛选与整理，得到全球 139 个国家 2007 年的国际间进出口商品贸易数据。利用（1）式对任意两国或地区间贸易系统化水平进行计算。令：

$$A = \begin{bmatrix} f_{11} & f_{12} & \cdots & f_{1,139} \\ f_{21} & f_{22} & \cdots & f_{2,139} \\ \vdots & \vdots & \ddots & \vdots \\ f_{139,1} & f_{139,2} & \cdots & f_{139,139} \end{bmatrix}$$

显然，A 是一个对角线上的元全为零的对称方阵，因此只需对上三角部分或下三角部分进行计算。将计算结果排序后得到前十对贸易伙伴国或地区及其对应系统化水平数据，如表 2 所示。

表2　按式（1）计算排序后前十对贸易伙伴国或地区及其对应系统化水平数据

排名	商品贸易伙伴国或地区		两国间贸易系统化水平（f_{ij}）
	G_i	G_j	
1	马来西亚	新加坡	0.3030
2	中国	中国香港	0.1872
3	比利时	荷兰	0.1689
4	韩国	美国	0.1450
5	捷克	斯洛伐克	0.1193
6	中国香港	新加坡	0.1066
7	新加坡	泰国	0.0951
8	爱沙尼亚	拉脱维亚	0.0940
9	德国	荷兰	0.0847
10	印度尼西亚	新加坡	0.0837

由上表可见，在139个国家或地区中，马来西亚和新加坡之间贸易系统化水平最高，达0.3030，这表明两国在2007年间保持着较为频繁且和谐的商品贸易往来关系；而中国内地与中国香港之间的系统化水平则位居第二，为0.1872。纵观表2，在排名前十的贸易伙伴国或地区中，新加坡一共出现了四次，除上述马来西亚外，它与中国香港、泰国、印度尼西亚之间的系统化水平分别为0.1066、0.0951和0.0837，可见在2007年，新加坡与许多世界其他国家或地区之间都有着很好的贸易往来关系，这既有利于其本国经济的稳定与发展，也对世界经济的发展以及经济全球化进程有重要的影响。

2. 国际贸易系统化水平研究

根据（1）式，我们可将全球贸易系统化总水平定义为：

$$F = \sum_{i,j=1}^{n} \frac{T_{ij} + T_{ji}}{\text{GDP}_i + \text{GDP}_j} e^{\frac{|T_{ij}+T_{ji}|}{T_{ij}+T_{ji}}} = \frac{1}{2} \sum_{i,j=1}^{n} f_{ij} \tag{2}$$

其中n表示全球经济系统中经济元的总个数。在本文实证分析中，$n = 139$。经过计算，得到由这139个国家或地区为代表所构成的全球经济系统的贸易系统化总水平为$F = 10.3428$。

上述（三、1）节实际上是先将i国与j国视为一个经济系统来单独进行分析，然后再对139个这样的两国或地区经济系统进行比较。现在我们将其进行细分并扩展，考察各国或地区的系统化水平状况。根据（1）式和（2）式不难推出，各国或地区贸易系统化水平表达式为：

$$F = \sum_{j=1}^{n} \frac{T_{ij} + T_{ji}}{\text{GDP}_i + \text{GDP}_j} e^{\frac{|T_{ij}+T_{ji}|}{T_{ij}+T_{ji}}} \tag{3}$$

此外，为了使系统化水平更具有直观意义，我们令$\rho_i = F_i/F$则ρ_i表示i国或地区系统化水平占全球系统化总水平的比重。经计算，我们得到各国或地区2007年的贸易系统化水平数据，对其进行排序后得前十名国家或地区及其对应系统化水平值和 Qi 值，如表 3 所示。

表3　按系统化水平表达式（3）计算后排名前十的国家或地区

排名	国家或地区	系统化水平（f_i）	ρ_i
1	新加坡	0.4583	4.43%
2	德国	0.4017	3.88%
3	荷兰	0.3775	3.65%
4	比利时	0.3762	3.64%
5	中国香港	0.3185	3.08%
6	马来西亚	0.3154	3.05%
7	中国	0.2971	2.87%
8	韩国	0.2566	2.48%
9	法国	0.2391	2.31%
10	捷克	0.2267	2.19%

根据表 3，按系统化水平表达式（3）式计算后，位居榜首的是新加坡，其系统化水平高达 0.4583，占到了全球系统化总水平的 4.43%。可见，虽然新加坡的对外贸易总额并非排在第一位（事实上，新加坡的进出口贸易总额为 5624.5 亿美元，位列十四），但它按（3）式计算得到的贸易系统化水平是最高的，说明它在全球经济系统化进程中起着非常重要的调节作用；德国与荷兰紧随新加坡之后，分列第二和第三，系统化水平分别为 0.4017 和 0.3775，所占比重分别为 3.88% 和 3.65%。在排名前十位的国家或地区中，除中国外，其余九国或地区都是于 1995 年 1 月 1 日加入 WTO，而中国则是在 2001 年 12 月 11 日才正式成为 WTO 的第 143 个成员，从中国的系统化水平排名来看，其系统化水平以 0.2971 位居第七，可见入世以来，作为发展中国家的中国在对外进出口贸易方面得到了迅猛的发展，并在经济全球化的进程中扮演着越来越重要的角色，它的系统化水平占到了全球系统化总水平的 2.87 个百分点。

经过以上分析，我们可以对全球经济系统的整体贸易系统化水平状况进行一个概括性的描述。令：

$$c(n) = \{n \mid \sum_{i=1}^{n} F_i / F \geqslant 0.5, n \in N\}$$

式中，$c(n)$描述了在全球化过程中占到了一半重要性的前 n 个国家或地区的个数，我们将这 n 个国家或地区称为全球经济系统的关键子网，它们对促进全球经济系统的健康有序发展起着关键性的作用。显然 $c(n)$有另外一个等价的表达式，即：

$$c(n) = \{n \mid \sum_{i=1}^{n} \rho_i / \geqslant 0.5, n \in N\}$$

经过计算，在 139 个国家或地区为代表所构成的全球经济系统中：

$$\sum_{i=1}^{19} \rho_i = 0.4887, \sum_{i=1}^{20} \rho_i = 0.5062$$

因此我们有：$c(n) = 20$。除表 3 所示十个国家或地区，另外十个国家依次为瑞典、意大利、英国、泰国、匈牙利、波兰、美国、南斯拉夫共和国、瑞士和斯洛伐克。也就是说，这 20 个国家或地区共同构成了全球经济系统的关键子网，它们在全球化进程中占到了一半的重要性，对全球经济系统的稳定与发展有着举足轻重的作用。全球经济系统的关键子网对缓解全球经济危机起着关键性的调节作用。

现在我们定义全球贸易系统化平均水平如下：

$$F = \sum_{i=1}^{n} \frac{F_i \cdot \mathrm{GDP}_i}{\sum_{j=1}^{n} \mathrm{GDP}_j}$$

显然，当 $F_i = 1$, $i = 1, 2, \cdots, 139$ 时，$F = 1$（实际上，由 F_i 的表达式（3）知，1 并不是函数 F_i 的最大值）。经计算得：$F = 0.18867$。

从表 3 可以看到，前十名国家或地区的系统化水平都高于平均水平 F；除此之外，瑞典、意大利、英国、泰国、匈牙利和波兰的系统化水平也高于 0.18867，而美国的系统化水平则低于该值。也就是说，有 16 个国家或地区的系统化水平高于平均水平 F。虽然这一结果与关键子网中的国家或地区个数不同，但二者都体现了所含国家或地区在全球化进程中扮演着重要角色。

从分布状况看，这 16 个国家或地区都属于亚洲或欧洲。其中新加坡、中国香港、马来西亚、中国、韩国和泰国 6 个国家或地区属于亚洲，其余 10 国则属于欧洲。与此形成对比的是，非洲、拉丁美洲、北美洲和大洋洲各国或地区的系统化水平都比平均水平低，表明这四大洲各国或地区经济的发展对全球经济的稳定和发展所起的作用较小。换句话说，世界经济的稳定和发展在很大程度上依赖于亚欧各国或地区经济的发展；而其余四大洲各国或地区经济的发展在一定程度上对世界经济的稳定起到负面作用，或者正面作用很小。

本文实证分析中提及的全球经济系统虽然仅包含全球 139 个国家或地区，但在数据的搜集过程中我们发现，联合国网站上未发布 2007 年进出口贸易额详细数据的国家或地区，大部分是一些小国或经济相对落后的发展中国家或地区，如孟加拉国、安哥拉共和国等，它们对全球经济系统发展的影响作用可能非常小。因此本文将 139 个国家或地区共同构成的经济系统视为全球经济系统，具有一定的代表性意义。

四、对比分析与总结

本文运用两种方法研究国际贸易系统化水平状况。字典序原理方法将问题放到二维空间上分析，由于两国进出口贸易额相等的情况几乎不可能出现，因此具有绝对优先权的"贸易额"变量事实上决定了贸易系统化水平的大小，而"顺差"则没有起到任何本质作用。第三部分将问题的研究从二维空间推广到三维空间，引入了名义 GDP 这一变量，借助相对贸易规模 $\dfrac{T_{ij} + T_{ji}}{\mathrm{GDP}_i + \mathrm{GDP}_j}$ 和平衡因子 $\mathrm{e}^{\frac{|T_{ij} + T_{ji}|}{T_{ij} + T_{ji}}}$ 来共同度量系统化水平。

从两种方法对各国贸易系统化水平排序的结果来看，差异较大。仅从美国和新加坡的排名看，按字典序原理方法排序后，二者分别排名第一位和第十四位；而按系统化水平表达式（3）式计算并排序后，新加坡跃居榜首，美国则降到了十七位。事实上，虽然美国的对外贸易总额位居世界第一，但其国内生产总值也是位列第一，因此它与某国之间贸易的相对规模可能不是最大的；此外，贸易顺差或贸易逆差过大并不利于本国和世界经济的和谐有序发展，在这种情况下，体现经济良性演化程度的系统化水平也应该相应地有所降低，平衡因子正反映了这一方面的问题。在以上双重因素的作用下，美国的系统化水平并不如我们直观上想象的那样高；相比之下，新加坡的对外贸易总额虽然仅居十四位，但其相对贸易规模与平衡因子较大，这导致了该国系统化水平居全球经济系统首位，表明新加坡经济的发展与全球经济系统的稳定与发展具有重要联系。

经过以上对比分析我们发现，系统化水平表达式借助相对贸易规模和平衡因子来考察贸易系统化水平，是对字典序原理方法的一种改进和延伸，更具有现实经济意义。

参考文献

[1] [美]安德鲁·马斯·科莱尔，麦克尔·D. 温斯顿，杰里·R. 格林著（刘文忻，李绍荣主译）. 微观经济学[M]. 北京：中国社会科学出版社，2001.

[2] 昝廷全. 关于系统学研究的几个基本问题[J].系统工程理论与实践，2002（3）.

[3] 昝廷全. 系统经济学（第一卷：概念、原理与方法论）[M]. 香港：经济与法律出版社，1995.

[4] 昝廷全. 产业经济系统与产业分类的 (f, θ, D) 相对性准则[J]. 郑州大学学报（社会科学版），2002，（1）.

区域文化产业在不均衡状态下的均衡发展*

摘要：区域文化产业是我国文化产业的重要组成部分，但是我国区域文化产业呈现不均衡发展状态，制约了我国文化产业的整体发展。造成这种现象的原因既有历史因素、政策因素和体制机制因素，更有观念因素。在现今区域文化产业发展非均衡的格局下，应寻找沿海与内地、强势与弱势之间的发展张力和平衡点，形成一种东部为"龙头"、积极走出去，中西部为骨干、奋起直追，有重点、协同发展的新格局。

关键词：区域文化；文化产业；产业政策

文化产业在我国方兴未艾，彰显了强劲的发展势头。据国家统计局统计，2005 年以来，全国文化产业增加值的同比增长速度每年均超过两位数，大大高于同期经济增长速度。区域文化产业是我国文化产业的重要组成部分，它是以一定地域为范围的文化产业。每一个区域的文化产业都受到当地的文化资源条件、社会经济条件和政治条件的制约。

一、我国区域文化产业呈现不均衡发展状态

随着文化产业的发展，区域文化产业逐渐成为各区域经济的重要组成部分，已经成为优化区域经济结构的重要"催化剂"。全国 31 个省、自治区、直辖市（暂不包括港、澳、台）和新疆生产建设兵团以及 5 个计划单列市都把文化产业作为文化建设的重要抓手，其中 23 个省、市、区设立了文化产业发展专项资金。文化产业的迅速发展极大促进了各地的经济发展与文化繁荣，部分省市文化产业占 GDP 比重超过 5%。深圳市 2006年文化产业增加值达 381.96 亿元，同比增长 25.9%，占全市 GDP 的比重为 6.7%。2004年至 2007 年，北京市的文化创意产业平均增长 23%，创造增加值年均增长 17%，分别占北京市地区生产总值的 10.1%、10.2%、10.3%和 10.6%，比重逐年提高，增加值平均增长率为 17.4%，高于全市地区生产总值平均增长率 1.8 个百分点（图 1），2008 年文化创意产业增加值突破 1000 亿元。

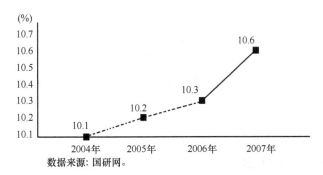

数据来源：国研网。

图 1　2004－2007 年北京市文化创意产业增加值占全市 GDP 增加值的比例

*作者：昝廷全、赵永刚，原载《郑州航空工业管理学院学报》2009 年第 2 期

按照文化产业发展的现状而言，全国（主要指大陆地区）的区域文化产业可以分为以沈阳为中心的东北区域，以北京为中心的京津冀都市圈，以上海为中心的长江三角洲，以广东为中心的珠江三角洲，以湖南等省份为中心的中部地区，以陕西等省份为中心的西北地区，以云南为中心的西南地区，共 7 个大板块。如果按照我国一般的区域划分方法的话，这 7 个大板块又可以分为东部区域，包括东北区域、京津冀都市圈、长江三角洲和珠江三角洲；中部区域，包括河南、湖南、湖北、安徽、山西等省份；其余的为西部区域。这些区域文化产业发展的重点和定位各不相同，如珠江三角洲以加工制造业为主，西南地区以地方民族文化特色的旅游业为主，等等。

从全国范围来看，我国区域文化产业的发展状况呈现从东部到中部再到西部的梯形递减规律，呈现出不均衡状态。以 2006 年为例，"该年东中西部的地区生产总值分别占全国 GDP 的 64.16%、18.72%和 17.12%。而区域文化产业方面，从文化产业单位数量、从业人员数和拥有资产的地区分布看，东部地区分别占全国的 66%、69%和 78%，远高于中西部地区；从收入情况看，东部地区的营业收入占全国的 82%，而中西部仅占 18%；从实现的增加值看，东部占 74%、中西部占 26%；从对 GDP 的贡献看，东部地区实现的增加值占 2.56%，中西部地区分别为 1.28%和 1.35%"。

二、区域文化产业不均衡的原因

早在 1999 年，浙江省就提出了建设文化大省的口号，并于 2000 年底制定并出台了全国第一个省级文化建设纲要——《浙江省建设文化大省纲要（2001－2020 年）》；中部地区的山西省于 2003 年最早出台了《山西省建设文化强省发展规划纲要（2003－2010 年）》；西部地区的陕西省于 2005 年 6 月最早出台了《陕西省文化产业发展纲要》。这样算来，发展区域文化产业，东部地区至少比中部早 3 年，比西部早 5 年。由此可见，区域文化产业发展的不均衡在时间上就已存在，且有随着区域经济发展差距拉大而不断增加的趋势。

区域文化产业的不均衡制约了我国文化产业的总体发展，更不利于我国文化产业的国际化竞争。产生这种不均衡现状的原因是多方面的，既有历史因素，也有政策因素和体制机制因素，更有观念因素。

1. 地理位置导致的区域经济的历史性差异仍是发展区域文化产业挥之不去的"痛"

我国幅员辽阔，但这也导致了我国区域经济的历史性差异。纵观我国近现代史，中西部尤其是西部地区的经济水平一直相对落后。到了当代，尤其是改革开放以来，东部地区尤其是沿海一带发展极其迅速，进一步拉大了东部和中西部的经济鸿沟。区域经济的发展直接关系到区域文化产业的发展。根据马斯洛需求原理，文化消费是建立在物质消费足够丰富的基础之上的。经济发达的东部不仅仅带动了中西部经济的发展，更是率先发起了由人民群众的精神文化生活消费为导火索的全国性的文化产业"革命"。

在发达的经济和较早觉醒的精神文化消费需求的双重因素的决定下，东部地区发展文化产业的基础设施以及科研机构、高校和相关企业的数量等硬件条件要比中西部早得多、好得多，这就使区域文化产业的天平实质性地倾向了东部地区。另一方面，近年来我国整体的精神文化消费需求急剧上升，整体的文化产品消费有所上升，但是区域的文化产品消费参差不齐。这和区域的人均 GDP 和城镇居民人均可支配收入紧密相关。在市场作用的调节下，落后地区在市场竞争中不仅不能分享经济全球化、市场一体化、科技进步、要素流动和产业转移带来的利益，而且其自身的资源和要素大量流出，形成穷者愈穷的"马太效应"，这就使区域文化产业的差异进一步加大。

2. 区域市场化程度的高低和区域文化产业发展水平成正相关

区域市场化是利用市场机制代替原有的政府计划和行政干预来调节区域文化产业资源（包括资本、人才、市场等在内的广义资源）。文化产业化是必须要和当地的市场化程度紧密相关的，市场化程度越高越能有效配置各区域较为稀缺的文化资源，催生和促进区域文化产业的发展。以北京市和陕西省为例，在政府的大力扶持下，北京市的文化产业已逐步加快市场化进程，各个产业聚集区的规模都在不断加大，并且还将逐步兴起更多的聚集区。2004 年至 2007 年，北京市的文化产业平均增长 23%，创造增加值年均增长 17%，2008 年该市文化产业增加值突破 1 000 亿元，已经超过北京市 GDP 的 10%。而陕西文化企业市场化程度低，既没有采取合理的市场化战略，也没有引进竞争化机制，整个文化产业市场比重小。正因为缺少市场化这个催化剂，陕西虽文化资源丰富，尤其是旅游业位于全国前茅，但仍是被架空的"空中楼阁"，产业价值被极大湮没。

此外，市场化是产业化的前提，产业化是市场化的基础。区域市场化程度的高低同样对促进文化的产业化进程有着重要的推动作用。市场化程度较高区域的文化产业，其规模一般较大，产业链条较长，产业的协同效应较强，产业集聚度较高。以中部地区的山西省为例，该省的文化产业市场化程度不高，2006 年山西省文化产业实现增加值 124.72 亿元，占全省 GDP 的 2.61%。就产业规模而言，要小得多，仅占全国文化产业增加值的 2.43%，处于全国下游水平。该省文化产业内部的广电、出版、旅游等相对独立，相互之间协同很弱，还基本停留在简单生产阶段，缺乏中间产品和衍生产品。

3. 政策扶持仍是区域文化产业发展的强大"外部推动力"

我们从国家政策扶持和地方政策扶持两个层面进行分析。首先从国家层面来看，我国的文化产业是从文化事业单位的文化体制改革逐步开展而来的。2003 年 6 月，中央召开文化体制改革试点工作会议，确定北京、上海、广东等 9 个省市为综合性试点地区，35 家新闻出版、文艺创作演出、文化企业单位具体承担试点任务，文化体制改革试点启动。从中我们可以看出，国家最早扶持的区域文化产业主要集中在东部沿海一带，而后才向中西部推广扩展。

2005 年国家针对文化体制改革试点颁布了《关于文化体制改革中经营性文化事业单位转制为企业的若干税收政策问题的通知》和《关于文化体制改革试点中支持文化产业发展若干税收政策问题的通知》。第一个通知的主要扶持政策有，"免征企业所得税；同时，原有的增值税优惠政策将继续执行。由财政部拨付事业经费的文化单位转制为企业，对其自用房产、土地和车船免征房产税、城镇土地使用税和车船使用税。""文化产品出口按照国家现行税法规定享受出口退（免）税政策；对在境外提供文化劳务取得的境外收入不征营业税，免征企业所得税；对生产重点文化产品进口所需要的自用设备及配套件、备件等，按现行税收政策的有关规定，免征进口关税和进口环节增值税"。第二个通知的主要扶持政策有，"在文化体制改革试点地区，对政府鼓励的新办文化企业（包括文艺表演团体、文化艺术演出经纪企业等18类），自工商注册登记起，将免征3年企业所得税；试点文化集团的核心企业对其成员企业100%投资控股的，经国家税务总局批准后可合并交纳企业所得税"。

这些国家政策的扶持，无疑对推动文化体制改革试点单位所在地，主要是东部地区的文化产业的发展起到了极大的作用。

我们再从地方政策扶持的层面来看。由于各地政府对区域文化产业的认识程度不同，所基于的相关的政策扶持也不尽相同，这也就再次加剧了区域文化产业的不均衡性。以北京和山西省为例，北京市为推动文化产业发展，先后出台《北京市文化产业发展规划（2004）2008》、《北京市"十一五"时期文化创意产业发展规划》等政策。在资金方面，北京市设立两个专项资金，共10亿元，重点支持文化产业发展。另外，在人才引进、土地配置、版权保护等方面也给予了强有力的政策支持和保障。这些政策的出台，使得文化创意产业已成为北京市未来发展的支柱性产业。2007年，北京市文化创意产业收入为3 827亿元，同比增长19%，高出北京市"十一五"规划文化产业设定的年均增长15%的目标，利润增长28.7%，增速大大超过总收入，产值已经超过北京市GDP的13%。和北京相比，山西省对文化产业的政策扶持力度就很弱。目前，山西省委、省政府对促进文化产业发展切实有效的政策还处于制定过程中，还没有出台，甚至国家出台的一些政策在全省还没有全面落实，还缺乏具体的实施办法。从资金投入上来看，2007年全省城镇固定资产投资中，文化产业投资额仅占城镇全部固定资产投资的1.6%，这一比重远远低于该省文化产业增加值占GDP2.8%的比重。

4. 区域文化体制改革的步伐和程度也是区域文化产业发展不均衡的重要原因

文化体制改革已经在我国实施多年，但是力度还不够，而且各区域之间的改革步伐快慢不一，程度不一。文化行业多年来条块分割造成了巨大弊端，政府不断衍生新的文化管理部门，使区域文化产业步履维艰。事实证明，区域文化体制改革得越早越深入，区域文化产业发展就越好越快。文化体制改革包括所有制格局、文化市场开放、重塑文化市场主体、优化文化资源配置、行政职能分开等方面，其核心是产权制度。在文化体制改革中，需要政府发挥积极的"领航者"的作用。以处于西部的经济并不发达的云南省为例。该省文化体制改革起步较早，形成了良好的制度环境。2003年8月，云南省组建了省文化体制改革和文化产业发展领导小组，下设具有10个专门编制的小组办公室。同时，云南省还充分重视文化体制改革的试点工作，在试点地区或单位，体制的活力得到了有效释放，文化产业呈现出了迅猛的发展势头。2006年，全省文化产业增加值为216.7亿元，占当年全省GDP的5.41%；2007年，又分别上升到262.9亿元和5.55%。如今，云南省已经成为我国区域文化产业发展的一个样本，"云南现象"一时间尽显风流。

三、寻求区域文化产业不均衡状态下的均衡发展

区域文化产业是当前我国文化产业发展中的一大亮点。它是区域经济和区域文化综

合发展的一个结果，既反映了一个地区文明发展的水平，同时也反映了一个地区资源和要素的物质性状况以及人们对这种资源和要素的精神的把握的情况。区域文化产业在不均衡状态下寻求均衡发展已经迫不及待。

结合我国区域文化产业的特殊性，笔者认为，区域文化产业的均衡发展不是搞文化产业的"全民运动"、遍地开花，也不是各区域之间在资金投入、人才引进、项目开展等方面的同质化的线性发展关系，更不是无休止的"劫东部富济中西部贫"的"平均化"发展运动。它应该是一场多种利益主体尤其是经济利益主体间的漫长博弈，应该在现有显而易见的非均衡格局中找寻沿海与内陆、强势与弱势之间的发展张力和平衡点，形成一种东部为"龙头"、积极走出去，中西部为骨干、奋起直追，有层次、有重点、协同发展的新格局。

1. 中西部地区需要在加强政府的"领航员"角色和努力培养市场机制两方面寻求平衡点

我国文化产业受起步晚、经验缺乏等因素的影响，在发展过程中面临着来自政府干预和市场调节的双重矛盾。如何协调好二者的关系在区域文化发展中具有重要的作用。

首先，从目前我国文化产业仍处于初级发展阶段，并面临着来自国际市场的冲击来看，政府需要大力扶持文化产业的发展，制定配套政策和法规，并积极贯彻落实，起到"领航员"的角色。这在区域文化产业的发展中显得尤其重要。但是，政府的介入不应该是微观的、事无巨细的管理，更不能单纯依靠行政手段管理，这样只能人为地限制文化产业的发展。政府在文化产业的发展中不能缺位、越位和错位，要把握好平衡关系，积极维护市场公平、公正竞争。

其次，要努力培养市场机制，把握好发展区域文化产业中的市场机制体内的供求、价格、竞争、风险等要素之间的互相联系及作用，加强文化产业园区和基地建设，提高文化产业集聚度，优化文化产业结构，实现产业升级，推动文化企业做大做强。处于中部地区的湖南省在把握政府和市场方面有着成功的例子。湖南省理顺政府与文化企业单位的关系，将工作重点放到培育文化市场、营造宽松和谐的文化发展环境上来。该省还大胆探索在市场经济条件下资产运作的方式和途径，从政策上引导、鼓励和支持社会资本参与文化企事业单位的改革和对文化资源的优化整合，允许并支持民间资本向文化产业投资，允许和鼓励文化行业多种所有制共同发展。2007 年，湖南省文化产业已经成为该省的支柱产业之一，占 GDP 比重达 4.9%。

2. 加大区域文化体制改革力度和强度，不仅仅需要"雷声"，更需要"雨点"

从我国当前的环境来看，文化体制深层次改革的条件已经逐步成熟。在政治环境上，从党的十六大到十七大，我国对文化产业的认识已经产生了质的变化，最主要的表现就是党的十七大提出了"推动社会主义文化大发展大繁荣"的基本要求，文化产业已经被纳入全面建设小康社会发展的重大战略目标；在经济环境上，改革开放 30 年来，我国取得了举世瞩目的成就，经济总量已居发展中国家首位，世界排名也由第十位跃升到第四位，经济的飞速腾飞也拉动了国内精神文化的需求，需要更多的文化产品来满足；在文化环境上，大众文化的兴起和传统文化的挖掘加速了当代中国文化的发展进程，推进了文化向大众层面的渗透和辐射。

无论在学界、业界还是政界，文化体制改革的"雷声"早已此起彼伏，一浪高过一浪。当前的文化体制和机制对区域文化产业发展的极大束缚已经成为不争的事实。但是为什么只有连绵不断的"雷声"，而罕见"雨点"呢?纵观我国文化产业体制改革历程，并对比其他行业的改革得失，我们不难发现，因改革开放而取得既得利益的单位往往组成保守派的利益集团或者小团体，时时事事阻抗和牵制着改革的良性循环。这也是我国改革开放进入攻坚阶段阻力较大的主要原因。

进行区域文化产业的均衡发展就是要不断取得区域文化体制改革的实质性进展，多"下雨"，树立大局意识，打破既得利益分配格局，进行资源重组和利益重分。在发展过程中，要认真贯彻落实国家和当地政府对文化体制改革的政策法规，结合本地实际，以文化体制改革试点地区和单位为孵化器，面向市场，逐步建立现代企业制度，增强区域文化产业竞争力。

3. 努力形成缩小东西部区域文化产业发展差距的多元化发展新格局

在发展区域文化产业方面，总体来看，我国沿海地区经济发达，基础设施完善，文化人才和资本相对丰裕，而中西部地区经济发展相对落后，但文化资源却十分丰富。要形成区域文化产业的均衡发展，需要东中西合作、优势互补、互动发展。此外，还需要东部地区积极帮助中西部，在人才、技术、经验等方面提供帮扶，从而逐步缩小差距，达到共同发展的目的。

从战略发展的角度分析，我国文化产业实力还相对较弱，缺乏国内市场的整合能力，在国际文化市场中所占的比例还很小，尤其是我国加入WTO后面对着来自国际市场的诸多挑战和压力。这就需要我国尽快壮大文化产业实力，打造新的区域文化产业发展格局，提高国际竞争力。首先，东部地区尤其是沿海　带区域文化产业实力最强，可以形成"一极"，在积极"走出去"参与国际竞争、打造诸多强势品牌的同时，仍要起到"领头羊"的作用，带动中西部的发展。

其次，中西部部分有条件省份要紧跟其上发挥"后发优势"，应当对本地区的资源条件进行科学分析，明确定位，突出特色，发展区域特色文化产业，寻求发展突破口。如云南省努力打造民族文化大省，在区域文化产业中独树一帜，形成了著名的"云南现象"；湖南省初步形成了在全国颇具影响的"广电湘军"、"出版湘军"、"动漫湘军"之后，努力整合资源，打造"文化湘军"。

第三，区域之间，尤其是中西部区域文化产业发展较好的省份可以相互整合资源，形成关联性较强的产业联合体，做强做长产业链，提升竞争力。这种意义上的联合体也可以看作是大区域文化产业发展的"一极"，它能产生较强的辐射和凝聚作用，这也是我国区域文化产业未来发展的大趋势之一。

四、结　语

文化产业被认为是21世纪全球最有前途的产业之一，20世纪90年代以来，文化的经济功能逐步被认同和推动。从英国最早提出这一概念至今，文化产业已经成为一个新的经济增长点，为当地的经济增长、就业、城市发展等方面作出了积极贡献，世界各国政府都对这一产业的发展给予了特别关注和高度重视。我国在发展文化产业的过程中，需要积极借鉴国外尤其是发达国家的成功发展经验，但不是复制，一定要结合我国区域文化产业发展不均衡的特殊情况，在不均衡状态下寻求均衡发展，这才是具有中国特色的文化产业发展之路。

参考文献

[1] 苏东水. 产业经济学[M]. 北京：高等教育出版社，2005.

[2] 高鸿业. 西方经济学[M]. 北京：中国经济出版社，1996.

[3] 蒋晓丽. 全球化背景下中国文化产业论[M]. 成都：四川大学出版社，2006.

[4] 陆祖鹤. 文化产业发展方略[M]. 北京：社会科学文献出版社，2006.

[5] 刘吉发. 区域文化经济发展研究：陕西文化产业发展战略[M]. 西安：西北大学出版社，2006.

[6] 连玉明，武建忠.中国国情报告——新视野：从提高生活水平到共享改革发展成果[M]. 北京：中国时代经济出版社，2006.

[7] 高建民.2008山西文化产业发展报告[M]. 太原：山西人民出版社，2008.

[8] 李大敏. 陕西文化产业发展对策分析[J]. 商场现代化，2007，（30）：37－42.

[9] 胡惠林. 区域文化产业战略于空间布局原则[J]. 云南大学学报（社会科学版），2005，（4）：15－20.

2010

博弈论的粗集模型*

摘要：本文首先分析了博弈论中对不完备信息的描述，利用粗集中对不完备信息的处理方法，将完全信息与不完全信息进行了粗集特征区分。经典博弈论用概率来处理信息的不确定性，本文将信息的不确定性用粗集的方法进行描述，将信息的传递看作是粗传递，较为详细地讨论了信息粗传递在不完全信息动态博弈中的应用。本文为粗集和博弈论之间架起了桥梁，给博弈论中不确定信息的描述提供了新的方法和角度。

关键词：粗集；粗传递；不完全信息；博弈论

Rough Set Models of Game Theory

ZAN Ting-quan，ZHU Tian-bo

Abstract：This article starts with analyzing the discription of incomplete information in game theory. Then it uses method of rough set dealing with incomplete information to distinguish complete information and incomplete information on rough-setcharicteristic. Classic game theory deals with the uncertainty of information by probability. In this article we use rough set to discribe uncertainty of information，regarding the transmission of information as rough transmission. Addisionally，it discusses in detail about the use of rough transmission in dynamic game of in-perfect information. This paper sets up a bridge between rough sets and game theory and supplies a new method to description of incomplete information in game theory.

Keywords：rough set；rough transmission；incomplete information；game theory

一、引　言

目前，经济学越来越重视对信息的研究，特别是在信息不完备条件下人们的行为选择及制度的安排。在现实世界中，人们对很多事物的认识是不精确和不完全的，模糊集和基于概率方法的证据理论是处理不确定性信息的两种典型方法。然而，这些方法有时需要一些数据的附加信息，如模糊隶属函数、基本概率指派函数和有关概率统计分布等，这些信息有时并不容易得到。粗糙集理论的主要优势之一就在于它不需要关于数据的任何预备的或额外的信息。因此，粗糙集被认为是一种处理不精确、不确定、模糊性知识的新的数学工具。在经济学中，其潜在的理论和实际价值亦有待得到充分的发挥。

在经典博弈理论中，一类重要的模型就是讨论在信息不完备情形下的博弈。信息的不完备是指某些参与人不知道其他参与人的"类型"。此时，参与人的决策依赖于自己对其他参与人类型的先验估计。目前，博弈论用概率来描述这一估计。实际上，在许多情况下，我们根本无法得知其他参与人类型的概率或分布函数，而只是掌握了一些能够

---

*作者：昝廷全、朱天博，原载《中国传媒大学学报（自然科学版）》2010 年第 2 期

用于判断的信息（知识）。在这种情况下，我们可以运用粗糙集理论中关于不确定性的描述方法进行处理。

二、博弈的分类及其对不完备信息的描述

参与人、战略、支付函数构成博弈的三大要素。参与人指的是博弈中选择行动的决策主体，经典博弈中通常假设参与人以最大化自己效用作为决策准则；战略是参与人在给定信息集的情况下选择行动的规则，它说明参与人在什么时候选择什么行动；支付函数是在一个特定的战略组合下参与人从博弈中获得的效用，或是参与人得到的期望效用水平，它是所有参与人战略或行动的函数，是每个人参与人真正关心的东西。

博弈的划分可以从两个角度进行。从参与人行动的时间角度，博弈可以划分为静态博弈和动态博弈。静态博弈指的是在博弈中，参与人同时选择行动或虽不是同时选择，但后行动者并不知道先行动者采取了什么具体行动；动态博弈指的是在博弈中，参与人的行动有先后顺序，且后行动者能够观测到先行动者所选择的行动。博弈论中，一般假定参与人的行动空间和行动顺序是所有参与人的共同知识。第二个角度是按照参与人对其他参与人的了解程度，分为完全信息博弈和不完全信息博弈。完全信息是指在博弈过程中，每个参与人对其他参与人的特征、战略空间及支付函数有准确的知识，即不存在事先的不确定性；否则，就是不完全信息。

将上述两个角度的划分结合起来，我们就得到四种不同类型的博弈，即：完全信息静态博弈，完全信息动态博弈，不完全信息静态博弈，不完全信息动态博弈。

在经典博弈理论中，有一类重要的模型就是用来讨论信息"不完备"情形下的博弈的。在这一类模型中，信息的"不完备"是指某些参与人不知道其他参与人的"类型"，或其他参与人的类型未知时，参与人的决策依赖于自己的信念，这里的信念指的是该参与人对其他参与人类型的先验估计。目前，博弈论用概率来描述这一估计。

设每个参与人的类型集

$$\odot_i = \{\theta^{(i)}_1, \theta^{(i)}_2, \cdots, \theta^{(i)}_n\}(i = 1, 2, \cdots, n)$$

关于类型的信息其实只是博弈模型中参与人信息的很小的一部分。在一个 N 人非合作博弈中，为达到均衡点，参与人知道的信息还应包括：

每个参与人的战略集

$$S_i = \{s^{(i)}_1, s^{(i)}_2, \cdots, s^{(i)}_m\}(i = 1, 2, \cdots, n)$$

每个参与人的支付函数集

$$U_i = \{u^{(i)}_1, u^{(i)}_2, \cdots, u^{(i)}_k\}(i = 1, 2, \cdots, n)$$

参与人 i 的支付函数为 $u^{(i)}_j, (i, j = 1, 2, \cdots, n)$. 当每一参与人 i 选定一个战略 $s^{(i)}_j \in S_i, (i, j = 1, 2, \cdots, n)$ 后，就形成了博弈的一个局势 $s^{(i)} = (s^{(i)}_1, s^{(i)}_2, \cdots, s^{(i)}_m) \in \prod_{i \in n} S_i$，对于每一个局势 $s^{(i)}$，参与人得到的支付（效用）为 $u_i(s^{(i)}) = u_i(s^{(i)}_1, s^{(i)}_2, \cdots, s^{(i)}_m), i = 1, 2, \cdots, n$

按照理性参与人的假定，每个博弈参与人的决策目标是使得自身的福利最大化。

三、完全信息与不完全信息的粗集特征区分

1. 粗集方法对不完备信息的判断

相对于概率统计、证据理论、模糊集等处理含糊性和不确定性问题的数学工具而言，粗糙集理论既与它们有一定的联系，又有这些理论不具备的优点。统计学需要概率分布，证据理论需要概率赋值，模糊集理论需要隶属函数，而粗糙集理论的主要优势之一就在于它不需要关于数据的任何预备的或额外的信息。因此，粗糙集给人们研究粗信息和它的特性提供了理论支持。由此，对粗信息的理论研究与应用研究得到广泛的开展并取得了许多优秀的成果。粗糙集理论已成为粗系统理论与应用的基石。粗糙集理论被认为是一种处理不精确、不确定、模糊性知识的新的数学工具。

经典博弈论中用概率来描述信息的不确定性，而实际情况下，很多时候我们无法得知某个参与人是何种类型的概率，而只是掌握了一些能够用于判断的信息（知识）。比如，我们判断一个企业的成本是高还是低，更多是通过企业的一些信息，如财务状况、投资力度、企业规模等元素来判断企业类型，其中，有些元素可以判断企业是高成本类型，有些元素可以判断企业是低成本类型，有些元素无法做出判断。在这种情况下，我们根据信息做出的判断就是粗糙的，需要运用粗糙集理论的工具予以处理。粗糙集理论与统计方法处理不确定问题完全不同，它不采用概率方法来描述数据的不确定性；而是基于一个或一组机构关于一些现实的大量数据信息，以对观察和测量所得数据进行分类的能力为基础，从中发现、推理知识和分辨系统的某些特点、对象、过程等。它的主要优势之一就在于它不需要关于数据的任何预备的或额外的信息。

我们以判断企业类型为例，假定概率是通过统计数据或概率分布函数得到的，即判断一个企业的类型，通过市场上某种类型所占的比例来得出概率。而粗集方法是通过所掌握的该企业的信息来判断其类型。我们可以用一个二维图表来表示（如表1）。

表1

企业	信息 1	信息 2	...	信息 m	类型
1	a_{11}	a_{12}		a_{1m}	θ_1
2	a_{21}	a_{22}		a_{1m}	θ_2
⋮	⋮	⋮		⋮	⋮
N	a_{n1}	a_{n2}		a_{nm}	θ_n

判断企业 i 的类型，用概率的方法，我们需要知道"类型"这一纵列中各类型所占比例，从而得出某种类型的概率；假设我们现在需要判断某企业 i 的成本函数类型（假设有高成本和低成本两种类型）。在表1中，假设高成本类型企业在 n 个企业中所占比例为 v/n，则我们推断企业 i 为高成本类型的概率为 v/n。可是，在很多情况下，我们没有市场上大量企业的有关数据，无法通过某种类型所占比例来得知这一概率，只知道所需判断类型的某一个企业 i 的大量信息，这时，我们可以用粗集的方法，通过对横列的信息进行分类和判断，求出对其类型的估计。在概率方法中，不完全信息博弈假设概率

分布函数是共同知识，而在粗集方法中，我们需要假设信息集中的元素 a_{ij} 是否能确定企业 i 的类型为共同知识。且我们需要假定，一定存在精确信息 a_{ij} 能够确定企业 i 的某种类型，即企业 i 信息集的某种等价分类的下近似基数不为零。在上面成本判断的例子中，这就意味着，大家都知道哪些信息能够确定某企业属于哪种类型。而且一定存在信息，让我们能够确定企业属于高成本或是低成本，否则，如果信息集中不存在信息元素能够确定企业属于某种类型，就会出现即使某种类型有存在的可能性，但近似精度却等于零的矛盾情况。

2. 完全信息与不完全信息的粗集特征区分

在完全信息博弈的过程中，每个参与人对其他参与人的特征、战略空间及支付函数有准确的知识，即信息是完备的，不存在事先的不确定性；否则，就是不完全信息博弈。下面我们用粗集的方法来描述信息的完备性。

首先介绍近似精度的概念。根据粗集的基本原理，集合的不确定性是由于边界域的存在而引起的，集合的边界域越大，其精确性越低，由此引入描述集合 X 的不确定性的概念——近似精度。

定义 3.1（近似精度）：设 $R_-(X), R^-(X)$ 分别是集合 $X \subseteq U$ 的 R 下近似集和上近似集，称

$$d_R(X) = \frac{|R_-(X)|}{|R^-(X)|}$$

是集合 X 的 R 近似精度，其中 $|X|$ 表示 X 的基数，$R^-(X) \neq \varnothing$。若 $R^-(X) = \varnothing$，则定义 $d_R(X^{(B)}) = 1$。

近似精度 $d_R(X^{(B)})$ 用来反映我们对于了解集合 X 的知识的完全程度。显然，对每一个 $X \subseteq U$，有 $0 \leq d_R(X^{(B)}) \leq 1$。当 $d_R(X^{(R)}) = 1$ 时，X 的 R-边界域是空集，集合 X 是 R 可定义的；当 $d_R(X^{(B)}) < 1$ 时，集合 X 有非空 R-边界域，集合 X 是 R 不可定义的。

下面我们根据近似精度来进行信息完备性的粗集描述。

设 A 和 B 为博弈双方，B 的类型集为 $\odot^{(B)} = \{\theta^{(B)}_1, \theta^{(B)}_2, \cdots, \theta^{(B)}_n\}$，假设现在 A 将根据 B 的类型做出某种决策，$X^{(B)} = \{X^{(B)}_1, X^{(B)}_2, \cdots, X^{(B)}_n\}$ 为 A 对 B 的情况所掌握的信息（知识），A 根据 $X^{(B)}$ 信息集中的信息对 B 的类型做出判断，即对 B 进行分类（设等价关系为 R）。假设集合 $X^{(B)}$ 中，能确定 B 属于类型 $\theta^{(B)}_i$ 的元素有 m 个，即 $|R_-(X^{(B)})| = m$，能判断 B 可能属于类型的元素集即为 $|R^-(X^{(B)})|$，且 $|R^-(X^{(B)})| = n$. 则 A 对 B 属于类型 $\theta^{(B)}_i$ 所确定的近似精度

$$d_R(X^{(B)}) = \frac{|R_-(X)|}{|R^-(X)|} = \frac{m}{n}$$

当 $d_R(X^{(B)}) = 1$，即 $m = n$ 时，A 对 B 的类型是确定的，在这种情况下，信息是完备的。此时，不确定 B 是否属于类型 $\theta^{(B)}_i$ 的情况是不存在的，即 $X^{(B)}$ 的 R-上近似与 R-下近似相等，边界域为空。当 $0 < d_R(X^{(B)}) < 1$ 时，A 关于 B 是否属于类型 $\theta^{(B)}_i$ 的知识是粗糙的，即 A 不确定 B 的类型，此时为不完全信息，$X^{(B)}$ 的 R-上近似包含 R-下近似，边界域不为空。

四、不完全信息博弈的粗集模型

在信息不完备的条件下，为了能够战胜对手，参与人就必须尽量做到"知己知彼"。假定参与人"知己"，如果参与人要"知彼"，就必须知道其他博弈参与人的战略集、支付函数，以及参与人的类型（如对风险的厌恶程度等）。准确了解其他参与人的战略集、支付函数以及他们的类型对任何博弈中的参与人来说都很难做到，但是，他们仍然必须尽可能地收集信息，以图尽量了解其他参与人的战略集、支付函数以及其他参与人的类型。

在一个 N 人非合作博弈中，为达到均衡点，参与人知道的信息应包括：

（1）每个参与人的类型集

$$\odot_i = \{\theta^{(i)}{}_1, \theta^{(i)}{}_2, \ldots, \theta^{(i)}{}_n\}(i = 1, 2, .., n)$$

（2）每个参与人的战略集

$$S_i = \{s^{(i)}{}_1, s^{(i)}{}_2, \ldots, s^{(i)}{}_m\}(i = 1, 2, \ldots, n)$$

（3）每个参与人的支付函数集

$$U_i = \{u^{(i)}{}_1, u^{(i)}{}_2, \ldots, u^{(i)}{}_k\} \ (i = 1, 2, \ldots, n)$$

在这里，我们探讨概率无法获知的情况下对参与人的类型进行分类和判断，因而参与人还应知道其他参与人的信息集 $X^{(i)} = \{x^{(i)}{}_1, x^{(i)}{}_2, \ldots, x^{(i)}{}_n\}(i = 1, 2, \ldots, n)$。

1. 不完全信息静态博弈的粗集模型

（1）粗糙期望效用函数与粗糙静态均衡

继续上文中的例子，假设战略集与支付函数为参与人的共同知识。设 A 和 B 为博弈双方，B 的类型集为 $\odot^{(B)} = \{\theta^{(B)}{}_1, \theta^{(B)}{}_2, \ldots, \theta^{(B)}{}_n\}$，$A$ 将根据 B 的类型做出某种决策，$X^{(B)} = \{x^{(B)}{}_1, x^{(B)}{}_2, \ldots, x^{(B)}{}_n\}$ 为 A 对 B 的情况所掌握的信息（知识），A 根据 $X^{(B)}$ 信息集中的信息对 B 进行分类（设等价关系为 R）。假设 B 的战略集为 $S^{(B)} = \{s^{(B)}{}_1, s^{(B)}{}_2, \ldots, s^{(B)}{}_n\}$，支付函数集为 $U^{(B)} = \{u^{(B)}{}_1, u^{(B)}{}_2, \ldots, u^{(B)}{}_n\}$。根据经典不完全信息博弈中战略取决于类型的假设，用粗集语言描述，即 S_i 和 U_i 均依赖于类型集 $\odot$，存在 S_i、U_i 使 $ind(S_i) = ind(U_i) = ind(\odot)$。假设集合 $X^{(B)}$ 中，能确定 B 属于类型 $\theta^{(B)}{}_i$ 的元素有 m 个，即 $|R\_(X^{(B)})| = m$，能判断 B 可能属于类型 $\theta^{(B)}{}_i$ 的元素集即为 $R\_(X^{(B)})$，且 $|R\_(X^{(B)})| = n$. A 确定 B 属于类型 $\theta^{(B)}{}_i$ 的近似精度为 $d_R(X^{(B)}) = d^{(B)}{}_i$，$0 < d^{(B)}{}_i < 1$（不完全信息）。

考虑当无法获得概率数据 p 的情况，我们用粗集工具来对信息进行处理。首先我们来构造粗糙期望效用函数。

定义 4.1（粗糙期望效用函数）：给定参与人 A 知道自己的类型 $\theta^{(A)}{}_j$ 而不确定参与人 B 的类型，只能通过信息集 X 判断 B 属于类型 $\theta^{(B)}{}_i$ 的精度为 $d^{(B)}{}_i$。

则我们定义参与人 A 的粗糙期望效用函数为

$$u^{(A)}{}_j = \sum_i d_i^{(B)} u^{(A)}{}_j(\theta^{(B)}{}_i)$$

其中，$u^{(A)}{}_j(\theta^{(B)}{}_i)$ 表示，给定 A 的类型为 $\theta^{(A)}{}_j$，A 根据 B 的各种可能的类型 $\theta^{(B)}{}_i (i = 1,$

2, …)所选择的不同战略所获得的效用之和。当给定参与人 A 的类型为 $\theta^{(A)}$ 时，参与人 A 将选择战略 $s^{(A)}_j$ 来最大化自己的粗糙期望效用。有了上述概念，我们来定义不完全信息粗糙静态均衡。

定义 4.2（粗糙静态均衡）：n 人不完全信息静态博弈 $G = \{\odot^{(i)}, S^{(i)}, U^{(i)}\}(i = 1, 2, …, n)$ 的纯战略纳什均衡是一个依赖于类型的战略组合 $\{s^*_i\}^n_{i=1}$，其中每个参与人 i 在给定自己类型和其他参与人依赖于类型的战略 $s^*_{-i}(\theta_{-i})$ 的情况下最大化自己的粗糙效用 u_i。换言之，战略组合 $\{s^*_i\}^n_{i=1}$ 是一个粗糙静态均衡，如果对于所有的 I，$s_i \in S^{(i)}(\theta_i)$，$s^*_i(\theta_i) \in \text{argmax}$

在粗糙静态均衡中，参与人 i 只知道具有类型 θ_j 的参与人 j 将选择 $s^*_j(\theta_j)$，因此，即使纯战略选择也必须取支付函数的粗糙期望值。

（2）不完全信息古诺模型的粗集应用

不完全信息的古诺模型是静态贝叶斯博弈的典型例子。在现实经济中相互竞争的厂商，为了各自的经济利益往往都会将自己生产销售的有关情况作为商业秘密加以保密，其他厂商很难了解真实情况。因此，现实的寡头市场产量博弈模型中各博弈方的信息是不完全的。

在不完全信息的古诺模型里，先假定厂商 1 的平均成本 C_1 是共同知识，而厂商 2 的平均成本有两种类型：高成本 C^H_2 或低成本 C^L_2；厂商 2 知道自己是哪种成本，而厂商 1 不知道。经典博弈中假定厂商 1 知道厂商 2 的成本 $C_2 = C^H_2$ 的概率为 θ，$C_2 = C^L_2$ 的概率为 $(1-\theta)$，且 θ 为共同知识。

设需求函数为：$P = a-(q_1+q_2)$，由已知条件可求得：$\pi_2 = q_2(a-q_1-q_2) - q_2 C^H_2$ 或 $\pi_2 = q_2(a-q_1-q_2)-q_2 C^L_2$。为了实现利润最大化，对上述两式求导且令导数等于 0，得：$q_2 = (a-C^H_2-q_1)/2$ 或 $q_2 = (a-C^L_2-q_1)/2$。也就是说，当 C_2 为高成本时，厂商 2 的最优产量为 $q_2 = (a-C^H_2-q_1)/2$；当 C_2 为低成本时，厂商 2 的最优产量为 $q_2 = (a-C^L_2-q_1)/2$。即厂商 2 的产量不仅依赖厂商 1 的产量，还依赖于自己的成本类型。由于厂商 1 不知道厂商 2 的真实类型，从而不知道厂商 2 的最优产量，因此，厂商 1 的期望利润为 $E\pi_1 = q_1(1-q_1-q^H_2)\theta+[q_1(1-q_1-q^L_2)](1-\theta)$

令 $E\pi_1$ 的导数等于 0，得 $q_1 =[1-q^L_2(q^L_2-q^H_2)\theta] /2$。

为了更为直观地说明问题，我们假定 $\theta = 1/2$，$a = 2$，$C_1 = 1$，$C^L_2 = 3/4$，$C^H_2 = 5/4$。代入两个厂商的均衡产量，得 $q^H_2 = 1/2(3/4-q_1)$，$q^L_2 = 1/2(5/4-q_1)$，$q_1 = 1/2(1-1/2q^H_2-1/2q^L_2)$。联合上面三个等式求解得 $q_1 = 1/3$；$q^L_2 = 11/24$；$q^H_2 = 5/24$。[1]

现实中关于厂商 2 成本高低的概率是很难获得的，很多情况下，厂商 1 只能通过自己掌握的有关厂商 2 的各方面的信息（知识）来判断厂商 2 的类型，通过近似精度来为厂商 2 分类。假设判断标准为共同知识，且存在可提供确定判断的信息元素，设通过可判断成本类型的信息集 X 中的 x 个元素，可确定 $C_2 = C^H_2$ 的元素有 m 个，可确定 $C_2 = C^L_2$ 的元素有 n 个，另外还有无法确定 C_2 类型的元素 y 个，$x = m+n+y$。可得出厂商 2 的成本 $C_2 = C^H_2$ 的近似精度为 $d_1 = m/(x-n) = m/(m+y)$，$C_2 = C^L_2$ 的近似精度为 $d_2 = n/(x-m) = n/(n+y)$（假设成本只有高成本和低成本两种类型）。则厂商 1 的粗糙期望利润为

$$F\pi_1 = q_1(1-q_1-q^H_2)d_1+[q_1(1-q_1-q^L_2)]d_2$$

令 $F\pi_1$ 的导数为 0，得

---

1 张维迎。博弈论与信息经济学[M]。上海：上海人民出版社，2004

$$q_1 = \frac{(1-q_2^H)d_1}{1+d_1+d_2(1+q_2^L)}$$

假设 $a = 2$, $C_1 = 1$, $CL_2 = 3/4$, $CH_2 = 5/4$; $m = 1$, $n = 2$, $y = 3$, 则 $x = 6$, $d_1 = 1/4$, $d_2 = 2/5$。根据前面得出的两个厂商的均衡产量：$qH_2 = 1/2(3/4-q_1)$, $qL_2 = 1/2(5/4-q_1)$,

$$q_1 = \frac{\frac{1}{4}(1-q_2^H)}{1+\frac{1}{4}+\frac{2}{5}(1+q_2^L)}$$

带入式中求解得 $q_1 = 1/8$, $q_2^H = 5/16$, $q_2^L = 9/16$。

这里需要说明的是，当且仅当 $y = 0$ 时，$d_1+d_2 = 1$。此时信息集 X 中不存在无法判断厂商 2 类型的不确定元素。

2. 不完全信息动态博弈的粗传递模型

不完全信息动态博弈中，每个参与人的行动都传递着有关自己类型的某种信息，后行动者可以通过观察先行动者所选择的行动来推断其类型或修正对其类型的先验信念，然后选择自己的最优行动。在概率数据无法获得的前提下，我们用粗集的方法来处理这些判断及其修正。

（1）粗糙动态均衡

根据 3.2，设 A 和 B 为博弈双方，B 的类型集为 $\theta^{(B)} = \{\theta^{(B)}_1, \theta^{(B)}_2, \cdots, \theta^{(B)}_n\}$，假设现在 A 将根据 B 的类型做出某种决策，$X^{(B)} = \{x^{(B)}_1, x^{(B)}_2, \cdots, x^{(B)}_n\}$ 为 A 对 B 的情况所掌握的信息（知识）。与静态博弈不同的是，现在 A 可以根据 B 的行动来修正对 B 类型的判断。假设 B 现在做出某种行为 $a^{(B)}_i$，于是，A 根据 B 的行动 $a^{(B)}_i$ 修正 $X(B)$ 信息集中的信息，并对 B 的类型做出判断（在这里我们假定行动所传递的信息是共同知识）。设 B 的行动 $a^{(B)}$ 传递了信息集 $Y^{(B)}$，$Y^{(B)} = \{Y^{(B)}_1, Y^{(B)}_2, \cdots, Y^{(B)}_n\}$，其中，$Y^{(B)}_i = Y^{(B)}_j$（表示通过 $Y^{(B)}$ 和 $X^{(B)}$ 可以做出相同的判断），或 $Y^{(B)}_i = -X^{(B)}_j$（表示通过 $Y^{(B)}$ 和 $X^{(B)}_j$ 做出相反的判断，此时 $X^{(B)}_j$ 就成为无效信息，经过修正后去掉 $X^{(B)}_j$），或 $Y^{(B)}_i \neq X^{(B)}_j$（表示 $Y^{(B)}_i$ 为不同于 $X^{(B)}_i$ 的新信息），其中 $i = j$ 或 $i \neq j$。假设修正后的信息集变为 $Z^{(B)}$，$Z^{(B)} = \{Z^{(B)}_1, Z^{(B)}_2, \cdots, Z^{(B)}_n\}$，其中 $Z^{(B)}_k = Y^{(B)}_i = X^{(B)}_j$ 或 $Z^{(B)}_k = Y^{(B)}_i \neq X^{(B)}_j$ 或 $Z^{(B)}_k = X^{(B)}_j \neq Y^{(B)}_i$（$i, j, k$ 相等或不等）。则我们根据修正后的信息集 $Z^{(B)}$ 得到 B 属于类型 $\theta^{(B)}_i$ 的修正近似精度 $d_R(X^{(B)}) = |R-(Z^{(B)})||R-(Z^{(B)})| = d^{(B)}$。如果我们把从每一个信息集开始的博弈的剩余部分称为一个"后续博弈"，一个"合理"的均衡应该满足如下要求：给定每一个参与人有关其他参与人类型的后验信念（此处指修正后的近似精度），参与人的战略组合在每一个后续博弈上构成粗糙静态均衡。

现在我们来给出粗糙动态均衡的正式定义。

定义 4.3（粗糙动态均衡） 假定有 n 个参与人，参与人 i 的类型是 $\theta_i \in \odot_i$，θ_i 是私人信息，d_i 是属于类型 θ_i 的参与人 i 认为其他 $n-1$ 个参与人属于类型 $\theta_{-i} = (\theta_1, \cdots, \theta_{i-1}, \theta_{i+1}, \cdots, \theta_n)$ 的先验近似精度。令 S_i 是 i 的战略空间，$s_i \in S_i$ 是一个特定的战略（依赖于类型 θ_i），$a^h_{-i} = (a^h_1, \cdots, a^h_{i-1}, a^h_{i+1}, \cdots, a^h_n)$ 是在第 h 个信息集上参与人 i 观测到的其他 $n-1$ 个参与人的行动组合，他是战略组合 $s_{-i} = \{s_1, \cdots, s_{i-1}, s_{i+1}, \cdots, s_n\}$ 的一部分（即 s_{-i} 规定的行动），

d_i是在观测到a^h_{-i}的情况下参与人认为其他$n-1$个参与人属于类型$\theta_{-i} = (\theta_1, \cdots, \theta_{i-1}, \theta_{i+1}, \cdots, \theta_n)$的后验近似精度，$d_i$是所有后验概率$d_i$的集合（即$d_i$包括了参与人$i$在每一个信息集$h$上的后验近似精度），$u_i(s_i, s_{-i}, \theta_i)$是$i$的支付函数。那么，粗糙动态均衡可以定义如下：

粗糙动态均衡是一个战略组合$s^*_i(\theta) = (s^*_1(\theta_1), \cdots, s^*_n(\theta_n))$和一个后验近似精度组合$d_i = \{d_1, d_2, \cdots, d_n\}$，满足

（1）对于所有的参与人，i在每一个信息集h，

$$s^*_i(s_{-i}, \theta_i) \in \arg_{s_i} \max \sum_{\theta_i} d_i u_i(s_i, s_{-i}, \theta_i)$$

（2）d_i是使用粗集方法从先验近似精度d_i、观测到的a^h_{-i}和最优战略$s^*_{-i}(\cdot)$得到的（在可能的情况下）。

在上述定义中，①是精炼条件，它说的是，给定其他参与人的战略$s_{-i} = (s_1, \cdots, s_{i-1}, s_{i+1}, \cdots, s_n)$和参与人$i$的后验近似精度$d_i$，每个参与人$i$的战略在所有从信息集$h$开始的后续博弈上都是最优的，或者说，所有参与人都是序贯理性的。在完全信息静态博弈中，子博弈精炼纳什均衡要求均衡战略在每一个子博弈上构成纳什均衡；类似的，在不完全信息动态博弈中，精炼贝叶斯均衡要求均衡战略在每一个"后续博弈"上构成贝叶斯均衡。②对应的是贝叶斯法则的运用。如果参与人是多次行动的，修正近似精度涉及贝叶斯法则的重复运用。这里需要指出的是，因为战略本身是不可观测的，因此参与人i只能根据观测到的行动组合$a_{-i} = (a_1, \cdots, a_{i-1}, a_{i+1}, \cdots, a_n)$修正近似精度，但他假定所观测到的行动是最优战略$s_{-i} = (s_1, \cdots, s_{i-1}, s_{i+1}, \cdots, s_n)$规定的

行动。限制条件"在可能的情况下"来自这样的事实：如果a_{-i}不是均衡战略下的行动，观测到的a_{-i}是一个不可能事件，此时，贝叶斯法则对后验近似精度没有定义，任何的后验近似精度d_i都是允许的，只要它与均衡战略相容。

上述定义的要点是，粗糙动态均衡是均衡战略和均衡信念（近似精度）的结合：给定信念d_i，战略$s^* = (s^*_1, ..., s^*_n)$是最优的；给定战略$s^* = (s^*_1, ..., s^*_n)$，信念$d_i$是使用粗集方法从均衡战略和所观测到的行动得到的。因此，粗糙动态均衡是一个对应的不动点$s \in s^*(d(s))$；$d \in d^*(s^*(d))$；

（3）不完全信息动态博弈与信息粗传递。

在不完全信息动态博弈中，信息是不对称的，信息掌握较少的一方根据信息多的一方的行动来进行分析、判断并做出决策。在传递的过程中，由于参与者的知识水平、知识结构等有所不同，对信息的分类也就不同，因而会产生信息的损失或增益，这时，我们可以用信息粗传递的方法予以处理。

设A和B为博弈双方，(U, R_A)，(U, R_B)为二者的两个知识库，X为信息源，$X \subseteq U$。

在博弈中，传递信息有两种可能性，一种是为了稳妥起见，我们需要准确可靠的信息，信息不能是模糊不可靠的，设集合对(G^+_B, G_B)是B对X的认识，针对这种情况，A根据自己的知识R_A只接受肯定包含在(G^+_B, G_B)中的信息。根据下近似信息粗传递定理，若A和B的知识相同，即$U/\text{ind}(R_A) = U/\text{ind}(R_B)$，则$Z^{(B)} = X^{(B)'}$，此时$\text{apr}_{R_A}(G^+_B, G_B) = (G^+_B, G_B)$，$\text{Lossd}_{B \to A} = 0$，$A$与$B$对行动$a^{(B)}_i$所包含的信息理解完全相同，信息的传递不发生损失。若A的知识比B丰富，或者说A对某一事物的认识比B准确，即$U/\text{ind}(R_A) \subset \text{ind}(R_B)$，

则 $Z^{(B)} \subset X^{(B)'}$，此时亦满足 $\mathrm{apr}_{R_A}(G^+_B, G^-_B) = (G^+_B, G^-_B)$，$\mathrm{Loss}d_{B \to A} = 0$。若 A 的知识比 B 少，则 A 对事物的认识更粗糙，即 $U/\mathrm{ind}(R_A) \supset U/\mathrm{ind}(R_B)$，此时 $\mathrm{apr}_{R_A}(G^+_B, G^-_B) \supseteq (G^+_B, G^-_B)$，$\mathrm{Loss}d_{B \to A} \geqq 0$，$A$ 没有能力完全接受 B 对信息源 X 的认识，只是部分接受 B 对 X 的认识。

实质上，当行动所传递的信息不对称时，$\mathrm{apr}_{R_A}(G^+_B, G^-_B) = (G^+_B, G^-_B)$，即为参与人 A 根据 B 的行为进行修正后的信息集，A 根据 $\mathrm{apr}_{R_A}(G^+_B, G^-_B) = (G^+_B, G^-_B)$，做决策，则我们根据修正后的信息集 $\mathrm{apr}_{R_A}(G^+_B, G^-_B) = (G^+_B, G^-_B)$，得到 B 属于类型 $\theta^{(B)}_i$ 的修正近似精度

$$d_{\underline{R_A}}(X) = \frac{|\underline{R_A}(G^+_B)|}{|U| - |\underline{R_A}(G^-)|} = d_i^{(B)}$$

如果 A 为了慎重起见或怕遗漏任何可能有用的信息而造成损失，不放过任何可能的信息，针对这种情况，A 把肯定包含和可能包含在 (G^+_B, G^-_B) 中的信息一并接受。故信息源 X 沿传递路径 $X \to B \to A$ 传递时信息保持不变或发生增益。根据上近似信息粗传递定理，若 A 和 B 的知识相同，即 $U/\mathrm{ind}(R_A) = U/\mathrm{ind}(RB)$，则 $Z^{(B)} = X^{(B)}$，此时 $\mathrm{apr}_{R_A}(G^+_B, G^-_B) = (G^+_B, G^-_B)$，$\mathrm{Gain}d_{B \to A} = 0$，$A$ 与 B 对行动 $a^{(B)}_i$ 所包含的信息理解完全相同，信息不增加。若 A 的知识比 B 丰富，或者说 A 对某一事物的认识比 B 精确，即 $U/\mathrm{ind}(R_A) \subseteq U/\mathrm{ind}(R_B)$ 则 $Z^{(B)} \subseteq X^{(B)'}$，则 $Z^{(B)} < X^{(B)'}$，此时亦满足 $\mathrm{apr}_{R_A}(G^+_B, G^-_B) = (G^+_B, G^-_B)$，$\mathrm{Gain}d_{B \to A} = 0$。$A$ 不具有可能包含在 (G^+_B, G^-_B) 中的信息，完全接受 B 对信息的认识，信息不发生增益。若 A 的知识比 B 少，则 A 对事物的认识更粗糙，即 $U/\mathrm{ind}(R_A) \supset U/\mathrm{ind}(R_B)$，此时 $\mathrm{apr}_{R_A}(G^+_B, G^-_B)$，$\mathrm{Gain}d_{B \to A} \geqq 0$，当信息 X 由 B 传递给 A 时，A 接受肯定属于 (G^+_B, G^-_B) 和可能属于 (G^+_B, G^-_B) 的信息，信息发生增益。

在这种情况下，$\mathrm{apr}_{R_A}(G^+_B, G^-_B)$ 即为参与人 A 根据 B 的行为进行修正后的信息集，A 根据 $\mathrm{apr}_{R_A}(G^+_B, G^-_B)$ 做决策，则我们根据修正后的信息集 $\mathrm{apr}_{R_A}(G^+_B, G^-_B)$ 得到 B 属于类型 $\theta^{(B)}_i$ 的修正近似精度

$$d_{\overline{R_A}}(X) = \frac{|\overline{R_A}(G^+_B)|}{|U| - |\overline{R_A}(G^-)|} = d_i^{(B)}$$

（4）下近似粗传递与上近似粗传递的应用。

以某不完全竞争的商品市场为例，商品的价格信息是不完备和不对称的。信息占有不同的博弈双方根据自己掌握的信息采取不同的策略。假设一方先采取行动，另一方根据先采取行动一方对信息进行判断和推理，从而进行决策。

例 4.1 假设在某不完全竞争商品市场中，$U = \{u_1, u_2, ..., u_{10}\}$ 是某商品的价格信息所构成的论域，$X = \{u_1, u_2, u_4, u_6, u_7, u_9\}$ 是价格将要上涨的重要信息构成的集合，设此商品市场中存在两个参与人 A 和 B，B 比 A 先行动，A 根据 B 的行为来对商品价格信息进行分类，二者对博弈中行动的分类（知识）如下：

$$U/\mathrm{ind}(R_1) = \left\{ \begin{array}{l} \{u_1, u_2, u_3\}, \{u_4, u_7,\}, \{u_5\}, \\ \{u_6\}, \{u_8, u_{10}\}, \{u_9\} \end{array} \right\}$$

B 的知识：

$$U / \text{ind}(R_2) = \left\{ \begin{array}{l} \{u_1, u_2\}, \{u_3, u_5, u_5\}, \\ \{u_4, u_6\}, \{u_8\}, \{u_{10}\}, \{u_9\} \end{array} \right\}$$

（5）设此时 B 做出行为 a，假设该行为传达了 B 对 U 的分类，为了使得到的信息准确可靠，从而尽快做出判断，采取下近似粗传递方式。此例中信息传递路径可看作 $X \to B \to A$。

B 根据自己知识对 X 的认识是：

$$(G^+_B, G^-_B) = \{\{u_1, u_2, u_4, u_6, u_9\}, \{u_8, u_{10}\}\}$$

B 做出行为 a，且 B 的行为传达了 B 对 X 的认识，A 根据自己的知识得到的 B 传递过来的信息是 $\text{apr} R_A(G^+_B, G^-_B) = \{\{u_6, u_9\}, \{u_8, u_{10}\}\}$

$$\text{Loss} dB \to A = 3/7$$

由上述结果可知，A 认为信息 u_6, u_9 最为重要，因而要把重点放到这两个信息上对该商品的价格进行分析。

假设 u_6, u_9 都是可判断商品价格将上涨的信息，则 u_8, u_{10} 就是确定商品价格不会上涨的信息，则判断此商品价格上涨的近似精度就是

$$d_{\underline{R_A}}(X) = \frac{|\underline{R_A}(G^+_B)|}{|U| - |\underline{R_A}(G)|} = 2/8$$

（6）设此时 A 为了慎重起见，防止信息遗漏，采取上近似粗传递方式。信息传递路径仍是 $X \to B \to A$。

B 根据自己知识对 X 的认识是：

$$(G^+_B, G^-_B) = \{\{u_1, u_2, u_4, u_6, u_9\}, \{u_8, u_{10}\}\}$$

A 根据自己的知识得到的 B 传递过来的信息是

$$\text{apr} R_A(G^+_B, G^-_B)$$

$$\{\{u_1, u_2, u_3, u_4, u_7, u_6, u_9\}, \{u_8, u_{10}\}\}$$

由上述结果可知，为了得到与该商品价格有关的任何可能信息，A 认为 u_3, u_7 也不能排除在外，由此进一步分析该商品价格的相关信息。

假设 u_1, u_2, u_3, u_4, u_6, u_9 都是可判断商品价格上涨的信息，u_8, u_{10} 就是确定该商品价格一定不会上涨的信息，则判断此商品价格上涨的近似精度就是

$$d_{\overline{R_A}}(X) = \frac{|\overline{R_A}(G^+_B)|}{|U| - |\overline{R_A}(G)|} = 7/8$$

五、讨论与展望

本文首先分析了传统博弈论中信息不确定性的处理方法——概率方法的局限性，进而引入了新的处理方法——粗集方法，即通过引入信息矩阵从新的角度来对博弈中的信息进行分析和处理。利用粗集理论中的近似精度来对博弈中信息的不确定性进行处理，构造了粗糙期望效用函数并用粗集方法对博弈过程及均衡状态予以描述；将信息粗传递运用于不完全信息动态博弈中，考虑了信息传递过程中的误差，弥补了传统博弈中假定行动所传递的信息是共同知识这一局限性。

参考文献

[1] 张维迎. 博弈论与信息经济学[M]. 上海：上海人民出版社，2004.

[2] 刘纪芹. 信息粗交流及其特征[D]. 2007.

[3] 昝廷全，杨婧婧. 制度边界的粗集模型研究[J]. 中国传媒大学学报（自然科学版），2010，（3）.

[4] 曾黄麟. 粗集理论及其应用——关于数据推理的新方法[M]. 重庆：重庆大学出版社，1998.

[5] 陈建国. 博弈论与不完全信息[M]. 北京：经济科学出版社，2006.

[6] 昝廷全. 系统经济学探索[M]. 北京：科学出版社，2004.

[7] 刘纪芹. 基于粗糙集的信息粗交流[J]. 系统工程与电子技术，2007，29（3）：437－442.

[8] 裴海峰，徐晓静. 模糊粗交流及其应用[J]. 系统工程与电子技术，2006，28（11）：1756－1758.

[9] 高鸿业. 西方经济学[M]. 北京：中国人民大学出版社，2004.

[10] （美）曼昆. 经济学原理——微观经济学分册[M]. 北京：北京大学出版社，2006.

[11] 王洪凯，管延勇，史开泉. 基于直觉模糊集的粗交流[J]. 系统工程理论与实践，2008，7（7）.

[12] 王宗军，李红侠，邓晓岚. 粗糙集理论研究的最新进展及发展趋势[J]. 武汉理工大学学报（信息与管理工程版），2006，1（1）.

[13] Pawlak Z. Rough sets[J]. International Journal of Computer and Information Sciences，1982，（11）.

[14] 王礼刚，杨红. 完全信息与不完全信息下的古诺模型之比较[J]. 西北民族大学学报（自然科学版），2005，26（4）.

[15] 裴海峰. Z. Pawlak 粗集推广与应用研究[D]. 2007.

[16] 王洪凯. 静态粗集和动态粗集几个问题的研究[D]. 2006.

[17] 张文修，仇国芳. 基于粗糙集的不确定决策[M]. 北京：清华大学出版社，2005.

[18] 史开泉，刘保相. S一粗集与动态信息处理[J]. 北京：冶金工业出版社，2005.

传播有效性原理的粗传递模型*

摘要：昝廷全2006年提出了信息传播的有效性原理，即信息发送者和信息接收者的知识软件的交集非空是实现信息有效传播的必要条件。Z.Pawlak在粗集（Rough Set）理论研究中，把知识看作是一种等价关系。在此基础上，A.Mousavi 2002年提出了信息粗传递（Rough Communication）的概念。本文在Z.Pawlak和A.Mousavi等人研究工作的基础上，建立了传播有效性原理的粗传递模型，讨论了信息传播的拓扑学分类。最后，简单论述了粗糙性信息的内逼近和外逼近问题。

关键词：传播有效性；粗传递；拓扑特征；内逼近；外逼近

Rough Communication Model for the Principle of Effective Communication

ZAN Ting-quan，YING Si si

Abstract：Tingquan Zan（2006）had given a necessary condition of effective communication which is drawn as following：it is necessary condition for effective communication that intersection of knowledge software of the sender and the receiver is not an empty set. By Z.Pawlak'sresearches on rough set theory，knowledge was treated as one kind of clustering by equivalent relations. Based on this，A. Mousavi（2002）proposed the concept of rough communication. On the basis of these researches，a rough communication model describing the necessary condition of effective communication is presented，as well as the topological classification of information communication is discussed，and finally the interior approximation and exterior approximation of rough information is briefly examined.

Keywords：effective communication；rough communication；topological property；interior approximation；exterior approximation

一、传播有效性原理

目前，在传播学中，申农和韦弗的传播数学理论是最为基础的传播模式，后续的很多研究工作都是在这个模式的基础上展开的。这个信息传播理论本质上是一个信号转发理论，信息传播渠道具有明显的技术特性，在解决工程问题的发展中做出了贡献，但是忽略了对人类传播的考虑。在申农传播模式的基础上，传播学发展了许多更加贴近现实更加复杂的传播模式，如奥斯古德（Osgood）模式、施拉姆（Schramm）模式、纽科姆（Newcomb）模式、韦斯特利-麦克莱恩（Westley-Maclean）模式、和格伯纳（Gerbner）模式等。奥斯古德在申农传播模式的基础上，根据他的意义理论（theory of meaning）和一般心理语言过程（psycholinguistic processes in general）提出了在一个个体内同时具

---

*作者：昝廷全、应思思，原载《中国传媒大学学报（自然科学版）》2010年第4期

有发射和接收功能的模式，并且将符号的"意义"列入考虑范围。

施拉姆（1954）并没有像申农和奥斯古德那样将技术和非技术的传播截然分开，他直接从人类传播模式着手，进一步提出两个人根据积累的经验试图沟通的模式。他的简单的传播模式与申农的传播模式相似。在此基础上，他又提出了他的第二个传播模式，这个模式强调只有在信源与信宿经验范围内的共同领域，才是实际上传播的部分，因为只有在那部分，信号才是信源和信宿共同拥有的。

昝廷全将施拉姆的上述思想精确化，于 2006 年在《论传播的分类及其数学模型》一文中提出了传播有效性原理：信息发送者和信息接收者的知识软件的交集非空是实现有效传播的必要条件。他指出，信息发送者与接收者知识软件的重叠度越高，两者间信息传递的精确度越高。如果两者知识软件完全不重叠，则无法进行信息沟通。要准确传递信息就要求沟通者之间的知识软件尽量重叠，知识软件重叠度越高越能沟通。比较施拉姆的第二个模式和我们提出的传播有效性原理不难看出，我们提出的知识软件的交集非空是更具精确性的数学表述，而施拉姆的经验范围内的共同领域只是一个描述性的概念。本文利用波兰华沙理工大学 Z.Pawlak 于 1982 年提出的粗集（rough set）理论和 A.Mousavi（2002）在此基础上提出的信息粗交流（rough communication）的概念，继续深化这一方向的研究，着重探讨信息粗交流的传播学意义。

二、信息传播的粗传递模型

在现实生活中，信息粗传递是信息传递的常态，没有信息损失或者增益的理想情况往往是信息粗交流的极端表现。在日常生活中，我们经常听到的"挂一漏万"和"说者无意，听者有心"讲的就是在信息传递过程中所发生的信息损失与信息增益的两个典型例子。出现这种情况的原因就是由于说者和听者的知识结构不同所造成的。在传媒经济中，与信息粗传递相关的一个典型现象就是广告。现在我们都知道，广告要以受众为导向，广告设计的基本要求是让受众能够理解广告所传达的信息。因此，为了保证信息的有效传递，广告设计要充分考虑受众的知识结构和受众对广告的理解程度。广告的设计可能很有创意、艺术性很强、技术手段很现代，但如果消费者不能理解这个广告的意义所在，那么这个广告就不会成功。因此，广告设计在传达信息时，必须关注受众的知识结构，尽量保证广告宣传是一个信息的精确传递过程，退一步讲，至少保证其是一个信息的粗传递过程。

信息传播的粗糙性是由于信息发送者与接收者之间的知识不同而造成的信息不精确传播，这里的知识是指等价聚类。假设论域为 U, $U = \{x_1, x_2, \cdots, x_n\}$, x_i 为 U 上的信息元素，$i = 1, 2, \cdots, n$。U 上的任何子集 $X \subseteq U$，都是 U 中的一个概念。设论域 U 中的概念 $V \subseteq U$ 是信息发送者发给信息接收者的信息。在论域 U 上，信源与信宿具有不同的知识，信源的知识为 $U/\theta_1 = \{u_1, u_2, \cdots, u_m\}$，其中 u_i 为 U 上的等价类集合，$u_i \subseteq U$, $i = 1, 2, \cdots, m_1$ 信息接收者的知识为 $U/\theta_2 = \{u_1, u_2, \cdots, u_k\}$，其中 u_j 为 U 上的等价类集合，$u_j \subseteq$, $j = 1, 2, \cdots, k_1$ 信息发送者与接收者都是以论域 U 上的等价类为基本认知范畴，而不是以信息元素 x_i，也就是说，对于信息发送者或接收者来说，其同一个等价类中的不同元素是不可分辨的。

由于概念 V 是由信源发出，因此信源完全理解概念 V，即信源可以根据其知识 U/θ_1 准确表述概念 V，也就是，概念 V 是由信息发送者的一部分等价类的并，即 $V = \cup u_i$。信宿与信源具有不同的知识，所以信宿不一定能完全理解概念 V，即信宿根据其知识 $U/\theta_2 = \{u_1, u_2, \cdots, u_k\}$ 不一定能准确的表述这一概念，即 V 不一定能表示为 $\cup u_j$，这时概念 V 没有被信宿完全地理解，从而在概念由信源传递到信宿的过程中就发生了不精确传递，即信息粗传递。如下面两个图所示，在论域 U 中，黑色的粗线围成的区域构成了传达的概念 V，V 是 U 的子集，是由信源发向信宿的信息。

此时，信息的传递过程由图 1 的知识水平变为图 2 中的知识水平（知识水平表现为栅格的变化）。由于信宿的知识局限性，他不能完全理解信源所传递的信息 V（即 V 不能表示为信宿的某些等价类的并），信息传递就发生了粗糙性。对于信源来说，V 能表示为某些 H_1 基本范畴的并，$V = \cup u_i$，称 V 是 θ_1 可定义的或 θ_1 精确集，信息 V 可以被信源精确描述；V 不能表示为某些 θ_2 基本范畴的并，$V \neq \cup u_j$，称 V 是 θ_2 不可定义的或 θ_2 粗糙集，信息 V 不能被信宿精确描述。

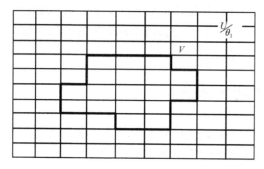

图 1　根据信源的知识 U/θ_1, $V = \cup u_i$

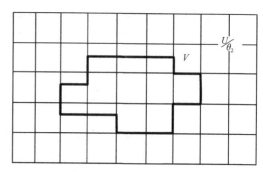

图 2　根据信宿的知识 U/θ_2, $V \neq \cup u_i$

三、信息传播的拓扑特征分类

前面分析了信息传播的粗糙集模型，同时我们认识到，信息传播过程中粗糙程度是不同的。那么，信息传递的粗糙程度如何考察？下面根据信息传播的拓扑特征，对信息传递的粗糙程度进行描述，提出信息传播的拓扑特征分类。

（1）在论域 U 中，信源发出信息 V，信宿的基本范畴集合 $U/\theta_2 = \{u_1, u_2, \cdots, u_k\}$。如果信宿不能分辨信息 V 与 $\bar{V}$，也就是说，信息接收者既不能确定哪些范畴肯定属于信息 V，也不能确定哪些范畴肯定不属于信息 V，即 $\forall u_j \subset U, u_j D \bar{V}$。这时候信宿对信息 V 的认知是完全模糊的，我们称这样的信息传播过程为完全粗糙信息传递。

（2）在论域 U 中，信源发出信息 V，信宿的基本范畴集合 $U/\theta_2 = \{u_1, u_2, \cdots, u_k\}$。如果信宿不能分辨信息 V，但能分辨出 $\bar{V}$，也就是说，不能确定哪些范畴肯定属于信息 V，但能确定一些范畴肯定不属于信息 V，即 $\exists u_j \subset U, u_j D \bar{V}$；$\exists u_j \subset \bar{V}$。这时候信宿对信息 V 的认知是内部模糊的，我们称这样的信息传播过程为内部粗糙信息传递。

（3）在论域 U 中，信源发出信息 V，信宿的基本范畴集合 $U/\theta_2 = \{u_1, u_2, \cdots, u_k\}$。如果信宿能分辨信息 V，但不能分辨出 $\bar{V}$，也就是说，能确定一些范畴肯定属于信息 V，但不能确定哪些范畴肯定不属于信息 V，即 $\exists u_j \subset U, u_j \subset V$；$\forall u_j \subset V, u_j \subset D \bar{V}$ 这时候信宿

对信息 V 的认知是外部模糊的，我们称这样的信息传播过程为外部粗糙信息传递。

（4）在论域 U 中，信源发出信息 V，信宿的基本范畴集合 $U/\theta_2 = \{u_1, u_2, \cdots, u_k\}$。如果信宿能一定程度上分辨信息 V 与 $\bar{V}$，也就是说，既能确定一些范畴肯定属于信息 V，也能确定一些范畴肯定不属于信息 V，但是也存在一些范畴，信源不能确定这些范畴是否属于信息 V，即 $\exists u_j \subset U, u_j \subset V; \ni u_j \subset U, u_j \subset \bar{V}; V \neq Uu_j$。这时候信宿对信息 V 的认知是边界模糊的，我们称这样的信息传播过程为边界粗糙信息传递。

（5）在论域 U 中，信源发出信息 V，信宿的基本范畴集合 $U/\theta_2 = \{u_1, u_2, \cdots, u_k\}$。如果信宿能完全分辨信息 V 与 $\bar{V}$，也就是说，既能确定属于信息 V 的范畴集合，也能确定不属于信息 V 的信息集合，并且不存在信源不能确定是否属于信息 V 的范畴，即 $\exists u_j \subset U, u_j \subset V; \exists u_j \subset U, u_j \subset \bar{V}; V \neq Uu_j$。这时候信宿对信息 V 的认知是精确的，我们称这样的信息传播过程为精确信息传递。

需要注意的是，信息传递与概念相关的知识模块有关，与其他的知识模块无关，即使双方的知识结构不同，但也可能实现精确信息传递。这就是概念传递的最低有效性条件：只要传递双方与概念相关的知识模块一样，信息就能精确传递。概念传递只与概念相关的知识模块有关，与其他知识模块无关，这些模块不会影响概念的精确传递。如信息接收者是否理解一个数学公式，只与信息接收者的数学相关知识模块有关，而与其文学背景的知识模块没有直接关系。这也就是我们把信息发送者和信息接收者的知识软件交集非空看作是进行信息有效传播的必要条件而不是充分条件的原因。也就是说，即使两者的知识软件交集非空，也不能保证他们能够进行有效的信息传播，甚至完全不能传递任何信息。

因此，在两个人的知识结构不同的情况下，也可能发生精确信息传递。在特定的情况下，如果两个人的知识结构之间存在一个同胚的拓扑映射，信息也可能是精确传递的。以翻译为例，翻译本身是模拟，两种语言之间能否精确模拟，需要看两种语言的结构是否一样或是否存在同胚的拓扑映射。一般来说，两种语言之间的翻译是粗传递。如一篇优美的中文小说，若翻成英文可能会失去其本身所具有的美感。但是两种语言是可以逼近的，以尽量传递完备的信息。

根据对信息传播的粗糙程度的分类，我们能够对信息传播的有效性进行准确的评估。传播有效性原理认为，信息发送者和信息接收者的知识软件的交集非空是实现有效传播的必要条件（笪廷全，2006）。知识软件即知识结构，当信息发送者与接收者的知识结构交集为空集时，信息发送者与接收者之间没有有效传播。当交集非空时，若双方的知识结构完全相同，则信息传递完全精确，没有信息损失，不存在粗糙性，如发电报时利用相同的规则编码和解码，产生了精确的信息传递；若双方的知识结构存在不同，则信息的传递过程会产生粗糙性，在双方的知识结构的交集非空时无论是精确的信息传递还是信息粗传递，都实现了有效传播，因此在信息粗传递研究中传播有效性原理具有普适性，知识软件的交集非空同样是发生信息粗传递的必要条件。

四、对粗糙性信息的认知：内逼近与外逼近

信息接收者对信息的认知存在粗糙性，那么信息接收者又是怎样认识传递的信息的

呢?信宿对信息的认识可以分为两种情况:对信息的内逼近认知与对信息的外逼近认知。当信宿对概念 V 的认知持保守态度时,信宿只会接收信息中自己能够完全理解和表述的那部分,这就是对信息的内逼近认知。在这种情况下,信宿根据自己的知识 U/θ_2 对信息 V 的认识是 V 的 θ_2 下近似集 $\theta_2\_(V)$, $\theta_2\_(V) = \{x \in U \mid [x]_{o_2} \subseteq X\}$, $[x]_{o_2}$ 表示信息元素 x 所在的等价类;当信宿对信息 V 的认知持开放态度时,信宿会接收除确定不属于信息之外的所有信息,这就是对信息的外逼近认知。在这种情况下,信宿根据自己的知识 U/θ_2 对信息 V 的 θ_2 认识是 V 的上近似集 $\theta_2(V)$, $\theta_2(V) = \{x \in U \mid \cap X \neq \varnothing\}$, $[x]_{o_2}$ 表示信息元素 x 所在的等价类。

信息传播存在粗糙性时,信息接收者可能采用保守和开放两种不同的态度来认知接收到的信息。这要视信息接收者的认知原则和具体情况来定,比如,有些时候为了稳妥起见,信息接收者需要准确可靠的信息,信息不能是模糊的、不可靠的,这时候信息接收者会对接收到的信息进行内逼近认知;在另外一些情况下,信息接收者为了慎重起见或怕遗漏任何可能有用的信息而造成损失,不放过任何可能的信息,这时候信息接收者就会对接收到的信息进行外逼近认知。

五、讨论与展望

在信息传播过程中,信息发生粗传递是普遍存在的现象,这种信息传播过程根据其拓扑特征的不同可能是完全粗糙信息传递、内部粗糙信息传递、外部粗糙信息传递、边界粗糙信息传递或者精确信息传递中的一种。需要注意的是,信息传递与概念相关的知识模块有关,与其他的知识模块无关。在特别的情况下,如果信息发送者与接收者之间存在一个同胚的拓扑映射,信息也可能是精确传递的。信息传播存在粗糙性时,信息接收者可能采用保守和开放两种不同的态度来认知接收到的信息。这要视信息接收者的认知原则和具体情况来定。信息粗传递在大众传播过程中也存在好处,它可能在一定程度上激发信息接收者的想象和联想。想象和联想思维在各种艺术思维中是不可缺少的重要成分,是决定艺术创作成功与否的重要条件之一。另外,粗传递与人的智能模糊识别关联密切,当信息不能完全传达的时候,人的智能表现出模糊识别的功能,这时候能够通过人的智能判断弥补粗传递的信息缺失。比如在光线暗淡的环境中,我们看不到周围人具体的脸部特征,只能看到大体轮廓,但往往能辨认出这个人是不是我们的熟人,这就是在信息粗传递时人的智能发挥的模糊识别的功能。

在这里,我们提供一个研究方向:根据昝廷全和吴学谋(1993)在国际《控制论》杂志(*International Journal of Kybernetes*)上发表的"复杂系统的泛系聚类与层次分析"一文中提出了复杂系统聚类的 (f, θ, D) 相对性准则进行聚类,同时,根据知识模块的重要性 D 对信息传播者的知识模块进行分类,不同的知识模块的权重不同,同样的信息有人看得轻,有人看得重,价值观念不同,以此来建立广义知识库,将在这样的知识库上进行的粗交流定义为广义信息粗交流。相信这将是一个有意义的研究方向,真诚的希望越来越多的研究者加入到信息粗传播的研究中来。

参考文献

[1] 沃纳·赛佛林，小詹姆斯·坦卡德（郭镇之译）. 传播理论：起源、方法、与应用[M]. 北京：华夏出版社，2000.

[2] 昝廷全. 拓扑传播学初探[J]. 中国传媒大学学报（自然科学版），2006，（1）.

[3] ZAN Tingquan（昝廷全），Wu Xuemou（吴学谋）. A Pansystems Clustering Approach and Hieranchical Anaiysis of Complex Systems[J]. Interhational Journal of Kybernetes，1993，（5）.

[4] 昝廷全. 论传播的分类及其数学模型[J]. 中国传媒大学学报（自然科学版），2006，（2）.

[5] 张文修，吴伟志等. 粗糙集理论与方法[M]. 北京：科学出版社，2001.

[6] 刘纪芹，史开泉. 基于粗糙集的信息粗传递[J]. 系统工程与电子技术，2007，（3）.

信息粗交流在价格形成机制中的作用研究*

摘要： 价格形成机制是微观经济学的重要组成部分。西方经济学认为"在其他条件不变的情况下，供需决定价格的产生，而价格又反作用于供需"。这一理论是有前提假设的，即完全竞争、完全信息和完全理性。但是，至于价格信息是如何传递给生产者和消费者的，是通过什么样的渠道和中介系统传递的，传统经济学没有进行详细讨论。从这个意义上讲，传统经济学只是把价格形成看作了一个"黑箱"。昝廷全（2007）从哲理的角度分析了传统经济学中价格机制存在的缺陷，并深入分析了其与价格信息传递的关系。本文通过引入 2002 年 Amin Mousav 等学者根据 Z. Pawlak 的粗糙集理论提出的信息粗交流理论，特别是在刘纪芹、史开泉研究成果的基础上，建立了关于"信息粗交流在价格形成中的作用"的单向路径信息粗传递模型，提出了如何使价格信息源尽量保真的方法。最后，给出了一个具体应用实例。

关键词： 信息粗交流；价格机制；粗糙集；等价划分

Research on Function of Rough Communication in Price Mechanism

ZAN Ting-quan，ZHAO Yong-gang

Abstract： Price formation mechanism is an important part of the microcosmic economics. In western economics，In case of fixed other conditions，demand and supply decide the price，and the price reacts demand and supply. This theory is on the assumption of complete competition，complete in format ion and complete rationality. But，how is the price information transmited to producer and consumer? And w hat is the channel and media system does the price information transfer by? These are not discussed detailly in orthodox economics. In this sense，orthodox economics regards price format ion as a "black box". Zan Tingquan（2007）analysed the imperfection of price mechanism in orthodox economics. He also deeply analysed the relation between price mechanism and transmission of price information. By introducing Rough Communication brought forward by Amin Mousavietc，this article，in particular，on the basis of the research work by LI Jiqin and SHI Kaiquan，establishes a mode l of one- direct ion rough communication. And it puts forward the method to remain price information source. An applicative intance is given in the end.

Keywords： rough communication；price machanism；rough set；equivalence partitioning

一、引　言

价格形成机制在经济学以及现实中具有极其重要的地位和作用。约瑟夫·E. 斯蒂格利茨认为："了解价格变化的原因并能够预见其变化，并不仅仅是一个在学术上有趣的问题"，更是一个重大的社会问题。斯蒂格利茨列举了一系列的实例，如"导致法国大

---

*作者：昝廷全、赵永刚，原载《郑州航空工业管理学院学报》2010 年第 3 期

革命的一个事件就是面包价格的上涨","近年来，价格的上涨还导致了一些国家的政治动荡，这些国家包括摩洛哥、多米尼亚共和国、俄罗斯和印度尼西亚。"

西方经济学认为，"在其他条件不变的情况下，供需决定价格的产生，而价格又反作用于供需"。但是，这一理论是有前提假设的，即完全竞争、完全信息和完全理性。但是，至于价格信息是如何传递给生产者和消费者的，是通过什么样的渠道和中介系统传递的，传统经济学没有进行详细讨论。从这个意义上讲，传统经济学只是把价格形成机制看作了一个"黑箱"。

1982 年，波兰学者 Z. Pawlak 提出了粗糙集理论。粗糙集是一种刻画不完整性和不确定性的数学工具，能有效地分析不精确、不一致、不完整等各种不完备的信息，还可以对数据进行分析和推理，从中发现隐含的知识，揭示潜在的规律。这一理论已经广泛应用于金融、医药、工程等领域。2002 年，Amin Mousavi 等学者根据 Z. Pawlak 的粗糙集理论提出了信息粗交流理论，其主要内容是"在多个 $agent_s$ 之间进行信息交流时，由于 agent 拥有不同的知识（即等价划分），使得相互之间不能提供准确的信息而产生粗糙性，粗交流过程中，一个概念在多个 $agent_s$ 间传递时总会丢失部分信息，从而得到精度更差或更加粗糙的概念传递效果"。本文试图利用这一新的理论工具打开传统经济学的价格形成机制的"黑箱"。

二、西方经济学中的价格机制理论研究概述及反思

价格形成机制理论源于西方经济学的微观部分，可是专门研究价格机制形成的中外文献比较少，其研究成果主要集中于西方经济学中的微观经济学领域的供需部分之中，但是"在分析方面，……，迟迟未认识到需要对它们加以严格的概念化并作出严格的证明"。

1. 西方经济学价格形成机制理论概述

鉴往知来。适当的历史反思和对传统文献的综述不仅仅是对前人研究所取得的学术成果的尊重，更是对所研究问题的脉络的把握和对当前研究状态的摸底，以便更加清醒地知道自己研究工作的思路和定位。

（1）亚当·斯密之前的供求理论对价格形成机制的影响

在亚当·斯密之前，关于价格形成机制的相关文献很少。著名经济学家约瑟夫·熊彼特在其著名的《经济分析史》一书中说："关于定价机制理论，十八世纪中叶以前没有什么好谈的。甚至像巴贲、配第、洛克最为显赫的人物，也没有做出什么贡献"。熊彼特认为就这方面的分析而言，最早研究的也是十八世纪成就最高的就是艾基利·尼古拉斯·伊斯纳尔出版于 1781 年的《财富论》，该书明确认为由市场"而产生的市场价格，被认为在各种力量的影响下而变化，这些力量是通过供给与需求起作用的"。

（2）亚当·斯密的供求理论对价格形成机制的影响

亚当·斯密在其于 1776 年出版的长达 900 多页的著名的《对国民财富的性质和原因的研究》（简称《国富论》）一书中提到："在一个政治修明的社会，造成普及到最下层人民的那种普遍富裕情况的，是各行各业的产品由于分工而大增。各劳动者，除自身所

需要的以外，还有大量产物可以出卖；同时，因为一切其他劳动者的处境相同，各个人都能以自身生产的大量产物，换得其他劳动者生产的大量产物，换言之，都能换得其他劳动者大量产物的价格"。从这段话中，我们可以看出，斯密把劳动者看作了集供给者和需求者于一身的市场参与者，而且作了这些"劳动者的处境相同"的理想假设，并没有区分劳动者或者说供求双方之间的差异，以及每个供给方或者需求方自身的差异，这是不符合实际的。因此，我们认为，这位西方经济学的鼻祖在一开始就已经奠定了供求决定价格的理想化的基调。这就对 200 多年来的西方经济学研究价格机制形成理论产生了烙印般的影响。

斯密认为市场上的商品有两种价格，"一种是自然价格，另一种是实际价格"，前者是指价值，后者是指市场价格。斯密还对需求进行了划分，即"需求有绝对需求和有效需求之分，市场上的需求是有效需求"。紧接着，斯密详细分析了"一种商品的市场价格的高低受供求比例关系支配"的三种情况，即：

第一种情况是供给数量不够满足它的有效需求。这时需求者愿意购买这种商品，宁愿支付较高价格。于是需求者之间便产生竞争，市场价格会上升到自然价格之上。

第二种情况是供给数量超过它的有效需求。这时卖者愿意以较低的价格出售商品。于是卖者之间发生竞争，市场价格会下降到自然价格之下。至于下降的幅度，"要看超过额是怎么加剧卖方的竞争，或者说，要看卖方是怎样急于要把商品卖出"。

第三种情况是供给数量恰好等于有效需求。这时的市场价格会等于或大致等于自然价格。

斯密还说，这三种情况是在"不停地交错运动，会使市场的总供给与总需求趋于平衡"。

综合上述三种情况，都是假定价格信息会即时准确地传递给所有的生产者和消费者，而这在现实中是不可能发生的。

（3）大卫·李嘉图的供需理论对价格机制形成的影响

大卫·李嘉图是以斯密为创始人的古典学派思想的重要发扬人，他自然也要对斯密的供需理论予以继承和完善。

李嘉图在其著名的《政治经济学及赋税原理》一书中提出了"相对价格理论"，并明确提出"市场价格将取决于供给和需求——供给将最终由自然价格也就是说生产成本决定"。他还认为"商品的价格也会因为供给与需求的偶然或者暂时的波动而偏离其价值或自然价格"。

（4）让·巴蒂斯特·萨伊的供求理论对价格形成机制的影响

法国著名经济学家让·巴蒂斯特·萨伊在绝大多数马克思主义经济学家眼里是与英国经济学家马尔萨斯并列的臭名昭著的庸俗经济学的始作俑者。但是，萨伊的供求理论中的"萨伊定理"却为他赢得了不少声誉。

"萨伊定理"主要是指"生产给产品创造需求"。这一定律也被表述为"供给会创造它自己的需求"，或者"总体过剩是不可能的"等形式。和这一定律相关，萨伊同样认为价格是由供求决定的。他在其著名的《政治经济学概论》一书中指出："一种货物的价格，随着需求的增加与供给的减少而成比例的上升，反过来也一样"。与李嘉图理论的缺陷一样，他也潜在地假定了价格信息传递的即时和准确。

（5）马歇尔的供求理论对价格形成机制的影响

美国著名经济学家马歇尔也认为供需决定价格，而且他对这一理论进行了拓展和深入。他最主要贡献是他的"均衡价格理论"。

和其他之前的政治经济学家不同，"他不再去研究价值本身，只是把研究的重点放在价格上，以价格为中心，研究在市场上，供给和需求两种相反作用如何达到均衡，从而决定商品的价格"。这一理论一直被沿用至今。由此不难看出，马歇尔同样把价格信息的传递过程抽象掉了。

（6）其他部分著名西方经济学家的供求理论对价格机制形成的影响

其他部分著名西方经济学家的供求理论几乎延续了上述经济学家的思想，即使他们在分析工具中大量引进数学模型予以严格证明，并进行了深入分析，但是其主导思想仍是供求决定价格，价格反作用于供需，并未考虑价格信息的传递过程和不同生产者与不同消费者知识的不同对价格形成的影响。我们在此列举几位比较有影响的经济学家在这方面的例子。

美国著名经济学家约瑟夫·E. 斯蒂格利茨和卡尔·E. 沃尔什在价格形成理论中指出："价格是由供求法则决定的这一思想，是长时间以来被广泛接受的经济学家的思想之一。在竞争市场中，价格是由供求法则决定的"。他认为，"对经济学家来说，价格是为交换商品或服务所支付的代价。在这种意义上讲，价格是由供求力量所决定的"。对此，美国著名经济学家、西方经济学的集大成者、诺贝尔经济学奖获得者保罗·萨缪尔森也有相似认识。他指出："产品市场上价格的确定是为了平衡消费者的需求和企业的供给；要素市场上价格的确定是为了平衡消费者的供给和企业的需求"。

值得注意的是，英国著名经济学家彼得·蒙德

尔、丹尼·迈尔斯、南希·沃尔和罗杰·勒鲁瓦·米勒除了同意以上二位著名经济学家对价格形成的原因的看法，他们还进一步认为，在价格制度下，"没有集中决策系统的干预，真正起作用的是个体之间的相互影响"，言外之意就是说价格制度形成的主要推动作用是以市场中众多参与其中的供给者和需求者为主导的。他们还指出："市场包括的一个重要因素是信息的交换，比如价格、数量和质量等。实际上，市场是信息的收集者，这些信息反映出消费者、生产者和资源所有者的选择"。这一观点表明了价格是市场中的一种重要的信息，而且市场中的消费者、生产者和资源所有者通过价格这个信息的传递进行有效决策。这一思想已经几乎触及到了信息粗交流问题。

2. 对西方经济学供求决定价格形成机制的反思

综上所述，从200多年前亚当·斯密最早提出这一规律的雏形至今，虽然后来的经济学家不断从研究范式、研究工具、研究角度等方面对其进行补充完善，而且这一不断更新的理论也对实际起到了很好的解释和指导作用，但是经济学家们均将价格、供给者和需求者视为一个整体的"黑箱"来看待，并没有对三者之间通过什么渠道进行信息传递这一问题予以详细解释。

昝廷全（2007）指出了西方经济学微观部分中的供求定律存在的哲理缺陷，并深入分析了其与价格信息传递的关系，他认为"经济学中最基本的规律就是供求规律……至于价格信息是如何传递给生产者和消费者的，是通过什么样的渠道和中介系统传递的，

经济学并没有进行详细讨论"。紧接着,他又从物理学中"牛顿时空观"和"爱因斯坦时空观"的角度进行了深入剖析。"从哲理基础上讲,传统经济学采用的是牛顿时空观。根据牛顿时空观,不同经济元之间相互作用的传播速度为无穷大,因此也就不需要考虑不同元素之间相互作用的传播渠道问题。在经济现实中,不仅传播渠道不能忽略,就是同样的信息,发布和传播的渠道不同,其权重也是不同的。因此,现代经济学应当从牛顿时空观转向爱因斯坦时空观。爱因斯坦时空观认为,自然界中不同物体之间相互作用的传播速度的最大值是光速。光速是一个有限的数字。这就意味着不同经济元之间相互作用的传播是需要一定时间的,因此必须考虑不同经济元之间相互作用的传播渠道问题,即它们是通过什么中介发生相互作用的"。

我们认为,不考虑价格信息在各个需求主体(Agent)和供给主体(Agent)之间的传递时信息的增加或损失,就等于把需求 Agent 和供给 Agent 作为一个"黑箱"来看待。这样,传统经济学在研究价格机制形成的时候,仅仅是考虑到了价格信息与各个需求 Agent 和供给 Agent 之间的外部联系,没有考虑在传播过程中各个 Agent 的内部结构,更没有考虑传播渠道的影响。

三、信息粗交流在价格形成机制中的作用

在考虑信息粗交流的情况下,研究价格信息是如何在供需者之间进行传递并最终达到均衡状态的,这与传统经济学分析价格的形成机制有着本质的不同。

1. 对传统经济学中影响供给和需求因素的转化

一般情况下,除了商品本身的因素之外,传统经济学认为影响供给的因素还有技术状况、政府税收、生产成本、可替代或互补性商品的价格、生产者预期、自然环境等。同样,除了商品本身的因素之外,传统经济学认为影响需求的因素还有消费者偏好、经济收入、可替代或互补性商品的价格、消费者预期、人口机构等。

根据粗糙集基本理论,我们发现传统经济学对供给和需求影响因素的界定同样适用于本文,可以将其分别作为供给者和需求者的知识或者等价划分来看待。这样,我们就找到了用信息粗交流理论研究价格形成机制和传统经济学研究价格形成机制的结合点,从而实现了对传统经济学中影响供给和需求因素的转化,二者不是彼此孤立的,是具有内部联系的。

比如,我们假设在某一市场中,由关于某一件商品的 6 个价格构成了一个论域 U,$U = \{ p_1, p_2, \cdots, p_6 \}$,有三位生产者 A_1, A_2, A_3 要对这 6 个价格进行评价,从而做出下一步的生产计划决策。其评价时本身所具有的基本知识或者称为等价划分分别为:技术状况 $\mathrm{ind}(R_1)$,政府税收 $\mathrm{ind}(R_2)$,生产成本 $\mathrm{ind}(R_3)$。其中,按技术状况(高,低)可以细分为:

p_1, p_3, p_6—— 技术难度高;

p_2, p_4, p_5—— 技术难度低;

按政府税收(多,少)可以细分为:

p_1, p_4, p_5, p_6—— 政府税收多;

p_2, p_3—— 政府税收低；

按生产成本（高，低）可以细分为：

p_3, p_6—— 生产成本高；

p_1, p_2, p_4, p_5—— 生产成本高；

那么，生产者 A_1 根据其知识结构划分的等价类为：

$U/ind(R_1) = (\{P_1, P_3, P_6\}, \{P_2, P_4, P_5\})$；

生产者 A_2 根据其知识结构划分的等价类为：

$U/\,ind(R_2) = (\{P_1, P_4, P_5, P_6\}, \{P_2, P_3\})$；

生产者 A_3 根据其知识结构划分的等价类为：

$U/\,ind(R_3) = (\{P_3, P_6\}, \{P_1, P_2, P_4, P_5\})$。

从这个例子中，我们不难看出，传统经济学中影响供给和需求因素可以当做信息粗交流中各个智能体（供给者、消费者）的知识结构或者称为等价划分来处理。

2. 价格信息在供给者之间的单向路径信息粗传递模型

由于供给者之间，需求者之间，以及供给者和需求者之间的知识结构或者称为等价划分是不同的，我们在建立价格形成机制的信息粗交流的一般模型时要分为三种情况进行讨论：第一种情况是价格信息在供给者之间的单向路径信息粗传递模型；第二种情况是价格信息在需求者之间的单向路径信息粗传递模型，第三种情况是价格信息在供给者和需求者之间的单向路径信息粗传递模型。第一类模型是后两类的基础，其余两类模型作为后续研究。

约定：在某一市场中，由关于某种商品的 n 个价格构成论域 U, $U = \{P_1, P_2 \cdots, P_n\}$；有 m 个供给者 $\{Agent_{s_1}, Agent_{s_2}, \cdots, Agent_{s_m}\}$ 对这 n 个价格进行评价，从而做出下一步的生产计划决策；$R_1, R_2, \cdots, R_m$ 分别作为 $Agent_{s_1}$, $Agent_{s_2}$, $\cdots$, $Agent_{s_m}$ 的知识，$R_1, R_2, \cdots, R_m$ 可以是技术状况、政府税收、生产成本、可替代或互补性商品的价格、生产者预期、自然环境等因素。这样就形成了 m 个知识库 $(U, R_1), (U, R_2), \cdots, (U, R_m)$。

设 X 为信息源，$X \subseteq U$, $X = \{p \mid p_i, p_j, \cdots, p_k\}$，且 $(i, j, \cdots, k) \subseteq (1, n)$。

讨论一：对信息源 $Agent_s$ 而言，供给者 $Agent_s$ 所需要的信息必须准确可靠，即要求信息源在传递过程中不能是模糊的情况。

针对这种情况，我们从刘纪芹、史开泉等提出的"下近似粗传递信息不变定理"、"下近似粗传递信息损失定理"的角度进行分析并讨论如何利用"知识的依赖性"和"知识的粒度"理论进行信息损失弥补，从而提高信息的近似精度，为供给者做出下一步的生产计划决策做出理论铺垫。

（1）价格信息的下近似粗传递信息不变情况

紧接上述约定，如若 $Agent_{s_1}$, $Agent_{s_2}$, $\cdots$, $Agent_{s_m}$ 具有相同的知识，即 $\cdots = ind(R_k) = \cdots = ind(R_j) = ind(R_i) = \cdots$；或者，当信息源 X 按照 $X \to \cdots \to Agent_{s_i} \to Agent_{s_j} \to \cdots \to Agent_{s_k} \to \cdots$，的顺序进行单向路径的信息传递（$i < j < k$，且均为自然数），且后面供给者 $Agent_s$ 的知识总比其前一个供给者 $Agent_s$ 的知识丰富，即 $\cdots \supset ind(R_k) \supset \cdots \supset ind(R_j) \supset ind(R_i) \supset \cdots$，则：

① arp(G^+_{g-1}, G^-_{g-1}) = (G^+_{g-1}, G^-_{g-1}), 且 $g \in (2, n)$;

② Loss$dx \rightarrow \cdots \rightarrow$ Agent$_{s_i} \rightarrow$ Agent$_{s_j} \rightarrow \cdots \rightarrow$ Agent$_{s_k} \rightarrow \cdots$ = 0, 且 ($i<j<k$, 且均为自然数) 即价格信息在下近似粗传递时保持不变。

由此，我们可以得出这样的结论：

第一，当价格信息沿着同一路径在多个供给者 Agent$_s$ 之间进行单向传递时，如果供给者 Agent$_s$ 所拥有的知识全部相等时，那么他们对信息源 X 的认识也是相同的，没有发生信息增益或损失。

第二，如果供给者 Agent$_s$ 所拥有的知识逐渐增多的话，即后一个供给者 Agent$_s$ 拥有的知识总比前一个供给者 Agent$_s$ 拥有的知识丰富，那么，后一个供给者 Agent$_s$ 能够完全接受前一个供给者 Agent$_s$ 所传递的信息，也没有发生信息增益或损失。

总之，在上述的两种情况下，价格信息在供给者 Agent$_s$ 之间的信息传递是精确的，即价格信息的损失度为 0。在这种情况下，供给者 Agent$_s$ 能够依据所传递给他们的价格信息精确地做出下一步的生产决策等行为。

那么，我们又提出新的问题：当信息源 X 在供给者 Agent$_s$ 之间进行传递时，如果后一个供给者 Agent$_s$ 拥有的知识总比前一个供给者 Agent$_s$ 拥有的知识少的话，又会发生什么情况呢？它又会对供给者 Agent$_s$ 的决策行为产生哪些影响呢？我们下面试着进行回答。

（2）价格信息的下近似粗传递信息损失情况

紧接上述约定，对于供给者 Agent$_{s_1}$，Agent$_{s_2}$，$\cdots$，Agent$_{s_m}$，当信息源 X 按照 $X \rightarrow \cdots \rightarrow$ Agent$_{s_i} \rightarrow$ Agent$_{s_j} \rightarrow \cdots \rightarrow$ Agent$_{s_k} \rightarrow \cdots$ 的顺序进行单向路径的信息传递 ($i<j<k$, 且均为自然数)，且后面供给者 Agent$_s$ 的知识总比其前一个供给者 Agent$_s$ 的知识少，即 $\cdots \subset < \text{ind}(R_k) \subset \cdots \subset \text{ind}(R_j) \subset \text{ind}(R_i) \subset \cdots$，则：

① arp(G^+_{g-1}, G^-_{g-1}) = (G^+_{g-1}, G^-_{g-1}), 且 $g \in (2, n)$;

② Loss$dx \rightarrow \ldots \rightarrow$ Agent$_{s_i} \rightarrow$ Agent$_{s_j} \rightarrow \ldots \rightarrow$ Agent$_{s_k} \rightarrow \ldots \geqq 0$, 且 ($i<j<k$, 且均为自然数) 即价格信息在传递时会发生损失。

由此我们可以得出这样的结论：即当价格信息沿着同一路径在多个供给者 Agent$_s$ 之间按照下近似进行单向传递时，如果供给者 Agent$_s$ 所拥有的知识逐渐减少的话，那么价格信息在供给者 Agent$_s$ 之间的信息传递是粗糙的，即价格信息损失度为 $\geqq 0$。也就是说，单向传递路径上的后一个供给者 Agent$_s$ 只想把前一个供给者 Agent$_s$ 所肯定包含的信息予以接受，而对于其可能包含的信息却予以舍弃。

在这种情况下，供给者 Agent$_s$ 依据所传递给他们的价格信息，从而精确地做出下一步的生产决策等行为会受到一定的影响或干扰。所以，在现实生活中，有的时候某种商品的价格上涨，一些生产者会扩大自己的生产规模，但是一些生产者仍然不会扩大生产规模，这主要是因为生产者对"价格上涨"这一信息的判断不是单纯地依靠某一个知识或等价划分的。而这一点恰恰与传统经济学中所考虑的"在其他因素不变的前提下，价格上涨则供给量增加"的理想判断思维是相错位的。

那么，我们分析到这里不禁会提出如下问题，即：

价格信息在沿着单向路径进行下近似粗传递,且在供给者 Agent$_s$ 所拥有的知识逐渐减少的情况下,供给者 Agent$_s$ 如何做才能使得信息损失量减少,从而保证自己拥有尽量精确的价格信息,进而有助于自己做出下一步的生产决策呢?

(3)如何进行价格信息损失的弥补,从而提高其近似精度

在回答这一问题前,我们需要引进"知识的依赖性"和"知识的粒度"理论进行解释。

1)知识的依赖性

定义(知识的依赖性) 令 $K = (U, R)$ 是一个知识库,$P, Q \subseteq R$。

① 知识 Q 依赖于知识 P(记作 $P \Rightarrow Q$),当且仅当 $\text{ind}(p) \subseteq R$。

② 知识 P 与知识 Q 等价(记作 $P \equiv Q$),当且仅当 $P \Rightarrow Q$ 且 $Q \Rightarrow P$。

③ 知识 P 与知识 Q 独立(记作 $P \neq Q$),当且仅当 $P \Rightarrow Q$ 与 $Q \Rightarrow P$ 均不成立。

当知识 Q 依赖于知识 P 时,我们也说知识 Q 是知识 P 导出的。

从"价格信息的下近似粗传递信息损失定理"中,我们知道后面供给者 Agent$_s$ 的知识总比其前一个供给者 Agent$_s$ 的知识少,即 $\cdots \subset < \text{ind}(R_k) \subset \cdots \subset \text{ind}(R_j) \subset \text{ind}(R_i) \subset \cdots$。套用"知识的依赖度"公式,我们不难发现:在价格信息单向路径上,后面供给者 Agent$_s$ 的知识总是依赖于前者的知识,即后者供给者 Agent$_s$ 的知识总是由前者的知识导出的。那么,它们之间的依赖程度是多少呢?又该如何计算呢?

定义(知识的依赖度) 令 $K = (U, R)$ 是一个知识库,$P, Q \subseteq R$。我们称 k 为知识 Q 依赖于知识 P 的度,当:

$$k = r_P(Q) = |\text{pos}_P(Q)| / |U|$$

当 $k = 1$ 时,我们称知识 Q 完全依赖于知识 P;当 $0 < k < 1$ 时,称知识 Q 粗糙(部分)依赖于知识 P;当 $k = 0$ 时,称知识 Q 完全独立于知识 P。

文章讨论至此,我们可以给出第一种回答"如何进行价格信息损失的弥补,从而提高其近似精度"问题的答案:即信息传递路径上的后面供给者 Agent$_s$ 要尽量丰富自己的知识,通过彼此同时增加双方的"知识的依赖度"——也就是使得 k 尽量趋于 1。

2)知识的粒度

定义(知识的粒度) 称 GD(R) 是知识的粒度,如果

$$\text{GD}(R) = |R| / |U|^2$$

其中,$|R|$ 表示 $R \subseteq U \times U$ 的基数。

当 R 是相等关系时,R 的粒度达到最小值 $|U| / |U|^2 = 1 / |U|$。

当 R 是论域关系时,R 的粒度达到最大值 $|U| / |U|^2 = 1$。

一般情况下,$1 / |U| \leqq \text{GD}(R) \leqq 1$。知识的粒度能够表达智能体对知识的分辨能力,GD(R) 越小,分辨能力越强。当对象属于 R 的同一个等价类时,它是不可分辨的,粒度为 1;否则,它们是可以分辨的,属于不同的 R 等价类。因此,GD(R) 表示在 U 中随即选择两个对象,这两个对象 R 不可分辨的可能性的大小。可能性越大,即 GD(R) 越大,表明 R 的分辨能力越弱,否则越强。

从上述"知识的粒度"的概念,我们可知:知识的粒度能够表达供给者 Agent$_s$ 对价格信息知识的分辨能力,GD(R) 越小,供给者 Agent$_s$ 的分辨能力越强,其关于 R 的基本概念 ind(R) 也越小。反之,亦成立。我们可以形式化地给出"知识的粒度与知识基本概念之间的关系"的定理:

定理（知识的粒度与知识基本概念之间的关系）　令 $K=(U,R)$ 是一个知识库 P，$Q\subseteq K$。

① 当 $GD(P)\subseteq GD(R)$ 时，$ind(P)\subseteq ind(R)$；

② 当 $ind(P)\subseteq ind(R)$ 时，$GD(P)\subseteq GD(R)$。

从"价格信息的下近似粗传递信息损失定理"中，我们知道后面供给者 $Agent_s$ 的知识总比其前一个供给者 $Agent_s$ 的知识少，即 $\cdots\subset ind(R_k)\subset\cdots\subset ind(R_j)\subset ind(R_1)\subset\cdots$。套用"知识的粒度与知识基本概念之间的关系"定理，我们可以推导出：

当 $\cdots\subset ind(Rk)\subset\cdots\subset ind(Rj)\subset ind(Ri)\subset\cdots$ 时，$\cdots\subset GD(R_k)\subset\cdots\subset GD(R_j)\subset GD(R_i)\subset\cdots$。

在粗糙集理论中，与知识的粒度相对应的是知识的分辨度。用 $DIS(R)$ 表示知识 R 的分辨度，则 $DIS(R)=1-GD(R)$

显然，$0\leq DIS(R)\leq 1-1/|U|$。由此可知，分辨度的大小直接反映了对知识的分辨能力。

文章讨论至此，我们可以给出第二种回答"如何进行价格信息损失的弥补，从而提高其近似精度"问题的答案：即信息传递路径上的后面的供给者 $Agent_s$ 要尽量丰富自己的知识，也就是说要通过缩小自己知识的粒度、增加自己知识的分辨度的途径来实现。

讨论二：对信息源 X 而言，为了慎重起见，供给者 $Agent_s$ 害怕遗漏任何可能有用的信息而造成损失，即要求供给者 $Agent_s$ 不放过任何可能的信息。

针对这种情况，我们从刘纪芹、史开泉提出的"上近似粗传递信息不变定理"、"上近似粗传递信息增益定理"的角度进行分析，并讨论如何利用"知识的依赖性"和"知识的粒度"理论进行信息增益量和增益度的减少，从而提高信息的近似精度，为供给者做出下一步的生产计划决策做出理论铺垫。

（1）价格信息的上近似粗传递信息不变定理

紧接上述约定，如若 $Agent_{s_1}$，$Agent_{s_2}$，$\cdots$，$Agent_{s_m}$ 具有相同的知识，即 $\cdots=ind(R_k)=\cdots=ind(R_j)=ind(R_i)=\cdots$；或者，当信息源 X 按照 $X\rightarrow\cdots\rightarrow Agent_{s_i}\rightarrow Agent_{s_j}\rightarrow\cdots\rightarrow Agent_{s_i}\rightarrow\cdots$ 的顺序进行单向路径的信息传递（$i<j<k$，且均为自然数），且后面供给者 $Agent_s$ 的知识总比其前一个供给者 $Agent_s$ 的知识丰富，即 $\cdots\supset ind(R_k)\supset\cdots\supset ind(R_i)\supset ind(R_1)\supset\cdots$，则：

① $arp(G^+_{g-1},\ G^-_{g-1})=(G^+_{g-1},\ G^-_{g-1})$，且 $g\in(2,n)$；

② $Gaind_{x\rightarrow\cdots\rightarrow Agent_{s_i}\rightarrow Agent_{s_j}\rightarrow\cdots\rightarrow Agent_{s_k}\rightarrow\cdots}=0$，且（$i<j<k$，且均为自然数）。

由此我们可以得出这样的结论：

第一，当价格信息沿着同一路径在多个供给者 $Agent_s$ 之间进行单向传递时，如果供给者 $Agent_s$ 所拥有的知识全部相等时，那么他们对信息源 X 的认识也是相同的，没有发生信息增益或损失。

第二，如果供给者 $Agent_s$ 所拥有的知识逐渐增多的话，即后一个供给者 $Agent_s$ 拥有的知识总比前一个供给者 $Agent_s$ 拥有的知识丰富，那么，后一个供给者 $Agent_s$ 能够完全接受前一个供给者 $Agent_s$ 所传递的全部信息。

总之，在上述的两种情况下，价格信息在供给者 $Agent_s$ 之间的信息传递是精确的，即价格信息的增益度为 0。在这种情况下，供给者 $Agent_s$ 能够依据所传递给他们的价格信息精确地做出下一步的生产决策等行为。

那么，我们又提出新的问题：当信息源 X 在供给者 $Agent_s$ 之间进行传递时，如果后一个供给者 $Agent_s$ 拥有的知识总比前一个供给者 $Agent_s$ 拥有的知识少的话，又会发生什么情况呢？它又会对供给者 $Agent_s$ 的决策行为产生哪些影响呢？我们在下面试着进行回答。

（2）价格信息的上近似粗传递信息增益定理

紧接上述约定，对于供给者 $Agent_{s_1}$，$Agent_{s_2}$，$\cdots$，$Agent_{s_m}$ 当信息源 X 按照 $X \rightarrow \cdots \rightarrow Agent_{s_i} \rightarrow Agent_{s_j} \rightarrow \cdots \rightarrow Agent_{s_k} \rightarrow \cdots$，的顺序进行单向路径的信息传递($i<j<k$，且均为自然数)，且后面供给者 $Agent_s$ 的知识总比其前一个供给者 $Agent_s$ 的知识少，即$\cdots \subset < \mathrm{ind}(R_k) \subset \cdots \subset \mathrm{ind}(R_j) \subset \mathrm{ind}(R_i) \subset \cdots$，则

① $arp(G_{g-1}^+, G_{g-1}^-) = (G_{g-1}^+, G_{g-1}^-)$，且 $g \in (2, n)$；

② $Gaind x \rightarrow \cdots \rightarrow Agent_{s_i} \rightarrow Agent_{s_j} \rightarrow \cdots \rightarrow Agent_{s_k} \rightarrow \cdots \geq 0$，且($i<j<k$，且均为自然数)。

由此我们可以得出这样的结论：即当价格信息沿着同一路径在多个供给者 $Agent_s$ 之间按照上近似进行单向传递时，如果供给者 $Agent_s$ 所拥有的知识逐渐减少的话，那么价格信息在供给者 $Agent_s$ 之间的信息传递是粗糙的，即价格信息增益度大于或等于 0。也就是说，单向传递路径上的后一个供给者 $Agent_s$ 总想把前一个供给者 $Agent_s$ 所肯定和可能包含的信息均予以接受。

在这种情况下，供给者 $Agent_s$ 依据所传递给他们的价格信息，从而精确地做出下一步的生产决策等行为会受到一定的影响或干扰。所以，在现实生活中，有的时候某种商品的价格下降，一些生产者压缩自己的生产规模，但是仍有一些生产者仍然扩大生产规模，这主要是因为生产者对"价格下降"这一信息的判断不是单纯地依靠某一个知识或等价划分的。而这一点恰恰与传统经济学中所考虑的"在其他因素不变的前提下，价格下降则供给量减少"的理想判断思维是相错位的。

那么，我们分析到这里不禁会提出如下问题，即：

价格信息在沿着单向路径进行上近似粗传递，且在供给者 $Agent_s$ 所拥有的知识逐渐减少的情况下，供给者 $Agent_s$ 如何做才能使得信息增益量和增益度减少，从而保证自己拥有尽量精确的价格信息，进而有助于自己做出下一步的生产决策呢？

（3）如何进行价格信息增益的减少，从而提高其近似精度

在回答这一问题前，我们同样需要引进"知识的依赖性"和"知识的粒度"理论进行解释。"知识的依赖性"和"知识的粒度"理论在上文已经予以介绍，为了方便读者对其更好的予以理解，我们在下文再次给出它们的定义和内涵。

1）知识的依赖性

定义（知识的依赖性） 令 $K = (U, R)$ 是一个知识库 $P, Q \subseteq R$。

知识 Q 依赖于知识 P(记作 $P \Rightarrow Q$)，当且仅当 $\mathrm{ind}(p) \subseteq \mathrm{ind}(Q)$。

知识 P 与知识 Q 等价（记作 $P \equiv Q$），当且仅当 $P \Rightarrow Q$ 且 $Q \Rightarrow P$。

知识 P 与知识 Q 独立（记作 $P \neq Q$），当且仅当 $P \Rightarrow Q$ 与 $Q \Rightarrow P$ 均不成立。

当知识 Q 依赖于知识 P 时，我们也说知识 Q 是知识 P 导出的。

从"价格信息的上近似粗传递信息增益定理"中，我们知道后面供给者 Agent$_s$ 的知识总比其前一个供给者 Agent$_s$ 的知识少，即 $\cdots \subset\; <\; \mathrm{ind}(R_k) \subset \cdots \subset \mathrm{ind}(R_j) \subset \mathrm{ind}(R_i) \subset \cdots$。套用"知识的依赖度"公式，我们不难发现：在价格信息单向路径上，后面供给者 Agent$_s$ 的知识总是依赖于前者的知识，即后者供给者 Agent$_s$ 的知识总是由前者的知识导出的。那么，它们之间的依赖程度是多少呢？又该如何计算呢？

定义（知识的依赖度） 令 $K = (U, R)$ 是一个知识库，$P, Q \subseteq R$。我们称 k 为知识 Q 依赖于知识 P 的度，当：$k = r_p(Q) = |\mathrm{pos}_p(Q)| / |U|$

当 $k = 1$ 时，我们称知识 Q 完全依赖于知识 P；当 $0 < k < 1$ 时，称知识 Q 粗糙（部分）依赖于知识 P；当 $k = 0$ 时，称知识 Q 完全独立于知识 P。

文章讨论至此，我们可以给出第一种回答"如何进行价格信息损失的弥补，从而提高其近似精度"问题的答案：即信息传递路径上的后面的供给者 Agent$_s$ 要尽量丰富自己的知识，通过彼此同时增加双方的"知识的依赖度"——也就是使得 k 尽量趋于 1。

2）知识的粒度

知识的粒度能够表达供给者 Agent$_s$ 对价格信息知识的分辨能力，GD(R) 越小，供给者 Agent$_s$ 的分辨能力越强，其关于 R 的基本概念 ind(R) 也越小。反之，亦成立。我们可以形式化地给出"知识的粒度与知识基本概念之间的关系"的定理：

定理（知识的粒度与知识基本概念之间的关系） 令 $K = (U, R)$ 是一个知识库，$P, Q \subseteq P$。

① 当 GD(P) $\subseteq$ GD(R) 时，ind(P) $\subseteq$ ind(R)；

② 当 ind(P) $\subseteq$ ind(R) 时，GD(P) $\subseteq$ GD(R)。

从"价格信息的上近似粗传递信息增益定理"中，我们知道后面供给者 Agent$_s$ 的知识总比其前一个供给者 Agent$_s$ 的知识少，即 $\cdots \subset\; <\; \mathrm{ind}(R_k) \subset \cdots \subset \mathrm{ind}(R_j) \subset \mathrm{ind}(R_i) \subset \cdots$。用"知识的粒度与知识基本概念之间的关系"定理，我们可以推导出：

当 $\cdots \subset\; <\; \mathrm{ind}(Rk) \subset \cdots \subset \mathrm{ind}(Rj) \subset \mathrm{ind}(Ri) \subset \cdots$ 时，$\cdots \subset \mathrm{GD}(R_k) \subset \cdots \subset \mathrm{GD}(R_j) \subset \mathrm{GD}(R_i) \subset \cdots$。

在粗糙集理论中，与知识的粒度相对应的是知识的分辨度 DIS(R)。

$$\mathrm{DIS}(R) = 1 - \mathrm{GD}(R)$$

显然，$0 \leq \mathrm{DIS}(R) \leq 1 - 1/|U|$。由此可知，分辨度的大小直接反映了对知识的分辨能力。

讨论至此，我们可以给出第二种回答"如何进行价格信息增益的减少，从而提高其近似精度"问题的答案：即信息传递路径上的后面的供给者 Agent$_s$ 要尽量丰富自己的知识，也就是说要通过缩小自己知识的粒度、增加自己知识的分辨度的途径来实现。

"价格信息在需求者之间的单向路径信息粗传递模型"与"价格信息在供给者之间的单向路径信息粗传递模型"在本质上是相同的，这是因为就每一个单个模型而言，其参与信息粗交流的智能体（或者是供给者，或者是需求者）是同类的，这也就意味着同类智能体具有相同的等价划分。比如，就供给者而言，其所具有的知识结构或者等价划分包括技术状况、政府税收、生产成本、可替代或互补性商品的价格、生产者预期、自然环境等。

就模型的形式而言，只需把供给者的"$Agent_s$"改为需求者的"$Agent_d$"即可。在此不再赘述，予以省略。

3）信息粗交流在价格机制形成中的应用——以供给者$Agent_s$为例

我们以供给者$Agent_s$为例，来直观地看一下信息粗交流在价格机制形成中的应用。

我们假设在一手机市场中，由关于某一品牌手机的 6 个价格构成一个论域 U，$U = \{p_1, p_2, \ldots, p_6\}$，有三家生产厂商 A_1, A_2, A_3 要对这 6 个价格进行评价判断，从而做出下一步的生产计划决策。其评价判断时本身所具有的基本知识或者称为等价划分分别为：技术状况 $\mathrm{ind}(R_1)$，政府税收 $\mathrm{ind}(R_2)$，生产成本 $\mathrm{ind}(R_3)$。其中，按技术状况（高，低）有可以细分为：

p_1, p_5, p_6 —— 技术难度高；

p_2, p_3, p_4 ——技术难度低；

按政府税收（多，少）可以细分为；

p_5, p_6 ——政府税收多；

p_1, p_2, p_3, p_4 ——政府税收低；

按生产成本（高，低）可以细分为；

p_6 ——生产成本高；

p_1, p_2, p_3, p_4, p_5 ——生产成本高；

那么，生产厂商 A_1 根据其知识结构划分的等价类为：

$U / \mathrm{ind}(R_1) = (\{p_1, p_5, p_6\}, \{p_2, p_3, p_4\})$;

生产厂商 A_2 根据其知识结构划分的等价类为：

$U / \mathrm{ind}(R_2) = (\{p_5, p_6\}, \{p_1, p_2, p_3, p_4\})$;

生产厂商根据其知识结构划分的等价类为：

$U / \mathrm{ind}(R_3) = (\{p_6\}, \{p_1, p_2, p_3, p_4, p_5\})$。

信息源 $X = \{p_1, p_4, p_5, p_6\}$。依据生产厂商对价格信息的掌握意愿，我们需要分两种情况讨论。

第一种情况：如果三家生产厂商都想要准确掌握价格信息，要求所传递给他们的价格信息不能是模糊、不可靠的，那么需要考虑价格信息的下近似信息粗传递。具体而言，就是要运用"价格信息的下近似粗传递信息损失定理"进行分析。

如果按照信息传递路径 $X \to A_1 \to A_2 \to A_3$ 进行传递，根据文章上述给出的预备知识可得：

$$(A^+_1, \quad A^-_1) = \{\{p_1, p_5, p_6\}, \{f\}\}$$
$$(A^+_2, A^-_2) = \{\{p_5, p_6\}, \{f\}\}$$
$$(A^+_3, A^-_3) = \{\{p_6\}, \{f\}\}$$

根据"下近似粗传递信息损失度"的定义，我们可以计算出：

$$\mathrm{Loss}d_{A_1 \to A_2} = 1/3; \mathrm{Loss}d_{A_2 \to A_3} = 1/2$$

如果按照信息传递路径 $X \to A_1 \to A_2$ 进行传递，根据文章上述给出的预备知识可得：

$$(G^+_1, G^-_1) = \{\{p_5, p_6\}, \{f\}\}$$

$$(G^+_2, G^-_2) = \{\ \{f\}, \{f\}\ \}$$
$$(G^+_3, G^-_3) = \{\ \{f\}, \{f\}\ \}$$

根据"下近似粗传递信息损失度"的定义，我们可以计算出：

$$\text{Loss}d_{A_2 \to A_1} = 1; \text{Loss}d_{A_1 \to A3} = 0$$

显然，$(A^+_3, A^-_3) \neq (C^+_3, C^-_3)$，它的涵义是说价格信息源 X 沿着不同的路径进行单向传递时，生产厂商 A_3 获得 X 的信息不同，其信息损失度也不同，那么，生产厂商 A_3 需要依据最终获得的价格信息而进行的生产决策也会不同。

具体结合本例子而言，当信息源 X 沿着路径 $X \to A_1 \to A_2 \to A_3$ 进行传递时，生产厂商 A_3 最终只获取了信息源 X 中的价格信息 p_6，即生产厂商 A_3 认为"政府税收多"是影响其下一步生产决策的最重要的因素。那么，无论市场中这款手机的价格是高还是低，生产厂商 A_3 可能总会限制生产规模，减少产品生产量，因为他害怕"政府税收"会夺取更多的产品利润。

但是，当信息源 X 沿着路径 $X \to A_1 \to A_2 \to A_3$ 进行传递时，生产厂商 A_3 最终没有获取信息源 X 中的任何价格信息，那么这就意味着，无论市场中这款手机的价格是高还是低，生产厂商 A_3 均不会受其影响与左右，可能会寻找其他因素进行下一步的生产决策。

根据上文的对"如何进行价格信息损失的弥补，从而提高其近似精度"的研究结论，即无论是从"知识的依赖性"还是从"知识的粒度"的角度，都需要"信息传递路径上后面的供给者 Agent_s 要尽量丰富自己的知识"。结合本例子，就是要求生产厂商 A_3 要打破单一或者不全面的知识结构或者称为等价划分，尽量完善丰富自己的知识，逼近信息源 X 中所包含的各种价格信息的等价划分种类。这与实际中的要求生产厂商多方面、全方位、系统化地掌握市场价格信息，并依此指导自己制定下一步的生产决策是一致的。

第二种情况：如果三家生产厂商都很慎重，想要全面掌握价格信息，怕因漏掉任何可能有用的信息而造成损失，那么就需要考虑价格信息的上近似信息粗传递。具体而言，就是要运用"价格信息的上近似粗传递信息增益定理"进行分析。

第二种情况的分析思路与第一种情况类似，只需套用公式即可，这里不再赘述。

最后指出，本文的研究还很初步，只是形式地搭建起了信息粗交流与价格形成机制研究之间的桥梁，所建立的单向路径信息粗传递模型仅仅考虑了单纯的供给者和单纯的需求者，并没有考虑供给者和需求者的混合型，即价格信息源在供给者与需求者之间随即交错地进行粗传递的情况：

$$X \to \cdots \to \text{Agent}_{s_i} \to \text{Agent}_{d_j} \to \cdots \to \text{Agent}_{s_k} \to \text{Agent}_{d_q} \to \cdots$$

也就是说，本文所建立的信息粗传递模型限定在信息"单向"和"直线型"传递的理想情况，而实际中往往都是"双向"和"网状型"传递，这是我们以后的努力方向。

参考文献

[1] 昝廷全. 系统经济学探索[M]. 北京：科学出版社，2004.

[2] 昝廷全. 系统经济学（第二卷：理论与模型）[M]. 北京：中国经济出版社，1997.

[3] 昝廷全，刘静忆，王燕萍.传媒经济学研究的历史、现状与对策[J].现代传播，2007，（6）：84.

[4] 昝廷全，杨婧婧.制度边界流的粗集模型研究[J]. 中国传媒大学学报（自然科学版），2010，17（1）.

[5] 昝廷全，朱天博. 博弈论的粗集模型研究[J]. 中国传媒大学学报（自然科学版），2010，17（2）.

[6] 张维迎. 价格、市场与企业家[M]. 北京：北京大学出版社，2006.3.

[7] 约瑟夫·E. 斯蒂格利茨，卡尔·E. 沃尔什.经济学·第三版（上）[M]. 北京：中国人民大学出版社，2005.68.

[8] 约瑟夫·熊彼特. 经济分析史第一卷[M]. 北京：商务印书馆，1991.457.

[9] 亚当·斯密. 对国民财富的性质和原因的研究（上卷）[M].北京：商务印书馆，1972.

[10] 马克·布劳格（Mark Blaug）.经济理论的回顾（第5版）[M]. 姚开建，译校. 北京：中国人民大学出版社，2008.85.

[11] 斯坦利 L. 布鲁. 经济思想史[M]. 焦国华，韩红，译. 北京：机械工业出版社，2003.82.

[12] 吕益民，董小君. 中外社会科学名著千种评要——经济学[M]. 北京：华夏出版社 1993.70.

[13] 萨伊. 政治经济学概论[M]. 北京：商务印书馆，1963.59.

[14] 约瑟夫·E. 斯蒂格利茨，卡尔·E. 沃尔什. 经济学·第三版（上）[M]. 北京：中国人民大学出版社，2005.82.

[15] 保罗·萨缪尔森，威廉·诺德豪斯. 经济学·第十七版[M]. 萧琛，主译. 北京：人民邮电出版社，2004.23.

[16] 彼得·蒙德尔，丹尼·迈尔斯，南希·沃尔，罗杰·勒鲁瓦·米勒. 经济学解说（上册）[M]. 胡代光，主译. 北京：经济科学出版社，2000.104.

[17] 哈罗德·W. 库恩编著. 博弈论经典[M]. 韩松，刘世军，张倩伟等，译北京：中国人民大学出版社，2004.

[18] 阿维纳什·迪克西特，策略博弈（第二版）[M].苏珊·斯克丝. 蒲勇健等，译. 北京：中国人民大学出版社，2009.

[19] 莱昂内尔·罗宾斯. 经济科学的性质和意义[M]. 朱泱，译. 北京：商务印书馆，2007.

[20] 安秋生. 粗糙关系数据库[M]. 北京：电子工业出版社，2009.

[21] 琼·罗宾逊，约翰·伊特韦尔.现代经济学导论[M]. 北京：商务印书馆，1982.

[22] 劳埃德·雷诺兹. 微观经济学[M]. 陈彪如译. 北京：商务印书馆，1982.

[23] 约翰·B. 泰勒. 经济学（第5版）[M].李绍荣，李淑玲等译. 北京：中国市场出版社，2007.

[24] 斯蒂文 E. 兰德博格（Steven E.Landsburg）.价格理论与应用（原书第5版）[M].宋炜，黄静，赵慧译. 北京：机械工业出版社，2003.

[25] 马克·布劳格（Mark Blaug）. 经济理论的回顾（第5版）[M].姚开建译校. 北京：中国人民大学出版社，2008.

[26] 柯兰德. 微观经济学（第6版）[M]. 陈蒙译. 上海：上海人民出版社，2008.

[27] 沃尔特·尼克尔森著. 微观经济学——基本原理与扩展[M]. 朱幼为等译. 北京：北京大学出版社，2008.

[28] 史开泉，余文琼.粗系统与它的粗依赖[J]. 山东大学学报（理学版），2006，41（1）.

[29] 刘纪芹，史开泉. 基于粗糙集的信息粗交流[J]. 系统工程与电子技术，2007，29（3）：437–442.

[30] 史开泉，刘保相.S -粗集与动态信息处理[M]. 北京：冶金工业出版社，2005.

[31] 史开泉，崔玉泉.S- 粗集与粗决策[M]. 北京：科学出版社，2005.

[32] 史开泉，姚炳学. 函数 S-粗集与系统规律挖掘[M]. 北京：科学出版社，2007.

[33] Paw lak. Z Rough Sets. International Journal of International Sciences[J]. 1982（11）：341–356.

[34] Pawlak Z. Rough Sets. Decision Algorithm and Bayes. Theorem [J]. European Journal of Operation Research，2002（136）：181–189.

[35] Pawlak. Z RoughSets. Communications of ACM[J] 11995，38（11）：89–95.

[36] 王国胤. Rough 集理论在不完备信息系统中的扩充[J]. 计算机研究与发展，2002，39（10）.

[37] 刘清. Rough 集及 Rough 推理[M]. 北京：科学出版社，2001.

[38] 王国溉. Rough 集理论与知识获取[M]. 西安：西安交通大学出版社，2001.

制度边界的粗集模型研究[*]

摘要：本文首先构建了制度边界的粗集模型，定义并分析了制度边界粗集模型中具有政策意义的几个参数：制度的近似精度、粗糙度与制度的拓扑特征等，高层次经济系统可以以此评估制度的作用能力。提出了制度边界的操作方法——特化知识库，特化知识库提供了制度完善的新操作方法。制度变迁是制度的动态变化过程，表现为制度边界的迁移，特别地在行为论域中，制度变迁表现为制度曲线的位移与知识库的变化。本文基于 S-粗集理论构建制度变迁的 S-粗集模型，通过构建制度的单向迁移、单向对偶迁移以及双向迁移模型，研究了行为等价类的迁移方式。定义了制度边界的迁移过程中产生的消集合与副集合，并进一步指出，政府在进行制度的改革时，要尽量增加制度变迁过程中的消集合，同时减少制度变迁中产生的副集合。

关键词：制度边界；制度变迁；粗集；S-粗集；知识库

On Rough Set Models of the Institutional Boundary

ZAN Ting-quan，YANG Jing-jing

Abstract：This article analyzed and described the institutional boundary by constructing rough set model of institutions. Then w e defined several parameters that have interesting policy meanings in the rough sets model of institutional boundary：approximate accuracy of the institution，roughness and topology characteristics of the institution. What 's more，this article had come to a conclusion：Specialized Knowledge is an important method to reduce the institutional boundary，which provides a new operation method to improve the institution.

Institutional Change is a process of dynamic change of institutions，expressed as the migration of the institutional boundary. Particularly in the behavior domain，institutional change is offset curionalve of institutions and changes in know ledge base. In this article，the authors constructed S-rough– set based model of institutional changes，including one direction change，dual of one direction change and two direction change model of the instituting，studied the migration approach of behavior equal class. At last，we defined vanished set and assistant set，and pointed out that the Government in the institutional reform should maxi mize the number of vanished set on the institutional boundary，and at the same time reduce the formation of the assistant set.

keywords：institutional boundary; institutional change; rough sets; S- rough sets; know ledge base

一、导　　论

在 20 世纪最后十年所发生的一系列与制度相关的事件与现象对相关国家的经济绩效产生了深远的影响，"制度是重要的"这一观点日益普遍。近些年来，制度研究已经

---

*作者：昝廷全、杨婧婧，原载《中国传媒大学学报（自然科学版）》2010 年第 1 期

变得越来越流行，这种认识已经在世界范围内得到广泛的认同。

认识到制度的重要性是我们寻找好制度的前提。我国加入 WTO 后，国家之间的制度竞争对我国的挑战更加明显，中国亟须适合中国国情的经济制度与规则。制度的研究有利于分析我国新旧体制转型的过程及其转型中的经济和社会问题，制度的完善有利于经济活动的有效运作和国家与人民的长治久安。改革开放以来，中国形成了具有中国特色的社会主义市场经济体系，这些体系带动了我国经济的高速增长。随着全球化与互联网的发展，我国经济的进一步发展需要制度的同步完善。另外，市场经济的发展中出现了很多新的市场行为，没有对应的制度进行规范，所以经济系统发展对制度需求增加。在这种时代背景下，研究制度与制度边界对于认识与分析制度需求，完善制度设置具有很大的现实意义。

系统经济学的制度理论由昝廷全教授提出。昝廷全在 2001 年的《产业经济系统研究》一书中给出制度一般理论，提出制度的递归方法定义，制度是指政府或经济系统对其经济元及其子系统的各种约束和影响，以及这些不同的约束和影响之间的关系共同构成的有机整体。这个定义说明制度本身是一个系统，递归的定义方法具有科学性和系统性，在一定程度上涵盖制度的一般描述性的定义。在此基础上，进一步描述了制度之间的层次性和全息性，将制度分为自组织制度与层级型制度。这个分类是根据制度的成因与实施机制进行的，与新制度经济学的正式制度与非正式制度的概念类似，又比新制度经济学分类方法更进一步，有利于对制度的实施机制的研究。

在随后的研究中，昝廷全教授明确界定制度边界的概念，并在数理层次对制度边界研究。制度边界就是科斯所说的制度"灰色地带"的概念。昝廷全于 2002 年发表的《制度的一般数学模型与制度设计的两个基本准则》中，提出了制度边界的系统区分标准和数学模型。并于次年进一步构造了基于拓扑学的制度模型提出观点：制度设计是针对"行为类"的，而不是针对经济人的每一个具体行为。接下来的研究吸收了系统经济学的制度边界理论、制度变迁理论与粗集理论的一些研究成果。

二、系统经济学的制度与制度边界理论

1. 制度一般理论

制度一直被传统的经济学理论看作市场给定的一个外在参数，以科斯和诺斯为代表的新制度经济学派将这一传统打破，指出制度在市场运行中的重要性，这些经济学家提出一系列的制度的概念。

系统经济学在上述理论的基础上对制度的概念进行总结和提炼，给出制度的更加明确科学的定义。昝廷全（1996）指出，所谓制度，是指政府或经济系统对其经济元及其子系统的各种约束和影响，以及这些不同的约束和影响之间的关系共同构成的有机整体。形式化地表示为：制度 = （{制度要素}，{不同制度要素之间的关系}）= （硬部，软部）。这个定义说明制度本身是一个系统，递归的定义方法具有科学性和系统性，是制度的一般描述性的定义。

制度是具有层次性的，制度的层次性源于经济系统的层次性。经济系统层次性的划分应用了(f, θ, D)准则，取分类准则 θ 为经济系统的组织水平，将其划分为：家庭经济系统、企业经济系统、产业经济系统、区域经济系统、国家经济系统和全球经济系统。对应地，制度也具有层次性，系统经济学将制度划分为六个层次：家庭制度、企业制度、产业制度、区域制度、国家制度和全球制度。

系统经济学根据制度的成因与实施机制，把制度划分为自组织制度（self-organizing institution）与层级型制度（hierarchical institution），这种制度分类摆脱了一些分类方式的唯象性局限。自组织制度是指经济系统自我形成、自我组织、自我实施的制度；层级型制度是由政府或高层次经济系统为低层次经济系统直接设定并由外部权威来监督实施的制度。

2. 制度和制度边界的模型理论

制度边界分为两类：由于制度设计本身的不合理性造成的制度边界属于第一类制度边界；第二类制度边界是由于技术革命等原因经济系统出现新现象时，对这些行为还没有相应的制度规范和约束，或者原来存在的相关制度约束对这一新现象的约束不明确，使得人们对这些行为是否符合制度无从知道，这些经济系统中的新现象催生了经济系统中新的制度边界。

（1）制度边界的数学模型

前面给出了系统经济学的制度定义，在这个制度的定义中，制度本身是一个系统。制度对经济元以及子系统的各种行为进行约束，区分了可行集和不可行集，在可行集内是符合制度的行为，即可行集是制度允许去做的行为集合；在不可行集内的行为是不符合制度的，即不可行集是制度不允许去做的行为集合。制度应当能够在行为集中区分出可行集和不可行集。如果用数学语言来描述制度系统，制度必须是一条封闭曲线。只有这样，它才能清晰地区分制度的内部和制度的外部。如果不封闭，则可行集和不可行集是连通的，则人们无法区分出行为是被允许的还是被禁止的，这样制度在现实中很难有效实施，这就是系统经济学中制度设计的必要条件。

我们知道，制度在操作过程存在"制度灰色地带"，也就是制度边界，制度未明确允许也没有明确禁止的行为构成了制度的边界，制度并未对其进行对应规定。这种没有被规定到的制度"空隙"使经济系统行为集内的制度曲线具有一定的"厚度"，如图 1 所示，"厚度"的程度和一个经济系统的制度的完善程度有关，边界越厚，说明制度边界越大，说明制度越需要改进。

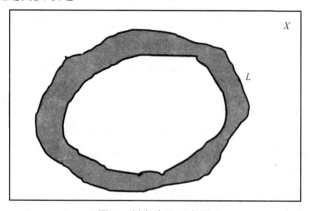

图 1　制度边界示意图

（2）制度边界的拓扑模型

制度的性质决定了制度设计只能是针对某些基本的行为类型（行为等价类），而不可能为每个具体行为设计制度，因此，与制度设计所对应的行为空间不是引入拓扑结构的欧几里得空间 R^n，而是对欧几里得空间商化的商空间，将欧几里得空间进行转化，必须从 R_n 上的常用拓扑空间转向他的准商拓扑空间。

设行为商空间 $= (B/d(f, \theta, D), f' \subset (B/d(f, \theta, D))^2)$，这里 B 表示现实存在的各种具体行为构成的空间，$B/d(f, \theta, D)$ 表示用分类相对性准则 (f, θ, D) 进行商化得到的行为商系统，$B/d(f, \theta, D) = \{B_1, B_2, \cdots\}$，$B_1, B_2, \cdots$ 表示不同类型的行为集合，f' 表示不同类型的行为集合之间的关系。

行为空间商化后可以用栅格空间来描述，制度就是栅格空间内的一条封闭曲线。每个栅格代表了同一种类型的行为集合，这些行为对于制度来说是等价的，或称不可分辨的。

这个栅格空间我们用 B/θ 来表示，全部包含在制度曲线 L 内的栅格全体构成了制度内部，这是制度明确允许的行为集合；在制度曲线 L 外部，并与曲线 L 完全不相交的栅格全体构成制度外部，所代表的行为集合是制度明令禁止的。还有一部分行为等价类正好与制度曲线相交，这些行为等价类内部有的行为落在制度的内部，有的行为落在制度的外部，因为每个行为集合对于制度来说是不可分辨的，那么我们没有办法分辨与制度曲线相交的行为集合里的某些行为是在制度内部还是在制度外部，因此，我们不能确定这部分行为集合是不是制度允许或禁止的。这部分相交行为集合就构成制度边界。如图 2 制度的拓扑模型所示。阴影部分表示为制度边界。

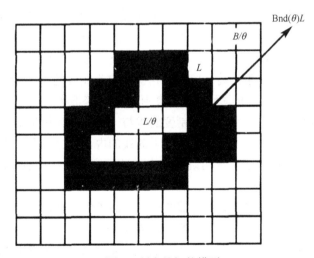

图 2　制度的拓扑模型

根据系统经济学的制度设计准则：制度设计与制度安排应当尽量减少制度边界，使之趋于空集。对应制度的拓扑空间来说，通过把栅格空间的栅格加细，也就是通过选择更加细分的分类准则 (f, θ, D)，来加细制度边界的"环带"。

在经济实践中，打政策擦边球的现象时有发生。改革开放以来，我国形成了具有中国特色的社会主义市场经济体系，随着全球化与互联网的发展，出现了很多新的市场现象，但相应的制度却处于缺失状态，如互联网出现后，网络犯罪与网络安全的相关制度规范仍不完善，网络犯罪和安全隐患映射网络监管困局，制度缺失严重，经济系统发展对制度需求增加。

三、基于传统粗集理论的制度边界模型

1. 制度要素的粗集模型

粗集作为一种处理不确定、不精确与不完全数据的新数学理论，最初是由波兰数学家 Z. Paw lak 于 1982 年提出的，到 20 世纪 80 年代末逐渐引起各国学者的注意。在国内，对粗集理论的研究和应用还处在起步阶段。

类似于制度的拓扑模型，这里对制度边界的粗集模型构建也是在行为空间中进行的。制度的本质是对行为的约束和观控，各种具体行为不计其数，共同构成行为空间。从制度设计的角度来看，不能对行为空间的每一个具体行为都设计出制度约束，制度只能把每一类行为作为制度设计的基本对象单元。

从粗糙集的研究方法上来讲，这个行为空间，称为论域 U。选择一个行为分类方法 R，即 R 为 U 上的一个等价关系，$[x]_R$ 表示包含行为元素 $x \in U$ 的 R 等价类，U/R 表示 R 的所有行为等价类构成的集合。行为论域上的一个行为类划分定义为：$C = \{X_1, X_2, \ldots, X_n\}$，其中 $X_i \in U$，$X_i \neq \varnothing$，当 $i \neq j$，$X_i \cap X_j = \varnothing$，$i, j = 1, 2, \ldots, n$，且 $\cup X_i = U$。U 上的一族行为类划分称为关于行为论域 U 的一个知识库。

制度的封闭曲线围成的区域所代表的行为集合构成了行为论域 U 上的一个子集 X。X 的内部是可行集，X 的外部是不可行集。为了进一步对制度曲线围成的行为集 $X \subseteq U$ 进行研究，我们首先选定一个行为论域 U 上的等价关系 R。

现实中，制度一般都具有粗糙性。根据粗集的研究方法，我们可以在行为论域中利用两个精确范畴来定义制度粗范畴。这两个精确集称为制度的 R 下近似集与 R-上近似集，选定 R 是 U 上的行为等价关系，$[x]_R$ 表示 R 行为等价类。

制度要素被抽象成一条封闭曲线，制度曲线与一部分行为等价类相交，而其他的行为等价类或者位于制度曲线的外部，或者位于曲线的内部，那些内部所有行为在制度曲线内部的行为等价类的集合是制度明确允许去做的行为类型，构成了制度的 R 下近似集，定义为：$R_-(X) = \{x \mid x \in U, [x]_R \cap X\}$。

那些内部所有行为都在制度曲线外部的行为等价类的集合是制度不允许去做的行为类型，这些集合构成了制度的 R 上近似集，定义为：$R_-(X) = \{x \mid x \in U, [x]_R \cap X\} \neq \varnothing$。

用粗糙集 $(R_-(X), R^-(X),)$ 来定义制度粗范畴。如图 3 表示行为近似空间 (U, R) 中制度要素的近似划分。

称 $\mathrm{pos}_R(X) = R_-(X) =$ 为制度的 R 正域，表示制度允许的行为等价类集合；$\mathrm{neg}_R(X) = U - R^-(X)$ 为制度的 R 负域，表示制度不允许的行为等价类集合。正域与负域之间构成了一个"环带"区域，这些行为等价类里的行为有些是在制度允许范围内的，而另一些行为是在制度的禁止范围内的。用 R 上近似集与 R 下近似集来表示制度边界域：$\mathrm{Bn}_R(X) = R^-(X) - R_-(X)$。见图 3。

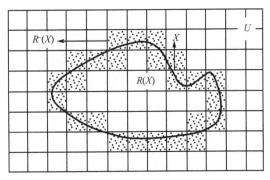

图3　近似空间$(U，R)$中制度X的近似划分

那么某个经济元的行为是属于制度粗范畴里的哪些范畴呢？

于是我们定义经济元的具体行为x与制度粗范畴X的关系为：

$x \in_{-R} X$ 当且仅当 $x \in R_-(X)$

$x \in^{-R} X$ 当且仅当 $x \in R^-(X)$

这里$x \in_{-R} X$表示根据知识R，行为x肯定在制度X允许范围内；^{-R}X表示根据知识R，行为x可能在制度X允许范围内，分别称$\in^{-R}$和为下和上成员关系。类似地我们当经济元行为与制度粗范畴是下成员关系，而不是上成员关系时，即 $x \in^{-R}$ 且 $x \notin_{-R} X$ 时，此时，经济元行为属于制度边界域时，我们定义这种成员关系为边界成员关系：$x \in$当且仅当$x \in \mathrm{Bn}_R(X)$。这里表示x是X的边界成员，根据知识R，x属于制度边界，可能在制度X允许范围内，也可能在X的禁止范围内。

2. 制度边界粗集模型中具有政策意义的参数

制度研究对我国制度安排与制度环境的评估与完善具有重大的意义，尤其是在我国新旧体制转型的特殊时期。制度边界的细化与缩减是高层次经济系统提供约束与影响的目标，有利于制度更完善地发挥其规范与约束的作用。制度边界的大小表征制度的精确性的高低，如果制度的精确性不高，即具有很高的粗糙性时，表明经济系统需要更加明确与专门的制度，这就为政府改进制度提供了方向和思路。

（1）制度粗范畴的精度与粗糙度

制度粗范畴的粗糙性是由制度边界域的存在引起的，边界域的大小可以衡量制度的近似精度，制度边界域越大，其精确性越小，其粗糙性越大。

为了更精确地表示制度粗范畴的近似精度，我们引入不精确性的数值量度：

$$a_R(X) = \mathrm{card}(R_-(X)/\mathrm{card}(R^-(X))$$

$\mathrm{card}(X)$表示X的基数，也就是行为等价类的数目。$a_R(X)$表示我们获得的关于制度粗范畴X的知识是否完全的程度，即制度近似精度，$0 \leqq a_R(X) \leqq 1$

同时我们可以量度制度粗范畴的上下近似集的距离，这里对制度的上近似集和下近似集之间的距离定义如下：

$$d(R,(X),R^-(X)) = \frac{\mathrm{card}(R_-(X) \cup R^-(X) - R_-(X) \cap R^-(X))}{\mathrm{card}(R_-(X) \cup R^-(X))} = 1 - a_R(X)$$

上下近似集之间的距离越大，说明制度越不精细或越粗糙，也就是说，上下近似集

的距离就是 X 的粗糙度 $\rho_R(X)$，$\rho_R(X) = d(R_{-}(X)，R^{-}(X))$。

制度的粗糙度与其精度正好相反，它表示的是对制度粗范畴的知识的不完全程度。制度的边界域越大，其近似精度越小，粗糙度越大。高层次经济系统可以通过对制度的行为近似空间的近似计算，得到制度的近似精度或粗糙度，这些参数可以用来对制度的近似精度与粗糙度进行评估和鉴定制度的作用能力以及效果。

（2）制度粗范畴的拓扑特征

根据制度粗范畴的拓扑特征，可以给出了制度的另一种划分：

① 当 $R_{-}(X) \neq \varnothing$ 且 $R^{-}(X) \neq U$，称制度粗范畴 X 为粗糙可定义的，这是经济系统中制度的最常见的特征。当一种制度是粗糙可定义时，存在第一类制度边界，第一类制度边界是由于制度设计本身的特点造成的。政府或高层次经济系统可以通过制定更加细分与专门的制度尽量地缩短制度上下近似集之间的距离，减小此类制度边界；

② 当 $R_{-}(X) \neq \varnothing$ 且 $R^{-}(X) \neq U$，称制度粗范畴 X 为内不可定义的，这时候经济系统存在制度约束，但是行为论域中只有明确不允许去做的行为类，不存在明确允许的行为类。这里制度的上近似集就是制度边界，这可能是由于新现象的产生，没有专门的制度进行约束，而根据相关已存在的制度，我们只能知道不允许去做的行为。在这种情况下，政府与高层次经济系统应该尽快地出台相关的规范进行明确的约束与规定；

③ 当 $R_{-}(X) \neq \varnothing$ 且 $R^{-}(X) \neq U$，称制度粗范畴 X 为外不可定义的；

④ 当 $R_{-}(X) \neq \varnothing$ 且 $R^{-}(X) \neq U$，称制度粗范畴 X 为全不可定义的。

当制度 X 为外不可定义与全不可定义时，我们可以认为制度 X 的存在是低效或无效的，制度的存在是无意义的。造成这种情况的可能原因是经济系统中由于技术变革等原因出现了新现象，而经济系统没有任何相关的制度约束。因此这两种情况下产生的是第二类制度边界。

制度的精度与粗糙度和制度的拓扑特征相互补充，共同表征制度的状况。在考察制度时，我们可以将边界域的这两种信息结合起来，既考虑精度因素，也考虑其拓扑结构。

3. 制度间关系的粗集模型

制度是具有层次性的，把制度间关系分为纵向水平上不同组织水平制度间的关系与横向水平上的同一层次的不同制度之间的关系。经过本节的研究，可以知道制度的横纵结构不同，代表着不同制度粗范畴在行为论域中所处的知识库的不同。

当制度之间是横向关系时，每个制度是处于同一层次的，那么这些制度在同一个层次上对行为的划分方式是相同的，这就意味着在研究这些制度粗范畴时，我们选取的知识 R 是相同的，具有相同的知识库；如果制度之间是纵向的，每个制度是处于不同组织水平的，那么这些制度在不同组织水平上对行为的划分方式必定是不同的。比如，我国的"民法通则"是民事法律的通用法规，在这个法则之下，又制定了一系列的专门法规对不同的对象实行不同的保护，如《残疾人保护法》，《未成年人保护法》等。这些专门法律属于民法的分支，虽然民法也有保护残疾人、未成年人、妇女儿童等相关条款，但专门法规对相关人的保护规定更加全面、更加具体。纵向水平的不同层次的制度的行为等价类不同，在同样的行为论域中具有不同的知识库，因此相关研究也是基于不同的知识库进行的。

纵向水平上不同组织水平制度间的关系。比起低层次的制度来说，高层次的对应制度对行为的约束更加宽泛，而低层次相应制度则对行为的约束更加精细。不同组织水平的制度对行为的划分方式不同，我们假设低层次的制度粗范畴的知识库为 $K' = (U, P)$，高层次的制度粗范畴的知识库为 $K' = (U, Q)$，根据制度对行为约束的细致水平，我们可知 $\mathrm{ind}(P) \subset \mathrm{ind}(Q)$，低层次制度粗范畴比高层次制度粗范畴的行为等价类划分更精细，在同一行为论域上所划分的行为等价类越稠密。

当制度仅被安排在高层次制度的时候，其行为等价类的划分比较粗糙，造成了制度边界域太大。因此，需要对高层次制度现有的行为论域知识库 $K' = (U, Q)$ 进行特化，特化为 $K = (U, P)$，把范畴分割成更小的单元，这样制度的边界域就会缩减，得到更低层次的制度粗范畴，它可能是更高层次制度粗范畴的分支。这种制度的安排方法在实际操作中是常见的。高层次经济系统通过对现有制度的一方面内容制定专门的分支制度以增加制度的完备性，高层次的制度粗范畴与低层次的制度粗范畴的合范畴更完善地约束和影响经济元的行为。因此，我们得到了一个重要的制度边界的缩减方法——特化知识库。特化知识库提供制度设计的新的思路，给出了完善制度系统的新的操作方法。

四、制度变迁的 S-粗集模型

在建立了制度的粗集模型以后，同样用传统粗集理论研究制度的变迁时遇到了困难，因为传统的粗集理论是静态的，而制度的变迁是一个动态变化过程。因此，为了研究制度的变迁我们引入了具有动态特性的 S-粗集理论的研究方法，为研究制度粗糙集的动态变化提供了手段。

S-粗糙集理论是山东大学史开泉教授于 2002 年提出的，简写为 S-粗集，包括单向奇异粗集、单向奇异粗集对偶与双向奇异粗集。传统的粗集理论即 z. paw lak 是静态的，在研究动态数据挖掘、动态知识发现时遇到了困难。S-粗集理论具有动态特性的，S-粗集理论的研究方法为我们对制度变迁的研究提供了手段。

1. 制度变迁与制度边界的迁移

虽然制度变迁具有多样性，但制度变迁往往都表现为制度边界的迁移。从粗糙集角度来看，无论是自组织制度的变迁还是层级型制度的变迁，实质上讲，制度变迁在行为论域上的表现就是制度曲线的位移与知识库 R 的变化。行为论域上的制度曲线的位移表现为元素的迁移。S-粗集的研究就是针对粗集的元素迁移进行的，由于制度对行为的约束和规范是基于行为等价类的，因此，制度粗范畴的"元素迁移"实际上就是"行为等价类的迁移"。我们这里的制度粗范畴研究的是行为等价类的迁移，把对制度曲线的位移研究转向制度对行为等价类的迁移的分析。称制度粗范畴的行为等价类迁移为制度粗范畴的动态改变，这种改变包括两个方向：动态扩张与动态收缩。

制度的动态扩张是制度将原来明确禁止的行为类列入允许的范围，制度动态扩张的原因可能是政策革新，如我们改革开放与加入世贸后，都放宽了政策限制，准许了许多原来禁止的市场行为，这对我国几十年来经济的蓬勃发展至关重要。相应地，制度的动态收缩是将原来允许的行为类列入禁止的范围，也包括原来没有相关规定的情况下出台了政策进行禁止的行为，比如广电总局发布视频网络管理规定，短片传播需领准可证，这样原来普遍存在的无限制短片传播进入了制度的禁止范围，这就是制度的动态收缩。制度的变迁过程就是制度的动态扩张与动态收缩交替进行的过程。

制度变迁还可能表现在知识库 R 的变化上，与粗糙集理论的其他应用不同，制度粗范畴的知识库 R 的变化不是对知识库的化简，而是一个"化简为繁"的过程，也就是特化知识库。特化知识库是制度边界的一个重要的缩减方法，特化知识库能够把范畴分割成更小的单元，制度的边界域就会随之缩减。在新的知识库 R 上，制度边界的范围更小，说明制度更加完善。因此，知识库 R 的特化是制度变迁的一个方向。

2. 基于 S-粗集理论的制度变迁模型

制度变迁中的知识库变化与制度的动态改变往往是同步的，制度的行为等价类迁移过程中伴随着知识库的变化。知识库的特化也会造成行为等价类随之改变，而 S-粗集理论的研究是基于同样的知识库的，因此，在利用 S-粗集理论研究制度粗范畴的行为等价类迁移时，需要首先"固定"知识库。假设：在描述制度粗范畴的行为等价类迁移时，已经把知识库的变化提前，也就是假定这里对制度动态改变的研究是在特化后的知识库上进行的；并且默认动态改变前的制度对于特化后的知识库是可描述的。假定特化后的知识库为 $K = (U, R)$。

设 $X = \{X_1, X_2 \cdots, X_n\} \subseteq U$ 是行为等价类集合，$Y = \{Y_1, Y_2, \ldots, Y_n\}$ 是 X 的特征值集合。其中，Y_i 是 X_i 的特征值向量，Y_i 表示行为等价类 X_i 中行为的共有特征，$i = 1, 2, \ldots, n$。

定义 1（F 行为等价类迁移与迁移族） 我们用 $A \times B$ 表示 Y 生成的特征值空间，对于行为等价类 $X_p, X_q \subseteq U, X_p, X_q \not\subset X$；显然 X_p, X_q 的特征值 Y_p, Y_q 不在 $A \times B$ 内；如果存在变换 $f \in F$，使得 $f(Y_p), f(Y_q)$ 进入空间 $A \times B$ 内，则将变换 $f \in F$ 称作 F 行为等价类迁移，它用下面的式子表示：$X_p, X_q \subseteq U, X_p, X_q \not\subset X \Rightarrow f(X_p), f(X_q) \subseteq X$ 显然有 $X = \{X_1, X_2, \ldots, X_n\} \subset \{X_1, X_2, \ldots, X_n, f(X_p), f(X_q)\} = X \cup \{f(X_p), f(X_q)\}$。

m 个行为等价类迁移构成的集合 F 称作 F 行为等价类迁移族，表示为：

$F = \{f_1, f_2, \ldots, \}$。

F 行为等价类迁移族是那些把制度 X 外的行为等价类移进 X 内的 F 等价类迁移的集合。f_1 表示某个 F 迁移变换。

定义 2（$\overline{F}$ 行为等价类迁移与迁移族） 对于行为等价类 $X_\lambda \subseteq X, Y_\lambda$ 在空间 $A \times B$ 内，如果存在变换 $\overline{f} \in \overline{F}$，使得 $\overline{f}(Y_\lambda)$ 在空间 $A \times B$ 外，其中 Y_λ 是 X_λ 的特征值。则我们把变换 $\overline{f} \in \overline{F}$ 称作 $\overline{F}$ 行为等价类迁移，它用下面的式子表示：

$$X_\lambda \subseteq X \Rightarrow \overline{f}(X_\lambda) = u_r \text{ 且 } u_r \not\subset X$$

$$\text{显然有 } X - \{\overline{f}(X_\lambda)\} = X / \{\overline{f}(X_\lambda)\} \subset X.$$

$$X_\lambda \subseteq X \Rightarrow \overline{f}(X_\lambda) = u_r \text{ 且 } u_r \not\subset X$$

$$\text{显然有 } X - \{\overline{f}(X_\lambda)\} = X / \{\overline{f}(X_\lambda)\} \subset X$$

n 个行为等价类迁移 $\overline{f_j}$ 构成的集合 $\overline{F}$ 称作 $\overline{F}$ 行为类迁移族，表示为：

$$\overline{F} = \{\overline{f_1}, \overline{f_2}, ..., \overline{f_n}\}.$$

$\overline{F}$ 行为等价类迁移族是那些把制度 X 内的行为等价类移到 X 之外的 $\overline{F}$ 等价类迁移的集合。表示某个迁移变换。

根据两类行为等价类迁移族，分别给出制度粗范畴的 f-扩张与 f- 萎缩：

定义 3（制度粗范畴的 f-扩张 X^f）   称 X^f 是制度粗范畴 $X \subset U$ 的 f-扩张，如果 $X^f = \{[u] \mid [u] \subseteq U, [u] \not\subset X, f([u]) = [x]$ 且 $[x] \subseteq X\}$。

这里 X 是制度粗范畴 $(R\_(X), R^-(X))$，$X \subset U$。经过 f-扩张后，制度粗范畴 X 内部的行为等价类得到补充，制度粗范畴允许的行为等价类个数多于扩张前的个数。这表示原来制度没有允许的行为类经过制度的扩张后成为了制度所允许的行为类，这里没有允许的行为类包括禁止的行为等价类与制度边界上的行为类，关于制度边界上的行为等价类我们将在本章第三节进行详细的分析，本节不做重点描述。

定义 4（制度粗范畴的 $\overline{f}$-萎缩 $\overline{x^f}$）   称 $\overline{x^f}$ 是 $X \subset U$ 的 $\overline{f}$-萎缩，如果 $\overline{x^f} = \{[x] \mid [x] \subseteq X, \overline{f}([x]) = [u]$ 且 $[u] \not\subset X\}$。

经过 $\overline{f}$-萎缩后的制度粗范畴 X 允许的行为等价类得到删除，$X - X^{\overline{f}}$ 的内部等价类的个数少于 X 的内部等价类的个数。这表示原来制度允许的行为类经过制度的萎缩后成为了制度没有允许的行为类。

定义 5（制度粗范畴的单向迁移）   称 $X^\circ \subset U$ 是单向迁移后的制度粗范畴，如果 $X^\circ = X \cup \{[u] \mid [u] \subseteq U, [u] \not\subset X, f([u]) = [x]$ 且 $[x] \subseteq X\}$；

称 $(R, F)_\circ (X^\circ)$ 是单向 S-集合 X° 的下近似，如果

$$(R, F)_\circ (X^\circ) = \cup [x] = \{x \mid x \in \cup, [x] \subseteq X^\circ\}$$

称 $(R, F)^\circ(X^\circ)$ 是单向 S-集合 X° 的上近似，如果 $(R, F)^\circ (X^\circ) = \cup [x] = \{x \mid x \in U, [x] \cap X^\circ \neq \varnothing\}$

这样我们就得到了单向迁移后的制度粗范畴 $((R, F)_\circ (X), (R, F)^\circ (X^\circ))$。

称 $\text{Bn}_R(X^\circ)$ 是 $X^\circ \subset U$ 的 S-边界，而且 $\text{Bn}_R(X^\circ) = (R, F)^\circ (X^\circ) - (R, F)_\circ (X)$。

制度 X 通过迁移族 F 把制度外部与边界上的一部分行为等价类移入制度内部，变为单向迁移后的制度粗范畴 X°。如图 4，我们给出单向迁移的制度粗范畴 X° 的示意图。

定义 6（制度粗糙集的单向对偶迁移）   称 X' 为单向对偶迁移后的制度粗糙集，如果 $X' = X - \{[x] \mid [x] \subseteq X, \overline{f}([x] = [u]$ 且 $[u] \not\subset X)\} = X - X^{\overline{f}}$

其中，$X^{\overline{f}} = \{[x] \mid [x] \subseteq X, \overline{f}([x]) = [u]\}$ 且 $[u] \not\subset X$ 的 $\overline{f}$-萎缩。

称 $(R, \overline{F})_\circ(X')$ 是单向 S-粗集对偶 X' 的下近似，如果 $(R, \overline{F})_\circ(X') = \cup[x] = \{x \mid x \in U, [x] \subseteq X'\}$

称 $(R, \overline{F})^\circ(X')$ 是单向 S-集合对偶 X' 的上近似，如果 $(R, \overline{F})^\circ(X') \cup[x] = \{x \in U, [x] \cap X' \neq \varnothing\}$

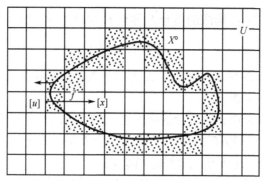

图 4 单向迁移后的制度粗范畴 $X° = X \cup \{ [u] | [u] \subseteq U, [u] \not\subset X, f[u]) = [x]$ 且 $[x] \subseteq X \}$;

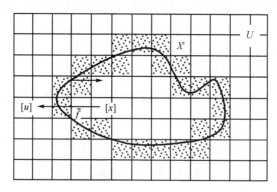

图 5 单向对偶迁移后的制度 $X' = X - \{[x] | [x] \subseteq X, \overline{f}([x]) = [u]$ 且 $[u] \not\subset X\} = X - X\}$

构成了单向粗集对偶$((R, \overline{F})°(X'), (R, \overline{F})°(X'))$。

称 $Bn_R(X')$ 是 $X' \subset U$ 的 S-边界。而且 $Bn_R(X') = (R, F)°(X') - (R, F)°(X')$。

制度 **X** 通过迁移族 $\overline{F}$ 把制度内部的一部分行为等价类 X^f 移到了制度外部或边界上,变为单向对偶迁移后的制度粗范畴 X'。如图 5,我们给出单向迁移的制度粗范畴 X' 的示意图。

定义 7（制度粗范畴的双向迁移） 称 $X^* \subset U$ 是双向迁移后的制度粗范畴,如果 $X^* = (XX^{\overline{f}}) \cup X^f$

$$X^* = X' \cup \{[u] \subseteq U, [u] \not\subset X, f([u]) = [u]$ 且 $[u] \subseteq X\}$$

其中, $X' = X - \{[x] | [x] \subseteq X, \overline{f}([x]) = [u]$ 且 $[u] \not\subset X\} = X - X^f$

称 $(R, F)°(X)^*$ 是 X^* 的下近似, 如果 $(R, F)°(X)^* = \cup[x] = \{x | x \in U, [u] \subseteq X^*\}$

称 $(R, F)°(X)^*$ 是 X^* 的上近似,

如果 $(R, F)°(X)^* = \cup[x] = \{x | x \in U, [x] \cap X^* \neq \phi\}$ 其中 $F = F \cup \overline{F}, F = \phi, \overline{F} = \phi$。

制度动态迁移后的制度粗范畴$((R, F)°(X)^*, (R, F)°(X)^*)$称 $Bn_R(X^*)$ 是 $X^* \subseteq R$ -边界,而且 $Bn_R(X^*) = ((R, F)°(X)^*, (R, F)°(X)^*)$。

制度 X 内部的一部分行为等价类 $X^{\overline{f}}$,通过迁移族向外迁移,被移到制度的外部或边界上;制度 X 外部或边界上的一部分行为类 $X\overline{f}$ 通过迁移族 F 被移入制度内部,经过双向动态迁移后的制度粗范畴 X^* 如图 6 所示。

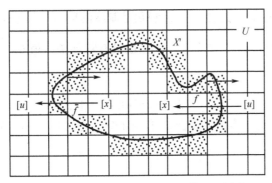

图6 双向迁移的制度粗范畴 X^* 的示意图

3. 制度边界的 S-粗集模型探索

在制度的变迁过程中，有些原本在制度边界域上的集合消失了，迁移到了制度的内部或外部，也有另外一些集合本来不在边界域上，通过各种迁移族的作用，成为制度的边界域上的行为类。我们分别定义了制度迁移的消集合与副集合的概念来表示这些与边界域相关的集合。

首先来定义消集合，在制度迁移过程中，制度的边界域上的某些行为等价类，通过 $F = F \cup \overline{F}$ 完整地迁入或迁出了制度内部或制度外部，制度边界上的这些行为等价类不再属于边界域，也就是在边界域上"消失"。见图5。

定义8（单向迁移的消集合） 称 $\mathrm{Va}(X^\circ)$ 是制度的单向迁移 $((R, F)^\circ(X), (R, F)^\circ(X^\circ))$ 生成的消集合(vanished set)，如果 $\mathrm{Va}(X^\circ)$ 是由具有特征函数值 $0 < X^{f([x])} < 1$ 的行为等价类构成，而且 $\mathrm{Va}(X^\circ) = \{[x] | [x] \, HXX <, [x] \, X, f([x]) = [u] 且 [u] AX \}$

定义9（单向对偶迁移的消集合） 称 $\mathrm{Va}(Xc)$ 是制度的单向对偶迁移 $((R, F)b(Xc), (R, F)b(Xc))$ 生成的消集合(vanished set)，如果 $\mathrm{Va}(Xc)$ 是由具有特征函数值 $-1 < \dfrac{f([x])}{X} < 0$ 的行为等价类构成，而且

$\mathrm{Va}(Xc) = \{[x] | [x] \, HXX <, [x] \, X, f([x]) = [u] 且 [u] HX = < \}$

定义10（双向迁移的消集合） 称 $\mathit{Va}(X^*)$ 是 $((R, F)b(X^*), (R, F)b(X^*))$ 生成的消集合(vaished set)，如 $\mathit{Va}(X^*)$ 是由具有特征函数值 $0 < \dfrac{f([x])}{X} < 1, -1 < \dfrac{f([x])}{X} < 0$ 行为等价类构成，而且 $\mathrm{Va}(X^*) = \mathrm{Va}(X b)G \, \mathrm{Va}(X c) = \{ [x] | [x] \, HXX < [x] \, X, f([x]) = [u] 且 [u] AX \} G \{ [x] | [x] \, HXX <, [x] \, X, f([x]) = [u] 且 [u] H = < \}$

定理1（消集合最大原理） 政府在进行制度的改革过程中，应尽量使制度的边界域上的行为类都变为消集合。在制度粗范畴的行为等价类迁移过程中，除了有些在制度边界域上的行为类被完整地移入与移出制 X，产生了消集合之外，还有一些位于制度外部的行为等价类在通过 f 迁入 X 时，不能被完整的迁入，这部分制度外部的行为等价类被迁到了制度的边界域上。同时，位于制度内部的行为等价类通过 $\overline{f}$ 迁出 X 时，不能被完整的迁出，这部分制度内部的行为等价类也被迁到了制度的边界域上。我们称这些行为等价类构成的集合为副集合。

定义 11（单向迁移的副集合） 称 $As(Xb)$ 是制度的单向迁移 $((R, F)b(Xb), (R, F)b(Xb))$ 生成的副集合(Assistant set)，如果 $As(Xb)$ 是由具有特征函数值 $0 < \dfrac{f([u])}{X} < 1$ 的行为等价类构成，而且

$$As(Xb) = \{ [x] \mid [u] A U, [u] H X =<, f([u]) = [x] 且 [x] HX X < [x] X \}$$

定义 12（单向对偶迁移的副集合） 称 $As(Xc)$ 是制度的单向对偶迁移 $((R, F)b(Xc), R, F)b(Xc))$ 生成的副集合(Assistant set)，如果 $As(Xc)$ 是由具有特征函数值 $-1 < \dfrac{f([x])}{X} < 0$ 的行为等价类构成，而且

$$As(Xc) = \{ [u] \mid [x] A X, f([x]) = [u] 且 [u] HX X <, [u] X \}$$

定义 13（双向迁移的副集合） 称 $As(X^*)$ 是 $((R, F)b(X^*), (R, F)b(X^*))$ 生成的副集合(assistant set)，如果 $As(X^*)$ 是由具有特征函数值 $0 < \dfrac{f([u])}{X} < 1, -1 < \dfrac{f([x])}{X} < 0$ 的元素构成，而且 $As(X^*) = As(Xb) G As(Xc)$

$= \{ [x] \mid [u] A U, [u] H X =<, f([u]) = [x] 且 [x] HX X <, [x] X \} G \{ [u] \mid [x] A X, f([x]) = [u] 且 [u] HX X <, [u] X \}$

定理 2（副集合最小原理） 政府在进行制度的改革过程中，应尽量减少制度变迁中产生的副集合。

由于边界域的存在，制度粗范畴在迁移过程中产生了消集合与副集合。对这些集合的定义为制度边界迁移的进一步研究奠定了基础。制度改革准则，就是政府在进行制度改革的过程中，应尽量使制度的边界域上的行为类都变为消集合，并尽量减少变迁中产生的副集合。只有这样才能缩减制度边界，从而更好地发挥制度的规范作用。

五、讨论与展望

本文通过把制度研究与粗集方法联系起来，给制度的研究赋予了全新的视角。利用粗集理论对制度进行研究具有得天独厚的优势，其基本思想与昝廷全在系统经济学研究中所提出的"制度设计是针对行为等价类"的观点不谋而合。按照制度边界的粗集模型，制度边界的存在是制度粗糙性的表现。因此，粗集方法为研究制度边界提供了一个很好的数学工具。本文通过建立制度的粗集模型，详细叙述了制度模型中的一些概念和性质，通过对制度边界的研究，给出了具有直接政策意义的一些模型参数，其可为制度优化提供参数依据。

制度边界理论是系统经济学开创的关于制度研究的一个新方向。本文应用粗集理论对制度与制度边界理论进行初步探讨，只是从形式上将制度与制度边界和与粗集理论联系起来，所得到的结论还很初步，许多丰富的内涵还没有展开讨论，这也是我们今后努力的一个方向。

参考文献

[1] 昝廷全. 产业经济系统研究[M]. 北京：科学出版社，2001.

[2] 昝廷全. 制度的数学模型与制度设计的两条基本准则[J]. 中国工业经济，2002，（2）.

[3] 昝廷全. 制度的拓扑模型[J]. 数量经济技术经济研究，2003，（8）.

[4] [美]道格拉斯·C. 诺斯. 制度、制度变迁与经济绩效[M]. 上海：三联书店，1994.

[5] [日]青木昌彦（周黎安译）. 比较制度分析[M]. 上海：上海远东出版社，2001.

[6] 曾黄麟. 粗集理论及其应用[M]. 重庆：重庆大学出版社，1995.

[7] 史开泉，姚炳学. 函数 S-粗集与系统规律挖掘[M]. 北京：科学出版社，2007.

[8] 张文修，吴伟志等. 粗糙集理论与方法[M]. 北京：科学出版社，2001.

[9] Z Pawlak. Rough Sets[J]木. International Journal of International Sciences，1982（11）：341–356.

[10] 昝廷全. 系统经济学（第二卷：理论与模型）[M]. 北京：中国经济出版社，1997.

[11] 康芒斯. 制度经济学[M]. 北京：商务印书馆，1981.

[12] Zan Tingquan，Wu Xuemou. Pan systems Clustering Approaches and Hierachical Analysis of Complex Systems[J]. K ybernetes，1993（2）：826-853.

[13] 卢现祥，朱巧玲. 新制度经济学[M]. 北京：北京大学出版社，2007.

[14] [德]柯武刚，史漫飞. 制度经济学[M]. 北京：商务印书馆，2004.

[15] 昝廷全. 系统经济学研究：经济系统的基本特征[M]. 经济学动态，1996（11）.

[16] 昝廷全. 黄灯、制度边界与制度弹性[A]. 经济学家茶座[C]. 山东人民出版社，2007.

[17] 昝廷全. 制度边界与"坦白从宽，抗拒从严"[A]. 经济学茶座[C]. 山东人民出版社，2008.

[18] 昝廷全. 经济制度的形式化定义及其基本特征：系统经济学观点[J]. 河南社会科学，2002（1）.

[19] [美]道格拉斯·C. 诺斯. 经济史的结构与变迁（中译本）[M]. 上海：三联出版社，1997.

2011

系统经济学进展（1988—2010 年）
产业结构的偏序模型
　　——关于产业链、基础产业与重要产业的数学定义

系统经济学进展（1988—2010 年）*

摘要：系统经济学是在系统时代背景下应运而生的一种新探索。本文简要回顾了 1988—2010 年系统经济学的主要研究进展，内容包括系统时代的含义及其对经济学的影响，系统经济学的哲理框架、数理模型基础，和三个主要研究专题：制度边界理论、资源位理论和系统战略。最后，对系统经济学的未来发展进行了展望。

关键词：系统时代；系统经济；哲理框架；数理模型；制度边界；资源位；系统战略

Progress in Systems Economics：1988—2010

ZAN Ting-quan

Abstract：Systems economics is a new research under the basis of system time accordingly. In this paper，we briefly recall the main progress in systems economics from 1988 through 2010. It includes：（a）The content and meaning of systems time；（b）The philosophical framework of systems economics；（c）The mathematical models of systems economics；（d）some research specials，such as topological models of institutions，resource-niche theory and system strategies etc. At last，we give some research perspectives of systems economics.

Keywords：system times；systems economy；philosophical framework；mathematical models；institutional boundary；resource-niche；system strategies

一、引　言

我们于 1985 年在《自然杂志》第 11 期上发表第一篇关于系统方法应用的文章，在此之后一直集中致力于系统方法与经济学结合的探索性研究，并于 1988 年在《兰州大学学报》（哲学社会科学版）发表第一篇关于系统经济学的文章"试论经济系统的基本特征"。迄今为止，已经基本上建立了系统经济学的哲理框架，得到了上百个具有数理形式的新结果，发展了四个与国际上已有定评的工作具有可比性的研究专题。系统经济学下一步最重要的工作包括两个方面，一是继续进行深入细致的学术研究，另一方面就是启动国际化战略，推动系统经济学的国际化。因此，在 2010 年就要结束和"十二五"就要展开的转折时期，对系统经济学的发展历程进行适当的历史回顾也许是适当和必要的。

1. 走向系统时代

诺贝尔奖得主普里高津（I. Prigogine）早在 20 世纪 80 年代就曾指出，人类社会正处于一个大转变的年代，并敏锐地观察到许多新出现的社会经济现象需要多学科联合攻

---

*作者，昝廷全，原载《中国传媒大学学报（自然科学版）》2011 年第 4 期

关才能解决，并由此强调了交叉科学研究的重要性。实际上，交叉科学研究现在已经成为了学术研究的一片热土，同时有没有交叉科学研究已经被列为当代西方国家划分综合大学的重要指标之一。

针对人类社会的这种转变，人们纷纷从不同的角度利用不同的词汇来描述当今社会的特征，例如，有人用信息社会，有人用网络社会，有人用知识经济社会，等等。昝廷全 1996 年在香港《经济与法律》出版社出版的《系统经济学》（第一卷）的前言中提出人类社会已经进入系统时代的观点，后来又于 1998 年和黄德鸿先生一起在《暨南学报》上发表了"系统时代：从'规模经济'走向'系统经济'"。我们认为，信息是构成系统的一个要素，网络是指系统的结构，知识属于系统的资源位范畴，因此，系统时代的概念比信息社会、网络社会和知识经济社会等概念具有更为丰富的内涵，更能反映当代社会的时代特征。

按照美国著名系统哲学家拉兹洛的观点，人类社会目前正在面临三大问题：第一是全球化问题，特别是金融全球化问题；第二是可持续发展问题；第三是战争与和平问题。按照系统经济学观点，全球化的本质就是全球大系统化，属于系统广化的范畴，而美国学者托马斯·弗里德曼在《世界是平的》一书中所描绘的全球化的三个不同阶段即所谓的 1.0 阶段，2.0 阶段和 3.0 阶段，依次反映的正好是系统深化的过程。系统广化和系统深化是系统时代最典型的特征。

有比较才有鉴别。为了准确把握系统时代的特征，我们必须了解系统时代与非系统时代和大工业时代相比具有哪些差异和不同。以下从 4 个方面进行简要论述。

首先，评价企业价值和企业家能力的标准发生了变化。在大工业时代，评价一个企业的价值高低主要是看这个企业在所有权意义上拥有多少资产，即主要考察的是它的资源"闭集"。在系统时代，衡量一个企业的价值高低主要是看它的资源结构是否呈"凹集"状态，更多的是考察它的开放性和与外部的连通性。在大工业时代，"圈地能力"是衡量一个企业家能力高低的主要指标；而在系统时代，企业家的整合资源的能力更为重要，更能影响企业的兴衰。广义地讲，在系统时代，对任何组织，包括国家、政党、社团等主要领导人的能力衡量指标都发生了类似的变化，正所谓"系统时代，整合为王"（昝廷全，2001）。由此决定着企业组织形式、用人制度、竞争观念都将发生变化。"不求所有，但求所用"的用人观念已被广泛接受，合作竞争正在成为一种新的主要竞争方式。

第二，人们的价值观念正在发生变化。前面已经指出，系统广化和系统深化是系统化的两个主要方式，这都要求系统必须是开放的。因此，开放性是系统时代的应有之义。也就是说，系统时代所谓的系统都是开放系统。开放系统是不断和外界交换物质、能量和信息的系统。和开放系统对应的有孤立系统和封闭系统。孤立系统不与外界交换任何物质、能量和信息。封闭系统介于开放系统和孤立系统之间。为了表述上的方便，我们把与开放系统相对应的社会称为开放社会，即系统时代的社会，有时也笼统地用系统时代来指称，同时把与孤立系统和封闭系统相对应的社会称为封建社会。和封建社会相比，系统时代的开放社会更加依赖于和外界的交换关系，并由此决定着系统时代人们价值观念的变化。根据系统科学的研究成果，一个系统或社会一旦封闭，很快便会形成层级结构。因此，在封建社会，下级对上级的忠诚甚至是愚忠，被认为是一种美德。而系统时代的本质是交换，交换的前提是平等、互惠和自愿。因此，民主、自由、诚信和契约精神是在系统时代最受推崇的价值观念。通俗地讲，遵守游戏规则应当成为系统时代的基本价值观念，因为只有大家都遵守共同的游戏规则才能使交换的成本最低，才能实现社会福利的最大化。随着系统化水平的不断提高，任何个人在系统发展中的作用都将下降，其决定因素是系统的结构是否合理，制度是否先进。

第三，连通性的作用至关重要。"系统时代，整合为王"。要想整合外部资源，前提是必须和外界连通。这里的连通是广义的，只要系统和外界存在交换物质、能量和信息的任何渠道或中介系统，我们就说系统和外界是连通的。按照这种理解，公路、铁路、水路、航空、电网、电话网、电视网、互联网等都可以构成系统和外界的连通渠道。其中，每一个连通渠道的出现都大大改变了人类社会的面貌。特别是互联网的出现，正在使人类社会发生全面深刻的变化。我们认为，对于互联网的巨大影响，人们现在还远远没有认识清楚。但是，有一点是清楚的，那就是连通性在系统时代比在任何时候都更为重要。因此，对互联网怎么重视都不为过，以致有人认为，互联网的出现是区分新经济与旧经济的一个标志。

当然，对连通性的考察除了上述技术层面的问题之外，还有制度层面和经济层面的问题。

第四，从经济学的角度来讲，系统时代的最大特点就是催生了"系统经济"这种新的经济形态。系统经济学就是在这种时代背景的感召下应运而生的一个新的经济学分支。经过 20 多年的认真探索和研究，到目前为止，已经基本上完成了系统经济学哲理框架的构建工作，得到了上百个具有数学形式的新结果，提出了上百个发展系统经济的具体理法，开拓了四个与国际上已有定评的工作具有可比性的研究专题：制度拓扑模型、资源位理论、特征尺度理论和系统需求理论。同时，培养了 100 多名系统经济学方向或学位论文与系统经济学直接相关的博士和硕士。当然，从学科建设来讲，系统经济学目前还处于草创阶段，还很不成熟，希望得到更多学界同仁的关心、支持、批评与指正，使得这颗学苑新苗能与系统时代一起茁壮成长。

2. 经济学范式革命

从某种意义上讲，经济学的发展表现为不同经济学研究范式的更替和演进。一种新的经济形态的出现往往呼唤新的经济学范式。系统经济是不同于传统农业和工业经济的一种全新的经济形态，而以新古典经济学（neoclassical economics）与"新凯恩斯主义"（New Keynesian）范式为代表的传统经济学范式已经表现出了对系统时代的种种不适。

传统经济学更多是以物质和能量为代表的资源开发及其连通性作为研究对象的。在农业和工业经济时代，它们是生产的基本要素，可谓经济发展的重要基础，占有的资源越多、对资源的开发和利用水平越高，经济发展也就越快、越好。在系统时代背景下，新的资源观开始形成，首先人们对于信息资源的重视程度有了很大的提高，互联网的出现对此起到了推波助澜的作用，企业的生产方式和内容都在发生革命性的变化。套用传统经济学理论来研究和解释这些经济现象，显然过于牵强；其次，产权意义上的资源不再是制胜的关键因素，资源的整合能力变得比以往任何时候都更加重要，成功的经济系统一定是懂得整合外部资源的系统，这也就是我们常说的：系统时代，整合为王；再次，传统经济学主要研究由"生产→分配→交换→消费"四个环节构成的孤立循环体系，无法进入、也不能退出；自然资源与封闭的市场体系不同，属于一个独立的范畴。它的经济价值取决于市场的活力；经济活动对外部自然资源造成破坏，由此产生的成本被排除在市场体系之外，不能纳入市场价格之中。传统经济学还暗含了这样一个假设：自然资源取之不尽、用之不竭。即使是不可再生资源，也能用其他资源替代，或者依靠科技进步将其使用量降至最低，或者转而依赖其他资源。且不说其他，对待自然资源的态度就是非常不可取的。在这种错误观点的指引下，全球性的资源与环境问题已经成为困扰人类可持续发展的重大问题。在系统经济学中，我们将社会生产过程由传统经济学中的"生产→分配→交换→消费"扩展为"资源→生产→分配→交换→消费→环境→资源"这样一个在生态经济学意义上的可持续循环过程。这样，我们就可以自然地将资源问题、生态环境问题和可持续发展问题内化在经济学的理论"内核"之中，而不仅仅是将其作为发展经济的外在约束。

二、系统经济学的基本框架

我们创建系统经济学的基本思路就是采用数学家兼哲学家怀特海式的方法，即首先提出一个系统经济学的基本框架，然后再不断修改和完善它。系统经济学架构的基础就是系统经济学的公理系统，包括三大基本公理。

1. 系统经济学三大基本公理

（1）世界最经济原理

W.J.Wessle 认为，经济学研究对稀缺资源配置的选择。正是由于资源的稀缺性（scarcity）才导致了成本和边际分析。它们共同构成了经济学的基础。从广义上讲，所谓成本就是指所耗费的广义资源。我们把这种广义的成本称为广义代价。

经济系统的状态在时间上的连续更替即构成经济过程；经济过程的外在表现就是经济现象。我们总结的世界最经济原理可以表述为：

经济过程的广义代价（M）趋于最小可能值。根据经济学诺贝尔奖得主科斯的研究，人类社会之所以出现企业，其中一个重要的原因就是为了减少交易费用（Tc）。根据系统经济学观点，交易费用显然属于广义资源的范畴。这样，企业的出现就变成了世界最经济原理的自然推论。

（2）社会福利原理

共同富裕是最根本的社会福利标准。社会福利的本质是社会资源（财富）的分配问题。在错综复杂的各种社会经济关系中，局部与整体的关系和因果关系是两种最基本的关系形式。在社会财富的分配过程中这两种关系体现得十分明显：是否把财富按不同的份额分给不相同的人，这是局整关系；这样分配的结果，可能会影响人们的积极性和创造性，进而又影响财富的生产和创造，这是因果关系问题。

我们提出的社会福利原理表述如下：经济活动应以提高全社会的福利水平为目标，内容包括创造尽可能多的社会财富，根据供求关系的多样性，按对经济系统的观控权大小对人群进行分类，按照大社会化准则，制定合理的规范，将财富在不同类型的需求主体或利益集团之间进行分配，尽可能地提高经济系统的社会福利水平。

（3）可持续发展原理

随着冷战的结束，经济发展已经成为全世界的主旋律，可持续发展正在成为人们关注的焦点。为了使经济学能够反映这种时代背景，我们曾经指出，经济学目前正面临着拓展研究范围和发展新研究方法的双重革命。为了在经济理论内核中包容持续发展的内容，而不只是把资源永续利用和生态环境保护等问题作为经济理论的外在约束，我们提出统帅整个系统经济学的持续发展原理，它与前面讨论的世界最经济原理和社会福利原理一起构成整个系统经济学的公理系统。

持续发展原理表述之一：经济活动和经济过程要以不降低经济系统的可持续发展水平为前提。

为了满足持续发展原理，系统经济学必须研究"资源→生产→分配→交换→消费→环境→资源"这一拓展的经济过程中的人与自然和人与人之间的关系。

在一般情况下，从资源的角度来说，持续发展涉及广义资源在人类与非人类经济元之间以及现在和将来，包括现代与后代（潜在经济元）之间的分配。由于传统经济学强调我们人类应当具有享受资源的日益增长的权力，从而忽视了其他种群在维护生命支持系统中对我们的工具性价值，同时也忽视了其他物种的内在价值。也就是说，在资源配置中忽视了其他竞分元的正当需求。

在考虑资源在现代人之间的分配时，可持续发展原理可以用持续发展指标（Is）和经济过程与生态过程的耦合度指标（Io）来描述。Is 和 Io 分别是描述宏观和微观层次资源配置的合理性指标。利用指标 Is 和 Io，可以得到可持续发展原理的另一种表述方式，即持续发展原理表述之二：经济活动不应降低持续发展指标（Is）和耦合度指标（Io），即 $\mathrm{d}I_s/\mathrm{d}t \geqq$ 和 $\mathrm{d}I_0/\mathrm{d}t \geqq 0$，这里 t 为时间。

2. 系统经济学定义

关于系统经济学的定义，随着研究工作的不断深入，在不同的时期在表述上略有变化，比较具有代表性的定义由如下三种：

① 所谓系统经济学（systems economics），是指利用现代系统科学的思想和方法，并吸取中国古典哲理的精华，如生克思想等，去研究经济过程"资源→生产→分配→交换→消费→环境→资源"当中的人与人、人与自然之间的关系。确切一点来讲，系统经济学就是利用现代系统科学的思想方法和中国古典哲理的精华去研究经济系统的形成和演化规律。（最早提出系统经济学的概念是 1988 年，正式发表在昝廷全《系统经济学探索：概念与原理》，《大自然探索》1990 年第 2 期）

② 系统经济学是运用系统的观点和方法，探讨社会经济系统相互关系和相互制约的规律，及其形成、发展、变化的条件和特点的现代经济学。其研究对象为"社会经济系统"。（昝廷全.系统经济学研究：经济系统的定义与类型.兰州大学学报，1997（1））

③ 所谓系统经济学，是指利用现代系统科学的思想和方法，去研究经济系统的形成和演化规律以及其与人类需求之间的价值关系。（昝廷全.关于系统经济学研究的几个基本问题.沟通就是零距.北京：中国传媒大学出版社，2006 年 10 月）

3. 经济系统

（1）经济系统定义

系统经济学的一个最大特点就是把经济学的研究对象看作是一个经济系统。经济系统是系统经济学的出发点和归宿。虽然经济系统这一名词已经得到了广泛的使用，国际投入产出学会还专门创办了以经济系统为名的国际性杂志《经济系统研究》（*Economic Systems Research*），但是到目前为止我们还没有见及普遍公认的经济系统的定义。经济系统是系统经济学的研究对象，在系统经济学中，经济系统定义为由经济元和它们之间的经济关系共同构成的整体（昝廷全，1992·1995）。通常把经济元的集合称为经济系统的硬部，把它们之间的经济关系称为其软部，于是经济系统可以形式化地表示为：

经济系统 =（{经济元}，{经济元之间的经济关系}）

经济元是指具有一定功能的所有系统水平上的经济实体（昝廷全，1991），在不同的情况下它可以是参与资源竞争和利用的个人、家庭、企业、地区、国家甚至整个人类。从组织水平上来说，个人是最小的经济元；对于国民经济系统而言，家庭、企业、政府都是它的经济元；对于全球经济系统来讲，每个国家都是经济元。经济元的一个特点就是：当一个经济实体作为经济元去组成一个经济系统时，人们把它当做一个"黑箱"来看待，不考虑它的内部结构，只考虑它的功能，即它与外界的关系。

经济系统的定义从本质上讲是一种递归性定义。只要定义了一个确切的内核（经济元），就可以通过递归和复合把它的定义范围推得很广，同时又不失确切性。也就是说，经济系统的这一定义兼顾了普适性和确切性，这就使得系统经济的研究既具有一定的普适性，同时又具有可操作性。实际上，兼顾普适性和确切性是任何一门学科追求的最高目标。

（2）经济系统的类型

分类是人们认识事物的基本方法之一。随着人们对事物分类的不断加细，就意味着人们对事物认识的不断深入。对于同样一个认识客体，根据不同的分类准则，将会得出不同的分类系统。根据经济系统与环境之间的关系可以把经济系统划分为孤立系统、封闭系统和开放系统三类；如果按照经济系统的状态来划分，可以分为平衡系统和非平衡系统；如果按照经济元之间关系的数量特征来划分，可以将其划分为线性经济系统和非线性经济系统；如果按照层次来划分，可以将其划分为宏观经济系统和微观经济系统等。

关于经济系统类型划分的一般方法是所谓的(f, θ, D)分类相对性准则。设经济系统的经济元集合为

$$A = \{a_1, a_2, ..., a_n\}$$

并 f 设为经济元之间的关系，可以一般性的表示为

$$f = A^{[n]} \times W$$

这里 W 为广义权重空间，$A^{[n]} = A^1 \cup A^2 \cup A^3 \cup \cdots$

则经济系统（S）可以形式化地表示为

$$S = (A, f)$$

一般地讲，经济元之间的关系具有程度强弱的差异等，可以用广义的权重 D 来描述，因而经济系统可表示为

$$S = (A, f \times D)$$

上式即可看作是对经济系统的一般描述。对上述经济系统进行分类的一般方法就是所谓(f, θ, D)相对性准则。这里f为经济系统的经济元之间的关系；θ为分类准则，它可以是经济系统与环境之间的关系，也可以是经济系统所具有的相同利益关系等，D为经济元之间关系的不同权重水平。根据分类相对性准则(f, θ, D)的不同情况，可以展开经济系统的类型划分和层次分析的丰富研究内容。

三、系统经济学研究专题

1. 制度边界理论

（1）制度的一般定义与数学模型

到目前为止，经济学家还没有形成对制度概念公认一致的定义。一些比较有影响的制度的定义有：

① 道格拉斯·诺思（Douglas C1North，1990）的定义：制度是一个社会中的游戏规则，或者更正式地说，制度是人类设计出来调节人类相互关系的一些约束条件。

② 舒尔兹（Schultz T.W.，1968）的定义：制度是一组行为规则的集合，这些行为规则与社会、政治及经济活动有关，支配和制约社会各阶层的行为。

③ 康芒斯（Commons，1981）的定义：制度是集体行动对个体行动的控制。

昝廷全（1996；1997；2001）根据系统经济学的研究，提出了制度的一个一般性定义：所谓制度，是指经济系统对其经济元及其子系统的各种约束和影响，以及这些不同的约束和影响之间的关系共同构成的有机整体，可以形式化地表示为：

制度 =（{经济系统对其经济元及其子系统的约束和影响}，{不同的约束和影响之间的关系}）

在制度的这个定义中，制度本身是一个系统。它由两个部分构成：一部分是经济系统对其经济元及其子系统的各种约束和影响，称为制度要素集合；另一部分是这些制度要素之间的关系构成的集合。通常，我们把各种制度要素构成的集合称为制度的硬部，而把不同要素之间的关系构成的集合称为制度的软部，则制度可形式化地表示为：

制度 =（{制度要素}，{不同制度要素之间的关系}）= （硬部，软部）

这里给出的制度定义涵盖了上述所有四种关于制度的定义。诺思的"制度是人类设计出调节人类相互关系的一些约束条件"的观点，舒尔兹的"制度是一组行为规则的集合"的观点，其核心内容都是强调制度是一些对人类行为的约束条件，但比较笼统，没有层次性，不便于深入研究和细化，同时更没有明确把这些不同的约束条件和规则之间的关系作为制度的一个重要内容来研究。康芒斯的"制度是集体行为对个体行为的控制"的观点，比较接近我们的定义。集体和个体相比，集体就相当于经济系统，个体就相当于经济系统的经济元和子系统。

昝廷全（2001）认为，关于制度的研究包括哲理、数理和技理三个层次，即制度研究的哲学基础和定性分析框架、数学模型和定量研究、制度的应用研究和制度设计。到目前为止，关于制度研究的大量工作主要集中在哲理层次，对于数理层次的研究相对较少。

因此，康芒斯的定义属于我们定义的前一部分。根据前面关于制度的哲理层次的讨论，制度的功能在于区分出行为的可行集和不可行集。根据这种思路，我们提出了制度的一个拓扑学定义。设 X 为行为集的全集，其意思是指全部可能行为所构成的集合，或称为行为的可能性空间，可以用二维平面中的一个矩形来示意，参见图 1。

则制度可以用 X 中的一条封闭曲线来描述，如图 2。封闭曲线（Γ）的内部（记为 X_I）表示制度所允许的行为集，封闭曲线（Γ）的外部（记为 X_{II}）表示制度所禁止的行为集，则有

 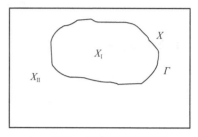

图 1　经济系统行为集示意图　　　　图 2　制度的数学描述

$$X = X_I \cup X_{II} \tag{1}$$

上述制度数学描述的核心是曲线 Γ 一定要是封闭曲线，一定要能清晰地区分出制度的内部（X_I）和外部（X_{II}），我们把这一结论称为制度设计的必要条件。

命题 1（制度设计的必要条件）制度应当能够在行为集（X）中区分出可行集（X_I）和不可行集（X_{II}）。

命题 1 是制度数学描述的一种定性解释。如果图 2 中曲线 Γ 不封闭，X_I 和 X_{II} 连通，则人们无法区分出哪些行为是允许的，哪些行为是不允许的，则这种制度很难在现实中有效地实施。这也从反面说明了描述制度的曲线 Γ 一定是封闭的。

（2）制度边界：积极型和保守型经济系统的区分标准（图 3）

根据命题 1，制度应当能够在行为集 X 中区分出可行集 X_I 和不可行集 X_{II}，但是在现实中，公式（1）一般不成立，而是满足公式（2）：

$$X_I \cup X_{II} \subset X \tag{2}$$

我们把

$$B = X - (X_I \cup X_{II}) \tag{3}$$

称为制度边界，如图 3 所示。

则有

$$X = X_I \cup X_{II} \cup B \tag{4}$$

当制度边界 B 为空集时，公式（1）成立。

在制度边界 B 上或者 B 内所包含的行为集兼有制度内部 X_I 和制度外部 X_{II} 的品格，可以被认为既是可行集，也是不可行集。这也正是制度边界的真正涵义。数学上可以证明，在一般条件下，制度边界 B 均为非空集，也就是说，任何制度都存在制度边界。以对待制度边界的态度为标准，可以把经济系统分为保守型和积极型两种经济类型。保守型经济系统的行为集等于制度的内部 X_I，即

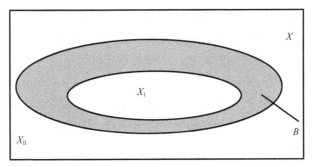

图 3　制度边界示意图

$$X_{保守} = X_I \qquad (5)$$

也就是说，制度允许做什么就做什么。

积极型经济系统的行为集等于制度的内部 X_I 加上制度边界 B，即

$$X_{保守} = X_I \cup B \qquad (6)$$

也就是说，积极型经济系统的行为集是在所有

可能的行为集 X 中除去制度禁止的那部分行为集（X_{II}）之后全部的行为集集合。我们把这一思想总结为命题 2。

命题 2（积极型和保守型经济系统的划分标准）：划分积极型和保守型经济系统的标准在于是否利用制度边界。保守型经济系统的行为集如公式（5）所示，积极型经济系统的行为集如公式（6）所示。

由公式（5）和（6）不难看出，这两类经济系统的根本区别在于是否利用制度边界 B。在经济实践中，经常听到的"充分利用政策"、"打擦边球"和"合理避税"等现象都是充分利用制度（政策）边界的例子，都属于积极型经济系统的行为特征。对个人来讲，对待制度边界的态度也是区分积极人生和消极人生的一个标准。

（3）行为空间的分类与栅格表示

制度的本质是对行为的约束和观控。为了建立制度的拓扑模型，首先必须从哲理层次上理清楚基本思路，在此基础上才有可能建立其有价值的数学模型。根据制度是行为空间中封闭曲线的思想，我们首先要对行为空间进行认真的分析和研究。所谓行为空间，就是经济主体各种可能的行为共同构成的抽象数学空间。行为空间中的每一个点就代表一种可能的行为。各种经济主体的具体行为不计其数，从制度设计的角度来看，人们不可能针对每个具体的行为都设计出一种具体的制度，只能把每一类行为作为制度设计的基本对象单元。从数学上来讲，与制度设计所对应的行为空间不是引人拓扑结构的欧几里得空间 Rn，解决问题的关键是要对欧氏拓扑空间进行转化，即必须从 Rn 上的常用拓扑空间转向它的准商拓扑空间。从 Rn 的常用拓扑空间到 Rn 上的准商空间的转化带来了行为从无限到有限的转化、从微观到宏观的转化、从不可操作到可操作的转化。最终表现为从形系统到影系统的转化，这里形系统表示现实存在的所有行为，影系统表示划分出来的行为商空间，即

行为商空间 $= (B/d(f, \theta, D), \ f' < (B/d(f, \theta, D))^2)$

这里 B 表示现实存在的各种具体行为构成的空间，$B/d(f, \theta, D)$ 表示用分类相对性准

则(f, θ, D)进行商化所得到的行为商系统，$B/d\,(f, \theta, D) = \{B_1, B_2, \ldots\}$，$B_1, B_2, \ldots$表示不同类型的行为，$f'$表示不同类型行为之间的关系。实际上，这个形式化表示也显示出了原型行为空间与模型行为空间之间的关系，这种关系又称为形影关系。

（4）制度的拓扑模型

制度可以用行为空间中的一条封闭曲线来表示，我们也将该曲线称为制度曲线。

将行为空间商化之后可以将其用栅格空间来描述，因此，我们可以用栅格空间中的封闭曲线来描述制度，见图4。

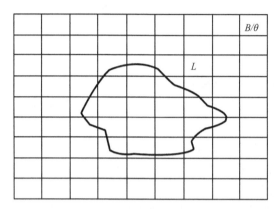

图4　可以用栅格空间 B/θ 中的封闭曲线 L 描述制度

制度曲线必须是封闭曲线，其意义在于它能够清晰地区分出制度内部和制度外部。在行为空间中，制度内部的行为被认为是制度所允许的，制度外部的行为被认为是制度所不允许的。在制度内部和制度外部之间往往存在一个制度边界，制度边界是对科斯提出的"制度灰色地带"的形象刻画。在图 4 中，每一个小方格就相当于一个基本的行为类型，对特定的制度 L 来讲，一个小方格中的所有行为被认为是等价的，即要么全是制度 L 允许的行为，要么全是制度 L 不允许的行为。在栅格空间 B/θ 中，全部包含在制度曲线 L 内的小方格的全体就构成了制度内部（见图5）是制度明确允许的行为集合。

在栅格空间 B/θ 中，制度曲线 L 外部与制度曲线 L 完全不相交的小方格的全体就是制度外部，见图6，是制度 L 明确不允许的行为。

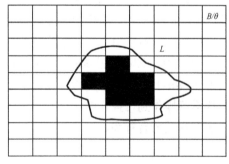

图5　制度内部（制度内近似）：
Institution in $(\theta)L = L/\theta$

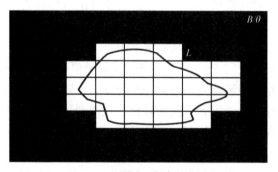

图6　制度外部：
Institution next $(\theta)L = B/\theta - L \cdot \theta$

制度外部等于栅格空间 B/θ 减去 $L\cdot\theta$，$L\cdot\theta$ 也称为制度的外近似（图7），与之相对应，我们也称制度内部为制度的内近似。

显然，制度边界 $Bnd(\theta)L$，等于制度外近似减去制度内近似（内部），如图8所示。

常用的栅格空间中的格子都是大小相同的正方形。在这个条件下，正方形的边长就成为区分栅格空间的量度。栅格空间的格子是由 R^2 上的某个相容关系 θ 对 R^2 商化后得到的，这样，对行为的分类准则 θ 确定了，栅格空间就唯一确定了。

（5）结论性讨论

制度建模的根本出路在于拓扑模型。为了建立具有可操作性的制度拓扑模型，我们必须从描述行为空间的欧氏拓扑空间 R_n，转向它的准商拓扑空间 R_n/θ，其哲理依据在于我们不可能为每个具体行为都设计一个专门的制度，制度设计只能针对某些基本的行为类型（行为等价类）。行为空间的商化空间可以用栅格空间表示，其具有较好的直观性，同时又不失数学结果的普适性。

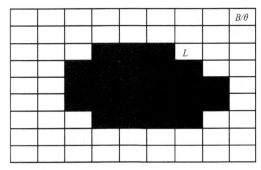

图7 制度外近似：Institution next $(\theta)L=L\cdot\theta$　　图8 制度边界：$Bnd(\theta)L=$ Institution next $(\theta)L$

2. 资源位理论

（1）资源位的概念

从投入产出的角度来讲，传统经济学通过效用最大化对经济系统的产出进行了较为详细的研究，而对经济系统的广义资源投入并没有进行深入细致的研究。在传统经济学中，人们是从产出的角度，根据不同的投入和不同的投入水平的产出的差异来研究广义资源投入的，并没有对经济系统的广义资源本身进行认真研究，这是由传统经济学中经济过程的局限性所造成的。在系统经济学中，昝廷全（1992，1995）把经济过程从传统的只包含"生产→分配→交换→消费"四个环节的非闭路循环扩展为包括"资源→生产→分配→交换→消费→环境→资源"六个环节的这样一个闭路循环。这样，我们就可以把可持续发展问题内生在经济理论中，而不是将其作为经济理论的外在约束。著名系统哲学家拉兹洛最近指出，人类社会目前面临三大问题：一是全球化问题，尤其是金融全球化；其二是和平与发展问题，南北半球主要面临发展问题，东西半球主要面临战争与和平问题；三是可持续性发展问题，主要是指人类在地球上生存与发展的可支持性条件。因此，可持续发展是经济学研究所必须面临的一个时代性课题。通过引进资源位概念，我们将经济学与可持续发展建立起联系。

为了论述的方便，我们通常把由多种广义资源因子所撑起的高维空间称为广义资源空间。在系统经济学研究中，一般取广义资源空间为 n 维笛卡儿空间。

现在，我们给出经济系统资源位的一个一般性定义：在广义资源空间中，能够被某经济系统实际和潜在占据、利用或适应的部分，称为该经济系统的资源位。设 $G = \{g_i | i = 1, 2, \ldots, m\}$ 为不同经济系统的集合，$R = \prod R_i$ 为广义资源空间，即由广义资源因子所撑起的高维空间，经济关系 $f \cdot g = R \times G$，则对于经济系统 $g_i \in G$ 来讲，fg_i 即为经济系统 g_i 的资源位数学模型。在广义资源空间的其余部分，即不能被该经济系统实际和潜在占据、利用或适应的部分，称为该经济系统的非资源位（non-resource niche）。假设在某种环境条件下，空间湿度为 20%－80%，某经济系统（例如光学精密仪器生产企业）正常生产所要求的空气湿度范畴为 40%－60%，而 <40% 或 >60% 便是该产业的非资源位。资源位的组成及其相互关系可由图 9 来描述。

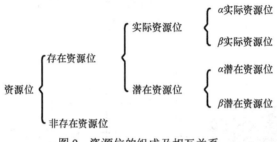

图 9　资源位的组成及相互关系

（2）资源位的层级结构

众所周知，资源是相对于主体而言的。根据定义，资源位所对应的主体就是经济系统。根据系统经济学的研究成果（昝廷全，1995），经济系统具有层次性，按照组织水平的不同，可以把经济系统划分为个人（最基本的经济元）、家庭经济系统、企业经济系统、区域经济系统、国家经济系统和全球经济系统等。于是，我们自然得出资源位的层级结构：个人资源位、家庭资源位、企业资源位、区域资源位、国家资源位和全球资源位，甚至还可得出支撑人类在地球上长期可居住的全球生态资源位等。为了简明易见，可以将资源位的层级结构表示成图 10 的形式。

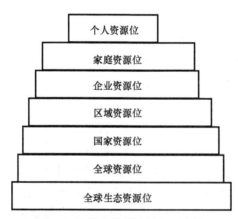

图 10　资源位的层次结构示意图

（a）个人资源位

个人资源位是指，在广义资源空间中，个人所能实际和潜在利用、占据或适应的部分。一个人资源位的高低与国家、地区、企业、家庭、技术进步、制度创新以及他所处的社会地位、声望（信誉）和所掌握的权力大小等因素有关，或者说，个人资源位是国家、地区、企业、家庭、技术、制度、地位、声望、信誉、权力等的函数，即

个人资源位 $=f_{个人}$（国家、地区、企业、家庭、技术、制度、地位、声望、信誉、权力…）

（b）家庭资源位

根据美国经济学家、经济学诺贝尔奖获得者贝克的观点，家庭也是经济分析的独立单元，家庭层次也有其独特的经济问题。从本质上讲，也就是说每个家庭也都有资源位的问题。所谓家庭资源位是指家庭作为一个独立的经济系统所能实际和潜在利用、占据或适应的广义资源。家庭资源位是其所处的国家、地区、企业、社会阶层、信誉和形象等的函数，即

家庭资源位 $=f_{个人}$（国家、地区、企业、社会阶层、信誉、形象…）

（c）企业资源位

企业资源位是指，在广义资源空间中，企业作为一个经济系统能够实际和潜在利用、占据和适应的广义资源。

企业资源位是国家、地区、管理水平、获取政府资源的能力，技术创新能力，制度环境等因素的函数，即

企业资源位 $=f_{企业}$（国家、地区、管理水平、各种能力、制度环境…）

（d）区域和国家资源位

区域资源位首先取决于它所在的国家，这是区域资源位的宏观背景。可以形式化地表示如下

区域资源位 $=f_{区域}$（国家、自然禀赋、制度安排、制度创新…）

国家资源位是指一个国家能够实际和潜在利用、占据或适应的广义资源。国家资源位是自然禀赋、技术创新、国际分工、改革开放等因素的函数，即

国家资源位 $=f_{国家}$（自然禀赋、技术创新、国际分工、改革开放…）

（e）全球资源位

全球资源位是指全球经济系统作为一个整体所能实际和潜在利用、占据或适应的各种资源的总和。因此，全球资源位又称为人类资源位。它首先取决于全球的自然禀赋；其次取决于整个人类所拥有的科技知识总量及其在全球的分布；同时还与全球经济系统的制度创新和制度安排有关。

从本质上讲，全球资源位水平的高低从客观上决定了全球经济发展的水平，全球资源位的变化决定着人类经济社会的可持续发展能力。自然界支持人类在地球上长期可居住的各种自然因子和条件都属于全球资源位的范畴。因此，全球资源位与人类生态学、资源经济学和生一的可态经济学研究密切相关。利用资源位可以更好地表述系统经济学三大基本公理之持续发展原理（昝廷全，1997）。

综上所述，全球资源位是自然禀赋、科技资源总量、科技资源分布、制度创新、制度安排等的函数，即

全球资源位 $=f_{全球}$（自然禀赋、科技资源总量、科技资源分布、制度安排、制度创新…）

（3）资源位之间的相互关系

资源位之间的关系包括不同层次资源位之间的关系，相同层次资源位之间的关系和资源位的专有性三个方面的内容。

① 不同层次资源位之间的关系

根据系统经济学的研究成果（昝廷全，1995），按照组织水平的不同，可以把经济系统划分为家庭经济系统、企业经济系统、区域经济系统、国家经济系统和全球经济系统等。其中，个人是最基本的经济元，全球经济系统是迄今为止最大一级的经济系统组合。从不同层次的经济系统的相互关系上来讲，低层次的经济系统的形成、发展和演化要以高层次经济系统为背景和框架来展开。换句话说，高层次经济系统对低层次经济系统施加一定的约束和观控作用，或者说提供了一个基本的制度环境。反过来讲，高层次经济系统又以低层次经济系统为载体，高层次经济系统的许多行为要靠低层次经济系统来体现。

根据不同层次经济系统之间的相互关系，我们自然可以得出不同层次资源位之间的相互关系：低层次资源位要以高层次资源位为背景来展开，也就是说，低层次资源位是高层次资源位的函数，即

$$f_{个人} = F_1(f_{家庭}.f_{企业}.f_{区域}.f_{国家}.f_{全球}.) \tag{7}$$

$$f_{家庭} = F_2(f_{企业}.f_{区域}.f_{国家}.f_{全球}.) \tag{8}$$

$$f_{个人} = F_1(f_{区域}.\ f_{国家}.\ f_{全球}.) \tag{9}$$

$$f_{个人} = F_1(f_{国家}.f_{全球}.) \tag{10}$$

$$f_{个人} = F_1(f_{全球}.) \tag{11}$$

从上面的公式（1）不难解释本文开头所提出的问题。个人资源位（$f_{个人}$）不仅与个人情况有关，还与他所在的家庭、企业（单位）、地区和国家有关。因此，即使是同样一个人，由于他所处的国家、行业或单位（大学）的变化，其个人资源位都将发生变化，因之，其所能创造的财富和个人收入也将发生相应的变化。

② 同一层次资源位之间的差异

同一层次，不同经济系统的资源位差异等于自身因素差异加上所有高层次资源位差异的总和，即

$$\triangle f_{个人} = O_{个人} + \triangle f_{家庭} + \triangle f_{企业} + \triangle f_{区域} + \triangle f_{国家} \tag{12}$$

$$\triangle f_{家庭} = O_{家庭} + \triangle f_{企业} + \triangle f_{区域} + \triangle f_{国家} \tag{13}$$

$$\triangle f_{企业} = O_{企业} + \triangle f_{区域} + \triangle f_{国家} \tag{14}$$

$$\triangle f_{区域} = O_{区域} + \triangle f_{国家} \tag{15}$$

这里$\triangle f_{个人}$、$\triangle f_{家庭}$、$\triangle f_{企业}$、$\triangle f_{区域}$和$\triangle f_{国家}$分别表示不同个人、不同家庭、不同企业、不同区域和不同国家之间的资源位差异；$O_{个人}$、$O_{家庭}$、$O_{企业}$、$O_{区域}$分别表示由于个人、家庭、企业、区域等自身因素所造成的资源位差异。

根据上面的公式不难看出，即使不计自身因素差异，由于出身于不同的家庭、供职于不同的单位或国家都会导致个人资源位的差异。对于不同的企业来讲也是如此，即使两个企业的自身因素完全相同，如果这两个企业位于不同的区域和国家，则他们的企业资源位也可能悬殊极大。这主要取决于不同区域和不同国家的资源位差异。

③ 资源位的专有性

资源位的专有性是指，在广义资源空间中，有些广义资源只对某一层次的经济系统才有意义，或者说才构成其资源位的组成部分。根据资源位与产权之间的对应关系，产

权也应具有层次性，在"明晰产权"的过程中，要明确哪些资源的产权应当明晰到什么层次，并不是所有资源的产权都能明晰到个人，将有些资源的产权明晰到个人可能是没有意义的。

④ 资源整合的机理

前文已经提到，昝廷全（1988，1990）通过把资源划分为硬资源和软资源提出了广义资源的概念。我们可以把广义资源形式化地表示为：

广义资源 = {(资源，软资源)，(硬资源与软资源之间的关系)}

为了深刻理解资源整合的机理和本质，我们稍微详细地分析一下硬资源与软资源的区别与联系。硬资源具有两个显著的特点：一是它存在的边界是确定的，而且往往是静态的；二是硬资源的利用具有排他性。正是由于硬资源的第一个性质，我们可以用拓扑空间中的闭集来表示硬资源。不同硬资源的边界是两两不相交的，即满足所谓的可列可加性。从数学上来讲，满足所谓的可列可加性是进行定量描述的基础。硬资源的这两个基本特征是经济学中"边际效用"概念赖以成立的基础。边际效用概念又是建立各种经济学均衡模型的基础。均衡模型是西方主流经济学理论体系的核心。因此，从某种意义上讲，整个西方主流经济学都是建立在边际效用基础之上的，其处理的资源对象主要是硬资源。之所以这样，就是因为硬资源的边界是静态的，具有可列可加性，是互不相交的闭集，便于定量描述，纵观经济学发展的历史不难看出这一点。

近年来，随着科学技术的飞速发展，人力资本和知识资本在经济社会发展中的作用不断增强，在著名的道格拉斯生产函数中也把技术作为一个重要的独立变量。技术和知识资本是一种典型的软资源，人力资本是硬资源和软资源的复合体。与硬资源相比，软资源有两个显著特点：一是硬资源的边界很容易确定，其边界的存在是静态的，而软资源的边界往往不易确定，其边界的存在是动态的；二是硬资源的利用具有排他性，而软资源的利用不具有排他性，有时甚至具有利他性，即软资源的价值随着使用者的增加而增加，一个代表性的例子就是网络的价值与用户的平方成正比。综合这两点就导致软资源不满足"边际效用递减定律"。其根本原因在于软资源不满足可列可加性，无法采用传统的数学方法进行定量描述。因此，也就无法按照传统的方法建立包括软资源在内的经济学均衡模型。为此，必须探索新的研究方法和分析工具。

更进一步地，我们可以把软资源分为两种类型：第一种软资源的存在和作用必须和某一具体的或固定的硬资源相复合，这种软资源就相当于拓扑空间中闭集的邻域。例如，计算机是一种典型的硬资源，其边界是确定的和静态的。计算机的操作系统是一种典型的软资源，而且这种软资源只有和计算机复合在一起时才能发挥作用。根据前面的论述，可以把计算机看作是拓扑空间中的闭集，而操作系统就相当于这个闭集的邻域。当然，计算机作为一种硬资源，它的作用需要操作系统这种软资源来"启动"。第二种软资源就是所谓的"系统资源"，它和法国社会学家布尔迪厄 1980 年提出的社会资本（social capital）的概念密切相关，但又不完全相同。

简单地讲，系统资源是由经济系统的不同经济元通过相互作用所形成的资源，随着不同经济元之间相互作用的途径、中介和强度等的不同而不同，更有甚者，还可能与经济系统所处的动态环境有关。

有了上述关于硬资源和软资源的论述作基础，现在就可以非常方便地讨论资源整合的机理问题了。我们把资源整合分为三种类型：一是硬资源和硬资源的整合；二是硬资源和软资源的整合；三是软资源和软资源的整合。

第一，硬资源和硬资源的整合需要软资源作中介。设 A、B 表示两种不同硬资源的两个闭集，这两种硬资源要进行整合；就要求与闭集 A 相复合的软资源（记为闭集 A 的 εA 邻域）和与闭集 B 相复合的

软资源（记为闭集 B 的 εB 邻域）的交集非空，即：

$$\varepsilon A \cap \varepsilon B \neq \cdot \phi \tag{16}$$

公式（16）就是硬资源与硬资源整合的必要条件。为了便于理解，可以把公式（16）所表达的含义用图 11 直观地示意出来。也就是说，硬资源与硬资源整合需要软资源作为中介，而且与不同的硬资源相复合的软资源的交集不能为空集。比方说，两台计算机要进行资源整合，就要求它们所使用的操作系统能够兼容，这就相当于与它们复合的软资源的交集至少非空。

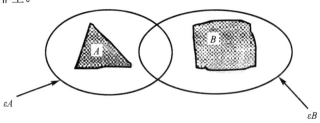

图 11　硬资源与硬资源整合的必要条件 $\varepsilon A \cap \varepsilon B \neq \phi$

第二，硬资源和软资源的整合。包括两种情况：一是硬资源和第一种软资源的整合。根据第一种软资源的定义，第一种软资源必须和某一具体或固定的硬资源相复合才能存在和发挥作用。也就是说，第一种软资源必须作为硬资源的邻域形式而存在，这时，第一种软资源和硬资源形成一个密不可分的"复合体"。这种复合体的典型代表就是人力资源。作为生物学意义上的人的边界是确定的，可以用拓扑空间中的闭集来表示，但是，复合在人身上的软资源包括知识、技能和文化等又具有软资源的品格，相当于拓扑空间中的开集，人力资源就是由作为生物学意义上的人和复合在人身上的软资源所构成的一个密不可分的复合体。显然，和单纯的硬资源相比，这种复合体的边界已经具有了相当的动态性，其度量的难度要远远大于对单纯硬资源的度量难度。按照这种思路，可以对人力资源问题展开新的研究。二是硬资源和第二种软资源即系统资源的整合。关于这个问题，我们将另辟专文进行讨论。这里简要指出，系统资源可以和经济系统的任何硬资源相复合，这个性质是系统资源的主要特征之一。

第三，软资源和软资源的整合。由于软资源的特点就是其边界的动态性，不同软资源之间的交集很容易不空，因此，软资源和软资源之间的整合相对容易。

综上所述，资源整合主要讨论的是硬资源与硬资源的整合以及硬资源和第一种软资源之间的整合。

⑤ 经济系统的资源位凹集模型

在系统时代背景下的企业家的核心能力就是整合资源的能力，这与在传统市场经济条件下对企业家能力的要求不同。我们把这个问题扩展来看，从一般意义上讲，一个经济系统在什么条件下才能产生"整体大于部分之和"的系统经济效应?根据现代分析哲

学的最新研究成果，问题的提法对问题本身的解决具有重要影响。我们认为，对上述这个问题的思考和研究是整个系统经济学研究的核心内容之一。

更为根本的问题是，企业的内部结构和内部组织应该是什么样子？为此，我们认真研究了经济系统的资源位模型的拓扑性质。我们发现，只有当经济系统的实际资源位模型为凹集时，经济系统才可能产生"整体大于部分之和"的系统经济效应。

根据经济系统资源位的数学模型及其拓扑性质，我们得出经济系统能够产生"整体大于部分之和"系统经济效应的资源位模型如下，我们称其为经济系统的资源位凹集模型。

经济系统的资源位凹集模型。在广义资源空间中，经济系统的实际资源位模型为凹集是产生"整体大于部分之和"的系统经济效应的必要条件。这里的实际资源位对应于传统经济学中在所有权意义上所拥有的资产。

凹集是一个严格的数学概念。根据集合的拓扑性质，一般可以把集合划分为凹集和凸集。在传统经济学分析中，特别是在讨论资源的优化配置时，关于凸集分析的一些概念和结论得到了广泛的应用。相对来讲，在传统经济学中凹集分析的应用非常有限。我们认为，产生这种情况的深层原因还是源于经济学研究的局限性。随着资源位概念的引入，拓展了经济学的研究范围，一个最直接的结果就是可以把可持续发展问题内生在经济理论的内核，而不是将其作为经济发展的外在约束。为了深化资源位的研究自然要求我们在经济学中引用更多的数学工具。这样，我们自然就能理解了凹集分析在系统经济学研究中的重要性。

为了直观起见，我们结合凸集并在与凸集的对比中来介绍凹集的几何表示。我们知道，所谓一个集合 A 是凸集，是指当 x_1 和 x_2 属于 A 时，则连接 x_1 和 x_2 的线段也属于 A。反过来讲，当连接 x_1 和 x_2 的线段不属于 A 时，我们就称 A 为凹集。图 12 中（a）和（b）分别是凸集和凹集的典型示意图。

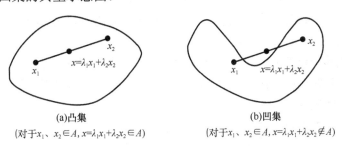

(a)凸集　　　　　　　　　　　　(b)凹集
(对于 x_1、$x_2 \in A$, $x=\lambda_1 x_1 + \lambda_2 x_2 \in A$)　　　(对于 x_1、$x_2 \in A$, $x=\lambda_1 x_1 + \lambda_2 x_2 \notin A$)

图 12　凸集和凹集示意

从资源位理论的角度来讲，经济系统的实际资源位模型为凹集的含义是指，在广义资源空间中，经济系统的实际资源位集合中任何两点之间的连线上总有不属于其资产的点。一般来讲，经济系统的实际资源位，亦即经济系统在所有权意义上所拥有的资产总是小于经济系统的潜在资源位。经济系统的实际资源位凹集模型提出了进一步的限定条件，同时也为如何发展系统经济提供了严格的判识标准，这是建立发展系统经济的具有可操作性方案的基础。

⑥ 资源位第一定律

昝廷全（2004）从经济系统资源位拓扑结构的角度，提出了经济系统为了进行资源整合必须把它的资源位结构打造成凹集的观点。现在进一步的问题是，在经济系统的资源位结构已呈凹集的条件下，它最少能够整合多少外部资源?这个问题具有非常重要的现实意义。经济系统所能整合的最少的外部资源在某种意义上决定了经济系统的发展潜力，值不值得努力去进行资源整合，以及对经济发展可能的贡献大小。

经过认真的分析和研究，我们发现，可以用经济系统资源位的闭包的测度定量描述经济系统所能整合的最少外部资源。设经济系统的资源位可以用集合 G 表示，其测度的大小用 $m(G)$ 表示，同时用 $co(G)$ 表示资源位集合 G 的闭包，$co(G)$ 的测度用 $m\{co(G)\}$ 表示，则资源位为集合 G 的经济系统所能整合的最少外部资源的多寡可以用经济系统资源位集合的闭包的测度减去资源位集合的测度来表征。设经济系统所能整合的最少外部资源强度为 g，则有：

$$g = m\{co(G)\} - m(G) \qquad (17)$$

我们将这个结论称为资源位第一定律。

资源位第一定律的含义就是，资源位集合为 G 的经济系统所能整合的最少外部资源的强度等于经济系统资源位集合闭包的测度减去该经济系统资源位集合的测度。简单的数学分析可以发现，经济系统资源位集合 G 的凸包 $co(G)$ 就是包含这个集合的最小凸集，也就是包含 G 的所有凸集的交集，或者是集合 G 的所有凸组合构成的集合。设 C 是包含 G 的任意凸集，则有：

$$co(G) \underset{C(B) \supset G}{\cap} C = \{\sum_{i=1}^{m} \lambda_i x_i \mid x_i \in G, \lambda_i \in [0,1] \sum_{i=1}^{m} \lambda_i = 1\} \qquad (18)$$

显然，凸集的凸包等于凸集本身。由此，我们又导出了昝廷全（2004）的结论，经济系统能够整合外部资源的必要条件是它的资源位结构为凹集。在它的资源位拓扑结构已呈凸集的情况下，经济系统所能整合的最少外部资源为零，这是因为凸集的凸包等于凸集本身，根据公式（17），g 等于 0。

应用资源位第一定律的关键是如何求得资源位集合的测度。准确地讲，是如何求得资源位集合的勒贝格（Lebesque）测度。求解集合测度的基本思想就是用简单集合的测度去逼近开集和闭集的测度，然后再用开集和闭集的测度去逼近复杂集合的测度，具体做法就是用开集从外部逼近，用闭集从内部逼近，即所谓的外缩内涨。具体步骤如下：

（a）设经济系统的资源位集合 G 为非空开集，且有结构表达式：$G = \underset{k}{\cup}(\alpha_k, \beta_k)$

规定 G 的测度为：$mG = \sum_k (\alpha_k, \beta_k)$

这里，$(\alpha_k, \beta_k)(k = 1, 2, \cdots)$ 为 G 的构成区间。

（b）设有界闭集 $F \in (a, b)$，则 $G = (a, b) - F$ 为有界开集，规定闭集合的测度为：

$$mF = b - a - mG$$

这里，mG 可以根据（1）的规定求出，因此，上式中的 mF 是可以准确计算的。

（c）设 E 为有界点集，G 为包含 E 的任一开集，F 为含于 E 内的任一闭集，E 的外测度与 m^*E 内测度 m_*E 分别定义为：

$$m^*E = \inf_{G \supset E} mG, m_*E = \sup_{F \supset E} mF$$

若 E 的外测度等于内测度，即 $m^*E = m_*E$，则称 E 为勒贝格可测集，其测度记为 mE。

稍为细心的观察将会发现，资源位第一定理暗含了这样的假定，我们可以用经济系统资源位集合的测度来描述资源位的高低大小及其对经济发展的作用与贡献。根据测度理论，资源位集合的测度具有两个极限，一个是无穷大，另一个是零。无穷大分为实无穷和潜无穷。随着人们认识世界和改造世界的能力的不断增强，可以有条件地认为经济系统的资源位是潜无穷的。但是，在一定的历史时期内，经济系统的资源位至多是实无穷。人们可以对实无穷进行操作，而潜无穷是一个过程。经济系统资源位测度的另外一个极端就是测度的最小值为零。其实，"零"这个概念可以包含非常丰富的内容，并不像初看上去那么简单。广义地讲，我们可以把所能到达的最小值定义为广义零值。一个集合的测度为零，但这个集合不一定是空集。例如，整个数轴上的有理数有无穷多个，有理数集显然不是空集。但是，全部有理数的测度却为零。这是因为，有理数在整个数轴上的分布是离散的，没有"连成一片"。用系统经济学的观点来说，就是不能形成系统势力。当经济系统的资源位表现为广义资源空间中的"离散点"，或者说是由广义资源空间中的"离散点"构成的集合时，在这种情况下，我们就说经济系统的资源位没有系统势力。在经济系统的资源位的测度大于零时，即经济系统的资源位在广义资源空间中"连成一片"时，我们就说经济系统的资源位具有"系统势力"。

从系统势力的定义可以看出，上述关于系统势力的定义具有非常确切的内涵。从某种意义上讲，系统势力是一个严格的数学化的概念。也就是说，经济系统要想拥有系统势力，其资源位的测度必须大于零，而测度的概念具有非常严格的数学定义。

从本质上讲，系统势力和资源整合的思想在深层意义上是一致的。即使一个经济系统拥有很多离散的资源点，如果这些资源点不能"连成一片"，其也无法拥有系统势力，其对经济系统发展的贡献将是非常有限的。从这个意义上讲，即使不考虑整合外部资源，仅对经济系统自身的资源位的合理利用和配置来讲，资源整合也具有非常重要的意义。这自然也是"系统时代，整合为王"思想的题内之意。根据这种思路，可以把资源整合划分为两种类型：第一种是经济系统自身资源的合理利用，主要表现为自身资源的优化组合；第二种是如何通过把自身的资源位结构打造成凹集来整合不属于自己的外部资源。由此，自然诱导出"系统致胜"的应用理法，这是系统经济学在技理层次的直接应用。其实，在经济、社会和政治领域，很早就已经潜在地意识到了这种思想，只是没有上升到理论高度。比如，区域经济合作、各种利益集团和政党的形成在深层意义上都可以看作是"系统致胜"思想的直接应用。

⑦ 资源位第二定律

资源位第一定律描述的是经济系统仅仅依靠自身的资源位拓扑结构最少所能整合的外部资源的多少。现在，我们进一步要问，在经济系统资源位拓扑结构已呈凸集的情况下，还能不能整合外部资源?或者说，可以通过什么样的途径去整合外部资源?这正是资源位第二定律所要回答的问题。

需要指出的是，在经济系统资源位拓扑结构已呈凸集的情况下当然可能继续整合外部资源，只是整合外部资源的途径和仅仅依靠自身资源位拓扑结构进行资源整合的机制有所不同而已。也就是说，资源位第一定律指出了经济系统整合外部资源的可能下限，但并没有说明上限是多少。实际上，用动态的观点看，经济系统在长期内所能整合的外部资源为无穷大。也就是说，经济系统所能整合的外部资源为开集。但在一定的时期内，经济系统所能整合的外部资源又是一定的，所能整合的外部资源集合为闭集。从哲理层次上讲，开集具有想象空间，闭集没有想象空间。可以用生活中的一个例子来说明开集和闭集的区别。关于旅游，我们经常听说的一句话就是：看景不如听景。听景是开集，在你没有亲自到过景点之前，仅凭听景，你可以对景点有任何美好的想象。但是，一旦你亲自到了景点之后，你对景点就不存在任何的想象空间了，它的漂亮程度就是你所看到的真实水平，此时的景点就从听景时的开集变成了看景的闭集，关于景点所拥有的任何想象空间都不复存在了。还有，我们大家都有这样的体会，看小说比看电视更有想象空间，其中的道理也是如此。

虽然从理论上讲，经济系统在长期内所能整合的外部资源可以是无穷大，但是在它的资源位拓扑结构已呈凸集的情况下应当采取什么的途径去整合外部资源呢?或者说，此时其整合外部资源的可能途径是什么？对于一个企业来讲，其内部潜力挖掘到极限之后它会怎么办呢？它显然会转向外部寻找，最容易整合的资源就是属于它的闭包内的资源，然后就要想办法整合属于闭包之外的资源。对于一个朋友群体也是如此，如果朋友群体内部资源相互取长补短、优势互补达到极限之后，再想发展也只能转向该朋友群体外部寻找，必须结识该朋友群体外部的新朋友。有时，结识一位关键性的新朋友可能带来一个全新的发展空间，特别是当他结识的新朋友属于原来朋友群体的闭包之外的朋友时情况更是如此。

将上述思想进行扬弃，利用拓扑学工具给出一个严格的数学描述，我们称其为资源位第二定律，具体表述为：在经济系统资源位集合的拓扑结构已呈凸集的情况下，可以通过引进资源位集合外部的某一"资源点"的途径来整合外部资源；该资源点和经济系统自身的资源位凸集构成一个凸锥，此时经济系统整合的外部资源的强度等于该凸锥的测度减去经济系统自身资源位凸集的测度。如图 13 所示。

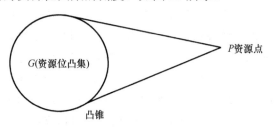

图 13　资源位第二定律示意

设经济系统的资源位凸集为 G，它和外部资源点 P 形成的凸锥为 D，mG 和 mD 分别表示集合 G 和 D 的测度，则在资源位第二定律的条件下，经济系统所能整合的外部资源强度 g 为：$g = mG - mD$。资源位第二定律成立的必要条件就是，经济系统资源位凸集和外部资源点形成的凸锥内部的资源点之间要满足传递性。这里，我们简单说明一下传递性的概念。例如，如果可以从甲大于乙，乙大于丙，推导出甲大于丙，我们就说"大于"关系具有传递性。又如，朋友关系一般不具有传递性，如果甲是乙的朋友，同时，乙是丙的朋友，但这并不能保证甲是丙的朋友。从数学上讲，传递性隐含了某种序关系。

如果不同的资源点之间存在一定的序关系，我们就可以采取抽子列的方法按照序关系抽取资源点的链，进而考虑这种资源链的测度，用资源链的测度减去采用传统经济学方法比较容易测量的硬资源的测度就可以得到软资源（包括系统资源）的测度。

用拓扑学的语言来讲就是，资源位第二定律要求整合外部资源所形成的凸锥至少要是 T_1 空间（T_1 空间包括 T_0 空间）。假设 x，y 是属于该凸锥的任何两个不同的资源点，如果该凸锥是 T_0 空间，则存在 x 的邻域不含 y，或者存在 y 的邻域不包含 x；如果该凸锥是 T_1 空间，则存在 x 的邻域不含 y，同时存在 y 的邻域不包含 x。但是，两个不同资源点的邻域是相交的，或者说，该凸锥中的开集是相交的，你包含我的邻域，我包含你的邻域。这刚好和本文第一节所叙述的资源整合机理相一致。

3. 系统战略

（1）临界战略

"临界"的概念最早源于物理学，意思是说，对于一个物理系统，其性质随着物理参数的变化而变化，当物理参数达到或超过某一阈值时，物理性质将发生突变，超导现象就是典型的临界行为。诺贝尔奖获得者普里高津（Prigogine）在研究非线性热力学系统时发展出了一套从混沌到有序的科学理论，其核心思想之一就是在分岔点上的选择。将这种思想用于经济学研究，经济系统的非线性与非平衡特征就是经济系统的复杂性和多样化产生的根源。

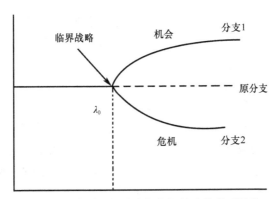

图 14　经济系统的分岔与临界战略的典型结构

根据经济系统的非线性和非平衡特征，当控制参数达到某一阈值 K_0 时，经济系统将发生分岔。在临界点 K_0 上的经济系统面临多种途径选择。其典型结构为，在分岔点上，经济系统面临三种可能的分支：原分支、机会（分支 1）和危机（分支 2），如图 14 所示。在经济实践中，经济系统在分岔点上所面临的选择可能很多，但总体上可以划分为上述三种类型。经济系统在分岔点上具体选择哪一个分支取决于经济系统所掌握的知识、信息，偏好和对未来的预期。我们把经济系统在分岔点上的选择称为临界战略。

经济系统的临界状态和分岔点类型与控制参数密切相关。在经济系统建模时，环境对经济系统的影响就表现为参数。经济系统的环境发生变化就导致控制参数发生变化。环境对经济系统的非平衡约束能够使隐藏在经济系统非线性特征之中的复杂动力学行为充分展现出来。经济系统的临界状态和分岔行为是经济系统复杂动力学行为的典型表现形式。

根据上面的论述，我们可以把经济系统的战略分为两种类型：临界战略和非临界战略（常规战略）。临界战略是指经济系统在临界点或分岔点上的道路选择；常规战略适用于经济系统在每两个分岔点之间的范围。

临界状态是经济系统的非线性动力学行为的一种表现形式，平衡是相对的，非平衡是绝对的。现实中的经济系统都是与环境不断交换资本、要素、产品、服务和信息的开放系统。从另一个方面来讲，经济系统与环境之间的广义流也是对经济系统的一种约束。这种约束使得经济系统偏离平衡态。任何偏离平衡态的状态都称为经济系统的非平衡态。经济系统与环境之间的交换和广义流也称为经济系统的非平衡约束，在远离平衡的状态，由于没有细致平衡条件，经济系统演化方程中的非线性发挥作用，使得演化方程可能具有多重解，从而产生分岔和混沌现象。因此，非平衡展现了隐藏于非线性之中的潜力，而它在平衡态或邻近平衡态（线性平衡态）时却只保持"潜伏"状态。

在经济系统的非线性和非平衡区域，随着环境和控制参数的变化可以把经济系统驱动到处于分岔点上的临界状态。在分岔点和临界状态上，经济系统具有三个典型的特点：

① 在临界状态，很多传统的经济学规律都不再成立。

② 经济系统在分岔点上的选择没有普遍遵循的规律，主要取决于经济系统所掌握的知识、信息、偏好和对未来的预期。

③ 分岔点和临界状态的出现与更替，对特定的经济系统来讲，主要取决于环境的变化。

（2）层级战略

层级战略是我们在系统经济学研究中提出的一种新的系统战略。具体来说，层级战略是指通过粗粒化和宏观化的处理方法，将某一层次的经济系统放置在更高层次经济系统的背景下进行观控的战略思想和分析方法。

不完全信息和有限理性是新制度经济学在进行理论分析时的基本假设。越来越多的实证研究已经表明，这一假设更为合理和切合实际，但是，其分析问题的基本框架仍然是新古典的。层级战略从一个全新的角度来探讨应对不完全信息和有限理性问题。

粗粒化和宏观化是处理不同层次经济系统问题的重要方法，也是层级战略思想的核心内容。简单地说，它是一种忽略局部复杂性、将局部事物进行宏观化处理的分析研究方法。这一方法的提出源于自然科学领域研究过程的启发，其中较为典型的例子则体现在数学领域和理论物理学领域。举例来说，微分方程定性理论是数学界目前一个非常前沿的研究领域，它通过侧面研究方程解析解的性质，成功地克服了正面求解微分方程解的困难性和复杂性。相应地，在理论物理学领域，粗粒化和宏观化的处理方法有效地促进了统计物理与热力学关系的研究。类似地，重整化群理论的提出也出于同样的思路。

将低层次经济系统放置在更高层次上进行观控是层级战略思想的关键所在。由经济系统的有关论述中不难看出，每个层次的经济系统都有自己独有的特征和规律。一般来说，高层次的经济系统是以低层次的经济系统为其载体的。高层经济系统的功能通过低层次的经济系统来体现。低层次的经济系统是高层次经济系统的子系统或经济元，高层次的经济系统制约和支配着低层次经济系统的状态和行为，也就是说，低层次经济系统的发展和变化是以高层次的经济系统作为其背景来展开的。

从研究程序上讲，每个层次的经济系统可以单独研究，也可以同时进行研究，没有哪一个层次的经济系统更为优越。但是，当研究某一特定层次的经济系统的动态机制时，就必须在深入到相对其较低层次经济系统的同时，更为注重其较高层次经济系统的研究。这一方法在低层次经济系统存在大量信息不完备、有限理性和不确定性条件下尤为适用。例如，为了研究一个国家产业结构的变化规律，就必须深入到比它低一层次的产业经济系统，但是同时，更要将其放在比它高一层次的经济系统，即全球经济系统的背景中去考察。

四、展　　望

在系统经济学的未来研究中，除了继续深化已有的研究工作之外，我们将重点开展"系统需求理论"研究，旨在打开需求黑箱。同时，将信息粗交流（rough communication）引入传统的经济学研究，使得关于经济信息的研究更加接近经济现实。"路漫漫其修远兮，吾将上下而求索"。

参考文献

[1] 昝廷全. 系统经济学（第一卷：概念、原理与方法论）[M]. 香港：经济与法律出版社，1995.

[2] 昝廷全. 系统经济学（第二卷：理论与模型）[M]. 北京：中国经济出版社，1997.

[3] 昝廷全. 系统经济学探索. 北京：科学出版社，2004.

[4] 昝廷全. 产业经济系统研究. 北京：科学出版社，2002.

[5] 昝廷全. 昝廷全文集——现代应用系统分析[M]. 广州：广东经济出版社，1997.

[6] 昝廷全. 系统经济学研究：经济系统的基本特征[J]. 经济学动态，1996，（11）.

[7] 昝廷全. 特征尺度理论与企业发展战略的层级结构[J]. 中国工业经济，2002，（5）.

[8] 昝廷全. 特征尺度理论：经济学中的短期、长期与可持续发展[J]. 载数量经济技术经济研究，2002，（6）.

[9] 昝廷全. 临界战略初探，数量经济技术经济研究[J]. 2002，（10）.

[10] 昝廷全. 层级战略，数量经济技术经济研究[J]. 2003，（4）.

[11] 昝廷全. 系统管理模式（电子版）[M/CD]. 北京：北京广播学院音像教材出版社，2002.

[12] 昝廷全. 全球变化与广义资源[J]. 地球科学进展，1990，（1）.

[13] 昝廷全. 人口、资源与环境协调发展的综合模式研究（I）：思路与框架[J]. 中国人口、资源与环境，1991，（3）.

[14] 昝廷全. 关于系统学研究的几个基本问题[J]. 系统工程理论与实践，1993，（6）.

[15] 昝廷全. 系统经济学的对象、内容与意义[J]. 经济学动态，1996，（10）.

[16] 昝廷全. 系统经济学研究：经济系统的基本特征[J]. 经济学动态，1996，（11）.

[17] 昝廷全. 系统经济学的三大公理系统[J]. 管理世界，1997，（5）.

[18] 昝廷全. 经济系统的资源位凹集模型及其政策含义[J]. 中国工业经济，2004，（12）.

[19] 昝廷全，黄德鸿. 系统时代：从规模经济走向系统经济[J] 暨南大学学报，1998，（2）.

[20] 昝廷全. 资源位理论及其政策启示[J]. 中国工业经济，2000，（9）.

[21] 昝廷全. 资源位的构成及其相互关系研究[J]. 数量经济技术经济研究，2000，（11）.

[22] 昝廷全. 资源位的层级结构及其政策启示[J]. 中国工业经济，2001，（6）.

[23] 昝廷全. 经济学研究的三个基本层次：哲理、数理与技理——兼论经济学家的标准与分类[J] 数量经济技术经济研究，2001，（12）.

[24] 昝廷全. 系统时代：概念与特征[J]. 河南社会科学，2003，（1）.

[25] 昝廷全. 系统经济：新经济的本质——兼论模块化理论[J]. 中国工业经济，2003，（9）.

[26] 昝廷全. 资源位定律及其应用[J]. 中国工业经济. 2005，（11）.

[27] TingquanZan(昝廷全), Xuemo Wu(吴学谋). 1993: Pansystems Clustering and Hierarchical Analysis of Complex Systems [J]. International Journal of Kybernetes, 5.

[28] TingquanZan（昝廷全）, Lixin Zhu（朱立新）.1988: Operational Analysis of Natural Resources and Its Pan weighted Netwok Models[J]. Applied Manthematics and Mechanics, 10.

[29] 昝廷全，吴学谋. 经济系统的泛权场网模型与运筹方法[J]. 系统工程，1991，（5）.

[30] 昝廷全，杨婧婧. 制度边界的粗集模型研究[J]. 中国传媒大学学报（自然科版），2010，（1）.

[31] 昝廷全，朱天博. 博弈论的粗集模型研究[J]. 中国传媒大学学报（自然科学版），2010，（2）.

[32] 昝廷全，赵永刚. 信息粗交流在价格形成机制中的作用研究[J]. 中国传媒大学学报（自然科学版），2010，（3）.

产业结构的偏序模型[*]

——关于产业链、基础产业与重要产业的数学定义

摘要：本文利用数学中的序关系建立了产业结构的偏序模型，在此基础上提出了如下产业概念的严格数学刻画：产业链、产业链长度、产业的出度与入度，给出了基础产业与重要产业的数学定义。最后，根据本文的研究结论，提出了产业发展的三点启示。为在数理层次上进行产业结构研究提供了一个新的方向。

关键词：产业系统；产业结构；偏序模型；产业链；基础产业；重要产业

Partial Order Model of Industrial Structure
——The Mathematical Definition of Industrial Chain，Basic Industry and Important Industry

ZAN Ting-quan

Abstract：This thesis sets up a partial order model of industrial structure by using order relation in mathematics．And on this basis，it proposes a serious mathematic description on the concepts of Industry：Industrial chain，length of industrial chain，out － degree and in － degree of industry．And it gives mathematical definition of basic industry and important industry．In the end，according to the research conclusion，the thesis proposes three revelations about development of industry，which provides a new direction on the mathematical hierarchy research of industrial structure．

Keywords：industrial systems；industrial structure；partial order model；industrial chain；basic industry；important industry．

一、引 言

产业链、基础产业与重要产业既是产业经济学的基本概念，也是产业经济学的基本研究范畴，同时，也是国家产业经济发展必须面对的现实问题。在经济实践中，行动上的不坚定，政策上的不稳定，往往源于理论上的不成熟，或者理论过于空泛，从而无法提出具有可操作性的行动方案。通过简单的文献综述不难发现，目前产业经济学关于产业链、基础产业（产业的基础性）与重要产业（产业的重要性）等的定义和论述基本上是思辨和定性的。这一方面不利于对这些问题的深入研究，另一方面，也难以发挥理论对于实践的应有指导作用。本文拟建立产业结构的偏序模型，在此基础上给出产业链、基础产业与重要产业的数学定义，为在数理层次上对这些问题进行深入研究奠定了基础。最后，根据本文的理论研究结论引申出关于产业政策的若干建议。

---

*作者，昝廷全，原载《中国传媒大学学报（自然科学版）》2011 年第 4 期

二、产业结构的偏序模型

昝廷全（2002）把产业系统形式化地定义为

产业系统=({ 产业 $i | i = 1, 2, \cdots, n$}, {产业i和产业j之间的关系$|i \neq j, i, j = 1, 2, \cdots, n$}) = ({ $G_i| i = 1, 2, \cdots, n$}, $f \subset G^2 \times W$)= （硬部，软部）

这里，G 为产业集合，W 为广义权重。也就是说，产业系统由硬部和软部两部分组成，硬部是由不同产业构成的集合，软部是由不同产业之间的关系构成的集合，并把产业系统的软部，即不同产业之间的关系构成的集合定义为产业结构，至于不同产业之间的关系采取什么具体形式并没有展开讨论。本文借鉴徐利治和张鸿庆（1985）关于数学抽象度的研究方案，探索建立产业系统的偏序模型，并据此展开相关讨论。按照数学家阿蒂亚（Michael Atiyah）的说法，数学存在的理由，就是它有能力通过抽象过程把思想从一个领域转移到另一个领域。在此，我们又一次体会到了数学的这个特点。

在本文中，我们采用数学上的序关系（记作$\prec$）来描述不同产业之间的关系。设有两个产业 A 和 B，如果产业 B 的发展要以产业 A 的产出作为投入（即产业 A 和 B 之间具有某种投入产出关系），或者产业 B 的发展一定要在产业 A 之后（即产业A和B之间存在某种先后次序），则我们就记作 $A \prec B$。这样定义的不同产业之间的序关系显然满足下面两个条件：

传递性。设 A、B、C 分别为三个不同的产业，若 $A \prec B, B \prec C$，则 $A \prec C$。

不完全可比性。对于任何两个产业 A 和 B，或者 $A \prec B$，或者 $B \prec A$，或者 $A \prec B$ 和 $B \prec A$ 都不成立（即无法确定产业 A 和 B 之间的序关系），这三种情况只有一种且只有一种出现。由此，不同产业构成的集合 G 便构成了严格数学意义上的偏序集（G, $\prec$）。

三、产业链的数学刻画

对于产业系统 $S = (G, f)$，这里 G 为不同产业构成的集合，f 为产业系统的软部，在本文中我们用上述定义的偏序关系$\prec$来刻画。设产业 $A \in G$，产业 $B \in G$，且有 $A \prec B$，则称 $A \prec B$ 为产业链，产业 A 称为产业链的始点，产业 B 称为产业链的终点。若有产业链 $A \prec B$ 和 $B \prec C$，这两个产业链可以拼成 $A \prec B \prec C$，我们就称它是前两个产业链的扩张链。对于给定的产业链

$$P_1 \prec P_2 \prec \cdots \prec P_m$$

若存在另一个产业链

$$Q_1 \prec Q_2 \prec \cdots \prec Q_n$$

使

$$Q_1 = P_m \text{ 或 } Q_n = P_1$$

则称前一个产业链是可扩张的。若产业链

$$P_1 \prec P_2 \prec \cdots \prec P_m$$

上再不能增加任何新的产业，即不存在形如

$$P_1 \prec \cdots \prec P_{i-1} \prec Q \prec P_i \prec \cdots \prec P_m$$

的链，则称该产业链是完全的。

若一个产业链既完全又不可扩张，则称这个产业链是"完全不可扩张的"。由此不难看出，整个产业系统是一些"完全不可扩张产业链"的并集。若产业 A 和产业 B 位于同一个产业链上，则称产业 A 和产业 B 相关联，否则称它们不相关联。应用组合论中的 Dilworth 分解定理立即可以导出如下命题：

对于给定的产业系统 S，其中所含的不相关联产业链的最大个数，等于产业集合 G 被分解成关联产业的完全不可扩张产业链的最少条数。

定义 1（产业链长度）　对于产业系统 S 来讲，设产业 P 与 Q 是产业系统 S 硬部 G 中的任何一对相关联产业，如果在 G 中有一条完全的产业链（即其中再也插不进另外产业的产业链）：

$$P \nprec P_1 \nprec \cdots P_{r-1} \nprec Q$$

则将该产业链的长度定义为 r，记为 $L[P, Q] = r$

这里 $[P, Q]$ 代表该产业链。

在产业实践中，产业 P 与 Q 可能同时位于不同的产业链上，即联结产业 P 与 Q 的完全产业链可能不只一条，假设存在 θ 这样的产业链：$[P, Q]_1, [P, Q]_2, \ldots, [P, Q]_\theta$，其长度分别为 $r_1, r_2, \ldots, r_\theta$，在这种情况下，按上述方法定义的产业链长度就不唯一了。此时，最简单的办法就是取 $\{ r_1, r_2, \ldots, r_\theta \}$ 中的最大值作为产业链 $[P, Q]$ 的长度，即规定

$$L[P, Q] = \max \{ r_1, r_2, \ldots, r_\theta \}$$

这样，产业链 $[P, Q]$ 的长度便只与产业 P 与 Q 有关。这里，取最大值的意思无非是表明产业链长度是通过"最迂回"的生产方式决定的。

如果 $L[P, Q] = \max \{ r_1, r_2, \ldots, r_\theta \}$

把相应的最长的完全产业链记为 $[P, Q]^r$，我们将其称为产业链 $[P, Q]$ 的典型链。显然，产业链 $[P, Q]$ 的典型链可以不只一条，可以任取其一，其长度均相等。

值得指出的是，在产业链 $[P, Q]$ 的典型链 $[P, Q]^r$ 上，其长度具有可加性：设 S 和 T 是典型链 $[P, Q]^r$ 上的任意两个产业，且

$$S \nprec T$$

则典型链 $[P, Q]^r$ 的子链 $[P, Q], [S, T], [T, Q]$ 也都是最长完全链（典型产业链），所以下式成立 $L[P, Q] = L[P, S] + L[S, T] + L[T, Q]$

但是，如果产业 S 不在典型链 $[P, Q]^r$ 上，则通常只有下述关系式成立：

$$L[P, Q] \leqslant L[P, S] + L[S, Q]$$

四、基础产业与重要产业的数学定义

在产业系统 $S = (G, \nprec)$ 中，可用点代表产业，关联的产业之间用有向线段连接，这样便得到一个有向图，由此可引进交汇点与分叉点的概念。

如果 P 点是至少两条不同产业链的终点，则称 P 点为交汇点。类似地，如果 P 点是至少两条不同产业链的始点，则称其为交叉点。特别地，我们称完全不可扩张产业链的始点为零级交汇点，于是可定义产业系统一般交汇点的"级"。假设从一个交汇点 P 出发，按反序方向走到零级交汇点，在所有可能的途径中至少有一条可能的途径（产业链）上交汇点个数最多（有限集必可取得最大值），就把这个链上交汇点的个数 k 叫做

交汇点 P 的"级"，记为 $d(P) = k$。

从产业系统的交叉点 P_1 上引出的产业链的条数与交汇点 P_2 上汇集的产业链的条数分别称为该点的"出度"和"入度"，分别记为 $d^+(P_1)$ 和 $d^-(P_2)$。

在产业系统 $S = (G,\ \not\prec)$ 中，取产业集合 G 中的某个产业 K 作为始点，考虑由 K 出发的一切产业链，记此产业链集合为 Σ。设 X 为产业链集合 Σ 中某链上的产业，则可计算产业链长度 $L[S, X]$，产业 X 的出度 $d+(X)$ 与 $d-(X)$，则可由此构造一个产业 X 相对于产业 S 的三元指标

$$\mathrm{Ind}(X|S) = (L[X, S], d^*(X), d^-(X))$$

由上面的论述不难看出，三元指标 $\mathrm{Ind}(X|S)$ 更加全面地反映了一个产业的信息。事实上，$L[X, S]$ 反映了产业 X 的前沿性，或生产方式的迂回程度，$d^+(X)$ 反映了产业 X 的基础性，$d^-(X)$ 反映了产业 X 的重要性。由此，我们自然可以引进基础产业和重要产业的如下定义。

定义 2（基础产业） 在产业集合 G 中，出度最大的产业称为基础产业，记为 X_0，则有 $d^+(X_0) = \max\{d^+(X)|X\in Q\}$

定义 3（重要产业） 在产业集合 G 中，入度最大的产业称为重要产业，记为 X_b，则 X_b 满足

$$d^-(X_b) = \max\{d^-(X)|X\in Q\}$$

五、三点启示

（1）密切关注新兴产业，即密切关注 $L[X, S]$ 数值较大的产业。

（2）保证基础性高的产业，即保证 $d^+(X)$ 数值较大的产业的发展。

（3）重点发展重要性高的产业，即重点发展 $d^-(X)$ 数值较大的产业。

参考文献

[1] 昝廷全. 系统经济学探索[M]. 北京：科学出版社，2004.

[2] 昝廷全. 产业系统研究[M]. 北京：科学出版社，2002.

[3] Zan Tingquan. Industrial Systems Research[M]. Beijing：Science Press，2010.

[4] Zan Tingquan. A dialectical model for industrial division and cooperation[D]. International Journal of Advances in Systems Science and Its Applications，3（2009）.

[5] 徐利治、张鸿庆. 数学抽象概念与抽象度分析法[M]. 数学研究与评论，1985（2）.

2012

《系统主义》大纲

《系统主义》大纲

昝廷全　著

第一部分　系统规律

1. 系统主义

2. 人类社会的系统化生成：层级过渡原理

   The evolving formation of human society as systemalization

3. 人类社会的系统特征

4. 系统需求理论

5. 系统产权理论

第二部分　系统战略

6. 系统化战略

7. 层级战略

8. 临界战略

第三部分　系统主义价值观

9. 系统主义价值观

10. 未来展望